문화유산법 개론

이규호 · 서재권

박영사

   우리나라는 찬란한 문화유산과 혁신적인 첨단기술의 장이 공존하는 국가다. 최근 신종 코로나 바이러스 대유행에 직면하면서 우리의 문화유산을 직접적으로 체험하는 장은 줄어들고 있는 것이 사실이다. 하지만, 가상현실(VR)이나 확장현실(AR)을 통해 우리 문화유산을 간접적으로 체험할 수 있는 장이 더욱 활발하게 진행되는 것도 또 다른 현상이다. 문화강국의 면모는 첨단기술이 문화유산에 친화적일 때 나타난다. 그러한 측면에서 우리나라는 문화강국이 될 수 있는 토대가 잘 형성되어 있다고 생각한다. 그런데 문화재에 관한 법제를 다룬 논문은 간혹 발견되기는 하지만, 이에 대하여 본격적으로 다룬 서적은 거의 없다는 측면에서 안타까웠다.

   공저자 중 이규호 교수는 수년간 한국국제사법학회 산하 국제문화재법연구회에서 총무이사 및 회장직을 수행하고 ACHS ICH(무형문화유산) Network Committee 위원 및 AIPPI Standing Committee on Geographical Indications 위원으로 활동하면서 문화재 환수 분야에 관심을 두고 논문을 집필하였고 2019년 2학기 대학원에서 문화재보호법을 강의하면서 문화유산에 관한 교재 출간의 필요성을 절감하게 되었다. 이 당시 강의를 준비하면서 교재 출간을 위한 작업을 어느 정도 시작한 상태였다. 그러던 와중에 평소 친하게 지낸 서재권 교수가 2020년 3월 한국전통문화대학교 문화재관리학과 교수로 부임하게 되었다는 소식을 접하고, 문화유산에 관한 교재를 공저로 출간할 것을 제안하였다. 서재권 교수도 교내 강의를 위해 문화유산에 관한 교재 출간의 필요성을 인식하고 있는 상태였기 때문에 이 교재 출간 계획에 대해 의기투합하게 되었다. 그 이후 이 교재 출간 작업에 더욱 박차를 가하게 되었다.

   이 책은 매장문화재 보호 및 조사에 관한 법률, 무형문화재 보전 및 진흥에 관한 법률, 문화재보호기금법, 문화재보호법, 문화재수리 등에 관한 법률, 문화유산과 자연환경자산에 관한 국민신탁법, 고도 보존 및 육성에 관한 특별법 등 문화유산 관련 법제의 내용을 망라하고 있다. 이 법제를 다룸에 있어 관련 행정해석 및 판례 등도 상세히 소개한다.

   또한, 이 책은 국외소재 문화재의 환수에 관한 우리 법제 및 관련 외국 법제도 다루고 있다.

　이렇게 함으로써 학계, 실무계뿐만 아니라 관련 종사자에게 도움이 되는 기초자료를 제공하고자 한다. 또한, 이 책을 통해 문화재수리기술자, 문화재수리기능자, 문화재유산해설사, 문화유산교육전문가가 관련 시험을 준비하면서 직·간접적으로 도움이 되었으면 하는 바람이다.

　이 책의 부족한 부분은 독자의 비판과 질책을 지속적으로 반영하여 이 책의 개정판에 투영하도록 노력하겠다.

　이 책의 출간을 결정해 주신 박영사의 안종만 회장님, 안상준 대표님 및 박세기 부장님께 진심으로 감사드리고 이 책의 편집 및 교정에 수고해 주신 편집부 윤혜경 님께도 진심으로 고마움을 전한다. 그리고 이 책이 세상의 빛을 볼 수 있도록 물심양면으로 도와주시고 그간 이 책에 포함된 사진 이미지의 적극적인 활용을 허락해 주신 문화재청, 국립고궁박물관 및 국외소재문화재재단의 관계자 여러분께도 진심으로 고마운 마음을 전한다.

2020. 7.

이규호·서재권

1. 매장문화재 보호 및 조사에 관한 법률 (약칭: 매장문화재법)

[시행 2020. 11. 27.] [법률 제16592호, 2019. 11. 26., 일부개정]

2. 매장문화재 보호 및 조사에 관한 법률 시행령 (약칭: 매장문화재법 시행령)

[시행 2020. 5. 27.] [대통령령 제30704호, 2020. 5. 26., 타법개정]

3. 무형문화재 보전 및 진흥에 관한 법률 (약칭: 무형문화재법)

[시행 2020. 12. 10.] [법률 제17404호, 2020. 6. 9., 일부개정]

4. 문화재보호기금법 (약칭: 문화재기금법)

[시행 2020. 5. 27.] [법률 제16596호, 2019. 11. 26., 타법개정]

5. 문화재보호기금법 시행령 (약칭: 문화재기금법 시행령)

[시행 2017. 12. 5.] [대통령령 제28458호, 2017. 12. 5., 일부개정]

6. 문화재보호법

[시행 2020. 6. 9.] [법률 제17409호, 2020. 6. 9., 일부개정]

7. 문화재보호법 시행령

[시행 2020. 5. 27.] [대통령령 제30704호, 2020. 5. 26., 일부개정]

8. 문화재보호법 시행규칙

[시행 2020. 5. 27.] [문화체육관광부령 제391호, 2020. 5. 27., 일부개정]

9. 문화재수리 등에 관한 법률 (약칭: 문화재수리법)

[시행 2020. 6. 9.] [법률 제17410호, 2020. 6. 9., 일부개정]

제 1 편
여는 말

제2편
문화재보호법 —————————————————————— 35

부록

문화유산 관련 법령 ─────────────────── 335

부록

버지니아주 상법 조문 ─────────────────── 649

제1편
여는 말

제1장
문화유산 보호 필요성

　　전통문화에 대한 우리나라의 애착은 남다르다. 다른 국가들도 어느 정도 자신들의 전통문화에 애정이 있겠지만 우리나라의 역사가 역동적이었던 것만큼 국민들 마음속에 자리잡은 전통문화의 이미지는 다른 국가들의 그것보다 다양하고 복합적으로 보인다. 평소에는 그 가치를 느끼지 못하다가 국가의 행사에 전통문화의 이미지가 나타나거나 노랫소리가 울려 퍼지면 선조들의 자긍심이나 한이 전달되는 듯한 경험을 했을 것이다. 축구 국가대표 경기에 등장하는 치우천왕의 이미지나 응원가로 이용되는 아리랑을 들었을 때 느끼는 감정들이 그것들이다. 한편으로는 전통문화의 산물이 훼손되거나 멸실되었을 때 우리가 어떤 감정을 느꼈는지를 통해 전통문화의 소중함을 되새겨 볼 수 있다. 2005년 양양에 있는 낙산사가 전소되었을 때와 2008년 국보 1호 숭례문이 소실되었을 때의 안타까움을 돌이켜 생각해 보면 전통문화가 얼마나 우리의 마음 깊이 자리잡고 있는지 알 수 있다.

　　우리가 문화유산이라고 부르는 것들은 국보나 보물로 지정된 것들로만 인식하기 쉽지만, 웅장하고 아름다운 건축물부터 서도소리와 같은 전통예술, 발탈과 같은 전통공예뿐만 아니라 궁시장, 낙죽장, 갓일과 같이 이름마저 생소한 전통기술 등 우리 선조들의 삶과 밀접한 관계를 맺고 현대까지 이어온 것들을 모두 포함한다. 현대에서의 문제점은 우리의 관심이 소위 유명한 유형문화재에 집중되어 있고 최근에 대두되는 문화재의 활용이나 문화유산의 향유에 있어 지나치게 지방자치단체의 관광사업과 연계되어 있다는 점이다. 그럴 만도 할 것이 전통예술은 대중예술의 인기에 가려져 있고, 전통공예와 전통기술은 현대인의 생활과 거리가 멀어 오히려 불필요한 것으로 인식되고 있다. 요즘 갓을 쓰고 다니는 사람들이 없으니 갓 만드는 기술인 갓일에 대한 관심이 당연히 저조해질 수밖에 없는 것이다. 더욱 큰 문제는 전통문화의 소재가 우리 관심에서 멀어지면서 그 기원을 잃을 수 있다는 데에 있다. 굳이 전통문화의 산업적 효용성을 평가하지 않더라도 우리 민족의 정신세계에 내재한 가치의 근원을 잃을 수 있다는 말이다. 이는 문화유산의 형태가 있고 없고의 문제가 아니라 우리가 후대에 계승해 줄 가치의 원형을 잃을 수 있다는 의미이다.

▌숭례문 화재 현장과 복구 후의 모습▐

숭례문 화재 현장(2008)[1]   복구된 숭례문(2015)[2]

---

1) 국가문화유산포털(http://www.heritage.go.kr), "숭례문" 검색(2020.06.15. 최종방문).
2) 국가문화유산포털(http://www.heritage.go.kr), "숭례문" 검색(2020.06.15. 최종방문).

제2장
문화유산 법제의 태동과 발달

제1절 문화유산 보호 법제의 태동

　19세기 말 열강들의 이권 침탈이 심화되자 고종은 국호를 대한제국으로 바꾸고 자주국가의 의지를 대내외적으로 표명하면서 대한제국을 근대화하기 위한 목표를 세웠다. 그러나 일본이 러일전쟁에서 승리한 후 대한제국의 외교권을 박탈하고 본격적으로 내정간섭을 시작하여 자주국가를 이루고자 했던 희망은 사라졌다. 문화유산 보호 법제의 탄생도 이러한 역사적 환경이 반영되어 나타났다.

　한일합병 전인 1905년에는 대한제국 칙령 제15호를 발표하면서 내부(內部) 본청에 최초의 문화재행정기구인 지방국 사사과(社寺課)를 두었다.[1] 사사과에서는 각 지역의 사찰을 조사하여 목록으로 엮은 사찰고(寺刹考)를 편찬하는 업무를 담당했다. 1910년 한일합병 직전에는 향교재산관리규정(학부령 제2호)을 제정하고, 한일합병 후인 1916년에는 고적및유물보존규칙(조선총독부령 제52호)을 제정하였다. 향교재산관리규정과 고적및유물보존규칙은 조선총독부가 우리나라 문화재에 대한 정보를 수집할 목적으로 이용되었다. 그리고 1933년에는 조선보물고적명승천연기념물보존령을 제정하여 근대적 의미에서의 문화유산 보호 법제가 탄생하게 되었다. 조선보물고적명승천연기념물보존령에 의해 보물 제1호로 지정된 것이 현재 국보 제1호인 숭례문이다. 당시에는 국보라

---

1) 문화재청, 『문화재청 50년사』, 문화재청(2011), 375쪽.

는 용어가 일본에서만 사용할 수 있었기 때문에 그 가치와 무관하게 보물로 지정될 수밖에 없었다.

광복 이후에는 미군정 체제 아래에서 조직이 개편되어 문화유산 보호 법제가 시행되었다. 먼저 1945년에는 미군정 체제 아래 '구황실사무청'이 신설되었고 1955년에 '구황실재산사무총국'으로 개편되었다. 한편 1955년에는 문교부에 문화보존과를 신설하였고, 1961년에 문교부 문화보존과와 구황실재산사무총국을 통합하여 문교부 외국으로 문화재관리국을 신설하였다. 구황실재산사무총국의 주요업무는 구황실재산에 관한 사항을 관장하며 구황실 운영관리 업무를 관장하는 것이었다. 구황실재산사무총국은 1961년 10월 폐지되었다.[2] 1961년 11월에는 문화재보존위원회 규정을 두어 1962년 문화재보호법이 제정되는 기틀을 마련하였다.

제2절   우리나라 문화유산 보호 법제의 발달 경과

일제 강점기와 미군정을 거치면서 근대적 의미의 문화유산 보호 법제가 도입되었지만 통합적이고 독자적인 법체계를 갖춘 것은 1962년 문화재보호법 제정을 통해서이다. 새로 제정된 문화재보호법은 무형문화재를 문화재의 정의에 포함하는 한편 일제의 기준에 의해서 만들어진 문화유산의 용어와 기준을 새롭게 재편하였다. 1962년법은 문화재를 유형문화재, 무형문화재, 기념물, 문화재자료로 구분하고 문화재 보호에 관한 사항을 총 7장 73개조로 구성하였다.

1960년대에는 새로 제정된 문화재보호법을 통해 문화유산 보호 법제의 틀을 다시 잡았다면 1970년대에는 경제개발로 인한 산업화와 도시화 속에서 문화유산을 지키고자 했던 개정들이 이루어졌다. 1971년에는 문화재 지표조사를 도입하고, 1972년에는 문화재 보존·관리 5개년 계획을 수립하였다. 이어 1980년대에는 문화유산 보호 법제를 60~70년대와 차별화할 필요가 있었다. 부동산 재개발이 활기를 띠는 시기였고 사유재산에 대한 인식이 한층 강화된 측면도 있었지만, 부동산 소유자들은 재개발로

---

2) 국가기록원(http://www.archives.go.kr), "구황실재산사무총국" 검색(2020.05.10. 최종방문).

인한 경제적 이익을 문화유산의 보존보다 우선순위에 두었다. 또한 문화재보호법이 제정된 지 20년이 지난 시점에 현실에 맞지 않는 법체계를 가다듬을 필요성이 나타나 문화재보호법을 전부개정하게 되었다. 1982년 전부개정된 법률의 특징은 점단위 중심의 문화유산 보호 체계를 면 단위로 확대하여 접근했다는 점이다. 문화재를 중심으로 주변경관과 환경보호까지 고려한 접근방법이었다.

    2000년대에 들어서면서는 현재의 문화유산 보호 체계의 틀을 갖추게 되었다. 2000년에는 문화재청이 독립하였고 기존의 '문화재 보존·관리 계획'을 '문화재 보존·관리 및 활용 기본계획'으로 변경하면서, 문화유산에 대한 원형보존과 체계적 관리 외에도 효율적인 활용이 가능할 수 있도록 근거를 마련하였다. 아울러 이 시기에는 문화유산의 특성에 맞게 분법이 이루어졌다. 2004년에는 '고도 보존 및 육성에 관한 특별법'이, 2006년에는 '문화유산과 자연환경자산에 관한 국민신탁법'이, 2009년에는 '문화재보호기금법'이, 2010년에는 '문화재수리 등에 관한 법률'과 '매장문화재 보호 및 조사에 관한 법률'이, 2015년에는 '무형문화재 보전 및 진흥에 관한 법률'이, 2019년에는 '세계유산의 보존·관리 및 활용에 관한 특별법'이 각각 제정되었다.

    이하에서는 1962년 제정법부터 현재까지 문화재보호법의 주요 개정 이유와 주요 내용을 정리한다.

❶ [시행 1962. 1. 10.] [법률 제961호, 1962. 1. 10., 제정]

〈개정이유〉

문화재를 보존하여 이를 활용함으로써 국민의 문화수준향상을 도모하는 동시에 인류문화의 발전에 기여하기 위하여 조선보물고적명승천연기념물보존령(1933·8·9, 制令 第6號)을 폐지하고 이 법을 새로이 제정하려는 것임.

〈주요내용〉

① 문교부에 문화재위원회를 두도록 함.

② 문화재를 유형문화재, 무형문화재, 기념물 및 민속자료의 4종으로 구분하고 이중 중요한 것은 지정문화재로 지정하게 함.

③ 지정 또는 가지정된 문화재의 관리보호상 필요할 때에는 그 소유자, 점유자 또는

관리자에 대하여 일정한 행위를 금지 또는 제한할 수 있게 함.

④ 지정문화재의 소유자 또는 관리자는 그가 소유 또는 관리하는 지정문화재를 일반에게 공개할 의무를 지게 함.

⑤ 토지 기타 물건의 소유자, 관리자 또는 점유자가 소유 또는 관리하는 토지 기타 물건에 포장된 문화재를 발견한 때에는 신고하게 하고 매장문화재를 발굴하고자 할 때에는 허가를 받게 함.

⑥ 국유에 속하는 지정 또는 가지정문화재는 양도하거나 사권을 설정하지 못하게 함.

⑦ 문화재에 관한 특정한 행위에 대하여는 형벌이나 과태료를 과하게 함.

❷ [시행 1963. 2. 9.] [법률 제1265호, 1963. 2. 9., 일부개정]

〈개정이유〉

문화재를 보존하여 이를 활용함으로써 국민의 문화수준향상을 도모하는 동시에 인류문화의 발전에 기여하기 위하여 조선보물고적명승천연기념물보존령(1933·8·9, 制令 第6號)을 폐지하고 이 법을 새로이 제정하려는 것임.

〈주요내용〉

① 문교부에 문화재위원회를 두도록 함.

② 문화재를 유형문화재, 무형문화재, 기념물 및 민속자료의 4종으로 구분하고 이중 중요한 것은 지정문화재로 지정하게 함.

③ 지정 또는 가지정된 문화재의 관리보호상 필요할 때에는 그 소유자, 점유자 또는 관리자에 대하여 일정한 행위를 금지 또는 제한할 수 있게 함.

④ 지정문화재의 소유자 또는 관리자는 그가 소유 또는 관리하는 지정문화재를 일반에게 공개할 의무를 지게 함.

⑤ 토지 기타 물건의 소유자, 관리자 또는 점유자가 소유 또는 관리하는 토지 기타 물건에 포장된 문화재를 발견한 때에는 신고하게 하고 매장문화재를 발굴하고자 할 때에는 허가를 받게 함.

⑥ 국유에 속하는 지정 또는 가지정문화재는 양도하거나 사권을 설정하지 못하게 함.

⑦ 문화재에 관한 특정한 행위에 대하여는 형벌이나 과태료를 과하게 함.

❸ [시행 1963. 12. 5.] [법률 제1462호, 1963. 12. 5., 일부개정]

〈개정이유〉

종전의 구황실재산 중 잡종재산의 처분에 있어서 문교부장관은 특히 필요하다고 인정할 때에는 구황실의 기부행위로 설립된 재단법인숙명학원, 재단법인진명학원과 재단법인양정학원에 그 재산의 일부를 양여할 수 있으나 구황족에게는 그러한 혜택을 베풀 수 없는 점을 보완하기 위하여 앞으로 일본으로부터 귀국하게 될 구황족인 리은씨와 그 배우자에게도 구황실재산 중 잡종재산의 일부를 양여할 수 있도록 하려는 것임.

❹ [시행 1963. 12. 17.] [법률 제1583호, 1963. 12. 16., 일부개정]

〈개정이유〉

개정헌법의 시행에 앞서 개정헌법하의 권력구조에 부응하기 위하여 관련 사항을 정비하려는 것임.

❺ [시행 1965. 7. 1.] [법률 제1701호, 1965. 6. 30., 일부개정]

〈개정이유〉

종래 준용되어 오던 국공유재산처리임시특례법이 폐지(1965·6·30)됨으로써 문화재관리국 소관 잡종재산처분 등에 관련되는 사항을 정비하려는 것임.

〈주요내용〉

① 문화재관리국 소관 잡종재산은 재산처분심의위원회의 심의를 거쳐 처분하도록 함.
② 잡종재산을 경쟁입찰에 의해 매각하되, 1962·7·14 이전에 대여받았거나 점유 또는 경작한 자에게는 1966·12·31까지 수의계약으로 매각할 수 있게 함.
③ 잡종재산의 처분가격은 시가를 기준으로 결정하되, 재무부 고시가격 이상이어야 함.
④ 대금은 5년분할납부를 허용하되, 일시불의 경우에는 3할을 공제하도록 함.
⑤ 잡종재산의 점유자에게는 당해 재산의 매수를 요구할 수 있도록 함.

❻ [시행 1970. 9. 10.] [법률 제2233호, 1970. 8. 10., 일부개정]

〈개정이유〉

현행법의 미비한 점을 보완하고 벌칙 등을 강화하여 문화재관리의 합리적인 운영을 기하려는 것임.

〈주요내용〉

① 화재, 도난 및 훼손 등의 피해예방상 필요할 때 국보, 보물로 지정 또는 가지정된 문화재를 국가에서 직접 관리할 수 있도록 함.

② 해외전시 등 문화재의 국제적 교류를 목적으로 하는 외에는 문화재의 국외수출이나 반출을 하지 못하도록 함.

③ 지정문화재 이외의 문화재중 향토문화 보존상 필요한 것은 지방문화재로 지정할 수 있도록 하고 소요경비는 국가 또는 당해 지방자치단체에서 부담하거나 보조하도록 함.

④ 문화재의 해외유출, 절취, 은닉, 훼손 기타 범법자에 대한 벌칙을 강화함.

⑤ 전시, 사변 또는 이에 준하는 국가비상시 문화재보호에 대한 특별 규정을 신설함.

❼ [시행 1973. 2. 5.] [법률 제2468호, 1973. 2. 5., 일부개정]

〈개정이유〉

① 관람료의 징수관리가 부적당할 때에는 지정하는 지방 공공단체 또는 기타 법인으로 하여금 징수관리할 수 있게 함.

② 토목 기타의 건설공사로 인한 발굴이나 훼손·멸실 등의 우려로 이전 및 보존할 경우의 소요경비는 건설공사 시행자가 부담하도록 함.

③ 문화재매매업자의 등록제를 허가제로 함.

④ 범법자의 제보자 또는 체포자에 대한 보상금지급 제도를 신설함.

⑤ 지정문화재의 보호구역 내에 있는 토지의 수용·사용에는 토지수용법을 준용함.

❽ [시행 1983. 7. 1.] [법률 제3644호, 1982. 12. 31., 전부개정]

〈개정이유〉

문화재에 관한 효율적인 관리체제를 확립하고, 동산문화재의 등록제도를 폐지하는 등
비현실적인 규정을 현실에 맞게 정비·보완하려는 것임.

〈주요내용〉

① 문화재를 국가지정문화재, 시·도지정문화재 및 문화재자료로 구분함.

② 천연기념물에 관한 보호를 철저히 하기 위하여 동물의 서식지·번식지·도래지와
　식물의 자생지 자체도 천연기념물로 지정할 수 있도록 함.

③ 사적·중요민속자료 등 기타 국가지정민속문화재에 대하여도 문화공보부장관이 멸
　실등의 예방조치를 할 수 있도록 함.

④ 국보·보물의 모사·모조 및 중요무형문화재의 악보·대본제작행위 등을 허가사항
　에서 삭제하여 자유롭게 할 수 있도록 함.

⑤ 중요무형문화재의 보호·육성을 위하여 중요무형문화재의 보유자로 하여금 전수교
　육을 실시할 수 있도록 하고 전수교육을 받는 자에 대하여는 장학금을 지급할 수
　있도록 함.

⑥ 문화재매매업자의 자격·결격사유·준수사항 및 허가취소에 관한 사항을 규정함.

❾ [시행 1984. 12. 31.] [법률 제3787호, 1984. 12. 31., 일부개정]

〈개정이유〉

현행법은 법에 의하여 지정되지 아니한 제작된 지 50년 이상인 동산에 속하는 문화재
에 대하여 소유자 또는 점유자가 문화공보부에 등록하도록 하는 의무규정을 두고 있
는 바, 이러한 동산문화재는 매년 수백만 점씩 증가할 것으로 예상되나 1970년부터
이 등록제가 실시된 이래 지금까지 등록된 동산문화재는 약 27만점에 불과하여 그 실
효를 기대하기가 어렵고 또한 소유자들은 처벌을 두려워하여 문화재의 노출을 기피하
고 은닉함으로써 동산문화재의 거래가 음성화하는 등 오히려 그 보존이나 관리하는
데 있어 불작용이 크게 우려되므로 비현실적인 등록제도를 폐지하여 은닉된 문화재를

활발히 전시공개하도록 유도하는 한편 그 유통을 양성화하여 동산에 속하는 문화재의 실태를 보다 더 구체적으로 파악할 수 있게 함으로써 문화재에 대한 보존관리업무를 효율적으로 수행할 수 있도록 하려는 것임.

❿ [시행 1996. 1. 1.] [법률 제4884호, 1995. 1. 5., 일부개정]

〈개정이유〉

매장문화재를 건설공사의 시행자가 발굴하는 경우 그 문화재의 보존상 필요하다고 인정할 때에는 문화체육부장관이 직접 발굴하거나 그가 지정하는 자로 하여금 발굴할 수 있게 하고 그 발굴소요경비를 종전에는 공사시행자가 부담하도록 하였으나 앞으로는 공사시행자가 부담하는 것을 원칙으로 하되, 대통령령이 정하는 건설공사에 한하여는 국가 또는 지방자치단체가 부담할 수 있도록 하려는 것임.

⓫ [시행 1996. 7. 1.] [법률 제5073호, 1995. 12. 29., 일부개정]

〈개정이유〉

문화재수리업무의 전문성 및 계속성을 제고하기 위하여 문화재수리업무에 장기간 종사한 공무원에게 문화재수리기술자 자격시험의 일부를 면제하도록 하고, 문화재의 관람료는 그 소유자 등이 자율적으로 결정할 수 있도록 하며, 문화재매매업의 허가에 관한 문화체육부장관의 권한을 지방자치단체의 장에게 이양하는 한편 현행제도의 운영상 나타난 일부 미비점을 개선·보완하려는 것임.

〈주요내용〉

① 문화재수리업무를 담당할 수 있는 문화재수리기술자·문화재수리기능자 및 문화재수리업자의 자격과 그 등록 및 등록취소 등에 관한 사항을 종전에는 대통령령에서 규정하고 있었으나 앞으로는 이를 법률에서 직접 규정하도록 하여 문화재수리기술자등의 권익보호에 만전을 기하도록 함.

② 문화재수리업무에 10년 이상 종사한 6급 이상의 공무원으로서 문화재수리기술 전

문교육을 이수한 자에 대하여는 문화재수리기술자자격시험중 필기시험을 면제하고, 문화체육부장관은 문화재수리기술의 향상을 위하여 문화재수리기술자에 대하여 보수교육을 실시할 수 있도록 함.

③ 국가지정문화재의 현상을 변경하거나 그 보존에 영향을 미칠 우려가 있는 행위를 하고자 하는 때에는 예외 없이 문화체육부장관의 허가를 받도록 하고 있으나, 앞으로는 도난경보시설의 보수 등 문화체육부령이 정하는 경미한 현상변경행위는 이를 허가대상에서 제외하도록 함.

④ 종전에는 국가지정문화재에 대한 관람료의 금액·징수 및 그 사용에 관한 사항을 문화체육부장관이 정하도록 하였으나, 앞으로는 이를 당해 문화재의 소유자 등이 결정하도록 함으로써 관람료의 금액결정 및 그 사용 등에 관한 규제를 완화하고 문화재관리에 있어서 자율성을 높이도록 함.

⑤ 현재 시·도지사에게 위임되어 있는 문화재매매업의 허가 및 그 취소에 관한 문화체육부장관의 권한을 시장·군수·구청장에게 이양함.

⑫ [시행 1999. 7. 1.] [법률 제5719호, 1999. 1. 29., 일부개정]

⟨개정이유⟩

민족의 문화유산인 문화재의 실효성 있는 보존·관리를 위하여 각종 개발사업으로 인한 문화재의 훼손을 사전에 예방할 수 있는 체제를 마련하고, 문화재사범의 단속을 강화하기 위하여 위법행위에 대한 벌금액을 상향조정하는 한편, 국민에게 불편을 주는 행정규제완화를 위하여 행정편의 위주의 각종 신고 및 보고의무 등을 폐지하고 기타 현행제도의 운영상 나타난 일부 미비점을 개선·보완하려는 것임.

⟨주요내용⟩

① 국가지정문화재의 관리에 관하여 국가만이 소유자·관리자 등에 대한 행정명령권을 가지고 있던 것을 지방자치단체도 국가지정문화재의 관리를 위하여 필요한 사항을 명령할 수 있도록 하는 등 그 권한의 일부를 부여함.

② 국가 또는 지방자치단체 등은 문화재가 매장된 것으로 판정된 지역에서 개발 사업을 하고자 하는 경우에는 문화관광부장관과 사전에 협의를 하도록 함.

③ 건설공사의 시행자는 건설공사의 사업계획 수립시 당해지역에 대한 문화재 지표조
사를 하도록 하고, 그 결과를 문화관광부장관에게 제출하도록 함.

④ 현상변경허가를 받지 아니하고 천연기념물을 표본 또는 박제로 제작한 자에 대한
벌칙을 신설하여 천연기념물의 보호·관리를 강화함.

⑤ 국가지정문화재 소유자의 관리상황보고의무 및 공개의무, 문화재의 수리 등 착수
및 완료시 신고의무·외국문화재 국내반입시 신고의무, 문화재매매업의 허가제, 문
화재수리기술자의 보수교육의무 등 비효율적인 각종 행정규제를 폐지 또는 정비함.

⓭ [시행 2000. 7. 1.] [법률 제6133호, 2000. 1. 12., 일부개정]
⇨ 독립청 시점

〈개정이유〉

문화재보호구역의 지정에 따른 재산권행사의 제한을 줄이기 위하여 문화재보호구역
관련 제도를 개선하고, 문화재수리기술자의 자격취득 및 등록에 있어서의 행정규제를
완화하며, 문화재보호를 위하여 문화재의 공개를 제한할 수 있도록 하는 등 현행 제도
의 운영상 나타난 일부 미비점을 개선·보완하려는 것임.

〈주요내용〉

① 문화재청장은 문화재보호를 위하여 지정된 보호물 또는 보호구역에 대한 적정성
여부를 일정한 기간을 두어 검토하도록 하고 그 검토결과에 따라 보호물 또는 보
호구역을 해제하거나 그 범위를 조정하도록 함.

② 문화재수리기술자가 되고자 하는 자는 실무 또는 연구경력 등 일정한 요건을 갖추
고 자격시험에 합격하여야 하였으나, 앞으로는 자격시험에만 합격하면 누구나 문
화재수리기술자가 될 수 있도록 함.

③ 문화재수리에 관한 업무를 하기 위하여 등록한 문화재수리기술자가 그 등록이 취
소된 경우 종전에는 5년이 경과한 후에 다시 등록할 수 있도록 하였으나, 앞으로
는 2년이 경과하면 다시 등록할 수 있도록 함.

④ 문화재청장은 국가지정문화재의 보호 및 훼손방지를 위하여 필요한 경우 당해 문
화재의 공개를 제한하는 조치를 할 수 있도록 하고, 공개가 제한되는 지역에 출입

하고자 하는 자는 문화재청장의 허가를 받도록 함.

⑤ 행정기관은 문화재가 있는 지역의 외부지역에서 시행하는 건설공사 중 조례로 정하는 지역안의 건설공사에 대하여는 그 건설공사의 인·허가 등을 하기 전에 당해 건설공사가 문화재보존에 미치는 영향을 검토하도록 함.

⑭ [시행 2001. 7. 1.] [법률 제6443호, 2001. 3. 28., 일부개정]

〈개정이유〉

전통문화의 전승사업이 활발히 이루어 질 수 있도록 하기 위하여 중요무형문화재 보유자 인정제도를 개선하고, 문화재 수리공사에 있어서의 기술수준의 향상과 품질확보를 위하여 문화재 수리공사의 평가제도를 도입하며, 근대문화유산 등의 보호를 위하여 보존할 가치가 있는 건조물 및 기념물은 등록하여 관리할 수 있도록 하는 등 현행 제도의 운영과정에서 나타난 일부 미비점을 개선·보완하려는 것임.

〈주요내용〉

① 중요무형문화재 보유자의 신진대사를 촉진하고 기·예능전수활동을 활성화하기 위하여 중요무형문화재의 보유자가 기·예능의 전수교육을 정상적으로 실시하기 어려운 경우에는 중요무형문화재 보유자의 인정을 해제하고 명예보유자로서 그 자격을 인정할 수 있도록 함.

② 문화재 수리공사를 발주한 문화재청장 또는 지방자치단체의 장은 그가 발주한 문화재 수리공사에 대하여 평가를 할 수 있도록 하고, 우수한 평가를 받은 문화재수리업자에 대하여는 문화재 수리공사의 발주에 있어서 우대할 수 있도록 함.

③ 문화재청장은 국가지정 문화재 등으로 지정되지 아니한 근대문화유산 등 건조물이나 기념물의 보존과 활용을 위하여 필요한 경우에는 이들을 등록하여 현상변경 등의 행위에 대하여 지도·조언·권고할 수 있도록 하고, 그 수리·관리 등에 필요한 경비를 지원할 수 있도록 함으로써 문화재로서의 가치가 있는 건조물이나 기념물의 보존과 활용의 증대를 도모함.

④ 시·도지정문화재로서 보존할 가치가 있는 문화재가 문화재로서 지정되기 전에 훼손되는 것을 방지하기 위하여 긴급한 필요가 있는 경우에는 이를 가지정하여 보호

할 수 있도록 함.

⑤ 문화재보호법에 의한 신고의무를 이행하지 아니한 자에 대하여 일률적으로 500만 원 이하의 과태료를 부과하도록 하던 것을 신고의무 위반사항의 경중에 따라 차등 부과할 수 있도록 과태료 금액을 합리적으로 조정함.

⓯ [시행 2003. 7. 1.] [법률 제6840호, 2002. 12. 30., 일부개정]

〈개정이유〉

문화재수리공사의 품질향상을 도모하기 위하여 문화재수리기술자·문화재수리업자 등의 업무처리기준을 마련하도록 하고, 문화재수리공사에 대한 하자담보책임에 관한 규정을 새로이 정하는 한편, 문화재의 절취·도굴 방지 및 그 부정한 유통을 차단하기 위하여 문화재를 불법취득하여 은닉한 경우 절취·도굴 범죄자가 처벌되지 아니한 경우에도 그 은닉행위자를 처벌하도록 하는 등 현행 제도의 운영과정에서 나타난 일부 미비점을 개선·보완하려는 것임.

〈주요내용〉

① 문화재수리공사의 품질향상을 위하여 문화재수리업무를 담당하는 문화재수리기술자·문화재수리업자 등의 업무처리기준을 마련하고, 동 업무처리기준을 위반한 경우에는 업무정지 또는 등록취소 등의 행정처분을 할 수 있도록 함.

② 종전에는 문화재수리업무에 10년 이상 종사한 6급 이상 공무원으로서 문화재수리 기술전문교육을 이수한 자에 대하여 문화재수리기술자자격시험중 필기시험 전부를 면제할 수 있도록 하였으나, 앞으로는 동 자격시험의 필기시험중 일부에 한하여 면제할 수 있도록 하고, 필기시험에 합격한 자에 대하여는 다음 회의 필기시험에 한하여 이를 면제할 수 있도록 함.

③ 문화재수리기술자는 다른 사람으로 하여금 자기의 성명 또는 수리기술자등록증을 사용하여 수리업무를 하게 하거나 수리기술자등록증을 다른 사람에게 대여하지 못하도록 하고, 2 이상의 문화재수리업체에 중복하여 취업할 수 없도록 하며, 이들 금지규정에 위반한 자에 대하여는 등록취소·업무정지 등의 처분을 하거나 1년 이하의 징역 또는 1천만원 이하의 벌금에 처하도록 함.

④ 문화재수리공사에 있어서 최장 10년까지는 문화재수리업자가 하자담보책임을 지도
록 하되, 발주자와 체결하는 도급계약에 하자담보에 관한 별도의 특약을 정하는 경
우에는 일정한 한도까지는 당해 특약이 적용되도록 하여 하자담보책임을 강화함.

⑤ 문화재보호·보존·보급 및 전통생활문화의 창조적 계발을 목적으로 민법 제32조의
규정에 의하여 설립된 한국문화재보호재단을 문화재보호법에 의한 특별법인으로
전환하여 그의 위상을 정립하고 관련 업무를 효율적으로 추진할 수 있도록 함.

⑥ 세계문화유산 및 자연유산의 보호에 관한 협약(Convention Concerning the Protection
of the World Cultural and Natural Heritage)에 우리나라가 가입함에 따라 세계유산에
속하는 문화재를 체계적으로 보존·관리하기 위하여 국제연합교육과학문화기구 세
계유산위원회에 이를 등록하는 경우에는 문화재청장은 이를 국가지정문화재에 준
하여 관리하도록 함.

⑦ 지정문화재로 지정되거나 그의 보호물 또는 보호구역으로 지정·고시된 지역이 국
토의계획및이용에관한법률에 의한 도시지역에 속하는 경우에는 이를 동법에 의한
보존지구로 지정·고시된 것으로 보도록 하여 문화재 및 그의 보호물·보호구역의
관리를 강화함.

⑧ 도난·도굴 문화재의 부정유통을 차단하기 위하여 절취 또는 도굴된 문화재의 은
닉행위를 한 자에 대하여는 그 행위 이전에 본인외의 자에 의하여 행하여진 절취
또는 도굴행위 등이 처벌되지 아니한 경우에도 처벌할 수 있도록 함.

⓰ [시행 2005. 7. 28.] [법률 제7365호, 2005. 1. 27., 일부개정]

〈개정이유〉

문화재수리기술자 및 기능자의 등록사무를 문화재청에서 시·도로 이양하고, 등록문화
재의 등록대상을 확대하며, 발굴허가제도를 개선하여 발굴기관 등의 부주의에 대한
제재수단을 마련하는 한편, 현행 문화재 보존·관리제도의 운영과정에서 나타난 일부
미비점을 개선·보완하려는 것임.

〈주요내용〉

① 문화재수리기술자·기능자 등록사무의 시·도 이양 및 자격증 교부제도의 도입

- 문화재수리기술자·기능자 등록사무를 시·도로 이양하고, 그에 따라 문화재청에서는 자격관리 업무만을 관장하기 위하여 문화재수리기술자·기능자에 대한 자격증 교부와 자격취소 관련 규정을 도입하려는 것임.

- 문화재수리기술자·기능자 자격시험에 합격한 자에 대한 문화재수리기술자·기능자 자격증 교부, 자격취소에 관한 내용을 신설하고, 문화재수리기술자·기능자 자격증을 교부받은 자가 문화재수리업무를 하고자 하는 경우 주소지 관할 시·도지사에게 등록하도록 하며, 그 등록취소 등에 관한 내용을 규정함.

- 현재 문화재청 및 시·도로 이원화된 문화재수리기술자·기능자와 수리업자의 관리를 시·도로 일원화함으로써 수리기술자·기능자 및 수리업자의 효율적 관리와 민원인의 편의를 제고할 것으로 기대됨.

② 국가지정문화재의 기록관리 강화

- 국가지정문화재에 관하여 현재는 문화재청장이 국가지정문화재중 중요한 것만 기록·관리하게 되어 있는 바, 국가지정문화재의 기록·관리가 충분하지 못한 문제점을 개선하려는 것임.

- 국가지정문화재에 관한 기록 작성의 주체를 문화재청장에서 시장·군수·구청장 및 관리단체로 확대하고, 중요한 사항만 기록하도록 한 것을 보존·관리 및 변경사항도 기록·보존하도록 함.

- 국가지정문화재의 지정, 보존·관리 및 변경사항을 모두 기록함에 따라 국가지정문화재를 효율적으로 보존·관리할 수 있을 것으로 기대됨.

③ 등록문화재 등록대상의 확대

- 근대문화유산이 각종 개발 등으로부터 급속히 멸실·훼손될 우려가 있어 등록문화재 제도를 보완하려는 것임.

- 등록문화재의 등록대상을 건조물 또는 시설물 중심에서 문화재보호법에 의한 지정문화재가 아닌 모든 문화재로 확대함.

- 지정문화재로 보호되기 어려운 동산문화재(動産文化財) 등 모든 문화재를 등록할 수 있도록 함으로써 다양한 형태의 문화유산을 효율적으로 보호할 수 있을 것으로 기대됨.

④ 발굴허가의 제한

- 고분·패총이 매장되어 있는 것으로 인정되는 토지 등을 문화재청장의 허가를 받아 발굴하는 경우 허가사항이나 지시사항과 다르게 발굴하여 문화재가 훼손

되는 문제 또는 발굴조사보고서를 기한 내에 제출하지 아니하는 문제가 빈번하여 이를 개선하려는 것임.

- 발굴의 허가사항이나 지시사항을 위반하여 고의 또는 중대한 과실로 발굴지를 훼손하거나, 발굴조사보고서의 제출기한을 경과하여 발굴조사보고서를 제출하는 경우에는, 그 위반행위에 직접 관여한 발굴기관 및 그 대표자 등을 일정기간 동안 발굴에 참여할 수 없도록 함.

- 발굴허가 구역내에서의 불법 발굴행위를 막아 문화재의 훼손을 줄이고 발굴조사보고서 제출의 실효성을 확보하여 문화재 관련 학술자료의 확보에 기여할 것으로 기대됨.

⑤ 북한 연고(緣故) 무형문화재에 대한 시·도지정문화재 지정·관리의 근거 마련

- 북한에서 전승되던 무형문화재가 국가지정문화재로 지정되지 아니할 경우 이를 시·도지정문화재로 지정·관리함이 바람직하나 그 지정·관리가 제대로 이루어지고 있지 아니한 점을 개선하려는 것임.

- 문화재청장, 이북5도에관한특별조치법에 따라 임명된 도지사 또는 이북5도위원회의 위원장은 보존할 가치가 있다고 인정되는 북한 연고의 무형문화재가 전승되고 있는 지역을 관할하고 있는 시·도지사에게 그 문화재를 시·도지정문화재로 지정할 것을 권고할 수 있도록 함.

- 북한 연고 무형문화재를 시·도지정문화재로 지정함으로써 북한 연고 무형문화재의 체계적인 관리 및 보호가 가능할 것으로 기대됨.

⑰ [시행 2006. 6. 24.] [법률 제7734호, 2005. 12. 23., 일부개정]

〈개정이유〉
지정문화재의 체계적인 보존·관리를 위하여 지정문화재에 대한 정기조사와 재조사를 실시하도록 하고, 시·도지사가 시·도지정문화재를 수리한 때에는 문화재청장에게 보고하도록 하는 한편, 문화재청장 또는 시·도지사에게 지정문화재의 화재예방 및 소화설비 등 설치를 위하여 필요한 시책을 수립·시행하도록 하려는 것임.

⑱ [시행 2007. 4. 11.] [법률 제8346호, 2007. 4. 11., 전부개정]

〈개정이유〉

법치국가에서의 법 문장은 일반 국민이 쉽게 읽고 이해해서 잘 지킬 수 있도록 해야 함은 물론이고 국민의 올바른 언어생활을 위한 본보기가 되어야 하는데, 우리의 법 문장에는 용어 등이 어려워 이해하기 힘든 경우가 많고 문장 구조도 어문(語文) 규범에 맞지 않아 국민의 일상적인 언어생활과 거리가 있다는 지적이 많음. 이에 따라 법적 간결성·함축성과 조화를 이루는 범위에서, 법 문장의 표기를 한글화하고 어려운 용어를 쉬운 우리말로 풀어쓰며 복잡한 문장은 체계를 정리하여 쉽고 간결하게 다듬음. 이렇게 함으로써 일반 국민이 쉽게 읽고 잘 이해할 수 있도록 하고, 국민의 언어생활에도 맞는 법률이 되도록 하여, 종래 공무원이나 법률 전문가 중심의 법률 문화를 국민 중심의 법률 문화로 바꾸려는 데에 기여하려는 것임.

⑲ [시행 2008. 9. 29.] [법률 제9002호, 2008. 3. 28., 일부개정]

〈개정이유〉

문화재위원회 운영의 공정성, 절차적 투명성 및 위원의 책임성을 제고하기 위하여 심의내용, 의결사항 등을 기록한 회의록의 작성·공개를 의무화하고, 중요무형문화재 보유자의 기·예능 공개 의무화 등 중요무형문화재 관련 규정을 보완·정비하며, 문화재청이 문화재와 관련하여 정책을 수립·집행하는 데 도움이 되도록 일반동산문화재의 현상·관리 등을 조사할 수 있는 법적 근거를 마련하려는 것임.

〈주요내용〉

① 문화재위원회 회의록 작성·공개
   - 문화재위원회는 회의일시 및 장소, 출석위원, 심의내용 및 의결사항을 기재한 회의록을 작성하여 공개하여야 하며, 필요한 경우 속기나 녹음 또는 녹화를 할 수 있도록 함.
② 보호물 또는 보호구역 지정의 적정성 검토
   - 문화재청장은 보호물 또는 보호구역을 지정하거나 조정한 때에는 지정 또는 조

정 후 매 10년이 되는 날 이전에 그 적정성을 검토하도록 함.

③ 인정해제 요건 구체화

- 중요무형문화재 보유자의 인정해제 요건을 신체 또는 정신상의 장애로 중요무
형문화재로 적당하지 아니한 경우 등으로 구체화함.

④ 전수교육 의무화

- 중요무형문화재 보유자의 전수교육 실시 여부를 현행 임의규정에서 의무규정
으로 바꿈.

⑤ 중요무형문화재의 기·예능 공개 등

- 중요무형문화재의 보유자는 특별한 사유가 있는 경우를 제외하고는 매년 1회 이
상 해당 중요무형문화재의 기·예능을 공개하도록 하고, 국가 및 지방자치단체가
공개에 따른 경비를 예산의 범위 안에서 전부 또는 일부를 지원할 수 있도록 함.

⑳ [시행 2008. 12. 14.] [법률 제9116호, 2008. 6. 13., 일부개정]

〈개정이유〉

민원처리기간을 단축하고 행정절차를 간소화하기 위해 천연기념물 동물치료소의 지정·
해제 권한을 시·도지사에게 부여하고, 천연기념물 동물치료소 지정요건을 법률에 규
정하는 등 현행 제도의 운영상 나타난 일부 미비점을 개선·보완하려는 것임.

〈주요내용〉

① 천연기념물 동물치료소 지정·해제 권한 이양

- 천연기념물 동물치료소 지정요건을 법률에 규정하고, 그 지정 및 해제 권한을
시·도지사에게 부여하며, 지정·해제 시 문화재청장에게 보고하도록 함.

② 동물치료 경비 지급사무의 민간위탁

- 천연기념물 동물치료 경비 지급사무를 적정 요건을 갖춘 법인 또는 단체 등 민
간에 위탁할 수 있도록 함.

③ 문화재의 유실·도난 신고

- 국가지정문화재의 신고사항, 등록문화재의 신고사유 및 시·도지사의 문화재청
장 보고사유에 멸실(滅失)과 훼손(毀損)뿐만 아니라 문화재의 유실(遺失)과 도난

(盜難) 등을 포함하도록 함.

㉑ [시행 2010. 2. 4.] [법률 제10000호, 2010. 2. 4., 전부개정]

〈개정이유〉

우리나라 모든 문화재의 보호·관리를 총괄하는 이 법은 1982년 전부 개정된 이후 여러 차례에 거쳐 필요한 조항을 보완하여 개정하였기 때문에 입법체계가 복잡하고, 관련 법 제도 간 관계가 명확하지 않아 상호간 모순·저촉이 발생하고 국민들의 문화재 보호에 대한 이해를 어렵게 하고 있으며, 문화재 보존·관리 환경 변화에 따른 입법수요에 부응하고 체계적인 문화재수리 제도 마련과 매장문화재의 보존·관리 등에 만전을 기할 필요성이 대두되고 있으므로 이 법의 내용 중 문화재수리와 매장문화재에 관한 부분을 분리하여 별도의 법률로 제정하기 위하여 관련 조항을 정비·보완하는 한편, 우리 민족의 정체성 회복과 인류문화의 보호를 위하여 국외에 소재하는 우리 문화재에 대한 보호·환수 및 활용을 위한 정책 추진의 근거를 마련하고, 그 밖에 다양한 유형의 문화재 보존·관리 및 활용을 위한 실효성 확보를 위하여 현행 제도의 운영상 나타난 일부 미비점을 보완하려는 것임.

〈주요내용〉

① 문화재 보존·관리 및 활용에 관한 기본계획 및 시행계획 수립·시행
  – 문화재의 체계적 보존·관리 및 활용을 위해서는 체계적이고 실효성 있는 계획을 수립·추진할 필요 있음.
  – 문화재청장은 문화재의 보존·관리 및 활용에 관한 문화재기본계획을 5년마다 수립하도록 하고, 문화재청장 및 시·도지사는 기본계획에 따른 연도별 시행계획을 수립·시행하도록 함.
  – 문화재 보존·관리 및 활용에 관한 체계적인 추진과 문화재 관련 예산의 효율적인 편성·집행이 이루어 질 것으로 기대됨.
② 문화재위원회 위원의 자격기준을 법률에 명시
  – 문화재위원회 위원 구성을 공정하고 객관적으로 할 필요가 있음.
  – 문화재위원회 위원을 「고등교육법」에 따른 대학에서 문화재의 보존·관리 및 활

용과 관련된 학과의 부교수 이상에 재직하거나 재직하였던 사람 등으로 규정함.
- 대통령령(「문화재위원회 규정」)에서 규정하고 있는 문화재위원회 위원의 자격기준을 법에서 명시함으로써 문화재위원회 구성을 보다 공정하고 객관화할 수 있을 것으로 기대됨.

③ 지정되지 않은 문화재의 멸실 방지 등을 위한 문화재 기초조사 도입
- 문화재는 민족의 정체성을 구현하는 최고의 가치를 지니고 있으나 점차 사라져가고 있어 현황을 조사하여 보호·관리할 필요가 있음.
- 국가와 지방자치단체는 현존하는 문화재를 조사하여 기록을 작성할 수 있고, 소유자 또는 조사·발굴 관련 단체 등에 자료를 요구할 수 있도록 함.
- 지정되지 않은 문화재의 현황을 파악하여 멸실·훼손 등으로부터 사전 보호조치가 가능할 것으로 기대됨.

④ 화재 및 재난예방 등을 위한 시책 수립·시행 등
- 문화재를 화재나 재난으로부터 방지하고 도난을 예방하기 위한 각종 시책을 수립·시행할 필요가 있음.
- 화재 및 재난방지, 도난 예방을 위한 시책을 수립·시행하도록 하고, 문화재별 화재대응 지침서를 마련하여 문화재 방재의 날을 정하도록 함.
- 문화재를 화재, 재난, 도난 등으로부터 보호하기 위한 시책 시행 및 문화재 방재의 날 제정 등으로 문화재 보호 기반 마련 및 안전관리 의식 제고에 기여할 것으로 기대됨.

⑤ 역사문화환경 보존지역에서 허가를 받아야 하는 대상의 구체화 및 구체적인 행위기준 고시
- 문화재 보존에 따른 국민 불편 해소를 위하여 역사문화환경 보존지역 설정 대상 문화재를 구체화하고, 같은 지역에서 허가를 받아야 하는 행위기준을 마련하도록 할 필요가 있음.
- 역사문화환경 보존지역을 지정할 수 있는 문화재에 동산문화재를 제외하고, 건설공사로부터 문화재 보호를 위하여 지정된 역사문화환경 보존지역에서 허가를 받아야 하는 구체적인 행위기준을 고시하도록 함.
- 역사문화환경 보존지역의 지정대상 문화재에 동산문화재를 제외하고, 허가범위에 대한 구체적인 기준을 고시함에 따라 행정행위의 투명성을 높이고 국민의 불편을 줄일 수 있을 것으로 기대됨.

⑥ 문화재의 현상변경 허가기준 및 허가사항 취소에 관한 사항 구체화
- 문화재의 현상변경 허가 및 허가 취소는 재량행위의 투명화를 위하여 법률에 구체화할 필요가 있음.
- 재량행위의 투명화를 위하여 현재 대통령령에 규정하고 있는 현상변경 허가기준을 이 법에 규정하고, 허가사항이나 허가조건을 위반하거나 부정한 방법으로 허가를 받은 때는 허가를 취소할 수 있도록 함.
- 현상변경 허가 여부 및 허가취소에 관한 예측 가능성을 높임으로써 행정행위의 투명성이 높아질 것으로 기대됨.
⑦ 국가지정문화재 공개제한 시 의견 수렴 등
- 국가지정문화재의 공개제한 시 소유자 등의 재산권을 보호할 필요가 있음.
- 국가지정문화재 공개제한 시 소유자 또는 관리단체의 의견을 듣도록 하고 공개제한 및 공개제한 해제 시 소유자·관리자 또는 관리단체 관할 지방자치단체의 장에게 통보하도록 함.
- 국가지정문화재 공개제한 시 소유자 등의 의견을 듣도록 함으로써 소유자 등의 권익보호에 기여할 것으로 기대됨.
⑧ 등록문화재 현상변경 허가 대상 확대
- 등록문화재의 훼손방지를 위하여 현상변경 허가대상을 확대할 필요가 있음.
- 국가 및 지방자치단체가 소유한 등록문화재는 현상을 변경하는 경우 문화재청장의 허가를 받도록 함.
- 국가 또는 지방자치단체의 등록문화재 훼손행위를 미연에 방지함으로써 등록문화재의 원형 보존에 기여할 것으로 기대됨.
⑨ 국가의 국외소재문화재 보호 및 환수 정책 추진
- 민족의 정체성 회복과 인류문화의 보호를 위하여 국외소재 우리 문화재에 대한 보호·환수 및 활용 등을 위한 정책 추진 근거의 마련이 필요함.
- 국가는 국외소재문화재 보호·환수 및 활용 등을 위하여 노력을 하여야 하고, 국외소재문화재의 현황·관리실태·반출경위 등에 관한 조사·연구를 실시하며, 관련 단체를 지원·육성할 수 있도록 함.
- 국외소재문화재에 대한 체계적인 보호·환수가 이루어질 뿐만 아니라 활용을 위한 지원이 가능함에 따라 우리문화의 우수성이 국외에 선양될 수 있을 것으로 기대됨.

㉒ **[시행 2011. 4. 6.] [법률 제10562호, 2011. 4. 6., 일부개정]**

〈개정이유〉
국제연합교육과학문화기구의 「무형문화유산의 보호를 위한 협약」 이행을 장려하고,
아시아·태평양지역의 무형문화유산 보호활동을 지원하기 위한 "유네스코 아·태무형
문화유산 국제정보네트워킹센터" 설립의 법적 근거를 마련함으로써 무형문화유산의
보호와 인류문화의 발전에 기여하려는 것임.

㉓ **[시행 2011. 10. 15.] [법률 제10829호, 2011. 7. 14., 일부개정]**

〈개정이유〉
문화재위원회의 업무를 보조하는 전문위원의 위촉 근거를 명시하고, 전통문화의 공연·
전시·심사 외의 사유로 금고 이상의 형을 선고받고 그 형이 확정된 경우에 중요무형
문화재 보유자의 인정을 해제할 수 있도록 하려는 것임.

㉔ **[시행 2012. 3. 17.] [법률 제11053호, 2011. 9. 16., 일부개정]**

〈개정이유〉
국가와 지방자치단체로 하여금 지정문화재의 소방시설, 재난방지시설 또는 도난방지
장치를 유지·관리하는 자에게 예산의 범위에서 그 소요비용의 전부나 일부를 보조할
수 있도록 하려는 것임.

㉕ **[시행 2012. 7. 27.] [법률 제11228호, 2012. 1. 26., 일부개정]**

〈개정이유〉
국가 간 문화재 반환 문제 해결을 위한 국제법적 강제수단이 없고 정부 중심의 국외

소재문화재 환수 추진에 있어서도 정치적·외교적 상황을 고려해야 하는 등 많은 어려움이 있음을 고려하여 국외소재문화재재단이라는 특수법인을 설립하여 외교적·정치적 상황을 고려해야 하는 정부 기능을 보완하면서, 정부의 전문성과 인적·물적 자원의 체계적 지원을 바탕으로 민간의 창의성과 효율성을 활용하여 국외소재문화재의 환수 및 활용을 추진하도록 하는 한편, 지정문화재 중 목조건축물과 지정문화재 보호구역에 설치된 목조건축물 등을 금연구역으로 지정하거나 금연구역이나 흡연구역으로 나누어 지정하도록 함으로써 흡연으로 인한 화재로부터 중요 목조문화재 등을 보호하기 위한 법적 근거를 마련하려는 것임.

〈주요내용〉

① 국외소재문화재에 대한 체계적인 조사·관리 및 환수·활용 추진을 위하여 문화재청장으로 하여금 국외소재문화재 환수 및 활용에 관한 기본계획을 수립하도록 함.

② 지정문화재인 목조건축물이나 보호구역에 설치된 목조건축물 등의 소유자, 관리자 및 관리단체는 해당 시설 또는 지역을 금연구역으로 지정하거나 금연구역이나 흡연구역으로 나누어 지정하고 이를 알리는 표지를 설치하도록 하며, 국가나 지방자치단체는 이에 소요되는 비용을 보조할 수 있도록 함.

③ 국외소재문화재의 환수 및 활용에 관한 정책을 자문하기 위하여 "국외소재문화재 환수 및 활용 자문위원회"를 설치함.

④ 국외소재문화재의 현황 및 반출 경위 등에 대한 조사·연구, 국외소재문화재 환수·활용과 관련한 각종 전략·정책 연구 등 국외소재문화재와 관련한 제반 사업을 종합적·체계적으로 수행하기 위하여 문화재청 산하에 "국외소재문화재재단"을 설치함.

⑤ 국가는 국외소재문화재재단의 설립과 운영에 소요되는 경비를 예산 또는 문화재보호기금에서 출연 또는 보조할 수 있도록 함.

⑥ 금연구역을 지정하지 아니한 자에게는 500만원 이하의 과태료를 부과하며, 금연구역에서 흡연을 한 자에게는 10만원 이하의 과태료를 부과하도록 함.

㉖ [시행 2014. 8. 29.] [법률 제12692호, 2014. 5. 28., 일부개정]

〈개정이유〉

한국문화재보호재단은 공공성을 지닌 특수법인으로서 문화재의 보호·선양 및 전통생활문화의 계발을 위한 다양한 사업을 수행하고 있으나 법률에 해당 사업이 명시되어 있지 않고 정관에 따라 운영되고 있고, 재단의 설립 목적도 최근 활용중심의 문화재 정책 기조에도 부합되지 않은 측면이 있는바, 한국문화재보호재단이 문화재 보호 기능에 한정하지 않고 문화재의 보호·보급 및 활용 등의 업무를 수행함과 문화재 보존·보호와 아울러 활용을 중요시하는 정책기조를 온전히 반영하기 위해 '한국문화재보호재단'을 '한국문화재재단'으로 변경하고, 그 설립목적 중 문화재의 선양을 활용으로 변경하여 정책 기조에 부합되도록 하며, 법률에 소관 사업을 명확히 규정하여 그 책임과 권한을 분명히 하고, 그 밖에 유사명칭의 사용금지 규정을 두는 등 현행 제도의 미비점을 개선하려는 것임.

㉗ [시행 2015. 1. 29.] [법률 제12352호, 2014. 1. 28., 일부개정]

〈개정이유〉

문화재 관리단체에게 전적으로 관리를 맡기기 어려운 특정 국가지정문화재에 대해서는 국가가 직접 관리할 수 있도록 하고, 유명 문화재를 국내외 관람객이 관람하는 과정에서 발생하는 주변 혼잡 등의 해당 문화재 소재지 지역 주민의 불편을 고려하여 지역 주민에 대한 관람료 감면 등 우대방안을 마련하여 지역 주민에게 폭넓게 개방, 관람하도록 함으로써 문화재에 대한 인식을 제고하도록 하는 한편, 다양한 무형문화재를 지정·보호하기 위하여 중요무형문화재 지정 시 보유자 없이도 중요무형문화재를 지정할 수 있도록 하고, 국가지정문화재에 대한 행위 허가 권한 중 경미한 행위에 대한 허가 권한을 특별자치시장, 특별자치도지사, 시장·군수 또는 구청장에게 이양하며, 그 밖에 현행 제도의 운영상 나타난 일부 미비점을 개선·보완하려는 것임.

〈주요내용〉

① 종전에는 중요무형문화재를 지정할 경우 해당 중요무형문화재의 전수 교육이 가능

한 자를 보유자로 반드시 인정하도록 하였으나, 대통령령으로 정하는 바에 따라 중요무형문화재의 특성상 보유자를 인정하기 어려운 중요무형문화재를 지정하는 경우에는 인정하지 않을 수 있도록 함.

② 문화재청장은 국가지정문화재에 대하여 소유자·관리자 또는 관리단체에 의한 관리가 곤란하거나 적당하지 아니하다고 인정하면 문화재위원회의 심의를 거쳐 해당 문화재를 특별히 직접 관리·보호할 수 있도록 하고, 국가지정문화재의 관리·보호에 필요한 경비는 국가가 부담할 수 있도록 함.

③ 국가지정문화재의 현상을 변경하거나 국가지정문화재의 보존에 영향을 미칠 우려가 있는 행위 등 문화재청장의 허가를 받도록 하던 사항 중에서 대통령령으로 정하는 경미한 행위에 대해서는 특별자치시장, 특별자치도지사, 시장·군수 또는 구청장의 허가를 받도록 함.

④ 국가 또는 지방자치단체는 국가가 관리하는 국가지정문화재의 경우 문화체육관광부령으로, 지방자치단체가 관리하는 국가지정문화재의 경우 조례로 각각 정하는 바에 따라 지역주민 등에 대하여 관람료를 감면할 수 있도록 함.

㉘ [시행 2016. 2. 3.] [법률 제13964호, 2016. 2. 3., 일부개정]

〈개정이유〉

문화재의 국외 반출 허가 신청 기준일을 현행 3개월에서 5개월로 변경하여 법률에서 직접 규정하고, 문화재의 국외 반출 또는 반출 기간의 연장을 허가하기 위하여 필요한 세부 기준을 문화체육관광부령으로 규정하는 한편, 국가지정문화재의 관리단체로 지정된 지방자치단체가 해당 문화재의 관리 업무를 위탁한 법인 또는 단체에 그 운영에 필요한 경비를 예산의 범위에서 보조할 수 있는 명시적인 근거를 마련하고, 지방자치단체로 하여금 국외소재문화재 보호 및 환수를 위하여 관련 기관 및 단체에게 지방보조금을 지원할 수 있도록 하며, 국외소재문화재 환수 및 활용 자문위원회를 삭제하는 대신에 해당 사안별로 전문가들을 수시 소집하여 의견을 청취할 수 있도록 하려는 것임.

〈주요내용〉

① 관리단체가 국가지정문화재를 관리할 때 필요한 운영비 등 경비를 국가나 지방자치단체가 예산의 범위 안에서 지원할 수 있도록 함.

② 장애인 용어 정비의 일환으로 '불구'를 '장애'로 변경함.

③ 문화재의 국외 반출 허가 신청 기준일을 현행 3개월에서 5개월로 변경하고, 문화재의 국외 반출 또는 반출 기간의 연장을 허가하기 위하여 필요한 세부 기준을 정하도록 함.

④ 문화재청이나 지방자치단체는 국외소재문화재의 현황, 보존·관리 실태, 반출 경위 등에 대한 조사·연구를 실시할 수 있고, 이를 위한 관계기관의 협조를 요청할 수 있도록 함.

⑤ 문화재청이나 지방자치단체는 국외소재문화재 보호 및 환수를 위하여 관련 기관 또는 단체를 지원·육성할 수 있도록 하고, 기관 등의 선정 및 재정지원 등에 필요한 사항은 해당 지방자치단체의 조례로 정하도록 함.

⑥ 국외소재 우리문화재의 환수 및 활용에 관한 정책 및 주요 사항에 대해 문화재청장이 필요한 경우 전문가 및 관계기관의 다양한 의견을 청취할 수 있도록 함.

㉙ [시행 2016. 3. 28.] [법률 제13249호, 2015. 3. 27., 일부개정]

〈개정이유〉

확대된 무형문화재의 개념을 정의 규정에 반영하고, 문화재기본계획에 남북한 간 문화재 교류협력에 관한 사항을 추가하며, 문화재의 불법반출방지를 위하여 문화재감정위원을 배치할 수 있도록 근거를 마련하는 동시에 「무형문화재 보전 및 진흥에 관한 법률」에 무형문화재와 관련된 사항을 반영하기 위하여 관련 사항을 삭제하는 등 기타 체계 자구를 정비하려는 것임.

〈주요내용〉

① 무형문화재의 용어에 여러 세대에 걸쳐 전승되어 온 무형의 문화적 유산 중 전통적 공연·예술, 공예·미술 등에 관한 전통기술, 한의약, 농경·어로 등에 관한 전통지식, 구전 전통 및 표현 등이 해당되도록 정의 규정에 추가함.

② 문화재기본계획의 내용에 남북한 간 문화재 교류협력에 관한 사항을 추가함.

③ 문화재의 불법 반출방지 등을 위하여 문화재감정위원을 공항, 무역항, 통관우체국 등에 배치할 수 있도록 근거를 마련함.

㉚ [시행 2017. 3. 21.] [법률 제14640호, 2017. 3. 21., 일부개정]

〈개정이유〉

국외소재문화재의 범위를 외국에 소재하는 부동산문화재와 전승 중인 무형문화재까지 확대하고, 문화재청이 고유연구 이외에 대학 및 산업체 등과 공동연구를 수행할 수 있 도록 그 근거를 마련하며, 문화재를 화재 등 각종 재난으로부터 보호하기 위해 문화재 방재 관련 규정을 정비하는 한편, 현행 문화재 보존·관리제도의 운영과정에서 나타난 일부 미비점을 개선·보완하려는 것임.

〈주요내용〉

① 국외소재문화재의 정의를 "국외로 반출되어 현재 대한민국의 영토 밖에 소재한 문 화재"에서 "외국에 소재하는 문화재로서 대한민국과 역사적·문화적으로 직접적 관련이 있는 것"으로 변경함.

② 문화재기본계획에 문화재의 보존·관리 및 활용 등을 위한 연구개발에 관한 사항 을 포함하도록 함.

③ 문화재청장이 문화재의 보존·관리 및 활용 등의 연구개발을 효율적으로 추진할 수 있도록 고유연구 외에 대학 및 산업체 등과 공동연구를 수행할 수 있도록 함.

④ 문화재를 화재 등 각종 재난으로부터 보호하기 위해 문화재 방재교육 훈련 실시, 대국민 홍보, 관계기관 협조 및 정보의 구축·관리 규정 등을 신설하는 한편, 지정 문화재 및 등록문화재의 해당 시설 또는 지역 전체를 금연구역으로 지정하도록 함.

⑤ 등록문화재로 등록할 수 있는 문화재를 모든 문화재에서 유형문화재, 기념물(명승 및 천연기념물 등 제외) 및 민속문화재로 한정함.

⑥ 민법 상 성년후견제 도입에 따라 문화재매매업자의 결격사유 중 '금치산자 또는 한정치산자'를 '피성년후견인 또는 피한정후견인'으로 변경함.

㉛ [시행 2017. 6. 21.] [법률 제14436호, 2016. 12. 20., 일부개정]

〈개정이유〉

현행법에 따르면 문화재청장 및 시·도지사는 문화재별 특성에 따른 화재대응 지침서를 마련하여야 하는데, 화재뿐만 아니라 재난 및 도난 대응에 필요한 지침서도 마련하도록 명시하여 지정문화재의 재난방지 등을 위한 실효성을 담보하려는 것임.

㉜ [시행 2017. 11. 28.] [법률 제15065호, 2017. 11. 28., 일부개정]

〈개정이유〉

문화재분과위원회 또는 문화재합동분과위원회 조사·심의사항을 문화재위원회에서 심의한 사항으로 간주하고, 문화재정보체계의 구축을 위하여 자료 제출 요구 대상기관을 확대하며, 국외 반출 문화재의 보존·관리 실태 등 관련 자료를 제출하도록 하고, 천연기념물로 지정된 동물의 종(種)을 국외로부터 수입·반입하는 경우 문화재청장에게 신고하도록 등 현행 문화재 보존·관리제도의 운영과정에서 나타난 일부 미비점을 개선·보완하려는 것임.

〈주요내용〉

① 문화재위원회의 분과위원회 또는 합동분과위원회가 조사·심의한 사항 중 일부에 대하여 문화재위원회가 조사·심의한 것으로 보도록 함.
② 문화재정보체계 구축을 위하여 박물관·연구소 등 관련 법인 및 단체의 장에게 필요한 자료의 제출을 요청할 수 있도록 하고, 특별한 사유가 없으면 자료 제출 요청에 따르도록 함.
③ 문화재청장이 요구할 경우 반출 허가를 받은 자가 국외 반출 문화재의 보존·관리 실태 등 관련 자료를 제출하도록 함.
④ 천연기념물로 지정된 동물의 종(種)을 국외로부터 수입·반입하는 경우 대통령령으로 정하는 바에 따라 문화재청장에게 신고하도록 함.

㉝ [시행 2018. 7. 13.] [법률 제15639호, 2018. 6. 12., 일부개정]

〈개정이유〉

허가 관련 민원의 투명하고 신속한 처리와 일선 행정기관의 적극행정을 유도하기 위하여, 국가지정문화재의 현상변경 행위 허가의 신청, 천연기념물 수출 허가의 신청 등을 받은 경우 30일 이내에 허가 여부를 신청인에게 통지하도록 하고, 그 기간 내에 허가 여부나 처리기간의 연장을 통지하지 아니한 경우에는 허가를 한 것으로 간주(看做)하는 제도를 도입하는 한편, 문화재매매업을 허가받은 이후 상호·영업장소 등의 변경 사유 발생 시 관할 지자체에 신고하도록 하는 근거규정과 절차, 서식 등을 마련함으로써 문화재매매업 업무 처리절차를 명확히 하려는 것임.

㉞ [시행 2019. 4. 17.] [법률 제15827호, 2018. 10. 16., 일부개정]

〈개정이유〉

현행법은 특별시장·광역시장·특별자치시장·도지사 또는 특별자치도지사가 국가지정문화재로 지정되지 아니한 문화재 중 보존가치가 있다고 인정되는 것을 시·도지정문화재로 지정하거나 향토문화보존상 필요하다고 인정하는 것에 대해서는 문화재자료로 지정하여 문화재를 관리·보호하도록 규정하고 있음. 그런데 보물 및 국보 등 국가지정문화재는 국가지정문화재의 소유자가 변경된 경우 또는 관리단체가 지정되거나 그 지정이 해제된 경우에 관리단체와 소유자에 대해서 문화재청장이 행하는 명령·지시, 그 밖의 처분으로 인한 이전 소유자나 관리단체의 권리나 의무가 승계되도록 규정하여 국가지정문화재를 관리·보호하고 있으나 시·도지정문화재와 문화재자료의 경우에는 권리·의무 승계의 준용규정이 없어 이를 보완하여야 한다는 지적이 제기되고 있음. 이에 시·도지정문화재와 문화재자료에 대해서도 국가지정문화재의 권리·의무 승계 규정을 준용하도록 규정함으로써 역사적·예술적·학술적 또는 경관적 가치가 있는 문화재를 관리·보호하여 민족문화를 계승하려는 것임.

㉟ [시행 2019. 12. 25.] [법률 제16057호, 2018. 12. 24., 일부개정]

〈개정이유〉

현행법은 문화재청장이 문화재위원회의 심의를 거쳐 지정문화재가 아닌 문화재 중에서 보존과 활용을 위한 조치가 특별히 필요한 것을 등록문화재로 등록할 수 있도록 하고 있음. 등록문화재 제도는 형성된 지 얼마 되지 않아 문화재적 가치를 인정받기 전에 훼손·멸실될 우려가 있는 근·현대문화유산을 보호하기 위하여 2001년 도입되었으며, 2016년 9월 말 현재 672건이 등록되었음. 그런데 국가지정문화재의 경우에는 국가지정문화재로 지정되지 않은 것 중에서 의미가 있는 것은 국가지정문화재에 준하여 시·도지정문화재로 지정·보호할 수 있도록 되어 있으나, 등록문화재의 경우에는 국가 차원에서만 등록 등 보호를 위한 조치를 취할 수 있도록 되어 있어 시·도에서는 관련 유산의 보호에 대응하기 어려운 실정임. 이에 '등록문화재'를 '국가등록문화재'와 '시·도등록문화재'로 구분하고, 시·도지사는 그 관할구역에 있는 문화재로서 지정문화재로 지정되지 아니하거나 국가등록문화재로 등록되지 아니한 유형문화재, 기념물 및 민속문화재 중에서 보존과 활용을 위한 조치가 필요한 것을 시·도등록문화재로 등록할 수 있도록 하려는 것임.

㊱ [시행 2020. 5. 27.] [법률 제16596호, 2019. 11. 26., 일부개정]

〈개정이유〉

종합적이고 체계적인 문화재교육을 통하여 문화재의 가치를 습득하고 민족의 문화정체성을 확립할 수 있도록 문화재교육에 대한 종합적인 정책을 추진할 수 있는 근거를 명확히 하고, 지정된 보호구역이 조정된 경우 지정문화재의 보존에 영향을 미치지 않는 경우에는 역사문화환경 보존지역의 범위를 기존의 범위대로 유지할 수 있도록 함으로써 불필요한 규제 확대를 방지하는 한편, 문화재매매업자의 명의대여 등을 금지하고 위반 시 행정처분과 벌칙을 부과하도록 하는 등 현행 제도의 운영상 나타난 일부 미비점을 개선·보완하려는 것임.

〈주요내용〉

① 문화재교육을 문화재의 역사적·예술적·학술적·경관적 가치 습득을 통해 문화재 애호의식을 함양하고 민족 정체성을 확립하는 등의 교육으로 정의함.

② 인위적 또는 자연적 조건의 변화 등으로 지정된 보호구역이 조정된 경우 시·도지사는 지정문화재의 보전에 영향을 미치지 않는다고 판단하면 문화재청장과 협의하여 역사문화환경 보존지역의 범위를 기존의 범위대로 유지할 수 있도록 함.

③ 국가와 지방자치단체는 문화재교육의 진흥을 위하여 문화재교육의 진흥을 위한 기반 구축 등에 관한 정책을 수립하고 시행하기 위하여 노력하도록 하고, 문화재청장은 문화재교육 관련 정책의 수립·시행을 위하여 실태조사를 실시할 수 있도록 함.

④ 문화재청장의 문화재교육지원센터 지정, 국가 및 지방자치단체의 문화재교육 지원, 문화재청장 및 지방자치단체의 문화재교육 프로그램의 개발·보급 및 인증 등에 관한 사항을 규정함.

⑤ 시·도지사는 시·도지정문화재 또는 문화재자료를 지정할 때 문화재 보호를 위하여 특히 필요하면 이를 위한 보호물 또는 보호구역을 지정할 수 있도록 함.

⑥ 문화재매매업자가 명의대여 등의 금지의무를 위반한 경우에는 허가를 취소하거나 1년 이내의 기간을 정하여 영업정지를 명할 수 있도록 하고, 1년 이하의 징역이나 1천만원 이하의 벌금에 처하도록 함.

㊲ [시행 2020. 6. 9.] [법률 제17409호, 2020. 6. 9., 일부개정]

〈개정이유〉

개인이 소유한 지정문화재 및 등록문화재를 문화재청에 기증할 수 있도록 하고, '문화재매매업자 대상 교육'과 '문화재돌봄사업'의 법적 근거를 마련하며, 지정문화재에 대한 낙서 등 훼손행위에 대한 원상 복구 명령 및 비용청구 등에 관한 절차를 마련하는 등 현행 제도의 운영상 나타난 일부 미비점을 개선·보완하려는 것임.

제2편
문화재보호법

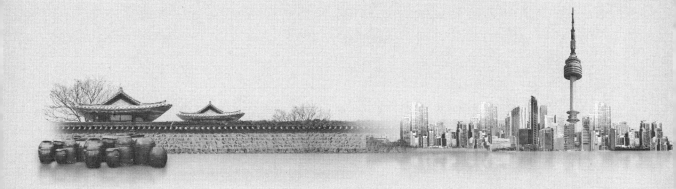

제1장
보호대상

제1절 문화재와 문화유산

　　문화재보호법상 보호대상은 문화재이다. 문화재라는 용어는 1950년 일본에서 문화재보호법을 제정하면서 독일어의 Kulturguter(영어로는 Cultural Properties)를 한자로 옮긴 것을 우리나라에서 수용한 것으로 보이고, 공식적으로는 1961년 문화교육부 안에 문화재 행정을 담당하는 문화재관리국을 두면서 사용된 것이다.[1] 문화의 개념은 라틴어의 밭을 경작하거나 신체를 훈련하는 의미의 colo에서 나온 말로서, 로마시대를 거치면서 물질적 영역에 대비되는 개념으로 마음을 가꾸는 활동으로 발전해 왔다.[2] 여기에 재산을 의미하는 한자어가 결합된 것이 초기의 문화재의 의미로 읽혀 왔다. 국제적으로도 최소한 1950년대까지는 문화재의 의미를 재산에 두고 있음을 알 수 있다. 1954년 네덜란드 헤이그에서 채택된 '무력 충돌 시 문화재 보호를 위한 협약'의 영어 표기를 보더라도 문화재를 'Culutral Property'로 하고 있고, 문화재의 정의를 '모든 민족의 문화유산으로서 큰 중요성을 가지는 동산이나 부동산'으로 한정하고 있다.[3]

　　최근에는 문화재라는 용어보다 문화유산이라는 용어를 더 많이 사용한다. 문화유산이라는 용어가 공식적으로 등장하게 된 배경은 1972년 유네스코 '세계문화유산 및

1) 장호수, 『문화재학개론』, 백산자료원(2002), 8쪽.
2) 원승룡·김종헌, 『문화이론과 문화읽기』, 서광사(2001), 21−22쪽.
3) 무력 충돌 시 문화재 보호를 위한 협약(1954) 제1조.

자연유산의 보호에 관한 협약'에서 문화유산과 자연유산을 분리하여 정의하면서부터 시작된 것으로 보인다. 세계문화유산 및 자연유산의 보호에 관한 협약에서는 문화유산을 기념물, 건조물군, 유적지로 구분하면서도 반드시 이 세 종류로 한정해 놓지는 않았다.[4]

선대로부터 전해 오는 문화를 바라보는 시각이 다르기 때문에 우리나라의 문화재에 대비되는 용어의 사용도 나라마다 제각각이다. 정확한 법적인 의미와 범주는 다소 차이가 있으나 중국에서는 문물, 북한에서는 문화유물, 미국에서는 문화자원이라는 용어를 사용하고 있다.

우리나라는 1962년 문화재보호법을 제정하면서부터 문화재라는 용어를 법적인 용어로 사용해 오고 있다.

제2절 문화재보호법상 문화재의 개념

❶ 법적 정의

우리 문화재보호법은 인위적이거나 자연적으로 형성된 국가적·민족적 또는 세계적 유산으로서 역사적·예술적·학술적 또는 경관적 가치가 큰 것을 문화재로 정의하면서,[5] 그 유형을 네 가지로 구분하고 있다. 도자기와 같은 유형문화재, 승무와 같은 무형문화재, 가마터와 같은 기념물, 그리고 신앙과 관련된 의복과 같은 민속문화재가 그것이다. 문화재보호법에서 정한 문화재의 유형을 구체적으로 살펴보면 다음과 같다.

1. 유형문화재: 건조물, 전적(典籍), 서적(書跡), 고문서, 회화, 조각, 공예품 등 유형의 문화적 소산으로서 역사적·예술적 또는 학술적 가치가 큰 것과 이에 준하는 고고자료(考古資料)

---

4) 세계문화유산 및 자연유산의 보호에 관한 협약(1972) 제1조.
5) 문화재보호법 제2조 제1항.

2. 무형문화재: 여러 세대에 걸쳐 전승되어 온 무형의 문화적 유산 중 다음 각 목
   의 어느 하나에 해당하는 것

   가. 전통적 공연·예술

   나. 공예, 미술 등에 관한 전통기술

   다. 한의약, 농경·어로 등에 관한 전통지식

   라. 구전 전통 및 표현

   마. 의식주 등 전통적 생활관습

   바. 민간신앙 등 사회적 의식(儀式)

   사. 전통적 놀이·축제 및 기예·무예

3. 기념물: 다음 각 목에서 정하는 것

   가. 절터, 옛무덤, 조개무덤, 성터, 궁터, 가마터, 유물포함층 등의 사적지(史蹟
      地)와 특별히 기념이 될 만한 시설물로서 역사적·학술적 가치가 큰 것

   나. 경치 좋은 곳으로서 예술적 가치가 크고 경관이 뛰어난 것

   다. 동물(그 서식지, 번식지, 도래지를 포함한다), 식물(그 자생지를 포함한다),
      지형, 지질, 광물, 동굴, 생물학적 생성물 또는 특별한 자연현상으로서 역사
      적·경관적 또는 학술적 가치가 큰 것

4. 민속문화재: 의식주, 생업, 신앙, 연중행사 등에 관한 풍속이나 관습에 사용되는
   의복, 기구, 가옥 등으로서 국민생활의 변화를 이해하는 데 반드시 필요한 것

┃ 국가무형문화재 제1호와 국가민속문화재 제1호 ┃

종묘제례악6)

덕온공주 당의7)

---

6) 국가문화유산포털(http://www.heritage.go.kr), "종묘제례악" 검색(2020.06.15. 최종방문).

7) 국가문화유산포털(http://www.heritage.go.kr), "덕온공주" 검색(2020.06.15. 최종방문).

문화재보호법에서는 문화재의 정의뿐만 아니라 문화재와 관련된 용어도 사용되고 있다. 먼저 문화재를 보호하기 위하여 지정한 건물이나 시설물을 '보호물'로, 지상에 고정되어 있는 유형물이나 일정한 지역이 문화재로 지정된 경우에 해당 지정문화재의 점유 면적을 제외한 지역으로서 그 지정문화재를 보호하기 위하여 지정된 구역을 '보호구역'으로, 문화재 주변의 자연경관이나 역사적·문화적인 가치가 뛰어난 공간으로서 문화재와 함께 보호할 필요성이 있는 주변 환경을 '역사문화환경'이라는 용어로 사용하고 있다.[8]

위와 같이 문화재의 개념은 비단 우리나라에 있는 것뿐만 아니라 세계적 유산으로서 역사적·예술적·학술적 또는 경관적 가치가 큰 것이라면 모두 포함하므로 우리가 흔히 생각했던 오래되고 가치가 높은 것만을 의미하는 것은 아니다.

이하에서는 문화재의 범위와 관련된 사례를 자세히 살펴보기로 한다.

❷ 문화재의 개념과 관련된 사례

1) 천연기념물 동물의 사체도 문화재가 되는지 여부

천연기념물 동물의 사체가 천연기념물에 해당하는지 여부
(문화재보호법 제2조 등 관련) [16-0040, 2016. 2. 23., 문화재청]

- -

【질의요지】

「문화재보호법」 제2조제1항제3호다목에 따른 "동물"을 같은 법 제25조제1항에 따라 천연기념물로 지정한 경우, 그 천연기념물 동물이 죽은 후 남은 사체가 천연기념물에 해당하는지?

〈질의배경〉

천연기념물 동물의 사체가 천연기념물에 해당하는지 여부에 대해 문화재청 내

---

8) 문화재보호법 제2조 제5항 내지 제7항.

부에서 의견대립이 있어 법제처에 법령해석을 요청함.

【회답】

「문화재보호법」 제2조제1항제3호다목에 따른 "동물"을 같은 법 제25조제1항에 따라 천연기념물로 지정한 경우, 그 천연기념물 동물이 죽은 후 남은 사체는 천연기념물에 해당합니다.

【이유】

「문화재보호법」 제2조제1항제3호다목에서는 "동물(그 서식지, 번식지, 도래지를 포함한다)"을 기념물의 하나로 규정하고 있고, 같은 조 제2항제1호에서는 "국가지정문화재"란 문화재청장이 제23조부터 제26조까지의 규정에 따라 지정한 문화재라고 규정하고 있으며, 같은 법 제25조제1항에서는 문화재청장은 문화재위원회의 심의를 거쳐 기념물 중 중요한 것을 사적, 명승 또는 천연기념물로 지정할 수 있다고 규정하고 있고, 같은 조 제2항에서는 사적, 명승, 천연기념물의 지정기준과 절차 등에 필요한 사항은 대통령령으로 정한다고 규정하고 있습니다. 그 위임에 따라 「문화재보호법 시행령」 제11조제1항에서는 법 제25조에 따른 천연기념물의 지정기준은 별표 1과 같다고 규정하고 있고, 같은 시행령 별표 1의 천연기념물란 제1호에서는 천연기념물 중 동물의 지정기준으로 한국 특유의 동물로서 저명한 것 및 그 서식지·번식지(가목), 석회암지대·사구·동굴·건조지·습지·하천·폭포·온천·하구(河口)·섬 등 특수한 환경에서 생장(生長)하는 특유한 동물 또는 동물군 및 그 서식지·번식지 또는 도래지(나목), 생활·민속·의식주·신앙 등 문화와 관련되어 보존이 필요한 진귀한 동물 및 그 서식지·번식지(다목), 한국 특유의 축양동물(畜養動物)과 그 산지(라목), 한국 특유의 과학적·학술적 가치가 있는 동물자원·표본 및 자료(마목), 분포 범위가 한정되어 있는 고유의 동물이나 동물군 및 그 서식지·번식지 등(바목)을 규정하고 있는바, 이 사안은 「문화재보호법」 제2조제1항제3호다목에 따른 "동물"을 같은 법 제25조제1항에 따라 천연기념물로 지정한 경우, 그 천연기념물 동물이 죽은 후 남은 사체가 천연기념물에 해당하는지에 관한 것이라 하겠습니다.

먼저, 「문화재보호법」 제2조제1항제3호다목에서는 기념물의 하나로 "동물"을 규정하고 있고, 같은 법 제25조제1항에서는 문화재청장은 문화재위원회의 심의를 거쳐 기념물 중 중요한 것을 천연기념물로 지정할 수 있다고 규정하고 있으나, 동물이 천연기념물로 지정된 경우 그 천연기념물 동물이 죽은 후 남은 사체가 천연기념물에 해당하는지 여부에 대해서는 「문화재보호법」에서 특별한 규정을 두고 있지 않으므로 「문화재보호법」의 개별규정을 종합해서 판단해야 할 것입니다.

그런데, 「문화재보호법」 제35조제1항제1호에서는 문화재청장의 허가를 받아야하는 현상변경행위의 대상에 "천연기념물 '중' 죽은 것을 포함"한다고 규정하고 있고 현상변경행위의 범위에 "천연기념물을 표본(標本)하거나 박제(剝製)하는 행위를 포함"하는 것으로 규정하고 있는바, "천연기념물 중 죽은 것"이라는 문언은 천연기념물 동물의 범위에 죽은 것이 포함된다는 것을 전제로 하는 것이고 "천연기념물을 표본하거나 박제하는 행위"는 '천연기념물 동물의 사체'를 대상으로 제작하는 행위를 의미하는 점에 비추어 볼 때, 천연기념물인 동물의 사체도 천연기념물에 해당하는 것으로 보아야 할 것입니다.

또한, 「문화재보호법」 제25조제1항, 같은 법 시행령 제11조제1항 및 별표 1에 따라 동물을 천연기념물로 지정하는 경우 동물의 개체가 아니라 동물의 종(種) 전체를 천연기념물로 지정하게 되는데, 동물에 대하여 생명을 유지하거나 잃는 것이 분명한 개체 단위가 아니라 종 단위로 천연기념물로 지정하는 것은 천연기념물로 지정된 동물이 생명을 유지하거나 잃는 것을 구별하지 않고 천연기념물로 보겠다는 취지라고 할 것입니다.

한편, 「문화재보호법」 제35조제1항제1호에서 "천연기념물 중 죽은 것"과 "천연기념물을 표본하거나 박제하는 행위"를 현상변경 허가대상으로 규정하고 있는 것은 살아있는 천연기념물 동물을 보호하기 위한 목적이므로 해당 규정을 천연기념물 동물의 사체가 천연기념물에 해당한다는 근거로 볼 수 없다는 의견이 있을 수 있습니다.

그러나, 「문화재보호법」 제35조제1항제1호 및 그 위임에 따른 같은 법 시행령 제21조의2제1항제2호에서 "국가지정문화재(천연기념물 중 죽은 것을 포함한다)를 포획·채취·사육하거나 표본·박제·매장·소각하는 행위"를 허가대상으로 규정하고 있는 취지는 살아있는 천연기념물 동물의 생명에 위협을 야기할 수 있는 "포획·채취·사육"하는 행위를 허가대상으로 규정하여 살아있는 천연기념물 동물을 보호하고, 천연기념물 동물의 사후에 발생할 수 있는 "표본·박제·매장·

소각" 행위를 허가대상으로 규정하여 천연기념물 동물의 사체를 관리하기 위한 것으로, 「문화재보호법」 제35조제1항제1호는 살아있는 천연기념물 동물과 천연기념물 동물의 사체에 대한 내용을 동등하게 규정하고 있다는 점에서 그러한 의견은 타당하지 않다고 할 것입니다.

나아가, 앞서 본 규정 이외에도 「문화재보호법」 제40조제1항제9호에서는 국가지정문화재의 소유자, 보유자, 관리자 또는 관리단체는 "동식물의 종(種)이 천연기념물로 지정되는 경우 그 지정일 이전에 표본이나 박제를 소유하고 있는 경우"에 해당하면 그 사실과 경위를 문화재청장에게 신고하여야 한다고 규정하고 있는 점에 비추어 볼 때, 「문화재보호법」은 천연기념물 동물의 범위를 산 것과 죽은 것을 구별하지 않고 있다고 할 것입니다.

이상과 같은 점을 종합해 볼 때, 「문화재보호법」 제2조제1항제3호다목에 따른 "동물"을 같은 법 제25조제1항에 따라 천연기념물로 지정한 경우, 그 천연기념물 동물이 죽은 후 남은 사체는 천연기념물에 해당한다고 할 것입니다.

2) 일본 반달가슴곰이 문화재(천연기념물)에 해당하는지 여부

문화재보호법위반 · 조수보호및수렵에관한법률위반
[대법원, 2001도6017, 2002. 5. 31.]

【전문】
【피고인】
 ○○○
【상고인】
 검사
【원심판결】
 서울고법 2001. 10. 19. 선고 2001노704 판결
【주문】
 상고를 기각한다.

【이유】

　　문화재를 보존하여 민족문화를 계승하고, 이를 활용할 수 있도록 함으로써 국민의 문화적 향상을 도모함과 아울러 인류문화의 발전에 기여함을 목적으로 하는 문화재보호법의 입법취지와 문화재보호법시행규칙 제1조 [별표 1]이 천연기념물인 동물의 지정기준으로 '한국 특유의 동물로서 그 보존이 필요한 것' 등을 규정하고 있는 점을 종합하여 보면, 문화공보부 고시 제550호에 의하여 천연기념물 제329호로 지정된 '반달가슴곰'은 우리 나라 전국 일원에 서식하는 반달가슴곰(Selenarctos thibetanus ussuricus)만을 말하는 것이고, 아종의 하나인 일본 반달가슴곰(Sele-narctos thibetanus japonicus)은 여기에 포함되지 않는다고 봄이 상당하다. 이러한 법리와 기록에 비추어 보면, 원심이 이 사건 반달가슴곰을 일본 반달가슴곰이라고 인정하여 문화재보호법위반의 점에 대하여 무죄를 선고한 것은 정당하고, 거기에 상고이유 주장과 같은 심리미진이나 채증법칙 위배 또는 천연기념물에 대한 법리오해의 위법이 없다. 그러므로 상고를 기각하기로 하여 관여 대법관의 일치된 의견으로 주문과 같이 판결한다.

┃ 천연기념물 제329호 반달가슴곰 ┃

반달가슴곰[9)]

반달가슴곰은 동부 시베리아, 중국, 캄보디아, 태국과 히말라야, 대만, 일본과 우리나라의 백두산 부근, 설악산, 지리산 등지에 분포한다. 잡식성으로 머루·산딸기·다래·도토리와 가재·물고기, 조류의 알이나 새끼도 잡아먹으며, 특히 꿀을 좋아한다. 우리나라 전지역의 높은 산 지대에서 서식하였으나, 현재는 10~20마리 정도만 남아 있는 것으로 추정하고 있다.

---

9) 국가문화유산포털(http://www.heritage.go.kr), "반달가슴곰" 검색(2020.06.16. 최종방문).

3) 역사성·심미성의 의미

문화재보호법 제80조 제2항 등 위헌소원
[98헌바67, 2000. 6. 29., 전원재판부]

【결정요지】

1. "유형의 문화적 소산으로서 역사상 또는 예술상 가치가 큰 것"이라 함은 이 법률조항의 입법목적에 비추어 볼 때, '보존하고 활용할 가치가 있는 것'을 가리키고, 그와 같은 가치가 있는지 여부는 그 물건이 지닌 시대성, 희귀성, 예술성 및 화폐단위로 환산된 가치 등을 종합적으로 고려하여 건전한 상식과 통상적인 법감정을 통하여 판단할 수 있으며, 구체적인 사건에서는 법관의 합리적인 해석에 의하여 판단할 수 있다. 또한 법 제76조 제1항의 비지정동산유형문화재는 시행령과 시행규칙에 구체적인 범위가 규정되어 있고, 법 제76조 제2항은 문화재로 오인될 우려가 있는 동산을 국외로 수출 또는 반출하고자 하는 경우에는 미리 문화체육부장관의 확인을 받도록 규정하여 문화재의 개념을 오인한 자로 하여금 형사처벌을 받을 위험을 제거하는 제도적 장치를 하고 있으므로, 이 법률조항은 입법목적과 다른 조항과의 연관성, 합리적인 해석가능성, 입법기술상의 한계 등을 고려할 때, 어떤 행위가 이에 해당하는지 의심을 가질 정도로 불명확한 개념이라고 볼 수 없으므로 형벌법규의 명확성의 원칙에 반하지 아니한다.

4) 해저에서 발굴된 중국산 자기가 매장된 유형문화재에 해당하는지 여부

문화재보호법위반

[대법원, 83도706, 1983. 7. 26.]

【판결요지】

가. 문화재보호법 제2조 제1항 제1호에 구 문화재보호법(1970.8.10 법률 제2233
호) 제2조 제1호 소정의 유형문화재 정의 중에서 "우리나라"가 삭제되었고
또 제43조의 매장문화재 발견신고규정이 구법에 없었던 "해저"가 첨가하였
다 하더라도 피고인이 구법시행당시에 해저에서 건져낸 14세기 중국(송, 원
대)산 청자주름 문유개호와 청백자 소주자는 위 구 문화재보호법 소정의 매
장된 유형문화재에 해당한다 할 것이다.

【이 유】

상고이유를 판단한다.

1. 제1점에 대하여,

이 사건 당시 시행되던 문화재보호법(이하 구법이라 한다) 제2조 제1호에 의
하면, 유형문화재란 건조물 전적, 서적, 고문서, 회화, 조각, 공예품 기타의
유형의 문화적 소산으로서 우리나라의 역사상 또는 예술상 가치가 큰 것과
이에 준하는 고고자료를 말한다고 규정하고 있고 같은법 제42조, 제43조에
의하면 토지 기타 물건에 포장된 문화재(이하 매장문화재라 한다)를 발견한
때에는 그 발견자 또는 그 토지나 물건의 소유자, 관리자 또는 점유자가 그
발견된 사실을 문화공보부장관에게 신고하여야 하고 이를 발굴하고자 하는
자는 문화공보부장관의 허가를 받도록 규정하고 있는바, 원심이 인용한 제1
심 판결거시의 증거에 의하면, 14세기 전반 중국(송·원대)에서 제조된 것으로
서 전남 신안군 도덕도 앞바다 밑에 묻혀 있던 것을 불법으로 건져낸 이 사건
청자주름 문유개호와 청백자 소주자를 피고인이 판시와 같이 공소외 인에게
양도하려다가 검거된 사실이 적법하게 인정되고 이에 위 각 규정취지를 종합하
여 보면, 위 청자주름 문유개호와 청백자 소주자는 위 문화재보호법이 규정하

는 매장된 유형문화재라고 봄이 상당하다 할 것이고 소론과 같이 1982.12.31 법률 제3644호로 문화재보호법(이하 신법이라 한다)을 전면 개정하면서 그 제2조의 문화재의 정의중 구법의 제1항 제1호 유형문화재를 "우리나라의 역사상 또는 예술상 가치있는……"의 문맥에서 "우리나라"를 삭제하였고, 또 제43조의 매장문화재의 발견 신고규정중 "토지 해저 또는 건조물 등에 포장된 문화재"라고 하여 구법에 없었던 "해저"를 첨가하였다하여 구법상의 매장된 유형문화재의 해석을 위와 달리 하여야 할 것으로는 인정되지 아니하므로 이와 같은 취지의 원심판결은 정당하고 거기에 소론과 같은 채증법칙 위반과 법리오해의 위법이 있다고 할 수 없으므로 논지는 채용할 수 없다.

제2장
문화재의 보호원칙과 분류

제1절 기본원칙

❶ 원형유지 원칙

　　우리 문화재보호법은 문화재의 보존관리와 활용을 위한 원칙으로 원형유지의 원칙을 천명하고 있다.[1] 원형을 유지한다는 의미는 문화재가 한 번 손상되면 그 가치를 회복할 수 없는 데서 비롯된 것이다. 원형을 유지하기 위한 목적은 단순히 보존만을 의미하는 것은 아니다. 필요에 따라 심각히 훼손된 문화재를 수리하거나 훼손의 우려가 있는 문화재를 미리 관리하는 것뿐만 아니라 문화재를 활용함에 있어서도 그 원형이 지닌 가치가 변질되지 않도록 해야 한다는 의미이다.

　　우리나라는 원형유지 원칙하에 지정제도와 등록제도를 두어 문화재를 관리하고 있다. 지정문화재는 국가지정문화재, 시·도지정문화재, 문화재자료로 구분하고, 등록문화재는 국가등록문화재와 시·도등록문화재로 구분한다. 국가지정문화재와 국가등록문화재는 문화재청장이 지정 또는 등록한다. 시·도지정문화재와 문화재자료, 그리고 시·도등록문화재는 특별시장·광역시장·특별자치시장·도지사 또는 특별자치도지사 등 시·도지사가 지정 또는 등록한다.

---

1) 문화재보호법 제3조.

아래는 헌법재판소가 국가의 문화재 보호의무와 문화재 원형보존의 원칙에 대해 판시한 내용이다.

❷ 문화재 보호의무와 원형유지 원칙에 대한 판단

문화재보호법 제55조 제1항 등 위헌소원
[2009헌바244, 2011. 7. 28., 전원재판부]

【전문】
 【당 사 자】
 청 구 인 ○○정공 주식회사
  대표이사 박○수
  대리인 법무법인 바른
  담당변호사 임안식외 1인
 당 해 사 건 서울중앙지방법원 2008가합96685 채무부존재확인

【주 문】
1. 구 문화재보호법(2007. 4. 11. 법률 제8346호로 개정되고, 2010. 2. 4. 법률 제10000호로 개정되기 전의 것) 제55조 제1항 제2호, 제61조 제2항, 제4항, 제62조 제2항, 제91조 제4항, 제5항에 대한 각 심판청구를 모두 각하한다.

2. 구 문화재보호법(2007. 4. 11. 법률 제8346호로 개정되고, 2010. 2. 4. 법률 제10000호로 개정되기 전의 것) 제55조 제7항 제2문 및 제3문 중 각 '제55조 제1항 제2호에 관한 부분', 제91조 제1항, 제8항, 제9항, 구 문화재보호법(2008. 2. 29. 법률 제8852호로 개정되고, 2010. 2. 4. 법률 제10000호로 개정되기 전의 것) 제58조는 헌법에 위반되지 아니한다.

【이 유】
1~3. 생략
4. 본안에 관한 판단

가. 국가의 문화재 보호의무와 문화재 원형보존의 원칙

헌법 제9조는 "국가는 전통문화의 계승·발전과 민족문화의 창달에 노력하여야 한다."고 규정함으로써 문화국가의 이념을 천명함과 동시에 국가에 전통문화의 계승·발전 및 민족문화의 창달을 위한 노력의무를 부과하고 있는바, 이러한 헌법적 요청에 따라 국가는 문화재를 보호할 의무가 있다. 이에 구 문화재보호법은 국가의 이와 같은 헌법상 의무를 구체화하여 국가 및 지방자치단체는 각종 개발사업을 계획·시행할 경우 문화재가 훼손되지 않도록 노력해야 한다고 규정하고 있다.

그런데 문화재는 국가적·민족적 유산으로서 역사적·예술적·학술적·경관적 가치가 크고, 한번 훼손되면 그 회복 자체가 곤란한 경우가 많을 뿐만 아니라, 회복이 가능하더라도 막대한 비용과 시간이 소요된다. 따라서 문화재의 보존·관리 및 활용을 할 때에는 원칙적으로 문화재의 원형을 그대로 유지할 것이 요구되는바, 이러한 취지에서 구 문화재보호법 제3조는 "문화재의 보존·관리 및 활용은 원형 유지를 기본원칙으로 한다."고 규정하여 원형보존의 원칙을 천명하고 있다.

(이하 생략)

제2절　문화재의 분류

❶ 국가지정문화재 – 유형문화재

문화재청장은 국가지정문화재로 국보, 보물, 사적, 명승, 천연기념물, 국가무형문화재, 국가민속문화재를 지정할 수 있고, 그 기준은 대통령령에서 정하도록 하고 있다.[2] 국가무형문화재를 제외한 지정기준은 다음과 같다.

---

2) 문화재보호법 제23조.

구분	지정기준[3)
보물	1. 건조물(建造物) 　가. 목조건축물류 　　전당, 탑, 궁전, 성문(城門), 회랑, 사당, 서원(書院), 누각, 정자, 향교, 관아(官衙), 객사(客舍) 등으로서 역사적, 학술적, 예술적, 기술적 가치가 큰 것 　나. 석조건축물류 　　석굴, 석탑, 전탑(塼塔: 벽돌로 쌓은 탑), 승탑(僧塔: 고승의 사리를 모신 탑) 및 석종(石鍾), 비석(碑石), 석등(石燈), 석교(石橋: 돌다리), 계단(戒壇), 석단(石壇), 석빙고(石氷庫: 돌로 만든 얼음 창고), 첨성대, 당간지주(괘불이나 불교적 내용을 그린 깃발을 건 장대를 지탱하기 위해 좌우로 세운 기둥), 석표(石標: 마을 등 영역의 경계를 표시하는 돌로 만든 팻말), 석정(石井) 등으로서 역사적, 학술적, 예술적, 기술적 가치가 큰 것 　다. 분묘 　　분묘 등의 유구(遺構: 옛 구조물의 흔적) 또는 건조물, 부속물로서 역사적, 학술적, 예술적, 기술적 가치가 큰 것 　라. 조적조 및 콘크리트조 건축물류 　　청사(廳舍), 학교, 병원, 역사(驛舍), 성당, 교회 등으로서 역사적, 학술적, 예술적, 기술적 가치가 큰 것 2. 전적(典籍: 글과 그림을 기록하여 묶은 책)·서적·문서 　가. 전적류 　　1) 사본류(寫本類): 한글서적, 한자서적, 저술고본(著述古本), 종교서적 등의 원본이나 우수한 고사본(古寫本) 또는 이를 계통적, 역사적으로 정리한 중요한 것 　　2) 판본류: 판본(版本) 또는 판목(版木)으로서 역사적 또는 판본학적 가치가 큰 것 　　3) 활자본류(活字本類): 활자본 또는 활자로서 역사적 또는 인쇄사적 가치가 큰 것 　나. 서적류 　　사경(寫經: 불교의 교리를 손으로 베껴 적은 경전), 어필(御筆: 임금의 필적), 명가필적(名家筆跡), 유묵(遺墨: 옛사람의 필적), 현판(懸板), 주련(柱聯) 등으로서 서예사상 대표적인 것이거나 금석학적 또는 사료적 가치가 큰 것 　다. 문서류 　　역사적 가치 또는 사료적 가치가 큰 것 3. 회화·조각 　가. 형태·품질·기법·제작 등에 현저한 특이성이 있는 것 　나. 우리나라의 문화사적으로 각 시대의 귀중한 유물로서 그 제작기법이 우수한 것 　다. 우리나라의 회화사적으로나 조각사적으로 특히 귀중한 자료가 될 수 있는 것 　라. 특수한 작가 또는 유파를 대표한 중요한 것 　마. 외래품으로서 우리나라 문화에 중요한 의의를 가진 것 4. 공예품 　가. 형태·품질·기법 또는 용도에 현저한 특성이 있는 것

3) 문화재보호법 시행령 제11조 제1항 관련 별표1.

구분	지정기준
보물	나. 우리나라의 문화사적으로나 공예사적으로 각 시대의 귀중한 유물로서 그 제작기법이 우수한 것 다. 외래품으로서 우리나라의 공예사적으로 중요한 의의를 가진 것 5. 고고자료 가. 선사시대 유물로서 특히 학술적 가치가 큰 것 나. 고분(고인돌 등을 포함한다)·조개더미 또는 절터·유적 등의 출토품으로서 학술적으로 중요한 자료가 될 수 있는 것 다. 전세품(傳世品)으로서 학술적 가치가 큰 것 라. 종교·교육·학예·산업·정치·군사·생활 등의 유적 출토품 또는 유물로서 역사적 의의가 크거나 학술적 자료로서 중요하거나 제작상 가치가 큰 것 6. 무구(武具: 전쟁에 쓰는 무기 등 도구) 가. 우리나라 전사상(戰史上) 사용된 무기로서 희귀하고 대표적인 것 나. 역사적인 명장(名將)이 사용하였던 무구류로서 군사적으로 그 의의가 큰 것
국보	1. 보물에 해당하는 문화재 중 특히 역사적, 학술적, 예술적 가치가 큰 것 2. 보물에 해당하는 문화재 중 제작 연대가 오래되었으며, 그 시대의 대표적인 것으로서, 특히 보존가치가 큰 것 3. 보물에 해당하는 문화재 중 조형미나 제작기술이 특히 우수하여 그 유례가 적은 것 4. 보물에 해당하는 문화재 중 형태·품질·제재(製材)·용도가 현저히 특이한 것 5. 보물에 해당하는 문화재 중 특히 저명한 인물과 관련이 깊거나 그가 제작한 것
사적	1. 제2호 각 목의 어느 하나에 해당하는 문화재로서 해당 문화재가 역사적·학술적 가치가 크고 다음 각 목의 어느 하나 이상을 충족하는 것 가. 선사시대 또는 역사시대의 사회·문화생활을 이해하는 데 중요한 정보를 가질 것 나. 정치·경제·사회·문화·종교·생활 등 각 분야에서 그 시대를 대표하거나 희소성과 상징성이 뛰어날 것 다. 국가의 중대한 역사적 사건과 깊은 연관성을 가지고 있을 것 라. 국가에 역사적·문화적으로 큰 영향을 미친 저명한 인물의 삶과 깊은 연관성이 있을 것 2. 해당 문화재의 유형별 분류기준 가. 조개무덤, 주거지, 취락지 등의 선사시대 유적 나. 궁터, 관아, 성터, 성터시설물, 병영, 전적지(戰蹟地) 등의 정치·국방에 관한 유적 다. 역사·교량·제방·가마터·원지(園池)·우물·수중유적 등의 산업·교통·주거생활에 관한 유적 라. 서원, 향교, 학교, 병원, 절터, 교회, 성당 등의 교육·의료·종교에 관한 유적 마. 제단, 고인돌, 옛무덤(군), 사당 등의 제사·장례에 관한 유적 바. 인물유적, 사건유적 등 역사적 사건이나 인물의 기념과 관련된 유적
명승	1. 자연경관이 뛰어난 산악·구릉·고원·평원·화산·하천·해안·하안(河岸)·섬 등 2. 동물·식물의 서식지로서 경관이 뛰어난 곳 가. 아름다운 식물의 저명한 군락지 나. 심미적 가치가 뛰어난 동물의 저명한 서식지

구분	지정기준
	3. 저명한 경관의 전망 지점 　가. 일출·낙조 및 해안·산악·하천 등의 경관 조망 지점 　나. 정자·누각 등의 조형물 또는 자연물로 이룩된 조망지로서 마을·도시·전통유적 등 　　　을 조망할 수 있는 저명한 장소 4. 역사문화경관적 가치가 뛰어난 명산, 협곡, 해협, 곶, 급류, 심연(深淵: 깊은 못), 폭포, 　호수와 늪, 사구(砂丘: 모래언덕), 하천의 발원지, 동천(洞天), 대(臺), 바위, 동굴 등 5. 저명한 건물 또는 정원(庭苑) 및 중요한 전설지 등으로서 종교·교육·생활·위락 등과 　관련된 경승지 　가. 정원, 원림(園林), 연못, 저수지, 경작지, 제방, 포구, 옛길 등 　나. 역사·문학·구전(口傳) 등으로 전해지는 저명한 전설지 6. 「세계문화유산 및 자연유산의 보호에 관한 협약」 제2조에 따른 자연유산에 해당하는 　곳 중에서 관상적 또는 자연의 미관적으로 현저한 가치를 갖는 것
천연 기념물	1. 동물 　가. 한국 특유의 동물로서 저명한 것 및 그 서식지·번식지 　나. 석회암지대·사구·동굴·건조지·습지·하천·폭포·온천·하구(河口)·섬 등 특수한 환 　　　경에서 생장(生長)하는 특유한 동물 또는 동물군 및 그 서식지·번식지 또는 도래지 　다. 생활·민속·의식주·신앙 등 문화와 관련되어 보존이 필요한 진귀한 동물 및 그 서 　　　식지·번식지 　라. 한국 특유의 축양동물(畜養動物)과 그 산지 　마. 한국 특유의 과학적·학술적 가치가 있는 동물자원·표본 및 자료 　바. 분포 범위가 한정되어 있는 고유의 동물이나 동물군 및 그 서식지·번식지 등 2. 식물 　가. 한국 자생식물로서 저명한 것 및 그 서식지 　나. 석회암지대·사구(砂丘)·동굴·건조지·습지·하천·호수·늪·폭포·온천·하구·도서 　　　등 특수지역이나 특수환경에서 자라는 식물·식물군·식물군락 또는 숲 　다. 문화·민속·관상·과학 등과 관련된 진귀한 식물로서 그 보존이 필요한 것 및 그 　　　생육지·자생지 　라. 생활문화 등과 관련되어 가치가 큰 인공 수림지 　마. 문화·과학·경관·학술적 가치가 큰 수림, 명목(名木), 노거수(老巨樹), 기형목(畸型木) 　바. 대표적 원시림·고산식물지대 또는 진귀한 식물상(植物相) 　사. 식물 분포의 경계가 되는 곳 　아. 생활·민속·의식주·신앙 등에 관련된 유용식물(有用植物) 또는 생육지 　자. 「세계문화유산 및 자연유산의 보호에 관한 협약」 제2조에 따른 자연유산에 해당하 　　　는 곳 3. 지질·광물·지형 　가. 지각의 형성과 관련되거나 한반도 지질계통을 대표하는 암석과 지질구조의 주요 　　　분포지와 지질 경계선 　　　1) 지판(地板) 이동의 증거가 되는 지질구조나 암석 　　　2) 지구 내부의 구성 물질로 해석되는 암석이 산출되는 분포지 　　　3) 각 지질시대를 대표하는 전형적인 노두(露頭: 지표에 드러난 부분)와 그 분포지

구분	지정기준

	4) 한반도 지질계통의 전형적인 지질 경계선
	나. 지질시대와 생물의 역사 해석에 관련된 주요 화석과 그 산지
	   1) 각 지질시대를 대표하는 표준화석과 그 산지
	   2) 지질시대의 퇴적 환경을 해석하는 데 주요한 시상화석과 그 산지
	   3) 새로운 종(種)이나 속(屬)으로 보고된 화석 중 보존 가치가 있는 화석의 모식표
	     본(模式標本: 기존 종의 생물학적 특성을 추가로 설명한 표본)과 그 산지
	   4) 다양한 화석이 산출되는 화석 산지 또는 그 밖에 학술적 가치가 높은 화석과
	     그 산지
	다. 한반도 지질 현상을 해석하는 데 주요한 지질구조·퇴적구조와 암석
	   1) 지질구조: 습곡, 단층, 관입(貫入), 부정합, 주상절리 등
	   2) 퇴적구조: 연흔(漣痕: 물결 자국), 건열(乾裂), 사층리(斜層理), 우흔(雨痕: 빗방울
	     자국) 등
	   3) 그 밖에 특이한 구조의 암석: 베개 용암(pillow lava), 어란암(魚卵岩; oolite), 구
	     상(球狀) 구조나 구과상(球顆狀) 구조를 갖는 암석 등
	라. 학술적 가치가 큰 자연지형
	   1) 구조운동에 의하여 형성된 지형: 고위평탄면(高位平坦面), 해안단구, 하안단구,
	     폭포 등
	   2) 화산활동에 의하여 형성된 지형: 단성화산체(單成火山體), 분화구(噴火口), 칼데
	     라(caldera), 기생화산, 화산동굴, 환상 복합암체 등
	   3) 침식 및 퇴적 작용에 의하여 형성된 지형: 사구, 해빈(海濱), 갯벌, 육계도, 사행
	     천(蛇行川), 석호(潟湖), 카르스트 지형, 석회동굴, 돌개구멍(pot hole), 침식분지,
	     협곡, 해식애(海蝕崖), 선상지(扇狀地), 삼각주, 사주(砂洲) 등
	   4) 풍화작용과 관련된 지형: 토르(tor), 타포니(tafoni), 암괴류 등
	   5) 그 밖에 한국의 지형 현상을 대표할 수 있는 전형적 지형
	마. 그 밖에 학술적 가치가 높은 지표·지질 현상
	   1) 얼음골, 풍혈
	   2) 샘: 온천, 냉천, 광천
	   3) 특이한 해양 현상 등
	4. 천연보호구역
	가. 보호할 만한 천연기념물이 풍부하거나 다양한 생물적·지구과학적·문화적·역사적·
	   경관적 특성을 가진 대표적인 일정한 구역
	나. 지구의 주요한 진화단계를 대표하는 일정한 구역
	다. 중요한 지질학적 과정, 생물학적 진화 및 인간과 자연의 상호작용을 대표하는 일정
	   한 구역
	5. 자연현상
	관상적·과학적 또는 교육적 가치가 현저한 것

국가 민속 문화재	1. 다음 각 목의 어느 하나에 해당하는 것 중 한국민족의 기본적 생활문화의 특색을 나타 내는 것으로서 전형적인 것 가. 의·식·주에 관한 것 궁중·귀족·서민·농어민·천인 등의 의복·장신구·음식용구·광열용구·가구·사육

구분	지정기준

	용구·관혼상제용구·주거, 그 밖의 물건 또는 그 재료 등
	나. 생산·생업에 관한 것
	  농기구, 어로·수렵도구, 공장용구, 방직용구, 작업장 등
	다. 교통·운수·통신에 관한 것
	  운반용 배·수레, 역사 등
	라. 교역에 관한 것
	  계산용구·계량구·간판·점포·감찰·화폐 등
	마. 사회생활에 관한 것
	  증답용구(贈答用具: 편지 등을 주고 받는 데 쓰는 용구), 경방용구(警防用具: 경계·
	  방어하는 데 쓰는 용구), 형벌용구 등
	바. 신앙에 관한 것
	  제사구, 법회구, 봉납구(捧納具), 우상구(偶像具), 사우(祠宇) 등
	사. 민속지식에 관한 것
	  역류(曆類)·점복(占卜)용구·의료구·교육시설 등
	아. 민속예능·오락·유희에 관한 것
	  의상·악기·가면·인형·완구·도구·무대 등
	2. 제1호 각 목에 열거한 민속문화재를 수집·정리한 것 중 그 목적·내용 등이 다음 각
	 호의 어느 하나에 해당하는 것으로서 특히 중요한 것
	가. 역사적 변천을 나타내는 것
	나. 시대적 또는 지역적 특색을 나타내는 것
	다. 생활계층의 특색을 나타내는 것
	3. 민속문화재가 일정한 구역에 집단적으로 소재한 경우에는 민속문화재의 개별적인 지정
	 을 갈음하여 그 구역을 다음의 기준에 따라 집단 민속문화재 구역으로 지정할 수 있다.
	가. 한국의 전통적 생활양식이 보존된 곳
	나. 고유 민속행사가 거행되던 곳으로 민속적 풍경이 보존된 곳
	다. 한국건축사 연구에 중요한 자료를 제공하는 민가군(民家群)이 있는 곳
	라. 한국의 전통적인 전원생활의 면모를 간직하고 있는 곳
	마. 역사적 사실 또는 전설·설화와 관련이 있는 곳
	바. 옛 성터의 모습이 보존되어 고풍이 현저한 곳

❷ 국가지정문화재 – 무형문화재

  무형문화재의 지정에 관하여는 무형문화재 보전 및 진흥에 관한 법률(약칭: 무형문화재법) 제12조에서 정하고 있다. 무형문화재법 제12조에서는 "문화재청장은 위원회의 심의를 거쳐 무형문화재 중 중요한 것을 국가무형문화재로 지정할 수 있다."고 규정하고 구체적인 지정기준 등은 관보에 고시하도록 하고 있다. 시·도의 경우에도 관할구역 안에 있는 무형문화재로서 국가무형문화재로 지정되지 아니한 무형문화재 중 보존 가치가 있다고 인정되는 것을 시·도무형문화재위원회의 심의를 거쳐 시·도무형문화 재로 지정할 수 있다. 2019. 11. 13. 기준 국가무형문화재 지정 기준은 아래와 같다.

1. 국가무형문화재 종목 지정조사의 조사지표
가. 전승가치(70점)

구분	조사지표	측정 기준	비고
역사성 (20점)	전승된 기간(10점)	• 전승된 연수(年數)	정량
	역사적 근거의 신뢰성 정도(10점)	• 유물, 문헌, 구술 등 역사적 근거의 신뢰성 수준	정성
학술성 (15점)	한국문화 연구에 대한 기여 가능성의 수준(8점)	• 한국 문화를 이해하는 데 필요한 자료적 가치 정도	정성
	학술연구 자료로서의 가능성(7점)	• 학술적 연구 자료로서의 가능성 수준	정성
예술성 기술성 (15점)	형식미·내용미·표현미의 수준(10점)	• 형식미, 내용미와 표현미의 수준 정도	정성
	기능성 정도(5점)	• 기능적 활용도와 가치	정성
대표성 (20점)	고유성의 수준(10점)	• 고유성(독특성)의 수준 정도	정성
	한국 전통문화로서의 대표성(10점)	• 한국 전통문화로서의 대표성 정도	정성

나. 전승환경(30점)

구분	조사지표	측정 기준	비고
사회 문화적 가치 (20점)	무형문화재 형태의 지속성 정도(5점)	• 현재의 무형문화재 형태의 지속성 정도	정성
	관련 공동체·집단의 문화적 정체성에 대한 기여도(10점)	• 문화적 정체성에 기여하는 정도	정성
	문화적 다양성 및 창의성에 대한 기여도(5점)	• 문화적 다양성과 창의성 발현에 기여하는 정도	정성
지속 가능성 (10점)	종목의 이행 빈도와 범위(5점)	• 해당 종목의 이행 빈도와 범위	정성
	전승주체의 전승 활성화(5점)	• 전승주체의 규모 및 대내외 전승활동 활성화 정도	정성

2. 국가무형문화재 보유단체 인정 조사의 조사지표
가. 전승능력(75점)

구분	조사지표	측정기준	비고
전승기량 (50점)	해당 종목의 실기 능력(40점)	• 종목별 실기능력 정도(별도 고시)	정성
	해당 종목에 대한 이해 정도(10점)	• 해당 종목의 역사와 내용에 대한 이해 정도	정성

구분	조사지표	측정기준	비고
전승활동 (25점)	전승단체가 운영된 기간의 지속성(7점)	• 전승단체가 설립되어 운영된 기간	정량
	전승단체 내 전승 활동의 활성화 정도 (8점)	• 전승단체 내 전수교육, 모임 주기, 단 체의 합리적 운영 여부	정성
	전승활동 실적(10점)	• 최근 10년간 공연, 발표, 전시, 문화 재수리복원 등 전승활동 실적	정량

나. 전승환경(20점)

구분	조사지표	측정기준	비고
전승기반 (10점)	전승단체의 시설 수준(3점)	• 필수적인 시설의 충족 수준	정성
	전승단체가 보유하고 있는 장비 수준 (3점)	• 필요 장비를 구비한 수준	정성
	전승단체의 인적 기반(4점)	• 단체의 필수 인원에 대한 충족도	정성
전승의지 (10점)	전승주체의 전승 의지(10점)	• 전승주체의 전승 의지와 향후 전승계획	정성

다. 전수활동 참여도(5점)

구분	조사지표	측정기준	비고
참여도 (5점)	보유단체 구성원의 전수활동에 대한 참여도(5점)	• 보유단체 구성원의 전수활동에 대한 참여 정도	정성

3. 국가무형문화재 보유자 인정 조사의 조사지표(단체종목)
가. 전승능력(70점)

구분	조사지표	측정기준	비고
전승기량 (40점)	해당 종목의 실기 능력(40점)	• 종목별 실기능력 정도(별도 고시)	정성
전승역량 (10점)	해당 종목의 이해도(5점)	• 해당 종목의 역사와 내용에 대한 이해 정도	정성
	리더십 및 교수능력(5점)	• 리더십 및 교수능력 정도	
전승활동 (20점)	전수교육조교 및 이수자 경력(5점)	• 전수교육조교 인정기간 및 이수자 등 록 여부	정량
	공개행사 참여 실적(8점)	• 최근 10년간 공개행사 참여 실적	정량
	관련 분야 입상 실적(7점)	• 관련 분야 수상 상격 및 실적	정량

나. 전승환경(20점)

구분	조사지표	측정기준	비고
전승기반 (10점)	조사대상자에 대한 평판(5점)	• 조사대상자에 대한 평판 정도	정성
	조사대상자의 건강상태(5점)	• 조사대상자의 건강 수준	정성
전승의지 (10점)	조사대상자의 전승의지(10점)	• 조사대상자의 전승의지 정도	정성

다. 전수활동 기여도(10점)

구분	조사지표	측정기준	비고
전수활동 기여도 (10점)	보유단체 전수활동에 대한 기여도(10점)	• 보유단체의 전수활동에 대한 조사대상자의 기여 정도	정량

4. 국가무형문화재 보유자 인정 조사의 조사지표(개인종목)

4-1. 1단계

가. 전승능력(70점)

구분	조사지표	측정기준	비고
전승활동 (70점)	전승활동 실적(25점)	• 최근 10년간 보유자의 공개행사 참여 실적 및 전승활동(공연, 발표, 전시, 문화재수리복원 등) 실적	정량
	전승기량 실적(45점)	• 최근 3년간 공연, 전시, 작품영상 등 자료 평가	정성

나. 전승환경(20점)

구분	조사지표	측정기준	비고
전승기반 (20점)	조사대상자에 대한 평판(10점)	• 조사대상자에 대한 평판 수준	정성
	조사대상자의 건강상태(10점)	• 조사대상자의 건강 수준	정성

다. 전수활동 기여도(10점)

구분	조사지표	측정기준	비고
전수활동 기여도 (10점)	해당 종목 및 관련 분야의 전수활동에 대한 기여도(10점)	• 해당 종목 및 관련 분야의 전수활동에 대한 조사대상자의 기여 정도	정량

4-2. 2단계

가. 전승능력(80점)

구분	조사지표	측정기준	비고
전승기량 (40점)	해당 종목의 실기 능력(40점)	• 종목별 실기능력 정도(별도 고시)	정성
전승역량 (40점)	해당 종목에 대한 이해도(20점)	• 해당 종목의 역사와 내용에 대한 이해 정도	정성
	교수능력(20점)	• 해당 종목의 교수능력 정도	정성

나. 전승환경(20점)

구분	조사지표	측정기준	비고
전승기반 (20점)	조사대상자의 시설·장비 등 수준(10점)	• 필수적인 시설 및 장비 등의 충족 수준	정성
	조사대상자의 전승의지(10점)	• 조사대상자의 전승의지 정도	정성

4-3. 3단계

가. 전승능력(100점)

구분	조사지표	측정기준	비고
전승기량 (100점)	해당 종목의 실기 능력(100점)	• 종목별 실기능력 정도(별도 고시)	정성

❸ 국가등록문화재

　　문화재보호법 제53조는 "문화재청장은 문화재위원회의 심의를 거쳐 지정문화재가 아닌 유형문화재, 기념물 및 민속문화재 중에서 보존과 활용을 위한 조치가 특별히 필요한 것을 국가등록문화재로 등록할 수 있다."고 규정하고 있다. 국가등록문화재의 등록기준은 지정문화재가 아닌 문화재 중 건설·제작·형성된 후 50년 이상이 지난 것 중, (1) 역사, 문화, 예술, 사회, 경제, 종교, 생활 등 각 분야에서 기념이 되거나 상징적 가치가 있는 것, (2) 지역의 역사·문화적 배경이 되고 있으며, 그 가치가 일반에 널리 알려진 것, (3) 기술 발전 또는 예술적 사조 등 그 시대를 반영하거나 이해하는 데에 중요한 가치를 지니고 있는 것을 국가등록문화재로 등록할 수 있도록 하고 있으며, 50년 이상이 지나지 아니한 것이라도 긴급한 보호 조치가 필요한 것은 국가등록문화

재로 등록할 수 있다.[4]

처음 등록제도가 도입된 것은 1970년 법에 의해서이다. 당시 미지정 유형문화재와 민속자료 중 동산에 속하는 것을 등록하여 관리하고자 했으나, 실제로 등록의 효과가 미미했고 문화재 소유자들이 처벌을 두려워 하여 문화재의 노출을 기피하고 은닉함으로써 동산문화재의 거래가 음성화되는 등 보존과 관리에 부작용이 나타났다. 이에 1984년에 등록제도를 폐지하여 은닉된 문화재를 활발히 공개하도록 유도하고 그 유통을 양성화하여 동산에 속하는 문화재의 실태를 더 구체적으로 파악할 수 있도록 했다. 한편 50년 이상된 건조물의 경우 그 멸실을 방지하고자 전통건조물보존법을 제정하여 시행하였다. 그러던 것이 1980년대 이후 재산권에 대한 국민의 인식이 높아지고 생활의 불편을 호소하는 사례가 많아져 다시 2001년에는 근대문화유산을 보다 효율적으로 보존할 수 있도록 등록제도를 재도입하고 전통건조물보존법을 폐지하였다. 2005년에는 등록대상을 모든 문화재로 확대했으나, 무형문화재와 천연기념물의 경우에는 등록제도의 취지와 부합하지 않다는 판단에 2007년 등록대상에서 무형문화재와 천연기념물은 제외했다. 2019년부터는 시·도에서도 등록문화재를 관리할 수 있도록 등록제도를 국가와 시·도로 나누어 시행하고 있다.

❹ 시·도지정문화재 및 시·도등록문화재 등

문화재보호법 제70조에서는 시·도지정문화재, 시·도등록문화재, 문화재자료를 규정하고 있다. 시·도지사는 그 관할구역에 있는 문화재로서 국가지정문화재로 지정되지 아니한 문화재 중 보존가치가 있다고 인정되는 것을 시·도지정문화재로 지정할 수 있고, 시·도지정문화재가 아닌 문화재 중 향토문화보존상 필요하다고 인정하는 것을 문화재자료로 지정할 수 있으며, 그 관할구역에 있는 문화재로서 지정문화재로 지정되지 아니하거나 국가등록문화재로 등록되지 아니한 유형문화재, 기념물 및 민속문화재 중에서 보존과 활용을 위한 조치가 필요한 것을 시·도등록문화재로 등록할 수 있다.

---

4) 문화재보호법 시행규칙 제34조.

❺ 일반동산문화재

문화재보호법에 따라 지정 또는 등록되지 아니한 문화재 중 동산에 속하는 문화재를 일반동산문화재로 규정하고 있다. 일반동산문화재는 크게 네 가지 분야로 구분되는데, (1) 회화류, 조각류, 공예류, 서예류, 석조류 등 미술 분야, (2) 서책(書冊)류, 문서류, 서각(書刻: 글과 그림을 새겨 넣는 것)류 등 전적(典籍) 분야, (3) 고고자료, 민속자료, 과학기술자료 등 생활기술 분야, (4) 동물류, 식물류, 지질류 등 자연사 분야가 그것이다.5) 구체적인 범위는 다음과 같다.

1. 미술 분야
가. 공통기준 1)부터 3)까지의 항목 모두를 충족하고, 추가기준 4)부터 7)까지의 항목 중 어느 하나를 충족할 것

구분	기준	세부기준
공통 기준	1) 문화재 가치	역사적, 예술적 또는 학술적 가치가 있을 것
	2) 문화재 상태	원래의 형태와 구성요소를 갖추어 유물의 상태가 양호할 것. 다만, 분리가 가능한 유물은 분리된 형태를 기준으로 유물의 상태를 판단한다.
	3) 제작연대	제작된 후 50년 이상의 시간이 지났을 것
추가 기준	4) 희소성	형태·기법·재료 등의 측면에서 유사한 가치를 지닌 유물이 희소할 것
	5) 명확성	관련 기록 등에 의해 제작목적, 출토지(또는 제작지), 역사적 인물·사건과의 관련성 등이 분명할 것
	6) 특이성	구성, 의장, 서체 등 제작방식에 특이성이 있어 가치가 클 것
	7) 시대성	제작 당시의 대표적인 시대적 특성이 반영되었을 것

나. 가목에도 불구하고 별도기준 1) 및 2) 항목 중 어느 하나를 충족할 경우 일반동산문화재로 본다.

별도 기준	1) 외국유물	국내에서 출토되었거나 상당기간 전해져 온 외국 제작 유물 중 우리나라 역사·예술·문화에 상당한 영향을 끼쳤음이 분명할 것
	2) 기타	유물의 형태가 일부분에 불과하더라도 해당 부분의 명문, 문양, 제작양식 등에 의해 문화재적 가치가 분명하게 인정될 것

---

5) 문화재보호법 시행령 제36조.

<미술 분야의 예시>
- 회화류: 전통회화(산수화, 인물화, 풍속화, 민화 등), 종교회화(불교, 유교, 도교, 기독교, 가톨릭, 무속화 등), 근대회화(풍경화, 인물화, 정물화 등) 등
- 조각류: 전통조각(암벽조각, 토우, 능묘조각, 동물조각, 장승 등), 종교조각(불교, 유교, 도교, 기독교, 가톨릭, 무속조각 등), 근대조각 등
- 공예류: 금속공예, 목·칠공예, 도·토공예(청자, 백자, 분청, 토기 등), 옥석공예, 유리공예, 섬유공예, 짚풀공예 등 예술공예품 및 생활공예품 등
- 서예류: 왕실 및 일반 개인 서예작품 등
- 석조류: 석탑, 석등, 당간지주, 석비 등

2. 전적 분야

가. 공통기준 1)부터 3)까지의 항목 모두를 충족하고, 추가기준 4)부터 7)까지의 항목 중 어느 하나를 충족할 것

구분	기준	세부기준
공통기준	1) 문화재 가치	역사적, 예술적 또는 학술적 가치가 있을 것
	2) 문화재 상태	원래의 형태와 구성요소를 갖추어 유물의 상태가 양호할 것. 다만, 분리가 가능한 유물은 분리된 형태를 기준으로 유물의 상태를 판단한다.
	3) 제작연대	제작된 후 50년 이상의 시간이 지났을 것
추가기준	4) 희소성	동일하거나 유사한 소장본이 희소할 것
	5) 명확성	관련 기록 등에 의해 제작목적, 출토지(또는 제작지), 작자, 제작시기 등이 분명할 것
	6) 특이성	장황(粧䌙: 책이나 화첩, 족자 등을 꾸미어 만듦 또는 만든 것), 서체 등 제작방식에 특이성이 있어 가치가 클 것
	7) 시대성	제작 당시의 시대적 상황을 반영하는 내용으로 구성되었을 것

나. 가목에도 불구하고 별도기준 1) 및 2) 항목 중 어느 하나를 충족할 경우 일반동산문화재로 본다.

별도기준	1) 외국유물	국내에서 출토되었거나 상당기간 전해져 온 외국 제작 유물 중 우리나라 역사·예술·문화에 상당한 영향을 끼쳤음이 분명할 것
	2) 기타	유물의 형태가 일부분에 불과하더라도 해당 부분의 명문, 문양, 제작양식 등에 의해 문화재적 가치가 분명하게 인정될 것

<전적 분야의 예시>
- 서책류: 필사본, 목판본, 활자본 등
- 문서류: 왕실문서, 관부문서, 일반 개인문서, 그 외 사찰, 향교·서원 문서 등
- 서각류: 현판류, 금석각류[쇠나 돌로 만든 비석 따위에 글자를 새긴 유형. 신도비(죽은 이의 사적을 기록하여 세운 비), 선정비(어진 정치를 한 관리를 기리는 비), 묘비, 장생표(사찰의 영역을 표시하기 위하여 세운 표지물) 등], 인장류(어보류, 관인, 사인 등), 판목류, 활자류 등

3. 생활기술 분야

가. 공통기준 1)부터 3)까지의 항목 모두를 충족하고, 추가기준 4)부터 7)까지의 항목 중 어느 하나를 충족할 것

구분	기준	세부기준
공통 기준	1) 문화재 가치	역사적, 예술적 또는 학술적 가치가 있을 것
	2) 문화재 상태	원래의 형태와 구성요소를 갖추어 유물의 상태가 양호할 것. 다만, 분리가 가능한 유물은 분리된 형태를 기준으로 유물의 상태를 판단한다.
	3) 제작연대	제작된 후 50년 이상의 시간이 지났을 것
추가 기준	4) 희소성	형태·기술·재료 등의 측면에서 유사한 가치를 지닌 유물이 희소할 것
	5) 명확성	관련 기록 등에 의해 제작목적, 출토지(또는 제작지), 쓰임새 등이 분명할 것
	6) 특이성	제작 당시의 신기술(신기법) 또는 신소재로 만들어지는 등 특이성이 있어 가치가 클 것
	7) 시대성	제작 당시의 대표적인 시대적 특성이 반영되었을 것

나. 가목에도 불구하고 별도기준 1) 및 2) 항목 중 어느 하나를 충족할 경우 일반동산문화재로 본다.

구분	기준	세부기준
별도 기준	1) 외국유물	국내에서 출토되었거나 상당기간 전해져 온 외국 제작 유물 중 우리나라 역사·예술·문화에 상당한 영향을 끼쳤음이 분명할 것
	2) 기타	유물의 형태가 일부분에 불과하더라도 해당 부분의 명문, 문양, 제작양식 등에 의해 문화재적 가치가 분명하게 인정될 것

<생활기술 분야의 예시>
- 고고자료: 석기(타제석기, 마제석기 등), 골각기, 청동기, 철기 등
- 민속자료: 생업기술 자료(수렵, 어업, 농업, 공업 등), 공예기술 자료(직조용구, 도자공예용구 등), 놀이·유희 자료(현악기, 관악기, 타악기, 놀이기구 등) 등
- 과학기술자료: 산업기술 자료(수렵, 어업, 농업, 공업 등), 천문지리 자료, 인쇄기술 자료 및 방송통신 자료, 의료용구, 운송용구, 계측용구, 무기류, 스포츠 자료 등

4. 자연사 분야

가. 공통기준 1) 및 2) 항목 모두를 충족하고, 추가기준 3)부터 5)까지의 항목 중 어느 하나를 충족할 것

구분	기준	세부기준
공통 기준	1) 문화재 가치	역사적, 예술적, 학술적, 또는 관상적 가치가 있을 것
	2) 문화재 상태	원래의 형태와 구성요소를 갖추어 유물의 상태가 양호할 것. 이 경우 해당 유물의 특징적인 정보를 다수 지닌 부위(예: 두개골)가 온전히 보존되어 있을 경우에는 전체(예: 전신) 대비 보존비율에 관계없이 상태가 양호한 것으로 본다.

구분	기준	세부기준
추가 기준	3) 희소성	종류·서식지·형태 등의 측면에서 유사한 가치를 지닌 유물이 희소할 것
	4) 특이성	표본 제작, 지질 형성 등 구성방식에 특이성이 있어 가치가 클 것
	5) 시대성·지역성	특정 시대 또는 지역을 대표할 수 있을 것

<자연사 분야의 예시>

- 동물류: 동물(포유류, 조류, 어류, 파충류, 곤충, 해양동물 등)의 박제(가박제 포함), 골격(인골류는 선사유적지나 무덤에서 출토된 인류의 뼈, 손톱 등 인체 구성물에 한한다), 건조표본, 액침표본(액체 약품에 담가서 보존하는 표본) 등
- 식물류: 식물(조류, 이끼류, 양치식물, 겉씨식물, 속씨식물 등)의 꽃(화분), 열매, 종자, 잎, 건조표본, 액침표본 등
- 지질류: 화석, 동굴생성물(종유석, 석순, 석주 등), 퇴적구조[연흔(漣痕: 물결 자국), 우흔(雨痕: 빗방울 자국), 건열(乾裂: 땅이 갈라진 자국) 등], 광물, 암석, 운석 등

제3장
재산권 행사와 문화재

제1절 헌법적 근거

❶ 문화국가의 원리

우리 헌법 제9조에서는 "국가는 전통문화의 계승·발전과 민족문화의 창달에 노력하여야 한다."고 규정하여 문화국가의 원리를 천명하고 있다. 문화유산의 보호를 국가의 책무로서 규정한 것이다. 그렇다고 문화유산의 보호를 위해 국가에게 무한정의 권한을 부여한 것은 아니다. 만약 국가가 문화유산 보호라는 책무를 다한다는 명목으로 재산적 가치를 지닌 개인 소유의 문화재에 대해 정당한 보상 없이 재산권을 침해한다면 헌법의 원칙에 위반되기 때문이다. 우리 헌법 제23조는 "① 모든 국민의 재산권은 보장된다. 그 내용과 한계는 법률로 정한다. ② 재산권의 행사는 공공복리에 적합하도록 하여야 한다. ③ 공공필요에 의한 재산권의 수용·사용 또는 제한 및 그에 대한 보상은 법률로써 하되, 정당한 보상을 지급하여야 한다."고 규정하고 있다. 재산권 규정은 바라보는 시각에 따라 크게 자유권적 기본권에 기초하여 바라보는 시각과 사유재산제도의 존립 근거를 기초로 바라보는 시각으로 나뉠 수 있는데, 어느 경우라도 국가가 개인의 재산권을 무한정 침탈할 수 있는 것은 아니다.

문화재에 대한 재산권 행사와 관련하여서는 사유재산권을 인정하는 제도 아래서 재산권의 행사의 한계를 법률로 정할 수 있는 수준이 문제가 된다. 우리 헌법재판소는

헌법상 재산권 규정의 성격에 대해 "우리 헌법상의 재산권에 관한 규정은 다른 기본
권규정과는 달리 그 내용과 한계가 법률에 의해 구체적으로 형성되는 기본권 형성적
법률유보의 형태를 띠고 있으므로, 재산권의 구체적 모습은 재산권의 내용과 한계를
정하는 법률에 의하여 형성되고, 그 법률은 재산권을 제한한다는 의미가 아니라 재산
권을 형성한다는 의미"라고 결정한 바 있다. 이하에서 보다 자세히 살펴보기로 한다.

❷ 재산권 행사의 한계에 대한 판단

민법 제245조 제1항에 대한 헌법소원
[92헌바20, 1993. 7. 29., 합헌, 전원재판부]

【전문】

청구인: 지 ○ ○
대리인 변호사 김 ○ ○

관련소송사건
: 서울지방법원 의정부지원 91가단 5037 소유권이전등기

【주 문】

민법(제정 1958.2.22. 법률 제471호, 최종 개정 1990.1.13.법률 제4199호) 제
245조 제1항은 헌법에 위반되지 아니한다.

【이 유】

1.~2. 생략

3. 판단.

　가. (1) 헌법 제23조에 「① 모든 국민의 재산권은 보장된다. 그 내용과 한계
　　　는 법률로 정한다. ② 재산권의 행사는 공공복리에 적합하도록 하여야
　　　한다. ③ 공공 필요에 의하여 재산권을 수용·사용 또는 제한 및 그에 대
　　　한 보상은 법률로써 하되, 정당한 보상을 지급하여야 한다.」라고 규정하

여 재산권의 보장과 그 행사의 사회적 의무성 및 법률에 의한 정당한 보상 없이는 공공 필요에 의한 재산권의 수용·사용 또는 제한을 할 수 없음을 선언하였다.

위 재산권보장은 개인이 현재 누리고 있는 재산권을 개인의 기본권으로 보장한다는 의미와 개인이 재산권을 향유할 수 있는 법제도로서의 사유재산제도를 보장한다는 이중적 의미를 가지고 있다.

이 재산권 보장으로서 사유재산제도와 경제활동에 대한 사적 자치의 원칙을 기초로 하는 자본주의 시장경제질서를 기본으로하여 국민 개개인에게 자유스러운 경제활동을 통하여 생활이 기본적 수요를 스스로 충족시킬 수 있도록 하고 사유재산의 자유로운 이용·수익과 그 처분 및 상속을 보장해 주는 것이다. 이런 보장이 자유와 창의를 보장하는 지름길이고 궁극에는 인간의 존엄과 가치를 증대시키는 최선의 방법이라는 이상을 배경으로 하고 있는 것이다(당재판소 1989.12.22. 선고, 88헌가13 결정).

이러한 우리 헌법상의 재산권에 관한 규정은 다른 기본권 규정과는 달리 그 내용과 한계가 법률에 의해 구체적으로 형성되는 기본권 형성적 법률유보의 형태를 띠고 있다. 그리하여 헌법이 보장하는 재산권의 내용과 한계는 국회에서 제정되는 형식적 의미의 법률에 의하여 정해지므로 이 헌법상의 재산권 보장은 재산권 형성적 법률유보에 의하여 실현되고 구체화하게 된다. 따라서 재산권의 구체적 모습은 재산권의 내용과 한계를 정하는 법률에 의하여 형성된다. 물론 헌법이 보장하는 재산권의 내용과 한계를 정하는 법률은 재산권을 제한한다는 의미가 아니라 재산권을 형성한다는 의미를 갖는다. 이러한 재산권의 내용과 한계를 정하는 법률의 경우에도 사유재산제도나 사유재산을 부인하는 것은 재산권 보장규정의 침해를 의미하고, 결코 재산권형성적 법률유보라는 이유로 정당화될 수 없다. 한편 재산권 행사의 사회적 의무성을 헌법에 명문화한 것은 사유재산제도의 보장이 타인과 더불어 살아가야 하는 공동체 생활과의 조화와 균형을 흐트러뜨리지 않는 범위 내에서의 보장임을 천명한 것이다(당재판소 1989.12.12. 선고, 88헌가13 결정). 공공 필요에 의하여 공권력의 행사로서 특정인에게 재산권의 수용·사용 또는 제한을 가하여 일반인에게 예기치 않은 특별한 희생을 가할 수 있는 경우도 국회에서 제정한 법률에 규정된 경우에 한하고 이에 대한 보상도 국회에서 제정한 법률에 의한 정당한 보상을 하여야만 한다고 헌법은 규정하였다. 여기서 말하는 정당한 보상은 원칙적으로 완전보상을 의미한다(당재판소 1989.12.22. 선고, 88헌가13 결정 참조). 이러한 재산권에 관한 규정은 민사법질서의 기본구조라고 할 수 있다.

(이하 생략)

제2절 재산권 행사 제한 이유

우리 헌법 제23조가 재산권을 보장하고 있지만, 마찬가지로 법률로써 재산권을 제한할 수 있다는 점은 자명하다. 헌법에 명시된 기본권을 제한하기 위한 기준을 만족했는지가 문제될 수 있다. 우리 헌법재판소에서는 문화재 지표조사 의무와 비용 전부를 부담하도록 한 조항이 청구인의 재산권 등을 침해하는지에 대해 판시한 바 있다. 아래 사건은 매장문화재 보호 및 조사에 관한 법률로 분법되기 전 문화재보호법에 규정되어 있던 건설시공자의 지표조사 의무가 재산권을 제한하는지에 대한 사건이다. 공장부지를 매입한 청구인이 지표조사 의무 등이 헌법상 재산권을 제한했다고 주장한 것이다. 이에 대해 헌법재판소는 입법목적의 정당성과 수단의 적절성, 침해의 최소성, 법익 균형성 측면에서 검토했을 때 건설시행자에게 부과된 지표조사 의무 규정이 헌법에 위반되지 않는다고 판시했다. 한편 이 사건의 경우 반대의견도 도출됐다. 이에 의하면 문화재 지표조사비용과 발굴비용 부담조항은 건설공사 시행자에게 합리적인 이유도 없이 재산상 부담을 지워 재산권을 침해하고 있다고 판단했다.

문화재보호법 제55조 제1항 등 위헌소원
[2009헌바244, 2011. 7. 28., 전원재판부]

【전문】

　【당 사 자】

　청 구 인 ○○정공 주식회사

　　대표이사 박○○

　　대리인 법무법인 ○○

　　담당변호사 임○○ 외 1인

　당 해 사 건 서울중앙지방법원 2008가합96685 채무부존재확인

【주 문】

1. 구 문화재보호법(2007. 4. 11. 법률 제8346호로 개정되고, 2010. 2. 4. 법률 제10000호로 개정되기 전의 것) 제55조 제1항 제2호, 제61조 제2항, 제4항, 제62조 제2항, 제91조 제4항, 제5항에 대한 각 심판청구를 모두 각하한다.

2. 구 문화재보호법(2007. 4. 11. 법률 제8346호로 개정되고, 2010. 2. 4. 법률 제10000호로 개정되기 전의 것) 제55조 제7항 제2문 및 제3문 중 각 '제55조 제1항 제2호에 관한 부분', 제91조 제1항, 제8항, 제9항, 구 문화재보호법(2008. 2. 29. 법률 제8852호로 개정되고, 2010. 2. 4. 법률 제10000호로 개정되기 전의 것) 제58조는 헌법에 위반되지 아니한다.

【이 유】

1. 사건의 개요와 심판의 대상

　가. 사건의 개요

　　(1) 청구인은 2007. 7. 18. 충남 당진군 신평면 ○○리 등 소재 약 150,000㎡ 토지를 공장부지(이하 '이 사건 공장부지'라 한다)로 매수하였다. 그 후 청구인은 2007. 10. 18. 주식회사 ○○(이하 '○○'라 한다)를 통하여 재단법인 충청남도역사문화연구원(이하 '충남역사문화연구원'이라 한다)과 사이에 이 사건 공장부지에 대하여 문화재보호법 제91조 제1항에 따른 문화재 지표조사를 위한 기술용역표

준계약(계약금 5,500,000원)을 체결하였고, 2007. 11. 7. 충남역사문화연구원에 위 계약금을 지급하였다.

(2) 위 지표조사 결과 이 사건 공장부지 중 34,337㎡에 걸쳐 문화재가 존재하는 것으로 확인되자, 당진군수는 2008. 1. 16. 청구인에게 문화재청장의 문화재보호법 제62조 제2항에 따른 문화재 보존대책인 이 사건 공장부지 내 발굴조사 실시 조치를 통보하였고, 이에 따라 청구인은 문화재보호법 제55조에 따라 문화재청장에게 발굴허가를 신청하였으며, 문화재청장은 2008. 2. 20. 청구인에 대하여 매장문화재 발굴을 허가하였다. 그 후 청구인은 2008. 3. 11. 충남역사문화연구원과 사이에 문화유적 시굴조사를 위하여 계약금 86,500,000원, 계약기간 2008. 3. 12.부터 2008. 4. 5.까지로 하는 기술용역계약을 체결하였다.

(3) 충남역사문화연구원은 시굴조사 결과 이 사건 공장부지에 석관묘가 매장되어 있는 것이 확인되자, 2008. 4. 8. 청구인에게 석관묘 지역을 중심으로 한 2,600㎡ 토지에 대해 18일 정도 조사기간을 연장하여 발굴조사를 실시해야 하며 이에 따라 89,000,000원의 추가발굴비용이 소요됨을 통보하였고, 이에 청구인은 같은 날 문화재청장에게 발굴기간을 18일간 연장하는 내용의 매장문화재 발굴변경허가를 받아, 2008. 5. 2. 충남역사문화연구원과 사이에 추가발굴조사를 위한 기술용역표준계약을 체결하였고, 2008. 5. 14. 당진군수로부터 유적발굴조사 완료조치를 통보받았다. 이에 따라 충남역사문화연구원은 2008. 6. 11. 청구인에게 위 추가발굴조사 비용으로 41,712,000원을 청구하였다.

(4) 한편, 청구인이 2008. 10. 2. 서울중앙지방법원에 국가와 충남역사문화연구원을 상대로 충남역사문화연구원에 지급한 지표조사비용 5,500,000원에 대한 부당이득반환 등을 구하는 소송{2008가합96685(본소)}을 제기하자, 충남역사문화연구원은 2008. 11. 20. 청구인을 상대로 조사용역대금을 구하는 반소를 제기하였는데{2008가합115968(반소)}, 그 중 충남역사문화연구원에 대하여는 2009. 6. 4. '청구인의 충남역사문화연구원에 대한 2008. 3. 11.자 및 2008.

　　　　5. 2.자 기술용역표준계약에 기한 채무는 110,000,000원을 초과하여서는 존재하지 아니함을 확인하고, 청구인은 충남역사문화연구원에게 110,000,000원을 지급하라.'는 취지의 화해권고결정이 내려져 그대로 확정되었다.

　　(5) 청구인은 그 후 국가를 상대로 한 위 소송의 청구취지를 변경하였는데, 변경된 청구취지는, 이 사건 공장부지에 대하여 구 문화재보호법 관련 규정에 의해 지표조사 및 발굴을 실시함에 따라 ○○ 또는 충남역사문화연구원에게 115,500,000원을 지급해야 하고, 또한 지표조사 및 발굴을 실시한 10개월 동안 이 사건 공장부지를 사용하지 못함으로써 50,000,000원 상당의 손해를 입게 되었는바, 이 사건 문화재보호법 관련 규정은 위헌이어서 이러한 비용 및 손해는 모두 국가가 부담해야 하므로, 국가는 청구인에게 손해배상, 부당이득반환 또는 손실보상책임에 따라 합계 165,500,000원과 이에 대한 지연손해금을 지급할 의무가 있다는 것이었다. 한편, 청구인은 위 소송 계속 중인 2009. 6. 26. 문화재보호법 제55조 제1항, 제7항, 제58조, 제61조 제2항, 제4항, 제62조 제2항, 제91조 제1항, 제4항, 제5항, 제8항, 제9항 등에 대한 위헌법률심판제청신청(서울중앙지방법원 2009카기5658)을 하였으나, 위 법원이 2009. 8. 21. 국가를 상대로 한 위 소송의 청구를 기각함과 동시에 위 신청을 기각하자, 헌법재판소법 제68조 제2항에 따라 이 사건 헌법소원심판을 청구하였다.

(중략)

4. 본안에 관한 판단

(중략)

　다. 재산권 침해 여부

　　　이 사건 법률조항에 의해 사업시행자인 청구인은 이 사건 건설부지상의 매장문화재 발굴조사비용 전부를 부담해야 하므로 헌법 제23조의 재산권을 제한받게 된다. 따라서 이 사건 법률조항의 위헌 여부를 판단하기 위해서는 이와 같은 제한이 과잉금지원칙에 위반하여 청구인의 헌법상 기본권인 재산권을 침해하는지 여부를 살펴보아야 할 것이다.

　　(1) 입법목적의 정당성 및 수단의 적절성

앞서 본 바와 같이 헌법 제9조는 문화국가의 이념을 천명함과 동시에 국가에 전통문화의 계승·발전 및 민족문화의 창달을 위한 노력의무를 부과하고 있다. 그런데 개발이익을 목적으로 하는 각종 개발사업이 전 국토에 걸쳐 무분별하게 이루어지면, 토지의 현상변경으로 인하여 매장문화재가 훼손될 수 있다. 그럼에도 불구하고 이를 규제하지 않을 경우, 장기적인 연구와 계획 및 현재의 발굴기술 상황에 대한 고려도 없이 사업시행 일자에만 맞추어 함부로 매장문화재의 발굴에 착수함으로써, 원형으로 보존되어 있던 매장문화재를 훼손할 수 있는 위험을 야기하게 된다. 비록 건설공사 시행자가 아니라 국가가 직접 매장문화재를 발굴하거나 문화체육부장관이 지정하는 자로 하여금 발굴하게 하는 경우라 할지라도, 이는 장기적인 연구와 계획이 뒷받침된 후에 문화재위원회의 조사·심의를 거쳐 발굴에 착수하는 것이 아니라, 건설공사의 시행에 의해 매장문화재의 훼손 위험이 발생한 상황에서 그 발굴이 사실상 유도되었다고 할 것이므로, 문화재의 훼손 위험은 마찬가지로 존재한다고 보아야 한다.

이처럼 이 사건 법률조항은 건설공사 과정에서 매장문화재의 발굴로 인하여 문화재 훼손 위험을 야기한 사업시행자에게 원칙적으로 발굴경비를 부담시킴으로써, 각종 개발행위로 인한 무분별한 문화재 발굴로부터 매장문화재를 보호하는 것을 입법목적으로 하는바, 이는 문화재 보호라는 헌법적 요청을 실현하기 위한 것으로서 그 정당성이 인정된다고 할 것이다. 또한, 이 사건 법률조항은 오로지 경제적 동기에 의하여 매장문화재를 발굴하려는 사업시행자로 하여금 매장문화재 발굴조사비용을 부담시킴으로써, 문화재 보존지역에 있어서만큼은 가급적 사업시행자의 개발유인을 억지하고자 하는 것이므로, 매장문화재 보호라는 입법목적 달성을 위한 적절한 수단이라 할 것이다.

(2) 침해의 최소성

이 사건 법률조항은 사업완료 후에 사업주체가 얻은 개발이익 유무와 매장문화재의 발굴조사비용 등을 구체적으로 형량하지 않고 일률적으로 매장문화재 발굴조사비용을 사업시행자에게 부담시키고 있으며, 개별적인 발굴조사비용의 약정이 존재하지 않는 경우에도 사업주

체의 의사와 무관하게 모든 매장문화재의 발굴조사비용을 사업시행
자로 하여금 부담하게 한다는 점에서 침해의 최소성 원칙에 위배되
는지 여부가 문제되므로, 이에 대하여 살펴본다.

(가) 이 사건 법률조항에 의하여 국가나 지방자치단체가 아니라, 사
    업시행자인 청구인이 문화재 발굴조사비용을 원칙적으로 부담
    하게 되는 것은 사실이다. 그러나 매장문화재의 경우 미발굴 상
    태에서는 아직 문화재로 명확하게 인식되지 못하는 것이고, 발
    굴을 통하여 명확하게 문화재로 인식되기 전까지는 문화재로
    볼 것인지 여부와 어느 정도의 가치를 가진 것인지를 알기 어렵
    다. 이에 따라 국가는 문화재보호 예산을 사업시행자의 사업시
    행 일자에 맞추어 제때 확보하지 못하게 되는바, 이러한 상황에
    서 국가나 지방자치단체로 하여금 그 비용을 부담하게 하는 것
    은 문화재 보호보다는 사업시행자의 사업편의에 무게를 두는
    결과를 초래하는 것으로서, 문화재 보존지역에 있어 개발이익에
    따라 무분별하게 이루어질 수 있는 각종 개발사업을 억지함으
    로써 매장문화재를 보호하고자 하는 입법목적을 충분히 달성하
    지 못할 우려가 크다. 또한, 매장문화재의 발굴조사비용과 사업
    시행자의 개발이익을 비교형량하여 사업시행자에게 개발이익이
    발생하거나 그 이익의 규모가 큰 경우에만 그로 하여금 매장문
    화재 발굴조사비용을 부담시키는 것은, 개발이익의 유무에 따
    라 그 비용부담 여부를 사후에 결정하겠다는 것이어서, 이는 사
    업시행자에게 경제적 부담을 가하여 무분별한 개발행위를 억지
    하고자 하는 당초의 입법목적과도 배치되므로, 이를 보다 덜 침
    해적인 수단이라고 보기 어렵다.

(나) 이 사건 법률조항은 매장문화재가 포장되어 있는 것으로 "인정"
    되는 토지로서 문화체육부장관의 발굴허가를 필요로 하는 경우
    에 한하여 적용되는 것인바, 사업시행자는 적어도 발굴허가신청
    을 할 것인지 협의하거나 결정하는 단계에서 매장문화재의 발굴
    조사비용에 관하여 어느 정도의 예측을 하는 것이 가능하다. 또
    한 사업승인 과정에서 매장문화재의 발굴조사에 관한 사항이

미리 계획되고 준비될 것이 요구되어(구 문화재보호법 시행령 제30조, 2007. 8. 17. 대통령령 제20222호 개정된 구 문화재보호법 시행령 제34조로 변경), 발굴조사비용의 부담 과정에서 충분한 적법절차의 보장도 이루어졌다고 할 것이므로, 사업시행자가 부담하게 되는 매장문화재 발굴조사비용에 대한 예측가능성이 현저히 결여되었다고 볼 수도 없다.

(다) 사업시행자가 발굴허가 단계에서 발굴조사비용 부담의무를 감수했다고 하더라도, 사후에 발굴조사비용이 사업시행자의 예상을 넘어 현저히 확대되는 경우가 있을 수 있다. 그러나 발굴조사비용 확대에 따른 위험은 사업계획단계나 사업자금의 조달 과정에서 기업적 판단에 의해 위험요인의 하나로서 충분히 고려될 수 있는 것이고, 사업시행자가 발굴조사비용을 감당하기 어렵다고 판단하는 경우에는 더 이상 사업시행에 나아가지 아니할 선택권 또한 유보되어 있다. 즉, 사업시행자가 사업시행을 위하여 필요하다고 판단하여 문화재 발굴조사비용을 부담할지 여부는 전적으로 사업시행자의 자유로운 의사에 따라 결정되는 것이므로, 이 사건 법률조항이 사업시행자로 하여금 발굴조사비용을 부담하게 한다는 것만으로 이를 과도한 재산권 제한이라고 볼 수 없다.

(라) 이 사건 법률조항이 사업시행자에게 발굴조사비용을 부담시킴에 따라, 이러한 부담을 피하려는 사업시행자에 의한 불법적인 문화재 파괴가 행해질 우려가 없지 않으나, 국가나 지방자치단체가 발굴조사비용을 부담하거나 이를 일부 보조해 준다고 하더라도, 경제논리를 앞세우는 사업시행자의 입장에서는 발굴조사에 따른 공사지연으로 인한 손해를 피하기 위하여 불법행위를 저지를 유인을 여전히 가진다고 할 것이므로, 경제적 동기에 의한 문화재 파괴행위에 대하여는 별도의 제재를 통해 엄격히 규제해야 할 것이지, 단지 발굴조사비용을 면하게 해 주는 것만으로 그러한 불법행위 가능성을 없앨 수 있다고 보기 어렵다.

(마) 나아가 이 사건 법률조항은 대통령령으로 정하는 경우에는 예외

적으로 국가 등이 발굴조사비용을 부담할 수 있는 완화규정을
두고 있으므로, 침해의 최소성 원칙에 위반된다고 볼 수 없다.
(3) 법익 균형성
　　문화재는 국가적·민족적 유산으로서, 한번 훼손되면 그 회복 자체가
곤란한 경우가 많을 뿐만 아니라, 회복이 가능하더라도 막대한 비용
과 시간이 소요되기 때문에 각종 개발행위로부터 문화재를 보호함으
로 인해 얻을 수 있는 공익이 상당함에 반하여, 사업시행자인 청구인
이 받게 되는 불이익은 문화재 보존이 필요한 사업지에 대한 문화재
발굴허가의 대가로 문화재발굴조사비용 부담을 지는 것이므로, 이
사건 법률조항으로 인해 달성되는 공익보다 크다고 할 수 없다.
　　발굴조사비용이 과다하게 지출되었거나 결과적으로 개발이익이 없게
되었다는 등의 특수한 사정이 있는 경우라도, 이는 개발이익을 크게
얻는 경우와 마찬가지로 사업주체의 기업적 판단 결과에 따른 것이므
로 수인 가능한 기본권 제한으로 볼 수 있는바, 사업주체에 대한 이
와 같은 기본권의 제한과 그로 인한 공익목적의 달성 사이에는 법익
의 형량에 있어 합리적인 비례관계가 유지된다고 할 것이다.
　(이하 생략)

【반대의견】
가. 이 사건 문화재 조사·발굴비용 부담조항의 입법목적의 정당성 및 수단의 적
　절성에 대하여
　(1) 구 문화재보호법 제91조 제1항에 의하여 문화재 지표조사를 하는 행위
　　와 제55조 제7항 제1문에 의하여 문화재청장이 문화재를 발굴하는 것
　　은 문화재 보존을 위한 것이다. 그러한 문화재 지표조사와 발굴행위는
　　문화재를 보존하여야 할 국가의 의무를 이행하기 위한 것이므로, 건설
　　공사 시행자가 개발이익을 얻는다 하더라도, 그 비용은 국가가 스스로
　　부담하는 것이 마땅하고 건설공사 시행자에게 부담시킬 것은 아니다.
　(2) 구 문화재보호법 제91조 제1항, 제55조 제7항 제1문에 의하여 건설공사
　　예정지에서 문화재 지표조사와 발굴행위를 하는 것은 문화재의 보존 필
　　요 때문이고 국가의 문화재 보존의무를 이행하기 위한 것이지, 건설공

사를 가능하게 하기 위한 것이 아니다. 건설공사 시행자는 건설공사 예정지에서 스스로 문화재 지표조사의무를 부담하고 국가가 문화재를 발굴함으로 인하여 어떠한 혜택을 받는 것이 아니라 그 조사·발굴행위에 지장을 주는 건설공사를 중지하여야 하는 불이익을 입을 뿐이다. 그리고 문화재 발굴의 이익은 국가에게 귀속되는 것이지 건설공사 시행자에게 귀속되는 것이 아니다. 그러므로 문화재 조사·발굴비용은 당연히 국가가 부담하여야 하는 것이고, 그것을 건설공사 시행자에게 부담시키는 것은 필요성과 합리성을 인정할 수 없는 것이다.

(3) 문화재보호라는 이 사건 문화재 조사·발굴비용 부담조항의 당초 입법목적과는 달리, 위 법률조항은 문화재 발굴로 인한 공사기간 지체에 더하여 아무런 제한 없이 사업시행자로 하여금 문화재 조사·발굴비용을 부담하게 함으로써, 이러한 부담을 피하려는 사업시행자들에 의하여 불법적인 문화재 파괴 행위까지 나타나고 있다. 따라서 이 사건 문화재 조사·발굴비용 부담조항과 같은 불합리한 규정을 두고서, 국가가 헌법 제9조에 의한 문화재보호의무를 다하고 있다고 말할 수는 없을 것이다.

(4) 이 사건 부담조항은 입법목적의 정당성과 수단의 적절성을 인정하기 어렵다.

나. 위 부담조항의 침해의 최소성에 대하여

(1) 이 사건 문화재 발굴비용 부담조항이 건설공사 시행자가 발굴허가를 받아 문화재를 발굴한 경우에도 적용되는 것인지 의문이지만, 이를 수긍하는 경우에도 건설공사 시행자가 발굴허가를 받아 문화재를 발굴하는 것은 그러한 발굴행위가 건설공사에 필요하기 때문이 아니라 문화재를 보존하기 위하여 법률에 의하여 강요되기 때문이므로 그 발굴비용을 건설공사 시행자에게 부담시키는 것은 문화재 보존을 위하여 사업시행자에게 일방적인 희생을 요구하고 있는 것이다. 법률로 건설공사 시행자에게 문화재를 보존하기 위한 조치를 강제하면서, 그러한 법률에 따라 부득이 발굴허가를 신청하였다고 하여 건설공사 시행자가 자진하여 발굴비용을 감수하기로 결정한 것이라고 보아서는 안 될 것이다. 더구나 그 발굴 결과에 따라 건설공사 예정지의 전부 또는 일부가 문화재 보호구역으로 지정되어 건설공사를 추진할 수 없게 된 경우에도 그 문화재 조

사·발굴비용을 건설공사 시행자에게 부담시키는 것은 지나친 것이다.

(2) 한편, 이 사건 부담조항 중 건설공사 시행자로 하여금 문화재 지표조사 비용 전부를 부담시키는 것은, 문화재 지표조사비용이 발굴비용에 비하여 그다지 과중한 부담이 아닌 점을 고려하더라도, 문화재보호를 위하여 사업시행자에게 일방적인 희생을 요구하는 점에 있어서는 이 사건 문화재 발굴비용 부담조항과 달리 볼 것이 아니다.

(3) 오히려 건설공사 시행자가 문화재 지표조사를 하고 발굴허가를 받아 문화재를 발굴한 경우에는 건설공사 시행자가 국가의 문화재 보존의무를 대행한 것이므로, 문화재 조사·발굴비용을 국가가 보상함이 마땅하다고 할 것이다.

(4) 이 사건 부담조항은 재산권 침해의 최소성도 인정하기 어렵다.

다. 위 부담조항의 법익의 균형성에 대하여

(1) 건설공사 예정지 안에서 문화재가 발견된 경우에 문화재청장이 직접 또는 대행자를 시켜 발굴한 경우는 물론이고 건설공사 시행자가 허가받아 발굴한 경우에도, 발굴된 문화재의 소유자가 판명되지 않으면 그 문화재의 소유권은 국가에게 귀속되고 건설공사 시행자에게 귀속되지 아니하며(제61조 제1항), 청구인과 같이 건설공사를 위하여 부득이 발굴에 나선 경우 발굴 문화재에 대해서는 유실물법에 따른 보상금도 지급되지 아니한다(제61조 제4항). 그럼에도 불구하고 문화재 조사·발굴비용을 전부 건설공사 시행자에게 부담시키는 것은 문화재 보존을 위하여 건설공사 시행자에게 일방적인 희생을 요구하고 있는 것이라고 보지 않을 수 없다.

(2) 이 사건 부담조항은 재산권 제한의 법익균형성도 인정할 수 없다.

라. 소결

그러므로 이 사건 문화재 조사·발굴비용 부담조항은 헌법에 위반된다.

▌ 훼손된 발굴현장 ▌

공장부지 사건 관련 현장 사진[1]

제3절   문화재의 지정절차와 해제 기준

❶ 개요

　　문화재청장은 문화재위원회의 심의를 거쳐 유형문화재 중 중요한 것을 보물로 지정할 수 있고, 보물에 해당하는 문화재 중 인류문화의 관점에서 볼 때 그 가치가 크고 유례가 드문 것을 문화재위원회의 심의를 거쳐 국보로 지정할 수 있다.[2] 지정절차는 먼저 문화재청장이 지정 대상인 문화재에 대하여 문화재위원회의 해당 분야 문화재위

---

1) 연합뉴스, "문화재 발굴현장 중장비로 파괴 물의"(2008.04.30.자), 사진 재인용.
2) 문화재보호법 제23조 제1항 및 제2항.

원이나 전문위원 등 관계 전문가 3명 이상에게 해당 문화재에 대한 조사를 요청하고, 조사 요청을 받은 사람이 조사보고서를 작성하여 문화재청장에게 제출한다. 문화재청장은 조사보고서를 검토하여 해당 문화재가 국가지정문화재로 지정될 만한 가치가 있다고 판단되면 심의 내용을 관보에 30일 이상 예고한 후에 예고가 끝난 날부터 6개월 안에 문화재위원회의 심의를 거쳐 국가지정문화재 지정 여부를 결정하게 된다.[3] 이때 문화재 보호를 위하여 특히 필요하면 보호물 또는 보호구역을 지정할 수 있다.[4] 여기서 보호물은 문화재를 보호하기 위하여 지정한 건물이나 시설물을 말하고, 보호구역은 지상에 고정되어 있는 유형물이나 일정한 지역이 문화재로 지정된 경우에 해당 지정문화재의 점유 면적을 제외한 지역으로서 그 지정문화재를 보호하기 위하여 지정된 구역을 말한다.[5]

뿐만 아니라 문화재청장은 지정할 만한 가치가 있다고 인정되는 문화재가 지정 전에 원형보존을 위한 긴급한 필요가 있고 문화재위원회의 심의를 거칠 시간적 여유가 없으면 중요문화재로 임시지정할 수 있다. 기존에는 이를 가지정이라고 하였는데 2019년에 임시지정으로 명칭이 변경되었다. 임시지정의 효력은 임시지정된 문화재의 소유자, 점유자 또는 관리자에게 통지한 날부터 발생하고, 임시지정한 날부터 6개월 이내에 지정이 없으면 해제된 것으로 본다.[6]

지정된 문화재가 국가지정문화재로서의 가치를 상실하거나 가치평가를 통하여 지정을 해제할 필요가 있을 때에는 문화재위원회의 심의를 거쳐 그 지정을 해제할 수 있다.[7] 그리고 문화재를 보호하기 위해 지정한 보호물이나 보호구역의 경우, 그 보호물 또는 보호구역 지정이 적정하지 아니하거나 그 밖에 특별한 사유가 있으면 보호물 또는 보호구역 지정을 해제하거나 그 범위를 조정하여야 한다. 국가지정문화재 지정이 해제된 경우에는 지체 없이 해당 문화재의 보호물 또는 보호구역 지정을 해제하여야 한다.[8]

---

3) 문화재보호법 시행령 제11조.
4) 문화재보호법 제27조.
5) 문화재보호법 제2조 제5항 및 제6항.
6) 문화재보호법 제32조.
7) 문화재보호법 제31조 제1항.
8) 문화재보호법 제31조 제4항.

❷ 문화재 소유자의 국가지정문화재 해제 신청권 보유 여부에 관한 판단

문화재 소유자가 국가지정문화재를 해제해 달라고 하는 신청권이 있는지와 해제 여부에 대한 법원의 해석은 어떤지 살펴보기로 한다. 아래 사건은 국가지정문화재(사적) 내의 토지 소유권자가 문화재청장을 상대로 문화재지정해제신청을 한 것이다. 법원은 행정청이 문화재보호법 등 관련 법령이 정하는 바에 따라 내린 전문적·기술적 판단은 그 판단이 객관적으로 합리적이 아니라거나 타당하지 아니하다고 볼 만한 다른 특별한 사정이 없다면 최대한 존중되어야 할 것이라고 판시했다.

문화재지정해제신청거부처분취소
[서울행정법원, 2009구합19755, 2010. 3. 17.]

【전문】

【원 고】

【피 고】

　문화재청장 (소송대리인 변호사 정○○)

　(중략)

【청구취지】

　피고가 2009. 2. 25. 원고에 대하여 한 문화재지정해제신청거부처분을 취소한다.

【이 유】

　1. 처분의 경위

　　가. 피고는 2002. 3. 9. 서울 노원구 월계동 산 8-3 일원 335,556 ㎡(다만, 2002. 10. 10. 265,978 ㎡로 변경지정 되었다) 초안산조선시대분묘군(楚安山朝鮮時代墳墓群)을 "조선시대 전시기의 여러 계층의 분묘가 집중적으로 분포되어 있어 조선시대 장묘문화연구에 귀중한 자료가 되고, 특히 내시의 분묘가 많을 뿐만 아니라 연대(1694년)가 명기된 내시 승극철 부

부의 묘가 있어 내시생활사 연구의 기초자료를 제공하고 있다"라는 이유
로 문화재보호법(이하 '법'이라고 한다) 제7조, 제10조, 제16조에 따라
국가지정문화재(사적) 제440호(이하 '이 사건 문화재'라고 한다)로 지정
하고 노원구와 도봉구를 관리단체로 지정하는 한편, 그 취지를 문화재청
고시 제2002-14호로 관보에 고시하였다.

나. 원고는 이 사건 문화재 내의 서울 노원구 월계동 산 68 임야 31,491㎡
(이하 '이 사건 토지'라고 한다) 중 7/32의 지분권자인데, 2009. 2. 19.
피고에게 이 사건 토지에는 유물이 거의 존재하지 아니하고, 존재하는 유
물도 그 진위가 불분명하여 문화재로서의 보존가치가 없다는 이유로 위
토지에 대한 문화재지정해제신청을 하였다.

다. 피고는 2009. 2. 25. 원고에 대하여, "문화재지정해제는 문화재로서 가치
를 상실하거나 그 밖에 특별한 사유가 있을 경우에만 가능한데, 이 사건
토지는 그 경우에 해당하지 아니한다"라는 이유로 원고의 위 신청을 거부
하는 내용의 회신(이하 '이 사건 회신'이라고 한다)을 하였다.

(중략)

　　3) 이 사건 문화재의 가치

　　　　이 사건 문화재에는 700여 기 이상의 고분과 수백 개의 석물들이 분
포되어 있어 장차 야외박물관으로서 활용가치가 있을 뿐만 아니라, 고
분의 편년, 유래, 성격 등을 알 수 있는 비석들도 상당수 남아 있어
주목을 끌고 있다. 특히 서민에서부터 양반에 이르기까지 공동묘지군
을 이루고 있는 예는 이 사건 문화재를 제외하고는 거의 없고, 16세
기부터 20세기 초경에 이르는 다양한 제작연대의 석비들은 조선시대
석비형식과 그 특징을 연구하는 데 귀중한 자료가 되고 있으며, 이 일
대에 흩어져 있는 문관석과 동자상 등은 시기별로 다양하게 분포되어
있어 조선시대 석인상 연구에 상당히 기여할 것으로 보이고, 이 사건
토지에는 현존하는 가장 오래된 내시 묘로 추정되는 이 사건 분묘가
존재하고 있다.

(중략)

　라. 판단

　　1) 살피건대, 행정청이 법 제13조 제1항의 규정에 의하여 당해 문화재가

국가지정문화재로서의 가치를 상실하거나 그 밖에 특별한 사유가 있는지를 판단하여 문화재지정을 해제하거나 해제하지 아니하는 것은 당해 행정청의 재량에 속하는 것이므로, 행정청은 문화재지정해제신청이 된 문화재의 역사적 의의와 현상, 주변의 문화적 상황, 신청인의 재산권에 미치는 영향 등을 고려하여 역사적으로 보존되어 온 문화재의 현상이 파괴되어 다시는 회복할 수 없게 되거나 관련한 역사문화자료가 멸실되는 것을 방지하고 그 원형을 보존하기 위한 공익상의 필요에 비하여 그로 인한 개인의 재산권 침해 등의 불이익이 훨씬 크다고 여겨지는 경우가 아닌 한 문화재지정을 해제하지 아니할 수 있다고 할 것이고, 행정청이 이와 같은 목표를 추구하기 위하여 문화재보호법 등 관련 법령이 정하는 바에 따라 내린 전문적·기술적 판단은 그 판단이 객관적으로 합리적이 아니라거나 타당하지 아니하다고 볼만한 다른 특별한 사정이 없다면 최대한 존중되어야 할 것이다.

2) 이와 같은 법리를 전제로 이 사건에 관하여 보건대, 위에서 인정한 사실 및 이 법원의 현장검증결과에 변론 전체의 취지를 더하여 알 수 있는 다음과 같은 사정들, 즉 ① 이 사건 문화재에는 분묘 701기 등 도합 1,638점의 유물이 분포되어 있고, 이 사건 토지에는 분묘 6기 등 도합 19점의 유물이 분포되어 있으므로 위 토지에 유물이 거의 존재하지 아니하는 것으로 볼 수 없는 점, ② 이 사건 토지에 존재하고 있는 이 사건 분묘는 발견 당시 상태 등에 비추어 조선시대 내시 승극철 부부의 묘로 추정되고 있고, 위와 같은 추정이 명백히 잘못된 것으로 보이지 아니할 뿐만 아니라 이 사건 문화재 내의 분묘 중 유일하게 그 설치시기가 명시되어 있는 등 그 역사적 가치가 큰 점(원고는 이 사건 분묘가 승극철 부부의 묘가 아니라고 주장하나, 이 사건 문화재 인근 주민이 1990년경 위 문화재 내에 있는 내시 묘들을 이장하는 것을 목격하였다는 등의 진술만으로는 위 분묘가 승극철 부부의 묘가 아니라는 사실이 명백하게 밝혀졌다고 볼 수 없을 뿐만 아니라, 오히려 을 제6호증의 기재, 증인 소외 1, 4의 각 증언에 변론 전체의 취지를 종합하면, 관련 전문가들은 이 사건 분묘를 승극철 부부의 묘로 보는 것이 합당하다는 견해를 피력하고 있고, 연양군파의 14대손인

유충현도 승극철 부부의 묘임을 전제로 2001. 4. 18. 위 분묘에 참배한 사실을 인정할 수 있을 뿐이다), ③ 이 사건 문화재가 제대로 관리되고 있지 아니한 상황은 피고가 위 문화재의 보존·관리에 진력하여야 할 사유는 될지언정 위 문화재를 더 이상 보존할 필요가 없다는 사유는 될 수 없는 점, ④ 또한 이 사건 토지 내에 유물이 존재하는 부분과 존재하지 아니하는 부분이 명확하게 구별되지 아니할 뿐만 아니라 위 토지를 이 사건 문화재와 별도로 취급하여 문화재지정을 해제할 경우 위 문화재의 경관이 전체적으로 훼손되고, 아직 발견되지 아니한 유물이 멸실될 우려가 있는 등 중대한 공익상 위해가 예상되는 반면, 원고로서는 이 사건 토지에 대한 재산권 행사가 전면적으로 금지되는 것은 아니고 일정한 경우 행정청의 허가를 얻어 위 토지를 사용·수익할 수 있으며, 이것이 헌법상 재산권 행사의 공공복리 적합의무를 넘어 원고에게 수인한도를 초과하는 불이익을 주는 것으로 보이지는 아니하는 점, ⑤ 법 제3조는 '문화재의 보존·관리 및 활용은 원형 유지를 기본 원칙으로 한다'고 규정하고 있으므로 이 사건 토지 내에 있는 상석 등을 박물관으로 옮겨 보존할 수 있음에도 피고가 이를 이행하지 아니하고 있다고 하더라도 그 판단이 객관적으로 합리적이 아니라거나 타당하지 아니하다고 볼 수 없는 점 등을 종합하면, 이 사건 회신에 어떠한 재량권의 일탈 또는 남용의 위법이 있다고 할 수 없다.

4. 결 론

그렇다면 이 사건 회신은 적법하다고 할 것이므로 그 취소를 구하는 원고의 청구는 이유 없어 이를 기각하기로 하여, 주문과 같이 판결한다.

▌사적 제440호, 서울 초안산 분묘군 ▌

초안산 분묘군 전경[9]

초안산 분묘군은 조선시대 양반분묘에서 서민 민묘까지 다양한 계층의 무덤 1,000기 이상과 상석, 문인석, 비석, 동자상 등 수백여 기의 석물들이 있는 곳이다. 15세기 이래 서민, 중인, 내관, 상궁, 사대부에 이르기까지 다양한 계층의 각종 문관석과 동자상 등이 시기별로 다양하게 분포하고 있다.

제4절 문화재 현상변경

❶ 국가지정문화재의 경우

문화재 보호의 기본원칙이 원형유지에 있으므로 훼손하는 행위는 물론이고 자의로 그 형태에 변형을 가할 수 없는 것이 원칙이다. 그러나 보존 등을 위해서 불가피하게 현상을 변경해야 하는 경우에는 문화재청장의 허가를 받아 이를 허용하고 있다. 그리고 허가된 사항을 변경하는 경우에도 다시 허가를 받도록 함으로써 원형유지 원칙을 최대한 유지하려는 입장을 취하고 있다. 우리 법 제35조 제1항에서는 국가지정문화재의 현상변경의 경우를, 1) 국가지정문화재(보호물·보호구역과 천연기념물 중 죽은 것 및 제41조제1항에 따라 수입·반입 신고된 것을 포함한다)의 현상을 변경하는 행위로서 대통령령으로 정하는 행위, 2) 국가지정문화재(동산에 속하는 문화재는 제외한다)의 보존에 영향을 미칠 우려가 있는 행위로서 대통령령으로 정하는 행위, 3) 국가지정문화재를 탁본 또는 영인(影印)하거나 그 보존에 영향을 미칠 우려가 있는 촬영을 하는 행위, 4) 명승이나 천연기념물로 지정되거나 임시지정된 구역 또는 그 보호구역에서 동물, 식물, 광물

---

9) 국가문화유산포털(http://www.heritage.go.kr), "초안산" 검색(2020.06.16. 최종방문).

을 포획(捕獲)·채취(採取)하거나 이를 그 구역 밖으로 반출하는 행위로 나누어 규정하고 있으며, 제35조 제1항 제1호와 제2호의 경우 구체적인 행위 태양을 대통령령에서 정하도록 하고 있다.

1) 국가지정문화재의 현상을 변경하는 행위

1. 국가지정문화재, 보호물 또는 보호구역을 수리, 정비, 복구, 보존처리 또는 철거하는 행위

2. 국가지정문화재(천연기념물 중 죽은 것과 법 제41조제1항에 따라 수입·반입 신고된 것을 포함한다)에 대한 다음 각 목의 행위

   가. 포획(捕獲)·채취·사육·도살(屠殺)하는 행위

   나. 인공으로 증식·복제하는 행위

   다. 자연에 방사하는 행위(구조·치료 후 방사하는 경우를 제외한다)

   라. 위치추적기를 부착하는 행위

   마. 혈액, 장기 및 피부 등을 채취하는 행위(치료하기 위한 경우를 제외한다)

   바. 표본(標本)·박제(剝製)하는 행위

   사. 매장·소각(燒却)하는 행위

3. 국가지정문화재, 보호물 또는 보호구역 안에서 하는 다음 각 목의 행위

   가. 건축물 또는 도로·관로·전선·공작물·지하구조물 등 각종 시설물을 신축, 증축, 개축, 이축(移築) 또는 용도변경(지목변경의 경우는 제외한다)하는 행위

   나. 수목을 심거나 제거하는 행위

   다. 토지 및 수면의 매립·간척·땅파기·구멍뚫기, 땅깎기, 흙쌓기 등 지형이나 지질의 변경을 가져오는 행위

   라. 수로, 수질 및 수량에 변경을 가져오는 행위

   마. 소음·진동·악취 등을 유발하거나 대기오염물질·화학물질·먼지·빛 또는 열 등을 방출하는 행위

   바. 오수(汚水)·분뇨·폐수 등을 살포, 배출, 투기하는 행위

   사. 동물을 사육하거나 번식하는 등의 행위

   아. 토석, 골재 및 광물과 그 부산물 또는 가공물을 채취, 반입, 반출, 제거하는 행위

　　　　자. 광고물 등을 설치, 부착하거나 각종 물건을 쌓는 행위

　　2) 국가지정문화재의 보존에 영향을 미칠 우려가 있는 행위로서 대통령령으로
　　　정하는 행위

　　　1. 역사문화환경 보존지역에서 하는 다음 각 목의 행위
　　　　가. 해당 국가지정문화재의 경관을 저해할 우려가 있는 건축물 또는 시설물을
　　　　　설치·증설하는 행위
　　　　나. 해당 국가지정문화재의 경관을 저해할 우려가 있는 수목을 심거나 제거하
　　　　　는 행위
　　　　다. 해당 국가지정문화재의 보존에 영향을 줄 수 있는 소음·진동·악취 등을
　　　　　유발하거나 대기오염물질·화학물질·먼지·빛 또는 열 등을 방출하는 행위
　　　　라. 해당 국가지정문화재의 보존에 영향을 줄 수 있는 지하 50미터 이상의 땅
　　　　　파기 행위
　　　　마. 해당 국가지정문화재의 보존에 영향을 미칠 수 있는 토지·임야의 형질을
　　　　　변경하는 행위
　　　2. 국가지정문화재가 소재하는 지역의 수로의 수질과 수량에 영향을 줄 수 있는
　　　　수계에서 하는 건설공사 등의 행위
　　　3. 국가지정문화재와 연결된 유적지를 훼손함으로써 국가지정문화재 보존에 영향
　　　　을 미칠 우려가 있는 행위
　　　4. 천연기념물이 서식·번식하는 지역에서 천연기념물의 둥지나 알에 표시를 하거
　　　　나, 그 둥지나 알을 채취하거나 손상시키는 행위
　　　5. 그 밖에 국가지정문화재 외곽 경계의 외부 지역에서 하는 행위로서 문화재청장
　　　　또는 해당 지방자치단체의 장이 국가지정문화재의 역사적·예술적·학술적·
　　　　경관적 가치에 영향을 미칠 우려가 있다고 인정하여 고시하는 행위

❷ 국가등록문화재의 경우

　　등록문화재제도의 입법취지는 근대문화유산 등의 보호를 위하여 보존할 가치가
있는 건조물 및 기념물은 등록하여 관리할 수 있도록 하려는 것으로서, 문화재청장은

국가지정문화재 등으로 지정되지 아니한 근대문화유산 등의 보존과 활용을 위하여 필요한 경우에는 이들을 등록하여 현상변경 등의 행위에 대하여 지도·조언·권고하고, 그 수리·관리 등에 필요한 경비를 지원함으로써 문화재로서의 가치가 있는 건조물이나 기념물의 보존과 활용의 증대를 도모하려는 것이다. 국가지정문화재와 등록문화재는 지정대상과 등록대상에 차이가 있지만 원형유지의 원칙에 입각하여 문화유산을 보존하고자 하는 취지는 동일하다고 볼 수 있다.

문화재보호법 제56조에서는 국가등록문화재의 현상변경을 규정하고 있다. 먼저 제56조 제1항에서는 국가등록문화재의 현상을 변경하고자 하는 경우에는 변경하려는 날의 30일 전까지 관할 특별자치시장, 특별자치도지사, 시장·군수 또는 구청장에게 신고하도록 규정하고 있다. 문화재보호법 제56조 제1항에서는 국가등록문화재의 현상변경의 경우를 1) 해당 문화재(동산에 속하는 문화재는 제외한다)의 외관을 변경하는 행위, 2) 해당 문화재(동산에 속하는 문화재는 제외한다)를 다른 곳으로 이전하거나 철거하는 행위, 3) 동산에 속하는 문화재를 수리하거나 보존처리하는 행위로 구분하여 신고하도록 하고 있다. 그리고 문화재보호법 시행령 제33조의2에서는 문화재의 외관을 변경하는 행위에 대해서 다음과 같이 규정하고 있다.

1. 해당 문화재가 건축물인 경우 외관(지붕부를 포함한다) 면적의 4분의 1 이상에 이르는 디자인, 색채, 재질 또는 재료 등을 변경하는 행위
2. 해당 문화재가 건축물 외의 시설물인 경우에는 해당 시설물의 디자인, 색채, 재질 또는 재료 등을 다음 각 목에 따른 면적의 4분의 1 이상 변경하는 행위
   가. 교량·등대 등 구조물인 경우에는 그 외관 면적
   나. 터널·동굴 등 그 외관이 드러나지 아니하는 시설물인 경우에는 내부의 표면적
   다. 그 밖의 경우에는 법 제53조제1항에 따라 국가등록문화재로 등록할 때 등록된 면적

그러나 등록문화재가 1) 건축물의 건폐율이나 용적률에 관한 특례적용을 받은 국가등록문화재일 경우, 2) 국가로부터 보조금을 지원받은 국가등록문화재일 경우, 3) 국가등록문화재의 소유자가 국가 또는 지방자치단체일 경우 그 현상을 변경하기

위해서는 문화재청장의 허가를 받도록 하고 있다.[10]

❸ 시·도지정문화재 및 시·도등록문화재의 경우

시·도지정문화재 및 시·도등록문화재의 현상변경의 경우에는 국가지정문화재와 국가등록문화재에 관한 규정을 준용하도록 하고 있다.[11]

❹ 현상변경과 관련된 주요 사례

1) 이미 설치 중인 건축물에 대해 현상변경허가 가능 여부

설치 중인 건축물에 대하여 문화재보호법 제35조 제1항에 따른 허가를 할 수 있는지 여부(문화재보호법 제35조 제1항 등 관련)
[13-0157, 2013. 6. 12., 문화재청]

【질의요지】

「문화재보호법」 제74조제2항, 제35조제1항제2호, 제36조 및 같은 법 시행규칙 제15조제2항제1호가목 등에 따르면 시·도지정문화재의 역사문화환경 보존지역에서 해당 시·도지정문화재의 경관을 저해할 우려가 있는 건축물을 설치하는 행위 등 시·도지정문화재의 보존에 영향을 미칠 우려가 있는 행위를 하려는 자는 특별시장·광역시장·도지사 또는 특별자치도지사(이하 "시·도지사"라 함)의 허가(이하 "현상변경등 허가"라 함)를 받아야 하는바,

시·도지정문화재의 역사문화환경 보존지역에서 현상변경등 허가를 받지 않은 채 건축물의 설치 중(완공 전)에 있던 자가 현상변경등 허가를 신청하는 경우로

---

10) 문화재보호법 제56조 제2항.
11) 문화재보호법 제74조.

서 같은 법 제36조의 허가기준에 부합하는 경우에 시·도지사는 허가를 할 수 있는지?

【회답】

시·도지정문화재의 역사문화환경 보존지역에서 현상변경등 허가를 받지 않은 채 건축물의 설치 중(완공 전)에 있던 자가 현상변경등 허가를 신청하는 경우로서 「문화재보호법」 제36조의 허가기준에 부합하는 경우에 시·도지사는 원칙적으로 허가를 할 수 없으나, 예외적으로 특별한 사정이 있는 경우에는 허가를 할 수 있습니다.

【이유】

「문화재보호법」 제2조제2항 및 제13조제1항에 따르면 시·도지사는 국가지정문화재, 시·도지정문화재 등 지정문화재의 역사문화환경 보호를 위하여 문화재청장과 협의하여 조례로 역사문화환경 보존지역(이하 "역사문화환경 보존지역"이라 함)을 정하여야 하고, 같은 법 제35조제1항제2호 및 같은 법 시행규칙 제15조제2항제1호가목에 따르면 역사문화환경 보존지역에서 해당 국가지정문화재의 경관을 저해할 우려가 있는 건축물 또는 시설물을 설치·증설하는 행위 등 국가지정문화재(동산에 속하는 문화재는 제외함. 이하 같음)의 보존에 영향을 미칠 우려가 있는 행위를 하려는 자는 문화재청장의 허가, 즉 현상변경등 허가를 받아야 합니다.

그런데, 「문화재보호법」 제70조제1항 및 제74조제2항에 따르면 시·도지사는 그 관할구역에 있는 문화재로서 국가지정문화재로 지정되지 아니한 문화재 중 보존가치가 있다고 인정되는 것을 시·도지정문화재로 지정할 수 있고, 시·도지정문화재 등의 지정과 지정해제 및 관리 등에 관하여는 같은 법 제35조제1항 등이 준용되는바, 시·도지정문화재의 역사문화환경 보존지역에서 현상변경등 허가를 받지 않은 채 건축물의 설치 중(완공 전)에 있던 자가 현상변경등 허가를 신청하는 경우로서 같은 법 제36조의 허가기준에 부합하는 경우에 시·도지사는 허가를 할 수 있는지 여부가 문제될 수 있습니다.

먼저, 「문화재보호법」 제35조제1항 각 호 외의 부분 전단에서는 "다음 각 호의 어느 하나에 행위를 하려는 자"는 문화재청장의 허가를 받아야 한다고 규정하고 있어, 역사문화환경 보존지역에서 국가지정문화재의 경관을 저해할 우려가 있는 건축물 또는 시설물을 설치·증설하는 행위 등 지정문화재의 보존에 영향을 미칠 우려가 있는 행위(제2호) 등을 하려는 자는 허가권자로부터 사전에 허가를 받아야 한다고 해석하는 것이 타당하다고 할 것입니다.

또한, 「문화재보호법」상 일정한 행위에 대하여 현상변경등 허가를 받도록 한 것은 문화재는 훼손되면 원상회복 및 복구가 사실상 곤란하기 때문에 지정문화재의 보존에 영향을 줄 우려가 있는 행위 등의 허용여부 등을 미리 검토하기 위한 것이라 할 것이고, 나아가 사전에 현상변경등 허가를 받지 않은 행위에 대하여 같은 법 제42조에 따른 행정명령, 같은 법 제99조에 따른 벌칙 등이 부과되는 점 등을 종합해 볼 때, 원칙적으로 현상변경등 허가는 건축물 설치 등의 행위를 착수하기 전에 받아야 하는 것이라 할 것입니다.

그런데, 「문화재보호법」 제74조제2항, 제42조제1항제4호에서는 시·도지사는 현상변경등 허가를 받지 않고 시·도지정문화재의 보존에 영향을 미칠 우려가 있는 행위 등을 한 자의 행위에 대하여 원상회복 조치 등을 명할 수 있다고 규정하고 있는바, 규정의 형식·체재 및 문언에 비추어 보면 시·도지사에게 원상회복 등을 명할 수 있는 재량이 있다고 보는 것이 합리적이고, 사전에 현상변경등 허가를 받지 않은 행위에 대하여 원상회복 조치 등을 반드시 명하여야 하는 것이 아니라고 본다면, 예외적으로 설치 중인 건축물에 대하여도 현상변경등 허가가 가능할 것으로 보입니다.

다만, 「문화재보호법」의 취지상 그 예외는 엄격히 제한되어야 할 것이어서, 사전에 「문화재보호법」상 현상변경등 허가를 신청하지 못하게 된 경위 및 그 책임의 정도, 문화재보호 법익의 침해 정도, 그 밖의 공익과 사익 등 관련 제반 이익을 비교형량하여, 현상변경등 허가를 사전에 신청하지 못하게 된 데에 고의 또는 중과실이 없고, 사전에 허가를 신청하였더라면 허가가 가능하였을 뿐만 아니라 현재도 허가기준에 부합하며, 현재 침해되는 「문화재보호법」상의 법익이 없는 반면, 이미 건축 중인 건축물을 철거하고 다시 신청하여 허가를 받게 하는 것이 상당한 사회경제적 손실을 초래하거나 행정절차상 무익한 반복 내지 비효율을 발생시키는 등 현저히 불합리한 특별한 사유가 있는 경우에 시·도지사는 예외적으로 설치 중인 건축물에 대하여도 현상변경등 허가를 할 수 있다고 할 것입니다.

한편, 위와 같은 사유로 인하여 예외적으로 설치 중인 건축물에 대한 현상변경등 허가를 받았다고 하여, 종전에 현상변경등 허가를 받지 않고 건축물을 설치한 행위에 대한 형벌의 가벌성이 소멸되는지 여부는 별론이라 할 것입니다.

따라서, 시·도지정문화재의 역사문화환경 보존지역에서 현상변경등 허가를 받지 않은 채 건축물의 설치 중(완공 전)에 있던 자가 현상변경등 허가를 신청하는 경우로서 「문화재보호법」 제36조의 허가기준에 부합하는 경우에 시·도지사는 원칙적으로 허가를 할 수 없으나, 예외적으로 특별한 사정이 있는 경우에는 허가를 할 수 있습니다.

2) 보호구역에 인접한 나대지에 건물신축을 위한 현상변경 가능 여부

국가지정문화재현상변경불허처분취소
[대법원, 2004두9920, 2006. 5. 12.]

【전문】

【원고, 피상고인】

【피고, 상고인】
문화재청장 (소송대리인 변호사 정○○)

【원심판결】
서울고법 2004. 8. 11. 선고 2003누21024 판결

【주 문】
원심판결을 파기하고, 사건을 서울고등법원으로 환송한다.

【이 유】
1. 원심은, 그 채용 증거들을 종합하여 남양주시 금곡동 141-1에 있는 홍·유릉(이하 '홍릉'이라 한다)은 문화재보호법에 의한 국가지정문화재(사적 제207호)로서 그 보호구역 내에는 수려한 수목과 조경시설 사이에 고종황제와 명성황후의 묘(홍릉), 순종황제와 황후 2인의 묘(유릉) 등이 있고, 홍릉을 보호하기 위하여 주변에는 담장이 쳐져 있으며 담장 밖에는 관람객들을 위한

주차장이 설치되어 있고, 주차장과 홍릉 보호구역의 경계 사이에는 4~5m 정도 되는 수목들로 이루어진 보호림이 조성되어 있는 사실, 원고는 홍릉에 인접한 남양주시 금곡동 434-3 잡종지 1,687㎡, 434-16 잡종지 324㎡, 434-17 잡종지 234㎡(이하 '이 사건 토지'라 한다)의 소유자인데, 이 사건 토지는 홍릉의 담장으로부터 북쪽으로 58m 정도, 가장 가까운 능과는 200m 정도 떨어진 거리에 있고, 현재 나대지로서 중고차매매상사로 사용되고 있는 사실, 원고는 2003. 4. 7. 이 사건 토지상에 지하 2층, 지상 1층, 연면적 4,494㎡의 판매 및 근린생활시설(이하 '이 사건 건물'이라 한다)을 건축하기 위하여 남양주시장 및 경기도지사를 경유하여 피고에게 국가지정문화재 현상변경신청을 하였으나, 피고는 문화재위원회의 심의를 거쳐, 2003. 4. 22. 이 사건 토지가 능의 전면에 있고, 사적지 보호구역과 인접되어 있어 사적 주변경관의 보존관리상 건물 신축이 불가하다는 이유로 현상변경을 불허가하는 이 사건 처분을 한 사실 등 판시 사실들을 인정한 다음, 이 사건 토지는 홍릉 보호구역의 경계와 인접하여 있기는 하나, 이 사건 토지가 홍릉의 북쪽에 위치하여 이 사건 건물이 신축되더라도 홍릉의 일조량, 배수량 기타 환경적 조건에 영향을 주지 않는 점, 홍릉 보호구역 중 이 사건 토지 쪽으로는 이미 예식장, 상가건물, 동사무소, 주택 등이 들어서 있고, 이 사건 건물은 홍릉과 어느 정도 조화를 이룰 수 있는 1층의 한식기와 건물로서 이 사건 건물이 신축된다고 하여도 홍릉이나 그 주변경관이 추가로 크게 훼손된다고 볼 수 없는 점, 이 사건 건물이 신축될 경우 경춘국도에서 홍릉의 조망이 일부 방해될 수 있으나 방해되는 조망은 홍릉과 그 주변 임야 전반이 아니라 홍릉 보호구역 경계를 따라 조성된 보호림 중 경춘국도 쪽의 일부 수목에 불과한 점 등에 비추어 볼 때, 설령 이 사건 건물의 신축으로 인하여 홍릉의 주변경관 등에 다소 부정적인 영향을 미친다고 하여도 그 건축을 금지함으로써 달성하려는 문화재 및 주변 경관의 보존·유지라는 공익은 그리 크지 않은 반면, 건축이 금지되어 원고가 이 사건 토지를 나대지 상태로 둘 수밖에 없게 됨으로써 입게 되는 불이익이 훨씬 크다 할 것이므로, 결국 이 사건 처분은 재량권을 일탈·남용한 위법한 처분에 해당한다는 이유로 이 사건 처분을 취소하고 원고의 청구를 인용한 제1심판결을 유지하였다.

2. 그러나 원심의 판단은 다음과 같은 이유로 수긍하기 어렵다.

문화재보호법 제20조 제4호는 '국가지정문화재와 그 보호구역의 보존에 영향을 미칠 우려가 있는 행위로서 문화관광부령이 정하는 행위'를 하고자 하는 자는 문화재청장의 허가를 받아야 한다고 규정하고 있고, 이에 따라 구 문화재보호법 시행규칙(2003. 7. 14. 문화관광부령 제77호로 개정되기 전의 것) 제18조의2 제2항 제2호 (다)목은 위와 같은 행위의 하나로, '국가지정문화재와 그 보호구역의 외곽경계로부터 500m 이내의 지역에서 당해 국가지정문화재와 그 보호구역의 경관을 저해할 우려가 있는 건축물 또는 시설물을 설치·증설하는 행위'를 들고 있다.

기록에 의하면, 원고의 이 사건 현상변경허가신청은 나대지인 이 사건 토지상에 이 사건 건물을 신축하겠다는 것으로, 원고가 신축하려는 이 사건 건물은 비록 지상은 1층이고, 한 동짜리 건물이기는 하나, 그 대지 면적이 2,245㎡이고, 층별 면적이 지하 2층 및 지하 1층 각 1,597㎡, 지상 1층 1,300㎡이며, 높이가 5.85m에 이르고, 전면에서 볼 때 가로가 약 62m, 세로가 약 35m에 달하는 상당한 규모의 건물이고, 기본구조가 철근콘크리트·철골조인 사실, 이 사건 토지는 보호림이 조성된 홍릉 보호구역의 경계와 인접하고 있는데, 위 보호림과 홍릉의 담장 사이에 주차장이 있다고 하여도 위 보호림 자체가 홍릉의 부속임야로서 홍릉의 일부에 해당하는 사실, 이 사건 토지의 주변 건물인 목화예식장 등은 문화재보호법 시행규칙의 개정(2000. 9. 1. 문화관광부령 제44호)으로 지정문화재의 경관을 저해할 우려가 있는 건축물의 설치를 문화재청장의 허가를 받아야 하는 행위에 포함시키는 조항(제18조의2 제2항)이 신설되기 이전에 건축된 것인 사실, 이 사건 토지 일대는 위 문화재보호법 시행규칙의 개정 이후에 피고가 현상변경허가를 거부하여 오고 있는 지역이고, 이 사건 토지 부근에 많은 나대지가 있는 사실을 인정할 수 있는바, 위와 같은 상당한 규모의 이 사건 건물이 이 사건 토지상에 들어서는 경우 비록 지붕을 한식기와지붕으로 한다고 하여도 보호구역을 포함한 홍릉의 경관을 저해할 가능성이 상당히 크다고 할 뿐만 아니라, 이 사건 처분이 취소되는 경우 향후 주변의 나대지에 대한 현상변경허가를 거부하기 어려워질 것으로 예상되는 점 등의 사정에 비추어 보면, 원심 판시와 같은 사정들을 모두 고려하더라도 이 사건 처분이 재량권을 일탈·남용한 위법한 처분이라고 단정하기 어렵다.

3. 그럼에도 불구하고, 원심은 그 판시와 같은 사정만을 들어 이 사건 처분이

재량권을 일탈·남용한 위법이 있다고 판단하고 말았으니, 이러한 원심의 조치에는 심리미진 내지 재량권의 일탈·남용에 관한 법리를 오해하여 판결 결과에 영향을 미친 위법이 있다고 할 것이다.

4. 그러므로 원심판결을 파기하고, 사건을 다시 심리·판단하게 하기 위하여 원심법원에 환송하기로 하여, 관여 대법관의 일치된 의견으로 주문과 같이 판결한다.

홍릉 능침과 유릉 재실

홍릉 능침[12]

유릉 재실[13]

3) 신축건물로 주변 경관에 일부 부정적인 영향을 미치는 경우 현상변경 가능 여부

국가지정문화재현상변경불허처분취소
[서울고등법원, 2003누21024, 2004. 8. 11.]

【전문】
【원고, 피항소인】
안○○(소송대리인 법무법인 ○○ 담당변호사 김○○)

---

12) 국가문화유산포털(http://www.heritage.go.kr), "홍릉" 검색(2020.06.16. 최종방문).
13) 국가문화유산포털(http://www.heritage.go.kr), "유릉" 검색(2020.06.16. 최종방문).

【피고, 항소인】

문화재청장(소송대리인 변호사 조○○ 외 2인)

【제1심판결】

서울행정법원 2003. 10. 24. 선고 2003구합19241 판결

【변론종결】

2004. 7. 14.

【주 문】

1. 피고의 항소를 기각한다.

2. 항소비용은 피고의 부담으로 한다.

【청구취지 및 항소취지】

1. 청구취지

피고가 2003. 4. 22. 원고에 대하여 한 국가지정문화재현상변경등 불허가처분을 취소한다.

2. 항소취지

제1심 판결을 취소한다. 원고의 청구를 기각한다.

【이 유】

1. 처분의 경위

다음의 사실은 당사자 사이에 다툼이 없거나 갑1호증의 2, 갑2호증, 갑3호증의 1, 2, 갑5증의 1~10, 을4호증의 3, 4의 각 기재에 변론의 전취지를 종합하여 인정할 수 있다.

가. 관계법령

문화재보호법

제20조 (허가사항) 국가지정문화재에 대하여 다음 각호의 1에 해당하는 행위를 하고자 하는 자는 대통령령이 정하는 바에 의하여 문화재청장의 허가를 받아야 한다. 허가사항을 변경하는 경우에도 또한 같다.

4. 국가지정문화재(보호물·보호구역과 천연기념물중 죽은 것을 포함한다)의 현상을 변경(천연기념물을 표본·박제하는 행위를 포함한다)하거나 그 보존에 영향을 미칠 우려가 있는 행위로서 문화관광부령이 정하는 행위

문화재보호법 시행령

제15조 (현상변경등의 허가신청) 법 제20조 각호의 1에 해당하는 행위에 대하여 문화재청장의 허가를 받고자 하는 자는 당해 국가지정문화재의 종별·지정번호·명칭·수량 및 소재지등을 기재한 허가신청서를 관할 시장·군수·구청장(자치구의 구청장을 말한다. 이하 같다) 및 시·도지사를 거쳐 문화재청장에게 제출하여야 한다. 다만, 법 제20조제3호의 규정에 해당하는 행위에 대한 허가신청은 관할 시장·군수·구청장 및 시·도지사를 거치지 아니할 수 있다.

문화재보호법 시행규칙

제18조의2 (국가지정문화재 등의 현상변경 등의 행위)

② 법 제20조 제4호의 규정에 의한 국가지정문화재(보호물 및 보호구역을 포함한다. 이하 이 항에서 같다)의 보존에 영향을 미칠 우려가 있는 행위는 다음 각호와 같다.

2. 국가지정문화재의 외곽경계로부터 500미터 이내의 지역에서 행하여지는 다음 각목의 행위

　　다. 당해 국가지정문화재의 일조량에 영향을 미치거나 경관을 저해할 우려가 있는 건축물 또는 시설물을 설치·증설하는 행위

나. 홍릉의 현황 등

(1) 남양주시 금곡동 141-1에 있는 홍·유릉(이하 홍릉이라 한다)은 문화재보호법에 의한 국가지정문화재(사적 제207호)로서 그 보호구역 내에는 수려한 수목과 조경시설 사이에 고종황제와 명성황후의 묘(홍릉), 순종황제와 황후 2인의 묘(유릉) 등이 있다.

(2) 홍릉을 보호하기 위하여 주변에는 담당이 쳐져 있고 담장 밖에는 관람객들을 위한 주차장이 설치되어 있으며, 주차장과 홍릉 보호구역의 경계 사이에는 4~5m 정도되는 수목들로 이루어진 보호림이 조성되어 있다.

다. 신청지의 위치 등

(1) 원고는 홍릉에 인접한 남양주시 금곡동 434-3 잡종지 1,687㎡, 434-16 잡종지 324㎡, 434-17 잡종지 234㎡(이하 이 사건 토지라 한다)의 소유자이다.

(2) 이 사건 토지는 홍릉의 담장으로부터 북쪽으로 58m 정도, 가장 가까

운 능과는 200m 정도 떨어진 거리에 있다.

　(3) 이 사건 토지는 나대지로서 현재 중고차매매상사로 사용되고 있다.

라. 이 사건 처분

　(1) 원고는 2003. 4. 7. 이 사건 토지상에 지하 2층 지상 1층, 연면적 4,494㎡인 판매 및 근린생활시설(이하 이 사건 건물이라 한다)을 건축하기 위하여 남양주시장 및 경기도지사를 경유하여 피고에게 국가지정문화재현상변경신청을 하였다.

　(2) 이에 대하여 피고는 이 사건 토지가 능의 전면에 있고, 사적지 보호구역과 인접되어 있어 사적 주변경관의 보존관리상 건물 신축이 불가하다는 이유로 현상변경을 불허가하는 이 사건 처분을 하였다.

2. 처분의 적법여부

가. 인정사실

　다음의 사실은 갑9의 1 내지 4, 갑10, 을5의 1, 2, 을7의 1 내지 4, 을10의 1 내지 10, 을12의 각 기재 및 영상과 제1심 법원의 현장검증결과에 변론의 전취지를 종합하여 인정할 수 있다.

　(1) 홍릉 보호구역의 경계를 따라 이 사건 토지를 기준으로 서쪽에는 목화예식장(6층), 금곡동 동사무소(2층), 식당(2층), 주유소 등이, 동쪽으로는 1층 및 2층 주택과 카센터, 식당 등이 들어서 있으며, 홍릉 보호구역의 경계로부터 500m이내 지역에도 경춘국도를 따라 양쪽으로 이미 상가건물과 주택들이 들어서 있는 등 시가지가 형성되어 있다.

　(2) 원고는 이 사건 건물을 높이 5.85m 정도의 한식기와지붕으로 건축할 예정이다.

　(3) 경춘국도에서는 이 사건 토지를 포함한 일부 나대지를 통하여 홍릉 보호구역의 경계 보호림을 조망할 수 있을 뿐이고 경계 보호림에 가려져 홍릉과 경춘국도 반대편의 주변임야 등이 직접 조망되지 않는다.

다. 판단

　(1) 문화재는 국가적·민족적·세계적 유산으로서 역사적·예술적·학술적·경관적 가치가 큰 것으로서 한번 훼손되는 경우 그 회복 자체가 곤란한 경우가 많을 뿐 아니라, 회복이 가능하더라도 막대한 비용과 시간이 소요되기 때문에 문화재는 원형 그대로 보전하는 것이 바람직하

고, 더구나 근래 각종 개발행위가 증가함에 따라 문화재 및 그 보존을 위한 주변 환경이 날로 훼손되고 있는 현실에 비추어, 국민의 문화적·정신적 향상을 도모함과 아울러 인류 문화의 발전에 기여하기 위하여 문화재를 보호하여야 할 필요성이 더욱 절실하여 지고 있으므로 문화재 보호구역의 외곽지역이라고 하더라도 개발행위로 인하여 문화재의 보존에 영향을 미칠 우려가 있는 경우에는 이를 제한하여야 할 것이나, 개발행위가 있다고 하더라도 문화재의 보존에 영향이 없거나, 미미한 경우에는 국민의 재산권 보호를 위하여 그 개발행위를 금지하여서는 안 된다 할 것이다.

(2) 그런데 위에서 본 바와 같이 이 사건 토지는 홍릉 보호구역의 경계와 인접하여 있기는 하나, 이 사건 토지가 홍릉의 북쪽에 위치하여 이 사건 건물이 신축되더라도 홍릉의 일조량, 배수량 기타 환경적 조건에 영향을 주지 않는 점, 홍릉 보호구역 중 이 사건 토지 쪽으로는 이미 예식장, 상가건물, 동사무소, 주택 등이 들어서 있고, 이 사건 건물은 홍릉과 어느 정도 조화를 이룰 수 있는 1층의 한식기와 건물로서 이 사건 건물이 신축된다고 하여도 홍릉이나 그 주변경관이 추가로 크게 훼손된다고 볼 수 없는 점, 이 사건 건물이 신축될 경우 경춘국도에서 홍릉의 조망이 일부 방해될 수 있으나 방해되는 조망은 홍릉과 그 주변 임야 전반이 아니라 홍릉 보호구역 경계를 따라 조성된 보호림 중 경춘국도 쪽의 일부 수목에 불과한 점 등에 비추어 볼 때, 설령 이 사건 건물의 신축으로 인하여 홍릉의 주변경관 등에 다소 부정적인 영향을 미친다고 하여도 그 건축을 금지함으로써 달성하려는 문화재 및 주변 경관의 보존·유지라는 공익은 그리 크지 않은 반면 건축이 금지되어 원고가 이 사건 토지를 나대지 상태로 둘 수 밖에 없게 됨으로써 입게 되는 불이익이 훨씬 크다 할 것이므로 결국 이 사건 처분은 재량권을 일탈, 남용한 위법한 처분에 해당한다 할 것이다(피고는, 홍릉의 산맥능선은 현재 복개되어 있는 홍릉 앞 개천까지 내려온 것으로서 풍수지리학상 개천까지는 훼손됨이 없이 보호되어야 하는데 이 사건 토지는 위 개천과 홍릉의 보호구역 사이에 있는 점, 피고가 2003. 8. 21. 홍릉주변지역에 대한 현상변경처리기준을 마련하여 시행중이며

2003. 10. 25. 장차 홍릉의 보호구역의 확대지정하여 해당토지를 매입하겠다고 예고한 점 등에 비추어 볼 때 이 사건 토지상에 건축을 허가하여서는 안 된다는 취지의 주장을 하나, 이 사건 처분 당시 이 사건 토지가 홍릉의 보호구역으로 확대지정되지 아니한 이상 장차 확대지정할 예정이라는 불확실한 사정이나 객관적으로 검증될 수 없는 풍수지리학상의 사유 등을 들어 건축허가를 제한할 수는 없다고 보아야 할 것이므로 위 주장은 받아들이지 않는다).

3. 결 론

그렇다면, 원고의 이 사건 청구는 이유있어 인용할 것인바, 제1심 판결은 이와 결론을 같이 하여 정당하므로 피고의 항소는 이유없어 기각하기로 하여 주문과 같이 판결한다.

4) 문화재 주변 지역에서 이루어지는 건설공사 등을 제한할 때 고려할 사항

현상변경등불허가처분취소
[대법원, 2012두20953, 2013. 2. 14.]

【전 문】

【원고, 상고인】

한국○○공사 (소송대리인 법무법인 ○○○○ 담당변호사 이○○ 외 1인)

【피고, 피상고인】

문화재청장 (소송대리인 변호사 정○○)

【원심판결】

서울고법 2012. 9. 11. 선고 2012누13995 판결

【주문】

1. 원심판결을 파기하고, 사건을 서울고등법원에 환송한다.

【이유】

상고이유를 판단한다.

1. 문화재보호법 제35조 제1항 제2호는 '국가지정문화재의 보존에 영향을 미

칠 우려가 있는 행위로서 문화체육관광부령으로 정하는 행위를 하려는 자는 문화재청장의 허가를 받아야 한다'고 규정하고 있고, 그 위임을 받은 문화재보호법 시행규칙 제15조 제2항은 허가사항 중 하나로 '역사문화환경 보존지역에서 해당 국가지정문화재의 경관을 저해할 우려가 있는 건축물 또는 시설물을 설치·증설하는 행위'[제1호 (가)목]를 들고 있다. 여기에서 말하는 역사문화환경 보존지역이란, 지정문화재의 역사문화환경 보호를 위하여 시·도지사가 문화재청장과 협의하여 원칙적으로 지정문화재의 외곽 경계로부터 500m 안의 범위에서 조례로 정하는 지역을 말하는데(문화재보호법 제13조 제1항, 제3항), 문화재보호법 제36조는 위 허가기준 중 하나로 '문화재의 역사문화환경을 훼손하지 아니할 것'(제2호)을 들고 있다.

문화재는 국가적·민족적 또는 세계적 유산으로서 역사적·예술적·학술적 또는 경관적 가치가 크고, 한번 훼손되면 회복 자체가 곤란한 경우가 많을 뿐 아니라, 회복이 가능하더라도 막대한 비용과 시간이 소요되기 때문에 원형유지를 기본원칙으로 하여 보존·관리하여야 하고, 이를 위해서는 문화재 자체뿐만 아니라 그 주변 자연경관 등과 같은 역사문화환경 역시 함께 보호할 필요가 있다고 할 것이나, 이에 따라 문화재 주변 지역에서 이루어지는 건설공사 등을 제한함에 있어서는 건설공사 등으로 인한 문화재의 훼손가능성, 문화재 보존·관리에 미치는 영향 등의 공익적 요소와 그 건설공사 등의 내용, 건설공사 등의 제한으로 인한 국민의 재산권 침해 정도 등의 사익적 요소를 비교·교량하여야 하고, 그 비교·교량은 비례의 원칙에 적합하도록 하여야 한다.

2. 원심판결 이유 및 기록에 의하면, 다음과 같은 사실을 알 수 있다.

① 하남 이성산성은 삼국시대 신라가 한강유역을 확보한 후 신주(新州)를 설치할 때 주성(州城)의 목적으로 하남시 춘궁동, 초일동, 광암동 등에 걸쳐 있는 해발 209.8m의 이성산에 높이 4~5m, 둘레 1,844m로 축조한 포곡형(包谷形) 석축산성으로서 북서쪽으로 한강 유역, 아차산, 풍납토성, 몽촌토성 일대를 한눈에 조망할 수 있고, 그 동안 실시된 지표조사 및 발굴조사를 통하여 삼국시대 건물지와 부대시설, 각종 토기 등이 발견되는 등 역사적 중요성이 인정됨으로써 2000. 9. 16. 국가지정문화재(사적 제422호)로 지정되었고, 아직까지 발굴이 완료되지 아니한 상태이다.

② 이성산성의 외곽경계로부터 반경 약 500m 거리 내에 있는 지역은 이성산

성의 역사문화환경 보호를 위한 보존지역으로 지정되어 있다. 피고는 2006. 6. 23. 문화관광부령 제137호로 개정된 구 문화재보호법 시행규칙에서 국가지정문화재 지정 시 그 보존지역에 대한 현상변경 등 행위의 범위를 고시하도록 의무화함에 따라 2008. 7. 10. 이 사건 보존지역에 대한 이 사건 현상변경허용기준을 고시하였는데, 거기에서는 위 보존지역을 4개의 구역으로 구분한 다음, 각 구역별로 건축물 등의 신축 및 재·개축 허용 여부, 건축물 등의 최고 높이와 층수 등을 규정하고 있다.

③ 이 사건 보존지역 남쪽 경계선 부근으로는 서울외곽순환도로가, 그 안쪽으로는 서하남로(왕복 4차로)가 각 동서 방향으로 통과하고 있고, 위 도로 사이에는 춘궁저수지가, 서하남로를 따라 좌우에는 이성산성 진입로, 각종 음식점과 사업장 건물들, 2개의 송전선로와 이를 지지하기 위한 수개의 철탑 등이 위치하고 있다.

④ 원고는 정부가 자본금의 51% 이상을 출자한 시장형 공기업으로서 전력자원의 개발과 발전, 송전, 변전, 배전 등의 사업을 수행하고 있다. 원고는 하남시에 전력을 공급하기 위하여 1979년경 설치된 이 사건 송전선로(위 2개의 송전선로 중 서하남로 남쪽에 위치한 것이다) 중 춘궁저수지를 통과하는 부분의 지상고가 내부규정으로 정한 19m보다 낮은 11m에 불과하여 낚시대, 낚시줄 등과 접촉하는 사고가 빈발하자 자칫 인명피해나 대규모 정전사태로 이어질 우려가 있다고 보아 춘궁저수지 옆 하남시 춘궁동 (지번 생략) 등 부지에 설치된 높이 34m의 이 사건 기존 철탑을 높이 46m의 신형 철탑으로 교체하여 위 송전선로의 안전 지상고를 확보하는 것을 내용으로 하는 이 사건 공사를 실시하기로 계획하였다.

⑤ 이 사건 공사 계획에 의하면, 이 사건 기존 철탑 바로 옆 부지에 가설철탑과 가설선로를 설치하여 전기공급을 계속하면서 이 사건 기존 철탑을 신형 철탑으로 교체한 후 가설철탑을 철거하고 가설선로를 신형 철탑으로 옮기는 방식으로 공사를 진행하고, 철탑 형태를 삼각주에서 원통형으로 변경하여 바닥너비를 7m에서 2.5m로 줄이며(다만 철탑 부지면적은 변경이 없다), 공사에 제공되는 부지면적은 1,097㎡(=작업장 및 가설 철탑 부지면적 978㎡ + 이 사건 신형 철탑 부지면적 119㎡), 공사기간은 약 3개월이다.

⑥ 이 사건 현상변경허용기준에 의하면, 위 공사면적 중 557㎡(작업장 및 가

설 철탑 부지 중 일부이다)는 건축물 등을 신축할 수 없고, 기존 건축물 등 개·
재축만이 가능한 제1구역에 속하고, 나머지는 전부 평스라브 지붕의 경우 최고
높이 11m 및 3층 이하, 경사지붕(경사 3:10 이상)의 경우 최고높이 15m 및 3층
이하로 제한되는 제3구역에 속한다.

⑦ 이 사건 공사 부지는 이성산성 외곽 경계로부터 남쪽 450m 지점 평지에
위치하고 있으며, 동쪽에 사업장 건물 등이, 서쪽에 춘궁저수지가, 남쪽에 서울
외곽순환고속도로가, 북쪽에 서하남로가 위치하고 있다. 이 사건 공사 부지와
이성산성 사이에는 수목이 숲을 이루고 있는 구릉이 형성되어 있어 양쪽 모두에
서 서로가 육안으로 관찰되지 아니하며, 이성산성 최정상부에 설치된 산불감시초
소나 기타 산성 내 다른 지점에서 이 사건 기존 철탑은 보이지 아니하고, 다른
철탑들과 주변 건축물만이 관찰된다.

⑧ 원고는 2011. 6. 1. 피고에게 이 사건 공사 부지에서 이 사건 공사를 실시하
는 것을 허가하여 달라는 취지의 국가지정문화재 현상변경 등 허가신청을 하였다.
피고는 2011. 7. 19. '문화재위원회 심의 결과 문화재 주변 역사문화환경을 훼손
할 우려가 있어 부결되었다'는 이유를 들어 위 신청을 불허하는 이 사건 처분을
하였다.

3. 이러한 사실관계에 의하여 알 수 있는 다음과 같은 사정들, 즉 ① 이 사건
공사는 기본적으로 송전선로의 안전 지상고를 확보하기 위하여 이 사건 기존 철
탑을 그 보다 12m 높은 신형 철탑으로 교체하는 것을 내용으로 하는데, 이성산
성에서 이 사건 기존 철탑은 조망되지 아니하고, 이 사건 신형 철탑이 조망될지
여부는 불분명하나 이미 다른 다수의 철탑들과 건물 등이 조망되고 있는 상황이
므로 설령 12m 부분이 새로이 조망된다고 하더라도 전체적인 경관에 미치는 영
향은 크지 아니할 것으로 보이는 점, ② 이 사건 공사 부지면적 중 건축물 등의
신축이 금지되는 제1구역에 속하는 557㎡를 포함한 978㎡는 작업장 및 가설 철
탑 부지로 임시 사용되는 것에 불과하고, 제3구역에 속하는 나머지 철탑 부지면
적은 종전과 변경이 없는 점, ③ 이 사건 공사부지는 국가지정문화재로 지정된
이성산성의 역사문화환경 보호를 위하여 지정된 보존지역에 속할 뿐이므로 공사
과정에서 미발굴 매장문화재가 훼손될 가능성이 높다고 보기 어렵고, 매장문화
재 보호 및 조사에 관한 법률은 매장문화재를 발견한 자 등은 그 사실을 신고
하여야 하고, 신고하지 아니하고 은닉 또는 처분하거나 현상을 변경하면 형사처

벌하도록 규정하고 있는 점, ④ 이 사건 현상변경허용기준은 이 사건 보존지역에서 시행하는 건설공사에 관한 인가·허가 등을 담당하는 행정기관이 해당 건설공사의 시행이 지정문화재의 보존에 영향을 미칠 우려가 있는 행위에 해당하는지 여부를 검토하는 데 필요한 일응의 기준을 제시함으로써 행정행위의 투명성을 높이고 국민편의를 도모하기 위하여 제정된 것으로서 그 자체로 문화재보호법 제36조가 정한 허가기준을 법정한 것으로 보기 어려운 점, ⑤ 일반 건축물 등이 건축된 경우와 달리 이 사건 기존 철탑이 교체되었다고 하여 인구나 교통량이 증가된다고 보기 어렵고, 오히려 감전사고로 인한 인명피해나 대규모 정전사태 예방에 기여할 것으로 보이는 점, ⑥ 원고가 안전 지상고 확보를 위한 필요최소한의 범위를 넘어 이 사건 공사를 시행하려 한다고 의심할 만한 별다른 사정을 발견하기 어려운 점 등에 비추어 보면, 원심 판시와 같은 사정을 모두 고려하더라도 이 사건 처분을 통해 달성하고자 하는 이성산성의 역사문화환경 보호라는 공익이 그로 인하여 침해되는 원고의 재산권 행사의 자유뿐만 아니라 감전사고로 인한 인명피해나 대규모 정전사태 예방이라는 또다른 공익보다 크다고 하기 어렵다고 할 것이다.

　그럼에도 불구하고 원심은 그 판시와 같은 사정만을 들어 이 사건 처분이 재량권을 일탈·남용한 것으로서 위법하다고 할 수 없다고 판단하고 말았으니, 이러한 원심의 판단에는 국가지정문화재의 보존에 영향을 미칠 우려가 있는 행위의 허가기준에 관한 법리를 오해하여 판결에 영향을 미친 위법이 있다고 할 것이다. 이를 지적하는 상고이유는 이유 있다.

　4. 그러므로 원심판결을 파기하고 사건을 다시 심리·판단하도록 하기 위하여 원심법원에 환송하기로 하여 관여 대법관의 일치된 의견으로 주문과 같이 판결한다.

▌이성산성 전경과 동문지 ▌

이성산성 전경[14]　　　　　　　　　　이성산성 동문지[15]

5) 문화재 현상변경허가처분을 하면서 붙일 수 있는 부관의 한계

시지정 문화재 허가사항 변경허가 중전시관건립및 비용부담 부분 취소
[부산고등법원, 2010누6380, 2011. 10. 28.]

【전문】

【원고, 피항소인】

　○○쇼핑 주식회사 (소송대리인 법무법인 ○○ 외 1인)

【피고, 항소인】

　부산광역시 중구청장 (소송대리인 변호사)

【제1심판결】

　부산지법 2010. 10. 29. 선고 2010구합1904 판결

【변론종결】

　2011. 9. 23.

【주 문】

　1. 피고의 항소를 기각한다.

---

14) 국가문화유산포털(http://www.heritage.go.kr), "이성산성" 검색(2020.06.16. 최종방문).
15) 국가문화유산포털(http://www.heritage.go.kr), "이성산성" 검색(2020.06.16. 최종방문).

2. 항소비용은 피고가 부담한다.

【청구취지 및 항소취지】

1. 청구취지

피고가 2010. 2. 2. 원고에 대하여 한 시 지정 문화재 허가사항 변경허가 중 '문화재인 영도대교가 해체되므로 영도대교 부재 및 관련 자료를 전시할 수 있는 전시관을 건립할 것', '전시관 건립 및 그에 수반되는 제반 비용을 롯데가 부담하는 조건으로 영도대교를 해체하되, 영도대교 해체 전에 전시관 건립 및 전시계획을 수립하여 문화재위원회의 심의를 받을 것'이라는 부관을 각 취소한다.

2. 항소취지

제1심판결을 취소한다. 원고의 청구를 기각한다.

【이 유】

1. 인정 사실

가. 롯데월드에 대한 건축허가

원고는 1999. 12.경 주식회사 롯데호텔과 함께 부산 중구 중앙동 7가 20-1 외 109필지 지상에 '부산 제2롯데월드'(이하 '롯데월드'라고 한다)를 신축하기 위하여 부산광역시장에게 건축허가신청을 하였고, 부산광역시장은 2000. 11. 11. 교통영향평가 심의의결에 따라 '왕복 4차로인 영도대교를 왕복 6차로로 확장·재건설하는 공사를 시행할 것'(이하 '당초의 부관'이라고 한다) 등을 조건으로 건축허가처분(이하 '이 사건 건축허가'라고 한다)을 하였다.

나. 롯데월드 신축사업 실시계획 변경인가에 이르기까지의 경과

롯데월드의 신축부지가 있는 부산 중구 중앙동과 건너편 섬인 영도를 연결하는 영도대교는 1934. 11. 23. 완공된 도개기능을 갖춘 교량인데, 1966. 9. 1. 수도관이 설치되면서 도개기능의 작동이 정지되었고, 노후화로 인하여 1986. 12.경 8t 이상 차량의 통행이 제한되었으며, 2003. 2. 25. 실시된 정밀안전진단에서 전반적인 강재부식 및 2차 부재 손상으로 인해 D급(위험 수준) 판정을 받았고, 같은 해 3. 25. 재난위험시설로 지정되면서 철거문제가 본격적으로 논의되기 시작하였다.

부산광역시는 2004. 2. 18. 영도대교를 해체하지 않고 그 옆에 대체교량을 설치하겠다는 원고의 제안을 안전성 등을 이유로 반려하고, 2004.

12.경 영도대교 관련 범시민자문위원회가 제시한 안을 수용하여 기존교각을 활용해 도개기능 등 원형을 확장·복원하기로 결정한 후, 2004. 12. 30. 및 2005. 3. 21. 원고에게 당초의 부관에 따라 영도대교를 확장·재건설하는 공사를 이행할 것을 촉구하였다.

그 후 부산광역시는 영도대교 관리방침을 기존 교각을 해체하고 기존 부재를 최대한 활용하여 원형에 가까운 새로운 교량을 건설하기로 변경하고, 2006. 7. 7. 원고에게 도시계획사업(롯데월드 신축사업) 실시계획 변경인가를 하면서 아래와 같은 조건을 부가하였고, 이에 따라 원고는 2007. 6. 8. 임시가설교량공사를 착공하여 2009. 7. 27. 완공하였다.

변경인가에 부가된 영도대교와 관련된 조건

영도대교 확장계획은 지방문화재위원회에 자문 중이므로 그 자문 결과를 반영하여야 하고, 영도대교 철거 및 확장에 따른 상수도관 이설 등에 관해 상수도 사업본부와 별도 협의 후 시행하여야 하며, 영도대교 6차로 건설은 향후 추진전망이 불투명한바, 현재 재난위험시설로 관리 중인 영도대교의 노후 손상이 가속되고 있는 실정임을 감안하여 가교 등을 설치하여 현재의 교통량을 완화시키는 방안을 실시계획에 반영하여야 한다.

다. 영도대교의 문화재지정 및 문화재 소위원회의 심의과정

한편 부산광역시장은 2006. 11. 25. 영도대교를 부산광역시 지정 문화재로 지정하였고, 이에 따라 원고는 2006. 12. 6. 문화재로 지정된 영도대교의 철거를 위하여 부산광역시로부터 문화재 현상변경허가권을 위임받은 피고에게 '도개기능을 갖춘 왕복 6차선과 양측 인도교 설치, 가설교량 설치, 해안도로개설에 따른 기계실 축소'를 내용으로 한 현상변경허가신청을 하였고, 피고는 2006. 12. 18. '보수복원 원칙 검토 및 기존 자재 보관 및 활용방안 등에 대해서는 문화재 소위원회를 구성하여 논의할 것'을 조건으로 이를 허가하였다(이하 '1차 현상변경허가'라고 한다).

이에 따라 구성된 부산광역시 문화재 소위원회는 2007. 1. 29.부터 2009. 7. 16.까지 7회에 걸쳐 개최되었는데, 영도대교 해체로 인한 기존 자재의 보관 및 활용방안에 관하여 장기적인 전시관 건립은 부산광역시에서 시행하고, 전시관이 건립될 때까지는 원고가 그 부지 내에 단기적인 전시계획을 마련하여 시행하는 방안이 추진되었다.

라. 이 사건 현상변경허가에 이르기까지의 경과

　　원고는 2009. 8. 25. 피고에게 영도대교 보수·복원공사와 관련하여 전시계획 등에 관하여 1차 현상변경허가에 대해 변경허가신청을 하였으나, 피고는 부산광역시 문화재위원회가 2009. 9. 10. 전시관 건립재원 부담방안 등을 제시받을 때까지 심의를 보류하는 의결을 하였음을 이유로 전시관 건립재원 등을 보완하여 재신청할 것을 통지하였다.

　　이에 원고는 2009. 12. 3. 전시관 건립에 대한 예산안을 약 90억 원으로 하고 재원부담은 부산광역시와 원고가 별도로 협의하는 것을 내용으로 재신청을 하고, 2009. 12. 8. 원고가 전시관 건립비용의 일부인 40억 원을 선집행하고 추후 정산을 받는 안을 제시하였으나, 피고는 2009. 12. 11. 원고가 제시하는 안은 문화재위원회의 의사에 반하여 수용하기 어렵다는 취지로 답변한 후, 2010. 1. 5. 전시관 건립계획의 보완을 독촉하고 2010. 1. 8. 보완자료가 제출되지 않았음을 이유로 이를 반려하였다.

　　원고는 2010. 1. 26. 다시 변경허가를 위한 재심의를 신청하였는데, 피고는 2010. 2. 2. 부산광역시 문화재위원회의 2010. 1. 28.자 심의결과에 따라 아래와 같은 부관(이하 '이 사건 부관'이라고 한다)을 붙여 문화재 현상변경을 허가하였다(이하 '이 사건 현상변경허가'라고 한다).

이 사건 부관의 내용

문화재인 영도대교가 해체되므로 영도대교 부재 및 관련 자료를 전시할 수 있는 전시관을 건립할 것, 전시관 건립 및 그에 수반되는 제반 비용을 롯데가 부담하는 조건으로 영도대교를 해체하되 영도대교 해체 전에 전시관 건립 및 전시계획을 수립하여 문화재위원회 심의를 받을 것.

[인정 근거] 다툼 없는 사실, 갑 제1호증 내지 갑 제10호증, 갑 제12 내지 15호증, 을 제2호증 내지 을 제5호증, 을 제7호증 내지 을 제28호증의 각 기재 또는 영상, 변론 전체의 취지.

2. 본안전항변에 관한 판단

　　피고는, 이 사건 부관은 이 사건 현상변경허가의 본질적인 요소를 이루고 있으므로, 이 사건 부관만의 취소를 구하는 이 사건 소는 부적법하다고 주장한다.

　　살피건대 일반적으로 부관은 독립하여 행정소송의 대상이 될 수 없지만, 이 사건 부관의 경우 본체인 이 사건 현상변경허가와는 별개의 독립된 이행의무를 부과하는 이른바 '부담'에 해당하므로, 이 사건 현상변경허가와 별개로 독립하여 행정쟁송의 대상이 될 수 있음은 물론, 독립하여 취소의 대상도 될 수 있다. 따라서 피고의 본안전항변은 이유 없다.

3. 본안에 관한 판단

가. 원고의 주장

부산광역시가 부담하여야 할 전시관 건립비용을 원고에게 부담하게 한 이 사건 부관은, ① 실질적으로 본체인 행정행위라고 볼 수 있는 이 사건 건축허가의 원인 및 목적과 아무런 관련이 없이 부당하게 결부된 부관이며, ② 이 사건 건축허가로부터 6년이 지난 후 영도대교가 시 문화재로 지정되면서 새로이 추가된 것으로 사후부관금지의 원칙에 반하고, ③ 이 사건 부관에 이르게 된 제반 경위에 비추어 비례의 원칙, 평등의 원칙에 위배된다. 따라서 이 사건 부관은 재량권을 일탈·남용하여 위법하므로 취소되어야 한다.

나. 관계 법령

제1심판결 해당 부분 기재와 같으므로 이를 인용한다.

다. 판단

(1) 구 문화재보호법(2010. 2. 4. 법률 제10000호로 전부 개정되기 전의 것, 이하 '문화재보호법'이라고 한다) 제34조, 제75조에 의한 문화재 현상변경허가는 행정청의 재량행위에 해당하고, 이러한 재량행위에 있어 관계 법령에 명시적인 금지규정이 없는 한 법령상의 근거가 없다고 하더라도 행정목적을 달성하기 위하여 부관을 붙일 수 있으나, 그 부관의 내용은 적법하고 이행이 가능하여야 하며 비례의 원칙 및 평등의 원칙, 부당결부금지 원칙에 위반되지 않고, 행정처분의 본질적 효력을 해하지 아니하는 한도 내의 것이어야 한다.

(2) 위 법리에 비추어 이 사건 부관의 적법 여부에 관하여 살펴본다.

먼저 문화재보호법 제73조 제1항, 제90조 제1항에 의하면, 시 지정 문화재의 보존상 필요한 경비는 해당 지방자치단체가 부담하되, 다만 건설공사로 인하여 문화재가 훼손될 우려가 있거나 그 밖에 문화재 주변의 경관 보호를 위하여 필요한 때에는 그 건설공사의 시행자가 필요한 조치를 할 의무가 있고, 이 경우 그 조치에 필요한 경비는 그 건설공사의 시행자가 부담하도록 정하고 있다.

그런데 이 사건 건축허가 당시 부가된 당초의 부관은 영도대교를 왕복 6차선으로 확장하는 공사를 시행할 것에 불과하였는데, 영도대교가 노후화되어 교량의 기능을 상실하여 해체가 불가피하여 부산광역시가 영도대교를 해체하기로 결정하면서 원고가 영도대교를 해체하고 복원할 의무를 추가로 부담하게 되었고, 이 사건 건축허가로부터 6년이 지난 후 영도대교가 시 문화재로 지정된 사실은 앞서 본 바와 같은바, 부산광역시가 영도대교를 철거하기로 결정한 것은 영도대교의 노후화가 주된 원인이었고, 이 사건 건축허가 당시 영도대교는 문화재로 지정되기 전이었던 점에 비추어 볼 때, 롯데월드 신축공사로 인하여 문화재인 영도대교가 훼손될 우려가 있거나 그 밖에 영도대교 주변의 경관 보호를 위하여 어떠한 조치가 필요하게 되었다고 볼 수 없으므로, 결국 영도대교의 보존에 필요한 경비는 문화재보호법 제73조 제1항에 따라 부산광역시가 부담하여야 한다.

(3) 또한 위 인정 사실에 변론 전체의 취지를 보태어 보면, ① 당초의 부관은 교통문제 해결을 위해 영도대교를 왕복 6차선으로 확장하는 것이었는데, 영도대교가 재난위험시설로 지정될 정도로 노후화되어 교량의 기능을 사실상 상실하자, 부산광역시가 시민의견을 취합하여 영도대교를 철거한 후 새로운 교량을 건설하기로 결정하고, 원고에게 영도대교를 해체한 후 새로운 교량을 건설할 것을 요구하였고, 원고는 공사비용이 늘어나는데도 이를 감수하고 부산광역시의 요구를 수용한 사실, ② 뿐만 아니라 부산광역시가 그 후 영도대교를 시 문화재로 지정하는 바람에, 원고는 영도대교를 철거하기 위해 문화재 현상변경허가를 받아야만 하는 절차적인 부담을 지게 되었고, 그 과정에서 문화재를 복원하는 개념으로 도개기능까지 포함하여 종전 영도대교의 원형을 복원한 교량을 설치할 것을 요구받게 되어 예상치 못한 추가공사비용을 부담하게 된 사실, ③ 또한 피고가 영도대교 철거와 관련된 문화재 현상변경허가신청을 심의하는 과정에서, 영도대교의 해체가 이 사건 건축허가와 관련성이 있다는 이유로 원고에게 부산광역시가 부담하여야 할 전시관 건립계획의 수립 및 전시관

건립비용까지 추가로 부담시키는 것을 내용으로 하는 이 사건 부관을 붙여 이 사건 현상변경허가를 한 사실을 알 수 있다.

(4) 그렇다면 이 사건 부관은, 첫째 이미 교량의 기능을 다한 영도대교가 이 사건 건축허가로부터 6년이 지난 후 시 문화재로 지정되자 이를 근거로 부산광역시가 부담하여야 할 문화재 보존경비를 원고에게 추가로 부담시켰다는 점에서 합리적인 이유 없이 원고의 재산권을 침해한 것이고, 둘째 형식적인 의미에서 본체가 되는 행정행위는 이 사건 현상변경허가이지만, 실질적인 의미에서 본체인 행정행위라고 봄이 상당한 이 사건 건축허가와의 관계에서는 영도대교 노후화로 인한 철거 및 문화재 지정을 이유로 목적과 원인에서 관련성이 없는 전시관 건립의무를 사후에 부과한 것으로 실질적인 의미에서의 사후부관금지 및 부당결부금지의 원칙에 반하며, 셋째 이 사건 부관에 이르게 된 제반 경위, 즉 롯데월드 신축공사와 관련된 원고의 부담이 당초의 부관 즉 영도대교 확장공사에서, 부산광역시가 영도대교를 해체하기로 결정하면서 영도대교 해체 및 복원으로, 영도대교가 시 문화재로 지정되면서 도개기능을 갖춘 교량의 복원으로 점차 증가하였는데도, 피고는 이 사건 현상변경허가를 하면서 부산광역시가 그 비용을 부담하여야 하고 더욱이 필수적으로 요구되는 조치인지조차 의심스러운 전시관 건립계획 및 건립비용을 전부 원고에게 부담시킨 점에 비추어, 비례의 원칙 및 평등의 원칙에 위배된다.

(5) 따라서 이 사건 부관은 부당결부금지의 원칙, 사후부관금지의 원칙, 비례의 원칙, 평등의 원칙에 위반되는 것으로서 재량권을 일탈·남용하여 위법하고, 원고가 부산광역시에서 주로 사업을 영위하는 대기업으로서 일정한 사회적 책임과 의무를 부담하는 점을 감안하더라도 달리 볼 것이 아니다.

4. 결 론

그렇다면 이 사건 부관의 취소를 구하는 원고의 청구는 이유 있어 인용할 것인바, 제1심판결은 이와 결론을 같이하여 정당하므로, 피고의 항소를 기각한다.

▌영도대교의 과거와 현재 ▌

영도대교(1930년대)[16]

영도대교(현재)[17]

6) 문화재청장이 가지정문화재의 소유자 등에 대하여 명한 조치에 위반한 행위가 구 문화재보호법 제90조 제1항 제1호의 처벌대상인지 여부

문화재보호법위반

[대법원, 2003도4158, 2005. 2. 18.]

【전문】

【상고인】

피고인들

【변호인】

변호사 정○○ 외 1인

【원심판결】

대전지법 2003. 7. 1. 선고 2003노170 판결

【주문】

원심판결을 파기하고, 사건을 대전지방법원 본원 합의부에 환송한다.

---

16) 부산광역시 문화관광(https://tour.busan.go.kr) > 문화재 현황 > 부산시지정문화재, "영도대교" 검색(2020.06.16. 최종방문).
17) 부산광역시 문화관광(https://tour.busan.go.kr) > 문화재 현황 > 부산시지정문화재, "영도대교" 검색(2020.06.16. 최종방문).

【이유】

1. 상고이유 제1, 2점에 대한 판단

가. 기록에 의하여 살펴보면, 피고인들이 재정한 공판정에서 검사가 구술로 한 공소장변경신청에 대하여 피고인들이 동의함에 따라 이를 허가한 제1심법원의 조치가 정당하다고 한 원심의 판단은 옳고, 거기에 상고이유에서 주장하는 바와 같은 공소장 변경절차에 관한 법리오해의 위법이 없다.

나. 원심은 그 판시와 같은 이유로, 문화재청장의 이 사건 각 토지에 대한 문화재(천연기념물) 가지정이 적법하다고 판단한 다음 피고인들이 문화재로 가지정된 이 사건 각 토지 위에 건물을 건축하고 그 주변에 구덩이를 파는 행위는 구 문화재보호법(2002. 12. 30. 법률 제6840호로 개정되기 전의 것, 이하 '법'이라고 한다) 제89조 제1항 제2호가 규정한 '허가 없이 지정문화재 또는 가지정문화재의 현상을 변경하거나 기타 그 관리·보존에 영향을 미치는 행위'에 각 해당한다고 판단하면서 피고인들의 위 각 행위를 유죄로 인정한 제1심판결을 유지하고 있는바, 관련 증거들을 기록과 대조하여 살펴보면 원심의 사실인정과 판단은 옳고, 거기에 상고이유에서 주장하는 바와 같은 문화재 가지정의 효력 및 법 제89조 제1항 제2호의 적용과 그 죄수 등에 관한 법리오해의 위법이 없다.

2. 상고이유 제3점에 대한 판단

원심은 그 판시와 같은 이유로, 문화재청장의 피고인들에 대한 문화재(천연기념물) 가지정 구역 내 공사중지 및 원상복구 명령이 적법하다고 판단한 다음 피고인들이 이 사건 각 토지 위의 건축공사를 강행함으로써 문화재청장의 위 명령에 불응한 행위에 대하여 법 제90조 제1항 제1호를 적용하여 유죄로 인정한 제1심판결을 유지하였다.

그러나 피고인들의 위 명령 불응행위가 법 제90조 제1항 제1호(이하 '이 사건 법률조항'이라고 한다)의 구성요건을 충족한다는 원심의 판단은 수긍할 수 없다. 이 사건 법률조항은 '정당한 사유 없이 제25조 제1항(제58조 제2항에 의하여 준용되는 경우를 포함한다)에 의한 명령에 위반한 행위'를 처벌하는 규정이므로 결국 그 구성요건에 해당하는 행위는, 첫째 법 제25조 제1항이 규정하고 있는 바인, '문화재청장 등이 국가지정문화재의 소유자 등에 대하여 하는 국가지정문화재의 관리·보존상 필요한 조치에 위반한 행위'와, 둘째 법 제58조

제2항에 의하여 준용되는 경우로서, '시·도지사가 시·도지정문화재 및 문화재자료의 소유자 등에 대하여 하는 시·도지정문화재 및 문화재자료의 관리·보호상 필요한 조치에 위반한 행위'가 될 것임은 분명하다.

여기에서 과연 위 국가지정문화재의 개념에 문화재청장이 법 제13조를 근거로 가지정한 문화재도 포함되어 있다고 해석할 수 있는지 여부가 문제되나, 법 제32조가 가지정문화재의 관리·보호를 위하여 법의 일부 규정만을 준용하고 있는 점, 또한 법이 문화재의 관리·보호 등을 위한 여러 규정들을 입법함에 있어서 지정문화재의 개념에는 가지정문화재가 포함되어 있지 않음을 전제로 양자를 구별하여 규정하고(법 제66조, 제71조, 제80조, 제80조의2, 제81조, 제82조, 제89조 등 참조) 있는 점, 특히 이 사건 법률조항이 준용규정인 법 제32조와 제58조 제2항 중 제58조 제2항에 의하여 준용되는 경우만을 포함한다고 명시하고 있는 점 및 나아가 문화재의 가지정은 가지정한 날로부터 6월 이내에 적법한 절차에 의한 지정이 없으면 해제된 것으로 본다는(법 제13조 제3항) 면에서 문화재의 가지정 상태는 그 최종적인 지정 여부가 불확정적임을 부인할 수 없는 사정까지 고려하여 보면, 앞서 본 해석에 따른 행위들 이외에 '문화재청장 등이 가지정문화재의 소유자 등에 대하여 하는 가지정문화재의 관리·보호상 필요한 조치에 위반한 행위'까지 이 사건 법률조항에 의하여 처벌된다고 해석하는 것은, 이 사건 법률조항의 문언상의 의미를 벗어나 피고인에게 불리한 방향으로 지나치게 유추해석한 것으로서 죄형법정주의의 원칙상 허용될 수 없다고 보아야 할 것이다.

그렇다면 이러한 법리와 달리 가지정문화재의 관리·보호를 위하여 문화재청장이 내린 조치에 위반한 피고인들의 행위에 대하여 이 사건 법률조항을 적용하여 유죄를 인정한 원심의 판단에는, 법 제90조 제1항 제1호의 적용 범위에 관한 법리를 오해함으로써 판결에 영향을 미친 위법이 있고, 이를 지적하는 피고인들의 상고이유의 주장은 이유 있다.

3. 결 론

그러므로 원심판결 중 피고인들에 대한 법 제90조 제1항 제1호 위반 부분은 파기를 면하지 못할 것인바, 위 부분은 원심이 피고인들에 대하여 유죄로 인정한 나머지 죄와 형법 제37조 전단의 경합범 관계에 있으므로, 피고인들에 대한 원심판결을 전부 파기하고 사건을 다시 심리·판단하게 하기 위하여 원심법원에 환송하기로 관여 대법관의 의견이 일치되어 주문과 같이 판결한다.

제5절　재산권의 제한과 보상

❶ 재산권 제한과 보상의 원칙

　　문화재보호법에서는 문화재청장이나 지방자치단체장의 행정명령으로 국가지정문화재의 소유자 등에게 손실이 발생할 경우 그 손실을 보상하도록 규정하고 있다.[18] 보상규정이 적용되는 경우의 행정명령은, 1) 국가지정문화재의 관리 상황이 그 문화재의 보존상 적당하지 아니하거나 특히 필요하다고 인정되는 경우 그 소유자, 관리자 또는 관리단체에 대한 일정한 행위의 금지나 제한이 있는 경우, 2) 국가지정문화재의 소유자, 관리자 또는 관리단체에 대한 수리, 그 밖에 필요한 시설의 설치나 장애물의 제거 행위가 있는 경우, 3) 국가지정문화재의 소유자, 관리자 또는 관리단체에 대한 문화재 보존에 필요한 긴급한 조치가 있는 경우이다. 만약 소유자 등이 명령을 이행하지 아니하거나 그 소유자, 관리자, 관리단체에 위와 같은 조치를 하게 하는 것이 적당하지 아니하다고 인정되면 국가의 부담으로 직접 조취할 수 있고[19] 이로 인한 손실의 발생에 대해서도 보상하도록 규정하고 있다.[20]

　　그리고 국가지정문화재의 현상, 관리, 수리, 그 밖의 환경보전상황 등에 관하여 정기적으로 조사하는 경우, 공무원은 소유자, 관리자, 관리단체에 문화재의 공개, 현황자료의 제출, 문화재 소재장소 출입 등 조사에 필요한 범위에서 협조를 요구할 수 있으며, 그 문화재의 현상을 훼손하지 아니하는 범위에서 측량, 발굴, 장애물의 제거, 그 밖에 조사에 필요한 행위를 할 수 있는데,[21] 이때 발생한 손실에 대해서도 보상하도록 규정하고 있다.[22]

　　또한 전시·사변 또는 이에 준하는 비상사태 시 문화재의 보호에 필요하다고 인정하면 국유문화재와 국유 외의 지정문화재 및 제32조에 따른 임시지정문화재를 안전한 지역으로 이동·매몰 또는 그 밖에 필요한 조치를 하거나 해당 문화재의 소유자,

---

18) 문화재보호법 제46조.
19) 문화재보호법 제42조 제2항.
20) 문화재보호법 제46조 제2호.
21) 문화재보호법 제44조 제4항.
22) 문화재보호법 제46조 제3호.

보유자, 점유자, 관리자 또는 관리단체에 대하여 그 문화재를 안전한 지역으로 이동·매몰 또는 그 밖에 필요한 조치를 하도록 명할 수 있는데, 이 경우 손실을 받을 때에서 보상 규정이 적용된다.[23]

마지막으로 문화재청장이나 지방자치단체의 장은 문화재의 보존·관리를 위하여 필요하면 지정문화재나 그 보호구역에 있는 토지, 건물, 입목(立木), 죽(竹), 그 밖의 공작물을 「공익사업을 위한 토지 등의 취득 및 보상에 관한 법률」에 따라 수용(收用)하거나 사용하는 경우[24]에는 「공익사업을 위한 토지 등의 취득 및 보상에 관한 법률」에 따라 보상액이 지급된다.

❷ 손실보상 관련 주요 사례

이하에서는 손실보상 규정의 적용 여부와 손실보상액 산정 기간에 대해 사례를 통해 살펴보기로 한다.

1) 손실보상 규정의 적용 여부

매장문화재 유존지역에 있는 사유지에 대한 조건부 건축허가 취소 후 해당 지역이 사적으로 지정됨에 따라 토지를 수용한 경우, 공익사업을 위한 토지 등의 취득 및 보상에 관한 법령 적용 가부(문화재보호법 제83조 등 관련)
[13-0350, 2013. 12. 27., 제주특별자치도]

【질의요지】
매장문화재 유존지역(매장문화재가 존재하는 것으로 인정되는 지역)에 있는 개인 소유 토지에 대해 '사전에 발굴조사를 하여야 하며 그 결과에 따라 사업계획이 변동될 수 있다'는 조건이 붙은 건축허가를 한 후 발굴조사 결과 유적이 발굴됨에 따라 건축허가를 취소하였고, 그 후에 해당 지역이 「문화재보호법」 제25조에 따라

---

23) 문화재보호법 제21조.
24) 문화재보호법 제83조.

사적으로 지정되면서 같은 법 제83조에 따라 해당 지정문화재나 그 보호구역에 있
는 토지, 건물, 입목(立木), 죽(竹), 그 밖의 공작물을 「공익사업을 위한 토지 등
의 취득 및 보상에 관한 법률」에 따라 수용한 경우, 위 토지 소유자에 대해 「공익
사업을 위한 토지 등의 취득 및 보상에 관한 법률 시행규칙」 제57조에 따른 공익
사업 시행으로 인한 사업폐지 등에 대한 보상 규정이 적용될 수 있는지?

【회답】

매장문화재 유존지역(매장문화재가 존재하는 것으로 인정되는 지역)에 있는
개인 소유 토지에 대해 '사전에 발굴조사를 하여야 하며 그 결과에 따라 사업계
획이 변동될 수 있다'는 조건이 붙은 건축허가를 한 후 발굴조사 결과 유적이 발
굴됨에 따라 건축허가를 취소하였고, 그 후에 해당 지역이 「문화재보호법」 제25
조에 따라 사적으로 지정되면서 같은 법 제83조에 따라 해당 지정문화재나 그 보
호구역에 있는 토지, 건물, 입목(立木), 죽(竹), 그 밖의 공작물을 「공익사업을
위한 토지 등의 취득 및 보상에 관한 법률」에 따라 수용한 경우, 위 토지 소유자
에 대해 「공익사업을 위한 토지 등의 취득 및 보상에 관한 법률 시행규칙」 제57
조에 따른 공익사업 시행으로 인한 사업폐지 등에 대한 보상 규정이 적용될 수
없다고 할 것입니다.

【이유】

「매장문화재 보호 및 조사에 관한 법률」(이하 "매장문화재보호법"이라 함)
제2조에 따르면 "매장문화재"란 토지 또는 수중에 매장되거나 분포되어 있는 유
형의 문화재(제1호) 등을 말하고, 같은 법 제11조제1항제3호에 따르면 매장문화
재 유존지역(매장문화재가 존재하는 것으로 인정되는 지역을 말함. 이하 같음)
은 발굴할 수 없되, 토목공사, 토지의 형질변경 또는 그 밖에 건설공사를 위하여
대통령령으로 정하는 바에 따라 부득이 발굴할 필요가 있는 경우로서 대통령령
으로 정하는 바에 따라 문화재청장의 허가를 받은 때에는 발굴할 수 있으며, 같
은 법 제14조에 따르면 문화재청장은 같은 법 제12조에 따른 발굴이 완료되면
대통령령으로 정하는 바에 따라 발굴된 문화재의 보존과 관리에 필요한 사항을
지시할 수 있다고 규정하고 있습니다.

또한, 「문화재보호법」 제2조제2항제1호에서 "국가지정문화재"란 문화재청장

이 같은 법 제23조부터 제26조까지의 규정에 따라 지정한 문화재를 말하고, 같은 법 제25조제1항에서 문화재청장은 문화재위원회의 심의를 거쳐 기념물 중 중요한 것을 사적, 명승 또는 천연기념물로 지정할 수 있으며, 같은 법 제2조제4항에서 "보호구역"이란 지상에 고정되어 있는 유형물이나 일정한 지역이 문화재로 지정된 경우에 해당 지정문화재의 점유 면적을 제외한 지역으로서 그 지정문화재를 보호하기 위하여 지정된 구역을 말하고, 같은 법 제83조제1항에서 문화재청장이나 지방자치단체의 장은 문화재의 보존·관리를 위하여 필요하면 지정문화재나 그 보호구역에 있는 토지, 건물, 입목(立木), 죽(竹), 그 밖의 공작물을 「공익사업을 위한 토지 등의 취득 및 보상에 관한 법률」(이하 "공익사업법"이라 함)에 따라 수용(收用)하거나 사용할 수 있으며, 「문화재보호법」 제83조제2항에서 같은 법 제25조에 따른 지정이 있는 때에는 공익사업법 제20조 및 제22조에 따른 사업인정 및 사업인정의 고시가 있는 것으로 보고, 이 경우 공익사업법 제23조에 따른 사업인정 효력기간은 적용하지 아니한다고 규정하고 있습니다.

한편, 공익사업법 제2조제2호에서 "공익사업"이란 같은 법 제4조 각 호의 어느 하나에 해당하는 사업을 말하고, 같은 법 제4조에서 같은 법에 따라 토지등(토지·물건 및 권리를 말함. 이하 같음)을 취득하거나 사용할 수 있는 사업은 각 호의 어느 하나에 해당하는 사업이어야 하는데, 그중 하나가 그 밖에 다른 법률에 따라 토지 등을 수용하거나 사용할 수 있는 사업(제8호)에 해당하는 사업이어야 한다고 규정하고 있으며, 같은 법 시행규칙 제57조에서는 공익사업의 시행으로 인하여 건축물의 건축을 위한 건축허가 등 관계법령에 의한 절차를 진행중이던 사업 등이 폐지·변경 또는 중지되는 경우 그 사업 등에 소요된 법정수수료 그 밖의 비용 등의 손실에 대하여는 이를 보상하여야 한다고 규정하고 있는바, 이 사안에서는 매장문화재 유존지역에 있는 개인 소유 토지에 대해 '사전에 발굴조사를 하여야 하며 그 결과에 따라 사업계획이 변동될 수 있다'는 조건이 붙은 건축허가를 한 후 발굴조사 결과 유적이 발굴됨에 따라 건축허가를 취소하였고, 그 후에 해당 지역이 「문화재보호법」 제25조에 따라 사적으로 지정되면서 같은 법 제83조에 따라 해당 지정문화재나 그 보호구역에 있는 토지, 건물, 입목(立木), 죽(竹), 그 밖의 공작물을 공익사업법에 따라 수용한 경우, 위 토지 소유자에 대해 공익사업법 시행규칙 제57조에 따른 공익사업 시행으로 인한 사업폐지 등에 대한 보상 규정이 적용될 수 있는지가 문제될 수 있습니다.

살피건대, 공익사업법 시행규칙 제57조는 수용의 대상이 된 토지 등을 이용하여 그 지상에 건축물을 건축하기 위하여 건축허가 등 관계법령에 의한 절차를 진행 중이던 사업 등이 공익사업의 시행으로 인하여 폐지·변경 또는 중지됨으로써 발생한 손실에 대한 보상책임을 규정한 것이라 할 것이므로 문언상 해당 건축사업이 공익사업의 시행으로 인하여 폐지 등이 되어야 할 것입니다.

먼저, 공익사업법 제4조에서는 공익사업법에 따라 토지등을 취득하거나 사용할 수 있는 공익사업 중 하나로 다른 법률에 따라 토지등을 수용하거나 사용할 수 있는 사업(제8호)을 규정하고 있고, 「문화재보호법」 제83조에서는 문화재의 보존·관리를 위하여 토지등을 공익사업법에 따라 수용하거나 사용할 수 있도록 하고 있는바, 이에 대한 토지등의 취득 및 보상도 특별한 사정이 없는 한 공익사업법이 적용되므로 해당 토지등을 「문화재보호법」 제83조에 따라 수용하는 경우라면 원칙적으로 공익사업법 시행규칙 제57조가 적용된다고 할 것입니다.

그런데, 매장문화재 유존지역 내에 있는 이 사안의 토지는 원칙적으로 토목공사 등을 할 수 없으나 예외적으로 허가를 받아 할 수 있고, 이에 따라 행정청은 해당 토지에서의 건축을 허가하면서 발굴조사 결과에 따라 사업계획이 변동될 수 있다는 조건을 붙였으며, 발굴조사 결과 조건이 성취됨에 따라 건축허가를 취소한 것이어서, 이 사안의 건축사업이 폐지된 것은 조건이 성취되어 건축허가가 취소된 결과라 할 것이고, 건축허가 취소 후 해당 토지가 사적으로 지정되면서 「문화재보호법」 제83조에 따른 토지등의 수용이 이루어진 이상 그 사적 지정에 따라 비로소 건축사업이 폐지된 것이 아니므로, 이 사안에 대해서는 공익사업 시행으로 인하여 사업이 폐지된 경우에 대한 손실을 보상한다는 공익사업법 시행규칙 제57조가 적용될 수는 없다고 할 것입니다.

따라서, 매장문화재 유존지역에 있는 개인 소유 토지에 대해 '사전에 발굴조사를 하여야 하며 그 결과에 따라 사업계획이 변동될 수 있다'는 허가조건이 부여된 건축허가를 한 후 발굴조사 결과 유적이 발굴됨에 따라 건축허가를 취소하였고, 그 후에 해당 지역이 「문화재보호법」 제25조에 따라 사적으로 지정되면서 같은 법 제83조에 따라 해당 지정문화재나 그 보호구역에 있는 토지, 건물, 입목(立木), 죽(竹), 그 밖의 공작물을 공익사업법에 따라 수용한 경우, 위 토지 소유자에 대해 공익사업법 시행규칙 제57조에 따른 공익사업 시행으로 인한 사업폐지 등에 대한 보상 규정이 적용될 수 없다고 할 것입니다.

2) 손실보상액 산정 기간

문화재보호법 제40조(미경작지에 대한 손실보상) 관련
[07-0136, 2007. 6. 29., 강원도 강릉시]

【질의요지】

　사적지로 지정되어 영농이 금지된 농지의 보상과 관련하여 영농이 금지된 전 기간 동안 발생한 손실에 대하여 보상을 하여야 하는지, 아니면「문화재보호법」 제92조 및「공익사업을 위한 토지 등의 취득 및 보상에 관한 법률 시행규칙」 제48조제1항의 규정에 의한 영농면적에 연간 농작물총수입의 2년분을 곱하여 산정한 금액을 영농손실액으로 보상하여야 하는지?

【회답】

　사적지로 지정되어 영농이 금지된 농지에 대하여는 사적지로 지정되어 영농이 금지된 전 기간 동안 발생한 손실에 대하여 보상을 하여야 합니다.

【이유】

　「문화재보호법」 제37조제1항제1호의 규정에 의하면, 문화재청장이나 지방자치단체의 장은 국가지정문화재(보호물과 보호구역을 포함한다)의 관리·보호를 위하여 국가지정문화재의 관리 상황이 그 문화재의 보존상 적당하지 아니하거나 특히 필요하다고 인정되는 경우 그 소유자, 보유자, 관리자 또는 관리단체에 대한 일정한 행위의 금지나 제한을 명할 수 있고, 같은 법 제40조제1호의 규정에 의하면, 국가는 같은 법 제37조제1항제1호의 규정에 따른 명령을 이행하여 손실을 받은 자에 대하여는 그 손실을 보상하도록 되어 있습니다.

　재산이 공익사업에 수용되어 그 소유권이 박탈된 경우에는 그 재산가액에 대하여 정당한 보상금을 지급하여야 하고, 공익사업을 위하여 사회적 구속을 넘어서 재산의 사용이 제한 또는 금지된 경우에는 그 사용이 제한 또는 금지됨으로써 발생하는 손실에 대하여는 정당한 보상이 지급되어야 합니다.

　여기에서 정당한 보상이라 함은 그 사용이 제한 또는 금지됨으로써 사회적 수인 한도를 넘어서 발생하는 객관적인 재산가치의 보상을 의미한다 할 것인 바, 이 건의 손실은 농지가 사적지로 지정됨에 따라 영농행위가 금지 또는 제한되어 영농을 할 수 없게 된 경우에 발생하는 손실을 말하며, 그 손실은 비록 당해 농지에서 재배되는 작물의 종류 및 작황에 따라 변동될 수 있으나, 영농을 할 수 없게 된 기간 동안 지속적으로 발생한다고 할 것입니다.

한편, 「문화재보호법」 제92조의 규정에 의하면, 문화재의 보존·관리를 위하여 필요하면 지정문화재의 보호구역에 있는 토지, 건물, 입목, 죽, 그 밖의 공작물을 수용하거나 사용할 수 있고, 수용 또는 사용에 관하여는 「공익사업을 위한 토지 등의 취득 및 보상에 관한 법률」을 적용하도록 되어 있으며, 「공익사업을 위한 토지 등의 취득 및 보상에 관한 법률」 제77조제2항 및 제4항의 규정에 의하면, 농업의 손실에 대하여는 농지의 단위면적당 소득 등을 참작하여 건설교통부령이 정하는 바에 따라 보상하도록 되어 있고, 같은 법 시행규칙 제48조제1항의 규정에 의하면, 농지면적에 도별 연간 농가평균 단위경작면적당 농작물총수입의 2년분을 곱하여 산정한 금액을 영농손실액으로 보상하도록 되어 있습니다.

그러나 이 규정에 따라 경작면적에 도별 연간 농가평균 단위경작면적당 농작물총수입의 2년분을 곱하여 산정된 영농손실액을 보상하도록 하는 것은, 문화재의 보존·관리를 위하여 지정문화재의 보호구역에 있는 토지, 건물, 입목, 죽, 그 밖의 공작물의 수용이나 사용에 따른 대물적 보상에 부대하여 행해지는 생활보상의 일환이라 할 것입니다.

따라서 사적지로 지정되어 영농이 금지된 농지에 대하여는 수용되기 전까지는 「문화재보호법」 제92조가 적용되지 않으므로 영농을 할 수 없게 된 농지면적에 법령으로 정해진 연간 농가평균 단위면적당 농작물총수입의 2년분을 곱하여 산정한 금액으로 보상하여야 하는 것이 아니라, 같은 법 제40조제1호에 따라 사적지로 지정되어 영농이 금지된 전 기간 동안 발생한 손실에 대하여 보상을 하여야 할 것입니다.

제4장
문화재 관리주체

제1절 관리의 원칙

　우리나라는 국가지정문화재의 경우, 문화재의 소유자가 선량한 관리자의 주의로 써 해당 문화재를 관리하고 보호하도록 규정하고, 필요에 따라 관리자나 보호자를 선임할 수 있도록 하고 있다.[1] 선량한 관리자의 주의의무란 의무자의 직업이나 사회적 또는 경제적 지위에서 일반적으로 요구되는 수준으로 주의해야 한다는 의미이다. 따라서 국가지정문화재라고 해서 특별한 주의를 요구하는 것은 아니다.

　문화재청장은 소유자가 분명하지 아니하거나 그 소유자 또는 관리자에 의한 관리가 곤란하거나 적당하지 않을 경우 국가지정문화재 관리를 위하여 지방자치단체나 그 문화재를 관리하기에 적당한 법인 또는 단체를 관리단체로 지정할 수 있고, 이 경우 국유에 속하는 국가지정문화재 중 국가가 직접 관리하지 않는 문화재의 관리단체는 관할 특별자치시, 특별자치도 또는 시·군·구가 된다.[2] 또한 관리단체로 지정된 지방자치단체는 문화재청장과 협의하여 그 문화재를 관리하기에 적당한 법인 또는 단체에 해당 문화재의 관리 업무를 위탁할 수 있다.[3] 관리단체가 국가지정문화재를 관리할 때 필요한 운영비 등 경비는 이 법에 특별한 규정이 없으면 해당 관리단체의 부담으

---

1) 문화재보호법 제33조.
2) 문화재보호법 제34조 제1항.
3) 문화재보호법 제34조 제2항.

로 하되, 관리단체가 부담능력이 없으면 국가나 지방자치단체가 예산의 범위에서 이를 지원할 수 있다.[4] 시·도등록문화재의 관리에 대해서는 국가등록문화재의 관리에 관한 규정을 준용하도록 하고 있다.[5] 다만 이 경우 법에서 대통령령이나 문화체육관광부령으로 정하는 사항은 시·도 조례로 정하도록 하고 있다.

제2절   관리주체와 관련된 주요 사례

문화재는 기본적으로 소유자가 관리하는 것이 원칙이다. 소유자가 분명하지 않거나 소유자가 지정한 관리자에 의한 관리가 곤란한 경우 문화재청장은 지방자치단체 등을 관리단체로 지정하여 문화재를 관리하도록 하고 있다. 그러나 문화재의 종류와 특성을 고려한 여러 관리제도가 시행되고 있기 때문에 각 관리주체의 업무범위와 그 효력에 대한 해석이 필요한 경우가 발생한다. 이하에서는 출토유물에 대한 소유권 귀속 판단부터 국가지정문화재에 대한 현상변경허가 신청시 지방자치단체장의 경유 여부, 문화재청장과 협의하여야 하는 조례의 범위, 지방문화재 지정 신청에 대한 행정청의 작위의무, 청문절차를 거치지 않고 한 행정처분의 효력 등을 차례로 살펴보기로 한다.

---

4) 문화재보호법 제34조 제6항.
5) 문화재보호법 제74조. 제3항.

❶ 출토유물에 대한 소유권 귀속 판단

구 회암사지 출토유물 소유권 확인
[대법원, 96가1389, 1997. 9. 8.]

【원고, 피상고인】
　대한불교조계종 회암사

【피고, 상고인】
　대한민국

【원심판결】
　서울고등법원 2006나32530 판결

【기초사실】
가. 원고는 「전통사찰보존법」에 의하여 등록된 전통사찰로 양주시 회천읍 회암
　　리 ○○ 전 11,498㎡, 19임야 198㎡, 전 565㎡(이하 '이 사건 사찰부지'라고
　　한다) 토지를 경내지로 소유하고 있다.

나. 피고 대한민국은 1998년 1차 조사를 시작한 이래로 양주시 회천읍 회암리
　　천보산 일대에서 고려 말기에서 조선 중기까지 왕실 사찰로 번성하였던 회암
　　사(이하 '구 회암사'라고 한다. 유물에 대한 발굴을 현재까지 계속하고 있다
　　(발굴작업이 진행 중인 구 회암사지 터는 국가 사적 제128호로 지정되어 있
　　다). 이 사건 사찰부지도 위 발굴지에 포함되어 있으며, 피고 대한민국은 4,
　　5, 6차 발굴 작업(1, 2, 3차 발굴 작업은 구 회암사지 터 중 이 사건 사찰
　　부지가 아닌 국가, 개인 소유 토지를 발굴한 것이다)을 통해 별지1목록 기재
　　목록(이하 '이 사건 제1문화재'라고 한다) 및 별지2목록 기재 물건(이하 '이
　　사건 제2문화재'라고 하며, 이 사건 제1, 2 문화재를 모두 지칭할 때는 '이
　　사건 문화재'라고 한다)을 발굴 하였다. 피고 대한민국은 이 사건 제2문화
　　재 중 1 내지 30기재 물건의 소유자가 판명되지 않은 것으로 보고 이에 관
　　하여 「문화재보호법」 제8조에 의해 국가 귀속처분을 하였고, 나머지 물건에
　　관하여는 아직 국가 귀속처분을 하지 아니하였다.

다. 원고는 피고들에게 이 사건 사찰 부지에 대한 발굴이 본격적으로 시작된 이
래로 지속적으로 이 사건 문화재에 대한 소유권을 주장하였으나 피고들 중
피고 대한민국은 원고의 소유권을 인정하지 아니하고 오히려 문화재의 체계
적인 관리를 위해 이 사건 사찰 부지에 대하여도 수용할 의사를 밝혔다.

【당사자들의 주장】

원고는, 이 사건 문화재는 구 회암사 소유의 것이며 원고는 구 회암사와 동일
성을 유지하면서 현재까지 이어져 내려온 사찰이므로 위 문화재는 결국 원고의
소유라고 주장하면서 그 확인을 구하고 있다.

이에 대하여 피고 대한민국은, 원고는 조선 후기에 완전히 폐사된 구 회암사
와 관련 없이 최근에 새로이 만들어진 사찰이므로 구 회암사와 연관되어 있는
이 사건 문화재의 소유자라고 할 수 없고, 다만 이 사건 제1문화재 중 1기재 물
건에 대하여는 원고의 소유로 인정한다고 주장한다.

한편 피고 양주시는, 사실관계나 법적절차에 따라 원고 또는 피고 대한민국의
소유로 될 이 사건 문화재에 대하여 자신이 그 소유자임을 주장한적도 없다면서
자신에 대한 이 사건 소가 부적법하다고 주장한다.

【이 유】

위 인정 사실에 이 사건 문화재가 구 회암사가 번창했을 당시인 고려 말에서
조선 중기까지의 물건인 점(다툼 없음), 그 종류가 괘불대, 청자, 백자, 향로, 접
시 등으로 사찰의 의식이나 수행 및 생활에 필요한 물건인 점, 원고가 위와 같이
이 사건 사찰 부지를 사정받고 오래전부터 선각왕사비, 석등, 당간지주, 삼화상
부도 등에 대하여 소유권을 행사해 온 것이 누구로부터 매수하거나 증여받은
등의 원인에 의한 것이 아니라 구 회암사와의 동일성 내지 그 계승자임을 사회
적, 지역적, 문화적으로 승인받았기 때문이라고 보이는 점 등을 보태어 보면 이
사건 문화재는 구 회암사의 소유로 추인되고, 구 회암사는 그 인적, 물적 시설
등의 규모 내지 세력에 있어서 종전에 비해 현저히 축소되어 있으나 최소한 사찰
로서의 인적, 물적, 의식적 요소를 구비한 채 면면히 존속하여 원고에 이르렀다
고 할 것이므로 원고와 구 회암사는 동일한 사찰이라고 할 것이다.

한편, 학술논문인 을 제 2호증(한국불교사에 있어서 회암사의 중요성과 국제
적 위상), 제 3호증(회암사의 건축사적 조명)에는 구 회암사가 조선후기에 폐사

하였다는 내용의 언급이 있으나, 같은 논문에 의하더라도 구 회암사가 폐사되었다는 시기에도 부도를 수호하는 암자가 남아 있었던 점(암자가 있었다는 것은 승려 내지 신도가 존재하였다는 것을 방증한다), 위 논문이 구 회암사의 폐사 여부를 주된 논제로 다룬 것이 아니고 거기에 나오는 '회암사의 폐사'라는 표현도 구 회암사가 사찰로서 기능할 수 있는 물적, 인적, 의식적 요소가 전부 소멸되었다는 것을 의미하는 것이라기보다는 구 회암사에 속한 주요 건물 등이 소실되어 건물터만 남아 있는데 장기간 원래대로 복원되지 않고 있는 상황을 의미하는 것으로 볼 수 있는 점, 일시적으로 사찰의 주요 건물이나 장소에 대한 소실이 있었다고 하더라도 일부 건물이나 장소가 남아 물적 요소가 최소한으로나마 유지되고 인적구성의 연속성이나 교리, 법통 및 의식의 동일성을 통한 사찰의 계승(승려 집단의 오랜 전통에 기하여 스승과 제자를 통하여 위와 같은 인적구성이나 법통 등의 연속성이나 동일성이 유지되는 것을 불교계에서는 '사자상승'이라고 한다)이 인정될 수 있는 점, 갑 제40호증의 기재에 의하면 1821년경 이응준이 지공선사비와 무학대사비를 훼손한 일이 있었는데 1828년경 승려 등에 의하여 이를 복원하는 작업이 있었던 점(조선 후기에도 구 회암사와 관련된 승려 내지 신도가 존재하였다는 방증이 된다), 현재 우리나라 불교계의 조계종이나 다른 종단을 통틀어 보아도 원고 이외에 구 회암사의 법통을 이어 받았다고 볼 만한 다른 사찰이 없고 이 사건 문화재에 대해 권리를 주장하는 다른 사찰도 없는 점 등을 고려하면, 위 증거들만으로는 위 인정을 뒤집고 구 회암사와 원고가 동일한 사찰이 아니라고 단정하기에 부족하다.

따라서 이 사건 문화재는 결국 원고의 소유라 할 것인데(우리나라에 근대법적인 개념인 소유권이나 권리의무 등의 체계가 도입되던 시기인 토지사정 당시에 원고가 이미 권리의무의 주체로서의 지위를 획득한 상태에서 앞서 본 바와 같이 구 회암사의 주요 건물들이 있던 곳의 토지를 사정받아 소유권을 취득하였음은 물론 구 회암사의 소유로 추인되는 삼화상의 부도, 석등, 당간지주 등 지상에 노출된 문화재들을 소유자로서 지배해 온 점과 위와 같은 사정이 현재까지도 유지되고 있는 점, 구 회암사와 법적 또는 종교적 성격이 전혀 다른 자가 매매 등에 의하여 이 사건 사찰 부지를 취득한 경우와는 달리 이 사건 경우에는 구 회암사와 동일성을 갖거나 그 계승자의 지위에 있는 원고가 매매 등에 의해서가 아니라 위에서 본 바와 같은 사유로 이 사건 사찰 부지에 관한 소유권을 취득한 점 등을 종합하면, 비록 이 사건 제 2 문화재가 지상에 노출되어 있지 않아 그 물건들에 대하여 원고가 그 동안 현실적, 구체적으로 지배권을 행사하여 오지 못하였다고 하더라도 원고의 소유권 범위 안에 포함된다고 보아야 할 것이다) 피고 대한민국이 이를 다투고 있으므로, 원고로서는 그 소유권 확인을 구할 이익이 있다고 할 것이다. 그리고 이 사건 문화재에 대하여 위에서 본 바와 같은 사실관계 및 판단 이유에 의하여 원고에게 그 소유권이 인정되는 이상 이 사건 제2문화재 중 1내지 30기재 물건에 대하여 이루어진 국가 귀속 처분은 그 하자가 중대하고 명백하여 무효라고 할 것이어서 원고는 위 물건들에 대하여도 역시 소유권 확인을 구할 수 있다고 할 것이다.

‖ 회암사지 전경과 출토 유물 ‖

회암사지 전경[6]

용두[7]

---

6) 회암사 홈페이지(http://www.hoeamsa.com) > 사진갤러리(2020.06.16. 최종방문).

7) 양주시립회암사지박물관(https://www.yangju.go.kr/museum) > 유물, "용두" 검색(2020.06.16. 최종방문).

❷ 국가지정문화재에 대한 현상변경허가 신청시 지방자치단체장의 경유 여부

문화재청장 관할 국가지정문화재에 대한 현상변경허가 신청시
지방자치단체 장의 경유 여부
[09-0358, 2009. 11. 27., 문화재청]

【질의요지】

「문화재보호법」 제34조에 따라 제3자(토지소유자, 관계기관 및 단체, 기타 민원인 등)가 문화재청장이 직접 보존·관리하고 있는 국가지정문화재(세종대왕유적관리소, 경복궁 등 4대궁, 조선왕릉 13개 능)에 대한 현상변경허가 신청을 할 경우에 해당 신청서를 반드시 관할 시장·군수·구청장을 거쳐 문화재청장에게 제출해야 하는지?

【회답】

「문화재보호법」 제34조에 따라 제3자(토지소유자, 관계기관 및 단체, 기타 민원인 등)가 문화재청장이 직접 보존·관리하고 있는 국가지정문화재(세종대왕유적관리소, 경복궁 등 4대궁, 조선왕릉 13개 능)에 대한 현상변경허가 신청을 할 경우에 해당 신청서를 반드시 관할 시장·군수·구청장을 거쳐 문화재청장에게 제출해야 합니다.

【이유】

「문화재보호법」 제34조에 따르면, 국가지정문화재를 탁본 또는 영인하거나 그 보존에 영향을 미칠 우려가 있는 촬영을 하는 행위(제34조제2호), 국가지정문화재의 현상을 변경하거나 그 보존에 영향을 미칠 우려가 있는 행위로서 문화체육관광부령으로 정하는 행위(제34조제3호)를 하려는 자는 대통령령으로 정하는 바에 따라 문화재청장의 허가를 받도록 하고 있습니다.

해당 위임에 따른 「문화재보호법 시행령」 제23조에서는 같은 법 제34조에 따라 문화재청장의 허가를 받으려는 자는 해당 허가신청서를 관할 시장·군수·구청장을 거쳐 문화재청장에게 제출하되, 이 경우 시장·군수·구청장은 관할 시·

도지사에게 허가 신청사항 등을 알려야 하고, 다만, 같은 법 제34조제2호에 해당하는 행위에 대한 허가 신청은 시장·군수·구청장을 거치지 않아도 되도록 하고 있으며, 문화재청장은 허가를 하는 경우에 허가서를 시장·군수·구청장을 거쳐 신청인에게 내주도록 하고 있고, 같은 법 시행규칙 제29조제3항 및 별지 제50호서식에서는 국가지정문화재 현상변경 허가신청서의 처리절차로서 문화재청 소관의 경우 처리기관은 문화재청으로, 경유기관은 관할 시·군·구 및 시·도로 규정하고 있습니다.

우선, 위 규정에서는 국가지정문화재의 경우 「문화재보호법」 제34조제2호에 따른 탁본 또는 영인 등의 허가 신청이 아닌 현상변경 행위에 대하여는 예외 없이 시장·군수·구청장을 거쳐 그 허가신청서를 문화재청장에게 제출하도록 하고 있는바, 해당 규정상의 "국가지정문화재"에 문화재청장이 직접 보존·관리하는 국가지정문화재가 제외되는지에 대하여 살펴보면, 「문화재보호법」 제2조제2항에 따른 "국가지정문화재"란 문화재청장이 문화재위원회의 심의를 거쳐 유형·무형 문화재, 기념물, 민속자료 중 중요한 것을 지정한 문화재를 말하는 것으로서, 해당 문화재의 소유자 또는 관리자 등이 누구인지와는 아무런 관계가 없다 할 것이므로, 문화재청장이 직접 보존·관리하고 있는 국가지정문화재의 경우에는 적용하지 않는다는 등의 명문의 규정이 없는 한, 문화재청장이 직접 보존·관리 하는 국가지정문화재도 당연히 포함된다 할 것입니다.

또한, 해당 규정에서 시장·군수·구청장의 경유제 또는 시·도지사에의 신청사항 통보제를 둔 취지를 판단하기 위하여 「문화재보호법」상 관련 규정을 살펴보면, 같은 법 제15조 및 같은 법 시행령 제23조제2항제3호에서는 같은 법 제34조에 따른 현상변경 허가신청에 대하여 시·도지사가 수립한 세부 시행계획 등에 부합하는 경우에만 그 허가를 하도록 하고 있고, 같은 법 제33조제1항에서는 문화재청장과 시장·군수·구청장은 국가지정문화재의 보존·관리 및 변경 사항 등에 관한 기록을 작성·보관하도록 하고 있으며, 같은 법 제37조제1항 및 제39조에서는 문화재청장이나 지방자치단체의 장은 국가지정문화재의 관리·보호를 위하여 그 소유자, 관리자 등에 대한 일정한 행위의 금지나 제한 등을 명할 수 있고, 국가는 해당 조치에 필요한 경비를 시·도지사를 통하여 보조하여 시·도지사의 지시에 따라 관리·사용하도록 하고 있으며, 같은 법 제41조에서는 지방자치단체는 그 관할구역에 있는 국가지정문화재로서 지방자치단체가 소유하거나 관리하지 아니하는 문화재에 대한 관리·보호 또는 수리 등에 필요한 경비를 부담하거나 보조할 수 있도록 하고 있습니다.

위 관련 규정을 종합하면, 지방자치단체의 장은 국가지정문화재의 보존·관리·보호 등을 위하여 기록을 작성하고, 일정한 행위의 금지나 제한 등을 명할 수 있으며, 필요한 경우 지방자치단체가 소유·관리하지 않은 문화재의 관리·보호 또는 수리를 위한 경비를 부담하는 등「문화재보호법」상 그 역할이 적지 아니합니다. 뿐만 아니라 문화재청장이 현상변경 허가신청에 따른 허가를 하는 데 있어서도 시·도지사가 수립한 세부 시행계획에 부합한 경우에만 그 허가를 하도록 하고 있음에 비추어 볼 때,「문화재보호법 시행령」에서 현상변경허가 신청 시 시장·군수·구청장에의 경유제와 시장·군수·구청장의 시·도지사에의 허가신청사항의 통보제를 둔 것은 국가지정문화재의 현상변경과 관련된 지방자치단체의 장이 그 소관 국가지정문화재의 체계적인 관리체계에 부합하도록 허가신청의 내용을 확인하고 검토할 수 있는 기회를 부여하고자 하는 데 그 입법취지가 있다고 할 것인바, 따라서, 이러한 시장·군수·구청장의 경유제 또는 시·도지사에의 신청사항 통보제는 문화재청장이 직접 보존·관리하는지의 여부에 관계 없이 국가지정문화재 전체에 대하여 적용된다 할 것입니다.

따라서,「문화재보호법」제34조에 따라 제3자(토지소유자, 관계기관 및 단체, 기타 민원인 등)가 문화재청장이 직접 보존·관리하고 있는 국가지정문화재(세종대왕유적관리소, 경복궁 등 4대궁, 조선왕릉 13개 능)에 대한 현상변경허가 신청을 할 경우에 해당 신청서를 반드시 관할 시장·군수·구청장을 거쳐 문화재청장에게 제출하여야 할 것입니다.

▌영릉 전경과 세종전 ▌

영릉 전경[8]

세종전[9]

❸ 문화재청장과 협의하여야 하는 조례의 범위

문화재보호법 제90조 제2항(문화재청장과 협의를 하여야 하는 조례의 범위) 관련
[07-0370, 2007. 11. 21., 경기도]

【질의요지】

　　「문화재보호법」제90조제2항에 따르면, 행정기관은 문화재의 외곽경계의 외부지역에서 시행하려는 건설공사로서 시·도지사가 문화재청장과 협의하여 조례로 정하는 지역 안의 건설공사에 대하여는 그 공사에 대한 인허가 등을 하기 전에 해당 건설공사의 시행이 문화재 보존에 영향을 미치는지 여부를 검토하여야하는 바, 이 지역범위를 정하는 조례를 도의회 의원이 발의하여 제·개정하려는경우에도 문화재청장과 협의를 거쳐야 하는지?

8)　국가문화유산포털(http://www.heritage.go.kr), "영릉" 검색(2020.06.16. 최종방문).
9)　국가문화유산포털(http://www.heritage.go.kr), "영릉" 검색(2020.06.16. 최종방문).

【회답】

　「문화재보호법」제90조제2항에 따라 건설공사가 문화재보존에 영향을 미치는지 여부를 검토받아야 하는 지역의 범위를 정하는 조례는 도의회의원이 발의한 조례 제·개정안의 경우에도 문화재청장과 협의를 하여야 합니다.

【이유】

　「문화재보호법」제90조제2항에 따르면, 행정기관은 문화재의 외곽경계의 외부지역에서 시행하려는 건설공사로서 시·도지사가 문화재청장과 협의하여 조례로 정하는 지역 안의 건설공사에 대하여는 그 공사에 대한 인·허가 등을 하기 전에 해당 건설공사의 시행이 문화재 보존에 영향을 미치는지 여부를 검토하여야 한다고 규정하고 있습니다.

　이 규정의 입법연혁을 살펴보면, (구) 건축법(1999. 2. 8. 법률 제5895호로 개정되기 전의 것) 제8조제3항, (구) 건축법 시행령(1999. 4. 30. 대통령령 제16248호로 개정되기 전의 것) 제8조제4항제3호에서 「문화재보호법」에 따른 보물 등 건설교통부장관이 문화관광부장관과 협의하여 지정하는 보물 등의 보호구역의 경계로부터 100미터 이내의 지역에 건축하는 건축물에 대하여는 건축허가를 하기 전에 특별시장, 광역시장 또는 도지사의 승인을 얻도록 하는 이른바 사전승인제도를 두고 있었다가 이 제도를 폐지하면서(위 같은 법 시행령 제8조제4항제3호 삭제) 이에 따른 문제점을 보완하기 위하여 문화재보존 영향검토제도를 채택함에 따라 마련된 규정입니다.

　「문화재보호법」이 건설공사가 문화재보존에 영향을 미치는지 여부를 검토받아야 하는 지역의 범위를 조례로 정하도록 하면서도 조례 제·개정안에 대하여 문화재청장과 협의를 거치도록 한 취지는, 문화재는 한 번 훼손되면 복구하기 힘든 특성이 있어 현상 보존과 훼손의 방지가 매우 중요하고, 문화재의 보존 및 관리를 통하여 민족문화를 계승하고 국민의 문화적 향상을 도모하여야 하는 것은 국가의 의무이기도 하기 때문에 사전에 문화재보존을 그 주된 임무로 하는 전문기관인 문화재청장에게 조례의 내용을 사전에 검토하게 하려는 것이므로, 「문화재보호법」제90조제2항에서 말하는 문화재청장의 협의는 궁극적으로 문화재청장의 동의를 말하는 것이며(대법원 2006. 3. 10. 선고 2004추119 판결 참조), 이는 조례에 대한 사전적 통제절차라고 보아야 합니다.

조례에 대한 사후적 통제절차로서 「지방자치법」 제107조에 따라 지방자치단체의 장에게 위법한 조례에 대한 재의요구권과 제소권이 있다고 하더라도, 이 제도만으로는 위법한 조례로부터 문화재를 보호하기에는 불충분하다고 보아 조례에 대한 사전적 통제절차를 둔 것이므로, 조례에 대한 사후적 통제절차가 존재한다는 이유로 협의가 필요한 조례 제·개정안의 범위를 사실상 사후적 통제권이 사용되지 않는 시·도지사가 발의한 조례 제·개정안으로 축소하여 해석할 수는 없습니다.

한편, 지방의회에서 의결할 의안은 지방자치단체의 장이나 재적의원 5분의 1 이상 또는 의원 10명 이상의 연서로 발의하며(「지방자치법」 제66조제1항), 위원회도 그 직무에 속하는 사항에 관하여 의안을 제출(같은 조 제2항)할 수 있도록 하여 그 발의 주체를 다원화하고 있으나, 일단 발의된 의안에 대하여는 의결절차나 의결되고 공포된 후의 효력에 관하여 발의주체가 누구인가에 따라 어떠한 차이도 두고 있지 않습니다.

결국 「문화재보호법」 제90조제2항에서 "시·도지사가 문화재청장과 협의하여 조례로 정하는 지역"의 의미는 조례의 제·개정안에 대하여는 그 발의권자가 누구인가와 상관없이 문화재청장과의 협의를 거쳐야 하되, 그 협의의 주체를 지방자치단체의 대표로서 지방자치단체의 의사를 표명하고 그 사무를 통할하는 집행기관이며 조례의 공포권자이기도 한 시·도지사로 정한 것입니다.

따라서 건설공사가 문화재보존에 영향을 미치는지 여부를 검토받아야 하는 지역의 범위를 정하는 조례는 시·도지사가 발의한 조례의 경우뿐만 아니라 도의회 의원이 발의한 조례 제·개정안의 경우에도 문화재청장과 협의를 하여야 합니다.

❹ 지방문화재 지정 신청에 대한 행정청의 작위의무

지방문화재지정신청에대한부작위위법확인
[대법원, 92누5867, 1992. 10. 27.]

【전문】

【원고, 상고인】

전주이씨 안양군파종사회 소송대리인 ○○법무법인 담당변호사 이○○

【피고, 피상고인】

군포시장 소송대리인 변호사 김○○

【원심판결】

서울고등법원 1992.3.11. 선고 91구6575 판결

【주 문】

상고를 기각한다.

상고비용은 원고의 부담으로 한다.

【이 유】

상고이유를 본다.

1. 원심이 확정한 다툼없는 사실에 의하면, 조선 성종의 왕자 안양군의 후손으로 구성된 원고가 1990.3. 경기도지사에게 군포시 (주소 1 생략), (주소 2 생략), (주소 3 생략) 등 4필지에 각 소재한 전주이씨 안양군파 묘역에 대하여 지방문화재로 지정하여 줄 것을 신청하자, 경기도지사는 1990.4.30. 그 중 (주소 1 생략) 소재 묘역만을 경기도 기념물로 지정하고 위 (주소 2 생략) 및 (주소 3 생략) 소재 묘역(이하 이 사건 묘역이라 한다)에 대하여는 피고에게 향토유적으로 지정할 것을 권유하였으며, 이러한 권유를 받은 피고는 1990.10.12. 원고에게 이 사건 묘역은 산본 신도시 개발사업 계획상 현장 보존이 불가능한 지역이므로 위 묘역을 도시계획에 저촉되지 않는 토지로 이전할 경우 향토유적으로의 지정을 검토하겠다고 통보하였다는 것이다. 사정이 위와 같다면 비록 원고가 이 사건 묘역에 대하여 당초 경기도지사에게 그 지방문화재 지정을

신청한 것이라 하더라도 그 후 피고가 경기도지사로부터 원고의 위 신청 사실 및 지정권유를 하달받고 더욱이 원고에게 대하여 이 사건 묘역에 대한 향토유적지정이 불가능하다고 통보까지 한 이상 원고가 이 사건 묘역에 대한 향토유적지정신청을 피고에게 다시 하였는지 여부에 관계없이 원고의 신청은 있었다고 보아야 할 것이고 따라서 원심판결 중 원고가 피고에게 향토유적지정의 신청조차 없었다고 판단한 부분은 잘못된 것이라 할 것이다.

그러나 행정청이 국민으로부터 어떤 신청을 받고서도 그 신청에 따르는 내용의 행위를 하지 아니한 것이 항고소송의 대상이 되는 위법한 부작위가 된다고 하기 위하여서는 국민이 행정청에 대하여 그 신청에 따른 행정행위를 해 줄 것을 요구할 수 있는 법규상 또는 조리상의 권리가 있어야 하며 이러한 권리에 의하지 아니한 신청을 행정청이 받아들이지 아니하였다고 해서 이 때문에 신청인의 권리나 법적 이익에 어떤 영향을 준다고 할 수 없는 것이므로 이를 들어 위법한 부작위라고 할 수 없을 것인바, 문화재의 지정에 관한 문화재보호법의 각 규정을 살펴보아도 각종 문화재의 지정은 어디까지나 문화부장관 또는 서울특별시장, 직할시장, 도지사 등이 할 수 있도록 규정되어 있을 뿐이고 문화재보호법의 제55조 제5항의 위임규정에 따라 제정된 군포시향토유적보호조례를 보아도 시장인 피고가 유형 무형의 기념물, 민속자료 등 향토유적으로 가치가 있는 것을 군포시 향토유적 보호 위원회의 자문을 거쳐 지정하도록 규정하고 있을 뿐이다.

그렇다면 문화재를 보존하여 이를 활용함으로써 국민의 문화적 향상을 도모함과 아울러 인류문화의 발전에 기여한다는 문화재보호법의 제정목적을 감안하여 볼 때 위 조례의 규정은 향토유적을 보호 관리하는 데 필요한 경우 향토유적을 지정할 수 있는 권능을 시장에게 부여한 규정에 지나지 않는 것이고 비록 이 사건 묘역에 안양군파 선조들의 묘가 있어 안양군 파종중의 재산관리 및 보존을 위하여 설립된 원고 법인으로서는 위 묘역을 관리할 필요성이 크다 하여도 이 점만으로 원고가 피고에게 이 사건 묘역을 향토유적으로 지정하여 줄 것을 요구할 수 있는 신청권이 있다 할 수 없고 또 조리상 그러한 신청권이 있다고 보이지도 않는다.

결국 피고가 원고의 작위의무이행을 구하는 위 신청을 받아들이지 아니하였다고 해서 이를 가리켜 항고소송의 대상인 위법한 부작위에 해당한다고 할 수 없으므로 원고의 이 사건 소는 부적법한 것이 되어 각하를 면할 수 없다 할 것이며, 따라서 같은 취지의 원심판단은 옳고 거기에 소론이 지적하는 위법이 없다.

그러므로 상고를 기각하고 상고비용은 패소자의 부담으로 하기로 하여 관여 법관의 일치된 의견으로 주문과 같이 판결한다.

❚ 전주이씨 안양군묘와 동자상 ❚

전주이씨 안양군묘[10]

동자상[11]

❺ 청문절차를 거치지 않고 한 행정처분의 효력

유형문화재지정고시처분취소

[대법원, 94누3414, 1994. 8. 9.]

【전문】

【원고, 상고인】

재단법인 대한예수교 장○○

10) 국가문화유산포털(http://www.heritage.go.kr), "전주이씨안양군묘" 검색(2020.06.16. 최종방문).
11) 국가문화유산포털(http://www.heritage.go.kr), "전주이씨안양군묘" 검색(2020.06.16. 최종방문).

【피고, 피상고인】

대구직할시장 소송대리인 변호사 정○○

【원심판결】

대구고등법원 1994.1.28. 선고 92구498 판결

【주 문】

상고를 기각한다. 상고비용은 원고의 부담으로 한다.

【이 유】

상고이유를 본다.

(1) 당사자의 의견청취(청문 포함)절차 없이 어떤 행정처분을 한 경우에도 관계 법령에서 당사자의 의견청취(청문 포함)절차를 시행하도록 규정하지 않고 있는 경우에는 그 행정처분이 위법하게 되는 것은 아니라고 할 것이다(당원 1994.3.22. 선고 93누18969 판결 참조).

원심이, 같은 취지에서, 국민의권익보호를위한행정절차에관한훈령(1989.11.17. 국무총리훈령 제235호)에 따라 1990.1.1.(1990.3.1.의 오기로 보임)부터 시행된 행정절차운영지침에 의하면, 행정청이 공권력을 행사하여 국민의 구체적인 권리 또는 의무에 직접적인 변동을 초래하게 하는 행정처분을 하고자 할 때에는 미리 당사자에게 행정처분을 하고자 하는 원인이 되는 사실을 통지하여 그에 대한 의견을 청취한 다음, 이유를 명시하여 행정처분을 하여야 한다고 규정되어 있으나, 위 훈령은 상급행정기관이 하급행정기관에 대하여 발하는 일반적인 행정명령으로서 행정기관 내부에서만 구속력이 있을 뿐 대외적인 구속력을 가지는 것이 아니라고 보아야 할 것이고, 이 사건 처분의 근거법규인 문화재보호법과 대구직할시문화재보호조례에 의하면 시지정문화재는 시장이 문화재위원회의 자문을 받아 지정한다고만 규정되어 있을 뿐 그 지정에 있어서 문화재의 소유자나 기타 이해관계인의 신청이 필요하다는 규정이나 소유자 기타 이해관계인의 의견을 들어야 한다는 행정절차의 규정은 없으므로 비록 피고가 이 사건 건조물의 소유자인 원고의 신청이 없는 상태에서 원고의 의견을 듣지 아니하고 이 사건 건조물을 문화재로 지정하였다고 하여 이 사건 처분이 위법한 것이라고 할 수 없다고 한 판단은 정당하고 거기에 소론과 같은 위법이 있다고 할 수 없다. 소론이 지적하는 당원판결은 이 사건에 적절한 것이 아니다. 논지는 이유 없다.

(2) 기록에 의하여 살펴보면, 원심의 증거취사와 사실인정 및 이에 터잡아 판시와 같은 이유로 이 사건 처분이 재량권을 남용하였거나 신뢰보호의 원칙에 위배되어 위법하다는 원고의 주장을 배척한 원심의 조치도 모두 정당한 것으로 수긍이 가고 거기에 소론과 같은 채증법칙위반으로 인한 사실오인, 신뢰보호의 원칙 내지 금반언의 원칙에 관한 법리오해, 재량권남용에 관한 법리오해 등의 위법이 있다고 할 수 없다. 논지도 이유 없다.

(3) 그러므로 원고의 상고를 기각하고 상고비용은 패소자인 원고의 부담으로 하기로 하여 관여 법관의 일치된 의견으로 주문과 같이 판결한다.

제5장
문화재 불법거래

제1절 개요

우리나라는 문화재보호법 제정 이후 문화재를 보존하고 관리하는 법체계를 발전시켜 왔다. 과거에는 문화재를 국외로 수출하거나 반출하는 경우가 많았고, 도굴한 문화재를 거래하거나 모조품을 진품으로 속여 사회적인 파장을 일으킨 사건도 있었다. 심지어 국가기관이 가짜 문화재를 진품으로 둔갑시켜 국보로 지정됐다 해제된 경우도 있다. 1992년 국보 제274호로 지정됐던 '귀함별황자총통'이다. 이 총통 겉면에는 '귀함의 황자총통은 적선을 놀라게 하고, 한 발을 쏘면 반드시 적선을 수장시킨다(龜艦黃字 驚敵船 一射敵船 必水葬).'는 문구가 새겨져 있어 거북선에 장착됐던 것으로 추정되어 그 가치가 매우 높은 것으로 인정받았다. 그러나 실상은 해군유물발군단장이 가짜 총통을 사들여 임진왜란사 전문가인 해사박물관장이 지정한 지역에 던져 놓고 며칠 후 인양했던 것이다. 국보로 지정된 데에는 출토지점이 한산도 인근이라는 사실도 크게 영향을 미쳤다. 만약 이 사건과 별도로 기소된 수산업자가 진실을 밝히지 않았다면 아직도 우리는 가짜 총통을 이순신 장군이 사용했던 것으로 믿고 국보로 유지하고 있었을 것이다. 이 총통은 약 4년 뒤에 진실이 밝혀져 1996년 8월 국보에서 해제되었다.[1]

이와 같이 문화재의 불법거래 양태는 단순히 도굴품을 거래하거나 모조품을 진품

---

1) 이기환, "'영구결번' 국보 보물, 그 파란만장 사연들", 경향신문(2018.01.25.자).

으로 속여 판매하는 것 외에도 다양한 형식으로 나타난다. 도굴했을지라도 시효를 넘겨 판매하거나 귀함별황자총통의 경우와 같이 판매 목적이 아닌 경우도 있다.

　　문화재보호법은 문화재의 무허가 수출,[2] 허위 지정 또는 허위 지정을 유도하는 행위,[3] 문화재를 손상하거나 은닉하는 행위,[4] 물을 넘겨 문화재나 보호구역을 침해하는 행위[5] 등을 벌하고 있고, 미수범[6]이나 과실범[7]도 처벌하는 규정을 두고 있다. 특히 2002년 이전에는 문화재 도굴범에 대한 공소시효가 완성되었다면 도난된 문화재의 장물성이 상실되었다는 것을 근거로 이를 양도하거나 양도알선할 목적으로 예비하였다하더라도 이를 처벌할 수 없었지만, 2002년 개정을 통해 본범에 대한 공소시효가 완성되었더라도 절취 또는 도굴된 문화재를 은닉한 자를 처벌할 수 있도록 하고 있다.

　　이하에서는 문화재의 불법 거래와 관련된 사례를 살펴보기로 한다. 특히 공소시효 완성 이후의 행위에 대해서는 법률이 개정됐기 때문에 주의를 요한다.

┃ 국보 해제된 귀함별황자총통 ┃

귀함별황자총통[8]

---

2) 문화재보호법 제90조.
3) 문화재보호법 제91조.
4) 문화재보호법 제92조.
5) 문화재보호법 제96조.
6) 문화재보호법 제97조.
7) 문화재보호법 제98조.
8) 위키피디아(https://ko.wikipedia.org/), "귀함별황자총통" 검색(2020.06.18. 최종방문).

제2절   문화재 불법거래와 관련된 주요 사례

❶ 도굴범의 공소시효의 완성과 양도 목적의 예비 행위 처벌 가능 여부

문화재보호법위반
[대법원, 87도538, 1987. 10. 13.]

【전문】

【상 고 인】

피고인들

【변 호 인】

변호사 오○○, 김○○

【원심판결】

대구지방법원 1987.1.26. 선고 86노785 판결

【주 문】

원심판결을 파기하고, 사건을 대구지방법원 합의부에 환송한다.

【이 유】

상고이유를 판단한다.

원심판결 이유에 의하면, 원심은 피고인들이 허가없이 발굴된 이 사건 문화재에 대하여 그 정을 알면서도 양도할 목적으로 예비하거나 양도되도록 알선할 목적으로 예비하였다는 제1심판시 범죄사실은 제1심판결에 적시된 증거들에 의하여 이를 넉넉히 인정할 수 있다고 판단하여 피고인들을 문화재보호법 제87조 제2항, 제82조 제3항, 제4항을 적용 처벌한 제1심판결을 유지하였다.

그러나 문화재보호법 제82조 제3항, 제4항의 위반죄는 허가없이 발굴되었거나 현상변경된 문화재를 유상이나 무상으로 양도, 취득, 운반, 또는 보관한자나 위 행위를 알선한 자를 처벌하는 규정으로서 반드시 문화재가 허가없이 발굴된 것 또는 현상변경된 것임을 그 구성요건으로 하고 있으므로 피고인들을 위 법조의 위반죄로 처벌하기 위하여는 이 사건 문화재가 허가없이 발굴된 문화재라고

인정할 확실한 증거가 있어야 할 뿐만 아니라 가사 이 사건 문화재가 허가없이 발굴된 것이라고 가정하더라도 허가없이 발굴된 문화재는 영구하게 위 법조위반죄의 대상이 되는, 이른바 장물성을 보유한다고는 할 수 없고, 허가없이 발굴한 본범에 대하여 공소시효가 완성되어 국가과형권을 발동할 수가 없게 되고 따라서 그 위반물품에 대하여 몰수 또는 추징도 할 수 없는 단계에 이르렀을 때에는 그 위반물품에 대한 이른바 문화재보호법상의 장물성도 잃게 되는 것이라고 봄이 상당하므로 피고인들의 위 양도예비나 양도알선예비당시 이 사건 문화재를 허가없이 발굴한 본범에 대한 공소시효가 완성되었다면 이를 양도하거나 양도알선할 목적으로 예비하였다 하더라도 이를 위 법조위반으로 처벌할 수 없다 할 것이다.

그럼에도 불구하고 원심이 이 사건 문화재가 언제 누구에 의하여 허가없이 발굴된 것인지 또한 그 본범에 대한 공소시효가 완성되었는지의 여부에 관하여 아무런 조사도 하지 아니한 채 위와 같이 판단한 조치는 증거없이 범죄사실을 인정하거나 위 법조에 관한 법리를 오해한 잘못을 저지른 것이라고 하지 아니 할 수 없고, 이 점을 지적하는 상고논지는 이유있다.

그러므로 나머지 상고이유에 대한 판단은 생략한 채 원심판결을 파기하고, 사건을 원심법원에 환송하기로 하여 관여법관의 일치된 의견으로 주문과 같이 판결한다.

❷ 비지정문화재수출미수죄에 있어서 실행의 착수시기

문화재보호법위반

[대법원, 99도2461, 1999. 11. 26.]

【전문】

【피고인】

【상고인】

검사

【변호인】

변호사 한○○

【원심판결】

대구고법 1999. 5. 25. 선고 99노116 판결

【주문】

상고를 기각한다.

【이유】

검사의 상고이유를 본다.

1. 원심판결 이유에 의하면, 원심은, 피고인에 대한 이 사건 공소사실 중 "피고인 은 공소외 1, 2와 함께 위 공소외 1 소유의 보물급 문화재를 일본으로 수출하 기로 공모하고, 당국의 허가 없이 1998. 6. 하순경 부산 중구 영주동 743의 80에 있는 코모도호텔 호실불상 방 안에서 보물급 동산 문화재인 시가 금 1,500,000,000원에 달하는 청화백자 소꿉 54점을 성명불상의 일본인에게 판 매하여 국외로 반출하려다 가격절충이 되지 않아 계약이 성사되지 않는 바람 에 미수에 그친 것이다."라는 비지정문화재수출미수의 점에 대하여, 그 채택한 증거를 종합하여, 위 공소외 1이 판시 청화백자 소꿉 54점을 위 호텔로 가져 가서 매도하기 위하여 가격 절충을 하였다는 상대방인 성명미상의 일본인이라 고 하는 사람은 실제로는 한국인인 공소외 3이었고, 이와 같은 거래시도는, 공 소외 4가 종전에 자신이 매도를 의뢰한 바가 있는 고려청자를 피고인이 가지고 행방을 감추었다고 생각하여 피고인을 붙잡고자 피고인과 연락이 가능한 공소

외 5로 하여금 피고인에게 마치 진실로 고가의 문화재를 매수하려는 일본인이 있으니 문화재를 팔 사람을 소개하라고 거짓말을 하게 하여 이에 속은 피고인을 위 호텔로 나오도록 유인한 것에 불과하므로, 처음부터 위 매매가 성사될 수 없었다고 할 것이어서 결국 위 공소사실을 인정할 증거가 없고, 또한 문화재보호법 제80조 제2항 소정의 비지정문화재수출죄는 비지정문화재를 국외로 반출하는 행위에 근접·밀착하는 행위가 행하여진 때에 그 실행의 착수가 있다 할 것이므로, 설사 피고인이 위 2, 공소외 1와 함께 부산에서 성명불상 일본인에게 청화백자소꿉 54점을 매도하기 위하여 가격 절충을 하였다고 하더라도 그것만으로는 이를 국외로 반출하는 행위에 근접·밀착하는 행위가 있었다고 볼 수 없다고 판단하여 이 사건 비지정문화재수출미수의 점에 관한 공소사실에 대하여 형사소송법 제325조 후단에 의하여 무죄를 선고하였다.

2. 가. 원심판결 이유를 기록에 비추어 살펴보면, 원심의 위와 같은 사실인정은 정당한 것으로 인정되고, 거기에 상고이유로 주장하는 바와 같이 심리를 다하지 아니하고 채증법칙을 위배하여 사실을 오인한 위법이 있다고 할 수 없다.
　　다만, 원심이 피고인 일당과 판시 문화재에 대한 가격절충을 벌이던 사람이 일본인이 아니라 피고인을 붙잡으려던 한국인이어서 매매가 성사될 수 없었다는 사실만으로 곧 이 사건 공소사실을 인정할 증거가 없다고 판단한 것은 적절치 못하다고 할 것이나, 다음 항에서 보는 바와 같이 실행의 착수에 이르지 못했다고 보는 이상, 소위 불능미수도 성립할 수 없어 위와 같은 흠은 판결에 영향이 없다.

　나. 원심이, 비지정문화재의 수출미수죄가 성립하기 위하여는 비지정문화재를 국외로 반출하는 행위에 근접·밀착하는 행위가 행하여진 때에 그 실행의 착수가 있는 것으로 보아야 한다는 전제하에, 이 사건 공소사실과 같이 수출할 사람에게 판매하려다가 가격절충이 되지 않아 계약이 성사되지 못한 단계에서는 아직 국외로 반출하는 행위에 근접·밀착하는 행위가 있었다고 볼 수 없다고 판단한 것도 정당하고, 거기에 비지정문화재수출미수죄에 있어서 실행의 착수에 관한 법리를 오해한 위법이 있다고 할 수 없다.

　다. 그리고, 피고인의 행위가 그 주장하는 바와 같이 비지정문화재수출예비·음모죄에 해당한다고 하더라도 검사가 공소장을 변경하지 아니한 이상 원심으로서는 이에 관하여 심판할 수 없는 것이므로, 법원이 그 점에 관

> 하여 공소장변경을 요구하지도 않고 이를 판단하지 아니하였다 하여 판
> 단유탈의 잘못이 있다고 할 수도 없다.
>
> 3. 그러므로 상고를 기각하기로 하여 관여 대법관의 일치된 의견으로 주문과 같
> 이 판결한다.

❸ 지정문화재 은닉범행에 대한 공소시효의 기산점

문화재보호법위반 · 보건범죄단속에관한특별조치법위반(부정의료업자) · 의료법위반
[대법원, 2003도6215, 2004. 2. 12.]

【전문】

【상고인】

피고인

【변호인】

변호사 박○○ 외 1인

【원심판결】

부산고법 2003. 9. 24. 선고 2003노487, 556(병합) 판결

【주문】

상고를 기각한다. 상고 후의 구금일수 중 100일을 본형에 산입한다.

【이유】

상고이유를 본다.

1. 기록에 비추어 살펴보면, 원심이 피고인에 대한 보건범죄단속에관한특별조치
법위반 및 약사법위반의 범죄사실을 유죄로 인정한 조치는 정당하고, 거기에
상고이유로 주장하는 바와 같이 채증법칙을 위반한 잘못이 있다 할 수 없다.

2. 기록에 비추어 살펴보면, 피고인이 1989. 12. 23.경부터, 같은 해 7. 13. 20:30
경 충남 부여군 외산면 만수리 소재 무량사에서 강취되었던 충청남도 지정문
화재 제100호인 관음보살좌상 1점, 지장보살좌상 1점, 보살좌상 1점을 그것

이 지정문화재인 정을 알면서 2001. 2. 19. 공소외 양의숙에게 감정을 의뢰하려다 적발될 때까지 대구 달서구 소재 포교당 방안에 은닉하였다고 사실인정하여 이를 문화재보호법위반죄로 처단한 원심의 판단은 정당하고, 거기에 상고이유로 주장하는 바와 같이 채증법칙을 위반한 잘못이 있다 할 수 없다. 또한, 원심은 구 문화재보호법(2001. 3. 28. 법률 제6443호로 개정되기 전의 것, 이하 같음) 제81조 제2항에서 지정문화재 등을 은닉한 자를 처벌하도록 한 규정은 지정문화재 등임을 알고 그 소재를 불분명하게 함으로써 발견을 곤란 또는 불가능하게 하여 그 효용을 해하는 행위를 처벌하려는 것이라는 전제하에 그러한 은닉범행이 계속되는 한 발견을 곤란케 하는 등의 상태는 계속되는 것이어서 공소시효가 진행되지 않는 것으로 보아야 한다는 이유로, 은닉행위를 시작한 때로부터 문화재보호법위반죄의 공소시효가 기산되어 이미 그 공소시효가 완성되었다는 피고인의 주장을 배척하였는바, 구 문화재보호법 제81조 제2항의 내용 및 그 입법취지에 비추어 보면 원심의 위와 같은 판단은 정당하고, 거기에 상고이유에서 지적하는 바와 같이 문화재보호법위반죄의 공소시효에 관한 법리를 오해한 잘못이 있다 할 수 없다.

3. 그러므로 상고를 기각하고, 상고 후의 구금일수 일부를 본형에 산입하기로 하여 관여 대법관의 일치된 의견으로 주문과 같이 판결한다.

┃ 무량사 전경과 지장보살 및 시왕상 일괄 ┃

무량사 전경[9] 지장보살 및 시왕상 일괄[10]

---

9) 부여군 문화관광 홈페이지(http://www.buyeo.go.kr/html/tour/) > 부여군 관광정보 > 만수산 무량사(2020.06.16. 최종방문).

10) 국가문화유산포털(http://www.heritage.go.kr), "부여 무량사" 검색(2020.06.16. 최종방문).

❹ 도굴범의 공소시효 완성 이후 도굴된 문화재를 은닉한 자의 처벌과 몰수 등

> **문화재보호법 제81조 제4항 등 위헌확인(제81조 제5항, 제82조 제4항, 제7항)**
> **[2003헌마377, 2007. 7. 26., 전원재판부]**

【전문】

【주문】

1. 구 문화재보호법(2002. 12. 30. 법률 제6840호로 개정되고, 2007. 4. 11. 법률 제8346호로 개정되기 전의 것) 제81조 제5항 중 제4항 부분, 제82조 제4항 및 제7항 중 제4항 부분과 문화재보호법(2007. 4. 11. 법률 제8346호로 개정된 것) 제103조 제5항 중 제4항 부분, 제104조 제4항 및 제7항 중 제4항 부분은 헌법에 위반된다.

2. 청구인 정○우, 김○섭의 나머지 청구를 기각한다.

3. 청구인 사단법인 ○○미술협회의 청구를 각하한다.

【이유】

1. 사건의 개요 및 심판의 대상

　가. 사건의 개요

　　(1) 청구인들은 소관 구청장에게 문화재매매업신고를 하거나 문화재매매업허가를 받고 현재 동산에 속하는 유형문화재나 유형의 민속자료를 매매 또는 교환하는 업에 종사하고 있다.

　　(2) 문화재보호법은 2002. 12. 30. 법률 제6840호로 ① 지정문화재 등의 은닉행위 이전에 타인에 의하여 행하여진 손상·절취·은닉 그 밖의 방법으로 그 지정문화재 등의 효용을 해하는 행위가 처벌되지 아니한 경우에도 당해 은닉행위자를 처벌하고, 당해 문화재를 몰수·추징하며, ② 도굴되거나 현상변경된 문화재의 보유 또는 보관행위 이전에 타인에 의하여 행하여진 도굴·현상변경·양도·양수·취득·운반·보유 또는 보관행위가 처벌되지 아니한 경우에도 당해 보유 또는 보관행위자를 처벌하고, 당해 문화재를 몰수하도록 개정되었다.

　　(3) 이에 문화재매매업에 종사하는 청구인들은 위 문화재보호법 규정들이

문화재매매 등의 거래를 심히 위축시키는 부당한 결과를 초래함은 물론 헌법상 보장된 청구인들의 직업의 자유, 재산권, 평등권을 침해하고 죄형법정주의원칙과 사적자치의 원칙에 위배된다고 주장하면서 2003. 6. 11. 이 사건 헌법소원심판을 청구하였다.

나. 심판의 대상

(생략)

2. 청구이유 및 관계기관의 의견

　가. 청구이유

　　(1) 문화재의 절취 또는 도굴 등의 본범에 대하여 공소시효가 완성되면 문화재의 장물성이 상실되어 그 후에 절취된 지정문화재 등을 은닉하거나 도굴 등이 된 문화재를 보유·보관한 자를 다시 소추할 수 없음에도 불구하고 이 사건 법률조항으로 인하여 그러한 경우에도 소추할 수 있도록 한 것은 죄형법정주의에서 요구되는 형벌불소급의 원칙과 이중처벌금지의 원칙에 반하는 것이다.

　　(2) 이 사건 법률조항은 범행의 객체를 국가지정문화재, 그 밖의 지정문화재, 가지정문화재, 일반동산문화재 등으로 규정하고 있으나 그 내용이 너무 추상적이고 모호하기 때문에 죄형법정주의에서 요구되는 명확성의 원칙에 반하는 것이다.

　　(3) 이 사건 법률조항은 실질적으로 민법상의 선의취득이나 동산에 대한 점유취득시효에 관한 제 규정들의 적용을 배제하고, 특정인에 대하여 공소시효의 적용을 배제하는 처분적 법률로서 체계정당성의 원리 및 평등의 원칙에 반하고 과잉금지원칙에 위배하여 청구인들의 재산권과 직업의 자유를 침해하는 것이다.

　나. 문화재청장의 의견

　　(1) 이 사건 법률조항은 동일인의 동일한 행위에 대하여 거듭 형벌을 부과하거나 공소시효가 완성된 범죄에 대하여 소급하여 소추가 가능하도록 하는 내용을 담고 있지 아니하고, 이 법 시행일 이후에 계속되고 있는 행위를 그 처벌대상으로 삼고 있으므로 형벌불소급의 원칙 및 이중처벌금지의 원칙에 반하지 아니한다.

　　(2) 이 사건 법률조항에서 범행의 객체인 지정문화재, 가지정문화재, 일반

동산문화재 등은 입법목적, 다른 조항과의 관련성, 법관의 합리적 해석에 의하여 구체적으로 특정할 수 있으므로 명확성의 원칙에 반하지 아니한다.

(3) 이 사건 법률조항으로 인하여 실질적으로 민법상의 선의취득이나 동산에 대한 점유취득시효에 관한 제 규정들의 적용을 일부 배제한다고 하더라도 이는 문화재의 절취·도굴 방지 및 그 부정한 유통을 차단하기 위한 것으로 입법자의 입법형성권에 속하는 사항이므로 평등의 원칙과 사적자치의 원칙에 반하지 아니하고 청구인들의 재산권이나 직업의 자유를 침해하지 아니한다.

3. 적법요건에 대한 판단

(생략)

4. 본안에 대한 판단

가. 이 사건 법률조항들의 입법취지

구 법 제81조 제4항, 법 제103조 제4항은 본인의 '지정문화재, 가지정문화재 또는 일반동산문화재'(이하 '문화재'라 한다)의 '은닉' 이전에 타인에 의하여 행하여진 당해 문화재에 대한 손상·절취·은닉 그 밖의 방법으로 문화재의 효용을 해하는 행위(이하 '절취 등'이라 한다)가 처벌되지 아니한 경우에도 본인을 처벌하도록, 구 법 제82조 제4항, 법 제104조 제4항은 본인의 '허가없이 발굴되었거나 현상변경된 문화재'(이하 '도굴된 문화재'라 한다)의 보유 또는 보관행위 이전에 행하여진 당해 문화재에 대한 타인의 도굴·현상변경·양도·양수·취득·운반·보유 또는 보관 행위(이하 '도굴 등'이라 한다)가 처벌되지 아니한 경우에도 본인을 처벌하도록 규정하고 있다.

문화재의 '은닉' 및 도굴 등이 된 문화재의 '보유·보관'행위는 구 문화재보호법(2002. 12. 30. 법률 제6840호로 개정되기 전의 것) 제81조 제1항, 제2항 및 제82조 제3항에 의하여 처벌되도록 규정되어 있었으나, 대법원이 구 문화재보호법(2002. 12. 30. 법률 제6840호로 개정되기 전의 것) 제82조의 해석과 관련하여 "허가없이 발굴한 본범에 대하여 공소시효가 완성되어 국가과형권을 발동할 수 없게 되고 따라서 그 위반물품에 대하여 몰수 또는 추징도 할 수 없는 단계에 이르렀을 때에는 그 위반물품에 대한 이른바 문화재보호법상의 장물성도 잃게 되는 것이라고 봄이 상당하므로 문화재를 허가없이 발굴한 본범에 대한 공소시효가 완성되었다면 이를 양도하거나 양도알선할 목적으로 예비하였다 하더라도 이를 처벌할 수 없다."는 취지로 판시함[대법원 1987. 10. 13. 선고 87도538 판결(공1987, 1741) 참조]에 따라 도굴범이 공소시효 완성 등으로 처벌되지 않게 된 이후에 도굴된 문화재를 전전유통시키는 경우 그에 대한 억제 방안이 없게 되자, 문화재의 사회적 효용을 유지·보존하고, 문화재의 도굴이나 현상변경의 유인을 억제하며, 절취·도굴된 문화재의 불법적 유통을 방지하기 위하여 입법을 통하여 '문화재보호법상의 장물성'에 관계없이 문화재의 은닉이나 도굴된 문화재를 그 정을 알고 보유 또는 보관하는 행위는 처벌하도록 규정한 것이다.

나. 명확성원칙의 위배 여부

(생략)

다. 과잉금지원칙 위배 여부

(1) 제한되는 기본권

(생략)

(2) 구 법 제81조 제4항, 법 제103조 제4항에 관하여 살펴본다.

　　(가) 위 조항들은 문화재를 사용, 수익, 처분함에 있어 고의로 문화재의 효용을 해하는 은닉을 하여서는 아니된다는 것, 즉 문화재의 사회적 효용과 가치를 유지하는 방법으로만 사용·수익할 수 있다는 것으로, 문화재에 관한 재산권 행사의 사회적 제약을 구체화한 것에 불과하고 문화재의 사용·수익을 금지하는 등 문화재의 사적 유용성과 처분권을 부정하여 구체적으로 형성된 재산권을 박탈하거나 제한하는 것은 아니므로 보상을 요하는 헌법 제23조 제3항 소정의 수용 등에 해당하는 것은 아니다. 다만 이러한 입법 역시 다른 기본권을 제한하는 입법과 마찬가지로 비례의 원칙을 준수해야 함은 물론이다.

　　(나) 위 조항들은 문화재의 효용을 보존하는 것을 직접적인 목적으로 하며, 나아가 자신의 은닉행위 이전에 타인이 당해 문화재를 절취하는 등으로 문화재의 효용을 해한 행위가 처벌되지 않은 경우에도 처벌하도록 함으로써 소위 '문화재의 세탁'을 통한 문화재의 밀거래, 해외반출 등의 유인을 억제하고자 한 것으로

그 입법목적의 정당성 및 방법의 적절성이 인정되고, 다른 적절한 수단을 찾기 어려우므로 침해의 최소성 역시 인정된다. 또한 위 조항들로 인한 사익의 침해는 '은닉'이라는 특정한 행위 방식으로 문화재의 효용을 해하는 사용 내지 처분을 할 수 없다는 것에 불과하고, 은닉 이외의 다른 방식으로 얼마든지 문화재를 사용·수익·처분할 수 있으므로 침해되는 사익은 문화재의 독점적 향유가 금지됨으로써, 또는 문화재의 보유가 외부에 알려짐으로써 발생하는 사실적인 불만족, 불이익 정도로 매우 경미한 데 비하여, 달성되는 공익은 절취된 문화재 등의 유통을 억제하고, 민족의 문화적 자산을 유지·보존한다는 것으로 현저히 중요하므로 법익균형성원칙도 충족시킨다. 이는 구 법 제81조 제4항의 시행 이전에 이미 문화재를 은닉하고 있었던 자의 경우에도 마찬가지이다. 당해 문화재의 소재를 일반인 또는 문화재청이 파악할 수 있는 가능성을 제공함으로써 당해 문화재의 '처분'이나 그에 대한 '권리'의 포기를 수반하지 아니하고도 법 시행 전에 은닉행위를 중지하여 처벌을 피할 수 있는 가능성이 열려있기 때문에 침해되는 사익의 정도를 달리 판단할 여지가 없다. 나아가 비교법적으로 보아도 일본의 경우 중요문화재를 은닉하는 때에는 소유자라도 처벌하도록 규정하고 있는 점 등에 비추어 보면 위 조항들이 부당한 입법이라 보기 어렵다.

(다) 한편 위 법률조항들이 일반동산문화재의 은닉까지 금지하는 것은 제한의 폭이 너무 넓어 최소침해성 내지 법익균형성에 반하는 것이 아닌가 하는 의문이 있을 수 있으나, 일반동산문화재라도 문화재로서의 가치가 일률적으로 작다고 볼 수 없는 이상 은닉을 금지할 필요가 인정되고, 문화재의 효용을 유지하는 것은 당해 문화재의 소유자 또는 관리자에게도 일정한 이익을 가져다 준다는 점에서 위와 같은 제한이 부당하다고 보기 어렵다.

(3) 다음으로 구 법 제82조 제4항, 법 제104조 제4항에 관하여 살펴본다.

(가) 문화재는 '인위적·자연적으로 형성된 국가적·민족적·세계적 유산으로서 역사적·예술적·학술적·경관적 가치가 큰 것'으로, 그

성질상 수가 한정적이고, 대체불가능하며, 손상되는 경우 회복이나 재생이 현저히 곤란한 재화라는 점, 국가의 전통문화 계승·발전과 민족문화 창달에 노력할 의무를 규정한 우리 헌법 제9조의 정신에 비추어 그에 관한 재산권 행사에 일반적인 재산권 행사보다 강한 사회적 의무성이 인정된다. 따라서 일정한 문화재에 대한 보유·보관을 금지하는 것은 문화재에 관한 재산권 행사의 사회적 제약을 구체화한 것으로 재산권의 내용과 한계를 정하는 것이며 헌법 제23조 제3항의 보상을 요하는 수용 등과는 구별된다. 다만 위와 같은 입법 역시 다른 기본권에 대한 제한입법과 마찬가지로 비례의 원칙을 준수하여야 하며, 재산권의 본질적 내용인 사적 유용성과 처분권을 부인해서는 아니된다.

(나) 구 문화재보호법(2002. 12. 30. 법률 제6840호로 개정되기 전의 것)하에서는 도굴범이 공소시효가 지날 동안 문화재를 은닉하고 있다가 문화재를 유통시킬 경우 도굴범 자신이 문화재 은닉행위에 관하여 처벌받음은 별론으로 하고 당해 문화재가 도굴된 문화재임을 알고 문화재를 취득하는 자는 처벌되지 아니하였다. 그에 따라 도굴된 문화재의 전전유통이 가능해지고, 이는 다시 도굴범에게 하나의 유인을 제공하는 결과가 되어 결과적으로 구 문화재보호법(2002. 12. 30. 법률 제6840호로 개정되기 전의 것)의 규정만으로는 문화재의 도굴과 불법적 유통의 억제 효과를 발하지 못하게 되었다. 이에 문화재가 국가의 문화재 관리망을 벗어나 음성적으로 거래되는 것을 방지함으로써 '전통 문화의 계승·발전과 민족문화의 창달'(헌법 제9조)을 도모하기 위하여, 도굴된 문화재가 '문화재보호법상의 장물성'이 없다 하더라도, 즉 본인의 문화재의 보유·보관행위 이전에 타인이 한 당해 문화재에 관한 도굴 등이 처벌되지 아니하여도, 본인이 그 정을 알고 행위하였다면 형벌을 부과하도록 규정하기에 이른 것으로 위 법률조항들은 그 입법목적의 정당성은 인정된다.

(다) 그런데 위 법률조항들의 경우 사법상 보유권한의 유무를 불문하고 도굴 등이 된 문화재인 정을 안 경우, 특히 선의취득 등

사법상 보유권한의 취득 후에 도굴 등이 된 정을 알게 된 경우까지 처벌의 대상으로 삼고 있는바, 이는 도굴 등을 통한 불법적인 문화재 유통의 차단을 통한 문화재의 보존 및 전통문화의 계승·발전이라는 입법목적 달성의 범위를 넘어선 것이다. 선의취득자가 도굴 등이 된 문화재인 정을 알게 된 경우 '신고' 내지 '등록'을 하도록 함으로써 국가는 문화재의 소재 파악 등 필요한 관리를 할 수 있으며, 이러한 관리의 효율성은 신고의무나 등록의무 위반에 대한 제재를 통하여도 달성 가능하다는 점을 고려할 때 위 법률조항들의 침해의 최소성을 인정하기 어렵다. 나아가 선의취득자 등이 보유문화재가 도굴 등이 된 정을 알고 즉시 제3자에게 문화재를 이전하는 경우 선의취득자 자신은 구성요건에 해당하는 것을 모면할 수 있을지 모르나, 그 행위는 제3자를 구성요건에 해당하게 할 수 있다는 점에서 적법하게 취득한 문화재에 관한 재산권의 처분을 사실상 불가능하게 하므로 침해되는 사익이 현저하여 법익균형성의 요건 역시 충족하기 어렵다. 구 법은 시행까지 6개월의 유예기간을 두고 있으나, 위와 같이 당해 문화재의 처분이 불가능한 상황에서 유예기간은 그 장단에 관계없이 의미가 없다. 따라서 위 법률조항들은 재산권 행사의 사회적 제약을 넘어 불필요하거나 지나치게 가혹한 부담을 부과하는 것으로 헌법에 위반된다.

(4) 마지막으로, 구 법 제81조 제5항 중 제4항 부분, 제82조 제7항 중 제4항 부분, 법 제103조 제5항 중 제4항 부분, 제104조 제7항 중 제4항 부분에 관하여 본다.

위 법률조항들이 필요적 몰수형을 규정한 것이 지나치게 가혹한 형벌로서 청구인들의 재산권을 침해하는지 문제된다.

(가) 어떤 범죄에 대하여 타형에 부가하여 과하는 형의 일종인 몰수형을 규정할 것인지 여부와 이를 임의적으로 할 것인지 또는 필요적인 것으로 할 것인지의 여부는 입법자가 여러 가지 사정을 종합적으로 고려하여 결정하여야 할 국가의 입법정책에 관한 사항이다. 다만 법정형의 설정이 입법정책에 속한 사항이라 하더라도 어느

범죄에 대한 법정형이 그 범죄의 실태와 죄질의 경중, 이에 대한 행위자의 책임, 처벌규정의 보호법익 및 형벌의 범죄예방효과 등에 비추어 지나치게 가혹한 것이어서 전체 형벌체계상 현저히 균형을 잃음으로써 다른 범죄자와의 관계에 있어서 헌법상 평등의 원리에 반하게 된다거나, 그러한 유형의 범죄에 대한 형벌 본래의 기능과 목적을 달성함에 있어 필요한 정도를 현저히 일탈함으로써 헌법 제37조 제2항의 과잉입법금지원칙에 반하는 등 입법재량권이 헌법규정이나 헌법상의 제 원리에 반하여 자의적으로 행사된 것으로 평가되는 경우에는 이와 같은 법정형을 규정한 법률조항은 입법재량권을 남용하였거나 그 한계를 일탈한 것으로서 헌법에 반한다(헌재 1995. 11. 30. 94헌가3, 판례집 7-2, 550 참조).

(나) 문화재는 원칙적으로 사적 소유권의 객체가 될 수 있고, 단지 효과적인 유지, 보존이 이루어질 수 있도록 국가의 일정한 관리, 감독이 요청되는 것이고, 문화재의 은닉이나 도굴된 문화재인 정을 알고 보유 또는 보관하는 행위의 태양이 매우 다양하다는 점에서 구 법 제81조 제4항, 법 제103조 제4항에 위반하여 은닉한 문화재, 구 법 제82조 제4항, 법 제104조 제4항에 위반하여 보유·보관한 문화재를 반드시 몰수하여 국가에 귀속시켜야만 위 법률조항들의 입법목적을 달성할 수 있다고 인정하기 어렵다. 또한 문화재의 가치를 금전으로 환산하기는 곤란하나 상당한 고가인 경우가 많고, 하나의 문화재는 성질상 불가분이어서 필연적으로 '전부 몰수'가 된다는 점에서 몰수형의 재산권 제한 효과는 매우 크다. 그럼에도 불구하고 행위자의 구체적 행위 태양이나 적법한 보유권한의 유무 등에 관계없이 필요적으로 몰수하도록 규정한 것은 책임에 상응하는 형벌을 부과할 여지를 박탈하고, 형벌 본래의 기능과 목적을 달성함에 있어 필요한 정도를 현저히 일탈하여 지나치게 과중한 형벌을 부과하는 것으로 책임과 형벌 간 비례원칙에 위배된다.

따라서 위 법률조항들은 헌법에 위반된다.

(이하 생략)

▌보물 제1906호, 대명률 ▌

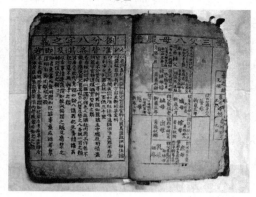

대명률(大明律)[11]

조선시대에 적용했던 중국 명나라의 형률서이다. 조선 태조는 1392년 반포한 즉위교서에서 『대명률(大明律)』을 쓰기로 선언한 이후, 형률(刑律)을 『경국대전(經國大典)』에 담지 않고, 『대명률』을 우리 현실에 맞게 직해(直解)하여 사용하였다. 2012년 한 사립박물관에서 장물업자로부터 사들여 보물(제1906호)로 지정받고 4년간 전시하다 몰수되었다.

❺ 일반동산문화재를 은닉하여 그 효용을 해하는 것의 의미

문화재보호법위반 · 강간상해 · 공무집행방해
[대전고등법원, 2009노63, 2009. 6. 3.]

【전문】

【항 소 인】

　피고인 1 내지 3 및 검사

【검 사】

　홍○○

【변 호 인】

　변호사 정○○

【원심판결】

　대전지법 2009. 1. 23. 선고 2006고합363, 2007고합292(병합) 판결

---

11) 국가문화유산포털(http://www.heritage.go.kr), "대명률" 검색(2020.06.16. 최종방문).

【주 문】

원심판결 중 피고인 1, 2, 3에 대한 부분을 파기한다.

피고인 3을 징역 2년 6월에 처한다.

원심판결 선고 전의 구금일수 53일을 피고인 3에 대한 위 형에 산입한다.

다만, 이 판결 확정일로부터 3년간 피고인 3에 대한 위 형의 집행을 유예한다.

피고인 1, 2는 각 무죄.

피고인 3에 대한 이 사건 공소사실 중 각 문화재보호법위반의 점은 무죄.

검사의 피고인 4에 대한 항소를 기각한다.

피고인 1, 2에 대한 판결의 요지를 공시한다.

【이 유】

1. 피고인 1, 2, 3의 일반동산문화재 은닉으로 인한 문화재보호법위반 부분

   가. 공소사실의 요지

   (1) 피고인 1은 2002. 9. 24.경부터 2006. 1. 25.경까지 대전 유성구 (동, 지번 1 생략)에 있는 피고인 운영의 '○○○' 내에서, 1982년경 성명불상자로부터 매수한 일반동산문화재인 조선전기 흑유표형병 1점, 조선전기 분청소형병 1점, 1989년경 성명불상자로부터 매수한 일반동산문화재인 고려시대 토제표형병 1점 등 총 3점을 철제 금고 속에 넣어두어 이를 은닉하였다.

   (2) 피고인 2는 2001. 7. 1.경부터 2006. 1. 25.경까지 대전 동구 (동, 지번 2 생략)에 있는 피고인 운영의 '○○○'에서, 1985년경 공소외 1로부터 매수한 일반동산문화재인 청동기시대 마제석검 1점, 신석기시대 마제돌도끼 1점, 신석기시대 마제돌화살촉 6점 등 총 8점을 상자에 넣어 진열장 밑에 넣어두어 이를 은닉하였다.

   (3) 피고인 3은 2001. 7. 1.경부터 2006. 1. 25.경까지 대전 유성구 (동, 지번 3 생략)에 있는 피고인 운영의 '○○○'에서, 1987년경 공소외 2로부터 매수한 일반동산문화재인 고려 내지 조선시대 청자편을 박스 안에 넣어 진열장 상단에 올려두어 이를 은닉하고, 위와 같이 매수한 일반 동산문화재인 고려후기 청자표류문주병 1점과 같은 해 공소외 1로부터 매수한 일반동산문화재인 조선초기 분청승문주병 1점 및 조선시대 국화문청자주병 1점 등 총 3점을 나무상자 안에 넣어

진열장 하단에 설치된 미닫이문 안에 넣어두어 이를 은닉하였다.

나. 법률의 규정 및 인정되는 사실관계

(1) 구 문화재보호법(2002. 12. 30. 법률 제6840호로 개정되고, 2007. 4. 11. 법률 제8346호로 전부 개정되기 전의 것, 이하 '구 문화재보호법'이라 한다) 제76조 제1항은 '문화재보호법에 의하여 지정되지 아니한 문화재 중 동산에 속하는 문화재'를 '일반동산문화재'라고 규정하고, 제81조 제2항은 "다음 각 호의 1에 해당하는 자는 2년 이상의 유기정역에 처한다."고 규정하면서 제2호에서 '일반동산문화재인 것을 알고 일반동산문화재를 손상·절취 또는 은닉하거나 그 밖의 방법으로 그 효용을 해한 자'를 들고 있다.

(2) 원심이 조사한 증거에 의하면, ① 피고인 1은 위 일반동산문화재들을 자신의 영업소인 '○○○' 내부의 이중잠금장치가 되어 있는 철제 금고 속에 넣어두고 이를 잠가놓은 사실, ② 피고인 2는 위 일반동산문화재들을 자신의 영업소인 '○○○' 내부의 바닥과 진열장의 밑부분 사이에 있는 나무상자 속에 담아 외부에서 보이지 않도록 넣어둔 사실, ③ 피고인 3은 위 일반동산문화재 중 일부는 박스 안에 넣어 진열장 상단에 올려두고, 일부는 나무상자 안에 넣어 진열장 하단에 설치된 미닫이문 안에 깊숙이 넣어둔 사실은 인정된다.

다. 원심의 판단 및 항소이유의 요지

(1) 원심의 판단

원심은, 구 문화재보호법 제81조 제2항 제2호에서 정한 '은닉'이라 함은 '일반동산문화재인 것을 알면서 그 소재를 불분명하게 함으로써 소유자 또는 일반인 등의 발견을 곤란 또는 불가능하게 하여 그 효용을 해하는 일체의 행위'를 일컫는다고 전제한 다음, 위와 같은 일반동산문화재에 대한 은닉으로 인한 문화재보호법위반죄는 그 일반동산문화재의 취득 경위나 장물성, 취득행위에 대한 본범의 성립 여부 등과는 별개로 은닉행위 자체로서 독립하여 범죄를 구성하는 것이므로, 그 일반동산문화재의 취득 경위는 위 범죄의 성립 여부와는 관계가 없다 할 것이고, '은닉' 행위란 대상물에 대한 발견을 곤란 또는 불가능하게 하는 일체의 행위를 말하므로, 일반인 등의 접근이 곤란 또는 불가능한 장소에 일반동산문화재를 보관하는 것은 '은닉'의 범주에 포함된다고 할 것이며, 따라서 피고인들의 위와 같은 행위는 그 보관 장소, 보관 방법, 각 영업소의 내부구조 등에 비추어 볼 때, 위 각 일반동산문화재들에 대한 일반인 등의 발견을 곤란 또는 불가능하게 하는 행위에 해당함이 명백하다는 이유로, 이 부분 공소사실을 전부 유죄라고 판단하였다.

(2) 항소이유의 요지

피고인들은 일반동산문화재를 포함한 골동품의 매매를 업으로 하면서 위 일반동산문화재를 적법하게 취득하여 판매의 목적으로 자신들의 사업장에 진열하여 두거나 판매가 될 때까지 안전하게 보관하기 위하여 금고 등에 넣어두었을 뿐인데, 이러한 피고인들을 '일반동산문화재를 은닉하여 그 효용을 해한 자'에 해당한다고 볼 수는 없다.

라. 이 법원의 판단

(1) '은닉'은 사전적으로는 '남의 물건이나 범죄인을 몰래 숨기어 감추는 것'으로 해석되고, 형법 제366조에 정한 재물손괴죄에 있어서의 '은닉'이라 함은 '재물 등의 소재를 불분명하게 함으로써 발견을 곤란 또는 불가능하게 하여 그 효용을 해하는 것'을 말한다고 일반적으로 설명되고 있다. 원심은 구 문화재보호법 제81조 제2항 제2호 소정의 '은닉'의 의미를 위와 같은 일반론에 따라 해석한 다음 앞서 본 사실관계에 비추어 피고인들의 행위가 구 문화재보호법상의 처벌대상인 은닉에 해당한다고 판단하였으나, 원심의 판단은 다음과 같은 이유에서 수긍하기 어렵다.

(2) 형법 제366조에서 타인의 재물 등의 효용을 해하는 행위 유형으로서 손괴 외에 은닉을 규정하고 있는 것은 그 행위의 객체인 재물의 타인성과 밀접한 관련이 있다. 타인의 재물 등의 소재를 불분명하게 함으로써 발견을 곤란 또는 불가능하게 하는 것은 그 재물 등을 사용할 권리를 가지고 있는 타인의 입장에서는 재물 등이 손괴되어 이용가능성을 침해당한 경우와 마찬가지이므로, 은닉을 재물손괴죄의 한 유형으로 보아 처벌하는 것이다.

그런데 구 문화재보호법은 은닉의 객체와 관련하여 이러한 '타인성'

을 요구하지 않고 있다. 구 문화재보호법상 문화재의 개인 소유는 금지되지 아니하고, 지정문화재이든, 가지정문화재이든, 일반동산문화재이든 가리지 않고 개인의 소유가 허용된다. 매장물 또는 유실물이 문화재로서 소유자가 분명하지 않고 국가가 보존할 필요가 있는 것이면 국유로 되지만(구 문화재보호법 제48조 제1항), 동산문화재는 점유취득시효(민법 제246조)와 선의취득(민법 제249조)의 대상으로 될 수 있다. 구 문화재보호법 제79조 제4항은 지정문화재나 도난품·유실물로 공고된 문화재 등에 대하여 선의취득을 제한하고 있지만, 문화재의 선의취득이 전면적으로 금지되는 것은 아니다. 일단 적법하게 개인의 소유로 된 문화재는 적법하게 보유·보관할 수 있고, 그 소유권을 적법하게 이전할 수 있다.

공소사실에 의하면, 피고인들은 이 사건 일반동산문화재를 1982년경부터 1987년경까지 사이에 매수하였다고 하므로, 그 문화재들은 모두 피고인들의 소유라고 보아야 할 것이다. 따라서 형법상의 재물손괴죄와 같이 타인의 재물임을 전제로 하는 경우와 반드시 동일하게 은닉의 개념을 파악할 것은 아니다.

사유재산권을 보장하는 우리의 법체계상 재물의 소유자가 재물을 처분하는 것에는 특별한 사정이 없는 한 아무런 제약이 없다. 소유자의 처분권에는 매각이나 증여, 소유권의 포기 등과 같이 당해 물건의 존재 자체에는 영향을 미치지 않는 행위에 관한 권한뿐만 아니라, 소비·변형·개조·파괴 등과 같이 당해 물건을 절대적으로 소멸시키는 사실적 처분권능도 포함되어 있음은 당연하며, 따라서 형법상의 재물손괴죄는 재물의 타인성을 구성요건으로 정하고 있다.

그러나 우리 헌법은 일정한 경우 사유재산권에 대한 제한을 가할 수 있음을 밝히고 있고, 문화재는 '인위적·자연적으로 형성된 국가적·민족적·세계적 유산(遺産)으로서 역사적·예술적·경관적 가치가 큰 것(구 문화재보호법 제2조 제1항)'이라는 본래적 속성상 그것이 손괴되는 등의 사정이 생길 경우 이를 재생·복원하여 활용하거나 후세에 전하는 것이 어려워진다는 점에서 사유재산권에 대한 일정한 정도의 제한의 필요성과 당위성은 충분히 인정된다고 할 것이다.

이에 따라 구 문화재보호법은 제1조에서 "이 법은 문화재를 보존하여 민족문화를 계승하고, 이를 활용할 수 있도록 함으로써 국민의 문화적 향상을 도모함과 아울러 인류문화의 발전에 기여함을 목적으로 한다."고 규정하면서 사유재산권에 대한 일정한 제약을 가하고 있고, 그 중의 하나가 구 문화재보호법 제81조 제2항 제2호가 정한 처벌 규정이라고 보아야 한다.

그런데 구 문화재보호법은 문화재를 지정문화재·가지정문화재·일반동산문화재 등으로 구분하면서 그에 대한 관리 및 보호 등의 절차를 구별하여 규정하고 있다. 지정문화재에 관하여는 국가와 지방자치단체의 관리권이 인정되고(제16조), 문화재의 관리비용 등을 보조할 수 있으며(제28조, 제31조), 소유자·관리자에게는 특별한 사유가 없는 한 이를 공개할 의무가 부여된다(제33조). 그러나 일반동산문화재의 경우에는 이러한 국가 등의 관리 권한이나 비용보조 제도가 없고, 소유자에게 이를 공개할 의무도 일반적으로는 부여되어 있지 않다. 이와 같이 구 문화재보호법은 지정문화재인지 아니면 일반동산문화재에 불과한지에 따라 그 사유재산권에 대한 제한을 달리 규정하고 있다.

이 사건의 피고인들은 구 문화재보호법 제61조, 제64조에 정한 문화재매매업자인데, 문화재매매업자가 아닌 일반적인 개인이 소장할 목적으로 일반동산문화재를 취득한 후 손상이나 도난 등을 방지하기 위하여 집안 깊숙이 보관하였다고 하여, 그러한 개인을 '일반동산문화재를 은닉하여 그 효용을 해한 자'에 해당한다고 볼 수는 없을 것이다. 구 문화재보호법 제2조의2가 "문화재의 보존·관리 및 활용은 원형유지를 기본원칙으로 한다."고 규정하고 있는 점에 비추어 보더라도 그러하다.

다만, 문화재매매업자는 문화재의 매매·교환을 업으로 하는 자이므로, 문화재매매업자의 경우에는 일반적인 개인에 비하여 일반동산문화재에 대한 사유재산권의 제한과 공공성의 요청이 더 강하게 요구된다고 볼 여지는 있다. 즉, 당해 일반동산문화재의 소재를 일반인 또는 문화재청이 파악할 수 있는 가능성의 제공이라는 요청이 일반적인 개인에 비하여 더 강하다고 볼 수 있다. 그런데 구 문화재보호

법(2007. 1. 26. 법률 제8278호로 개정되기 전의 것) 제64조 제1호
는 "문화재매매업자는 매매·교환 등에 관한 장부를 비치하고 그 거
래 내용을 기록하여야 한다."고 규정하고 있고, 이를 위반한 경우
500만 원 이하의 과태료에 처하도록 규정하고 있으며(제93조 제1항
제6호), 2007. 1. 26. 법률 제8278호로 개정된 문화재보호법 제64조
는 "문화재매매업자는 문화관광부령이 정하는 바에 따라 매매·교환
등에 관한 장부를 갖추어 두고 그 거래내용을 기록하며, 해당 문화
재를 확인할 수 있도록 실물사진을 촬영해 붙여 놓아야 한다."고 규
정하고 있고, 이를 위반한 경우 500만 원 이하의 과태료에 처하도록
규정하고 있다(제93조 제1항 제6호).

따라서 일반동산문화재는 개인의 소유가 허용되는 점, 다만 문화재
의 본래적 성격상 사유재산권의 행사에는 일정한 제한이 따르기는 하
지만, 그 제한의 범위는 문화재의 가치에 상응하여 달리 설정되어야
할 것이고, 구 문화재보호법 역시 지정문화재와 일반동산문화재를
구별하여 그 관리와 보호 등의 절차를 따로 규정하고 있는 점, 형법
상의 재물손괴죄에 관한 은닉의 해석론은 재물의 타인성을 전제로
하고 있는 점, 구 문화재보호법은 문화재매매업자에게 장부비치 등
의 의무를 부과함으로써 일반동산문화재의 소재를 일반인 또는 문화
재청이 파악할 수 있는 가능성에 대한 제도적 장치를 별도로 마련하
고 있는 점, 이 사건 처벌규정의 법정형의 범위(2년 이상의 유기징
역), 앞서 본 구 문화재보호법의 입법 목적과 문화재보호의 기본원칙
(원형보존) 등을 종합하여 볼 때, '일반동산문화재를 은닉하여 그
효용을 해하는 것'이라 함은 '일반인 또는 문화재청 등의 발견을 곤
란 또는 불가능하게 하는 행위'라고 넓게 해석할 것은 아니고, '당해
문화재를 지하 깊은 곳에 매몰하거나 깊은 물 속에 가라앉게 하는
등으로 이를 용이하게 다시 발견하는 것을 현저하게 곤란하게 하여
일반동산문화재의 사회적 효용과 가치를 유지할 수 없도록 하는 행
위'라고 한정하여 해석함이 상당하다.

(3) 이러한 관점에서 앞서 본 사실관계를 살펴볼 때, 피고인들은 이 사건
    일반동산문화재를 그 원형을 보존한 채 피고인들이 운영하는 사업장

의 철제 금고 속에 넣어 두거나 상자에 담아 진열장 밑이나 상단, 그 미닫이문 안에 넣어두는 방법으로 보관한 것이므로, 이러한 피고인들의 행위를 일반동산문화재의 사회적 효용과 가치를 유지할 수 없도록 하는 행위에 해당한다고 보기는 어렵고, 달리 그렇게 인정할 만한 뚜렷한 증거가 없다.

따라서 이 부분 공소사실은 범죄의 증명이 없는 경우에 해당하여 형사소송법 제325조 후단에 의하여 무죄를 선고하여야 할 것인데도, 원심은 이를 유죄로 판단하였으니, 이 부분 원심판결에는 사실오인 또는 법리오해의 잘못이 있다.

(이하 생략)

제6장
문화재매매업

제1절 도입 및 개정 경과

    우리나라에서 문화재매매업을 처음으로 규정한 것은 1970년 문화재보호법을 개정하면서부터이다. 당시에는 문화재매매업을 등록제로 도입하였다. 1970년 법 제56조의2에서는 국보·보물 또는 중요민속자료로 지정되지 아니한 유형문화재 또는 유형의 민속자료 중 동산에 속하는 문화재를 매매 또는 교환하는 것을 업으로 하는 자(위탁을 받아 매매 또는 교환하는 것을 업으로 하는 자를 포함한다)는 대통령령에 정하는 바에 의하여 문화공보부에 등록하도록 했고, 문화공보부장관은 문화재의 실태파악을 위하여 필요하다고 인정할 때에는 전항의 업자에 대하여 필요한 사항을 지시하거나 필요한 보고를 명할 수 있도록 했다. 이후 1973년에는 문화재매매업자의 등록제를 허가제로 변경하였다. 1983년에는 문화재매매업자의 자격, 결격사유, 준수사항과 허가취소에 관한 사항을 구체화했다가, 1996년에는 시·도지사에게 위임되어 있는 문화재매매업의 허가 및 그 취소에 관한 문화체육부장관의 권한을 시장·군수·구청장에게 이양하였다.

    그리고 1996년에는 국민에게 불편을 주는 행정규제완화를 위하여 행정편의 위주의 각종 신고 및 보고의무 등을 폐지하고 기타 현행제도의 운영상 나타난 일부 미비점을 개선·보완하기 위한다는 목적으로 문화재매매업을 허가제에서 신고제로 변경하였다.

    신고제로 운영되던 문화재매매업은 2007년 다시 허가제로 변경되었다. 2007년 법 제77조에서는 동산에 속하는 유형문화재나 유형의 민속자료를 매매 또는 교환하는 것을 업으로 하려는 자(위탁을 받아 매매 또는 교환하는 것을 업으로 하는 자를 포함한다)는 대통령령으로 정하는 바에 따라 시장·군수 또는 구청장의 허가를 받도록 하고, 대통령령으로 정하는 바에 따라 문화재의 보존 상황, 매매 또는 교환의 실태를 신고하도록 했다. 아울러 2018년에는 문화재매매업으로 허가를 받은 자가 상호를 변경하거나 영업장의 주소지, 법인의 대표자 또는 임원의 변경이 있는 경우에도 특별자치시장, 특별자치도지사, 시장·군수 또는 구청장에게 변경신고를 해야 하는 의무를 부가하였다. 그리고 문화재매매업자는 다른 자에게 자기의 명의 또는 상호를 사용하여 문화재매매업을 하게 하거나 그 허가증을 다른 자에게 빌려주는 행위를 금지할 수 없다.[1]

제2절 자격요건

문화재보호법에서는 문화재매매업의 허가를 받으려는 자를 1) 국가, 지방자치단체, 박물관 또는 미술관에서 2년 이상 문화재를 취급한 자, 2) 전문대학 이상의 대학(대학원을 포함한다)에서 역사학·고고학·인류학·미술사학·민속학·서지학·전통공예학 또는 문화재관리학 계통의 전공과목을 일정 학점 이상 이수한 사람, 3) 「학점인정 등에 관한 법률」 제7조에 따라 문화재 관련 전공과목을 일정 학점 이상을 이수한 것으로 학점인정을 받은 사람, 4) 문화재매매업자에게 고용되어 3년 이상 문화재를 취급한 자, 5) 고미술품 등의 유통·거래를 목적으로 「상법」에 따라 설립된 법인으로서 제1호부터 제4호까지의 자격 요건 중 어느 하나를 갖춘 대표자 또는 임원을 1명 이상 보유한 법인으로 한정하고 있다.[2]

---

1) 문화재보호법 제77조의2.
2) 문화재보호법 제76조.

제3절   자격요건과 관련된 주요 사례

❶ 타인에게 고용되어 문화재를 취급한 사람의 범위

문화재매매업 관련 제도가 등록제, 신고제, 허가제로 변경되면서 매매업자의 자격요건에도 변화가 많았다. 그 와중에 타인에게 고용되어 문화재를 취급한 사람에게는 문화재매매업 허가의 자격요건을 부여하면서 본인이 직접 문화재매매업의 신고를 하고 문화재를 취급한 사람에게 이를 부여하지 않는 것은 형평에 부합하는 것인지에 대한 논란이 있었다. 법제처는 위의 경우에는 문화재매매업 허가의 자격요건을 갖춘 자로 보기 어렵다고 해석했다.

문화재매매업 신고를 하고 3년 이상 문화재를 취급한 자를 문화재매매업 허가의
자격요건을 갖춘 것으로 볼 수 있는지 여부(문화재보호법 제76조 등 관련)
[18-0286, 2018. 7. 12., 문화재청]

【질의요지】

종전 「문화재보호법」(1999. 1. 29. 법률 제5719호로 개정된 후 2007. 4. 11. 법률 제8346호로 개정되어 시행되기 전의 「문화재보호법」을 말하며, 이하 같음) 제61조제1항에 따라 문화재매매업 신고를 하고(1999. 1. 29. 법률 제5719호로 개정된 「문화재보호법」 부칙 제3항에 따라 문화재매매업의 신고를 한 것으로 의제되는 경우는 제외하며, 이하 같음) 3년 이상 문화재를 취급하다가 폐업한 자를 문화재매매업의 허가를 받을 수 있는 자의 자격요건인 「문화재보호법」 제76조제1항제3호에 따른 "문화재매매업자에게 고용되어 3년 이상 문화재를 취급한 자"에 준하여 문화재매매업 허가의 자격요건을 갖춘 자로 볼 수 있는지?

〈질의배경〉

문화재매매업 신고제 시행 당시 문화재매매업 신고를 하고 3년 이상 문화재를 취급한 경우 「문화재보호법」 제76조제1항제3호에 준하여 문화재매매업 허가의

자격 요건을 갖춘 것으로 볼 수 있는지 여부에 대하여 문화재청 내부의 견해 대립이 있어 법제처에 법령해석을 요청함.

【회답】

이 사안의 경우 문화재매매업 허가의 자격요건을 갖춘 자로 볼 수 없습니다.

【이유】

법령의 문언 자체가 비교적 명확한 개념으로 구성되어 있다면 원칙적으로 더 이상 다른 해석방법은 활용할 필요가 없거나 제한될 수밖에 없는데(대법원 2009. 4. 23. 선고 2006다81035 판결례 참조), 「문화재보호법」 제76조제1항제3호에서는 문화재매매업의 허가를 받을 수 있는 자를 "문화재매매업자에게 고용되어" 3년 이상 문화재를 취급한 자로 규정하고 있으므로 문언상 문화재매매업자를 "문화재매매업자에게 고용된 자"로 보기는 어렵습니다.

한편 타인에게 고용되어 문화재를 취급한 사람에게는 문화재매매업 허가의 자격요건을 부여하면서 본인이 직접 문화재매매업의 신고를 하고 문화재를 취급한 사람에게 이를 부여하지 않는 것은 형평에 어긋난다는 의견이 있습니다.

그러나 종전에 문화재매매업이 신고제로 운영되자 문화재에 대한 사회적 책임감이 부족하고 보존시설 및 전문적 자격 등이 미비한 자가 문화재매매업체로 신고하는 등 매매업체들이 난립하여 문화재의 건전한 유통질서 확립이 어려워지자 문화재매매업을 신고제에서 허가제로 전환하면서 구 「문화재보호법」(2007. 4. 11. 법률 제8346호로 전부개정된 「문화재보호법」을 말하며, 이하 같음)에서 문화재매매업 허가를 받기 위한 자격요건과 결격사유를 각각 제77조 및 제78조로 규정하게 되었고, 같은 법 부칙 제9조에서는 종전의 규정에 따라 문화재매매업의 신고를 한 자는 일정한 예외사유에 해당하지 않는 한 개정 규정 시행 이후 6개월 이내에 같은 법에 따라 문화재매매업의 허가를 받아야 한다고 규정하여 종전에 문화재매매업의 신고를 한 자도 원칙적으로 허가의 자격 요건을 갖추어 문화재매매업 허가를 받도록 하였습니다.

그렇다면 종전에 문화재매매업의 신고를 한 자가 구 「문화재보호법」 부칙 제9조에 따른 문화재매매업의 허가 없이 폐업하였다면 비록 종전 규정에 따라 문화재매매업 신고를 하고 문화재를 3년 이상 취급한 경력이 있다고 하여 명확한 법적 근거 없이 이를 "문화재매매업자에게 고용되어 3년 이상 문화재를 취급한 자"에 준하는 것으로 해석상 인정하는 것은 어렵다는 점에서 그러한 의견은 타당하지 않습니다.

❷ 타 지방자치단체에서의 영업장 신규설치 가능 여부

한편, 지방자치단체장으로부터 문화재매매업 허가를 받은 자가 다른 지방자치단체장의 허가 없이 다른 지방자치단체의 관할구역에서 새로운 영업장을 설치할 수 있는지와, 최초 허가받은 영업장을 폐쇄하고 다른 지방자치단체장의 허가 없이 다른 지방자치단체의 관할구역에서 새로운 영업장을 설치할 수 있는지에 대해서 법령해석이 있었다. 이 질의에서는 명의대여에 관한 사항도 있었으나 현행법에서는 금지행위로 규정하고 있으니 주의를 요한다.

문화재매매업자의 영업장 설치지역 및 명의대여 가능성
(문화재보호법 제75조 등 관련)
[14-0697, 2014. 11. 10., 문화재청]

【질의요지】

가. 지방자치단체의 장으로부터 「문화재보호법」 제75조제1항에 따라 문화재매매업 허가를 받은 자가 허가받은 영업장을 유지하면서 다른 지방자치단체의 장의 문화재매매업 허가 없이 다른 지방자치단체의 관할구역 안에 새로운 영업장을 설치하여 문화재매매업을 할 수 있는지?

나. 지방자치단체의 장으로부터 「문화재보호법」 제75조제1항에 따라 문화재매매업 허가를 받은 자가 허가받은 영업장을 폐쇄하고 다른 지방자치단체의 장의 문화재매매업 허가 없이 다른 지방자치단체의 관할구역 안에 영업장을 설치하여 문화재매매업을 할 수 있는지?

다. 「문화재보호법」 제75조제1항에 따른 문화재매매업 허가를 받지 않은 자가 문화재매매업 허가를 받은 자로부터 그 명의를 빌려서 문화재매매업을 할 수 있는지?

〈질의배경〉

「문화재보호법」에 따른 문화재매매업자가 허가받은 지방자치단체 관할 구역 밖에 영업소를 두고 영업을 하거나, 허가증을 대여받아 영업을 하는 경우가 있는바, 경찰청에서 이러한 경우 단속의 대상이 되는지에 대하여 문화재청에 질의하였고, 이에 대하여 문화재청 내부에서도 견해 대립이 있어 법제처에 이 건 법령해석을 요청함.

【회답】

가. 질의 가에 대하여

지방자치단체의 장으로부터 「문화재보호법」 제75조제1항에 따라 문화재매매업 허가를 받은 자는 허가받은 영업장을 유지하면서 다른 지방자치단체의 장의 문화재매매업 허가 없이 다른 지방자치단체의 관할구역 안에 새로운 영업장을 설치하여 문화재매매업을 할 수 없습니다.

나. 질의 나에 대하여

지방자치단체의 장으로부터 「문화재보호법」 제75조제1항에 따라 문화재매매업 허가를 받은 자는 허가받은 영업장을 폐쇄하고 다른 지방자치단체의 장의 문화재매매업 허가 없이 다른 지방자치단체의 관할구역 안에 영업장을 설치하여 문화재매매업을 할 수 없습니다.

다. 질의 다에 대하여

「문화재보호법」 제75조제1항에 따른 문화재매매업 허가를 받지 않은 자는 문화재매매업 허가를 받은 자로부터 그 명의를 빌려서 문화재매매업을 할 수 없습니다.

【이유】

가. 질의 가부터 질의 다까지의 공통사항

「문화재보호법」 제75조제1항에서는 동산에 속하는 유형문화재나 유형의 민속문화재를 매매 또는 교환하는 것을 업으로 하려는 자(위탁을 받아 매매 또는 교환하는 것을 업으로 하는 자를 포함한다. 이하 "문화재매매업자"라 한다)는 특별자치도지사, 시장·군수 또는 구청장(이하 "지방자치단체의 장"이라 한다)의 문화재매매업 허가를 받아야 한다고 규정하고 있고, 같은 법 제76조제1항에서는 문화재매매업 허가는 국가, 지방자치단체, 박물관 또는 미술관에서 2년 이상 문화재를 취급한 자(제1호) 등의 자격을 갖춘 경우에 받을 수 있도록 규정하고 있으며, 같은 법 시행규칙 제52조 및 별지 서식 제82호에서는 문화재매매업 허가신청 시 문화재매매업의 영업장 주소지를 기재하도록 하고 있습니다.

그리고 「문화재보호법」 제75조제2항 및 같은 법 시행령 제41조제3항에서는 문화재매매업자의 경우 문화재의 보존 상황, 매매 또는 교환 현황을 기록한 서류를 첨부하여 다음 해 1월 31일까지 지방자치단체의 장에게 그 실태를 신고하도록 의무를 부과하고 있고, 같은 법 제78조에서는 문화재매매업자가 작성한 영업장부를 지방자치단체의 장이 검인하도록 하고 있습니다.

나. 질의 가에 대하여

이 사안은 지방자치단체의 장으로부터 「문화재보호법」 제75조제1항에 따라 문화재매매업 허가를 받은 자가 허가받은 영업장을 유지하면서 다른 지방자치단체의 장의 문화재매매업 허가 없이 다른 지방자치단체의 관할구역 안에 새로운 영업장을 설치하여 문화재매매업을 할 수 있는지에 관한 것입니다.

먼저, 일반적으로 행정청의 권한과 범위는 법령에 따라 주어지는데, 행정권한의 주체가 지방자치단체의 장인 경우에는 그 권한이 미치는 범위는 법령상 명문의 규정이나 법령의 해석에 의하여 이를 달리 볼만한 특별한 사정이 없으면 원칙적으로 「지방자치법」에 따른 관할구역으로 한정된다고 보아야 할 것입니다.

그런데, 「문화재보호법」 제75조제1항에 따르면 문화재매매업 허가는 지방자치단체의 장의 권한으로 되어 있고, 지방자치단체의 장이 그 허가권을 행사할 때 다른 지방자치단체와 협의하거나 그 결과를 통보하는 등의 규정도 두고 있지 않습니다. 또한 문화재매매업 허가를 받으려는 자는 같은 법 시행규칙 제52조 및 별지 서식 제82호에 따라 영업장 소재지 등을 기재한 신청서를 허가권자인 지방자치단체의 장에게 제출하여야 하고, 문화재매매업의 허가를 받은 자는 같은 법 제75조제2항 및 같은 법 시행령 제41조제3항에 따라 문화재의 보존 상황, 매매 또는 교환 현황을 기록한 서류를 첨부하여 다음 해 1월 31일까지 지방자치단체의 장에게 그 실태를 신고하여야 하며, 허가관청인 지방자치단체의 장은 같은 법 제78조에 따라 문화재매매업자가 작성한 영업장부를 검인하여야 하는바, 이러한 규정들에 비추어 볼 때 문화재매매업 허가를 받으려는 자는 영업장 소재지를 관할하는 지방자치단체의 장으로부터 허가를 받아야 하고, 또 지방자치단체의 장은 자신의 관할구역 안에 영업장이 있는 경우에만 허가권을 행사할 수 있다고 할 것입니다.

한편, 영업에 관한 인·허가를 해 준 행정관청은 인·허가를 받은 영업자가 법령을 준수하여 영업활동을 하는지에 관한 감독권을 가지게 되는데, 이 사안과 같이 다른 지방자치단체에 설치된 영업장에 대해서는 이러한 감독권 행사가 어렵다는 점도 고려되어야 할 것입니다.

따라서, 이 사안과 같이 지방자치단체의 관할구역을 달리하는 지역에 새로운 영업장을 설치하려는 자는 그 영업장 소재지를 관할하는 지방자치단체장의 허가를 받아 영업장을 설치하여야 할 것이고, 종전에 받은 허가의 효력만으로 새로운 영업장을 설치하는 것은 허용되지 않는다고 할 것입니다.

이상과 같은 점을 종합해 볼 때, 지방자치단체의 장으로부터 「문화재보호법」 제75조제1항에 따라 문화재매매업 허가를 받은 자는 허가받은 영업장을 유지하면서 다른 지방자치단체의 장의 문화재매매업 허가 없이 다른 지방자치단체의 관할구역 안에 새로운 영업장을 설치하여 문화재매매업을 할 수 없습니다.

다. 질의 나에 대하여

이 사안은 지방자치단체의 장으로부터 「문화재보호법」 제75조제1항에 따라 문화재매매업 허가를 받은 자가 허가받은 영업장을 폐쇄하고 다른 지방자치단체의 장의 문화재매매업 허가 없이 다른 지방자치단체의 관할구역 안에 영업장을 설치하여 문화재매매업을 할 수 있는지에 관한 것입니다.

그런데, "질의 가"는 허가받은 지방자치단체 안에 영업장을 유지하고 있는 경우이고, "질의 나"는 허가받은 지방자치단체 안에 영업장을 유지하지 않는 경우라는 점에서만 차이가 있을 뿐, "질의 나"의 경우에도 "질의 가"에서 살펴본 바와 동일한 논리가 적용된다고 할 것입니다.

따라서, 지방자치단체의 장으로부터 「문화재보호법」 제75조제1항에 따라 문화재매매업 허가를 받은 자는 허가받은 영업장을 폐쇄하고 다른 지방자치단체의 장의 문화재매매업 허가 없이 다른 지방자치단체의 관할구역 안에 영업장을 설치하여 문화재매매업을 할 수 없습니다.

라. 질의 다에 대하여

이 사안은 「문화재보호법」 제75조제1항에 따른 문화재매매업 허가를 받지 않은 자가 문화재매매업 허가를 받은 자로부터 그 명의를 빌려서 문화재매매업을 할 수 있는지에 관한 것입니다.

먼저, 「문화재보호법」 제76조제1항에서는 문화재매매업 허가요건으로 문화재 또는 문화재매매업에 대한 경험이나 지식 등을 증명하는 인적 요소만을 요구하고 있는 점에 비추어 볼 때, 문화재매매업 허가는 대인적 허가에 해당한다고 할 것입니다.

그리고, 이러한 대인적 허가는 통상 양도 등이 불가능한 일신전속적인 효력을 가진다고 할 것인바, 비록 명의대여를 금지하는 명시적인 규정은 없으나, 「문화재보호법」 제75조제1항에서는 문화재매매를 위탁받아 수행하는 경우를 포함하여 문화재매매를 하는 모든 경우에 문화재매매업 허가를 받도록 하고 있는 점 등을 고려해 볼 때, 문화재매매업 허가를 받은 당사자만 문화재매매업을 할 수 있는 것으로 판단됩니다.

따라서, 「문화재보호법」 제75조제1항에 따른 문화재매매업 허가를 받지 않은 자는 문화재매매업 허가를 받은 자로부터 그 명의를 빌려서 문화재매매업을 할 수 없습니다.

※ **법령정비 권고사항**

가. 「변호사법」 등 다른 입법례를 보면 일신전속적인 허가를 받은 경우에는 둘 이상의 영업장을 둘 수 없도록 제한하고, 영업장 변경 등의 변경허가제도를 두어 중복적으로 허가를 받지 않아도 되도록 하는 등, 헌법상 보장되는 직업선택의 자유를 침해하지 않는 범위에서 합리적으로 영업의 범위를 제한하고 있는바, 문화재매매업 역시 이러한 관점에서 합리적이고 구체적인 제한 규정을 마련하기 위해 관련 규정을 종합적으로 검토하여 정비할 필요가 있음.

나. 명의대여를 금지하고자 한다면 다른 입법례와 같이 명의대여금지조항을 명확하게 규정할 필요가 있고, 앞서 언급한 구체적인 사안에 대하여 벌칙을 부여하고자 한다면 죄형법정주의원칙에 비추어 법률에서 직접 그 근거를 마련하여야 할 것임.

제3편
매장문화재법

제1장
제정배경

제1절   개요

현행 매장문화재 보호 및 조사에 관한 법률(약칭: 매장문화재법)의 기본 골격은 문화재보호법으로부터 나온 것이다. 2008년 11월 정부는 「문화재보호법」에 통합하여 규정되어 있는 매장문화재의 보호 및 조사와 관련된 사항을 따로 법률로 규정하여 매장문화재의 보호 및 조사의 전문성과 효율성을 확보하는 한편, 매장문화재의 조사·발굴은 공신력 있는 전문기관만이 할 수 있도록 하는 등 그동안 현행 제도의 운영과정에서 나타난 미비점을 개선·보완함으로써 매장문화재의 보호·조사 및 관리와 관련된 행정적·제도적 기반을 마련하기 위해 매장문화재법을 정부제출안으로 제안했다. 문화재보호법은 1962년 제정된 이후 1982년과 2007년에 전부개정이 있었을 뿐 여러 차례 필요한 규정만을 부분적으로 개정하면서, 입법체계가 복잡하여 국민이 쉽게 접근하기 어려운 실정이고 관련 규정 상호 간의 관계도 명확하지 아니할 뿐만 아니라 모순되거나 저촉이 발생할 가능성이 있는 등으로 정비의 필요성이 제기되어 왔다는 이유에서이다. 이후 2009년 세 건의 문화재보호법 개정법률안이 제안됐고, 문화체육관광방송통신위원회에서는 정부안을 포함한 4건의 법률안을 위원회안으로 제안하여 국회를 통과하게 되었다. 2019년 말까지 여러 차례 개정되어 현재에 이르고 있다. 제정안의 주요 내용과 주요 개정 사항은 다음과 같다.

제2절 제정안의 주요내용과 개정 경과

❶ [시행 2011. 2. 5.] [법률 제10001호, 2010. 2. 4., 제정]

〈제정이유〉

현행 「문화재보호법」에 규정된 매장문화재의 보호 및 조사와 관련된 사항에 수중문화재의 정의, 매장문화재조사기관의 등록 등의 규정을 추가·보완하여 따로 법률로 규정함으로써 매장문화재의 보호 및 조사의 전문성과 효율성을 확보하는 한편, 매장문화재의 조사·발굴은 공신력 있는 전문기관만이 할 수 있도록 하는 등 매장문화재의 보호·조사 및 관리와 관련된 행정적·제도적 기반을 마련하려는 것임.

〈주요내용〉

① 매장문화재의 보호원칙

- 매장문화재의 보호원칙과 이에 따른 국가 및 지방자치단체 등 건설공사 시행자의 책무를 정할 필요가 있음.
- 매장문화재는 조사·발굴보다는 보존·보호를 우선하도록 하고, 국가 및 지방자치단체는 모든 개발사업을 시행·계획할 때에 매장문화재의 훼손을 방지하도록 하는 책무를 지도록 함.
- 매장문화재의 보호·조사 및 발굴에 따른 원칙을 정함으로써 매장문화재의 보호·조사 및 관리가 체계적이고 전문적으로 이루어질 수 있을 것으로 기대됨.

② 매장문화재의 지표조사

- 건설공사 등의 시행에 따라 훼손될 우려가 있는 매장문화재를 보호할 필요가 있음.
- 건설공사의 시행자는 해당 건설공사지역의 문화재 매장 및 분포에 관하여 전문기관으로 하여금 조사하게 하여 이를 문화재청장에게 제출하고, 문화재청장은 문화재 보호를 위한 필요한 조치를 명할 수 있도록 함.
- 아직 알려지지 아니한 매장문화재를 건설공사 등으로 인한 훼손으로부터 효율적으로 보호할 수 있을 것으로 기대됨.

③ 매장문화재의 발굴 및 조사

- 건설공사 등 부득이한 사유로 매장문화재를 발굴할 필요가 있는 경우에는 매장

문화재의 보호를 위한 절차 및 방법 등을 정할 필요가 있음.
- 건설공사 또는 연구의 목적 등으로 매장문화재를 발굴하려면 문화재청장의 허가를 받도록 하고, 발굴이 종료되면 발굴조사 보고서를 제출하도록 하며, 문화재청장은 필요한 경우 문화재의 보존 및 관리에 관한 지시를 하거나 발굴의 정지 등을 할 수 있도록 함.
- 매장문화재는 발굴보다는 현지 보존원칙을 준수하면서 부득이한 사유로 매장문화재를 발굴할 경우 체계적이고 전문적인 조사·관리가 가능할 것으로 기대됨.
④ 발견 또는 발굴된 매장문화재의 처리
- 발견 또는 발굴된 매장문화재의 체계적인 관리를 위한 절차를 마련할 필요가 있음.
- 발견 또는 발굴된 매장문화재는 공고 등을 통하여 소유자를 확인하도록 하고, 정당한 소유자가 없는 경우에는 국가에 귀속하도록 함.
- 발견 또는 발굴된 매장문화재의 소유관계를 명확히 할 수 있는 절차를 통하여 사전에 소유권과 관련된 분쟁의 소지를 최소화하면서 정당한 소유자가 없는 경우 국가가 체계적으로 문화재를 보존·관리할 수 있을 것으로 기대됨.
⑤ 매장문화재 조사기관
- 매장문화재 지표조사 및 발굴은 고도의 전문성이 필요하므로 이를 수행할 수 있는 전문조사기관을 둘 필요가 있음.
- 매장문화재 조사기관은 전문조사인력을 갖춘 국가 또는 지방자치단체의 매장문화재 발굴 관련 기관 또는 대학의 부설연구기관 등으로 한정하고, 발굴허가 내용이나 허가 관련 지시를 위반한 경우 행정처분을 할 수 있도록 하는 등 매장문화재 조사기관의 책임을 정함.
- 매장문화재의 지표조사 및 발굴은 공신력 있는 전문기관만이 할 수 있도록 함으로써 매장문화재의 보존·관리에 만전을 기할 수 있을 것으로 기대됨.
⑥ 문화재 보존조치에 따른 토지의 매입
- 지표조사나 발굴조사 결과에 따른 보존조치로 개발사업을 완료할 수 없게 된 경우 대상토지의 매입을 통하여 국가 또는 지방자치단체가 손실을 보상해 줄 필요가 있음.
- 문화재 보존조치에 따라 개발사업을 완료할 수 없게 된 경우 국가 또는 지방자치단체가 해당 사업자의 토지를 매입할 수 있도록 함으로써 문화재와 국민의 재산권을 조화롭게 보호할 수 있을 것으로 기대됨.

❷ [시행 2011. 7. 21.] [법률 제10882호, 2011. 7. 21., 일부개정]

〈개정이유 및 주요내용〉

국가에서 매장문화재 유존지역을 발굴하는 경우에는 그 발굴결과를 매장문화재 유존
지역의 소유자 등에게 통지하도록 함으로써, 소유자 등에게 출토된 유물의 소유권 판
정신청에 편의를 제공하고, 향후 신속하고 효율적인 토지활용 계획 수립에 기여할 수
있도록 하려는 것임.

❸ [시행 2015. 1. 29.] [법률 제12350호, 2014. 1. 28., 일부개정]

〈개정이유 및 주요내용〉

현행법상 건설공사 시행에 따른 매장문화재 지표조사 비용은 "원인자 부담 원칙"에
따라 사업시행자가 전액 부담하고 있으나, 지표조사는 매장문화재가 존재하는지 여부
를 사업 시행 이전에 조사하는 것으로 국가에서 미리 파악할 의무가 있고, 서민들의
주거안정을 위하여 건설하는 주택·아파트 등 공사의 경우와 개발이익이 거의 발생하
지 않는 수도권 외의 지방의 경우 등에는 국가 또는 지방자치단체가 그 비용을 분담
해 서민들의 부담을 간접적으로 경감할 필요가 있는바, 지표조사 비용을 예산의 범위
에서 국가나 지방자치단체가 지원할 수 있도록 하는 근거 규정을 마련하려는 것임.

❹ [시행 2017. 9. 22.] [법률 제14639호, 2017. 3. 21., 일부개정]

〈개정이유 및 주요내용〉

대통령령으로 규정하고 있는 발굴된 매장문화재의 보존과 관리 사항을 법률로 직접
규정함으로써 보존조치를 지시받은 자의 권리보호와 예측 가능성을 제고하려는 것임.

❺ [시행 2018. 6. 13.] [법률 제15172호, 2017. 12. 12., 일부개정]

〈개정이유 및 주요내용〉

행정형벌을 규정하는 조항 중 최저형만을 규정하는 방식을 채택하여 「형법」상 유기징역형의 최고한도인 30년까지 법정형이 확대될 수 있도록 하는 경우가 있으나, 「형법」상 유기징역형의 최고한도는 흉악범죄에 대처하기 위한 가중이므로 행정 형벌 분야의 최저형 방식 조항을 그 입법 당시의 형법에 맞게 상한을 다시 15년으로 조정하기 위하여 「문화재보호법」에 따른 지정문화재나 가지정문화재의 보호물 또는 보호구역에서 허가 없이 매장문화재를 발굴한 자를 현행 '5년 이상의 유기징역'에서 '5년 이상 15년 이하의 유기징역'으로 변경함으로써 단순한 행정의무 위반사범에 대하여 지나치게 과도한 형사처벌이 부과될 위험을 개선하려는 것임.

❻ [시행 2019. 1. 25.] [법률 제16055호, 2018. 12. 24., 일부개정]

〈개정이유 및 주요내용〉

국민생활 및 기업활동과 밀접하게 관련되어 있는 허가 민원의 처리절차를 법령에서 명확하게 규정함으로써 관련 민원의 투명하고 신속한 처리와 일선 행정기관의 적극행정을 유도하기 위하여, 문화재청장이 매장문화재 발굴허가의 신청을 받은 경우 10일 이내에 허가 여부 또는 처리 지연 사유를 신청인에게 통지하도록 하려는 것임.

❼ [시행 2020. 11. 27.] [법률 제16592호, 2019. 11. 26., 일부개정]

〈개정이유〉

매장문화재 발굴조사 현장의 안전을 확보하고, 부실한 발굴조사를 예방하기 위하여 매장문화재 발굴허가 및 발굴조사 절차 등을 개선하고, 발굴허가사항의 이행 여부를 관리·감독할 수 있도록 발굴현장에 대하여 점검할 수 있는 근거를 마련하는 등 현행 제도의 운영상 나타난 일부 미비점을 개선·보완하려는 것임.

제2장
보호대상

제1절 법적 정의

　　매장문화재법의 보호대상은 매장문화재이다. 매장문화재법에서 정하는 매장문화재란 1) 토지 또는 수중에 매장되거나 분포되어 있는 유형의 문화재, 2) 건조물 등에 포장(包藏)되어 있는 유형의 문화재, 3) 지표·지중·수중(바다·호수·하천을 포함한다) 등에 생성·퇴적되어 있는 천연동굴·화석, 그 밖에 대통령령으로 정하는 지질학적인 가치가 큰 것을 말한다.[1] 먼저 수중에 매장되거나 분포되어 있는 문화재의 범위는 배타적 경제수역에 존재하는 유형의 문화재와 공해에 존재하는 우리나라 기원의 유형문화재를 의미한다.[2] 그리고 법 제2조 제3호에서 그 밖에 대통령령으로 정하는 지질학적인 가치가 큰 것은 시행령 제2조에서 아래와 같이 따로 정하고 있다.

　　1. 지각의 형성과 관계되거나 한반도 지질계통을 대표하는 암석과 지질구조의 주요 분포지와 지질 경계선
　　　가. 지판(地板) 이동의 증거가 되는 지질구조나 암석
　　　나. 지구 내부의 구성 물질로 해석되는 암석이 산출되는 분포지

---

1) 매장문화재법 제2조.
2) 매장문화재법 제3조.

　다. 각 지질시대를 대표하는 전형적인 노두(露頭: 지표에 드러난 부분)와 그 분
　　 포지

　라. 한반도 지질계통의 전형적인 지질 경계선

2. 한반도 지질 현상을 해석하는 데 주요한 지질구조·퇴적구조와 암석

　가. 지질구조: 습곡, 단층, 관입(貫入), 부정합, 주상절리 등

　나. 퇴적구조: 연흔(漣痕: 물결 자국), 건열(乾裂), 사층리(斜層理), 우흔(雨痕) 등

　다. 그 밖에 특이한 구조의 암석: 베개 용암(pillow lava), 어란암(魚卵岩; oolite),
　　 구상(球狀) 구조나 구과상(球顆狀) 구조를 갖는 암석 등

3. 학술적 가치가 큰 자연지형

　가. 구조운동에 의하여 형성된 지형: 고위평탄면(高位平坦面), 해안단구, 하안
　　 단구, 폭포 등

　나. 화산활동에 의하여 형성된 지형: 단성화산체(單成火山體), 분화구(噴火口),
　　 칼데라(caldera), 기생화산, 환상 복합암체 등

　다. 침식 및 퇴적 작용에 의하여 형성된 지형: 사구(砂丘: 모래언덕), 해빈(海濱),
　　 갯벌, 육계도, 사행천(蛇行川), 석호(潟湖), 카르스트 지형, 돌개구멍(pot hole),
　　 침식분지, 협곡, 해식애(海蝕崖), 선상지(扇狀地), 삼각주, 사주(砂洲) 등

　라. 풍화작용과 관련된 지형: 토르(tor), 타포니(tafoni), 암괴류 등

　마. 그 밖에 한국의 지형 현상을 대표할 수 있는 전형적 지형

4. 그 밖에 학술적 가치가 높은 지표·지질 현상

　가. 얼음골, 풍혈

　나. 샘: 온천, 냉천, 광천

　다. 특이한 해양 현상 등

제2절　매장의 의미 및 지리적 범위

　오래된 판례이기는 하지만 우리 대법원이 매장의 의미를 판단한 사례가 있어서
여기서 소개한다. 첫 번째 사례는 일부 매장된 채 쓰러져 있는 장군석이 매장된 것이
라고 볼 수 있는지 여부를 판단하여 매장물발굴죄에 해당하는지를 다뤘고 두 번째 사

레는 신안군 앞바다에서 불법적으로 건져 낸 중국에서 제조된 도자기가 우리 법상 문화재에 해당하는지를 판단했다.

❶ 일부 매장된 채 쓰려져 있는 장군석이 매장된 것이라고 볼 수 있는지 여부

문화재보호법위반

[대법원, 77도3062, 1979. 2. 13.]

【피고인, 상고인】

【원 판 결】

서울고등법원 77.9.8. 선고 74노713 판결

【주 문】

원판결중 피고인 3에 대한 부분을 파기하고 사건을 서울고등법원에 환송한다.

피고인 1, 2의 상고는 모두 기각한다.

【이 유】

(1) 피고인 3의 상고이유를 판단한다.

원판결이 유지한 제 1심 판결에 따르면, 피고인 3은 74.1.2:16:00경 경기도 고양군 신도읍 효자리 (주소 생략) 소재 피고인이 관리중인 임야내에 그곳에 일부 매장된 채 쓰려져 있는 위 같은 문화재인 장군석 2점 (증 2, 3호)을 발굴한 사실을 인정하고 문화재보호법 제61조 2항. 1항을 적용 처단하였다.

그러나 동법에서 말하는 발굴죄는 매장문화재에 대하여 성립되는 것이고, 매장이란 묻어서 감춤을 의미하는 것이니 땅속에 묻쳐 보이지 않게 됨이 없이는 매장이라고는 못할 것이다. 그런데 원판시가 본건 장군석 2점이 일부 매장된 채 쓰러져 있다는 것이니 그 자체에 의하여도 매장된 것이라고, 할 수 없음이 분명하고 장군석이라는 망주석은 무덤앞에 세우는 돌기둥을 말함이니 우뚝 서있는 것이고 땅속에 묻는 것이 아님은 경험상 말이 필요없는 바이므로 세웠던 것이 오래되어 넘어져서 흙에 일부가 파묻쳐 있다고 하여 이를 매장된 것으로 볼 수는 없다.

따라서 원판결은 매장문화재의 법리를 오해하여 결과에 영향을 준 것이라고 아니할 수 없어 논지는 이유있고 동 피고인에 대한 원판결부분은 위법하니 원판결을 파기한다.

(2) 피고인 1, 2의 상고 이유를 합쳐 판결한다.

제1심판결이 피고인들에 대한 공소범행사실을 인정하고 설시법조를 적용하여 단죄한 인정판단은 정당하고, 거기에 유형문화재의 법리를 오해하였거나 국외반출예비의 법리를 제대로 이해하지 못한 위법이 있다고 하기 어렵다. 논지는 모두 이유없다.

(3) 결론

이상 이유로 일치한 의견으로 주문과 같이 각 판결한다.

❷ 바다에서 불법으로 건져 낸 중국에서 제조된 문화재도 보호대상이 되는지 여부

문화재보호법위반
[대법원, 83도2680, 1984. 5. 29.]

【전문】

【상 고 인】

검사 및 피고인

【변 호 인】

변호사 주○○

【원심판결】

서울고등법원 1983.7.1. 선고 83노935 판결

【주 문】

상고를 모두 기각한다.

【이 유】

1. 피고인 2의 상고이유를 판단한다.

위 상고이유 제1, 2점에 관하여,

원심이 인용한 제1심판결의 거시증거들을 기록과 대조하여 살피건대, 피고인에 대한 판시 범죄사실을 인정할 수 있으며 거기에 소론과 같은 채증법칙 위배로 인한 사실오인의 위법이 없으므로 논지 이유없다.

위 상고이유 제3점에 관하여,

이 건의 송원 대청자 양각 연꽃문 대반은 위에서 인정한 바와 같이 14세기 전반 중국(송, 원대)에서 제조된 것으로서 전남 신안군 도덕면 앞바다 밑에 묻혀있던 것을 불법으로 건져낸 것으로서 구 문화재보호법(법률 제2468호)이 규정하는 매장된 유형문화재라고 봄이 상당하다 할 것인바, 구 문화재보호법(법률제2468호) 제2조에서 문화재의 정의를 유형문화재와 무형문화재를 구분하여 유형, 무형문화재는 "문화적 소산으로서 우리나라 역사상 또는 예술상 가치가 큰 것......"이라 규정하였던 것을 개정된 문화재보호법(법률 제3644호 이하 신문화재보호법이라 한다)제2조에서는 우리나라의 용어를 삭제하고 "문화적 소산으로서 역사상 또는 예술상 가치가 큰 것"이라고만 규정하고 있음은 논지가 지적한 바와 같으나 신문화재보호법에서 "우리나라"를 삭제하였다고 하여 구법상의 매장된 유형문화재의 해석을 위와 달리하여야 할 것이므로 인정되지 아니하므로 (당원 1983.7.26, 83도706 판결 참조)위와 같은 취지의 원심판결은 정당하고 거기에 문화재보호법의 법리오해의 위법이 있다 할 수 없으므로 논지 이유없다.

(이하 생략)

‖ 회수된 신안선 해저 도굴문화재 ‖

신안선 해저 도굴문화재[3]

---

3) 문화재청 정책소식(https://blog.naver.com/chagov/221561209587), "40년간 감춰왔던 신안선 해
  저 도굴문화재 회수"(2019.06.13. 최종방문).

제3장
지표조사

매장문화재법에서는 건설공사의 규모에 따라 대통령령으로 정하는 건설공사의 시행자는 해당 건설공사 지역에 문화재가 매장·분포되어 있는지를 확인하기 위하여 사전에 매장문화재 지표조사를 하여야 한다고 규정하고 있다.[1] 여기서 대통령령으로 정하는 건설공사란 1) 토지에서 시행하는 건설공사로서 사업 면적이 3만제곱미터 이상인 경우, 2) 내수면에서 시행하는 건설공사로서 사업 면적이 3만제곱미터 이상인 경우(다만, 내수면에서 이루어지는 골재 채취 사업의 경우에는 사업 면적이 15만제곱미터 이상인 경우), 3) 연안에서 시행하는 건설공사로서 사업 면적이 3만제곱미터 이상인 경우(다만, 연안에서 이루어지는 골재 채취 사업의 경우에는 사업 면적이 15만제곱미터 이상인 경우), 4) 위 규정에서 정한 사업 면적 미만인 건설공사로서 지방자치단체의 장이 필요하다고 인정하는 경우이다. 여기서 다시 지방자치단체장이 인정한 경우의 건설공사는 1) 과거에 매장문화재가 출토되었거나 발견된 지역에서 시행되는 건설공사, 2) 역사서, 고증된 기록, 관련 학계의 연구결과 등을 검토한 결과 문화재가 매장되어 있을 가능성이 높은 지역, 3) 매장문화재 관련 전문가 2명 이상이 문화재가 매장되어 있을 가능성이 높다는 의견을 제시한 지역에서 시행되는 건설공사를 말한다.[2]

지표조사 보고서를 받은 문화재청장은 문화재 보존 조치가 필요한 경우에는 해당 건설공사의 시행자에게 문화재 보존에 필요한 조치를 명한다.[3] 보존 조치의 종류로는

---

1) 매장문화재법 제6조.
2) 매장문화재법 시행령 제4조.
3) 매장문화재법 제9조.

1) 현상보존, 2) 건설공사 시 매장문화재 관련 전문가의 참관조사, 3) 매장문화재 발굴조사, 4) 매장문화재 발견 시 신고가 있다.[4]

지표조사에 필요한 비용은 해당 건설공사의 시행자가 부담한다. 다만, 국가와 지방자치단체는 사업의 규모 및 성격 등을 고려하여 대통령령으로 정하는 건설공사에 대하여 예산의 범위에서 그 비용의 전부 또는 일부를 지원할 수 있다.[5]

▌ 문화재 지표조사 현장 사진 ▌

자력탐사

문화재 지표조사 현장[6]

문화재 지표조사는 일정한 지역 안에 유적·유물이 있는지 없는지, 있다면 얼마나 어떻게 분포되어 있는지를 그 지역의 지형을 훼손시키지 않고 확인하는 조사방법으로, 지표상에 드러난 유적·유물은 조사지역 유적들이 어떤 성격인지 판단할 수 있는 기준이 된다.

---

4) 매장문화재법 시행령 제7조.
5) 매장문화재법 제7조.
6) 국가문화유산포털(http://www.heritage.go.kr) > 문화재행정, 이것이 궁금해요 > 문화재지표조사는 왜 하나요(2020.06.19. 최종방문).

제4장
문화재 발굴

제1절   개요

매장문화재 유존지역은 원칙적으로 발굴할 수 없지만, 1) 연구 목적으로 발굴하는 경우, 2) 유적(遺蹟)의 정비사업을 목적으로 발굴하는 경우, 3) 토목공사, 토지의 형질변경 또는 그 밖에 건설공사를 위하여 대통령령으로 정하는 바에 따라 부득이 발굴할 필요가 있는 경우, 4) 멸실·훼손 등의 우려가 있는 유적을 긴급하게 발굴할 필요가 있는 경우에는 문화재청장의 허가를 받아 발굴할 수 있다.[1]

만약 발굴된 매장문화재가 역사적·예술적 또는 학술적으로 가치가 큰 경우 문화재청장은 「문화재보호법」 제8조에 따른 문화재위원회의 심의를 거쳐 발굴허가를 받은 자에게 그 발굴된 매장문화재에 대하여 1) 현지보존, 2) 이전보존, 3) 기록보존, 4) 그 밖에 매장문화재의 보존과 관리에 필요한 사항에 관한 보존조치를 지시할 수 있다.[2]

발굴의 경우에도 발굴 경비는 문화재 발굴 허가받은 자가 부담하는 것이 원칙이다. 다만, 토목공사, 토지의 형질변경 또는 그 밖에 건설공사를 위하여 대통령령으로 정하는 바에 따라 부득이 발굴할 필요가 있는 경우에는 예산의 범위에서 국가나 지방자치단체가 지원할 수 있다.[3]

---

1) 매장문화재법 제11조.
2) 매장문화재법 제14조.
3) 매장문화재법 제11조.

제2절 발굴비용 관련 규정의 제정배경과 입법취지

우리 헌법재판소는 발굴비용 관련 규정의 제정배경과 입법취지를 다음과 같이 해석한 바 있다.

구 문화재보호법 제44조 제7항 위헌소원
[2008헌바74, 2010. 10. 28., 전원재판부]

(중략)

나. 이 사건 법률조항의 입법연혁 및 입법취지

　(1) 이 사건 법률조항의 입법연혁에 대하여 살펴보면, 문화재보호법은 1995. 1. 5. 법률 제4884호로 개정되기 전에는 제44조 제4항에서 구제발굴의 경우에 어떠한 예외도 없이 사업시행자로 하여금 매장문화재의 발굴조사비용을 부담하도록 규정하였다가, 법 개정을 통하여 "대통령령이 정하는 건설공사 시행 중의 발굴에 소요되는 경비는 예산의 범위 내에서 국가 또는 지방자치단체가 부담할 수 있다"라는 단서를 추가함으로써 이 사건 법률조항과 같이 변경되었다.

　　이후 1999. 1. 29. 법률 제5719호, 1999. 5. 24. 법률 제5982호, 2001. 3. 28. 법률 제6443호의 개정을 통하여 약간의 자구 수정을 거친 점을 제외하고는, 이 사건 법률조항과 동일한 내용이 제44조 제4항에 위치하고 있다가, 2005. 1. 27. 법률 제7365호 개정을 통하여 같은 내용이 제44조 제7항에, 2007. 4. 11. 법률 제8346호 전부 개정을 통하여 같은 내용이 제55조 제7항에 각 규정되었으며, 2010. 2. 4. 법률 제10001호에 의하여 '매장문화재 보호 및 조사에 관한 법률'이 제정되면서 이와 유사한 내용이 같은 법 제11조 제3항에 규정되기에 이르렀다.

　(2) 이 사건 법률조항은 건설공사·토목공사를 위하여 부득이 발굴할 필요가 있는 경우에 원칙적으로 발굴에 소요되는 경비는 그 공사의 시행자가 부담하도록 하고, 다만 대통령령이 정하는 건설공사로 인한 발굴에 소요되

는 경비는 예산의 범위 내에서 국가 또는 지방자치단체가 부담할 수 있도록 함으로써, 구제발굴에 소요되는 발굴조사 경비에 대한 시행자 부담원칙을 규정하고 있다.

이는 무분별한 개발사업에 따른 문화재훼손을 막기 위하여 원칙적으로 개발사업의 시행자에게 매장문화재 발굴조사비용을 부담시킴으로써, 문화재 보존지역의 개발유인을 가급적 억제하여 매장문화재를 보호하기 위한 취지에서 마련되었다고 할 것이다.

제3절 역사경관 보호 이유와 매장문화재발굴허가처분 취소

건설공사 도중 부득이 발굴이 필요가 있는 경우에 그 공사의 시행자가 발굴비용을 부담하고 법에서 정한 절차에 따라 발굴을 실시할 수 있다. 그러나 아래 사례는 건설공사 진행 도중 신라시대 것으로 추정되는 고분이 발견되어 공사 시행자가 매장문화재발굴허가를 신청하였다가 거절된 사례이다. 문화유산 및 역사경관 보호를 이유로 매장문화재발굴허가처분이 취소된 것인데 아래에서 보다 구체적으로 살펴보기로 한다.

매장문화재발굴불허가처분취소청구
[중앙행심: 사건 1997-04896, 1997. 11. 7.]

【주문】

청구인의 청구를 기각한다.

【청구취지】

피청구인이 1997. 5. 29. 청구인에 대하여 한 매장문화재발굴불허가처분은 이를 취소한다.

【이유】

1. 사건개요

청구인이 1995. 2. 25. 청구외 □□시장으로부터 경북 □□시 □□동 산 204-28 등 8필지 55,670제곱미터(이하 '이 사건 사업부지'라 한다.)에 대한 도시계획사업(종합의료시설)시행자지정 및 실시계획인가를 받아 공사를 진행하던 중, 이 사건 사업부지내 약 900평에 걸쳐 7세기경 신라시대 것으로 추정되는 고분 5기를 발견하여 이를 피청구인에게 신고함과 동시에 매장문화재발굴허가를 신청하였는데, 이에 대하여 피청구인이 '□□산의 문화유산 및 역사적 경관보호'를 이유로 불허하였다.

2. 청구인 주장

이에 대하여 청구인은, 문화재보호법 제2조제3호에서는 『……사적지로서 역사상·예술상 가치가 큰 것, 경승지로서 예술상·관상상 가치가 큰 것……』을 문화재의 하나로 규정하고 있는데, □□산의 경우 그 주위에 □□고등학교, ○○전문대학, △△대학이 있고 상가와 주택이 즐비하게 들어서 있어 경승지라 할 수 없을 뿐만 아니라 문화재로 지정받은 바도 없고, 청구외 □□시장은 이러한 모든 사정을 검토한 후 청구인에게 도시계획사업인가 및 건축허가를 해 주었으며,

가사 □□산이 문화재라 하더라도 문화재보호법 제44조제2호·제3호에서는 건설공사를 위하여 부득이 발굴할 필요가 있는 경우나 건설공사 시행중 그 토지 및 해저에 매장문화재가 포장된 것으로 인정된 경우로서 그 공사를 계속하기 위하여 부득이 발굴할 필요가 있는 경우에는 허가를 받아 발굴할 수 있도록 하고 있는 바, 위 규정에 의하면, 위의 요건이 충족되는 경우에는 소관청에서는 의무적으로 허가를 하여야 하도록 되어 있으며,

위 고분 5기를 발굴하지 못할 경우 전체 사업면적의 약 8.9퍼센트에 해당하는 6천270제곱미터를 사용할 수 없게 되어 의료기관으로서의 정상적인 운영에 막대한 지장을 초래하고, 고분이 있는 주위는 주차장이 시설될 예정인데 고분을 그냥 두게 되면 주차시설이 턱없이 부족할 뿐만 아니라 당초 예상하지 못한 막대한 공사비의 추가소요가 예상되는 바,

청구인은 □□시장으로부터 정당하게 종합의료시설부지로 허가를 받아 이를 믿고 14억3천500만원을 들여 관계토지를 매수하여 1차 토목공사 진행중에

있는데, 지금에 와서 매장문화재로 아무런 가치도 없는 고분보존 등을 이유로 한 피청구인의 이 건 처분은 청구인의 신뢰이익에 반하는 위법한 처분이므로 취소되어야 한다고 주장한다.

3. 피청구인 주장

피청구인은,

문화재보호법에 의하여 보호되는 문화재는 문화재지정여부와 관계없이 문화재보호법 제2조의 규정에 따라 역사상·학술상 가치가 큰 기념물 등 보호가치가 있는 모든 문화재를 포함하는 개념으로서, 문화재보호법 제44조에서는 개발 또는 발굴조사로 인하여 역사문화자료가 영구히 멸실하는 결과를 방지하기 위하여 매장문화재의 발굴조사를 원칙적으로 제한하고 있고,

건설공사등으로 인하여 예외적으로 발굴조사하는 경우에도 발굴조사가 다루는 대상은 수천년간 축적되어 온 정신적·물질적 유산으로서 개발사업자의 일시적 편의나 경제성과는 등가적으로 비교할 수 없다는 측면에서 중요 국가사무로 존치시키고 있는 것이며, 발굴허가여부에 대한 판단 또한 당해 분야의 원로들로 구성한 정책심의기관인 문화재위원회의 결정에 따르도록 하고 있는 바,

청구인이 종합병원을 건축하고자 하는 □□산은 이 건 매장문화재를 포함하고 있을 뿐만 아니라 ○○왕릉, ○○묘 등을 포함하는 신라왕경의 중심을 이루는 지역으로 역사상·학술상 가치가 크고, 경주오악(慶州五岳)의 하나로 그 자연 및 역사경관을 보호할 필요가 있어 문화재위원회의 심의를 거쳐 이 건 처분을 하게 된 것으로, 이 건 처분은 적법·타당한 것이라고 주장한다.

4. 이 건 처분의 위법·부당여부

가. 관계법령

문화재보호법 제1조, 제44조

나. 판 단

(1) 피청구인이 제출한 1997. 5. 23.자 문화재위원회(제○○분과위원회) 회의록 및 청구인이 제출한 유적발굴허가신청에대한회신공문, 매장문화재발굴허가신청서, 발굴조사계획서, □□시장 명의의 종합의료시설사업시행자지정및실시계획인가공문, 건축허가서 등 각 사본의 기재에 의하면,

청구인이 1995. 2. 25. 청구외 □□시장으로부터 이 사건 사업부지에

대한 도시계획사업(종합의료시설사업)시행자지정 및 실시계획인가를 받은 사실,

위 실시계획인가를 받은 청구인이 1997. 2. 28. 청구외 □□시장에게 건축물착공신고서를 제출하고 1차 토목공사를 진행하던 중, 이 사건 사업부지내에 있는 □□시 □□동 산 204-29번지 남쪽 △△면 약 800평에 고분 4기, 같은 동 산 204-8번지 북쪽 △△면 약 70평에 고분 1기 등 7세기경의 것으로 추정되는 고분 5기를 발견하고, 그 사실을 피청구인에게 신고함과 동시에 동 매장문화재를 발굴하기 위한 매장문화재발굴허가를 신청한 사실,

이에 대하여 피청구인이 1997. 5. 23. 문화재위원회 제○○분과위원회의 심의를 거쳐 1997. 6. 12. 청구인에 대하여 '□□산의 문화유산 및 역사적 경관 보존차원에서 발굴을 불허한다'는 이 건 처분을 한 사실 등을 인정할 수 있다.

(2) 살피건대, 매장문화재가 포장되어 있는 토지에 대하여는 이를 원칙적으로 발굴할 수 없도록 하고, 다만 예외적으로 일정한 경우에 한하여 문화체육부장관(동법시행령 제43조제1항의 규정에 의하여 피청구인에게 그 권한이 위임되어 있다.)의 허가를 받아 이를 발굴할 수 있도록 한 문화재보호법 제44조제1항 및 발굴을 허가하는 경우에도 허가권자는 필요한 사항을 지시할 수 있고, 나아가 필요하다고 인정할 때에는 발굴의 정지 또는 중지를 명하거나 발굴허가를 취소할 수 있도록 하고 있는 동조제2항의 법취지와 매장문화재의 발굴허가에 관한 사항은 문화재의 보존과 활용을 위한 관할관청의 고도의 학술·문화상의 전문적 판단을 필요로 하는 것이라는 특성에 비추어 보면, 매장문화재의 발굴을 허가할 것인지 여부는 피청구인의 재량에 속하는 사항이라 할 것이다.

제출된 자료에 의하면, □□산은 경주오악(慶州五岳)의 하나일 뿐만 아니라 그 주변에는 국보 제25호 ○○왕릉비, 보물 제○○호 ○○석불상을 비롯한 다수의 문화재·유적이 산재해 있는 곳으로서, 그 역사적·문화적 가치를 보존할 필요가 있다는 피청구인의 주장에 일응 수긍이 가고, 달리 피청구인이 이 건 불허가처분을 함에 있어 피청구

인에게 주어진 재량의 행사를 그르쳐 위법한 처분을 하였다고는 보이지 아니하는 바, 문화재위원회의 심의를 거쳐 그 전문적·학술적 판단에 따라 한 피청구인의 이 건 불허가처분이 위법·부당하다고는 할 수 없을 것이다.

한편, 청구인은 청구외 □□시장으로부터 적법하게 도시계획사업시행자지정을 받고 건축허가까지 받았음에도 불구하고 피청구인이 매장문화재에 대한 발굴허가를 해주지 않는 것은 청구인의 신뢰에 반하는 위법한 처분이라고 주장하나, 도시계획사업시행자지정이나 건축허가는 매장문화재의 발굴허가와는 처분의 주체와 목적을 달리하는 것으로서 비록 청구인이 도시계획사업시행자지정 및 건축허가를 받았다 하더라도 그로 인하여 당연히 매장문화재의 발굴허가까지 받을 것으로 신뢰하였다고는 볼 수 없으므로, 이 건 처분이 신뢰보호의 원칙에 반하는 위법한 처분이라는 청구인의 위 주장은 이유없다 할 것이다.

5. 결 론

그렇다면, 청구인의 청구는 이유없다고 인정되므로 이를 기각하기로 하여 주문과 같이 의결한다.

┃ 사적 제419호, 경주 용강동 원지 유적 ┃

경주 용강동 원지 유적4)

통일신라시대의 정원터로 추정되는 유적으로, 경주시 북천 북쪽지역인 황성동, 용강동 일대에 초등학교를 새로 짓기 위해 조사하던 중 발견된 유적이다. 연못터(840평)와 호안석축렬, 인위적으로 만든 섬 2곳, 건물이 있던 자리 2곳, 다리시설, 도로배수시설로 추정되는 구조물이 확인되었다. 이 유적은 사적 제419호로 지정되어 있다.

---

4) 국가문화유산포털(http://www.heritage.go.kr), "용강동" 검색(2020.06.19. 최종방문).

제5장
조사기관

제1절 개요

　　매장문화재의 지표조사와 발굴은 고도의 전문성이 필요하므로 전문조사기관을 둘 필요성이 있다. 이에 따라 법에서는 매장문화재 조사기관은 전문조사인력을 갖춘 국가 또는 지방자치단체의 매장문화재 발굴 관련 기관 또는 대학의 부설연구기관 등으로 한정하고, 발굴허가 내용이나 허가 관련 지시를 위반한 경우 행정처분을 할 수 있도록 하는 등 매장문화재 조사기관의 책임을 규정하고 있다. 매장문화재법에서는 1)「민법」제32조에 따라 설립된 비영리법인으로서 매장문화재 발굴 관련 사업의 목적으로 설립된 법인, 2) 국가 또는 지방자치단체가 설립·운영하는 매장문화재 발굴 관련 기관, 3)「고등교육법」제25조에 따라 매장문화재 발굴을 위하여 설립된 부설 연구시설, 4)「박물관 및 미술관 진흥법」제3조 제1항에 따른 박물관, 5)「문화재보호법」제9조에 따른 한국문화재재단으로 매장문화재 조사기관을 한정하고 있다.[1] 분야별 조사기관과 시설기준은 다음과 같다.[2]

---

1) 매장문화재법 제24조.
2) 매장문화재법 시행규직 제14조 제2항 관련 별표3.

구분	인력 기준	시설 기준

육상발굴조사기관	• 조사단장 1명
	• 책임조사원 1명
	• 조사원 2명
	• 준조사원 2명
	• 보조원 2명
	• 보존과학연구원 1명
		• 항온·항습 수장시설: 100제곱미터 이상
		• 보존처리시설: 33제곱미터 이상
		• 연구시설: 33제곱미터 이상
		• 정리시설: 33제곱미터 이상
		• 기자재
		  - 실측·측량·촬영 기자재
		  - 발굴에 필요한 기자재
		  - 보존처리 기자재
		• 도난 예방 및 방재에 필요한 시설

육상지표조사기관	• 조사단장 1명
	• 책임조사원 1명
	• 조사원 1명
	• 준조사원 1명
		• 항온·항습 수장시설: 33제곱미터 이상
		• 보존처리시설: 33제곱미터 이상
		• 연구시설: 33제곱미터 이상
		• 정리시설: 33제곱미터 이상
		• 기자재
		  - 실측·측량·촬영 기자재
		  - 보존처리 기자재
		• 도난 예방 및 방재에 필요한 시설

수중지표조사기관	• 조사단장 1명
	• 책임조사원 1명
	• 조사원 2명(문화재 분야 1명, 수중 분야 1명)
	• 준조사원 1명
		• 항온·항습 수장시설: 33제곱미터 이상
		• 보존처리시설: 33제곱미터 이상
		• 연구시설: 33제곱미터 이상
		• 정리시설: 33제곱미터 이상
		• 기자재
		  - 실측·측량·촬영 기자재
		  - 수중조사에 필요한 기자재: 정밀해상위치 측정기, 음향측심기, 수중저지탐사기, 측면주사음향영상탐사기, 지자기탐사기, 스쿠버 장비(2조 이상)
		  - 보존처리 기자재
		• 도난 예방 및 방재에 필요한 시설

수중발굴조사기관	• 조사단장 1명
	• 책임조사원 1명
	• 조사원 3명(문화재 1명, 수중 분야 2명)
	• 준조사원 2명
	• 보조원 2명
	• 보존과학연구원 2명
		• 항온·항습 수장시설: 300제곱미터 이상
		• 보존처리시설: 100제곱미터 이상
		• 연구시설: 100제곱미터 이상
		• 정리시설: 100제곱미터 이상
		• 기자재
		  - 실측·측량·촬영 기자재
		  - 수중조사에 필요한 기자재: 수중발굴 전용 인양선, 잠수사 감압챔버, 수중무인카메라(ROV), 수중비디오카메라(고탁도용), 위성위치측정기, 수중영상전송기, 음향측심기, 수중저지탐사기, 측면주사음향영상탐사기, 지자기탐사기, 스쿠버 장비(4조 이상)
		  - 보존처리 기자재
		• 도난 예방 및 방재에 필요한 시설

제2절   조사기관의 업무 영역 및 등록취소 관련 사례

매장문화재법에서는 조사기관의 등록과 취소 등에 관해 자세히 규정하고 있으나, 실제에서는 발굴과 관련된 실무상 논란이 되는 쟁점들이 발견된다. 이하에서는 사례를 중심으로 살펴보기로 한다.

❶ 업무정지 처분 등을 받은 후에도 정밀발굴조사를 위한 용역계약을 새로 체결해서 조사업무를 계속할 수 있는지 여부

> 매장문화재 시굴조사기관이 업무정지 처분 등을 받은 후에도 정밀발굴조사를 위한 용역계약을 새로 체결해서 조사업무를 계속할 수 있는지
> (매장문화재 보호 및 조사에 관한 법률 제25조 제3항 등 관련)
> [18-0072, 2018. 5. 29., 감사원]

【질의요지】

매장문화재 발굴허가를 받은 자와 시굴조사를 위해 발굴계약을 체결한 조사기관이 계약 체결 후에 업무정지 또는 등록취소 처분을 받았고 그 업무정지 기간 중 또는 조사기관 신규 등록을 하기 전에 해당 문화재에 대한 시굴조사가 정밀발굴조사로 변경되어 발굴허가를 받은 자가 정밀발굴조사를 위한 발굴계약을 새로 체결해야 하는 경우 해당 조사기관은 「매장문화재 보호 및 조사에 관한 법률」 제25조제3항을 근거로 기존에 발굴허가를 받은 자와 정밀발굴조사를 위한 발굴계약을 새로 체결해서 해당 문화재에 대한 정밀발굴조사를 할 수 있는지?

〈질의배경〉

감사원에서는 매장문화재 조사기관이 매장문화재 발굴허가를 받은 자와 시굴조사를 위한 용역계약을 체결한 후에 업무정지 처분을 받은 경우에도 「매장문화재 보호 및 조사에 관한 법률」 제25조제3항이 적용되어 당초 발굴허가자와 정밀발굴조사를 위한 계약을 새로 체결해서 해당 문화재에 대한 조사업무를 계

속할 수 있는지에 대해 문화재청에 질의하였고, 문화재청으로부터 조사를 계속할 수 있다는 답변을 받자 이에 이의가 있어 법령해석을 요청함.

【회답】

이 사안의 경우 해당 조사기관은 해당 문화재에 대한 정밀발굴조사를 계속할 수 없습니다.

【이유】

법의 해석에 있어서는 법령에 사용된 문언의 의미에 충실하게 해석하는 것을 원칙으로 하고 법령의 문언 자체가 비교적 명확한 개념으로 구성되어 있다면 다른 해석방법은 제한될 수밖에 없습니다(대법원 2009. 4. 23. 선고 2006다81035 판결례 참조).

그런데 「매장문화재 보호 및 조사에 관한 법률」(이하 "매장문화재법"이라 함) 제25조제3항 전단에서는 조사기관이 문화재 조사를 계속할 수 있는 사유를 조사기관이 "업무정지 처분 등을 받기 전" 같은 법 제11조에 따른 발굴에 관한 용역계약을 체결한 경우로 규정하고 있으므로 해당 규정에 따른 "용역계약"은 조사기관이 "업무정지 처분 등을 받기 전에 체결한 계약분"을 말하는 것이지 업무정지 처분 등을 받은 후 새로 체결하는 용역계약까지 포함되는 것으로 볼 수는 없습니다.

그리고 매장문화재법에서 매장문화재 조사기관의 자격, 등록취소, 재등록 제한 및 업무정지의 기준과 내용 등에 관해 규정(제24조 및 제25조)한 것은 발굴 전문기관의 책임성을 높이고 문화재 조사의 공익성·투명성을 확보하려는 취지이므로(2010. 2. 4. 법률 제10001호로 제정되어 2011. 2. 5. 시행된 「매장문화재 보호 및 조사에 관한 법률」 제정이유·주요내용 및 의안번호 제1802423호 매장문화재 보호 및 조사에 관한 법률안 국회 검토보고서 참조), 업무정지 처분 등을 받은 당초 시굴조사를 위한 발굴계약을 체결한 조사기관(이하 "시굴조사기관"이라 함)에 대해서는 그 처분을 받기 전에 체결한 계약에 한정해서만 업무정지 처분 등의 효력이 배제되는 것으로 보는 것이 제재적 행정처분을 통해 조사기관에 대한 관리·감독의 실효성을 확보하려는 입법취지에도 부합합니다.

한편 매장문화재의 발굴조사는 전문적 지식과 경험이 필요한 작업으로서 하나의 조사기관이 중단 없이 조사를 수행해야 공공성 높은 매장문화재 발굴조사의 계속성과 완결성을 보장하는 데에 효과적이므로 업무정지 처분 등을 받은 시굴조사기관이라도 정밀발굴조사를 계속할 수 있는 것으로 넓게 해석할 필요가 있다는 의견이 있습니다.

그러나 매장문화재법 제25조제3항의 취지를 살펴보면 일반적으로 조사기관에 대한 업무정지 처분 등이 있으면 당연히 그 처분의 효력이 있는 때부터 업무를 할 수 없지만 처분으로 조사를 할 수 없게 됨에 따라 계약의 상대방인 발주자(건설공사의 시행자 등)에게 발생할 수 있는 불측의 손해나 피해를 방지하기 위해 일정한 범위에서 예외적으로 계속해서 조사할 수 있도록 허용하려는 것인바(법제처 2010. 2. 1. 회신 09-0418 해석례 등 참조) 이러한 예외규정을 해석할 때에는 문언의 의미를 보다 엄격하게 해석해야 합니다(법제처 2017. 10. 30. 회신 17-0395 해석례 참조).

나아가 만일 그와 같이 해석한다면 시굴조사에서 정밀발굴조사로 변경될 것이 예상되는 조사에 대해 시굴조사기관이 발굴허가의 내용이나 관련 지시를 위반하더라도 행정청의 관리·감독을 회피할 수 있게 되어 조사기관 등록제도를 둔 취지를 해칠 수 있고, 매장문화재의 효율적 보호·조사 등의 입법 목적을 달성하는 데에 좀 더 효과적일 수 있다는 추측만으로 해당 규정을 확대해석할 수는 없으므로 그러한 의견은 타당하지 않습니다.

❷ 매장문화재 발굴조사 업무정지처분 관련

매장문화재 발굴조사 업무정지처분
[중앙행심: 사건 2017-06202, 2017. 5. 23.]

【주문】

청구인의 청구를 기각한다.

【청구취지】

피청구인이 2017. 1. 31. 청구인에게 한 1년의 매장문화재 발굴조사(표본조사 포함) 업무정지처분을 취소한다.

【이유】

1. 사건개요

매장문화재 조사기관인 청구인이 「문화재보호법」상 국가지정문화재 현상변경 허가를 받지 아니하고 사적 제○○○호로 지정된 '○○ 조선백자 요지'(이하 '이 사건 문화재'라 한다) 인근의 경기도 ○○시 ○○○읍 ○○리 ○○-○번 지 일대 58필지 43,229㎡(이하 '이 사건 토지'라 한다)에 대한 매장문화재 발굴조사에 착수하여 「매장문화재 보호 및 조사에 관한 법률」(이하 '매장문화재법'이라 한다) 제11조제2항에 따른 발굴허가 내용이나 허가 관련 지시를 위반하였다는 이유로 피청구인은 2017. 1. 31. 청구인에게 1년(2017. 2. 1.~ 2018. 1. 31.)의 매장문화재 발굴조사(표본조사 포함) 업무정지처분(이하 '이 사건 처분'이라 한다)을 하였다.

2. 청구인 주장

가. 피청구인의 2016. 11. 3.자 매장문화재 발굴허가서에 기재된 '허가조건'은 부관(부담)으로서 의무주체는 수허가자인 이 사건 토지 소유자들(김○○ 외 7명)이므로 발굴조사기관인 청구인에게 허가조건 위반을 이유로 처분 할 수는 없고, 청구인은 발굴허가서상 준수사항을 위반한 사실이 없다.

나. 이 사건 토지(○○지구 도시개발사업구역)에 대해 이미 전 소유자인 ㈜○

○○가 문화재 현상변경허가를 득한 바 있고, 단지 토지 소유자만 변경되어 명의변경 절차만 필요한 상황이었는데, 청구인은 명의변경 등 필요 조치가 이행되지 않았다는 사실을 피청구인으로부터 발굴조사 중지명령을 받을 때까지 알지 못한 점, 피청구인이 문화재 현상변경허가 절차를 이행할 여유를 주지 않고 곧바로 이 사건 처분을 한 점, 매장문화재발굴허가는 「문화재보호법」상 현상변경허가가 전제되는 것이므로 피청구인이 이 사건 토지 소유자들에게 한 매장문화재발굴허가를 신뢰하여 청구인은 발굴조사를 진행한 점 등을 고려할 때 이 사건 처분은 지나치게 가혹하여 재량권의 범위를 일탈·남용하였거나 신뢰보호의 원칙을 위반하여 위법·부당하다.

다. 설령 청구인의 위반사실이 인정된다 하더라도 과거 청구인이 한 ○○시 ○○동 도시사업지구 내 유적 발굴조사는 허가받지 않은 표본조사이므로 피청구인이 발굴허가를 전제로 매장문화재법 제25조제1항제5호를 적용하여 2012. 2. 1. 청구인에게 한 경고처분은 법률상 근거가 없거나 잘못된 법령 해석에 따른 위법한 처분으로서 하자가 중대하고 명백하여 무효이므로 청구인의 이번 위반행위는 1차 위반에 해당하는바, 피청구인이 경고처분이 아니라 이 사건 처분을 한 것은 위법·부당하다.

3. 피청구인 주장

가. 청구인이 이 사건 토지 소유자를 대행하여 제출한 매장문화재 발굴허가 신청서의 토지이용계획(별지 도면 2)과 종전의 토지 소유자인 ㈜○○○가 받은 문화재 현상변경허가의 토지이용계획(별지 도면 1)이 완전히 다르다는 제보를 입수하고 조사한 결과, 개발사업자의 명의뿐만 아니라 사업면적, 설계조건 등이 완전히 달라 별도의 문화재 현상변경허가를 받아야 하는 상황이고, 이 사건 문화재의 훼손이 불가피한 개발계획이란 사실을 확인하였다.

나. 청구인은 이러한 사실을 알고 있었으면서도 종전의 문화재 현상변경허가 내용을 발굴조사허가 신청서에 그대로 옮겨 적고 단지 명의만 변경하는 것처럼 위장하여 별도의 문화재 현상변경허가를 받지 않은 채 발굴허가를 받도록 하였고, 허가되자 허가조건 가항(매장문화재법내 다른 조항 및 다른 법에 따라 허가 등의 조치가 필요한 경우에는 관계법령에 따라 조치

하여야 함)을 위반하여 서둘러 발굴조사에 착수하였다.

다. 발굴허가서에 기재된 허가조건이나 준수사항은 매장문화재법 제11조제2
항에 따른 발굴허가 내용이나 허가관련 지시에 해당하는 점, 피청구인이
2016. 11. 29. 청구인에게 발굴중지 및 별도의 문화재 현상변경허가를 신
청하도록 통지하자 이 사건 토지 소유자들이 2016. 12. 5. 발굴허가취소
를 신청하여 2016. 12. 12. 발굴허가가 적법하게 취소된 점, 「문화재보호
법」상 현상변경허가와 매장문화재법상 발굴허가는 별개의 절차로서 발굴
허가를 받았다고 하여 당연히 문화재 현상변경허가가 있는 것으로 의제
되지 않는 점, 2012년경 청구인이 경기도 ○○시 ○○동 도시개발사업지
구 내 표본조사를 하는 과정에서 유물이 발굴되었음에도 발굴허가 없이
조사함으로써 유적을 훼손해 등록취소처분을 받았어야 함에도 선처를 호
소하고 이전에 매장문화재법 위반사실이 없어 경고처분만 한 것인 점 등
을 고려할 때 청구인의 주장은 모두 이유가 없고, 피청구인의 이 사건 처
분은 적법·타당하다.

4. 관계법령

매장문화재 보호 및 조사에 관한 법률 제11조, 제24조

매장문화재 보호 및 조사에 관한 법률 시행령 제27조, 별표 4

5. 인정사실

청구인 및 피청구인이 제출한 문화재 조사기관 관련 통보, 국가지정문화재
현상변경 허가서, 매장문화재 발굴허가 신청서, 매장문화재 발굴허가서, 문화
재 발굴조사 착수경위서, 이 사건 처분서 등의 내용에 따르면 다음과 같은
사실을 인정할 수 있다.

가. 청구인은 2009. 5. 12. 매장문화재 문화유적 조사 및 연구 등을 목적으
로 설립된 재단법인으로 2009. 6. 23. 매장문화재 조사기관으로 등록되
었다.

나. 청구인은 경기도 ○○시 ○○동 ○○○-○번지 도시개발사업지구 내 유적
조사와 관련하여 다음과 같은 이유로 2012. 2. 1. 피청구인으로부터 매장
문화재법 제25조제1항제5호를 적용받아 경고처분을 받았다.

- 다 음 -

표본조사 과정에서 중요 유구 및 유물이 출토되었을 경우에는 별도의 발

굴허가를 받아 조사를 진행하였아야 함에도 불구하고, 확인된 유적의 면적이 좁고 겨울철 유구의 동결 및 노출된 유물의 도굴 방지 등을 위한다는 독단적 판단 하에 표본조사에서 허용된 범위를 벗어나 과도하게 유적을 조사한 것으로 확인됨

다. ㈜〇〇〇는 2016. 6. 9. 피청구인으로부터 별지 도면 1의 토지이용계획도와 같이 〇〇지구 도시개발사업을 시행하는 것에 대해 문화재 현상변경허가를 받았는데, 주요 내용은 다음과 같다.

- 다 음 -

• 대상문화재: 사적 제〇〇〇호 〇〇 조선 백자 요지
  - 소재지: 경기도 〇〇시 〇〇읍 〇〇리 〇〇번지 〇호
• 허가사항
  - 개요: 조건부 허가(사업 시행 전 매장문화재 시·발굴조사 실시할 것)
  - 위치: 경기도 〇〇시 〇〇〇읍 〇〇리 〇〇번지 〇호 일원
  - 내용: 도시관리계획 결정
    ◦ 면적: 51,417㎡
    ◦ 일반주거지역 종상향(제1종 일반주거지역 → 제2종 일반주거지역)
    ◦ 지구단위계획 수립(건축 허용규모)
      * 지하 2층, 지상 6층, 건축면적/연면적: 5,856.02㎡/56,639.45㎡, 최고높이 20.25m

라. 김〇〇 외 7명은 공매절차를 통해 2016. 9. 26. 위 문화재 현상변경허가 토지(51,417㎡) 중 이 사건 토지(43,229㎡)의 소유권을 취득하고, 2016. 10. 26. 청구인과 다음과 같이 매장문화재조사 도급계약을 체결하였다.

- 다 음 -

• 계약명: 〇〇 〇〇지구 도시개발사업구역 내 유적 문화재 시굴조사
• 계약금액: 8,800만원(부가가치세 포함)
• 계약기간: 2016. 10. 26.~2017. 2. 28. (현장여건에 따라 조정될 수 있음)

마. 청구인은 김〇〇 외 7명을 대행하여 2016. 11. 1. 피청구인에게 신청사유를 '문화재청 시굴조사 조건부 허가 사적 제〇〇〇호 주변 / 구제발굴'로 기재해 이 사건 토지의 매장문화재 발굴허가 신청을 하였는데, 첨부된 토

지이용계획도는 별지 도면 2와 같다.

바. 피청구인은 2016. 11. 3. 다음과 같이 이 사건 토지의 매장문화재 발굴허가를 하였다.

- 다 음 -

1. 신청인	김○○ 외 7인	
2. 허가사항	사유	기타
	유적명	○○ ○○지구 도시개발사업구역 내 유적
	지역	12801 경기도 ○○시 ○○○읍 ○○리 ○○-○
	면적	43,229㎡
	기간	착수일로부터 26일간
	발굴기관	(재)○○문화재연구원

3. 허가조건
가. 매장문화재법 내 다른 조항 및 다른 법에 따라 허가 등의 조치가 필요한 경우에는 관계법령에 따라 조치하여야 함
나. 매장문화재법의 허가절차 및 허가목적 달성을 위해 붙인 부관의 내용을 숙지하고 이를 준수하여야 함
다. 발굴(변경)허가 내용 확인 및 발굴대상지역 토지의 소유자, 관리자 또는 토지 및 해면의 점유자의 승낙을 득한 후 발굴착수토록하며, 허가일로부터 1년 이내에 착수하여야 함
라. ~ 마. 생략

<준수사항>
아래의 준수사항은 매장문화재법 제11조제2항에 따른 것임
1. ~ 3. 생략

사. 청구인이 2016. 11. 28. 피청구인에게 착수일을 '2016. 11. 28.', 완료예정일을 '2017. 1. 2.'로 하여 발굴조사 착수신고를 하였으나, 피청구인은 2016. 11. 29. 이를 반려하였다.

아. 피청구인은 2016. 12. 1. 청구인 등에게 기 허가된 문화재 현상변경 허가사항(허가받은 자, 사업면적, 설계 등)이 변경되었으므로 매장문화재 발굴허가조건 가항에 의거 문화재 현상변경허가절차를 우선 이행하라고 통보하였고, 2016. 12. 2. 청구인에게 문화재 현상변경허가가 필요함에도 현상변경허가 없이 발굴에 착수한 경위서를 제출하도록 요청하였다.

자. 청구인이 2016. 12. 5. 피청구인에게 제출한 발굴착수경위서에 따르면, 문화재 현상변경이 조건부로 허가되었고, 사업시행자(김○○ 외 7명)의 세부사업계획이 확정되기 전이었으나 동절기 이전에 시굴조사를 실시하기 원해 대략적 사업계획을 첨부해 발굴허가를 받은 후 2016. 11. 28. 발굴조사에

착수하였으나 2016. 11. 29. 피청구인이 조사를 중지하여 발굴허가를 위한 여건이 갖추어지지 못했음을 인지하게 되었으며, 해당 기간 동안 구획작업과 트렌치 4기(2×16m 1기, 2×18m 3기 / 깊이 약 0.3~0.4m)를 굴착하였는데 굴착된 곳 주변으로 안전띠를 설치하고 확인된 유구는 덮개보호를 조치한 후 철수하였다고 되어 있다.

차. 이 사건 토지 소유자들(김○○ 외 7명)은 사업계획 미비와 문화재 현상변경 명의변경이 실시되지 않아 허가조건이 성립되지 않는다는 이유로 2016. 12. 5. 피청구인에게 매장문화재 발굴허가 취소를 요청하였고, 피청구인은 2016. 12. 12. 이 사건 토지의 매장문화재 발굴허가를 취소하였다.

카. 피청구인은 청구인이 문화재 현상변경허가를 받지 아니하고 이 사건 토지의 매장문화재 발굴조사에 착수하여 매장문화재법 제11조제2항에 따른 발굴허가 내용이나 허가 관련 지시를 위반하였다는 이유로 2016. 12. 9. 청구인에게 처분사전통지를 하고, 2017. 1. 25. 청문을 실시한 후 2016. 1. 31. 이 사건 처분을 하였다.

6. 이 사건 처분의 위법·부당 여부

가. 관계법령의 내용

1) 매장문화재법 제11조제1항·제2항에 따르면, 매장문화재 유존지역은 발굴할 수 없되, 다만, 연구 목적으로 발굴하는 경우, 유적(遺蹟)의 정비사업을 목적으로 발굴하는 경우, 토목공사, 토지의 형질변경 또는 그 밖에 건설공사를 위하여 대통령령으로 정하는 바에 따라 부득이 발굴할 필요가 있는 경우, 멸실·훼손 등의 우려가 있는 유적을 긴급하게 발굴할 필요가 있는 경우로서 대통령으로 정하는 바에 따라 문화재청장의 허가를 받은 때에는 발굴할 수 있고, 문화재청장은 제1항 단서에 따라 발굴허가를 하는 경우 그 허가의 내용을 정하거나 필요한 사항을 지시할 수 있으며, 허가를 한 경우에도 대통령령으로 정하는 바에 따라 발굴의 정지 또는 중지를 명하거나 그 허가를 취소할 수 있다고 되어 있다.

2) 같은 법 제24조제1항에 매장문화재에 대한 지표조사 또는 발굴은 「민법」 제32조에 따라 설립된 비영리법인으로서 매장문화재 발굴 관련 사업의 목적으로 설립된 법인 등 각 호의 어느 하나에 해당하는 기관으

로서 문화재청장에게 등록한 기관이 하도록 되어 있고, 같은 법 제25조제1항제5호, 같은 법 시행령 제27조, 별표 4 개별기준을 종합해 보면, 문화재청장은 조사기관이 법 제11조제2항에 따른 발굴허가 내용이나 허가 관련 지시를 위반한 경우 1차 위반 시 '경고', 2차 위반 시 '1년의 업무정지', 3차 위반 시 '2년의 업무정지' 처분을 하도록 되어 있으며, 같은 법 제25조제1항에는 조사기관이 고의나 중과실로 유물 또는 유적을 훼손한 경우 등록을 취소하도록 되어 있다.

나. 판 단

1) 청구인은 2016. 11. 3.자 매장문화재 발굴허가의 수허가자는 청구인이 아니라 이 사건 토지 소유자들이므로 청구인에게 허가조건 위반을 이유로 매장문화재법 제25조제1항제5호를 적용해 처분할 수 없다는 취지로 주장하나, 매장문화재법 제25조제1항제5호는 조사기관이 제11조제2항에 따른 발굴허가 내용이나 허가관련 지시를 위반하였을 때 피청구인이 업무정지를 명할 수 있도록 한 규정인바, 매장문화재 발굴허가의 수허가자는 일반적으로 토지 소유자가 되고, 조사기관은 토지 소유자와 도급계약을 체결하고 해당 토지의 매장문화재 발굴조사업무를 수행하게 되는데 조사기관이 매장문화재 발굴허가의 직접적 수허가자가 아니라고 하여 허가조건(제11조제2항에 따른 발굴허가 내용이나 허가 관련 지시)을 준수하지 않아도 된다면 매장문화재법 제25조제1항제5호는 무의미한 규정이 되어버리는 결과가 초래된다. 또한 청구인은 이 사건 토지 소유자들을 대행하여 매장문화재 발굴허가를 신청하였으므로 피청구인의 발굴허가조건 가항에 기재된 '매장문화재법 내 다른 조항 및 다른 법에 따라 허가 등의 조치가 필요한 경우에는 관계법령에 따라 조치하여야 함'이라는 내용을 잘 알고 있었고, 매장문화재 발굴허가 신청서에 첨부된 토지이용계획도(별지 도면 2)와 전 사업시행자 ㈜○○○가 문화재 현상변경허가를 받은 토지이용계획도(별지 도면 1)를 비교해 보면 사업면적, 건물 동수 및 배치가 다를 뿐만 아니라, 도면 2에는 사업부지와 도요지(이 사건 문화재) 사이에 완충공원이 존재하지 않고, 도요지와 건물사이의 이격거리가 짧아 도면 2와 같이 개발사업이 이루어질 경우 이 사건 문화재의 역사문화환경

이 침해될 우려가 있으므로 청구인이 발굴조사를 하기 전에 종전의 문화재 현상변경허가와 별도로 「문화재보호법」상 현상변경허가기준에 적합한지 피청구인에게 다시 허가를 받도록 하였어야 함에도 별도의 문화재 현상변경허가 없이 발굴조사에 착수하였으므로 청구인이 매장문화재법 제25조제1항제5호를 위반하였다고 보는 것이 타당하다.

2) 그리고 청구인은 이 사건 처분이 신뢰보호의 원칙에 위배되고, 재량권의 일탈·남용에 해당하여 위법하다고 주장하나, 청구인이 2016. 12. 5. 피청구인에게 제출한 발굴착수경위서에 따르면 청구인은 매장문화재 발굴허가 신청서를 제출하기 전에 이미 이 사건 토지 소유자들의 개발사업계획이 종전의 사업시행자가 받은 문화재 현상변경허가 내용과 달라질 것이라는 사실을 알고 있었음에도 이 사건 토지소유자들의 요구에 따라 동절기 이전에 발굴조사를 완료할 목적으로 매장문화재 발굴허가신청서에 전 사업시행자가 이미 문화재 현상변경허가를 받았다고만 기재하여 매장문화재 발굴허가를 받도록 한 것이므로, 피청구인이 한 매장문화재 발굴허가에 대한 신뢰이익을 원용할 수는 없고, 달리 피청구인이 이 사건 처분을 함에 있어 사실관계를 오인하거나 절차상 잘못이 있는 등 재량권을 일탈·남용하였다고 볼 만한 사정도 없으므로 이 사건 처분이 위법·부당하다고 할 수 없다.

3) 한편, 청구인은 피청구인의 2012. 2. 1.자 경고처분이 법률상 근거가 없거나 잘못된 법령해석에 따라 이루어져 당연무효이므로 청구인의 이번 위반행위가 2차 위반에 해당하지 않는다며 이 사건 처분이 위법하다고 주장하나, 유물의 존재여부를 확인하기 위하여 발굴허가를 받지 아니하고 우선 표본조사를 할 수 있다 하더라도 표본조사를 하는 과정에서 유물이 발견되었다면 표본조사를 중지하고 매장문화재법 제11조제1항에 따라 피청구인으로부터 발굴허가를 받은 후 조사를 진행하여야 함에도 청구인이 경기도 ○○시 ○○동 ○○○-○번지 도시개발사업지구 내 유적 표본조사를 실시하면서 발굴허가를 받지 아니하고 표본조사의 허용범위를 벗어나 과도하게 유적을 조사한 사실에 대하여는 양 당사자 사이에 다툼이 없고, 매장문화재법 제25조제1항에 조사기관이 고의나 중과실로 유물 또는 유적을 훼손한 경우 그 등록을 취

소할 수 있도록 되어 있는 점을 고려할 때 2012. 2. 1.자 경고처분이 당연무효라고 볼 수도 없으므로 청구인의 주장은 받아들일 수 없다.

7. 결 론

그렇다면 청구인의 주장을 인정할 수 없으므로 청구인의 청구를 받아들이지 않기로 하여 주문과 같이 재결한다.

┃ 조선백자 요지(경기도 광주와 군포) ┃

조선백자 요지(경기도 광주)3)　　　　　　　　조선백자 요지(경기도 군포)4)

3) 국가문화유산포털(http://www.heritage.go.kr), "조선백자 요지" 검색(2020.06.19. 최종방문).
4) 국가문화유산포털(http://www.heritage.go.kr), "조선백자 요지" 검색(2020.06.19. 최종방문).

제4편
문화재수리법

제1장
제정배경

제1절 개요

　문화재수리와 관련하여서는 낙산사 전소와 2008년 숭례문 화재를 거치며 문화재 당국이 대응 체계를 정비한 역할이 컸다. 낙산사 화재 이후 정부는 문화재보호법을 개정해 국가·시·도 문화재를 정기적으로 조사하고 안전관리 계획을 5년마다 갱신하도록 했다. 숭례문 화재 이후로는 매년 1회씩 문화재청과 지방자치단체가 산불 상황을 가정해 대응 훈련을 실시하고 있다. 다만 화재에 취약한 전국 사찰 문화재 주변에 내화수림대(식생이 없는 공간을 만들어 화재 시 불길을 차단하는 지대)를 조성하는 등의 핵심 조치들은 여전히 미비하다는 지적이 있고, 지자체장의 의지에 따라 문화재 방재 시스템이 제각각이라는 점도 한계로 꼽힌다.[1]

　한편, 문화재 방재 시스템 등 안전관리를 통해 문화재를 보호하는 것도 중요하지만 기후변화, 노후화, 사건 사고 등으로 문화재가 훼손되거나 훼손될 우려가 있는 경우 효율적인 문화재수리를 위한 법적 장치는 필수적이라고 할 수 있다. 그러나 이러한 중요성에도 불구하고 문화재수리에 관한 독립된 법률이 제정된 것은 2011년에야 이르러서이다. 이 법이 제정되기 전에는 문화재수리에 관한 사항을 「문화재보호법」에 통합되어 규정하고 있었으나 문화재수리에 필요한 관련 규정이 세부적으로 규정되어 있지 않

---

1) 신지후, "양양 산불 때와 달리 문화재 소실은 '0건'", 한국일보(2019.04.08.자).

앗기 때문에 「건설산업기본법」을 원용하고 있었다. 그러나 「건설산업기본법」에서는 문화재수리공사에 관한 사항을 배제하고 있어 문화재수리공사 수행과정에서 혼선이 발생하거나 이해관계자 간에 분쟁이 발생하는 현실적 어려움이 있었다. 이러한 문제점을 해결하기 위하여 문화재수리 등에 관한 사항을 별도 법률로 규정하여 문화재수리의 전문성을 확보하고, 문화재수리의 품질을 높일 수 있도록 하는 한편, 문화재수리에 있어 의무감리제도를 도입하고 과도한 하도급을 제한할 수 있도록 하는 등 당시 제도의 운영 과정에서 나타난 미비점을 개선·보완하여 문화재수리 분야의 행정적·제도적 기반을 마련하기 위해 문화재수리 등에 관한 법률(약칭: 문화재수리법)이 제정되었다.

▎화재 전의 낙산사 원통보전과 동종 ▎

낙산사 원통보전(화재 전)2)

낙산사 동종(화재 전)3)

2) 낙산사 홈페이지(http://www.naksansa.or.kr) > 낙산사 > 갤러리(2020.06.19. 최종방문).
3) 낙산사 홈페이지(http://www.naksansa.or.kr) > 낙산사 > 갤러리(2020.06.19. 최종방문).

제2절   제정안의 주요내용과 개정 경과

❶ [시행 2011. 2. 5.] [법률 제9999호, 2010. 2. 4., 제정]

〈제정이유〉

문화재수리에 관한 사항은 「문화재보호법」에 통합되어 규정하고 있으나 문화재수리에 필요한 관련 규정이 세부적으로 규정되어 있지 않기 때문에 「건설산업기본법」을 원용하고 있음. 그러나 「건설산업기본법」에서는 문화재수리공사에 관한 사항을 배제하고 있어 문화재수리공사 수행과정에서 혼선이 발생하거나 이해관계자 간에 분쟁이 발생하고 있는 실정임. 이러한 문제점을 해결하기 위하여 문화재수리 등에 관한 사항을 별도 법률로 규정하여 문화재수리의 전문성을 확보하고, 문화재수리의 품질을 높일 수 있도록 하는 한편, 문화재수리에 있어 의무감리제도를 도입하고 과도한 하도급을 제한할 수 있도록 하는 등 현행 제도의 운영과정에서 나타난 미비점을 개선·보완하여 문화재수리 분야의 행정적·제도적 기반을 마련하려는 것임.

〈주요내용〉

① 문화재수리의 기본원칙 등
 - 문화재수리의 원칙과 이에 따른 국가 및 지방자치단체의 의무와 문화재를 수리하는 자의 책무 등을 정할 필요가 있음.
 - 문화재수리는 원형 보존에 적합한 방법과 기술을 사용하여야 하고, 문화재를 수리하는 자는 성실의무를 준수하여 문화재를 수리하도록 하며, 문화재청장은 문화재수리 등에 관한 기본계획을 수립하고, 문화재수리 등에 필요한 기준을 정하도록 함.
 - 문화재수리의 원칙과 문화재를 수리하는 자의 의무를 명확히 함으로써 문화재의 원형 훼손을 방지하고, 문화재수리의 기준을 보급하여 문화재수리가 전문적·효율적으로 이루어질 것으로 기대됨.
② 문화재수리기술자 및 문화재수리기능자의 자격 등
 - 전문능력을 갖춘 유능한 문화재수리 전문가를 확보하기 위하여 필요한 제도적 장치를 마련할 필요가 있음.

  - 문화재수리를 전문적으로 수행하는 문화재수리기술자 및 문화재수리기능자 제
    도를 도입하고, 정기적인 보수교육을 통하여 문화재수리 관련 기술자의 자질을
    높이도록 함.
  - 문화재를 전문적으로 수리하는 자격을 갖춘 전문인력을 확보할 수 있게 됨으로
    써 문화재수리의 품질을 높일 수 있을 것으로 기대됨.
③ 문화재수리업자 등의 등록 등
  - 문화재수리의 공신력을 높이기 위하여 문화재수리업을 하는 자의 자격기준 등
    을 마련하고, 문화재수리 분야별로 업무의 종류와 업무 범위 등을 정할 필요가
    있음.
  - 문화재수리업자, 문화재실측설계업자 및 문화재감리업자는 자격 요건을 갖추어
    시·도지사에게 등록하도록 하고, 문화재수리업자의 업무 영역을 종합문화재수
    리업과 전문문화재수리업으로 구분하여 문화재수리의 분야별 전문성을 높일
    수 있도록 하며, 문화재수리업의 양도·승계 등에 필요한 절차·내용 등을 정함.
  - 문화재수리업자, 문화재실측설계업자 및 문화재감리업자에 대한 등록 제도를
    마련하고, 영업의 양도·승계 등에 따른 권리·의무 관계를 명확히 함으로써 문
    화재수리의 전문성이 향상되고, 영업질서의 투명성·공정성이 높아질 것으로
    기대됨.
④ 문화재수리업의 도급·하도급 제도의 정비
  - 문화재수리와 관련된 도급·하도급에 관련된 사항을 규정하여 문화재수리에서
    무분별한 하도급을 방지하고, 수급인이 하수급인에 대하여 우월적 지위를 남용
    하는 것을 제한하여 문화재수리의 품질을 향상시킬 필요가 있음.
  - 문화재수리 계약 당사자는 대등하고 공정한 계약을 체결하여 신의에 따라 계약
    내용을 이행하도록 하고, 도급받은 문화재수리의 일정 부분 이상은 하도급을
    할 수 없도록 하며, 하도급 대금을 공정하게 지급하도록 하기 위하여 정당한
    사유가 있는 경우 발주자가 직접 하수급인에게 대금을 지급할 수 있도록 함.
  - 문화재수리에 있어 무분별한 하도급을 방지하고, 문화재수리대금 지급 등에 관
    련하여 하수급업자의 지위를 보호함으로써 문화재수리의 부실화를 방지할 수
    있을 것으로 기대됨.
⑤ 문화재수리의 품질 확보
  - 문화재수리의 품질을 확보하기 위하여 문화재수리업자의 책임을 정하고, 이에

따른 문화재청장의 지도·감독 권한을 마련할 필요가 있음.

- 문화재수리업자는 문화재수리기술자를 문화재수리 현장에 반드시 배치하여야 하고, 손해배상책임과 하자담보책임을 지도록 하며, 문화재청장과 시·도지사 등은 문화재수리업자의 평가, 현장점검 등을 실시할 수 있도록 함.

- 문화재수리업자의 책임을 명확히 하고, 문화재수리공사를 발주한 행정기관이 문화재수리업자의 평가, 현장점검 등을 함으로써 문화재수리의 품질이 높아질 것으로 기대됨.

⑥ 문화재수리 의무감리제도의 도입

- 현재 문화재수리에는 의무감리제도가 도입되지 아니하여 임의적 감리에 그치도록 되어 있으나 중요한 문화재수리의 경우에는 의무감리제도를 마련할 필요가 있음.

- 문화재수리 발주자는 중요한 문화재의 수리를 할 경우에는 반드시 감리를 거치도록 함.

- 의무적 감리제도의 도입으로 문화재수리의 품질이 향상될 수 있을 것으로 기대됨.

❷ [시행 2014. 11. 29.] [법률 제12693호, 2014. 5. 28., 일부개정]

〈개정이유 및 주요내용〉

현행법은 문화재수리업 사업자의 자본금이 등록기준에 미달하는 경우 등에는 등록을 취소하거나 1년 이내의 기간을 정하여 영업의 정지를 명할 수 있도록 규정하면서 이에 대한 예외 규정을 두고 있지 않으나, 일반 건설업은 「건설산업기본법」에 따라 자본금이 등록기준을 미달한 경우에도 법원이 회생절차의 개시 결정을 하고 그 절차가 진행 중인 경우 등에는 행정처분 대상에서 예외로 하여 기업회생을 도모하도록 배려하고 있어, 관련 업종 간 형평성이 저하되고 있다는 지적이 있는바, 문화재수리업의 경우도 「건설산업기본법」의 입법례와 같이 영업정지나 등록취소의 예외를 둘 수 있도록 함으로써 관련 법 간의 형평을 기하는 한편, 문화재수리업 사업자에게 원활한 회생기회를 부여하려는 것임.

❸ [시행 2015. 6. 28.] [법률 제13250호, 2015. 3. 27., 일부개정]

〈개정이유〉

현행법상 자기의 성명을 사용하여 다른 사람에게 문화재수리 등의 업무를 대행하게 하거나 자격증을 대여한 문화재수리기술자 및 문화재수리기능자에 대하여는 1년 이하의 징역형 또는 1천만원 이하의 벌금형을 처하고, 다른 문화재수리기술자·문화재수리기능자의 성명이나 자격증을 대여받아 사용한 자도 같은 형량의 처벌을 받도록 규정하고 있음. 한편 최근 숭례문 부실 복구 논란과 더불어 문화재수리기술자들이 자격증을 빌려주고 돈을 받은 혐의로 입건되는 등 문화재수리와 관련한 물의가 잇따르면서 문화재수리 자격관리에 관한 문제가 대두되고 있음. 이에 문화재수리자격증 대여 관련 범죄의 처벌을 강화함으로써 관련 범죄에 관한 경각심을 불러일으키고, 문화재수리와 기술자 자격관리를 엄격하게 하여 문화재수리의 품질향상을 도모하려는 것임.

〈주요내용〉

다른 사람에게 자기의 성명을 사용하여 문화재수리 등의 업무를 하게 하거나 자격증을 대여한 자 또는 다른 문화재수리기술자·문화재수리기능자의 성명이나 자격증을 대여받아 사용한 자에 대해 3년 이하의 징역 또는 3천만원 이하의 벌금에 처하도록 함.

❹ [시행 2016. 12. 20.] [법률 제14437호, 2016. 12. 20., 일부개정]

〈개정이유 및 주요내용〉

금치산 및 한정치산 제도를 폐지하고 성년후견제도 등을 도입하는 내용으로 「민법」이 개정됨에 따라, 문화재수리기술자, 문화재수리업자, 문화재실측설계업자와 문화재감리업자의 결격사유에서 금치산자 또는 한정치산자를 피성년후견인 또는 피한정후견인으로 대체하려는 것임.

❺ [시행 2017. 2. 4.] [법률 제13965호, 2016. 2. 3., 일부개정]

〈개정이유〉

문화재수리 품질 향상을 위해 책임감리, 전통건축수리기술진흥재단 설립, 문화재수리의 능력 평가 등의 법적 근거 마련과 문화재수리 및 감리보고서의 제출을 의무화하도록 하고, 이를 수리정보 데이터베이스에 구축하여, 공개하도록 하며, 「무형문화재 보전 및 진흥에 관한 법률」에 따른 보유자 중 문화체육관광부령으로 정하는 문화재수리 분야의 보유자는 소정의 교육을 마친 때부터 해당 문화재수리기능자 자격시험에 합격한 것으로 간주하고, 문화재수리 등을 하는 자는 문화재수리 등의 업무와 관련하여 부정한 청탁을 받고 재물 또는 재산상의 이익을 취득하거나 부정한 청탁을 하면서 재물 또는 재산상의 이익 제공을 금지하도록 하는 등 그 밖에 일부 미비점을 보완하려는 것임.

〈주요내용〉

① "감리"의 용어를 일반감리와 책임감리로 구분하여 정의함.

② 문화재실측설계의 예외를 대통령령으로 정하는 경미한 문화재수리의 실측설계나 식물보호 및 동산문화재 분야, 문화재청장이 하는 보존처리를 위한 실측설계로 규정함.

③ 문화재수리기술자의 자격이 취소된 날부터 3년이 지나지 아니한 자를 문화재수리기술자의 결격사유에 추가함.

④ 국가무형문화재 또는 시·도지정무형문화재의 보유자 중 문화재수리와 관련되는 기능분야의 보유자를 해당 문화재수리기능자 자격시험에 합격한 것으로 봄.

⑤ 문화재수리기술자 및 문화재수리기능자는 문화재청장에게 경력·학력·근무처 등을 신고할 수 있도록 하고, 경력 등을 신고한 문화재수리기술자 및 문화재수리기능자가 신청하는 경우에는 경력 등에 관한 증명서를 발급하도록 함.

⑥ 문화재수리업자의 신청이 있는 경우 문화재수리 능력을 평가하여 공시할 수 있도록 하고, 평가 및 공시를 받으려는 문화재수리업자는 미리 문화재청장에게 실적, 기술인력 보유현황, 재무상태 등을 신고하도록 함.

⑦ 문화재수리업자 등의 자본금, 경영실태, 문화재수리 등 실적, 기술인력 보유현황, 문화재수리에 필요한 자재·인력의 수급상황 등의 정보를 종합적으로 관리하고, 문

화재수리종합정보시스템을 구축·운영할 수 있도록 함.

⑧ 발주자는 문화재수리의 규모와 전문성 등을 고려할 때 하수급인의 문화재수리 능력이 현저히 부족하다고 인정되는 등의 경우에는 하수급인의 문화재수리 능력 또는 하도급계약 내용의 적정성을 심사할 수 있도록 함.

⑨ 문화재수리 정보 관리의 일원화를 위하여 국가지정문화재 및 시·도지정문화재에 대한 수리보고서 및 감리보고서를 문화재청장에게 제출하도록 함.

⑩ 전통건축수리기술의 진흥을 위한 전통건축의 부재(部材)와 재료 등의 수집·보존 및 조사·연구·전시, 전통재료의 수급관리, 보급 확대 및 산업화 지원 등의 사업을 종합적·체계적으로 수행하기 위하여 문화재청 산하에 전통건축수리기술진흥재단을 설립함.

⑪ 문화재수리기술자의 자격정지기간을 2년에서 3년으로 강화하고, 자격취소 등의 사유에 제6조의2를 위반하여 부정한 청탁을 받고 재물 또는 재산상의 이익을 취득하거나 부정한 청탁을 하면서 재물 또는 재산상의 이익을 제공한 경우, 제13조의2제3항을 위반하여 경력등을 거짓으로 신고 또는 변경 신고한 경우, 제38조 제7항에 따른 대통령령으로 정하는 문화재감리원의 업무범위를 위반하여 감리를 수행한 경우를 추가함.

⑫ 문화재수리업자 등의 자격정지기간을 1년에서 3년으로 강화하고, 문화재수리업자 등의 등록취소 등의 사유에 제6조의2를 위반하여 부정한 청탁을 받고 재물 또는 재산상의 이익을 취득하거나 부정한 청탁을 하면서 재물 또는 재산상의 이익을 제공한 경우, 명백하게 사실과 다른 실측설계로 인하여 문화재의 가치를 훼손하거나 문화재수리가 불가능하게 된 경우를 추가함.

❻ [시행 2018. 5. 29.] [법률 제15066호, 2017. 11. 28., 일부개정]

⟨개정이유 및 주요내용⟩

현행은 문화재수리 등의 업무에 10년 이상 종사한 6급 이상의 공무원 또는 문화재수리 등의 업무에 10년 이상 종사한 고위공무원단에 속하는 공무원에 대하여 해당 분야의 문화재수리기술자 자격시험 중 필기시험의 일부를 면제하도록 하고 있으나, 일반 응시생과의 형평성을 도모하기 위하여 해당 규정을 삭제하려는 것임.

❼ [시행 2019. 1. 25.] [법률 제16058호, 2018. 12. 24., 일부개정]

〈개정이유 및 주요내용〉

국민생활 및 기업활동과 밀접하게 관련되어 있는 신고 민원의 처리절차를 법령에서 명확하게 규정함으로써 관련 민원의 투명하고 신속한 처리와 일선 행정기관의 적극행정을 유도하기 위하여, 문화재수리업, 문화재실측설계업 또는 문화재감리업의 변경신고를 받거나 양도신고 및 법인의 합병신고를 받은 경우 10일 이내에 신고수리 또는 변경신고수리 여부를 신고인에게 통지하도록 하고, 그 기간 내에 신고수리 또는 변경신고수리 여부나 처리기간의 연장을 통지하지 아니한 경우에는 신고 또는 변경신고를 수리한 것으로 간주(看做)하는 제도를 도입하려는 것임.

❽ [시행 2020. 6. 4.] [법률 제16695호, 2019. 12. 3., 일부개정]

〈개정이유 및 주요내용〉

문화재수리 등에 관한 전통재료를 체계적으로 수급하고, 품질을 관리하기 위하여 문화재청장으로 하여금 연도별 전통재료 수급계획을 수립하도록 하고, 품질이 우수한 전통재료에 대하여 인증할 수 있도록 하는 한편, 문화재수리에 전기공사, 정보통신공사, 소방시설공사 등이 포함된 경우에는 문화재수리업자와 해당 공사를 시공하는 업종을 등록한 자가 함께 수리하도록 하는 등 현행 제도의 운영상 나타난 일부 미비점을 개선·보완하려는 것임.

❾ [시행 2020. 6. 9.] [법률 제17410호, 2020. 6. 9., 일부개정]

〈개정이유〉

문화재수리기술위원회 설치 및 문화재수리 설계심사 제도의 도입을 통해 문화재수리의 책임성 및 전문성을 제고하는 등 현행 제도의 운영상 나타난 일부 미비점을 개선·보완하려는 것임.

❿ [시행 2020. 12. 10.] [법률 제17410호, 2020. 6. 9., 일부개정]

〈개정이유〉

문화재수리기술위원회 설치 및 문화재수리 설계심사 제도의 도입을 통해 문화재수리의 책임성 및 전문성을 제고하는 등 현행 제도의 운영상 나타난 일부 미비점을 개선·보완하려는 것임.

〈주요내용〉

① 문화재수리 등에 관한 기본계획에 관한 사항 등을 심의하기 위하여 문화재청에 문화재수리기술위원회를 둠.

② 시·도지사는 시·도지정문화재 및 문화재자료에 대한 문화재수리 등의 계획에 관한 사항 등을 심의하기 위하여 시·도에 문화재수리기술위원회를 둘 수 있음.

③ 동산문화재의 경우에는 문화재수리 현장이 실제로 문화재수리가 이루어지는 장소를 말하는 것임을 명확하게 규정함.

④ 발주자는 지정문화재 등을 수리하려는 경우 문화재청장 또는 시·도지사에게 설계승인을 받도록 하고, 설계승인을 받은 자는 문화재수리의 착수·완료 등의 사유가 발생하면 문화재청장에게 보고하도록 하며, 설계승인을 받은 경우 허가 등의 의제, 설계심사관의 지정, 문화재수리의 기술지도에 관한 사항 등을 규정함(제33조의2부터 제33조의6까지 신설).

⑤ 문화재청장 또는 시·도지사로부터 설계승인을 받은 문화재수리에 대하여는 문화재수리 현장을 공개하도록 함.

제2장
문화재수리의 원칙

    문화재수리란 문화재를 보수·복원·정비 및 손상 방지를 위한 조치를 말하는데,[1] 훼손되었거나 노후화된 문화재를 수리할 때 가장 논란이 되는 쟁점은 과연 역사적 사실에 근거하여 원형보존의 원칙을 제대로 지켰는지 여부이다. 20년 만에 복원된 미륵사지 석탑을 두고 감사원과 문화재청이 대립하는 이유도 복원을 바라보는 시각 차이에 따른 것이다. 감사원은 국가 예산을 들여 복원한 미륵사지 석탑이 원형과 다르다는 것에 중점을 두고 있고, 문화재청은 발달된 복원 기술 등을 활용하여 효율적 보존을 위한 복원에 충실했다는 주장이다. 두 기관의 입장은 차이를 보일 수밖에 없으나 논의의 쟁점이 지나치게 '원형'으로 집중될 필요는 없다고 본다. 문화재수리는 무조건적으로 창건 당시의 모습으로 복원하는 것이 아니라, 해당 문화재에 남아 있는 여러 시대의 흔적들을 존중하여 이루어지는 게 합리적이기 때문이다. 우리 법에서도 문화재수리의 기본 원칙으로 문화재의 '원형보존에 가장 적합한 방법과 기술'을 사용하도록 하고 있고 당시의 방법과 기술을 요구하고 있지는 않다.[2] 1931년 아테네회의의 권고, 1964년 베니스헌장, 1979년 버라헌장 등에서도 문화유산 보수 시 양식에 의한 통일을 염두에 두지 말고 건축물에 남아 있는 여러 시대의 흔적을 존중할 것을 권고하고 있다.

    우리나라의 경우 '문화재수리 등에 관한 업무지침(2010.12.22. 제정)'을 통해 '문화재축조에 정당하게 기여한 모든 시대요소가 존중되고 유지되어야 한다.'고 문화재 수

---

1) 문화재수리법 제2조 제1호.
2) 문화재수리법 제3조.

리의 시대기준 적용원칙을 정하고 있다. '서울 흥천사 대방(등록문화재 제583호)' 해체보수는 1960~70년대 사진과 관계전문가의 자문 등을 통해 모든 시기의 흔적을 존중하여 보존하도록 하였다. 일례로 연탄난방으로 변형된 바닥을 구들 유구에 따라 전통온돌로 복원하면서도, 바닥 난방의 변천사를 확인할 수 있도록 연탄난방 유구도 일부 보존하였다.

「문화재수리 표준시방서」는 문화재 수리·복원의 절대적 기준이 아닌 개별 문화재에 대한 수리 시방서 작성을 위한 참고기준이다. 각각의 문화재가 가진 특성을 반영하지 않고 「문화재수리 표준시방서」를 절대적 기준으로 모든 문화재 수리에 적용한다면, 수리공사로 인해 문화재가 가진 고유의 가치가 훼손되는 문제가 발생한다. 따라서, 「문화재수리 표준시방서」는 개별 문화재수리 시방서 작성준칙으로만 활용하여야 하며, 개별 문화재의 특성에 맞도록 별도의 시방서를 작성하여 시행하도록 하고 있다.

「문화재수리 표준시방서」와 「문화재수리 표준품셈」의 일부 공종에 과거에는 없었던 백시멘트를 사용하도록 한 것은 수리재료의 성능을 보완하기 위한 것이다. 문화재수리 전통재료인 석회, 진흙 등은 눈·비 등 외기에 노출될 경우 강도가 저하되고 균열이 발생하는 등의 문제가 발생한다. 따라서 와구토, 줄눈 등 일부 공종에 한해 백시멘트를 사용할 수 있도록 한 것은 시공 편의를 위해서가 아니라 문화재적 가치를 훼손하지 않는 범위 내에서 전통재료의 물성을 보완하기 위한 것이다.[3] 문화재청은 전통의 맥이 단절된 전통재료와 기법의 회복을 위하여 다각적인 접근을 시도하고 있는 것으로 보인다. 문화재 수리·복원 시 백시멘트를 사용하지 않고도 충분한 품질이 확보될 수 있는 방안, 남한산성 여장 등을 대상으로 한 성능실험, 문화재 복원용 석회 품질개선 연구, 전통단청 시공법 연구, 전통 철물 제법 기준 마련 연구 등을 통해 전통재료 사용의 회복을 위한 다양한 사업이 진행 중이다.[4]

화재로 소실된 문화재의 복원은 국제적인 관례에 따른다. 각국은 1964년 '남아 있는 원재료를 최대한 활용할 것', '사전에 확보된 기록에 따라 충실히 복원할 것', '손상 또는 소실되어 사라진 부재 대신 새로운 부재를 쓸 때에는 반드시 그 사실을 기록

---

3) 백시멘트 사용 시 양생기간(강도발현 기간) 단축, 하자발생 저하 등의 장점이 있으며, 세계 각국이 참여하고 있는 캄보디아 앙코르 유적 복원사업에도 시멘트 등의 현대재료를 보조적으로 사용한 사례가 있다.

4) 문화재청 보도자료, ""서울 흥천사 대방 해체보수, 복원기준 엉터리(KBS, 1.11.)" 언론보도에 대한 사실관계를 알려드립니다"(2019.01.12.자).

할 것'을 내용으로 담은 '기념물과 사적지의 보존, 복원을 위한 국제헌장(베니스헌장)'을 채택했다.[5]

‖ 화재 전후의 노트르담 대성당 ‖

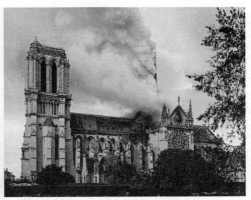

화재 이전의 노트르담 대성당[6]   화염이 휩싸인 노트르담 대성당[7]

5) 윤신영, "노트르담 대성당 화재로 주목받는 문화재 방재 기술", 동아사이언스(2019.04.16.자).

6) 위키피디아(https://commons.wikimedia.org/wiki/File:NotreDameI.jpg), "노트르담 대성당" 검색 (2020.07.16. 최종방문).

7) Attribution: Wandrille de Préville/CC BY−SA(https://creativecommons.org/licenses/by−sa/4.0) Page URL: https://commons.wikimedia.org/wiki/File:NotreDame20190415QuaideMontebello_ (cropped).jpg.

제3장
문화재수리업

　　문화재를 수리할 수 있는 자는 문화자수리업자, 문화재수리기술자, 문화재수리기능자이고, 문화재의 소유자가 문화재수리를 하려는 경우에는 문화재수리업자에게 수리하도록 하거나 문화재수리기술자 및 문화재수리기능자가 함께 수리하도록 하여야 한다.[1] 다만, 해당 문화재의 보존에 영향을 미치지 아니하는 대통령령으로 정하는 경미한 문화재수리를 하는 경우는 예외이다. 그리고 문화재수리의 실측설계를 하려는 경우에는 문화재실측설계업자에게 하도록 하여야 한다.[2] 경미한 문화재수리와 마찬가지로, 경미한 문화재수리의 실측설계나 식물보호 및 동산문화재 분야, 문화재청장이 직접 수행하는 보존처리를 위한 실측설계는 그러하지 아니하다. 경미한 문화재수리의 범위는 아래와 같다.[3]

구　분	경미한 문화재수리의 범위
1. 법　제2조제1호 가목 및 나목에 따른 문화재	가. 창호지, 장판지 또는 벽지를 바르는 행위 나. 벽화 및 단청이 없는 벽체나 천장의 떨어진 흙을 부분적으로 바르는 행위 다. 누수 방지를 위하여 극히 부분적으로 파손된 기와를 원형대로 교체하는 행위 라. 누수 방지를 위하여 지붕면적의 10분의 1 이하 또는 지붕면적의 20㎡ 이하를 기와고르기 하는 행위 마. 화장실을 기존의 형태로 보수하는 행위

---

1) 문화재수리법 제5조 제1항.
2) 문화재수리법 제5조 제5항.
3) 문화재수리법 시행령 제4조 제1항 관련 별표1.

구 분	경미한 문화재수리의 범위
	바. 표지돌, 안내판, 경고판 등을 설치하거나 보수하는 행위 사. 잔디를 보충하여 심거나 깎는 행위 아. 기존 배수로 또는 기존 연못을 준설하는 행위 자. 보호 울타리의 부식된 부분을 기존의 형태로 보수하거나 도색하는 행위 차. 진입도로, 광장 등의 토사가 유실되거나 굴곡을 형성하는 경우 토사를 채우 　 거나 면을 고르는 행위 차. 일부 훼손된 기단, 담장, 배수로 또는 석축을 교체하거나 바로잡는 행위 카. 성곽이나 건물지 등 유적의 보존·관리를 위하여 잡목을 제거하는 행위 타. 기존의 전기·통신·소방·도난경보·오수·분뇨처리 시설을 보수하는 행위 파. 기존 초가지붕을 이엉잇기 하는 행위 하. 기존 너와·굴피지붕의 지붕면적의 10분의 1 이하 또는 지붕면적의 20㎡ 이 　 하를 기존의 형태대로 보수하는 행위 거. 일부 훼손된 바닥의 박석(薄石: 평평한 돌), 포방전(鋪方塼: 바닥에 까는 네모 　 난 전돌) 또는 전돌(塼乭: 흙으로 구워 만든 벽돌)을 교체하거나 바로잡는 행위 너. 관련 분야 전문가의 지도를 받아 식물의 보호를 위하여 실시하는 긴급한 병 　 충해의 방제 또는 거름주기 더. 자생 초화류(草花類)를 심는 행위 러. 문화재의 경관을 해치는 말라 죽은 나무나 가지를 제거하는 행위 머. 그 밖에 문화재청장이 현상 유지 및 관리를 위하여 필요하다고 인정하여 고 　 시하는 행위
2. 법 제2조제1호 다목 및 영 제2 조에 따른 시설 물 또는 조경	가. 제1호의 경미한 문화재수리에 해당하는 행위 나. 기존 시설물을 수리하는 행위로서 수리예정금액이 1천만원 미만인 경우 다. 기존 시설물의 내부를 정비하는 행위 라. 기존의 전기·통신·소방·도난경보·오수·분뇨처리 시설을 보수하거나 신설 　 하는 행위 마. 그 밖에 문화재청장이 문화재의 보존 또는 관리를 위하여 필요하다고 인정하 　 여 고시하는 행위

제4장
도급 및 하도급

　　문화재수리를 도급할 경우 당사자는 각각 대등한 입장에서 합의에 따라 공정하게 계약을 체결하고, 신의에 따라 성실하게 계약 내용을 이행하여야 한다.[1] 도급계약을 체결할 때에는 도급 금액, 수리기간과 그 밖에 대통령령으로 정하는 사항을 계약서에 분명하게 밝혀야 하며, 서명날인한 계약서를 각각 보관하여야 한다.[2] 대통령령으로 정한 사항이란 1) 문화재수리 등의 구체적 내용, 2) 문화재수리 등의 착수 시기와 완성 시기, 3) 도급금액의 선급금이나 기성금의 지급에 관하여 약정을 한 경우에는 각각 그 지급의 시기·방법 및 금액, 4) 문화재수리 등의 중지 또는 계약 해제나 천재지변의 경우 발생하는 손해의 부담에 관한 사항, 5) 설계 변경, 물가 변동 등으로 인한 도급금액 또는 문화재수리 등의 내용 변경에 관한 사항, 6) 「산업안전보건법」 제72조에 따른 산업안전보건관리비의 지급에 관한 사항, 7) 「산업재해보상보험법」에 따른 산업재해보상보험료, 「고용보험법」에 따른 고용보험료, 그 밖에 해당 문화재수리 등과 관련하여 법령에 따라 부담하는 각종 부담금의 금액과 부담방법에 관한 사항, 8) 해당 문화재수리에서 발생된 폐기물의 처리방법과 재활용에 관한 사항, 9) 도급 목적물의 인도를 위한 검사 및 인도 시기, 10) 문화재수리 등의 완성 후의 도급금액 지급 시기, 11) 계약이행 지체의 경우 위약금·지연이자의 지급 등 손해배상에 관한 사항, 12) 하자담보책임 기간 및 하자담보 방법, 13) 그 밖에 다른 법령 또는 양쪽의 합의에 따라

---

1) 문화재수리법 제24조 제1항.
2) 문화재수리법 제24조 제2항.

명시되는 사항이다.[3]

문화재수리업자는 발주자에 대하여 문화재수리의 완공일부터 10년 이내의 범위에서 문화재의 종류와 세부공종에 따라 하자담보책임을 부담한다.[4] 문화재수리업자와 발주자 사이에 체결한 도급 계약서에 문화재수리업자의 하자담보책임에 관한 특약을 정한 경우에는 그 특약에 따른다. 다만, 그 특약에서 하자담보책임기간을 제1항에 따른 기간의 3분의 2 미만으로 정한 경우에는 그 기간의 3분의 2로 정한 것으로 본다.[5]

문화재수리업은 종합문화재수리업과 전문문화재수리업으로 구분하며, 종합문화재수리업은 종합적인 계획·관리 및 조정하에 두 종류 이상의 공종(工種)이 복합된 문화재수리를 하는 것이고, 전문문화재수리업은 문화재의 일부 또는 전문 분야에 관한 문화재수리를 하는 것을 말한다.[6]

문화재수리를 도급받은 문화재수리업자는 그 문화재수리를 직접 수행하여야 하고 하도급할 수 없다. 다만, 종합문화재수리업자는 도급받은 문화재수리의 일부를 문화재수리 내용에 맞는 전문문화재수리업자에게 하도급할 수 있다. 종합문화재수리업자가 하도급 하는 경우에는 도급받은 문화재수리 금액의 100분의 50을 초과하여 전문문화재수리업자에게 하도급할 수 없으며, 하도급을 한 종합문화재수리업자는 발주자에게 그 사실을 알려야 한다. 그리고 종합문화재수리업자로부터 문화재수리의 일부를 하도급받은 전문문화재수리업자는 이를 다시 하도급할 수 없다.[7]

‖참고‖ 종합문화재수리업과 전문문화재수리업의 종류 및 업무 범위[8]

구 분	종류(업종)	업무 범위
종합 문화재수리업	보수단청업	가. 건축·토목공사 및 단청(불화를 포함한다)의 시공 나. 가목과 관련된 고증·유구(遺構)조사 및 수리보고서의 작성과 그에 따른 업무

---

3) 문화재수리법 시행령 제15조 제1항.
4) 문화재수리법 제35조 제1항.
5) 문화재수리법 제35조 제3항.
6) 문화재수리법 제16조.
7) 문화재수리법 제25조 제1항 내지 제3항.
8) 문화재수리법 시행령 제13조 관련 별표8.

구 분	종류(업종)	업무 범위
전문 문화재수리업	조경업	가. 조경공사의 시공 나. 가목과 관련된 고증·유구조사 및 수리보고서의 작성과 그에 따른 업무
	보존과학업	가. 보존처리의 시공 나. 가목과 관련된 고증·유구조사 및 수리보고서의 작성과 그에 따른 업무
	식물보호업	가. 식물의 보존·보호를 위한 병충해 방제, 수술, 토양개량, 보호시설 설치 및 환경개선의 시공 나. 가목과 관련된 진단, 수리보고서의 작성과 그에 따른 업무
	단청공사업	가. 단청(불화를 포함한다)의 시공 나. 가목과 관련된 고증·유구조사 및 수리보고서의 작성과 그에 따른 업무
	목공사업	가. 목공사의 시공 나. 가목과 관련된 고증·유구조사 및 수리보고서의 작성과 그에 따른 업무
	석공사업	가. 석공사의 시공 나. 가목과 관련된 고증·유구조사 및 수리보고서의 작성과 그에 따른 업무
	번와공사업	가. 번와공사(기와를 해체하거나 이는 일)의 시공 나. 가목과 관련된 고증·유구조사 및 수리보고서의 작성과 그에 따른 업무

※ 2020. 6. 4.부터 전문문화재수리업에 '미장공사업'과 '온돌공사업'이 추가되어 시행 중임.

제5장
문화재수리와 관련된 주요 사례

제1절 전문문화재수리업자의 하도급 금지 관련

　　우리 법에서는 종합문화재수리업자가 하도급하는 경우 도급받은 문화재수리 금액의 100분의 50을 초과하여 전문문화재수리업자에게 하도급할 수 없으며, 종합문화재수리업자로부터 문화재수리의 일부를 하도급받은 전문문화재수리업자는 이를 다시 하도급할 수 없도록 규정하고 있다. 아래 사례는 전문문화재수리업자가 전문문화재수리업의 특정 분야에 대해서는 하도급의 필요성이 있으므로 전문문화재수리업의 하도급을 금지하는 규정이 헌법상 직업선택의 자유 및 평등권에 위반된다는 이유로 헌법소원 심판을 청구한 사례이다.

> **문화재수리 등에 관한 법률 제25조 제1항 위헌소원**
> **[2015헌바377, 2017. 11. 30., 합헌, 전원재판부]**
>
> --
>
> 【전문】
> 　【당 사 자】
> 　청 구 인 1. 한○일
> 　　　　　2. 주식회사 ○○

대표이사 한○○

청구인들 대리인 법무법인 ○○○

담당변호사 임○○

당해사건 서울동부지방법원 2015고정547 문화재수리등에관한법률위반

【주 문】

'문화재수리 등에 관한 법률'(2010. 2. 4. 법률 제9999호로 제정된 것) 제25조 제1항 중 '전문문화재수리업자'에 관한 부분과 제59조 제5호 가운데 제25조 제1항 중 '전 문문화재수리업자'에 관한 부분은 모두 헌법에 위반되지 아니한다.

【이 유】

1. 사건개요

　　가. 청구인 주식회사 ○○(이하 '청구인 회사'라고 한다)는 문화재수리 등에 관한 법령에 따라 '보존과학업'을 업종으로 전문문화재수리업자로 등록을 한 법인이고, 청구인 한○일은 청구인 회사의 대표이사이다.

　　나. 청구인들은 2011. 4. 14.경 대전광역시로부터 보물 제1623호 성수침필적의 보존처리와 복제품제작 공사를 21,989,000원에 낙찰받은 다음 경주시 ○○동 ○○에 있는 '□□'에게 18,690,650원에 하도급하여 위 업체로 하여금 위 일시경부터 2011. 11. 30.경까지 보존처리 및 복제품 제작을 하도록 하였다.

　　다. 문화재수리를 도급받은 문화재수리업자는 그 문화재수리를 직접 수행하여야 하고 전문문화재수리업자는 다른 업체에 문화재수리를 하도급할 수 없음에도 불구하고, 청구인 한○일은 전항과 같이 도급받은 문화재수리를 직접 수행하지 않고 다른 업체에 하도급하여 '문화재수리 등에 관한 법률' 제25조 제1항, 제59조 제5호를 위반하였다는 이유로, 청구인 회사는 같은 법 제61조의 양벌규정에 따라 2015. 3. 20. 약식명령이 고지되자(서울동부지방법원 2015고약1100), 2015. 4. 10. 정식재판을 청구하였다(같은 법원 2015고정547).

　　라. 청구인들은 위 재판 계속 중 처벌의 근거가 되는 '문화재수리 등에 관한 법률' 제25조 제1항에 대하여 위헌법률심판제청신청을 하였으나 2015. 10. 6. 청구인 한○일은 벌금 500만 원, 청구인 회사는 벌금 300만 원을 각

선고받음과 동시에 위 제청신청이 기각되었다(같은 법원 2015초기399). 이에 청구인들은 위 법률조항으로 인하여 직업의 자유 등이 침해된다고 주장하면서 2015. 11. 11. 헌법재판소법 제68조 제2항에 의한 이 사건 헌법소원심판을 청구하였다.

2. 심판대상

청구인들은 '문화재수리 등에 관한 법률' 제25조 제1항에 대하여만 헌법소원심판청구를 하였으나, 당해사건이 형사재판이므로 재판에 직접 적용되는 처벌조항도 금지조항과 함께 심판대상으로 삼기로 한다.

따라서 이 사건 심판대상은 '문화재수리 등에 관한 법률'(2010. 2. 4. 법률 제9999호로 제정된 것, 이하 '문화재수리법'이라 한다) 제25조 제1항 중 '전문문화재수리업자'에 관한 부분, 제59조 제5호 가운데 제25조 제1항 중 '전문문화재수리업자'에 관한 부분(이하 위 조항들을 합하여 '심판대상조항'이라 한다)이 헌법에 위반되는지 여부이다. 심판대상조항의 내용은 다음과 같고, 관련조항은 [별지]와 같다.

[심판대상조항]

문화재수리 등에 관한 법률(2010. 2. 4. 법률 제9999호로 제정된 것)

제25조(하도급의 제한 등) ① 문화재수리를 도급받은 문화재수리업자는 그 문화재수리를 직접 수행하여야 한다. 다만, 종합문화재수리업자는 도급받은 문화재수리의 일부를 문화재수리 내용에 맞는 전문문화재수리업자에게 하도급할 수 있다.

제59조(벌칙) 다음 각 호의 어느 하나에 해당하는 자는 1년 이하의 징역 또는 1천만 원 이하의 벌금에 처한다.

5. 제25조를 위반하여 하도급을 한 자(같은 조 제2항을 위반하여 발주자에게 하도급사실을 알리지 아니한 자는 제외한다)

3. 청구인들의 주장

가. 보존과학업은 종합문화재수리업의 업무 범위에 포함되지 않는 독자적인 영역으로서 문화재수리법상 보존과학기술자 1명 이상, 보존처리공 1명과 훈증공·세척공·표구공 중 1명을 포함한 2명 이상의 문화재수리기술자를 갖출 것을 등록요건으로 규정하고 있으나 실제로 보존처리공과 훈증공·세척공·표구공을 모두 갖추고 있는 업체가 없어 하도급의 필요성이

있다. 그런데 심판대상조항은 하도급의 내용, 정도, 하도급을 하게 된 사정은 전혀 고려하지 아니한 채 일률적으로 하도급을 금지하고 이를 위반하면 처벌함으로써 과잉금지원칙에 반하여 청구인들의 직업선택의 자유 내지 영업의 자유, 계약체결의 자유 등을 침해한다.

나. 심판대상조항에 따라 종합문화재수리업자는 도급받은 문화재수리 중 자신의 업무영역에 해당하지 아니하는 조경업, 보존과학업, 식물보호업에 관하여도 하도급을 할 수 있게 되는 반면, 전문문화재수리업자는 자신의 업무영역에 해당하는 조경업, 보존과학업, 식물보호업 등에 관하여 일체의 하도급을 할 수 없게 되는바 이는 자의적인 차별이므로 청구인들의 평등권을 침해한다.

4. 판 단

가. 문화재수리업에 대한 법적 규율

헌법 제9조는 "국가는 전통문화의 계승·발전과 민족문화의 창달에 노력하여야 한다."고 규정함으로써 문화국가의 이념을 천명함과 동시에 국가에 전통문화의 계승·발전 및 민족문화의 창달을 위한 노력의무를 부과하고 있다. 이러한 헌법적 요청에 따라 국가는 문화재를 보호할 의무가 있는데 이를 구체화한 것이 '문화재보호법'이고, 특히 문화재수리의 전문성을 확보하고 그 품질을 높이기 위하여 별도로 문화재수리에 관한 사항에 대하여 문화재수리법이 제정되었다.

문화재수리란 지정문화재 등의 보수·복원·정비 및 손상 방지를 위한 조치를 말한다(문화재수리법 제2조 제1호). 문화재수리법은 문화재의 원형보존에 가장 적합한 방법과 기술을 사용할 것을 문화재수리의 기본원칙으로 규정하고(제3조), 문화재수리가 전문성을 갖춘 인력에 의해 위 기본원칙에 따라 실행될 수 있도록 문화재수리기술자 등 자격제도를 두어 관리·규제하는 한편(제8조 내지 제13조), 문화재수리업등의 영업질서의 투명성·공정성을 높이기 위하여 문화재수리업자 등의 등록제도를 도입하였고(제14조 내지 제23조, 같은 법 시행령 제12조), 문화재수리업의 업무 영역을 종합문화재수리업과 전문문화재수리업으로 구분하여 문화재수리의 분야별 전문성을 높이도록 하고 있다(제16조, 같은 법 시행령 제12조).

나. 쟁점의 정리

심판대상조항은 전문문화재수리업자가 다른 문화재수리업자와 하도급계약을 체결하는 방법으로 문화재수리업을 수행하는 것을 금지하고 이에 위반하는 경우 형사처벌하도록 하고 있는데, 이는 전문문화재수리업자의 업무영역을 일부 제한함으로써 그 직업수행의 자유를 제한하고 있다.

청구인들의 계약체결의 자유 침해 주장은 직업수행의 자유가 제한됨으로써 발생한 부수적 결과이지 심판대상조항이 직접 계약체결의 자유를 제한하는 것은 아니므로 결국 직업수행의 자유를 침해하는지 여부에 관한 판단 문제로 포섭된다.

다음으로 평등권 침해 주장에 관하여 보건대, 문화재수리법 제16조에 따라 종합문화재수리업은 종합적인 계획·관리 및 조정 하에 두 종류 이상의 공종(工種)이 복합된 문화재수리를 하는 것이고, 전문문화재수리업은 문화재의 일부 또는 전문 분야에 관한 문화재수리를 하는 것으로 양자는 구분될 뿐 아니라, 구체적인 업종, 업무의 범위 등도 달라 종합문화재수리업자는 전문문화재수리업자와 본질적으로 동일하다고 보기 어려워 평등원칙의 침해를 논할 두 개의 비교집단이 될 수 없다.

다. 직업수행의 자유 침해 여부

(1) 심사기준

헌법 제15조는 "모든 국민은 직업선택의 자유를 가진다."고 규정함으로써 직업선택의 자유를 보장하고 있으며, 직업선택의 자유는 직업결정의 자유, 직업수행의 자유 등을 포괄하는 직업의 자유를 의미한다(헌재 2000. 7. 20. 99헌마452 참조).

직업수행의 자유는 직업결정의 자유에 비하여 상대적으로 그 침해의 정도가 작다고 할 것이어서, 이에 대하여는 공공복리 등 공익상의 이유로 비교적 넓은 법률상의 규제가 가능하나(헌재 2003. 10. 30. 2001헌마700등 참조), 직업수행의 자유를 제한할 때에도 헌법 제37조 제2항에 의거한 비례의 원칙에 위배되어서는 안 된다(헌재 2003. 6. 26. 2002헌바3 참조).

(2) 입법목적의 정당성 및 수단의 적합성

문화재는 국가적·민족적 유산으로서 역사적·예술적·학술적·경관적 가치가 크므로 이를 안전하게 보존하고 원형보존에 적합한 방법으로 수리하여 후세에 전승하는 것이 중요하다.

그런데 전문문화재수리업자의 하도급을 전면적으로 허용하는 경우 시공능력 없는 부실업체가 난립하고 하도급을 위한 수주만을 전문으로 하는 회사가 생겨나거나 하도급 과정에서 이윤 획득에만 치중한 나머지 최종단계의 수리업자는 부족한 도급금액으로 시공하게 되고, 이는 부실시공으로 이어져 문화재가 훼손될 위험이 있다.

이처럼 심판대상조항은 전문문화재수리업자가 신의와 성실로써 직접 책임 하에 그 수리를 시공하도록 하여 문화재수리의 품질향상과 문화재수리업의 건전한 발전을 도모함으로써 문화재의 원형보존을 통한 전통문화의 계승을 실현하고자 하는 것으로서 그 입법목적은 정당하다.

나아가 심판대상조항은 전문문화재수리업자의 경우 하도급을 금지하고 이를 위반하는 경우 형벌을 부과하도록 규정하고 있는바, 이는 위와 같은 입법목적을 달성하기 위하여 효과적이고 적절한 수단이다.

(3) 침해의 최소성

문화재수리는 기존의 문화재가 완전히 훼손되지 않도록 부분적으로 보수하는 것이 대부분이기 때문에 수리금액이 소액이고 사업규모가 매우 영세하여 수리업자의 전문성과 시공능력이 확보되지 아니하면 수리품질이 저하될 우려가 있으므로 문화재수리업자가 직접 수행하게 함으로써 그 수리품질을 담보하고 책임소재를 분명히 할 필요가 있다.

문화재수리는 대량생산으로 인해 분업화가 필요한 제조, 건설 분야와 달리 복잡하고 다양한 공정을 예정하고 있지 않고 원형보존이 목적이므로 하도급의 필요성이 크지 않으며, 더욱이 보존과학업과 같은 전문문화재수리업은 단일공종에 해당하므로 문화재수리기술자 또는 기능자를 직접 고용하는 방식으로 기술능력을 갖추는 것이 어렵지 않다. 설령 단일한 전문문화재수리업 안에 둘 이상의 기술능력이 필요하다고 하더라도 이를 분리하는 것이 기술상 용이하다고 보이지도 않으며 문화재수리의 사업규모가 매우 영세하므로 전문문화재수리업자에게 하도급을 허용하고 그 허용 범위와 방식을 규제하는 것이 현실적인 대안이 된다고 보기도 어렵다.

한편 전문문화재수리업자의 하도급을 금지하는 수단으로 형벌 외에 과태료나 이행강제금 등의 제재수단이 있으므로 하도급금지의무를 위반한 경우 형벌을 부과하는 것이 형벌의 보충성 원칙에 반하는 것은 아닌가 하는 의문이 있을 수 있다. 그러나 문화재수리업자의 구체적인 사정이나 하도급계약의 내용에 따라서는 오로지 금전적인 부담만을 부과하는 과태료나 이행강제금을 납부하고서라도 위법한 하도급계약을 유지할 동기도 있을 수 있다는 점 등을 고려하면, 과태료나 이행강제금 등의 단순한 행정상의 제재수단으로는 위법한 하도급계약의 체결을 방지하여 문화재수리의 품질향상과 문화재수리업의 건전한 발전을 도모하려는 심판대상조항의 입법목적을 달성하기에 충분하다고 단정하기 어렵다. 따라서 문화재수리업의 하도급금지의 강제수단으로 형사적인 제재를 부과할 필요성이 인정되고, 징역형 외에 벌금형을 선택적으로 규정하면서 그 법정형을 1년 이하의 징역형 또는 1천만 원 이하의 벌금형으로 규정하여 법관의 양형재량권을 폭넓게 인정하고 있으므로, 형벌이 과다하다고 보기도 어렵다.

(4) 법익균형성

무분별한 하도급으로 인한 부실시공을 방지하여 문화재수리의 품질향상과 문화재수리업의 건전한 발전을 도모하고자 하는 공익은 매우 중요한 반면, 전문문화재수리업자인 청구인들이 받게 되는 불이익은 문화재수리를 직접 수행하지 않고 다른 문화재수리업자에게 하도급함에 따른 직무수행상의 편의나 이윤을 취득하지 못하는 것이므로 상대적으로 경미하다. 따라서 심판대상조항은 법익의 균형성 요건도 충족한다.

라. 소결론

그러므로 심판대상조항은 과잉금지원칙에 위반되지 아니하므로 청구인들의 직업수행의 자유를 침해하지 아니한다.

5. 결론

그렇다면 심판대상조항은 헌법에 위반되지 아니하므로, 관여 재판관 전원의 일치 된 의견으로 주문과 같이 결정한다.

┃ 보물 제1623호, 성수침 필적 ┃

성수침 필적[1]

『성수침 필적(成守琛 筆蹟)』은 16세기 학자 청송(聽松) 성수침(成守琛 1493~1564)이 당나라 가도(賈島), 두목(杜牧), 이상은(李商隱)과 송나라 구양수(歐陽脩)의 칠언시를 쓴 것이다. 성수침 필적은 보물 제1623호로 지정되어 있다.

제2절 등록증을 자진반납한 경우 이미 체결한 도급계약의 수행 여부

　　문화재수리법에서는 거짓이나 부정한 방법으로 등록한 경우, 문화재 수리업무를 성실히 이행하지 않는 경우, 영업정지 기간 중에 영업을 하는 경우, 부정한 청탁을 받고 재물 또는 재산상의 이익을 취득하거나 부정한 청탁을 하면서 재물 또는 재산상의 이익을 제공한 경우, 기술능력, 자본금, 시설 등의 등록 요건에 미달한 사실이 있는 경우 등에는 문화재수리업의 등록을 취소할 수 있도록 하고 있다.[2] 이 경우 등록취소처분을 받은 문화재수리업자 및 그 포괄승계인은 그 처분을 받기 전에 도급을 체결하였거나 관계 법령에 따라 허가·인가 등을 받아 착수한 문화재수리에 대하여는 이를 계속하여 시행할 수 있다.[3] 그러나 문화재수리업자가 등록증을 자진해서 반납한 경우에도 이미 체결한 도급계약을 계속 수행할 수 있는지에 대한 규정이 없다. 아래에서 법령해석 사례를 통해 해결해 보기로 한다.

---

1) 국가문화유산포털(http://www.heritage.go.kr), "성수침 필적" 검색(2020.07.30. 최종방문).
2) 문화재수리법 제49조.
3) 문화재수리법 제22조 제1항.

문화재 수리업자가 등록증을 자진반납한 경우 이미 체결한 도급계약을 계속 수행할 수 있는지 여부(문화재보호법 제28조 제5항 관련)
[09-0418, 2010. 2. 1., 문화재청]

【질의요지】

문화재수리업 등록증을 자진반납한 경우(자진폐업신고)에 「문화재보호법」 제28조제5항에 따라 이미 체결한 도급계약의 이행을 위한 행위를 할 수 있는지?

【회답】

문화재수리업 등록증을 자진반납한 경우(자진폐업신고)에는 「문화재보호법」 제28조제5항에 따라 이미 체결한 도급계약의 이행을 위한 행위를 할 수 없습니다.

【이유】

「문화재보호법」 제27조제1항에서는 문화재수리를 업으로 하려는 자는 대통령령으로 정하는 기술능력, 자격, 그 밖의 요건을 갖추어 시·도지사에게 등록을 하도록 규정하여 문화재수리업(이하 "수리업"이라 함)에 종사하기 위해서는 일정한 요건을 갖추도록 규정하고 있습니다.

한편, 「문화재보호법」 제28조제1항 및 제2항에 따르면, 문화재수리업자(이하 "수리업자"라 함)의 등록취소 등에 대하여 규정하면서 같은 조 제5항에서는 등록취소 및 영업정지처분을 받은 수리업자의 경우는 이미 체결한 도급계약의 이행을 위한 행위를 규정하고 있으나 수리업자가 등록증을 '자진반납'한 경우는 규정하고 있지 않습니다.

그런데, 「문화재보호법」 제28조제5항에서 등록취소 등의 처분을 받아 수리업을 할 수 없는 자에게 계속하여 이미 체결된 도급계약의 이행을 할 수 있도록 한 취지는 문화재수리를 위한 도급계약을 맺은 후 제3자인 행정청에 의해 도급계약의 당사자인 수리업자의 등록이 취소되는 등 수리업자가 예상하지 못한 처분을 받아 공사를 계속하지 못하는 경우, 문화재 수리의 지연 등으로 인하여 발주자에게 발생할 수 있는 불측의 손해를 방지하기 위한 것입니다. 여기서 제3자인 행정청에 의한 등록취소, 영업정지 등은 수리업자의 의사와 상관없이 행해지는 침익적 처분으로서 원칙적으로 수리업자는 그 처분이 집행되기 전에는 처분의 시기와 수준 및 이로 인한 피해 등을 예측할 수 없으나, 수리업자의 등록증 자진반납은 수리업자가 스스로 등록증 자진반납의 시기를 결정함으로써 공사의 계속 여부를 스스로 결정할 수 있는 차이점이 있어 「문화재보호법」 제28조제5항을 등록증을 반납한 경우까지 적용하는 것은 해당 규정의 취지에 어긋나게 됩니다.

더욱이 「문화재보호법」 제27조제2항에서는 같은 법 제28조제1항 각 호의 사유에 해당하여 시·도지사에 의해 등록이 취소된 업자는 같은 법 제27조제1항에 따른 기술, 능력, 자격, 그 밖의 요건을 상실하거나 그에 미달한 사실이 있는 경우를 제외하고는 2년 내에 재등록을 할 수 없다고 규정하고 있어 등록취소가 된 경우에는 원칙적으로 2년간 재등록이 제한되는데 자진폐업의 경우에는 이러한 재등록 제한규정이 적용되지 아니하고 또 행정처분이 임박하여 자진폐업을 한 경우에도 특별한 사정이 있는 경우에 재등록을 제한하도록 하는 명문의 규정도 없으므로(「건설산업기본법」 제85조의2 참고), 만일 「문화재보호법」 제28조제5항을 수리업자가 등록증을 자진반납한 경우에도 적용된다고 한다면, 등록취소 등 행정처분이 임박한 수리업자가 도급계약을 우선 체결한 뒤 등록증을 반납하여 자진폐업을 하고 한편으로는 「문화재보호법」 제28조제5항을 근거로 이미 체결된 도급계약의 이행을 위하여 필요한 시공 등을 계속할 수 있는 것으로 되어 결과적으로 수리업자가 행정처분 및 이에 따른 재등록 제한을 회피하면서도 수리업을 계속 영위할 수 있습니다. 더 나아가 수리업자가 문화재 수리업자로 등록한 후 도급계약을 체결하고 다시 등록증의 자진반납과 재등록을 반복한다면 사실상 같은 법 제27조제1항에서 정하는 수리업자의 등록요건을 갖추지 않고 수리업을 영위하게 되거나 같은 법에서 정하는 각종 행정청의 관리·감독을 회피할 수 있게 되어 수리업자의 등록제도를 정한 취지를 해칠 수도 있습니다.

따라서, 수리업자가 등록증을 자진반납한 경우에는 「문화재보호법」 제28조제5항을 적용할 수 없으므로 이미 체결한 도급계약의 이행을 위한 행위를 할 수 없습니다.

제3절 부실시공과 관련된 사례

　　문화재수리법에서는 문화재수리, 실측설계 또는 감리는 문화재의 원형보존에 가장 적합한 방법과 기술을 사용하여야 하며, 문화재수리 등으로 인하여 지정문화재와 그 주변 경관이 훼손되어서는 안 될 것을 요구하고 있고,[4] 문화재수리 등을 하는 자는 1) 문화재수리 등의 업무를 신의와 성실로써 수행할 것, 2) 문화재수리 등의 기준에 맞게 문화재수리 등의 업무를 수행할 것, 3) 문화재수리 등의 보고서를 성실하게 작성하여 발주자에게 제출할 것, 4) 문화재의 원형을 보존하고 문화재수리의 품질을 향상시키기 위하여 필요하다고 인정하여 문화체육관광부령으로 정하는 사항을 준수할 것 등 관련 규정을 준수하여 성실히 문화재수리를 수행해야 한다.[5] 그러나 실제에서는 보수재료를 부당하게 사용하거나 불완전한 수리로 인한 부실시공이 잇따르고 있다. 아래에서 대표적인 사례를 살펴보기로 한다.

❶ 보수재료의 부당사용 관련

문화재수리업자등록취소처분취소청구
[중앙행심: 사건 1997-05944, 1997. 10. 24.]

【주문】
　　청구인의 청구를 기각한다.

【청구취지】
　　피청구인이 1997. 6. 24. 청구인에 대하여 한 문화재수리업자등록취소처분은 이를 취소한다.

---

4) 문화재수리법 제3조.
5) 문화재수리법 제6조.

【이유】

1. 사건개요

청구인이 1995. 10. 10. 청구외 전라남도 □□시청으로부터 □□읍성 민가보
수공사(이하"이 건 공사"라 한다)를 수주받아 공사를 시행함에 있어 이를 청
구외 (주)△△건설에 일괄하도급을 주어 시공하도록 하였고, 또한 동공사를
시공하면서 ○○회관 등 9개 가옥의 재사벽을 설계대로 시공하지 아니하였다
는 이유로 피청구인이 1997. 6. 24. 청구인에 대하여 문화재수리업자등록을
취소하였다.

2. 청구인 주장

청구인은 다음과 같이 주장한다.

가. 청구인은 청구인의 회사 소속 문화재수리기술자인 청구외 김□□을 현장
대리인으로 임명하고 각종자재와 7인(배□□, 나□□ 등)의 문화재수리기
능자등 노무자를 청구인이 직접조달하여 이 건 공사를 직영하였다.

나. 청구인이 이 건 공사를 위하여 위 배□□등 7인의 문화재수리기능자들을
고용할 당시인 1995. 10.경에는 이들은 소속회사인 청구외 △△종합건설
이 부도가 나서 사직한 상태였으므로 소속된 회사가 없었으며, 그후 공사
가 진행중인 1996. 2.경 청구외 김△△이 (주)△△건설을 설립하여 이들
을 (주)△△건설직원으로 채용한 것이다.

다. 청구인은 이미 이건 공사에 위 배□□ 등 문화재수리기능자들을 투입한
상태라서 비록 이들이 (주)△△건설의 직원으로 채용되었다 하더라도 이
들 을 철수시키고 새로운 기능자를 물색하여 이 건 공사에 투입한다는
것은 공정 및 공기상으로 도저히 불가능하였기 때문에 이들을 계속하여
고용하였던 것이고, 또한 이들을 효과적으로 통제하기 위하여 편의상 이
들에 대한 노임을 위 (주)△△건설의 대표이사인 김△△에게 교부하여 지
급하도록 한 것이므로 이는 일괄하도급이 아니다.

라. 청구인이 이 건 공사의 재사벽 시공을 하면서 설계와 달리 시멘트 $1\,kg/㎥$
를 추가로 혼합하여 시공한 것은 사실이나, 이는 재사벽의 균열예방 및
강도를 보강하기 위하여 부득이 사용한 것이었으므로 청구인이 이 건 공
사를 조잡시공한 것은 아니며, 더욱이 청구인은 그 후에 이를 설계대로
재시공까지 하였다.

마. 따라서 청구인은 이 건 공사를 시공함에 있어 위와 같이 일괄하도급이나 조잡시공을 하지 아니하였음에도 불구하고 피청구인은 객관적인 사실관계에 대한 규명도 없이 감사원의 일방적인 지시에 따라 이 건 처분을 한 것은 위법·부당하므로 취소되어야 한다.

3. 피청구인 주장

이에 대하여 피청구인은, 청구인이 1995. 10.~1996. 8.까지 이 건 공사를 시공하면서 청구인은 단지 노임 및 자재대금만을 지급하였을 뿐 노무자 모집, 작업관리 및 자재구입 등 실제공사는 청구외 (주)△△건설 대표 김△△으로 하여금 수행하도록 하는 등 사실상 이 건 공사의 시공관리를 위 (주)△△건설에 일괄하도급을 주어 시행하도록 하였으며, 또한 청구인은 ○○회관등 9개 가옥의 재사벽 시공을 설계대로 진흙 0.003㎥, 생석회 2.25㎏ 및 모래 0.0015㎥의 혼합비율에 의하여 시공하지 아니하고 설계와 다르게 재사벽시공에 사용하여서는 아니될 시멘트 1㎏ / ㎥를 추가로 혼합하여 시공함으로써 전통가옥의 외관을 해치는 등 공사비 895만4,296원 상당을 부당시공한 사실 등이 감사원 감사시 적발되었는 바, 피청구인이 감사원의 감사결과를 통보받고 청구인에 대하여 청문을 거쳐 관계법령에 따라 청구인의 문화재수리업자 등록을 취소한 것이므로 이 건 처분은 적법하고, 따라서 청구인의 이 건 심판청구는 기각되어야 한다고 주장한다.

4. 이 건 처분의 위법·부당여부

가. 관계법령

구 문화재보호법(1995. 12. 29. 법률 제5073호로 개정되기 전의 것) 제18조제4항

구 문화재보호법시행령(1996. 6. 29. 대통령령 제15079호로 개정되기 전의 것) 제14조제1항제3호 및 제5호

나. 판 단

(1) 피청구인이 제출한 확인서, 경위서, 청문서, 감사원 감사결과 처분요구서, 문화재수리업자행정처분통보서와 청구인이 제출한 문화재수리업자등록증, 공사도급표준계약서, 문화재수리기술자 및 기능자명부, 세금계산서, 사업자등록증, 확인서 등 각 사본의 기재를 종합하여 보면, 다음과 같은 사실을 각각 인정할 수 있다.

(가) 청구인은 보수·단청업 제○○호로 등록된 문화재수리업자로서, 1995. 10. 10. 전라남도 □□시청으로부터 이 건 공사를 4억 600만원에 수주받아 1996. 8. 10. 준공하였다.

(나) 감사원이 1996. 8. 30.~1996. 9. 14. 이 건 공사에 대하여 감사를 한 결과, 청구인이 이 건 공사를 시행함에 있어 노무자의 모집, 작업관리, 자재의 견적 및 구입등 사실상의 공사시공 및 관리를 (주)△△건설에 일괄하도급을 주어 시공하도록 하였고, 또한 ○○회관 등 9개 가옥의 재사벽시공을 설계대로 진흙 0.003㎥, 생석회 2.25㎏ 및 모래 0.0015㎥의 혼합비율에 의하여 시공하지 아니하고 설계와 다르게 재사벽시공에 사용하여서는 아니될 시멘트 1㎏/㎥를 추가로 혼합하여 시공함으로써 전통가옥의 외관을 해치는 등 부당시공한 사실을 적발하고, 피청구인에게 청구인에 대한 제재조치를 요구하였다.

(다) 청구인은 감사원의 지적에 따라 ○○회관 등 9개 가옥의 재사벽을 설계대로 재시공하였다.

(라) 피청구인이 1997. 6. 24. 청구인에 대하여 이 건 공사의일괄하도급 및 조잡시공을 이유로 청구인의 문화재수리업자등록을 취소하였다.

(2) 위 인정사실과 관계법령의 규정에 의하면, 청구인은 이 건 공사를 시행함에 있어 노무자의 모집, 작업관리, 자재의 견적 및 구입등 사실상의 공사시공 및 관리를 (주)△△건설에 일괄하도급을 주어 시공하도록 하였고, 또한 ○○회관 등 9개 전통가옥의 재사벽 시공을 함에 있어 설계대로 하지 아니하고 사용하여서는 아니될 시멘트 1㎏/㎥를 추가로 혼합하여 시공한 사실이 분명하다 할 것이며, 이는 문화재수리업자의 등록취소 요건을 규정한 구 문화재보호법시행령 제14조제1항제3호 및 제5호에 각각 해당된다 할 것이므로 피청구인의 이 건 처분이 위법·부당하다고 할 수 없을 것이다.

5. 결 론

그렇다면, 청구인의 청구는 이유없다고 인정되므로 이를 기각하기로 하여 주문과 같이 의결한다.

❷ 불완전한 수목제거 관련

문화재수리기술자업무정지처분취소청구
[중앙행심: 사건 1997-04124, 1997. 9. 12.]

【주문】

청구인의 청구를 기각한다.

【청구취지】

피청구인이 1997. 6. 24. 청구인에 대하여 한 6월의 업무정지처분은 이를 취소한다.

【이유】

1. 사건개요

   보수기술자(등록번호 제○○호)인 청구인은 충청북도 □□군에 소재한 ○○산성정비공사를 시행하였으나, 청구인은 ○○산성주변의 수목제거는 나무의 뿌리까지 완전히 제거하여야 함에도 나무의 몸체만을 제거하였고, 또한 강회다짐층을 15센티미터로 시공하여야 함에도 5센티미터 부족하게 시공을 하자, 피청구인은 1997. 6. 24. 청구인에 대하여 ○○산성의 조잡시공을 이유로 6월(1997. 7. 1.~1997. 12. 31.)의 업무정지처분을 하였다.

2. 청구인 주장

   이에 대하여 청구인은 다음과 같이 주장한다.

   가. 구문화재보호법시행령 제9조 및 제14조는 위임입법의 한계를 벗어난 위헌적인 시행령이다.

   나. 강회다짐시공중인 바닥이 경사면이고, 바탕면이 석재인 관계로 평평하지 못하여 틈새로 재료가 유입되어 일부분에서 설계상 두께(15센티미터)보다 5센티미터가 부족하게 시공된 것이고, 다른 구간의 강회다짐층은 설계상 두께(15센티미터)로 시공되었으며, 지적된 강회다짐부분은 재시공하였다.

   다. 성곽상부마무리공사시 감독관의 지시에 따라 일부구간은 장방형과 부정방형의 돌로 시공하여 그 공극을 잔돌로 채워 넣어 시공하였다.

라. 설계대로 뿌리까지 제거하게 되면 공극이 발생하여 성곽이 붕괴되어 인명
사고 및 안전사고의 우려가 있고, 또한 우기시 토사유실로 각종사고가 우
려되므로 나무몸체만 제거하는 것이 상례이다.

마. 지적된 상부계단부분, 강회다짐 부족분, 뿌리제거 공사는 모두 재시공을
마치고 1997. 4. 8. 준공하였다.

바. 문화재수리사업은 7월~9월 사이에 집중적으로 발주되므로, 7월~12월까
지 영업정지되면 사업상으로 큰 손해를 입을 것이다.

3. 피청구인 주장

피청구인은 다음과 같이 주장한다.

가. 설계상 15센티미터인데도 불구하고 5센티미터가 부족하게 시공하였고, 강
회다짐은 건식다짐공법을 사용하므로 청구인의 주장과는 달리 거의 흘러
내리지 않는다.

나. 성곽상부의 마무리공사를 밀착되게 시공하여야 함에도, 청구인은 틈이 벌
어지게 조잡시공하였다.

다. 수목의 뿌리는 그대로 둘 경우 돌사이로 침투하여 성곽의 균열을 촉진시
키므로 성곽보존을 위하여는 뿌리를 제거하는 것이 원칙이고, 특기시방서
및 공사내역서에도 뿌리를 제거하도록 규정되어 있다.

4. 이 건 처분의 위법·부당여부

가. 관계법령

구문화재보호법(1995.12.29. 법률 제5073호로 개정되기전의 것) 제18조
제4항, 동법시행령(1996. 8. 29. 대통령령 제15079호로 개정되기전의 것)
제9조제2호

나. 판 단

(1) 피청구인이 제출한 ○○산성정비공사의 시방서, 원가계산서 및일위대
가표, 감사원 감사결과 처분요구서, 현장사진 등과 청구인이 제출한
업무정지처분통보서, ○○산성재시공명령통보서, 준공검사조서 등 각
사본의 기재를 종합하여 보면, 다음과 같은 사실을 인정할 수 있다.
(가) 청구인은 1994. 12. 12.~1995. 8. 17.까지 ○○산성보수정비공
사(시행청: □□군청)를 시행하였다.

(나) 청구외 □□군에서 작성한 ○○산성정비공사의 시방서에, 성곽
보수공사에 대하여는 "해체하여 다시 쌓을 때 맞물리는 부분은
모를 맞추어서 구조적으로 무리가 없도록 한다"라고 기재되어
있고, 수목정리에 대하여는 "성곽보전에 저해가 되는 수목은 제
거한다"라고 기재되어 있고, 성벽상부공사에 관하여는 "성벽사
이로 우수가 스며 들지 않도록 성곽상부에서 2~3단 밑에 강회
다짐을 15센티미터한 후 그 위에 석재를 쌓도록 한다"라고 기재
되어 있다.

(다) ○○산성정비공사일위대가표에 뿌리제거비용으로 노무비가 계상
되어 있다.

(라) 감사원이 1996. 8. 30.~1996 .9. 14. ○○산성정비공사에 대하
여 감사를 한 결과, 청구인이 상부계단부분을 부실시공하여 아
래·윗돌 사이의 틈이 심하게 벌어지게 시공한 사실, 판석밑부분
의 강회다짐층을 설계보다 5센티미터 부족한 10센티미터로 부
당시공한 사실, 수목뿌리 성장으로 인한 성곽의 붕괴위험을 사
전에 방지하기 위하여 수목의 뿌리까지 완전하게 제거하여야 함
에도 나무몸체만 제거한 사실 등을 적발하여, 피청구인에게 청
구인에 대한 제재조치를 요구하였다.

(마) 감사원의 위 지적에 따라 청구인은 부실시공한 곳에 대한 재시
공공사를 하여 1997. 3. 26. 준공을 하였다.

(바) 피청구인은 1997. 6. 24. 청구인에 대하여 ○○산성의 조잡시공
을 이유로 1997. 7. 1.~1997. 12. 31. 까지 6월의 업무정지처분
을 하였다.

(2) 위 인정사실과 관계법령에 의하면, 청구인이 상부계단부분을 부실시
공하여 아래·윗돌 사이의 틈이 심하게 벌어지게 시공하였고, 판석밑
부분의 강회다짐층을 설계보다 5센티미터 부족한 10센티미터로 불법
시공하였고, ○○산성정비공사의 시방서 및 일위대가표의 기재에 의
하면 수목의 뿌리까지 완전히 제거하여야 함에도 나무몸체만 제거하
였으므로, 이는 구문화재보호법시행령 제9조제2호의 고의 또는 중대
한 과실로 수리공사를 조잡하게 함으로써 문화재를 훼손한 때에 해

당한다고 할 것이므로 피청구인의 이 건 처분은 위법·부당하다고 할 수 없을 것이다.

5. 결 론

그렇다면, 청구인의 청구는 이유없다고 인정되므로 이를 기각하기로 하여 주문과 같이 의결한다.

┃참고┃ 문화재수리기술자의 종류 및 업무 범위[6]

종 류	업무 범위
1. 보수기술자	가. 건축·토목공사의 시공 및 감리 나. 가목과 관련된 고증·유구(遺構: 옛 구조물의 흔적)조사 및 수리(修理)보고서의 작성과 그에 따른 업무
2. 단청기술자	가. 단청분야[불화(佛畵)를 포함한다]의 시공 및 감리 나. 가목과 관련된 고증·유구조사 및 수리보고서의 작성과 그에 따른 업무
3. 실측설계기술자	가. 문화재수리의 실측설계 도서의 작성 및 감리 나. 가목과 관련된 고증·유구조사와 그에 따른 업무
4. 조경기술자	가. 조경공사의 조경계획과 시공 및 감리 나. 가목과 관련된 고증·유구조사 및 수리보고서의 작성과 그에 따른 업무
5. 보존과학기술자	가. 보존처리 시공 및 감리 나. 가목과 관련된 고증·유구조사 및 수리보고서의 작성과 그에 따른 업무
6. 식물보호기술자	가. 식물의 보존·보호를 위한 병충해 방제, 수술, 토양개량, 보호시설 설치, 환경개선 및 감리 나. 가목과 관련된 진단, 수리보고서의 작성과 그에 따른 업무

---

6) 문화재수리법 시행령 제8조 제1항 관련 별표2.

‖ 참고 ‖ 문화재수리기능자의 종류 및 업무 범위[7]

종류			업무 범위
1.	한식목공	대목수	목조 건조물의 해체·조립 및 치목(治木: 나무다듬기)과 그에 따른 업무
		소목수	목조 건조물의 창호·닫집 등과 이와 유사한 구조물의 제작·설치 및 보수와 그에 따른 업무
2.	한식석공	가공석공	석재의 가공과 그에 따른 업무
		쌓기석공	석조물의 축조·해체 및 보수와 그에 따른 업무
3.	화공		단청(불화를 포함한다)과 그에 따른 업무
4.	드잡이공		드잡이(기울거나 내려앉은 구조물을 해체하지 않고 도구 등을 이용하여 바로잡는 일을 말한다)와 그에 따른 업무
5.	번와(翻瓦)와공(기와를 해체하거나 이는 사람)		기와의 해체 및 이기와 그에 따른 업무
6.	제작와공		기와·전돌(塼乭: 흙으로 구워 만든 벽돌) 등의 제작과 그에 따른 업무
7.	한식미장공		미장과 그에 따른 업무
8.	철물공		철물 등의 제작 및 보수와 그에 따른 업무
9.	조각공	목조각공	목재를 이용한 조각, 목조각물의 보수와 그에 따른 업무
		석조각공	석재를 이용한 조각, 석조각물의 보수와 그에 따른 업무
10.	칠공		옻 등의 전통 재료를 이용한 칠, 칠의 보수와 그에 따른 업무
11.	도금공		도금, 도금과 관련된 보수와 그에 따른 업무
12.	표구공		표구, 표구물의 보수와 그에 따른 업무
13.	조경공		조경의 시공과 그에 따른 업무
14.	세척공		세척과 그에 따른 업무
15.	보존과학공	훈증공	재료나 자재의 살균·살충·방부 등을 위한 훈증과 그에 따른 업무
		보존처리공	보존처리와 그에 따른 업무
16.	식물보호공		식물의 보존·보호를 위한 병충해 방제, 수술, 토양개량, 보호시설 설치 및 환경개선과 그에 따른 업무
17.	실측설계사보		실측 및 설계도서 작성과 그에 따른 업무
18	박제 및 표본제작공		박제·표본 제작 및 보수와 그에 따른 업무
19.	모사공		서화류의 모사와 그에 따른 업무
20.	온돌공		온돌의 해체·설치 및 보수와 그에 따른 업무

----

7) 문화재수리법 시행령 제11조 제2항 관련 별표6.

❸ 문화재수리업자 부정등록 관련

문화재수리업자등록취소처분취소청구
[중앙행심: 사건 1997-04122, 1997. 9. 12.]

【주문】

청구인의 청구를 기각한다.

【청구취지】

피청구인이 1997. 6. 23. 청구인에 대하여 한 문화재수리업자등록취소처분은 이를 취소한다.

【이유】

1. 사건개요

청구인이 1995. 1. 20. 문화재수리업자등록을 하면서 1995. 1. 5. 이미 사망한 청구외 망 이△△을 보유기술자로 하여 등록함으로써 허위 기타 부정한 방법으로 등록하였다는 이유로 피청구인이 1997. 6. 23. 청구인에 대하여 문화재수리업자등록을 취소하였다.

2. 청구인 주장

청구인은 다음과 같이 주장한다.

가. 청구인은 문화재수리기술자인 청구외 망 이△△이 사망하기 전인 1994. 12. 15. 1년기간으로 입사계약을 체결하였고 그후 청구외 망 이△△이 1995. 1. 5. 사망한 사실을 모른채 1995. 1. 20. 피청구인에게 문화재수리업자등록신청서를 제출하였으므로 청구인은 허위 기타 부정한 방법으로 등록을 한 것이 아니고 단지 사망사실을 통보받지 못한 데에 기인한 과실이 있다고 할 것이므로, 이를 이유로 등록을 취소함은 위법하다.

나. 청구인은 이미 1986년부터 문화재수리업자로 등록을 하였으므로 1995년의 등록은 실질적으로는 문화재수리기슬자변경신고에 불과한 것이라 할 것이므로 이를 "허위 기타 부정한 방법으로 등록을 한 때"에 해당한다고

볼 수 없다.

다. 청구인은 1996년에 위 이△△과의 계약기간이 만료되어 청구외 문화재수리기술자 심△△를 확보하여 변경신고를 하였으므로 1995년의 등록상의 하자는 이미 치유되었다고 해야할 것임에도 불구하고 이제와서 1995년의 등록상의 하자를 이유로 등록을 취소함은 위법한 것이다.

3. 피청구인 주장

이에 대하여 피청구인은, 청구인은 청구외 망 이△△이 근로계약체결 당시 이미 사망했던 사실을 몰랐다고 주장하나, 당시 이△△은 75세의 고령으로 근로능력의 확인이 필요함에도 불구하고 임금 기타 근로조건에 대한 아무런 명시도 없이 계약을 체결했다는 사실을 신뢰할 수 없고, 위 이△△을 고용한 기간 동안 청구인이 수주한 문화재보수공사가 총 7건이나 한번도 위 이△△을 현장대리인으로 선임하지 아니하고 공사계약일반조건을 어기면서까지 청구외 오△△을 현장대리인으로 중복선임한 사실로 미루어 볼 때 청구인은 위 이△△의 사망사실을 알고 있었다고 보아야 할 것이므로, 이 건 처분은 관계법령에 따른 적법한 처분이고 따라서 청구인의 청구는 기각되어야 한다고 주장한다.

4. 이 건 처분의 위법·부당여부

가. 관계법령

구문화재보호법(1995. 12. 29. 법률 제5073호로 개정되기 전의 것) 제18조제4항

구문화재보호법시행령(1996. 6. 29. 대통령령 제15079호로 개정되기 전의 것) 제14조제1항제1호

나. 판 단

(1) 청구인이 제출한 문화재수리업자등록신청서, 문화재수리기술자변경신고서, 문화재수리업자등록신청서, 보수기술자변경신고, 진술서, 이△△ 소재 및 사망여부확인요청공문과 피청구인이 제출한 입사합의서, 문화재보수공사수주현황, 이△△제적등본 등 각 사본의 기재를 종합하여 보면, 다음과 같은 사실을 각각 인정할 수 있다.

(가) 청구인은 문화재수리업자로서, 문화재수리기술자인 청구외 망 이△△이 1995. 1. 5. 사망한 이후인 1995. 1. 20. 위 이△△을 보유기술자로 하여 피청구인에게 문화재수리업자등록신청서를

제출하였고, 1996. 2. 28. 위 이△△을 청구외 심△△로 변경신고하였다.

(나) 청구인은 1995년에 현장대리인을 청구외 오△△으로 하여 총 7건의 문화재보수공사를 수주하였다.

(다) 청구인이 피청구인에게 제출한 위 이△△과의 입사합의서에 의하면, 임금 기타 근로조건에 대한 언급이 없고, 위 이△△이 사망한 이후인 1995. 1. 20.에 작성된 것으로 되어 있다.

(라) 피청구인이 1997. 6. 23. 청구인에 대하여 문화재보호법 제18조의9제1항 및 동법시행규칙 제11조의2에 의거하여 문화재수리업자등록취소처분을 하였다.

(2) 위 인정사실과 관계법령의 규정에 의하면, 청구인은 1995. 1. 5. 사망한 청구외 망 이△△을 보유기술자로 기재하여 1995. 1. 20. 피청구인에게 문화재수리업자등록을 한 사실이 명백하고, 청구인은 위 이△△의 사망사실을 몰랐다고 주장하나 이를 입증할 명백한 증거가 없을 뿐 아니라 모든 객관적 상황을 종합하여 볼 때 청구인이 위 이△△의 사망사실을 알았다고 보는 것이 타당하다고 할 것이며, 피청구인이 이 건 처분을 함에 있어 그 근거법령으로서 행위당시의 법령이 아닌 현행법령을 적시한 잘못은 인정되나, 청구인이 "허위 기타 부정한 방법으로 등록을 한 때"에 해당하는 이상 구법을 적용하여도 그 결과에 있어 차이가 없으므로 그 하자는 이 건 처분을 취소할 정도의 하자는 아니라고 할 것이므로, 피청구인이 청구인에 대하여 한 이 건 문화재수리업자등록취소처분은 적법·타당하다고 할 것이다.

5. 결 론

그렇다면, 청구인의 청구는 이유없다고 인정되므로 이를 기각하기로 하여 주문과 같이 의결한다.

제4절   문화재수리업자가 수리할 수 있는 시설물의 범위

문화재수리란 문화재를 보수·복원·정비 및 손상 방지를 위한 조치를 말하는데, 여기에는 지정문화재(임시지정문화재를 포함한다)와 함께 전통문화를 구현·형성하고 있는 주위의 시설물 또는 조경으로서 대통령령으로 정하는 것이 포함된다.[8] 다시 여기서 대통령령으로 정하는 것이란, 지정문화재를 둘러싸고 있는 보호구역 안의 시설물 또는 조경과 지정문화재를 둘러싸고 있는 토지 내에서 지정문화재의 보존 및 활용을 위하여 필요한 시설물 또는 조경을 말한다.[9] 즉, 문화재수리의 대상은 단순히 훼손되었거나 노후화된 문화재 그 자체뿐만 아니라 그 문화재의 보존과 활용을 위해 필요한 시설물과 주변 조경을 포함하는 넓은 의미를 지닌다. 아래에서 사례를 통해 보다 자세히 살펴보기로 한다.

문화재수리업자가 수리할 수 있는 시설물의 범위
(「문화재수리 등에 관한 법률」 제5조 등 관련)
[15-0362, 2015. 7. 30., 문화재청]

【질의요지】

지정문화재를 수리하기 위하여 주구조가 철골구조이면서 문화재를 둘러싸고 있는 시설물(가설덧집)을 한시적으로 설치할 경우, 그 시설물의 설치도 「문화재수리 등에 관한 법률」 제5조제2항에 따라 「건설산업기본법」에 따른 해당 분야의 종합공사를 시공하는 업종을 등록한 문화재수리업자가 하여야 하는지?

〈질의배경〉

전통목조양식으로 건축된 진남관(국보 제304호)를 수리하기 위하여 철골구조로 이루어진 가설덧집(사진 참조)을 설치할 경우, 그 수리를 「건설산업기본법」에 따른 해당 분야의 종합공사를 시공하는 업종을 등록한 문화재수리업자만이

---

8) 문화재수리법 제2조 제1호.
9) 문화재수리법 시행령 제2조.

할 수 있는지에 대하여 문화재청 내부에서 의견이 나뉘자 법제처에 법령해석을 요청함.

【회답】

지정문화재를 수리하기 위하여 주구조가 철골구조이면서 문화재를 둘러싸고 있는 시설물(가설덧집)을 한시적으로 설치할 경우, 그 시설물의 설치도 「문화재수리 등에 관한 법률」 제5조제2항에 따라 「건설산업기본법」에 따른 해당 분야의 종합공사를 시공하는 업종을 등록한 문화재수리업자가 하여야 합니다.

【이유】

「문화재수리 등에 관한 법률」(이하 "문화재수리법"이라 함) 제2조제1호 각 목 외의 부분 본문에서는 "문화재수리"란 같은 호 각 목의 어느 하나에 해당하는 것의 보수·복원·정비 및 손상 방지를 위한 조치를 말하는 것으로 규정하면서, 가목에서는 「문화재보호법」 제2조제2항에 따른 지정문화재(무형문화재는 제외함. 이하 같음), 나목에서는 「문화재보호법」 제32조에 따른 가지정문화재, 다목에서는 지정문화재(가지정문화재를 포함함)와 함께 전통문화를 구현·형성하고 있는 주위의 시설물 또는 조경으로서 대통령령으로 정하는 것이라 규정하고 있고, 이에 따라 같은 법 시행령 제2조제1호에서는 「문화재보호법」 제2조제2항에 따른 지정문화재(같은 법 제32조에 따른 가지정문화재를 포함하며, 같은 법 제2조제1항제2호에 따른 무형문화재 및 같은 법 제25조에 따른 사적, 명승 및 천연기념물은 제외함. 이하 이 조에서 같음)를 둘러싸고 있는 보호구역 안의 시설물 또는 조경을, 제2호에서는 「문화재보호법」 제2조제2항에 따른 지정문화재를 둘러싸고 있는 토지[같은 법 제33조에 따른 소유자 및 같은 법 제34조(같은 법 제74조제2항에 따라 준용하는 경우를 포함함)에 따른 관리단체가 관리하고 있는 것으로 한정함] 내에서 지정문화재의 보존 및 활용을 위하여 필요한 시설물 또는 조경을 규정하고 있습니다.

또한, 문화재수리법 제5조제1항 본문에서는 문화재의 소유자(「문화재보호법」 제34조에 따라 지정된 관리단체를 포함함)가 문화재수리를 하려는 경우에는 문화재수리업자에게 수리하도록 하거나 문화재수리기술자 및 문화재수리기능자가 함께 수리하도록 하여야 한다고 규정하고 있고, 같은 조 제2항에서는 제1항에도 불구하고 대통령령으로 정하는 시설물의 경우에는 「건설산업기본법」에 따른 해당 분야의 종합공사를 시공하는 업종을 등록한 문화재수리업자에게 수리하도록 하여야 한다고 규정하고 있으며, 이에 따라 「문화재수리 등에 관한 법률 시행령」 제4조제2항에서는 법 제5조제2항에서 "대통령령으로 정하는 시설물"이란 주구조(主構造)가 철근콘크리트구조, 철골구조 또는 철골철근콘크리트구조(이하 "철근콘크리트구조 등"이라 함)에 해당하는 시설물을 말한다고 규정하고 있는바,

이 사안은 지정문화재를 수리하기 위하여 주구조가 철골구조이면서 문화재를 둘러싸고 있는 시설물(이하 "가설덧집"이라 함)을 한시적으로 설치할 경우, 그 가설덧집이 문화재수리법 제5조제2항 및 같은 법 시행령 제4조제2항에 따른 시설물에 해당하여 「건설산업기본법」에 따른 해당 분야의 종합공사를 시공하는 업종을 등록한 문화재수리업자만이 이를 설치할 수 있는지에 관한 것이라 하겠습니다.

먼저, 문화재수리란 문화재수리법 제2조제1호 각 목의 문화재 등의 보수·복원·정비 및 손상 방지를 위한 조치를 말하는 것인데, 가설덧집은 문화재수리 과정에서 나타날 수 있는 문화재의 손상 방지와 수리공사의 안전성 확보를 위하여 지붕과 기둥을 갖추어 문화재를 둘러싸고 있는 구조물로서, 비록 가설덧집 그 자체는 분리하여 문화재로 볼 수 없다 하더라도, 지정문화재를 수리하기 위한 조치의 하나로 가설덧집을 한시적으로 설치할 경우에는 가설덧집의 설치행위가 문화재수리에 해당한다고 할 것입니다.

그리고, 문화재수리법 시행령 제4조제2항은 철근콘크리트구조 등에 대한 전문성이 미흡한 문화재수리업자가 문화재수리를 함으로써 시공품질이 저하되는 것을 막기 위하여 개정된 것으로서(2014. 12. 16. 대통령령 제25854호로 일부개정되어 2015. 2. 5. 시행된 「문화재수리 등에 관한 법률 시행령」 제·개정이유서 참조), 문화재의 보수를 위한 시설물이라도 그 주구조가 철근콘크리트구조 등이라면 이에 대한 전문성을 갖춘 자가 설치하는 것이 이러한 개정취지와 문화재수리법의 전체적인 입법 목적에 보다 부합하는 것이라 할 것이고, 「건설산업기본법」 제2조제4호 각 목 외의 부분 단서 및 라목에서는 문화재수리법에 따른 문화재수리공사를 건설공사의 개념에서 제외하고 있어, 문화재수리공사의 경우 「건설산업기본법」에 의해서는 다른 제한을 받지 않게 되는데, 철근콘크리트구조 등으로 이루어진 구조물의 안전성 확보와 그 붕괴 시 위험성을 고려해 보면, 위와 같

은 구조물을 설치하는 문화재수리공사는 일정한 자격을 갖춘 자의 시공이 요구된다 할 것입니다.

이상과 같은 점을 종합해 볼 때, 지정문화재를 수리하기 위하여 가설덧집을 한시적으로 설치할 경우, 그 설치도 문화재수리법 제5조제2항에 따라「건설산업기본법」에 따른 해당 분야의 종합공사를 시공하는 업종을 등록한 문화재수리업자가 하여야 한다고 할 것입니다.

┃참고┃ 문화재수리용 덧집[10]

1. 문화재수리용 덧집은 목·석조 문화재수리 시에 설치함을 원칙으로 한다. 다만, 문화재 수리의 기간이 짧거나 범위가 경미할 경우에는 설치하지 아니할 수 있다.
2. 덧집은 작업공간 및 적재하중을 고려하여 적정규모로 안전하게 설치한다.
3. 관람객의 안전 및 공사에 지장이 없는 범위 내에서 외부에서도 관람이 가능한 구조로 설치한다.
4. 저채도 색상, 무광택 재질의 주변 경관에 어울리는 형태로 설치하며, 덧집 외부에는 공사 가림막을 설치할 수 있다.

제5절 문화재수리현장의 의미

문화재수리업자는 문화재수리에 관한 기술적인 업무를 수행하도록 하기 위하여 대통령령으로 정하는 바에 따라 문화재수리 현장에 해당 문화재수리기술자 1명 이상을 배치하고, 이를 발주자에게 서면으로 알려야 하며, 발주자의 승낙을 받은 경우에는 해당 문화재수리업무의 수행에 지장이 없는 범위에서 대통령령으로 정하는 바에 따라 1명의 문화재수리기술자를 둘 이상의 문화재수리 현장에 배치할 수 있다.[11] 문화재수리기술자의 현장 배치기준은 시행령에서 정하고 있는데, 문화재수리의 대상과 예정금액에 따라 문화재수리기술자를 해당 문화재수리의 착수와 동시에 문화재수리 현장에 배치하여야

---

10) 문화재청, 문화재수리 업무편람, 문화재청(2019), 129쪽.
11) 문화재수리법 제33조.

하는 것을 원칙으로 하고, 다만, 문화재수리의 중요성 및 특성을 고려하여 도급계약 당
사자 간의 합의에 의하여 문화재수리 현장에 배치하여야 할 문화재수리기술자의 종류,
경력 또는 인원수를 강화된 기준으로 정한 경우에는 그 기준에 따르도록 하고 있다.[12]

먼저 지정문화재와 임시지정문화재의 경우 문화재수리 예정금액이 10억원 이상
인 문화재수리는 문화재수리기술자의 자격을 취득한 후 해당 분야에 7년 이상 종사한
사람을 배치하도록 하고 있다.[13] 그리고 지정문화재와 임시지정문화재 주변의 시설물
이나 조경의 경우 문화재수리 예정금액이 30억원 이상인 문화재수리는 문화재수리기
술자의 자격을 취득한 후 해당 분야에 5년 이상 종사한 사람을, 예정금액이 20억원 이
상 30억원 미만인 문화재수리는 문화재수리기술자의 자격을 취득한 후 해당 분야에서
3년 이상 종사한 사람을 배치하도록 하고 있다.[14] 그 이외의 문화재수리의 경우에는
문화재수리기술자의 자격을 취득한 사람을 배치하도록 하고 있다.[15] 문화재수리업자
는 문화재수리의 품질 및 안전에 지장을 주지 아니하는 범위에서 발주자의 승낙을 받
아 1명의 문화재수리기술자를 3개 이하의 문화재수리 현장에 배치할 수 있다.[16]

그렇다면 다음으로 문화재수리기술자가 배치되어야 하는 문화재수리 현장의 범
위는 어떤 것인지 알아보기로 한다.

문화재수리기술자가 배치되어야 하는 문화재수리 현장의 의미
(문화재수리 등에 관한 법률 시행령 제18조 제3항 등 관련)
[18-0710, 2019. 4. 12., 문화재청]

【질의요지】

「문화재수리 등에 관한 법률」 제33조제1항 단서 및 같은 법 시행령 제18조제
3항 본문(문화재수리법 시행령 제18조제3항 단서에서는 「국가를 당사자로 하는

---

12) 문화재수리법 시행령 제18조.
13) 문화재수리법 제18조 제1항 제1호.
14) 문화재수리법 시행령 제18조 제1항 제2호 및 제3호.
15) 문화재수리법 시행령 제18조 제1항 제4호.
16) 문화재수리법 시행령 제18조 제3항.

계약에 관한 법률 시행령」 제26조제1항제5호가목 및 「지방자치단체를 당사자로 하는 계약에 관한 법률 시행령」 제25조제1항제5호에 따른 수의계약에 의한 문화재수리나 문화재수리 예정금액이 5천만원 미만인 문화재수리법 제2조제1호다목에 해당하는 문화재수리를 포함하는 경우에는 1명의 문화재수리기술자를 5개 이하의 문화재수리 현장에 배치하도록 규정하고 있으나, 쟁점의 단순화를 위해 이 사안에서는 문화재수리법 시행령 제18조제3항 단서에 해당하지 않고 같은 항 본문에 해당하는 문화재수리를 전제로 논의를 진행함)에 따라 1명의 문화재수리기술자를 3개 이하의 문화재수리 현장에 배치할 수 있는바, 여러 동산문화재를 각 도급(문화재수리법 제2조제13호에 따른 도급을 의미함)계약에서 문화재를 수리하는 곳으로 정하고 있는 하나의 동일한 장소로 옮겨서 수리하는 경우 1명의 문화재수리기술자는 서로 다른 곳에서 옮겨진 4개 이상의 동산문화재를 수리할 수 있는지?

〈질의배경〉

쉽게 이동이 가능한 동산문화재는 수리시설이 갖춰진 장소로 이동하여 수리하는 것이 일반적인데, 1명의 문화재수리기술자가 한 장소로 옮겨진 여러 개의 동산문화재를 수리하는 것이 문화재수리기술자의 현장 배치기준에 부합하는지에 대해 문화재청 내부에서 이견이 있어 법제처에 법령해석을 요청함.

【회답】

이 사안의 경우 1명의 문화재수리기술자는 서로 다른 곳에서 옮겨진 4개 이상의 동산문화재를 수리할 수 있습니다.

【이유】

「문화재수리 등에 관한 법률」(이하 "문화재수리법"이라 함) 제33조제1항 및 그 위임에 따른 같은 법 시행령 제18조제3항 본문에서는 문화재수리업자에게 문화재수리 현장에 1명 이상의 문화재수리기술자를 배치하는 것을 원칙으로 하면서 일정한 경우에는 예외적으로 1명의 문화재수리기술자를 3개 이하의 문화재수리 현장에 중복하여 배치할 수 있도록 허용하고 있는바, 해당 규정에서는 1명의 문화재수리기술자가 배치될 수 있는 "문화재수리 현장의 개수"를 제한하고 있을 뿐 "수리하는 문화재 개수"를 제한하고 있지 않습니다.

그리고 동일한 법령에서 사용되는 용어는 특별한 사정이 없는 한 동일하게 해석·적용되어야 하는바, 문화재수리법 제33조제2항에서 문화재수리 현장에 배치된 문화재수리기술자가 발주자의 승낙을 받지 않고 정당한 사유 없이 "그 문화재수리 현장"에서 이탈하는 것을 금지하고 있는 점을 고려할 때 문화재수리기술자의 배치기준인 "문화재수리 현장"은 "현장"의 사전적 의미에 따라 "문화재수리가 실제로 이루어지는 물리적인 장소"를 의미하는 것으로 보아야 합니다.

그렇다면 문화재수리법 제33조제1항은 동산문화재에 대한 별도의 고려 없이 문화재수리기술자를 문화재의 수리 현장에 배치하도록 규정한 것으로 볼 수 있는데, 다른 장소로 옮길 수 없어 원래 있던 곳에서 문화재수리가 이루어질 수밖에 없는 시설물 등의 문화재와 문화재수리에 필요한 시설이 갖춰진 장소로 이동하여 수리할 수 있는 동산문화재를 동일하게 보아 문화재수리기술자의 배치기준인 "문화재수리 현장의 개수"를 동산문화재가 실제로 수리되는 장소의 개수가 아닌 수리를 위해 옮겨지기 전 "원래 동산문화재가 있던 장소의 개수"로 볼 수는 없습니다.

아울러 침익적 행정처분의 근거가 되는 행정법규는 엄격하게 해석·적용해야 하는바, 문화재수리법령에서 1명의 문화재수리기술자를 4개 이상의 문화재수리 현장에 배치한 문화재수리업자에 대해 영업정지 처분을 규정하고 있는 점을 고려할 때 문화재수리기술자의 배치기준인 "문화재수리 현장"을 "원래 문화재가 있던 곳을 기준으로 산정한 각각의 수리 대상 문화재"로 보는 것은 문언의 통상적인 의미를 벗어나 확장해석하는 것이므로 타당하지 않습니다.

※ 법령정비 권고의견

문화재수리법 제33조제1항 및 같은 법 시행령 제18조제3항에서 규정하고 있는 문화재수리기술자의 현장 배치기준은 동산문화재에 대한 고려 없이 규정된 것으로서 이동이 가능한 동산문화재의 특성을 고려하여 문화재수리기술자의 배치기준을 별도로 마련하는 등의 조치를 검토할 필요가 있습니다.

제5편

무형문화재법

제1장
제정배경

제1절   개요

　　무형문화재는 문화재보호법이 제정될 당시부터 우리 문화재 제도의 한 축을 담당
해 왔다. 1962년 문화재보호법에서는 무형문화재를 '연극, 음악, 무용, 공예기술 기타
의 무형의 문화적 소산으로서 우리나라의 역사상 또는 예술상 가치가 큰 것'으로 규정
하고, 무형문화재 중 중요한 것을 중요무형문화재로 지정하여 관리해 왔다. 그러나
1970년대와 1980년대 도시화와 현대화를 거치면서 전통문화가 다소 도외시되는 경향
이 있었고, 1990년대부터는 무형문화재 보유자들의 세대교체 과정에서 보유자나 보유
단체를 둘러싼 갈등이 상당 기간 지속되었다. 2001년 법 개정 당시 자료를 보면 중요
무형문화재 보유자의 해제 사유 97건 중 96건이 보유자의 사망으로 인하여 해제되었
을 만큼 무형문화재 전승체계의 문제점이 심각했다.

　　무형문화재 제도의 핵심은 무형문화재 종목의 지정과 보유자 또는 보유단체의 인
정에 있는데, 특히 보유자 등의 인정제도를 둘러싼 갈등의 큰 원인 중 하나는 무형문
화재를 바라보는 시각을 '원형유지'로 볼 것인지 아니면 '전형'의 개념을 도입할 것인
지에 대한 대립에 있었다. 1970년 문화재보호법 시행규칙에서는 중요무형문화재 보유
자의 인정기준을 1) 지정된 중요무형문화재의 예능 또는 기능을 원형대로 정확히 체
득·보존하고 이를 그대로 실현할 수 있는 자, 2) 지정된 중요무형문화재의 예능 및
기능의 성격상 개인적 특색이 희박하고 보유자로 될 만한 자가 다수일 경우에는 그중

에서 대표적인 자로 규정하고 있었다. 다시 말하면 1970년에 마련된 무형문화재 보유자의 인정기준이 과연 변화하는 시대에 적합한 것인지를 두고 찬반의견이 대립해 온 것이다. 게다가 1982년에 중요무형문화재의 보유자에 의한 전수교육이 법제화되면서 보유자 중심의 전승체계는 한층 강화되었다.

1990년대 후반까지 무형문화재 보유자 등의 인정제도에 대한 논란은 지속되었다. 그러다가 2001년 법 개정을 통해 기능이나 예능의 전수교육을 정상적으로 실시하기 어려운 경우에는 중요무형문화재 보유자의 인정을 해제할 수 있도록 하고, 2008년에는 중요무형문화재 보유자의 기능이나 예능을 공개하도록 의무화하는 등 전승체계를 객관화하고 투명화하는 방향으로 무형문화재 제도를 발전시켜 왔다.

그리고 2015년 무형문화재법을 제정하면서 전형의 개념을 수용하였다. 무형문화재법은 전형의 개념을 "무형문화재의 가치를 구성하는 본질적인 특징으로서, 여러 세대에 걸쳐 전승·유지되고 구현되어야 하는 고유의 기법이나 형식 및 지식"으로 정의하고 있다. 무형문화재의 특성이 시대에 따라 변해 가고 재창조되는 과정을 거친다는 점을 감안하면 과거의 원형유지 원칙을 벗어나 전형의 개념을 수용한 것은 매우 바람직한 판단이라고 평가할 수 있다. 그러나 한편으로는 무형문화재의 종류와 특성이 다양하기 때문에 시대의 흐름에 따른 변화를 어디까지 수용할지에 대한 고민은 계속된다고 할 수 있다.

제2절 제정안의 주요내용과 개정 경과

❶ [시행 2016. 3. 28.] [법률 제13248호, 2015. 3. 27., 제정]

〈제정이유〉

• 2003년 10월 17일 유네스코 「무형문화유산 보호협약」이 제정됨에 따라 회원국으로 가입한 우리나라의 무형문화재 보호 제도 및 정책의 틀을 새롭게 마련해야 할 필요성이 제기되던 중에 2011년 5월 중국이 조선족의 '아리랑'을 자국의 무형문화유산으로 지정하여 발표하는 등 대외적으로 무형문화재를 둘러싼 치열한 국제적 경쟁에

직면하였음.

- 1962년 1월 10일 「문화재보호법」이 제정된 이래 한민족의 전통생활 방식에 녹아 있는 무형문화재를 보호하기 위한 각종 정책을 시행한 결과, 도시화·산업화의 격랑 속에 사라질 위기에 처한 우리 전통문화를 보호하는 데에 일정한 성과를 거두었음.
- 그러나 무형문화재 범위의 협소화와 무형문화재 원형유지 원칙으로 인한 창조적 계승·발전 저해, 전통공예품의 사회적 수요 저하로 인한 공예기술의 전승단절 위기 고조, 사회환경 변화로 인한 도제식 전수교육의 효용성 부족, 지식재산권을 둘러싼 무형문화재 분야의 사회적 갈등 발생 등 무형문화재의 보전 및 진흥을 위한 새로운 제도적·법적 뒷받침이 절실히 요구되는 상황임.
- 이에 무형문화재 보전 및 진흥의 원칙을 전통과 현대의 조화를 꾀하는 방향으로 변경하는 한편, 대학을 통한 무형문화재 전수교육 제도를 도입하여 전통 기술은 물론 현대적 디자인, 경영기법, 지식재산권 등에 관한 지식을 함께 학습함으로써 전통문화의 창조적 계승·발전이라는 법 제정의 목적을 달성할 수 있을 것으로 기대됨.
- 또한 전통공예품 인증·은행제 도입, 전승자의 창업·제작·유통 지원, 해외 전시·공연 등 국제교류 지원, 지식재산권의 적극적 보호 등 무형문화재의 사회적 수요를 진작시킬 수 있는 각종 진흥 정책을 마련함으로써 무형문화재 전승자의 전승 의욕을 고취시키고, 전통문화의 자생력을 높이는 한편 세계무형문화유산의 등재 확대를 통하여 우리의 우수한 전통문화를 세계 속에 널리 알리는 기반을 공고히 하기 위하여 이 법을 제정하려는 것임.

〈주요내용〉

① 이 법은 무형문화재의 보전과 진흥을 통하여 전통문화를 창조적으로 계승하고 국민의 문화적 향상을 도모하는 것을 목적으로 함.

② 무형문화재 보전 및 진흥의 기본원칙은 민족정체성 함양, 전통문화의 계승·발전, 무형문화재 가치 구현과 향상으로 함.

③ 문화재청장은 무형문화재의 보전 및 진흥에 관한 기본계획을 5년마다 수립하고 그 시행계획을 매년 수립하도록 함.

④ 무형문화재의 보전 및 진흥에 관한 사항을 조사·심의하기 위하여 문화재청에 무형문화재위원회를 두도록 함.

⑤ 문화재청장은 무형문화재 중에서 중요한 것을 무형문화재위원회의 심의를 거쳐 국

가무형문화재로 지정할 수 있도록 함.

⑥ 문화재청장은 국가무형문화재의 전승활동을 효과적으로 수행하도록 하기 위하여 해당 국가무형문화재의 보유자, 보유단체를 인정하도록 함.

⑦ 국가무형문화재의 보전 및 진흥을 위하여 인정된 국가무형문화재의 보유자, 보유단체가 전수교육을 실시하도록 함.

⑧ 문화재청장은 국가무형문화재의 전수교육을 받는 사람 중에서 국가무형문화재의 보유자, 보유단체의 추천을 받아 전수장학생을 선정하여 장학금을 지급할 수 있도록 함.

⑨ 문화재청장은 국가무형문화재의 전수교육을 실시하려는 대학 등으로부터 신청을 받아 위원회의 심의를 거쳐 전수교육대학을 선정할 수 있도록 함.

⑩ 시·도지사의 관할구역에 있는 무형문화재의 보전 및 진흥에 관한 사항을 심의하기 위하여 시·도에 시·도무형문화재위원회를 두도록 함.

⑪ 시·도지사는 그 관할구역 안에 있는 무형문화재로서 국가무형문화재로 지정되지 아니한 것 중에서 보존가치가 있다고 인정되는 것을 시·도무형문화재로 지정할 수 있도록 함.

⑫ 국가 및 지방자치단체는 전승공예품 원재료 구입, 전승자의 공연 또는 전시 등에 필요한 시설 및 장비 지원, 전승자의 교육활동에 대한 지원을 할 수 있도록 함.

⑬ 문화재청장은 인증심사를 거쳐 전승공예품에 대하여 무형문화재 전승공예품 인증을 할 수 있도록 함.

⑭ 문화재청장은 전통기술의 전승활성화 및 전통공예의 우수성 홍보 등을 위하여 전승공예품은행을 운영할 수 있도록 함.

⑮ 국가는 국제기구 및 다른 국가와의 협력을 통하여 전통공연·예술 분야 무형문화재의 해외공연 및 전승공예품의 해외전시·판매 등 무형문화재의 국제교류를 적극 추진하도록 함.

⑯ 문화재청장은 무형문화재의 진흥에 관한 사업과 활동을 효율적으로 지원하기 위하여 한국문화재재단에 한국무형문화재진흥센터를 두도록 함.

⑰ 국제연합교육과학문화기구(유네스코)의 「무형문화유산의 보호를 위한 협약」 이행을 장려하고 아시아·태평양 지역의 무형문화유산 보호 활동을 지원하기 위하여 문화재청 산하에 유네스코 아시아·태평양 무형문화유산 국제정보네트워킹센터를 두도록 함.

⑱ 문화재청장은 무형문화재에 관한 전승 내역과 구성요소 등을 디지털 자료로 구축
하여 국제특허협약에 따른 효력을 가진 홈페이지에 게재하는 등 국내외 특허로부
터 무형문화재를 보호하도록 함.

❷ [시행 2017. 6. 21.] [법률 제14434호, 2016. 12. 20., 일부개정]

〈개정이유 및 주요내용〉

문화재청장이 선정하는 전수교육기관 범위에 대학뿐 아니라 「초·중등교육법」에 따른
국립국악고등학교 및 국립전통예술고등학교도 포함하도록 하여 국가무형문화재의 다
양하고 활발한 전승을 도모하려는 것임.

❸ [시행 2018. 6. 13.] [법률 제15173호, 2017. 12. 12., 일부개정]

〈개정이유 및 주요내용〉

• 현행법은 무형문화재의 보전과 전통문화의 계승을 위하여 무형문화재의 보유자 및
보유단체, 전수교육조교, 전수장학생에 대한 지원 근거를 두고 있으나, 전수교육 과
정을 수료하여 전수교육 이수증을 발급받은 이수자에 대한 지원 근거가 없어 이수
자의 경우 국가의 지원을 받지 못하고 있어 경제적 어려움으로 무형문화재 전승활
동에 전념하지 못하고 다른 일과 병행하거나 전승활동을 중도에 포기하는 경우가
많이 발생하고 있음.
• 이에 국가는 국가무형문화재 보유자 등의 추천을 받아 우수 이수자를 선정하여 필요
한 지원을 할 수 있도록 함으로써 무형문화재의 전승과 보전에 이바지하려는 것임.

❹ [시행 2019. 6. 25.] [법률 제16056호, 2018. 12. 24., 일부개정]

〈개정이유 및 주요내용〉

현행법에서는 문화재청장이 국가무형문화재 보유자 중에서 고령 등의 이유로 무형문

화재의 전수교육 또는 전승활동을 정상적으로 실시하기 어렵다고 판단하는 경우에 무형문화재위원회의 심의를 거쳐 명예보유자로 인정할 수 있도록 하고 있음. 그러나 전수교육조교의 경우 무형문화재의 전승을 위한 공헌이 지대함에도 불구하고 고령으로 인하여 전수교육조교 지위를 유지하기 어려운 경우 명예보유자로 인정하는 제도를 두고 있지 아니함. 이에 전수교육조교 중에서 전승을 위한 공헌이 있는 경우에 명예보유자로 인정하도록 하는 등 관련 조항을 개선·정비하려는 것임.

❺ [시행 2020. 12. 10.] [법률 제17404호, 2020. 6. 9., 일부개정]

〈개정이유 및 주요내용〉

현행법은 '전수교육조교'를 전수교육을 보조하는 사람으로 정의하고 있으나, 전수교육조교가 전수교육을 실질적으로 수행하고 있는 경우가 많고, 전수교육조교는 전승기량 등의 요건을 갖추고 무형문화재위원회의 심의를 거쳐 인정된다는 점에서 독자적으로 전수교육을 할 수 있도록 할 필요가 있음. 이에 '전수교육조교'의 명칭을 '전승교육사'로 변경하고, 전승교육사를 전수교육을 실시하는 주체로 규정하는 등 관련 조항을 개정함으로써 무형문화재 전승의 활성화를 도모하려는 것임.

제2장
보호대상과 보호원칙

　무형문화재의 정의는 문화재보호법에서 정하고 있는데, 법에서 정한 무형문화재는 여러 세대에 걸쳐 전승되어 온 무형의 문화적 유산으로서, 1) 전통적 공연·예술, 2) 공예, 미술 등에 관한 전통기술, 3) 한의약, 농경·어로 등에 관한 전통지식, 4) 구전 전통 및 표현, 5) 의식주 등 전통적 생활관습, 6) 민간신앙 등 사회적 의식(儀式), 7) 전통적 놀이·축제 및 기예·무예를 말한다.[1]

　무형문화재법은 과거의 '원형유지' 원칙에서 벗어나 '전형'의 개념을 수용하였다. 법에서 정한 전형의 개념은 무형문화재의 가치를 구성하는 본질적인 특징으로서, 여러 세대에 걸쳐 전승·유지되고 구현되어야 하는 고유의 기법이나 형식 및 지식을 말한다.[2] 따라서 원형이 있는 그대로의 것에 초점이 맞추어져 있다면, 전형은 과거의 전통뿐만 아니라 현대의 문화적 관습까지 포괄하고 과거로부터 현대까지의 연속성을 가진다는 점에서 원형보다 넓은 개념으로 이해할 수 있다. 이에 따라 무형문화재의 보전 및 진흥은 전형 유지를 기본원칙으로 하며 1) 민족정체성 함양, 2) 전통문화의 계승 및 발전, 3) 무형문화재의 가치 구현과 향상에 관한 사항이 포함되어야 한다.[3]

---

1) 문화재보호법 제2조 제1항 제2호.
2) 무형문화재법 제2조 제2항 및 동법 시행령 제2조 제2항.
3) 무형문화재법 제3조.

제3장
무형문화재의 지정과 해제

    무형문화재에 대해서는 국가무형문화재와 시·도무형문화재로 나누어 지정제도만을 두고 있다. 무형문화재 지정제도의 핵심은 무형문화재 종목의 지정과 보유자 등의 인정에 있다. 먼저 무형문화재의 지정대상은 법에서 정한 무형문화재의 종류이고, 지정의 기준으로는 역사성, 학술성, 예술성·기술성, 대표성, 사회문화적 가치, 지속가능성을 평가한다.[1] 보유자와 관련하여서는 먼저, 우리 법이 전형의 개념을 수용한 것과 궤를 같이하여 보유자의 정의를 '무형문화재의 기능, 예능 등을 전형대로 체득·실현할 수 있는 사람'으로 규정하고 있다.[2]

    보유자 등의 인정에 관해서는 전승능력, 전승환경, 전수활동참여도를 기준으로 무형문화재의 보유자 또는 보유단체를 인정하도록 하고 있다.[3] 그리고 다시 무형문화재 지정과 보유자 등의 인정에 대해서 세부 기준과 배점을 고시하도록 하고 있다.[4] 만약 무형문화재의 특성상 보유자나 보유단체를 인정하기 어려운 경우에는 보유자나 보유단체를 인정하지 않을 수 있다.

    무형문화재의 보유자 또는 보유단체는 대통령령으로 정하는 특별한 사유가 있는 경우를 제외하고는 매년 1회 이상 해당 국가무형문화재를 공개하여야 하고, 국가는 예산의 범위에서 공개에 필요한 비용의 전부 또는 일부를 지원할 수 있다.[5] 만약 무형

----

1) 무형문화재법 시행령 제14조 제1항.
2) 무형문화재법 제2조 제2호.
3) 무형문화재법 시행령 제16조 제1항.
4) 무형문화재법 시행령 제14조 제5항 및 제16조 제5항.
5) 무형문화재법 제28조 제2항.

문화재의 가치가 소멸하거나, 전승이 단절되거나 불가능할 경우에는 무형문화재위원
회의 심의를 거쳐 그 지정을 해제할 수 있다.[6]

---

6) 무형문화재법 제16조.

제4장
무형문화재와 관련된 주요 사례

    이 장에서는 무형문화재와 관련된 주요 사례를 살펴본다. 무형문화재 제도의 핵심은 무형문화재 종목의 지정과 보유자 또는 보유단체의 인정에 있다는 점은 앞서 언급한 바와 같다. 이하에서는 종목의 지정과 관련된 사례, 보유자 인정과 관련된 사례, 전수교육조교 선정 및 해제와 관련된 사례를 통해 현재에 이르는 무형문화재 제도의 변화를 살펴보기로 한다.

제1절 무형문화재 지정 관련 사례

❶ 전통민화 관련

도지정무형문화재 지정 거부처분 취소청구
[사건 중앙행심2012-19590, 2013. 3. 19.]

【주문】

    청구인의 청구를 기각한다.

【청구취지】

　　피청구인이 2012. 9. 5. 청구인에게 한 도지정무형문화재 지정 및 보유자 인정 거부처분을 취소한다.

【이유】

　1. 사건개요

　　청구인은 ○○ ○○○ 선생으로부터 전통민화의 가르침을 받은 자로서 2011. 10. 24. 천안시장을 거쳐 피청구인에게 '전통민화'를 ○○남도 무형문화재로 지정하고 자신을 보유자로 인정해 줄 것을 신청(이하 '이 사건 신청'이라 한다)하였고, 피청구인은 2012. 8. 31. 제138차 ○○남도 문화재위원회를 개최하여 심의한 결과, 전승계보 불확실 및 관련 기능 부족 등을 이유로 이 사건 신청이 부결되자 2012. 9. 5. 천안시장에게 심의 및 결정사항을 회신(이하 '이 사건 처분'이라 한다)하였고, 이에 따라 천안시장이 2012. 9. 6. 청구인에게 동 내용을 통지하였다.

　2. 청구인 주장

　　피청구인은 전통민화를 이어가기 위해 약 34년간 노력한 청구인의 노고를 인정하지 아니하였을 뿐만 아니라, 청구인에게 금품을 요구하거나 청구인의 호랑이그림을 일본그림이라고 하는 등 자질과 안목이 의심스러운 현지조사위원들의 의견을 근거로 이 사건 처분을 하였으므로 피청구인의 이 사건 처분은 위법·부당하다.

　3. 피청구인 주장

　　청구인에게 금품을 요구하였다고 주장하는 현지조사위원은 이를 부인하는 소명서를 피청구인에게 제출하였고, 동 위원은 현지조사의견 발표자로서 회의에 참석하였을 뿐 심의·의결권이 없었다. 이 사건 처분은 해당분야의 전문성을 갖춘 ○○남도 문화재위원들의 공정한 심의절차를 거쳐 적법하게 이루어진 것이므로, 청구인의 이 사건 심판청구는 기각되어야 한다.

　4. 관계법령

　　문화재보호법 제70조

　　　○○남도 지정문화재 보호 조례 제2조, 제4조, 제5조, 제6조, 제15조

　　　○○남도 지정문화재 보호 조례 시행규칙 제3조, 제4조, 제5조, 제11조, 별표 1

5. 인정사실

청구인과 피청구인이 제출한 심판청구서, 답변서, 무형문화재 지정 신청서, 문화재위원회 개최결과 및 지정신청에 대한 회신 등 자료에 따르면 다음과 같은 사실을 인정할 수 있다.

가. 청구인은 예범 박○○ 선생으로부터 전통민화의 가르침을 받은 자로서, 2011. 10. 24. 천안시장을 거쳐 피청구인에게 이 사건 신청을 하였다.

나. 피청구인은 2012. 5. 18. ○○남도문화재위원회 전문위원 1인과 관계전문가 2인으로 구성된 조사위원 3명에게 현지조사를 요청하였다.

다. 조사위원들은 2012. 5. 22. 현지조사를 실시한 후 조사보고서를 작성하여 피청구인에게 제출하였고, 조사보고서의 주요내용은 다음과 같다.

- 다 음 -

조사위원	조사의견
위원 1	전통기법의 체계적인 전승은 다소 미흡하고 붓, 종이 등의 재료 관리 및 사용에도 일부 한계가 있으나, 그간 어려운 여건에서도 전통민화제작 기법을 잘 갈고 닦아 온 점 등을 감안하여 ○○남도 무형문화재로 지정할 필요가 있다고 사료됨
위원 2	민화 장인으로서 계보가 불확실하고, 전승하고자 하는 부분이 명확하지 않으며, 전통 채색의 제작, 사용 등의 답변이 매우 미진하고 채색, 필선 등이 세련되지 못한 부분이 있어 ○○남도 무형문화재로 지정되기는 부족한 부분이 많다고 판단됨
위원 3	대외적인 활동은 활발하나 작품의 역량, 안료를 비롯한 재료에 대한 지식, 민화에 대한 지식 등이 부족해 보이므로 천안시나 ○○남도를 대표하는 전통민화 부분 무형문화재로는 부족한 면이 많다고 판단됨

라. 피청구인은 조사보고서를 첨부하여 이 사건 신청을 ○○남도 문화재위원회에 상정하였고, ○○남도 문화재위원회는 2012. 8. 31. 위원회를 개최하여 이 사건 신청에 대해 전원일치로 부결하였으며, 그 심의내용은 다음과 같다.

- 다 음 -

• 심의안건: 민화 지정신청 및 보유자 인정 신청
• 참석인원: 10명(제3분과 위원 7명, 현지조사위원 3명)
  ※ 현지조사위원은 조사내용 발표를 하고, 안건 심의는 제3분과 위원만 참여
• 종합의견: 대외적인 활동은 활발하나 작품의 역량, 안료를 비롯한 재

료에 대한 지식, 민화에 대한 지식 등이 부족해 보여 천안시나 ○○남
도를 대표하는 전통민화 부문 무형문화재로는 부족한 면이 많다고 판
단됨

- 심의결과: 부결(전승계보 불확실 및 관련 기능 부족 등)

마. 피청구인은 2012. 9. 5. ○○시장에게 다음과 같은 내용의 이 사건 처분
을 하였고, 이에 따라 ○○시장이 2012. 9. 6. 청구인에게 동 내용을 통지
하였다.

- 다 음 -

■ 이 사건 신청에 대해 우리도 제138차 문화재위원회 심의결과, 아래와
같이 의결되었음을 통보하니 그 결과를 신청인에게 통보하여 주기 바람
- 천안 전통민화(보유자 신청자 김애숙): 부결
- 전승계보 불확실 및 관련 기능 부족 등
■ 금번 처분사항에 대하여는 처분이 부당하다고 여겨 불복할 경우에는
처분이 있음을 안 날부터 90일(처분이 있는 날부터 180일)이내에 행
정심판법 제18조의 규정에 따라 행정심판을 청구하거나 행정소송법 제
20조의 규정에 따라 행정소송을 제기할 수 있음

바. 피청구인은 ○○남도 문화재위원회 위원으로 문화재담당국장 및 대학에서
문화재의 보존·관리 및 활용과 관련된 학과의 부교수 이상에 재직하거나
재직하였던 자, 문화재의 보존·관리 및 활용과 관련된 업무에 종사한 자,
고고학·건축 등 관계분야의 업무에 종사한 자로서 문화재에 관한 지식과
경험이 풍부한 전문가 중에서 추천을 받아 도지사가 위촉하고 있다.

6. 이 사건 처분의 위법·부당 여부

가. 관계법령

1) 「문화재보호법」 제70조제1항에 따르면 시·도지사는 그 관할구역에
있는 문화재로서 국가지정문화재로 지정되지 아니한 문화재 중 보존
가치가 있다고 인정되는 것을 시·도지정문화재로 지정할 수 있고, 무
형문화재의 경우에는 문화재청장과의 사전 협의를 거쳐 중요무형문화
재를 시·도지정문화재로 지정할 수 있으며, 그 보유자 인정은 중요무
형문화재의 보유자가 아닌 자 중에서 하여야 한다고 되어 있고, 같은
조 제5항에 따르면 시·도지정문화재와 문화재자료의 지정 및 해제절

차, 관리, 보호·육성, 공개 등에 필요한 사항은 해당 지방자치단체의 조례로 정한다고 되어 있다.

2) 「○○남도 지정문화재 보호 조례」 제2조제1항제2호에 따르면 이 조례에서 '○○남도 지정문화재'(이하 '도지정문화재'라 한다)란 ○○남도(이하 '도'라 한다)에 있는 문화재로서 국가지정문화재로 지정되지 아니한 문화재 중 인위적·자연적으로 형성된 향토유산으로서 역사적·예술적·학술적·경관적 가치가 크며 향토문화 보존에 필요하다고 인정하여 ○○남도 지사(이하 '도지사'라 한다)가 지정한 문화재를 말하며 '무형문화재'는 연극·음악·무용·공예기술등 무형의 문화적 소산으로서 역사적·예술적 또는 학술적 가치가 큰 것으로 향토문화보존에 필요한 것으로 되어 있고, 같은 조례 제4조에 따르면 도지정문화재 및 문화재자료의 보존·관리 및 활용에 관한 사항을 조사·심의하기 위하여 도에 ○○남도 문화재위원회(이하 '위원회'라 한다)를 둔다고 되어 있으며, 같은 조례 제5조제1호·제3호에 따르면 위원회는 도지정문화재 및 문화재자료의 지정과 해제, 도지정문화재 중 무형문화재의 보유자·명예보유자·전수교육 조교 및 전수장학생 또는 보유단체의 인정 및 선정과 해제의 사항을 심의한다고 되어 있고, 같은 조례 제6조에 따르면 위원회는 위원장과 부위원장 각 1명을 포함하여 30명 이하의 위원으로 구성하고, 위원은 문화재담당국장 및 관계분야에 학식과 경험이 풍부한 자 중에서 도지사가 위촉하며, 위원의 임기는 2년으로 한다고 되어 있으며, 같은 조례 제15조제1항에 따르면 도지정문화재의 지정은 도지사가 제2조제1항의 문화재를 위원회의 심의를 거쳐 지정한다고 되어 있고, 같은 조 제2항에 따르면 도지정문화재는 제2조제1항 각 호에 따라 유형문화재, 무형문화재, 기념물, 민속자료로 구분 지정한다고 되어 있으며, 같은 조 제3항에 따르면 도지사는 제1항에 따라 무형문화재를 지정할 때에는 해당 무형문화재 보유자(보유단체를 포함한다)를 인정하여야 한다고 되어 있다.

3) 「○○남도 지정문화재 보호 조례 시행규칙」 제3조에 따르면 조례 제15조제2항에 따른 유형문화재, 무형문화재, 기념물, 민속자료의 지정기준은 별표 1과 같다고 되어 있고, 같은 별표 1중 2.에 따르면 무형

문화재의 지정기준은 연극, 음악, 무용, 공예기술 등의 어느 하나에 해당하는 것으로서 역사적, 학술적, 예술적 가치가 크고 향토색이 현저한 것으로 되어 있으며, 같은 조례 시행규칙 제4조제1항에 따르면 도지사는 도지정문화재를 지정하려면 조례 제4조에 따른 위원회의 해당분야 분과위원회 위원이나 전문위원 등 관계 전문가 2인 이상에게 해당 문화재에 대한 조사를 요청하여야 한다고 되어 있고, 같은 조례 시행규칙 제5조제1항제1호에 따르면 조례 제15조제3항부터 제5항까지에 따른 무형문화재의 보유자의 인정기준은 무형문화재의 기능 또는 예능을 원형대로 체득·보존하고 이를 그대로 실현할 수 있는 사람으로 되어 있고, 같은 조 제2항에 따르면 도지사는 제1항에 따른 무형문화재의 보유자 또는 보유단체, 명예보유자를 인정하고자 할 때에는 조례 제4조에 따른 위원회의 해당분야 분과위원회 위원이나 전문위원 등 관계 전문가 2명 이상에게 필요한 조사를 하게 하여야 하되, 무형문화재의 보유자 본인이 명예보유자가 되기를 원할 경우에는 관계 전문가의 조사를 생략할 수 있다고 되어 있으며, 같은 조례 시행규칙 제11조제1항에 따르면 조례 제15조 및 제16조, 제21조에 따른 도지정문화재 또는 문화재 자료나 그 보호물 또는 보호구역을 지정받고자 하는 사람은 관할 시장·군수에게 신청하고, 시장·군수는 지정 가치가 있다고 판단할 경우 도지정문화재 또는 문화재자료 지정신청서 등의 서류를 구비하여 제출하여야 한다고 되어 있고, 같은 조 제2항에 따르면 무형문화재의 지정에 관한 것일 때에는 별지 제2호 서식에 제1항 각 호의 사항 외에 보유자 또는 보유단체 대표자의 이력서 등의 사항을 포함하여야 한다고 되어 있다.

나. 판 단

청구인은 자질과 안목이 의심스러운 현지조사위원들의 의견을 근거로 이 사건 처분을 하였으므로 피청구인의 이 사건 처분은 위법·부당하다고 주장하나, 위 인정사실에 따르면 청구인은 ○○시장을 거쳐 피청구인에게 무형문화재 지정 및 보유자 인정을 신청하였고, 피청구인은 관계법령 및 지정절차에 따라 전문위원 등 관계전문가 3명에게 조사를 요청하였고 조사 요청을 받은 조사위원은 현지조사를 한 후 조사보고서를 작성하여 피청구인에게 제출한 점, ○○남도 문화재위원회가 청구인이 제출한 자료, 조사보고서, 무형문화재 지정기준 등을 종합적으로 고려하여 이 사건 신청에 대해 전승계보 불확실 및 관련 기능 부족 등을 이유로 전원일치로 부결한 점, 무형문화재 지정 및 보유자 인정은 고도의 역사적, 학술적, 예술적 가치에 대해 전문적인 판단을 요한다는 특성에 비추어 보면 도지정무형문화재를 지정함에 있어서 법령과 심사기준에 따라서 도 문화재위원회의 심사를 거치고, 심사상 판단이 사실적 기초가 없다거나 사회통념상 현저히 부당하다는 등 현저히 재량권의 범위를 일탈한 것이 아닌 이상 위 ○○남도 문화재위원회의 판단은 존중되어야 하는 점, 달리 청구인의 주장을 인정할 만한 객관적·구체적 자료가 없는 점 등을 고려해 볼 때, 피청구인이 ○○남도 문화재위원회의 심의를 거쳐 행한 이 사건 처분은 위법·부당하다고 할 수 없다.

7. 결 론

그렇다면 청구인의 주장을 인정할 수 없으므로 청구인의 청구를 받아들이지 않기로 하여 주문과 같이 재결한다.

❷ 전통민속주 관련

전통민속주문화재지정거부처분취소청구
[사건 2000-01554, 2000. 5. 8.]

【주문】

청구인의 청구를 각하한다.

【청구취지】

피청구인이 2000. 1. 15. 청구인에 대하여 한 전통민속주문화재지정거부처분은 이를 취소한다.

【이유】

1. 사건개요

　청구인이 1999. 4. 10. ○○군수를 통하여 자신이 제조하고 있는 전통민속주인 ○○을 충청남도문화재로 지정하여 주도록 신청하였으며, 이에 대하여 피청구인이 2000. 1. 15. ○○군수를 통하여 ○○이 도지정문화재로서의 지정가치가 미흡하다는 이유로 문화재지정을 거부(이하 "이 건 처분"이라 한다)하였다.

2. 청구인 주장

　이에 대하여 청구인은 다음과 같이 주장한다.

　가. 청구인이 문화재지정을 신청한 ○○에 대하여 ○○군 관계자들이 이미 문화재로 지정된 △△와 제조방법 및 맛이 다름을 인정하였고, 현재 ○○은 친가와 숙모님 댁만 명맥을 이어오고 있는데 오빠내외는 70세를 넘었고 숙모님은 치매상태라 청구인을 전승자로 인정하였음에도 불구하고, 피청구인이 2여년간의 조사를 거친 후에 제조방법, 전수경위, 집안내력, 고문집의 기록 등에 대한 구체적인 검토없이 도지정문화재로서의 지정가치가 다소 미흡하다는 이유로 이 건 처분을 하는 것은 부당하다.

　나. 청구인이 ○○군의 담당자에게 부결이유를 묻자 담당자의 말이 청구인의 오빠와 동네분들이 연명으로 한 추천서에 "본가의 △△"라는 문구가 있고, 이미 문화재로 지정된 ○○의 △△와 맛이나 제조방법에 별다른 차이가 없어 문화재지정이 부결되었다고 하나, ○○은 고문집에 나오는 △△와는 제조방법이 다르고 맛도 다르며, ○○은 고문집에 나오는 제조법 그대로 만들고 있으며, 다만, 제조시기만 봄에서 가을로 바뀌었을 뿐이다.

　다. 또한, 위 담당자가 청구인이 ○○의 이름을 고문집을 보고 알았지 않았느냐고 하였으나, 청구인이 이름도 없이 대대로 전해 내려오는 것을 세상에 내놓으려니까 이름이 필요하여 고문집을 보고 ○○이라고 이름지었으나, △△로 알고 제조하였던지 아니면 다른 이름으로 제조하여 왔던지 전승경위가 확실하고 맛이 ○○이면 되었지 이름을 어떻게 알았느냐는 문제의 본질과 상관없다.

　라. 기능보유자 자격요건중 "문화재 지정 신청일 이전 5년이상 거주"가 있는데, 이는 신청일 직전 5년이상 거주라는 의미가 아니며 청구인은 충청남도에서 출생하여 ○○ 제조기능을 전수하고도 남을 기간만큼 거주하였으

므로 거주기간을 문제삼는 것은 부당하다.

3. 피청구인 주장

(본안전 항변)

피청구인은, 청구인의 ○○에 대하여 도지정문화재로 지정하지 않는다 하더라도 청구인의 기능이나 역사성 등에 손상이 없으므로, 청구인이 이 건 처분으로 인하여 법률상의 이익을 침해받는다고 볼 수 없으므로 이 건 청구는 각하되어야 한다고 주장한다.

(본안에 대한 답변)

피청구인은, 청구인의 이 건 신청에 대하여 관련분야의 문화재위원 및 전문위원 3인으로 하여금 ○○의 역사성, 전승계보, 제조방법 등에 대한 현지조사를 실시하고 의견서를 제출받아 충청남도 문화재위원회에 부의하여 심의한 결과 문화재로서의 지정가치가 미흡하다는 이유로 이 건 처분을 하였으므로 이 건 처분은 정당하다고 주장한다.

4. 이 건 청구의 행정심판적격여부

가. 관계법령

　　행정심판법 제2조제1항, 제3조

　　문화재보호법 제55조

　　문화재보호법시행령 제35조

　　충청남도지정문보호조례 제2조제1항, 제4조, 제11조

　　충청남도지정문보호조례시행규칙 제3조, 제8조

나. 판 단

(1) 청구인 및 피청구인이 제출한 지정문화재 또는 문화재자료지정신청서, ○○ 도지정문화재지정신청에 대한 회신, 추천서, 무형문화재 현황조사서 등 각 사본의 기재를 종합하여 보면, 다음과 같은 사실을 인정할 수 있다.

(가) 청구인이 1999. 4. 10. ○○군수에게 ○○에 대하여 도지정문화재로 지정하여 주도록 신청하였으며, ○○군수는 1999. 6. 16. 이를 피청구인에게 송부하였다.

(나) 피청구인의 2000. 1. 12. ○○군수에게 청구인의 이 건 신청에 대하여 ○○이 도지정문화재로서의 지정가치가 다소 미흡하다는

이유로 신청이 부결되었음을 통지하였고, ○○군수가 2000. 1. 15. 이를 청구인에게 통지하였다.

(다) 청구외 이○○(청구인의 오빠)의 1996년 3월 추천서에 의하면, "본가 대대로 내려오는 고유의 비법대로 술을 빚어 가용주로서 내려온 △△는 그 맛이나 방향이 유명하고 출중하여 작고하신 본인의 어머니로부터 그 비법을 전수받은 본인의 누이동생 이□□를 무형문화재 기능보유자로 추천하는 바이다"라고 되어 있다.

(라) ○○의 제조법은 다음과 같다.

- 정월 첫 돼지 날에 멥쌀 닷 말을 씻어 담그고 누룩 닷 되를 다섯병 양의 물에 담근다.

- 다음 날 쌀을 빻아 흰 무리를 찌고 누룩은 걸러 물을 더하여 스무 병을 만들어 떡과 함께 버무려 항아리에 담고 동쪽으로 뻗은 복숭아나무 가지를 꺾어서 두세번 휘저어 유지로 싸고 보로 덮어 마루에 오래 놓아둔다. 뜨는 거품을 걷어내고 2월 그믐께 쌀 닷 말을 씻어 푹 담가 술밥을 쪄서 덧술을 한다.

- 늦봄 초여름까지 기다려 개미가 뜨고 빛깔이 진해지면 떠서 쓴다. 술을 뜰 때 절대로 물 기운이 들어가지 않게 조심한다.

- 정월 첫 돼지 날에 혹시 날씨가 따듯하면 떡으로 찌거나 술밥을 쪄서 식힌 다음에 항아리에 넣는다. 혹시 날씨가 차면 돼지 날이 지나서 술을 빚어도 된다. 다만, 덧술을 할 때에는 위의 날짜를 기준으로 해서 날짜를 연기한다.

- 만일에 오래두고 술을 쓰려면 오직 항아리에 넣어 볕이 들지 않은 곳에 파묻는다. 그렇게 하면 여름이 지나도록 맛이 변하지 않는다.

(마) 1999년 8월 작성한 이△△(조사위원)의 무형문화재 현황조사서에 의하면, 청구인은 1944년 1월에 충청남도 ○○군 ○○면 동지리에서 출생하여 1968년 4월 충청남도 ○○군 ○○리 ○○댁으로 출가를 하였고, 1974년 서울로 이사를 하였다가 24년만인 1998년 5월 ○○군 세도면 간대리로 되돌아 왔으며, ○○ 제조방법은 조선후기의 문헌인 산림경제, 농서, 임원십육지 등에 보이는

○○의 일반적인 제조방식과 동일하다. 현지조사시에 신청인이 담가왔던 술이 무엇인지 몰랐다가 나중에 자료조사를 하면서 그것이 ○○임을 알게 되었다고 진술하였으며, ○○은 1973년에 문화재로 지정된 ○○ △△와 변별성이 찾아지지 않는다고 되어 있다.

(바) 1999. 11. 11. 작성한 청구외 심루성(조사위원)의 무형문화재 현황조사서에 의하면, ○○은 그 역사성이나 술빚기 기능은 빼어나고 전문가들의 인정도 받고 있으나 우리 도에서 이미 무형문화재로 지정하고 있는 ○○ △△와의 변별성이 예의 검토되어야 할 것으로 사료되며, 술빚기 방법과 성부에 대하여 전문학자 또는 조사기관의 의견을 첨가제출하여 재심의하였으면 한다고 되어 있다.

(사) 1999년 12월 작성한 조○○(조사위원)의 무형문화재 현황조사서에 의하면, "○○은 고급특수약주로 알려진 술이지만 ○○라는 지역의 민속주로 적당한지 의문이며, 인근의 충청남도 ○○군 ○○면의 △△와 거의 같아서 차별성이 없으며, 후보자인 청구인이 1974. 3. 12. 서울로 퇴거하였다가 1998. 5. 28. 전입한 사실 등에 비추어 볼 때 민속주 및 그 기능보유자로 정하는 데에는 무리가 있다"라고 되어 있다.

(2) 살피건대, 행정심판법 제3조제1항 규정에 의하면, 행정심판은 행정청의 처분에 대하여 제기할 수 있고, 이때의 처분이라 함은 행정청이 행하는 구체적 사실에 관한 법집행으로서의 공권력의 행사 또는 그 거부와 그 밖에 이에 준하는 행정작용을 말하고, 행정청이 국민으로부터 어떤 신청을 받고서 그 신청에 따른 내용의 행위를 하지 아니한 것이 항고소송의 대상이 되는 거부처분이 된다고 하기 위하여는 국민이 행정청에 대하여 그 신청에 따른 행정행위를 해 줄 것을 요구할 수 있는 법규상 또는 조리상의 권리가 있어야 하는데,

문화재보호법 제55조에 의하면, 시·도지사는 그 관할구역안에 있는 문화재로서 국가지정문화재로 지정되지 아니한 문화재가 보존가치가 있다고 인정되는 것을 시·도지정문화재로 지정할 수 있고, 시·도지정문화재 및 문화재자료의 지정 및 해제절차, 관리·보호, 육성, 공개 및 문화재에 관한 자문기구의 설치등에 관하여 필요한 사항은 당해

지방자치단체의 조례로 정한다고 되어 있으며, 동 규정의 위임에 따라 제정된 충청남도지정문화재보호조례 제11조제1항에 도지정문화재의 지정은 도지사가 제2조제1항의 문화재를 위원회의 자문을 받아 지정한다고만 되어 있는 바, 문화재를 보호하여 이를 활용함으로써 국민의 문화적 향상을 도모함과 아울러 인류문화의 발전에 기여한다는 문화재보호법의 제정목적을 감안하여 볼 때, 문화재의 지정에 관하여는 지정권자에게 지정할 수 있는 권능을 ○○한 것일 뿐이고 달리 문화재 소유자 기타 이해관계인에게 문화재지정 신청권이 ○○하였다고 볼 수 없다 할 것이다.

한편, 충청남도지정문화재보호조례시행규칙 제8조제1항에 조례 제11조 및 제17조의 규정에 의한 향토문화 보존상 필요한 문화재를 지정문화재 또는 문화재 자료로 지정받고자 하는 자는 별지 제1호 서식에 다음 서류를 구비하여 관할 시장·군수를 경유하여 도지사에게 제출하여야 한다고 규정하고 있으나, 이는 문화재를 도지정문화재로 지정받고자 하는 자에게 지정신청권을 ○○한 것이라기 보다는 피청구인에게 문화재지정을 촉구하게 함으로써 향토문화 보존상 필요한 문화재를 발굴하고 문화재지정을 편리하게 하기 위한 규정으로 이해되는 바, 그렇다면 청구인에게는 문화재지정과 관련하여 법규상·조리상 신청권이 ○○되어 있다고 볼 수 없고, 따라서, 피청구인이 문화재지정을 거부하였다 하더라도 이는 행정심판의 대상이 되는 행정처분이라 할 수 없을 것이므로, 이 건 심판청구는 행정심판의 대상이 되지 아니하는 것을 대상으로 하여 부적법하다 할 것이다.

5. 결 론

그렇다면, 청구인의 청구는 심판제기요건을 결한 부적법한 심판청구라 할 것이므로 이를 각하하기로 하여 주문과 같이 의결한다.

┃ 안동소주 제조과정 사진 ┃

안동소주 제조과정[1]

안동소주는 안동지방에서 전수되어 오던 증류식 소주로, 일반 백성들은 안동소주를 상처, 배앓이, 식욕부진, 소화불량 등에 구급처방으로 활용하기도 했다고 한다. 만드는 방법은 쌀, 보리, 조, 수수, 콩 등 다섯 가지 곡물을 물에 불린 후 시루에 쪄서 여기에다 누룩을 섞어 10일 가량 발효시켜 진술을 만든다. 이 진술을 솥에 담고 그 위에 소주고리를 얹어 불을 지피면 진술이 증류되어 소주가 만들어진다. 안동소주는 경상북도 무형문화재 제12호로 지정되어 있다.

┃ 한산소곡주 제조과정 사진 ┃

한산소곡주 제조과정[2]

한산소곡주는 한산지방의 술로 빛깔은 청주와 같다. 백제 때의 궁중술로서 백제 유민들이 나라를 잃고 그 슬픔을 잊기 위해 빚어 마셨다고 한다. 소곡주를 만드는 방법은 찹쌀을 빚어 100일 동안 익힌다. 이때 며느리가 술맛을 보느라고 젓가락으로 찍어 먹다보면 저도 모르게 취하여 일어서지도 못하고 앉은뱅이처럼 엉금엉금 기어다닌다고 하여 '앉은뱅이술'이라고도 한다. 한산소곡주는 충청남도 무형문화재 제3호로 지정되어 있다.

---

1) 국가문화유산포털(http://www.heritage.go.kr), "안동소주" 검색(2020.06.25. 최종방문).
2) 국가문화유산포털(http://www.heritage.go.kr), "한산소곡주" 검색(2020.06.25. 최종방문).

제2절 보유자 인정 관련 사례

❶ 경기소리 휘모리잡가 보유자 인정 관련

서울특별시지정무형문화재보유자인정처분취소청구
[사건 2000-07898, 2000. 12. 18.]

【주문】

청구인의 청구를 각하한다.

【청구취지】

피청구인의 1999. 7. 1.자 서울특별시지정무형문화재(경기소리 휘모리잡가)보유자인정처분은 이를 취소한다.

【이유】

1. 사건개요

피청구인은 1999. 7. 1. 경기소리 휘모리잡가를 서울특별시지정무형문화재 제21호로 지정하고, 청구외 박○○을 그 보유자로 인정하여 이를 위 박○○에게 통지(이하 "이 건 처분"이라 한다)하였다.

2. 청구인 주장

이에 대하여 청구인은, 다음과 같이 주장한다.

가. 청구외 박○○은 중요무형문화재 제19호 선소리산타령 보유자였던 청구외 고 이○○로부터 경기소리 휘몰이 잡가의 예능을 직접 구전심수(口傳心受)하여 정당한 예맥(藝脈)을 전승한 사실이 없고, 위 이○○의 소리가 아닌 청구외 황○○의 소리를 녹음한 테이프를 듣고 연습하였음에도 마치 위 이○○로부터 직접 전수받은 것처럼 ○○위원회(이하 "위원회"라 한다) 위원인 청구외 이△△ 및 황△△와 공모하여 동위원회의 조사를 거쳐 이 건 처분을 받았으므로 이 건 처분은 부당하다.

나. 위 이○○의 장남인 청구외 이△△는 위 이○○가 운영하던 사단법인 ○○ 연구보존회에서 위 박○○이 배운 것은 긴소리와 민요 등이었고, 경기소리 휘몰이잡가의 예능을 전수받는 것을 보지 못하였으며, 청구인(이□□)이 휘모리잡가를 배우면서 전승한 사실이 있다고 확인하였고, 또 위 이○○로부터 경기 서도창을 배운 청구외 김○○도 이와 동일한 사실을 확인하고 있는 바, 위 박○○에 대한 이 건 처분은 잘못된 위원회의 조사에 의한 것이고, 이에 대하여 청구인과 위 이△△외 51인은 피청구인에게 위 박○○에 대한 경기소리 휘모리잡가 보유자 인정에 대하여 이의를 제기한 바 있다.

다. 그런데 피청구인은 2000. 8. 18. 위 박○○에 대한 이 건 처분이 위원회의 현장조사와 심의를 거쳐 적법하게 이루어진 것이라고 회신하였는 바, 무형문화재 보유자의 인정은 역사적·예술적·학술적으로 가치가 높고 우리 민족의 얼이 잘 전승된 전통적인 계보에 따라 인정하여야 함에도 불구하고 전통예능보유자로부터 전승을 받지 않고 다른 사람의 녹음테이프로 배운 사람을 그 보유자로 인정한 것은 부당하므로 위 이○○로부터 올바르게 경기소리 휘몰이잡가의 예능을 전수받은 사람을 그 보유자로 인정하여야 할 것이다.

3. 피청구인 주장

가. 본안전 항변

(1) 행정심판법 제9조제1항의 규정에 의하면 취소심판청구는 처분의 취소를 구할 법률상 이익이 있는 자가 제기할 수 있다고 규정되어 있는 바, 청구인은 이 건 처분의 취소로 인하여 직접적이고 구체적인 이익이 있는 자라 할 수 없으므로 이 건 행정심판청구는 부적법하다.

(2) 또 행정심판법 제18조의 규정에 의하면 행정심판의 청구는 처분이 있음을 안 날부터 90일 이내, 처분이 있은 날부터 180일 이내에 제기하도록 규정하고 있는 바, 이 건 처분일은 1999. 7. 1.이고, 청구인의 이 건 행정심판청구는 처분이 있은 날부터 180일이 훨씬 도과한 2000. 10. 26. 제기된 것이므로 결국 이 건 행정심판청구는 부적법하다.

나. 본안에 대한 항변

피청구인은 위원회의 조사결과 위 박○○이 1975년부터 5년간 서울특별시 종로구 종로3가 소재 청구학원에서 위 이○○에게 시조, 가사, 긴잡가, 휘몰

이잡가, 선소리산타령 등 경기소리를 전수 받고, 그 전승활동을 활발하게
하고 있으며, 또 그 예능도 뛰어난 것으로 판단되어 위원회의 심의를 거쳐
적법하게 이 건 처분을 하였으므로 청구인의 주장은 이유없다고 주장한다.

4. 이 건 청구의 행정심판적격 여부

가. 관계법령

행정심판법 제9조제1항, 제18조

문화재보호법 제55조

○○보호조례 제3조

○○보호조례시행규칙 제4조, 제5조

나. 판 단

(1) 청구인과 피청구인이 제출한 민원서, 민원회신, 서울특별시무형문화재
지정신청서, 위원회 회의자료, 서울특별시 무형문화재 지정조사, 의결
서, 조사보고서, 심의결과 보고, 서울특별시무형문화재지정예고, 이의
서, 서울특별시지정문화재지정고시 등 각 사본의 기재를 종합하여 보
면 다음과 같은 사실을 인정할 수 있다.

(가) 청구외 박○○은 1998. 8. 19. 피청구인에게 경기소리 휘모리잡가
를 서울특별시지정무형문화재로 지정하여 줄 것을 신청하였다.

(나) 위원회(제3분과)는 1998. 8. 19. 위 박○○의 신청에 따라 경기
소리 휘모리잡가를 서울특별시지정무형문화재 지정조사대상으로
의결하였고, 피청구인은 1998. 9. 30. 위 의결결과에 따라 경기
소리 휘몰이잡가에 대하여 서울특별시지정무형문화재 지정여부
를 위원회 위원으로 하여금 조사하도록 요청하였다.

(다) 1999년 2월 위원회 위원인 청구외 이보형 및 황△△는 경기소리
휘모리잡가를 서울특별시지정무형문화재로, 위 박○○을 그 보
유자로 인정하는 것이 타당하다는 내용의 보고서를 피청구인에
게 제출하였고, 이에 위원회(제3분과)는 1999. 3. 5. 경기소리
휘몰이잡가를 서울특별시지정무형문화재로, 위 박○○을 그 보
유자로 인정할 것을 의결하였다.

(라) 피청구인은 1999. 3. 31. 경기소리 휘몰이잡가를 서울특별시지
정무형문화재로 지정하고 위 박○○을 그 보유자로 인정할 것

임을 예고하고, 이에 대하여 이의가 있는 자는 30일 이내에 피청구인에게 이의를 제기할 것을 공고하자, 청구인은 1999. 6. 1. 피청구인에게 위 박○○이 경기소리 휘몰이잡가를 배운 적이 없다는 이의서를 제출하였고, 피청구인은 1999. 6. 3. 청구인의 이의신청에 대하여 위원회의 심의를 거쳐 위 박○○의 무형문화재보유자 인정여부를 결정할 것임을 통보하였다.

(마) 위원회(제3분과)는 1999. 6. 22. 경기소리 휘몰이잡가를 서울특별시지정무형문화재로 지정하고, 청구인의 이의가 있기는 하나 위 박○○이 그 보유자로 인정할 만한 예능을 충분히 갖추고 있다는 이유로 위 박○○을 경기소리 휘모리잡가 보유자로 인정할 것을 의결하였으며, 이에 피청구인은 1999. 7. 1. 이 건 처분을 하였다.

(바) 청구인은 2000. 9. 21. 청구외 이○○ 등 52인과 연명으로 피청구인에게 위 박○○이 위 이○○로부터 직접 경기소리 휘몰이잡가의 예능을 전수 받은 사실이 없으므로 이 건 처분은 부당하다는 내용의 민원을 제출하였다.

(2) 살피건대, 행정심판법 제9조제1항 전단의 규정에 의하면 취소심판청구는 처분의 취소 또는 변경을 구할 법률상 이익이 있는 자가 제기할 수 있다고 되어 있고, 위 법률상 이익은 법령에 의하여 보호되는 직접적·구체적인 이익을 의미한다고 할 것인 바, 청구인은 위 박○○이 무형문화재의 예능을 정당하게 계승하지 아니하였으므로 이 건 처분은 부당하고, 또 정당한 계보에 따라 예능을 전수받은 자를 보유자로 인정하여야 한다고 주장하나, 이는 단순히 행정청의 정당한 행정행위를 촉구하는 것에 불과하다 할 것이고, 이 건 처분의 취소에 관하여 청구인에게 구체적인 법률상의 이익이 있다고 볼 만한 사정도 없으므로 결국 이 건 행정심판청구는 행정심판제기의 요건을 갖추지 아니한 부적법한 청구라 할 것이다.

5. 결 론

그렇다면, 청구인의 청구는 심판제기요건을 결한 부적법한 심판청구라 할 것이므로 이를 각하하기로 하여 주문과 같이 의결한다.

┃참고┃ 휘몰이잡가3)

휘몰이잡가는 조선 후기 경기지방에서 서민들에 의해 전승되어 온 전통적인 소리의 하나로, 휘몰이라는 말은 휘몰아치듯 속도가 빠르다는 뜻이며 잡가는 국악용어로 정식적인 노래에 속하지 않는 노래라는 말이다. 현재 전해지고 있는 휘모리잡가로는 만학천봉·병정타령·곰보타령·생매잡아·육칠월·기생타령·비단타령·바위타령·맹꽁이타령·한잔 부어라 등이 있다. 노랫말은 서민들의 생활상과 감정이 담겨있는 해학적이고 익살스러운 긴 사설이다.

---

❷ 삼베짜기 보유자 인정해제처분 관련

무형문화재보유자인정해제처분취소청구

[사건 1997-01608, 1997. 5. 16.]

【주문】

청구인의 청구를 기각한다.

【청구취지】

피청구인이 1996. 12. 26. 청구인에 대하여 한 무형문화재보유자인정해제처분은 이를 취소한다.

【이유】

1. 사건개요

청구인이 피청구인으로부터 경상북도 무형문화재 제○○호 ○○삼베짜기보유자로 인정받았으나, 청구인과 청구외 ○○군 ○○면 ○○리 주민들과 전승보조금문제로 갈등이 심화되자 피청구인은 1996. 12. 26. 청구인에 대하여 경상북도문화재위원회의 심의·의결을 거쳐 향토문화유산의 계속적인 전승이 불가능하다고 하여 무형문화재지정해제 및 무형문화재보유자인정해제처분(이하

3) 문화재청, 문화재수리 업무편람, 문화재청(2019), 129쪽.

"이 건 처분"이라 한다)을 하였다.

2. 청구인 주장

이에 대하여 청구인은 다음과 같이 주장한다.

가. 청구인은 1995. 6. 30. 피청구인으로부터 경상북도 무형문화재 제○○호 ○○삼베짜기보유자인정증서를 교부받았다.

나. 피청구인이 이 건 처분을 하면서 문화재위원회의 심의·의결을 거치지 않았다.

다. 이 건 처분을 하려면 특별한 사유가 존재하여야 함에도 불구하고 구체적인 사유없이 전수교육불가능이라고 통보하였으며 청구외 무형문화재보유자후보인 장○○이 함께 삼베짜기를 하고 있어 전수교육이 가능하므로 피청구인의 이 건 처분은 위법·부당하다.

3. 피청구인 주장

피청구인은 다음과 같이 주장한다.

가. 피청구인이 청구인을 경상북도 무형문화재 제○○호 ○○삼베짜기보유자로 지정한 이유는 삼베짜기가 개인의 기능보다는 마을전체주민의 협동작업에 의하여 이루어지고 마을단위로 집단전승되고 있는 점을 고려하여 이를 보전·전승하기 위함이었다.

나. 청구인은 피청구인이 이 건 처분을 하면서 문화재위원회의 심의·의결을 거치지 않았다고 주장하나, 1996. 12. 16. 경상북도문화재위원회의 심의·의결을 거쳐 이 건 처분을 하였다.

다. 삼베짜기를 보전·전승하기 위하여는 마을주민 전체가 화합하여 작업하여야 하나 청구인과 청구외 ○○리 마을주민들간에 전승보조금귀속문제로 갈등이 해소되지 않아 삼베짜기의 보전·전승이 불가능하게 되어 이 건 처분을 한 것이므로 이 건 청구는 기각되어야 한다.

4. 이 건 처분의 위법·부당여부

가. 관계법령

문화재보호법 제55조 제1항 및 제5항

경상북도문화재조례 제16조제1항, 제2항 및 제28조의2

나. 판 단

(1) 피청구인이 제출한 문화재지정조사보고서, ○○면 ○○리 주민들의 진정서, 진정서에 대한 답변서, 민원조사결과보고서, 무형문화재 전수교육 실태조사서, 1996. 12. 16. 경상북도문화재위원회의 회의서류

및 결과보고서, 도무형문화재 지정해제 및 무형문화재 보유자 인정해
제 통보서 및 고시문 등 각 사본의 기재를 종합하여 보면, 다음과
같은 사실을 인정할 수 있다.

(가) 피청구인은 ○○군 ○○면 ○○리 삼베짜기가 개인의 기능에 의
존하기보다는 마을전체주민의 협동작업에 의하여 이루어지고
마을단위로 집단전승되고 있는 점을 고려하여 이를 보전·전승
하기 위하여 청구인을 경상북도 무형문화재 제○○호 ○○삼베
짜기보유자로 인정하였다.

(나) 전승보조금의 귀속·운영에 따른 마을주민들과 무형문화재기능
보유자간의 마찰과 분쟁으로 기능보유자와 조교 및 전수생간의
실질적인 전승교육이 이루어지지 않고 있다.

(다) 청구인과 청구외 ○○리 마을주민과의 불화를 해소하기 위한
청구외 ○○군수의 양측대표자 면담설득과 관계공무원들의 면
담설득에도 불구하고 청구인과 청구외 ○○리 마을주민과의 불
화는 해결되지 않았다.

(2) 살피건대, 청구인은 피청구인이 이 건 처분을 하면서 문화재위원회의
심의·의결을 거치지 않았다고 주장하나, 위 인정사실에 의하면, 피청
구인이 1996. 12. 16. 경상북도문화재위원회의 심의·의결을 거쳐 이
건 처분을 한 사실이 명백하므로 청구인의 주장은 이유가 없고,
또한, 무형문화재 보유자인 청구인 및 전승교육보조자와 ○○리 마
을주민들과의 계속적인 불화로 마을공동단위의 협업을 통한 삼베짜
기가 불가능하게 되었고, 이런 불화로 말미암아 기능보유자, 기능보
유자후보, 조교 및 전수생간의 실질적인 전승교육도 이루어지지 않고
있어 이는 피청구인이 ○○ 삼베짜기를 도무형문화재로 지정하고 청
구인을 무형문화재보유자로 인정한 취지에 위배되어 ○○ 삼베짜기
는 도지정문화재로서의 가치를 상실하였다고 볼 수 있으므로 피청구
인의 이 건 처분은 위법·부당하다고 할 수 없을 것이다.

5. 결 론

그렇다면, 청구인의 청구는 이유없다고 인정되므로 이를 기각하기로 하여 주
문과 같이 의결한다.

제3절 전수교육조교(현행 무형문화재법상 '전승교육사') 관련 사례

❶ 직권 선정한 전수교육조교의 지위

구 문화재보호법 시행령 제19조 제1항(전수교육조교 선정)
[06-0325, 2006. 12. 29., 문화재청]

【질의요지】

1989년 중요무형문화재의 보유자가 사망한 후 그 보유자가 없는 상태에서 1994년 당시 문화체육부 문화재관리국장(현 문화재청장)이 직권으로 전수교육 조교를 선정한 행위가 「문화재보호법 시행령」(1994. 10. 7. 대통령령 제14399호로 개정되기 전의 것) 제19조의 규정에 부합되는지 여부

【회답】

1994년 당시 문화체육부 문화재관리국장(현 문화재청장)이 중요무형문화재의 보유자가 사망한 후 그 보유자가 없는 상태에서 직권으로 전수교육 조교를 선정한 행위는 「문화재보호법 시행령」(1994. 10. 7. 대통령령 제14399호로 개정되기 전의 것) 제19조의 규정에 부합합니다.

【이유】

「문화재보호법」(1995. 1. 5. 법률 제4884호로 개정되기 전의 것) 제24조제1항 및 제2항의 규정에 따르면, 국가는 전통문화의 계승·발전을 위하여 중요무형문화재를 보호·육성하여야 하고, 문화체육부장관은 중요무형문화재의 전승·보존을 위하여 당해 중요무형문화재의 보유자로 하여금 그 보유 기·예능의 전수교육을 실시하게 할 수 있다고 되어 있으며, 동법 시행령(1994. 10. 7. 대통령령 제14399호로 개정되기 전의 것) 제19조제1항 및 제2항의 규정에 따르면, 문화체육부장관은 중요무형문화재 보유자(보유단체를 포함)의 전수교육을 보조하기 위하여 제18조제2항의 규정에 의하여 이수증을 교부받은 자 또는 당해 분야

악기를 잘 다룰 수 있는 자를 중요무형문화재 보유자후보·전수교육조교 또는 악사로 선정할 수 있고, 동조 제1항의 중요무형문화재 보유자후보·전수교육조교 또는 악사에 대하여는 예산의 범위 안에서 전수교육을 보조하는 데 소요되는 경비를 지급할 수 있다고 되어 있습니다.

「문화재보호법」 제68조의 규정에 따르면, 동법에 의한 문화체육부장관의 권한은 대통령령이 정하는 바에 의하여 그 일부를 문화재관리국장·서울특별시장·직할시장 또는 도지사에게 위임할 수 있다고 되어 있고, 동법 시행령 제43조제1항제9호의 규정에 따르면, 문화체육부장관은 동법 제68조의 규정에 의하여 법 제24조의 규정에 의한 중요무형문화재의 보호·육성 및 전수교육에 관한 권한을 문화재관리국장에게 위임한다고 되어 있으며, 동법 시행규칙(1994. 11. 7. 문화체육부령 제17호로 개정되기 전의 것) 제22조제1항의 규정에 따르면, 중요무형문화재의 보유자 또는 보유단체는 자신의 전수교육을 보조하게 하기 위하여 영 제19조제1항의 규정에 의한 중요무형문화재보유자후보, 전수교육조교 또는 악사를 문화재관리국장에게 추천할 수 있다고 되어 있습니다.

이와 같이 「문화재보호법」은 중요무형문화재 보유자로 하여금 그 보유 기능·예능의 전수교육을 실시하게 할 수 있도록 하고 있고, 이러한 전수교육을 보조하기 위해 전수교육 조교 등을 선정할 수 있도록 하고 있으므로 원칙적으로는 전수교육을 실시할 중요무형문화재 보유자를 먼저 지정하고 나서 전수교육 조교 등을 선정해야 할 것입니다.

그러나, 국가는 중요무형문화재를 보호·육성할 책임이 있고, 그 보유자로 하여금 중요무형문화재의 전승교육을 하도록 하는 것도 중요무형문화재를 보호·육성하기 위한 하나의 수단이며, 이러한 점에서 중요무형문화재의 보유자가 사망하여 보유자가 없다고 하여 중요무형문화재를 보호·육성할 책임이 면제된다거나 중요무형문화재를 보호·육성할 필요성이 소멸된 것은 아니므로 국가는 중요무형문화재를 보호·육성을 위한 필요하고 가능한 조치를 해야 할 것입니다.

그리고, 전수교육을 보조하기 위한 전수교육 조교 등은 전수교육을 이수하였거나 당해 분야 악기를 잘 다룰 수 있는 자를 대상으로 하고 있어 당해 분야에서의 상당한 예능·기능의 소유자에 해당한다 할 것이므로 중요무형문화재의 보유자가 없다 하더라도 이들만을 통한 전수교육이 가능하고, 그러한 교육도 중요무형문화재를 보호·육성하는 데 도움이 될 수 있다고 할 것이며, 또한 전수교육

조교 등의 임무가 중요무형문화재 보유자의 전수교육의 보조라고 하여 그 보유자가 없는 상태에서 전수교육 조교 등을 통한 전수교육이 금지된다고는 할 수 없습니다.

따라서, 중요무형문화재의 보유자가 사망함으로써 그 보유자가 없게 된 상태라면 추후 전수교육을 실시할 그 보유자가 지정될 때까지는 전수교육 조교 등을 선정하여 전수교육을 담당하게 하는 것이 허용된다고 할 것이므로 1994년 당시 문화체육부 문화재관리국장(현 문화재청장)이 중요무형문화재의 보유자가 사망한 후 그 보유자가 없는 상태에서 직권으로 전수교육 조교를 선정한 행위는 동법 시행령 제19조의 규정에 부합합니다.

한편, 동법 시행규칙 제22조제1항에서는 예능 또는 기능을 원형대로 체득·보존하고 이를 그대로 실현할 수 있는 중요무형문화재의 보유자 등이 자신의 전수교육을 보조하기 위하여 전수교육 조교 등을 추천할 수 있도록 규정하고 있는 바, 동규정은 소관 기관이 가장 적합한 전수교육 조교 등을 선정할 수 있도록 그 선정과정에서 중요무형문화재의 보유자 등에게도 추천권을 부여한 것이고, 이로 인하여 문화체육부 문화재관리국장(문화재청장)이 그 추천에 따라 추천 대상자를 반드시 전수교육 조교로 선정해야 된다는 것을 의미하는 것은 아닙니다.

❷ 전수교육조교 해제처분 관련

전수교육조교 선정해제처분취소
[대전지방법원, 2014구합103281, 2015. 3. 19.]

【원고, 피상고인】

　　김○○

【피고, 상고인】

　　문화재청장

【주문】

1. 원고의 청구를 기각한다.
2. 소송비용은 원고가 부담한다.

【청구취지】

피고가 2014. 5. 13. 원고에 대하여 한 중요무형문화재 전수교육조교 선정해제처분을 취소한다.

【이유】

1. 처분의 경위

가. 원고는 2006.경부터 평택농악보존회(이하 '이 사건 보존회'라고 한다)의 사무국장으로 활동하여 오다가, 2009.경 평택농악 중 상법고·무동놀이 종목으로 피고로부터 전수교육조교(무형문화재 보유자 또는 보유단체의 무형문화재 전수교육을 보조하기 위하여 두는 조교)로 선정되어 그 무렵부터는 이 사건 보존회의 전수교육조교 등으로 활동하였다.

나. 그런데 원고는 이 사건 보존회의 대표 및 경리직원과 공모하여, 군대에 입대하여 이 사건 보존회의 활동을 하지 못하기 때문에 무형문화재 전승지원금 지원요청을 할 수 없는 사람들의 명의로 평택시청에 전승지원금 요청서를 제출하여, 2007. 1. 24.부터 2009. 12. 21.까지 43회에 걸쳐 합계 2,240만 원의 전승지원금을 교부받았다. 그리고 원고는 2007. 10. 23.부터 2009. 12. 29.까지 업무상 보관하던 이 사건 보존회의 기금 합계 2,220만 원을 개인적인 용도 등으로 임의 소비하였다.

다. 원고는 위 나.항의 범죄사실(이하 '이 사건 비위사실'이라고 한다)로 2013. 7. 18. 수원지방법원에서 벌금 500만 원의 형을 선고받았고, 위 판결은 2014. 2. 28. 확정되었다.

라. 이에 피고는 전통문화의 공연·전시·심사 등과 관련하여 사법판결이 확정되었다는 이유로 문화재위원회의 심의를 거쳐 2014. 5. 13. 원고에 대한 전수교육조교 선정을 해제하였다(이하 '이 사건 처분'이라고 한다).

2. 관계법령: 별지와 같다.

3. 이 사건 처분의 적법 여부

가. 원고의 주장

1) 이 사건 처분의 근거인 문화재보호법(2014. 5. 28. 법률 제12692호로 개정되기 전의 것, 이하 같다) 제31조는 무형문화재 보유자의 인정을 해제할 수 있다는 규정이지, 무형문화재 전수교육조교에 관한 규정은 아니므로, 이 사건 처분은 근거규정이 없는 위법한 처분이다.

2) 설령 피고가 선정해제처분을 할 수 있고 이 사건 비위사실이 선정해제 사유에 해당한다고 하더라도, 이 사건 비위사실은 이 사건 보존회의 관행에 따라 하여오던 일이었고 원고가 이사건 보존회의 운영을 위해 사비를 지출하기도 하였으므로 비난가능성이 적다. 또한 원고는 이 사건 비위사실과 관련하여 평택시에 2,400만 원을 공탁하였고, 전수교육조교로서 이 사건 보존회의 발전과 평택농악의 계승에 큰 공헌을 하였으므로 이를 고려한다면, 이 사건 처분은 원고에게 너무 가혹하여 비례의 원칙에 위배되고, 재량권을 일탈·남용하였다.

나. 판단

1) 이 사건 처분의 근거

그러므로 보건대, 문화재보호법 제31조는 무형문화재 보유자의 인정 해제에 관하여서만 규정하고 있을 뿐, 전수교육조교의 선정해제에 관하여는 아무런 규정을 두고 있지 아니하므로 이는 이 사건 처분의 직접적 근거조항은 될 수 없다고 보인다. 그러나 행정행위를 한 처분청은 비록 그 처분 당시에 별다른 하자가 없었고, 또 그 처분 후에 이를 철회할 별도의 법적 근거가 없다 하더라도 원래의 처분을 존속시킬 필요가 없게 된 사정변경이 생겼거나 또는 중대한 공익상의 필요가 발생한 경우에는 그 효력을 상실케 하는 별개의 행정행위로 이를 철회할 수 있다(대법원 2004. 7. 22. 선고 2003두7606 판결 등).

이 사건의 경우 피고가 이 사건 처분에 이르게 된 경위 등에 비추어 보면, 피고가 원고에 대한 원래의 처분인 전수교육조교 선정처분을 존속시키기 어려운 중대한 공익상의 필요 및 사정변경이 발생하였음을 원인으로 하여 이 사건 처분을 한 것으로 볼 것이어서, 이 사건 처분은 행정행위의 철회에 해당하므로 별도의 근거규정이 없다 하더라도 허용된다.

2) 이 사건 처분이 비례의 원칙에 위배되거나 재량권을 일탈·남용하였는지

피고가 이 사건 처분을 할 수 있다고 하더라도, 수익적 행정처분을 취소 또는 철회하거나 중지시키는 경우에는 이미 부여된 그 국민의 기득권을 침해하는 것이 되므로, 비록 취소 등의 사유가 있다고 하더라도 그 취소권 등의 행사는 기득권의 침해를 정당화할 만한 중대한 공익상의 필요 또는 제3자의 이익보호의 필요가 있는 때에 한하여 상대방이 받는 불이익과 비교·교량하여 결정하여야 할 것이다(대법원 2004. 7. 22. 선고 2003두7606 판결, 대법원 2010. 4. 8.선고 2009두17018 판결 등).

살피건대, 을 제1호증, 을 제2호증의 1, 2, 을 제3호증의 1, 2의 각 기재에 의하면, 피고는원고 외에도 업무상 횡령 등으로 유죄판결을 받은 무형문화재 전수교육조교들에 대해서 선정해제처분을 해온 사실이 인정되므로, 피고가 원고에 대해 유독 더 불리한 처분을 한 것은 아니다. 그리고 원, 피고 모두 무형문화재 전수교육조교에 비해 무형문화재 보유자의 지위가 더 두텁게 보호된다는 것에 대해서는 인정을 하는바, 더 보호되는 지위에 있는 보유자에 대해서 전통문화의 공연·전시·심사 등과 관련하여 벌금 이상의 형을 선고받은 경우 문화재보호법 제31조에 의해 해제처분을 할 수 있다면, 그보다 덜 보호되는 지위에 있는 전수교육조교에 대해서는 보다 덜 엄격한 판단 하에 해제처분을 할 수 있다고 봄이 타당하다. 위 인정사실 및 사정에, ① 이 사건 비위사실은 행하여 온 기간이 길고 그 피해액수 또한 적지 아니할 뿐더러, 그 실행의 착수 시점이 원고가 피고로부터 무형문화재 전수교육조교 선정을 받기 이전이어서 만약 피고가 위 선정 당시에 이 사건 비위사실을 알았더라면 원고에 대한 전수교육조교 선정을 하지 않았을 것으로 보이는 점, ② 전승지원금 등 보조금의 투명한 집행·건전한 무형문화재 전승질서의 유지 등을 위해서는 이 사건 비위사실과 같은 사기 및 횡령행위를 엄단할 필요가 있는 점, ③ 원고가 평택농악 중 상법고·무동놀이 종목의 유일한 전수교육조교에 해당한다고 볼 자료도 없는 점, ④ 이 사건 처분이 원고의 이 사건 보존회 활동 자체를 제한하는 처분은 아닌 점 등을 보태어 보면, 원고가 이 사건 보존회의

발전과 평택농악의 계승에 공헌해 왔다는 사정, 원고가 이 사건 처분으로 인하여 더 이상 전승지원금을 받지 못하게 될 것이라는 사정 등을 감안하더라도, 이 사건 처분으로 원고가 입을 기득권의 침해 등 불이익이 전승지원금 등 보조금의 투명한 집행·건전한 무형문화재 전승질서의 유지 등의 공익보다 더 크다고 할 수는 없다. 따라서 이 사건 처분이 비례의 원칙에 위배된다거나 재량권을 일탈·남용하였다고 할 수는 없다.

4. 결 론

그렇다면, 원고의 이 사건 청구는 이유 없으므로 이를 기각하기로 하여 주문과 같이 판결한다.

▎국가무형문화재 제11-2호, 평택농악 ▎

평택농악(무동타기)[4]

평택농악은 두레농악의 소박한 전통에 뿌리를 두면서도 공연성이 뛰어난 남사당패 예인들의 전문적인 연희를 받아들여 복합적으로 구성한 수준 높은 농악이며, 무동놀이(어른의 목말을 타고 아이가 춤추는 놀이)가 특히 발달하였다.

---

4) 국가문화유산포털(http://www.heritage.go.kr), "평택농악" 검색(2020.06.25. 최종방문).

제6편

문화재환수

제1장
개요

　구한말, 일제 강점기 및 한국전쟁을 거치면서 상당수의 우리 문화재가 도난당하거나 불법반출되었다. 이는 실로 기억하기도 싫은 아픈 과거다. 최근에 우리 문화재가 다양한 경로를 통해 우리나라로 환수되고 있다는 사실은 반가운 일이다. 그런데 그 이면을 살펴보면 수많은 사람들의 노고가 서려 있음을 알 수 있다. 문화재청, 국회의원, 시민단체, 학자 등 수많은 기관, 단체, 개인의 노력이 없었다면 해외 소재 우리 문화재의 환수는 쉽지 않은 일이다.

　2011년 4월 14일 프랑스 국립도서관에 있던 외규장각 의궤가 한국으로 돌아왔다. 한국이 병인양요 때 약탈당한 외규장각 의궤 296권을 일괄 대여해 5년 단위로 갱신하는 방식으로 프랑스가 양국 간 협정에 따라 사실상 한국에 반환한 것이다. 그리고 조선왕실의궤가 2011년 일본으로부터 반환되었다. 오대산 사고(史庫)에서 1922년 강제 반출된 이후 90년만이다. 오대산 사고에는 조선왕조실록과 왕실의궤가 함께 보관되어 오다가 모두 일제에 의해 불법반출되었던 것이다. 조선왕조실록은 2006년에 반환되었다. 그리고 도난당하여 미국으로 흘러간 18세기 불화 '송광사 오불도'가 2017년 우리나라 송광사로 반환되었다. 그 밖에 문정왕후어보 및 현종어보도 한미 정상회담의 성과로 2017년 7월 2일 대통령 전용기편으로 국내로 반환되었다.

　이렇듯 우리나라가 일제 강점기, 미군정 및 한국전쟁 등 격동기를 거치면서 우리 문화재 중 외국으로 약탈 내지 도난당하거나 밀반출된 것이 많다. 그 당시 우리 국력으로는 도저히 우리 문화재를 보호할 만한 위치에 있지도 않았기에 우리 문화재가 외국으로 도난당하거나 밀반출되는 것을 막지 못하는 안타까운 상황이 전개되었다.

다음에서는 향후 해외소재 우리 문화재의 환수전략을 잘 수립하기 위해 문화재환수를 위한 다자간 조약 및 미국의 공법을 살펴본다.

이 책에서 문화재환수라는 용어는 반환(return), 회복(restitution) 등을 포괄하는 용어로 활용할 수 있음을 미리 밝혀 둔다.

그리고 이 책에서 논의된 협약은 국제협약으로서 사인이 소유하는 문화재에 대해서는 영향을 미치지 못하므로 사법적 영역에서는 국제재판관할, 준거법지정, 외국판결의 승인 및 집행과 같은 국제사법적 쟁점과 소의 이익 등과 같은 소송법적 쟁점이 존재하고, 특히 시민단체가 해외에서 소를 제기하는 경우에는 소의 이익(당사자적격 포함)이 존재하는지 여부가 중요한 쟁점이 된다.

제2장
문화재 환수에 관한 다자간 조약

제1절 의의

　　문화재의 보호를 위한 국제적인 차원의 노력은 2차 세계대전 이후 특히 UNESCO에 의하여 줄기차게 전개되어 왔다. 그리하여 1954년 무력충돌 시 문화재보호를 위한 협약(1954년 헤이그협약)이 채택되었고,[1] 1970년에는 문화재의 불법적인 반출입 및 소유권 양도의 금지와 방지수단에 관한 1970년 UNESCO협약(1970년 유네스코 협약)이 체결되었다.

　　이 중 1954년 헤이그 협약은 무력충돌 시의 문화재 보호에 관한 협약으로서 1995년 도난 또는 불법반출된 문화재에 관한 협약(이하 '1995년 유니드로와 협약'이라 한다)이 다루고 있는 주제와의 직접적인 관련성은 적다고 할 것이다. 1970년 유네스코 협약은 1995년 유니드로와 협약과 마찬가지의 주제를 다루고 있으며, 지금 현재 약 110여 개의 국가의 참여를 확보하고 있어 국제적인 차원에서의 문화재의 불법적인 유통에 대한 중심적인 다자조약으로서의 지위를 누리고 있다고 볼 수 있다.[2]

　　그러나 이 1970년 유네스코 협약은 대부분의 규정이 자기집행적(self-executing) 성격을 결여하고 있어 그 국내적 이행을 위하여는 당사국의 국내법상의 입법조치를

1) Jiri Toman, *The Protection of Cultural Property in the Event of Armed Conflict* (Dartmouth, 1996).

2) Guido Carducci, *La restitution des biens culturels et des objets d'art* (Librairie générale de droit et de jurisprudence, 1997), pp. 134-135.

필요로 한다. 또한 당해 협약의 국내적 이행과 관련하여 당사국들이 자국이 처한 상황이나 국내법상의 제한 등을 고려하여 협약상의 규정을 조정할 수 있도록 하고 있어 대단히 신축적이고 유연한 의무를 당사국에 부과하고 있다. 경우에 따라서는 일부 협약상의 의무 일부를 배제할 수 있거나 협약의 사물적 적용범위를 제한할 수도 있다.3)

　　1995년 유니드로와 협약은 1970년 유네스코 협약의 이러한 문제점을 해결하기 위하여 1970년 협약상의 규정들을 구체화하여 특히 도난당하거나 불법반출된 문화재의 반환에 관한 최소한의 통일적인 규칙을 규정하고 있는 것이다. 특히 1995년 유니드로와 협약은 당사국의 국내법 중 (선의취득과 관련된) 사법규정(제2장) 및 행정법규정(제3장)의 통일을 시도하고 있다. 또한 1970년 유네스코 협약과는 달리 1995년 유니드로와 협약은 자기집행적 성격을 보유하고 있으며 원칙적으로 국내적 이행을 위한 국내입법이 불필요하다고 볼 수 있다.

　　이와 같은 차이점에도 불구하고 1995년 유니드로와 협약은 1970년 유네스코 협약과 기본적으로 동일한 주제를 규율하면서 후자의 의무를 구체화하고 동시에 당사국 간에 통일하고 있다는 점에서 양자는 서로 보충적인 관계(complementarity)에 있다고 볼 수 있다.4)

　　1970년 유네스코 협약의 경우, 이 협약의 가장 중요한 목표 중의 하나는 문화재 거래에 종사하는 당사자들의 태도변화를 유도하는 데 있다. 직접 문화재를 거래하고 수집하는 사람들의 윤리의식이 고양되지 않고서는 불법거래를 차단시킬 수 없기 때문이다. 1970년 유네스코 협약은 이들에게 무엇이 국제사회에서 허용되고 금지되는가를 보다 명확하게 인식하게 한다. 이에 따라 선진국에 소재하는 많은 박물관들이 문화재 취득에 관한 윤리강령을 개발하거나 채택하고 있는데 이들 헌장은 국제박물관협회(International Council of Museums: ICOM)에서 1986년 채택한 직업윤리강령(Code of Ethics for Museum)에 기초를 두고 있다.5) 동 윤리강령은 박물관의 소장품 수집정책과 관련해

3) *Transfert international de biens culturels: Convention de l'UNESCO de 1970 et Convention de'Unidroit de 1995, Rapport du groupe de travail* (Berne: Office fédéral de la culture, 1998), pp. 9−11.

4) Lyndel V. Prott, *Biens culturels volés ou illicitement exportés: Commentaire relatif à la Convention d'UNIDROIT* (UNESCO, 2000), p. 31.

5) 국제박물관협회의 전문직 윤리강령은 1986년 11월 4일 아르헨티나 부에노스아이레스에서 열렸던 제15차 ICOM 정기총회에서 만장일치로 채택된 것으로서, 전문 직원의 윤리에 대한 일반적 규정을 마련한 것이다.

서 "대중이나 개인 소장을 위한 유물의 불법적인 거래는 역사적 유적지나 소수 민족 문화를 파괴하고 절도 행위를 조장하며, 자연의 식물상과 동물상을 해침으로써 국가 문화재나 국제적인 문화유산의 보존을 위태롭게 한다. 박물관은 상업성을 목적으로 하는 파괴적인 유물의 취득과 그에 따른 거래시장과의 관계를 인식해야 한다. 또한 직접적이든 간접적이든 간에, 암거래 시장을 지원하는 모든 행위가 대단히 비윤리적인 행위임을 인지해야 한다."라고 선언하고 있다.[6] 또한 문화유산의 반환 및 배상과 관련해서 이 윤리강령은 "만약 박물관이 문화재 불법 반입·반출 및 소유권 양도 금지와 예방에 관한 유네스코의 협약 원칙을 위반해서 수출입하였거나 또는 다른 방법으로 이전된 것을 증명할 수 있는 물건을 소유할 경우, 그리고 원산지 국가가 그것의 반환을 요구하면서 그 나라 문화유산의 일부라는 사실을 증명할 경우, 박물관은 법적으로 가능하다면 그 유물을 원소유국으로 반환하는 데 협조해야 한다. 원소유국으로부터 문화재의 반환에 대한 요구가 발생하였을 경우에 박물관은 (정부나 정치적인 차원의 행위에 우선해서) 과학적이며 전문적인 원칙의 바탕 위에서 개방적인 태도로 대화할 준비를 해야 한다. 박물관과 박물관 자원을 개발하는 데 있어서 그들의 문화유산의 상당부분을 상실했다고 생각되는 나라의 박물관을 돕기 위한 적절한 상호협동 내지 다자간의 협동 방안을 진전시킬 수 있는 가능성을 모색해야 한다. 박물관은 또한 전시문화재보호에 관한 1954년 헤이그협약의 약정을 전적으로 준수해야 하며, 이 협약을 지지해서 피점령 지역으로부터 문화재를 구매하거나 다른 방법으로 권유하거나 취득하지 않는다. 대부분의 경우, 이러한 문화재는 불법으로 유출되었거나 이동된 것이기 때문이다."라고 규정하고 있다.[7]

　　한편, 1995년 유니드로와 협약 제4조에서는 국제적인 차원에서의 문화재의 불법적인 거래를 방지하기 위하여 도난당한 문화재의 절대적인 반환의무를 규정하고 다만 반환으로 인하여 선의취득자가 입게 될 손해에 대하여 공정하고 합리적인 보상을 지급하도록 하고 있다. 이러한 규정은 도난당한 물건의 선의취득에 관한 영미법과 대륙법의 법리를 절충·조화한 접근방법이다.[8] 1995년 유니드로와 협약 제4조 제4항에서는 "점유인이 상당한 주의를 행사하였는지를 결정할 때에는 당사자의 성격, 지불된 가

---

6) ICOM Code of Ethics art. 3.1.

7) ICOM Code of Ethics art. 4.4.

8) Francesco Francioni, "La commerce illicite d'objets d'art et son contrôle: la convention d'UNIDROIT de 1995", *Revue du marché unique européen* (1998), p. 82.

격, 당해 점유인이 합리적으로 접근 가능한 도난문화재 등록부 및 합리적으로 획득하였을 수 있는 기타의 관련 정보 및 문서를 참조하였는지의 여부, 그리고 동 점유인이 접근가능한 기관들에 조회하였거나 합리적인 자라면 해당 상황에서 취하였을 수 있는 기타의 조치를 취하였는지의 여부를 포함하여, 해당 취득의 모든 상황을 고려하여야 한다."라고 규정하고 있다. "합리적으로 획득하였을 수 있는 기타의 관련 정보 및 문서"의 예로서는 발굴관련보고서라든지 박물관 목록의 사본 등을 들 수 있다. 최근 아프가니스탄 및 캄보디아의 문화재의 도난 및 불법반출이 큰 문제로 대두되고 있는데, 프랑스의 귀메(Guimee) 박물관에서는 카불 박물관의 목록 사본을 그리고 프랑스 극동학교에서는 앙코르 보존센터의 목록 사본을 보유하고 있다.

　　"합리적으로 획득하였을 수 있는 기타의 관련 정보 및 문서"에는 또한 "Thesaurus"와 같이 일반적으로 접근 가능한 문화재목록이라든지 아니면 개별 경매상들이 제공하는 경매품 목록도 포함한다.

　　1995년 유니드로와 협약 제4조 제4항에 기재된 고려요소들과 관련하여 주의할 것은 이 조항은 단지 예시적인 것에 불과하다는 것과 이 조항은 판사들에 대한 지침 (guideline)에 불과한 것이며 결코 명확한 법규칙을 규정하고 있지는 않다는 점이다. 결국 모든 것은 개별적·구체적 상황에 달려 있다고 볼 수 있으며 이러한 규정방식은 결코 새로운 것이라 볼 수 없을 것이다.[9]

　　그리고 1995년 유니드로와 협약 제4조 제5항에서는 "해당 점유인은 상속 또는 기타 무상의 방법으로 해당 문화재를 양도한 자보다 유리한 지위에 놓여서는 안 된다."라고 규정하고 있다. 이 조문을 둔 이유는 문화재의 출처가 의심스럽다는 사실을 알면서도 이를 구입한 사람이 재정적인 이익을 얻기 위한 목적으로 문화재를 박물관 등에 기증하는 경우가 드물지 않기 때문이다. 또한 이 규정은 도난 문화재를 가족 구성원 간에 "세탁"하는 것을 방지하기 위한 목적도 가지고 있다. 문화재를 구입할 당시 악의였거나 또는 최소한 주의의무를 해태하였던 사람이 이러한 하자를 치유하기 위해 문화재를 선의의 권리승계인에게 유증하거나 또는 증여하는 경우에 이 조항이 적용될 것이다. 2020년 8월 1일 현재 한국은 1970년 유네스코 협약에는 가입해 있으나, 1995년 유니드로와 조약에서는 가입하지 않은 상태다.

---

9) Francesco Francioni, Id. at p. 84.

제2절 1995년의 도난 또는 불법반출된 문화재에 관한 UNIDROIT협약

(이하 "1995년 협약")

❶ 1995년 협약 주요 조항에 대한 검토

1) 적용대상

제1조

이 협약은 다음과 같은 국제적 성격을 갖는 청구에 적용된다:

(a) 도난문화재의 회복;

(b) 문화적 유산 보호를 위해 문화재의 반출을 규제하는 체약국의 법에 위반하여 그 영역으로부터 반출된 문화재(이하 "불법반출 문화재"라 함)의 반환.

1995년 협약의 적용범위는 "국제적인 성격을 갖는 청구"에 한정된다.

이 협약에서는 "도난" 또는 "절도"라는 용어만 사용하고, 개별국가들에 보다 광범위한 규정을 둘 수 있는 재량권을 부여하자는 형태로 절충되었다.

제2조

이 협약의 목적상 문화재는, 종교적 또는 세속적 근거에서, 고고학적, 선사적(先史的), 역사적, 문학적, 예술적 및 과학적 중요성을 지니고 있으며 이 협약의 부속서에 열거된 범주 중 하나에 속하는 것들을 말한다.

부속서에 기재된 내용은 1970년 유네스코 협약 제1조에 기재된 문화재의 범주와 정확히 일치한다.

1970년 유네스코 협약의 경우에는 "각국에 의하여 특별히 지정"될 것을 예정하고 있는 데 반하여, 1995년 협약의 경우에는 각국의 지정을 요하지 않고 "고고학적, 선사적(先史的), 역사적, 문학적, 예술적 및 과학적 중요성"을 지니고 있으면 문화재로 간주하고 있다. 따라서 비록 문화재의 구체적 범주의 측면에서 양 협약이 전적으로 동일하다 할지라도 1995년 협약 제2조의 취지는 1970년 유네스코 협약의 그것과 사뭇 다르다.

2) 도난 문화재의 회복(제3조 및 제4조)

제3조

(1) 도난된 문화재의 점유자는 이를 반환하여야 한다.

(2) 이 협약의 목적상, 위법하게 발굴된 또는 적법하게 발굴되었으나 위법하게 보유된 문화재는 해당 발굴이 이루어진 국가의 법과 일치할 경우 도난된 것으로 간주되어야 한다.

(3) 회복에 관한 어떠한 청구이든 청구인이 해당 문화재의 소재 및 점유자의 신원을 안 때로부터 3년의 기간 내에 제기되어야 하며, 어떠한 경우에든 도난 시로부터 50년의 기간 내에 제기되어야 한다.

이 문제점을 해결하기 위하여 1995년 협약 제3조는 영미법계와 대륙법계의 관련 법규를 절충·조화(rapprochement)시키고 있는 것이다. 도난 문화재를 항상 반환할 의무를 규정하고 있다는 점에서 1995년 협약은 영미법을 좇았지만, 상당한 주의를 기울여 취득한 자에 대하여 일정한 보상을 지급하도록 하고 있다는 점에서 대륙법계 국가(특히, 프랑스법 및 스위스)의 법적 원리를 반영하고 있다. 제2항은 이러한 국내법적 현실을 국제적인 차원에까지 반영하기 위한 의도로 규정된 것이다. 국가간 입장 차를 반영하여 제3항에서 한 편으로는 문화재의 소유자가 소를 제기할 수 있는 때를 기산점으로 삼는 상대적으로 단기적인 시효와 다른 한편으로는 도난당한 시점을 기산점으로 채택하는 장기의 시효의 두 가지가 규정되기에 이르렀다.

제3조

(4) 그러나, 확인된 기념물 내지 고고학적 유적의 불가분의 일부를 구성하는, 또는 공공 수집품에 속하는 문화재의 회복에 관한 청구는 해당 청구인이 문화재의 소재와 점유자의 신원을 안 때로부터 3년이라는 기간 이외의 시효의 적용을 받지 않는다.

(5) 제4항의 규정에도 불구하고, 체약국은 75년 또는 자국법에 규정된 보다 장기의 시효의 적용을 받는다고 선언할 수 있다. 위와 같은 선언을 행한 체약국의 기념물, 고고학적 유적지 또는 공공 수집품에서 이탈된 문화재의 회복을 위해 다른 체약국 내에서 제기된 청구도 그러한 시효의 적용을 받는다.

(6) 제5항에서 언급된 선언은 서명, 비준, 수락, 승낙 내지 가입시에 행하여져야
   한다.

(7) 이 협약의 목적상, "공공 수집품"은 다음의 주체가 소유하고 있으며 목록화된,
   또는 기타의 방법으로 식별된 일단의 문화재로 구성된다:
   (a) 체약국;
   (b) 체약국의 종교적 또는 지역적 당국;
   (c) 체약국의 종교기관; 또는
   (d) 체약국 내에서 본질적으로 문화적, 교육적 내지 과학적 목적으로 설립되
      었으며 당해 국가에서 공익에 봉사하는 것으로 인정된 기관.

(8) 또한, 체약국 내의 종족 내지 원주민 공동체에 속하며 이들이 사용하고, 당해
   공동체의 전통적 내지 의식적 이용의 일부인 성물(聖物) 내지 공동체 내에서
   중요한 문화재의 회복을 위한 청구는 공공 수집품에 적용가능한 시효의 적용
   을 받는다.

   동 조항과 관련하여 주의할 바는 이 조항에 규정된 시효기간은 1995년 협약상의
회복요청과 관련해서만 적용된다는 점이다. 따라서 제2차 세계대전 중 또는 그 직후에
발생한 문화재의 반출 또는 식민기간 중에 발생한 문화재 반출 등에 대하여는 당해
규정상의 시효기간이 적용되지 않는다.

제4조
(1) 도난문화재의 반환을 요구받는 점유자는 해당 문화재가 도난되었음을 알지
   못했거나 합리적으로 알 수 없었을 경우, 그리고 해당 문화재 취득 시에 상당
   한 주의를 행사하였음을 입증할 수 있는 경우, 그 회복 시에 공정하고 합리적
   인 보상의 지급을 요구할 권리가 있다.

(2) 제1항에서 언급된 점유자의 보상청구권에 영향을 주지 않으면서, 해당 문화재
   를 해당 점유자 내지 이전의 양도인에게 양도한 자가 해당 보상을 지불하는
   것이 해당 청구가 제기된 국가의 법에 합치하는 경우 그렇게 하기 위한 합리
   적인 노력이 기울여져야 한다.

(3) 청구인에 의한 점유자에 대한 보상의 지급이 요구될 경우 이는 청구인이 그
   금액을 그 밖의 자로부터 구상할 권리에 영향을 주지 않는다.

(4) 점유자가 상당한 주의를 행사하였는지를 결정할 때에는 당사자의 성격, 지불된 가격, 해당 점유자가 합리적으로 접근 가능한 도난문화재 등록부 및 합리적으로 획득하였을 수 있는 기타의 관련정보 및 문서를 참조하였는지의 여부, 그리고 동 점유자가 접근 가능한 기관들에 조회하였거나 합리적인 자라면 해당 상황에서 취하였을 수 있는 기타의 조치를 취하였는지의 여부를 포함하여, 해당 취득의 모든 상황을 고려하여야 한다.

(5) 해당 점유자는 상속 또는 그 밖의 무상의 방법으로 해당 문화재를 양도한 자보다 유리한 지위에 놓여서는 안 된다.

1995년 협약의 큰 특징은 국제적인 차원에서의 문화재의 불법적인 거래를 방지하기 위하여 도난당한 문화재의 절대적인 반환의무를 규정하고 다만 반환으로 인하여 상당한 주의의무를 다한 취득자가 입게 될 손해에 대하여 공정하고 합리적인 보상을 지급하도록 하고 있다는 점이다. 이러한 규정은 도난당한 물건의 선의취득에 관한 영미법과 대륙법의 법리를 절충·조화한 접근방법이다. 1995년 협약 제4조에서는 선의라는 용어를 직접 사용하지 않고 대신 "상당한 주의(due diligence, diligence requise)"라는 용어를 사용하면서 동시에 상당한 주의의무를 다하였는지를 판단함에 있어 고려해야 할 요소들을 규정하고 있다.

3) 불법반출 문화재의 반환

본 협약 제2장의 규정들이 문화재의 도난에 관련된 민사적인 문제들을 해결하기 위한 통일법인 데 반하여, 제3장의 규정들은 협약 당사국들이 문화재보호에 관한 자신의 공법 규정들의 존중을 타방당사국에 요구할 수 있도록 하고 있다.

❷ 유니드로와 협약 비준현황

체약국의 반에 가까운 수가 중남미, 아프리카, 아시아 등 문화재유출국이며, EU 회원국이나 기타 서방/유럽 지역 당사국의 경우에도 이태리, 그리스와 같은 문화재유출국이 중심이 되어 있으며 영국, 미국, 프랑스, 스위스, 일본 등 대표적인 예술품시장 국가들은 아직 당사국이 아니라는 사실이다.

　　1995년 유니드로와 협약의 비준이 우리 법제에 대해 미치는 영향을 분석하고 법제정비방안을 마련하기 위해서는 다른 비준국 및 관련국들이 이 협약을 어떻게 국내적으로 이행하였는가를 살펴보는 것이 상당히 유익할 것이다. 29개국 비준국 중에서 1995년 협약의 국내이행을 위한 국내법제에 관한 정보를 얻을 수 있는 국가가 그리 많지 않다.

제3절　유니드로와 협약 체약국의 대표적 사례: 이태리

❶ 유니드로와 협약 해석 규정

1) 제13조 제3항 관련

　　본 협약은 유럽연합 회원국 사이에는 적용되지 않고, 유럽연합 회원국 간에는 유럽연합이 제정한 지침(European Community Directive 93/7/EEC of the Council of 15 March 1993) 및 이후 개정조항에 의해 규율된다.

2) 제16조 관련

　　이태리 정부는 본 협약 제16조에 따라 도난문화재 또는 불법반출문화재의 회복 또는 반환의 요청이 그 문화재가 소재한 국가의 법원에 제출되어야 한다는 것을 선언한다. 회복청구는 문화재가 소재하는 법역(jurisdiction)의 관할법원에 제기하여야 한다고 규정하고 있다. 문화재의 소재가 불분명하거나 이태리 내에 없는 경우에는 그 회복청구는 피고가 거소나 주소를 가지고 있는 곳의 법원에 제기하여야 하고 피고의 거소나 주소를 알지 못하는 경우에는 피고가 임시적으로 거주하는 곳을 관할하는 법원에 제기하여야 한다. 법인 및 조합에 대한 청구에 대해서는 법정지는 이태리 민사소송법 제19조에 따라 정해진 절차에 의해 결정된다.

❷ 국내법과의 조화

1999년 6월 7일 이태리는 본 협약을 비준하는 입법을 공포하였다. 즉, 이태리 의회
는 1999년 6월 7일 법률 제213호(Law 213/99)를 통과시켜 본 협약을 비준하였다.10) 이태
리는 본 협약의 성공을 담보하기 위하여 본 협약의 비준에 대해 선도적인 역할을 수행하
여야 한다고 생각하였다.11) 이태리는 유니드로와 소재국이고 본 협약의 채택을 이끈 외
교회의뿐만 아니라 정부 전문가의 모든 회의를 주최한 국가다. 이태리는 본 협약 비준국
의 수탁국이자 최초 서명국가 중 하나다. 하지만, 더 중요한 바는 이태리가 거대한 문화
적 전통을 가진 국제적 문화재 보호와 관련하여 선도적 국가 중 하나라는 점이다.12)

1999년 법률 제213호는 본 협약을 이태리 법으로 시행하기 위해 필요한 메커니
즘을 제공하는 방식으로 본 협약을 비준하였다. 이 법률은 9개 조문으로 구성된 단순
한 구조를 가지고 있다. 이 법률은 본 협약을 완전히 이행할 것을 공언하고 이러한 목
적을 달성하기 위하여 필요한 절차적 측면을 다루고 있다. 하지만 법률 제213호의 법
문은 완전한 준수의 공언에 대한 몇 가지 중대한 예외를 포함하고 있다.

법률 제213호 조문의 다수는 국제조약을 이태리 법에 시행하기 위해 필요한 조문
으로 구성되어 있다.

법률 제213호 제1조는 이태리 대통령에게 본 협약을 비준할 권한을 부여하고 본
협약 제12조에 따라 본 협약이 발효한 경우에 그 협약이 전면적으로 시행된다고 규정
하고 있다.13)

---

10) L. 7 giu. 1999, n. 213 – Ratifica ed esecuzione dell'Atto finale della Conferenza diplomatica
per l'adozione del progetto di Convenzione dell'UNIDROIT sul ritorno internazionale dei
beni culturali rubati o illecitamente esportati, con annesso, fatto a Roma il 24 giugno 1995
[Ratification and Execution of the Final Act of the Diplomatic Conference on the Adoption
of the Project of the UNIDROIT Convention on the International Return of Stolen or
Illegally Exported Cultural Objects, with Annex, signed in Rome on June 24, 1995] (G. U.
2 lug. 1999, n. 513).

11) Stephanie Doyal, Implementing the Unidroit Convention on Cultural Property into Domestic
Law: the Case of Italy, 39 Colum. J. Transnat'l L. 657, 694 (2001).

12) Disegno di Legge n. 4315, Camera dei Deputati, 8 Legislatura, presented 6 Nov. 1997
[hereinafter House Bill no. 4315] at 2.

13) Law 213/99, supra note 10, art. 1. Article 87 of the Italian Constitution gives the President
of the Republic the power to ratify treaties after he has received authorization from the

　　법률 제213호 제2조는 다른 서명국과의 행정적인 협력을 보장하고 있다. 문화재의 이태리로의 회복을 위한 합리적인 보상금뿐만 아니라 이태리 내 문화재에 대한 청구의 연구비용에 대해 규정한 제8조에 의거하여 재정적 재원이 분배된다.[14] 이 법률 제9조는 본 협약이 법률공보에 공고된 날로부터 효력이 발생한다고 규정하고 있다.

　　본 협약의 체약국은 서명(signature), 비준(ratification), 수락(acceptance), 승인(approval)의 시점 또는 가입(accession)의 시점에 몇 가지 선언을 하여야 한다. 본 협약 제16조는 각 협약국이 재판관할의 목적상 관할 법원의 지정뿐만 아니라 문화재의 회복 및 반환의 청구를 위한 절차를 선언하여야 하는 요건을 포함하고 있다.[15] 법률 제213호는 제3조에 이러한 두 가지 고려사항을 규정하고 있다. 이 법률 제3조는 이태리 내에 소재하는 문화재에 대한 청구에 관한 정책을 규정하고 있다. 이 조문에 따르면, 회복청구는 문화재가 소재하는 법역(jurisdiction)의 관할법원에 제기하여야 한다고 규정하고 있다. 문화재의 소재가 불분명하거나 이태리 내에 없는 경우에는 그 회복청구 또는 반환청구는 피고가 거소나 주소를 가지고 있는 곳의 법원에 제기하여야 하고 피고의 거소나 주소를 알지 못하는 경우에는 피고가 임시적으로 거주하는 곳을 관할하는 법원에 제기하여야 한다. 법인 및 조합에 대한 청구에 대해서는 법정지는 이태리 민사소송법 제19조에 따라 정해진 절차에 의해 결정된다.[16] 법률 제213호 제3조는 회복청구 또는 반환청구가 외교영사적 경로를 통해 행해져야 한다고 선언하고 있다.[17] 이 법률 제5조는 문화재의 이태리로의 반환요청을 규정하고 있다. 청구인은 도난문화재의 반환을 위해 다른 체약국에 접촉하기 전에 이태리 문화유산 및 문화활동부에 고지하여야 한다. 요청대상인 문화재가 이태리 법률 제1089호(1939년 제정) 또는 1963년 9월 30일 제정된 대통령령 제1049호에 따라 보호되는 경우에는 그 반환

Houses of Parliament pursuant to Article 80. Costituzione della Repubblica Italiana art. 87.
14) Law 213/99, supra note 10, art. 8; House Bill no. 4315, supra note 12, at 6.
15) The UNIDROIT Convention on Stolen or Illegally Exported Cultural Objects reprinted in 34 I.L.M. 1330 [hereinafter UNIDROIT Convention], art. 16.
16) Law 213/99, supra note 10, art. 3.1.
17) Ida Caracciolo, Analogie e differenze tra la Convenzione UNESCO del 1970 sui mezzi per vietare e prevenire il trasferimento illecito di proprietà del patrimonio culturale e la Convenzione UNIDROIT del 1995 sulla restituzione dei beni culturali rubati o illecitamente esportati, in La protezione internazionale e la circolazione comunitaria dei beni culturali mobili (Pasquale Paone ed., 1999), 87-88.

요청은 이태리 문화유산 및 문화활동부가 행할 수 있다.[18] 문화재가 불법반출된 경우에 그 반환요청은 본 협약 제5조에서 정하는 바대로 이태리 문화유산 및 문화활동부만이 행한다.

법률 제213호 제6조는 이태리 문화유산 및 문화활동부가 적법한 소유자가 점유하기 전까지는 다른 체약국에게 반환될 문화재 또는 이태리로 반환될 문화재의 관리에 대해 정할 것이라는 점을 규정하고 있다. 적법한 소유권자로의 문화재 이전은 그 법적 절차 및 관리에 소요되는 비용을 비롯하여 문화재의 반환에 관한 모든 비용을 이태리 문화유산 및 문화활동부에 변제할 것을 요한다.[19] 적법한 소유권자가 확인할 수 없는 경우에는 문화재의 회복 또는 반환은 공보 및 기타 공고방법에 의해 공시된다.[20] 진정한 소유권자를 발견하지 못하고 5년이 경과한 경우에 이태리 정부는 문화재를 국유재산으로 취득한다.[21]

법률 제213호 여러 조문 중 가장 중요한 조문은 제4조다. 이 제4조는 문화재의 소유권을 박탈당한 자에 대한 보상을 규정한 것이다. 제4조 제1항에 따르면, 본 협약에 따라 문화재의 회복 또는 반환을 법원이 명하는 경우에 소유권을 박탈당한 자의 요청에 따라 예정손해보상액의 지급을 명할 수 있다. 이 조문은 상당한 주의를 기울여 문화재를 취득한 당사자에게 합리적인 보상을 명하고 있는 본 협약의 규정에 부합한다.[22]

제4조와 관련하여 법률 제213호와 본 협약의 유일한 상이점은 손해보상액이 결정되기 전에 당사자가 법원에 보상을 청구하여야 한다는 점이다.

한편, 법률 제213호 제4조 제2항은 본 협약의 입안자가 달성하기 위한 타협의 정신을 중대하게 훼손할 수도 있다.[23] 법률 제213호 제4조는 "제1항에 따른 보상을 받기 위해서는 이해관계인이 선의로 문화재를 취득하였다는 사실을 증명하여야 한다."라고 규정하고 있다.[24] 이 규정은 이태리 법의 일반원칙에서 나온 것이다. 법률 제213호에서 사용된 선의(good faith)란 용어는 본 협약에서 사용된 '상당한 주의(due diligence)'란

----

18) Law 213/99, supra note 10, art. 5.2.

19) Id. art. 6.2.

20) Id. art. 6.3.

21) Id. art. 6.4.

22) UNIDROIT Convention, supra note 15, arts. 16, 4.1., 6.1.

23) Doyal, supra note 11, at 696.

24) Law 213/99, supra note 10, art. 4.2.

용어와 동일한 것이 아니다.25) 도난 문화재에 대해서 본 협약의 '상당한 주의'란 용어
의 정의는 문화재를 취득하고자 하는 당사자가 문화재의 출처에 대해 적극적으로 조
사할 것을 요건으로 한다.26) 불법반출문화재에 대해서는 본 협약은 유효한 반출증명
서의 존재를 포함하여 모든 상황을 고려한다고 규정하고 있다.27) 반면에 이태리 민법
은 단지 취득당사자가 문화재의 도난사실 내지 불법반출 사실을 알지 못하였다는 것
만을 요건으로 하기 때문에 이태리 민법 제1147조에 따른 '선의'는 상당한 주의의 기
준과 동일하지 않다. 문화재 취득자가 문화재의 출처에 대해 의심을 가지고 있더라도
대상 문화재가 도난되었다는 것을 증명할 구체적인 증거가 없다면 이태리 민법에 따
라 여전히 선의 요건이 충족된다.28) 더욱이 이태리 민법은 선의가 추정되고 선의의
매수인이 재산을 취득한 경우에 권원이 즉시 확립된다고 구체적으로 규정하고 있다.
따라서 본 협약과 이태리 법은 서로 부합하지 아니한다.29) 협약을 이태리 법으로 비
준하는 것은 민법과 동일한 효력을 부여한다. 왜냐하면 두 법 모두 의회에 의해 제정
되기 때문이다. 따라서 법률 제213호는 이태리 민법 제1147조 및 제1153조가 적용 배
제된다고 구체적으로 규정하지 않고 있기 때문에 이태리 법원은 이러한 조문들의 효
력이 있는 것으로 용이하게 해석할 수 있다. 상당한 주의가 법률 제213호 제4조에 따
라 요구되는지 여부를 명시하지 못함으로써 이태리 의회가 만든 모호성은 실무상 모
든 상황에서 문화재의 소유권을 박탈당한 자에 대한 손해보상을 인정하는 상황을 초
래할 수 있다. 이는 매수인이 문화재의 진정한 출처를 조사하지 않아도 되기 때문에
문화재의 불법거래를 방지하기 위한 본 협약의 목적에 악영향을 미칠 것이다. 이는 명
백히 본 협약이 의도한 바가 아니다.

더욱이, 법률 제213호 제4조는 본 협약의 용어에 완전히 부합되지 아니하는 또
다른 절차적 변형을 포함하고 있다. 문화재의 불법반출에 관한 사건에서 본 협약은 상
당한 주의를 증명할 책임이 보상을 청구하는 자에 속하는 것으로 규정하고 있다. 하지
만 법률 제213호는 문화재반환을 청구하는 국가에 증명책임을 부담시키고 있다.

----

25) UNIDROIT Convention, supra note 15, art. 4.1.

26) Id. art. 4.4.

27) Id. art. 6.2.

28) Giorgio Cian & Alberto Trabucchi, Commentario breve al Codice civile 880−81 (1999)
(discussing Article 1147 of the Italian Civil Code).

29) C.c. Arts. 1147, 1153.

법률 제213호 제4조 제3항은 법원이 정한 보상액의 지급에 대해 규정하고 있다. 법원이 명한 금액을 지급하지 아니하는 경우 점유자는 민법 제1152조에서 정하는 대로 문화재를 보유할 권리를 가진다.[30] 법률 제213호 제6조에 따르면, 문화유산 및 문화활동부는 법적 소유권자가 점유를 취득할 때까지 대상 문화재를 관리할 수 있다. 대상 문화재는 정부의 비용을 보상하기 전까지 적법한 소유권자에게 이전할 수 없다. 이태리 의회는 무조건적으로 도난문화재는 반환되어야 한다고 규정하고 있는 본 협약의 명문규정을 의도적으로 무시한 것이다.[31] 하지만 이태리 민법 제1152조를 명시적으로 적용하는 법률 제213호 제4조 규정에 비추어 보면, 이태리 민법 제1153조는 본 협약에 따라 발생하는 사건에 적용되어서는 아니 된다는 보다 강력한 주장을 할 수 있다.

본 협약의 정신에 구체적으로 배치되는 것은 아니지만, 이태리는 법률 제213호의 조문에 따라 유리한 위치에 처해 있다는 점을 적시한 점은 흥미롭다. 법률 제213호 제4조 및 제6조를 함께 해석하면 이태리 문화유산 및 문화활동부는 보상을 받아서 대상 문화재는 적법한 소유권자에게 반환할 수 있을 때까지 점유할 수 있다는 점을 명백히 하고 있다. 문화재의 소유권을 박탈당한 자에게 법원이 명한 보상액을 지급하지 않더라도 문화재의 반환 및 관리뿐만 아니라 본 협약에 따른 요청을 제기한 비용에 대해 국가가 사용한 비용의 보상 시에 이태리 민법 제1152조에 따라 이태리 문화유산 및 문화활동부는 소유권자에게 목적물을 반환할 수 있다. 적법한 소유권자가 누구인지 여부가 알려져 있지 않거나 불명확한 경우인 경우에는 이태리 문화유산 및 문화활동부는 관보에 공고하고 5년 소멸시효 만료 시에 해당 문화재는 국유재산으로 된다.[32] 법률 제213호 법문에 구체적으로 명시하지는 않았지만, 적법한 소유권자가 알려져 있으나 국가 비용 보상의 요건을 충족하지 못하는 경우에 해당 문화재에 잠재적으로 적용될 수도 있는 것으로 보인다.[33]

---

30) C.c. art. 1152.

31) UNIDROIT Convention, supra note 15, art. 4.

32) Law 213/99, supra note 10, art. 6.4.

33) Doyal, supra note 11, at 698.

❸ 평가

이태리 법률 제213/99호에 의해 다음의 세 가지 규정이 주로 도입되었다.

(i) 불법이동된 문화재를 추적함에 있어 공조(위 법 제2조)
(ii) 대상 문화재의 점유자의 선의/악의와 관련하여 증명책임 면제의 전환(위 법 제4조)
(iii) 유럽연합 규칙이 적용되는 경우에 유니드로와 협약의 적용배제(위 법 제7조)

국내법이 적용되는 국내법상 청구와 유니드로와 협약이 적용되는 국제법상 청구가 통일되거나 동일한 내용을 담고 있다고 하더라도 양자를 다루는 경우에 상이한 법적 보호를 부여하는 이태리 법체계에서는 문제가 발생할 수 있다. 하지만, 양자에 대하여 상이하게 다루는 접근방식은 선의/악의의 평가지표를 개정하는 데 다소간 영향을 미칠 것이다. 하지만 평등의 원칙을 다루는 헌법상 쟁점은 이러한 사건에서 제기될 수 있다.

제4절 유니드로와 협약 미가입국의 법제 현황

❶ 일본

일본은 1970년 유네스코 협약에는 2002년에 가입한 후 협약 내용을 구체적으로 시행하기 위한 국내입법으로 「문화재의 불법적인 수출입의 규제 등에 관한 법률」 및 「문화재보호법 일부 개정 법률」을 시행하고 있다. 위법에서 규정하고 있는 것은 특정 외국문화재의 지정(동법 제3조 제2항) 및 이에 대한 수입규제, 도난된 특정외국문화재의 선의취득 배제 및 회복청구기간(2년 및 대가 변상 시 10년)을 규정하고 다만, 특정외국문화재가 일본에 유입된 후에 제3조 제2항에 의해 지정되었을 경우에는 그렇지 아니하다는 단서를 두고 있다. 또한 국내문화재의 도난신고 및 이에 대한 통지 등을 규정하고 있다.

그러나 아직 1995년 협약에는 가입하지 않고 있다. 현재에도 일본은 1995년 협약 가입을 준비하고 있지 않다. 그런 상황에서도 일본은 2006년 「해외문화유산 보호에 관한 국제적 협력의 추진에 관한 법률」[34]을 제정하여 시행하고 있다.[35]

일본이 1995년 협약에 가입하지 않은 이유는 두 가지로 축약할 수 있다.

첫째, 대상이 되는 문화재의 범위가 대단히 모호하다는 점을 들고 있다. 일본은 각 국들이 보호받을 대상인 문화재의 범위를 사전에 결정하여야 한다는 입장을 취하였다.[36]

둘째, 문화재 기원국의 반환청구권의 권리행사기간이 대단히 길다는 점을 들고 있다. 50년의 기간으로 되어 있는데, 도난의 시기로부터 50년이라는 장기간의 반환청구권을 인정하게 되면 선의취득자의 법적 입장이 장기간 불안정하게 되는 문제가 있다고 한다.[37] 1995년 협약을 지지하는 자들은 현행 일본 법률에 따른 선의의 매수인의 보호가 해외 박물관이나 해외 기관으로부터 도난당한 "일정한 외국 문화재(specified foreign cultural property)"에는 적용되지 않아야 한다고 주장한다. 그들은 불법거래에 의해 일정한 외국 문화재를 취득한 자가 선의의 점유자로 간주되어서는 아니 되는 한, 그는 그 대상인 문화재를 기원국의 청구인에게 반환하여야 한다고 주장한다.[38]

요컨대 일본은 문화재 기원국과 문화재 반입국 사이의 게임에서 1995년 협약이 문화재기원국에 유리한 것으로 보인다는 입장을 취하고 있다.[39]

---

34) 「海外の文化遺産の保護に係る国際的な協力の推進に関する法律」(平成18年6月23日 法律 第97号). 이 법률에서는 "관계 행정기관과의 밀접한 협력 및 관계 독립행정법인, 교육연구기관, 민간단체 등의 상호 연계 협력, 문화유산 국제협력에 관한 국내외 정보수집 및 이를 통한 정책 수립" 등의 내용이 규정되어 있다.

35) 이동기, "문화재환수협약의 성립경위와 현황 — 유네스코 협약과의 관계를 포함하여", 「국제사법연구」, 제15호, 2009.12., 184 – 185면.

36) http://assembly.coe.int/nw/xml/XRef/X2H – Xref – ViewHTML.asp?FileID=8328&lang=en (2019.07.04. 최종방문).

37) 이동기, 앞의 논문, 189면; James A.R. Nafziger & Robert Kirkwood Paterson ed., Handbook on the Law of Cultural Heritage and International Trade 269 (2014).

38) Nafziger & Paterson ed., supra note 37, at 269.

39) http://assembly.coe.int/nw/xml/XRef/X2H – Xref – ViewHTML.asp?FileID=8328&lang=en (last visited June 20, 2017).

❷ 미국

　미국은 미국만큼 큰 예술시장을 가진 유럽 국가들이 1995년 협약을 비준할 것인지 여부를 관망한 후, 미국의 입장을 정하자는 태도를 취하고 있다. 특히 1970년 유네스코 협약의 연혁 때문에 이러한 미국의 신중한 태도는 정치적인 측면에서보다는 실용적인 측면에서 관조하는 것이 타당하다.[40] 1970년 유네스코 협약은 미국 및 그 밖의 70개 내지 80개국에 의해 비준되었다. 하지만 대규모 예술품 시장을 가진 그 밖의 국가들이 이 협약에 가입하지 아니하였기 때문에 불법적인 예술품 시장을 없앨 수 없었다. 미국에서 주된 반대는 1995년 협약 제3장에 대한 것이다. 왜냐하면 미국은 문화재에 대한 수출 제한규정(도난품 및 도굴 골동품에 대한 예외규정은 존재)을 두고 있지 않는바, 1995년 협약 제3장은 미국의 법적 지위에 영향을 미칠 것이기 때문이다. 그리고 예술품 수집가, 예술품 중개인 및 소수의 박물관 등은 미국이 1995년 협약에 가입하는 것을 반대하였다.[41]

40) http://assembly.coe.int/nw/xml/XRef/X2H－Xref－ViewHTML.asp?FileID=8328&lang=en (last visited June 20, 2020).
41) http://assembly.coe.int/nw/xml/XRef/X2H－Xref－ViewHTML.asp?FileID=8328&lang=en (last visited June 20, 2020).

제3장
국외소재 도난 또는
불법반출된 국유문화재의 환수 현황

제1절   문정왕후어보 · 현종어보 환수 경과

- 2013.04.09.   문화재청 – 대검찰청 간 수사공조 협의
- 2013.05.02.   한 · 미 관계기관 간 '문정왕후어보' 수사공조 추진 합의
  - * 문화재청, 대검찰청, 미국 국토안보수사국(HSI) 한국지부 등
- 2013.05.23.   문화재청, 미국 국토안보수사국에 '문정왕후어보' 수사 요청
- 2013.05.28.   KBS, 다큐멘터리('시사기획 창')를 통해 '현종어보' 소재 보도
- 2013.07.09.   문화재청, 미국 국토안보수사국에 '현종어보' 수사 요청
- 2013.09.27.   미국 국토안보수사국, 문정왕후어보 · 현종어보 압수
- 2014.07.22.   문화재청 – 미국 이민관세청(ICE) 간 「한미 문화재 환수협력 양해각서」 체결
- 2014.07.24.   문화재청, 미국 국토안보수사국 LA지부 방문 및 '문정왕후어보' · '현종어보' 현지 실사
- 2015.10.16.   한 · 미 정상회담에서 '조속한 반환원칙' 합의
- 2016.09.19.   미국 법무부(LA연방검찰), 사법몰수 소송 개시
- 2016.12.30.   미국 캘리포니아주연방법원, 궐석재판 개시

- 2017.04.10.   미국 캘리포니아주연방법원, 몰수선고 판결
- 2017.06.02.   몰수선고 효력 발생
- 2017.06.09.   문화재청 - 미국 국토안보수사국(HSI) 간 수사종결 합의
- 2017.06.30.   한미 정상회담을 계기로 주미한국대사관에서 반환식 개최

▌문정왕후 어보와 현종 어보 ▌

문정왕후 어보[1]   현종 어보[2]

제2절 대한제국 국새 등 인장 9점 환수 사례

- 유족들이 매매를 위한 감정과정에서 감정인이 HSI에 제보('13.9월)
- 美 국토안보수사국(HSI), 문화재청에 사진자료 제공('13.9.23)
- 문화재청, HSI에 수사 요청('13.10.21)
  - 역사적 기록을 통해 우리나라 문화재 입증
  - 국내법, 미국법, 미국 판례 등을 검토하여 도난 입증
- HSI, 대한제국 국새 등 인장 9점 압수('13.11.18)
  - 문화재청의 수사요청서에 근거히여 미국 센디에고에서 압수
- 문화재청 - HSI 간 수사진행 사항 협의('14. 1월~현재/4회)

----

1) 문화재청 보도자료, "문정왕후어보·현종어보, 한국으로 돌아온다"(2017.06.09.자), 사진 재인용.
2) 문화재청 보도자료, "문정왕후어보·현종어보, 한국으로 돌아온다"(2017.06.09.자), 사진 재인용.

- 미국 법무부장관, 민사몰수(행정몰수) 완료('14.4.9)
- 문화재청 - HSI 간 수사종료문서 서명 ('14.4.17)
- 한·미 정상회담을 계기로 반환('14.4.25.)
- 한-미 문화재 환수협력 양해각서 체결('14.7.22./ 문화재청 - 이민관세청)
  ※ 이민관세청(ICE): 국토안보수사국(HSI)의 상급기관 / 마약, 불법 이민, 도난 문화재 등 담당

- 황제지보: 1897년 대한제국 성립과 함께 제작된 국새
- 수강태황제보: 1907년 순종이 고종에게 존호를 올리면서 제작한 어보
- 유서지보: 조선왕조에서 지방 관찰사 등 임명장에 사용
- 준명지보: 조선왕조에서 춘방(왕세자 교육기관) 관원 교지에 사용
- 왕실私印: 조선왕실 차원에서 제작·사용해온 인장 5점
  - 향천심정서화지기: 헌종의 서화 감상인 / 향천(香泉)은 헌종의 호
  - 우천하사: 우천하사(友天下士)는 세상의 선비들과 벗 하다는 의미
  - 쌍리: 쌍리(雙螭)는 '두 마리의 용'이라는 의미
  - 춘화: 춘화(春華)는 '봄꽃'이라는 의미
  - 연향: 연향(硯香)은 '벼루의 향기'라는 의미

‖ 보물 제1618-2호, 국새 황제지보 ‖

국새 황제지보[3]

용뉴형(龍鈕形) 옥보(玉寶)인 〈황제지보〉는 대한제국 선포 때 제작한 고종황제의 국새 10과 중 1과로 황제가 직접 관료를 임명할 때 내려주는 임명장과 훈장 서훈 사유를 적은 훈기(勳記)에 찍는 인장이다. 〈황제지보〉는 조선이 자주국가인 대한제국이며, 고종은 황제임을 선포하고 이후의 모든 국가 행정문서와 궁중 의례에 사용하기 위해 제작한 어보 중의 하나이다. 황제지보는 보물 제1618-2호로 지정되어 있다.

---

3) 국가문화유산포털(http://www.heritage.go.kr), "황제지보" 검색(2020.06.25. 최종방문).

제3절 장렬왕후 어보 환수

- 장렬왕후 어보는 ○○ 2년(1676)에 제작되어 ○○왕후 사후 종묘에 오랫동안 봉안되어 옴.
- 일제강점기(1924년)에 작성된 『종묘영녕전책보록』에도 '○○ 어보' 기록이 있어 당시 종묘에 봉안되어 있음을 알 수 있으나 1950년대 이후 행방이 묘연했음.
- 도난 관련
  - 1950년 한국전쟁 시 도난된 것으로 추정
  - 도난 추정 근거: 미국 기록 2건
    ◦ 미국 일간지 볼티모어선誌(1953.11.17.): 미국이 47개 어보를 약탈했음. 한국 정부는 불법 반출되었다고 파악하고 있음. 한국 정부가 반환을 제의했으며, 발견한 사람은 대사관으로 연락해 주기를 당부하는 내용 있음. 어보는 2~4인치(5.08cm~10.16cm) 크기이고, 거북이모양처럼 동물의 형상을 띠고 있다는 설명이 있음.
    ◦ 전화통화문(1956.5.21.): 美 국무부 문화재 자문관 아데릴리아 홀 여사와 양유찬 미국대사와의 전화통화 내용. 도장의 크기가 4인치 정도 되며, 왕실문양이 새겨져 있고 동물 모양이 조각되어 있다는 내용 있음.
- 진위 여부 감정
  - 『조선왕조실록』·『종묘등록』 등에 근거하여 인조 2년 당시 대왕대비로 있던 장렬왕후에게 '휘헌(徽獻)'이라는 존호를 새로 올리면서 제작한 것임. 인면(印面)은'자의공신휘헌대왕대비지보(慈懿恭愼徽獻大王大妃之寶)'로 기록과 일치됨.
  - 고려대 소장 명성왕후 어보(숙종 2년 제작)와 비교하여 재질이 동일하고 조각·전각 기법 등도 같은 양식임.
- A(한국인)는 2016. 1. 30.경 미국의 인터넷 경매사이트 '○○○○○○○(영문명칭 1 생략), (인터넷주소 생략)'에 접속하여 '△△△ △△△(영문명칭 2 생략)'가 경매인으로서 '일본 석재 거북(Japanese Hardstone Turtle)'이라는 제목으로 경매에 부친 물건을 미화 9,500달러에 낙찰받음.
- A(한국인)는 2016. 3. 19.경 위 물건을 국내로 반입한 다음 전문가들에게 확인한 결과 위 물건이 '인조계비 장렬왕후 어보'인 사실을 확인하였고(이하 위 물건을 '이 사건

어보'라 한다), 2016. 9. 2.경 국립고궁박물관에 이 사건 어보를 250,000,000원에 매수할 것을 신청하면서 이 사건 어보를 국립고궁박물관에 인도함.

• 국립고궁박물관은 이 사건 어보를 심의한 결과 이 사건 어보가 인조계비 장렬왕후 어보로서 도난품에 해당한다는 이유로 그 매입 및 반환을 거부함.

• 이에 A는 국가를 상대로 어보 반환청구와 불법행위로 인한 손해배상청구의 소를 제기함.[4]

이 사건 어보는 도품이 아니므로 A가 이 사건 어보에 관한 소유권을 경매에 의하여 적법하게 취득하였고, 국가가 이를 점유하면서 원고에게 반환할 것을 거부하고 있으므로, 국가는 민법 제213조에 따라 원고에게 이 사건 어보를 반환할 의무가 있다는 주위적 청구를 하였고, 가사, 이 사건 어보가 도품이더라도 민법 제249조에 의하여 원고가 이 사건 어보를 선의취득하였고, 피고는 민법 제251조에 따라 대가를 변상하고 이 사건 어보의 반환을 청구할 수 있음에도, 피고 산하 국립고궁박물관은 유물 매수 공고를 하여 마치 원고로부터 이 사건 어보를 매수할 것과 같은 태도를 보였다가 일방적으로 그 매입 및 반환을 거부하여 원고의 재산권을 침해하였다. 따라서 피고는 원고에게 불법행위로 인한 손해배상으로 이 사건 어보의 가치 상당액을 지급할 의무가 있다고 할 것인데, 원고는 일단 이 사건 어보의 매도신청가인 250,000,000원의 지급을 구한다. 서울중앙지방법원은 A의 청구를 모두 기각하는 판결을 내렸다. 이 사건의 판시내용은 제6편 제4장에서 자세히 다루기로 한다.

---

4) 서울중앙지방법원, 2017가합518187, 2017. 8. 25.

제4장
국외소재 도난 국유문화재 환수에 관한 판례
(어보반환청구사건)

제1절 제1심 법원 판결(서울중앙지방법원, 2017가합518187, 2017. 8. 25.)

❶ 판결요지

　　갑이 미국의 인터넷 경매사이트에서 '일본이 석재 거북(Japanese Hardstone Turtle)'
이라는 제목으로 경매에 부친 물건을 낙찰받아 국내로 반입한 다음, 전문가들에게 확
인한 결과 위 물건이 '인조계비 장렬왕후 어보'인 사실을 확인하였고, 국립고궁박물관
에 어보를 매수할 것을 신청한 후 인도하였는데, 국립고궁박물관이 심의한 결과 어보
가 인조계비 장렬왕후 어보로서 도난품에 해당한다는 이유로 매입 및 반환을 거부하
자 대한민국을 상대로 하여 주위적으로 어보의 반환을, 예비적으로 매도신청가액 상
당의 손해배상을 구한 사안에서, 어보는 대한민국이 소유·관리하던 중 6·25 전쟁 당
시 도난당한 다음 미국 등 해외로 반출되었다고 추인할 수 있으므로 도품에 해당하는
데, 갑이 경매사이트에서 어보를 낙찰받을 당시 어보가 미국 버지니아주에 있었고, 그
후 갑이 어보를 국내로 반입하였으므로, 갑이 어보에 관한 소유권을 취득하였는지 여
부에 관한 준거법은 원인된 행위 또는 사실의 완성 당시 목적물의 소재지법인 미국
버지니아주법인바, 영미법에서는 도품에 관하여 '누구도 자신이 가지지 않는 것을 양
도할 수 없다(nemo dat quod non habet)'는 원칙이 지배하고 있어 도품에 대한 선의취

득을 인정하고 있지 않고, 버지니아주법 또한 도품에 대한 선의취득을 인정하지 않고 있어 갑이 비록 경매사이트에서 어보를 낙찰받았다고 하더라도 어보는 도품이어서 갑이 버지니아주법에 따라 어보에 관한 소유권을 취득하지 못하였으므로, 갑의 반환 청구는 이유 없고, 제반 사정 등에 비추어 보면 갑이 어보에 관하여 어떠한 재산권을 가진다고 볼 수 없으며, 대한민국 산하 국립고궁박물관이 갑에게 어보에 관한 대가를 지급하지 않은 채 반환을 거부하는 것이 불법행위를 구성한다고 보기 어렵다고 판시하였다.

❷ 검토

인터넷 경매, 즉 전자상거래를 통하여 미국 버지니아주에 소재한 물건을 낙찰받은 경우 이 물건의 소유권취득에 관한 준거법은 어느 나라 법인지 여부가 문제된 사안이다.

1) 근거법률 및 해석

우리나라 국제사법 제19조에 따르면, "① 동산 및 부동산에 관한 물권 또는 등기하여야 하는 권리는 그 목적물의 소재지법에 의한다. ② 제1항에 규정된 권리의 득실변경은 그 원인된 행위 또는 사실의 완성 당시 그 목적물의 소재지법에 의한다."라고 규정하고 있다.

문화재의 매수인이 선의취득할 수 있는지 여부는 물권의 준거법에 따른다.[1] 국제사법 제19조에 의거하여 물권은 그 목적물의 소재지법에 의한다. 물권변동은 매매계약의 준거법에 따라 규율하는 것이 아니라 물권변동의 준거법에 의한다.[2]

2) 본 사안의 검토

페덱스익스프레스코리아 유한회사(FedEx Express)가 우편으로 서울고등법원(사건번호: 2017나2053997)에 제출한 문서(문서번호: FY18−38)에 따르면, Bremo Auctions가 버지니아주 Charlottesville에서 발송한 것임이 확인된다.

---

1) 석광현, 『국제사법 해설』, 박영사, 2013, 245쪽.
2) 석광현, 위의 책, 244쪽.

미국 버지니아 주에서 장렬왕후 어보의 소유권이 매수인 정진호에게 이미 양도된 것으로 보아 미국 버지니아주에서 물권법적 요건이 완성된 것으로 이해할 것인지 아니면 물권법적 요건을 실현하는 과정에서 장렬왕후 어보가 국내에 들어온 경우로 이해할 것인지 여부에 따라 준거법이 달라질 것이다. 전자의 경우에는 국제사법 제19조 제1항이 적용되어 미국 버지니아주법이 적용될 것이고, 후자의 경우에는 국제사법 제19조 제2항이 적용되어 한국 민법이 적용될 것이다.

버지니아주 상법 § 8.2−328(입찰에 의한 매수)[3] 제2항에 따르면, 입찰에 의한 매수는 경매인이 망치를 내려치거나 그 밖의 관행적인 방식으로 선언한 시점에 완성된다.

따라서 장렬왕후 어보는 우리나라로부터 도난당하여 미국 버지니아주에서 경매된 경우 취득자의 선의취득 여부는 취득 당시 소재지인 미국 버지니아주법에 의할 사항이다. 버지니아주 상법에 따르면, 물건에 대한 정당한 권원을 가지고 있지 않은 자는 선의 매수인에게 조차 그 권원을 이전할 수 없다. 따라서 버지니아주법에 따라 도난품의 경우, 절도범은 유상으로 그 물품을 매수한 선의의 매수인에게 조차 그 도난품에 대한 소유권을 이전할 수 없다(관련 버지니아주 상법 조문은 부록을 참조).[4]

제2절   제2심 법원 판결

(서울고등법원, 2017나2053997(확정), 2018. 9. 20.)

❶ 청구취지 등

【청구취지】
가. 주위적 청구취지
    피고는 원고로부터 교부받아 점유(소관청, 국립고궁박물관) 중인 별지 목록

---

3) VA Code § 8.2−328 (2014).
4) VA Code Ann. § 8.2−403(1); 참조할 판례로는 Toyota Motor Credit Corp. v. C.L. Hyman Auto Wholesale, Inc., 506 S.E.2d 14, 256 Va. 243 (1988).

기재 물건5)을 인도6)하라.

나. 예비적 청구취지

피고는 원고에게 250,000,000원 및 이에 대하여 이 사건 청구취지 및 청구원인 변경신청서 부본 송달일 다음날부터 다 갚는 날까지 연 15%의 비율로 계산한 돈을 지급하라.

【항소취지】

제1심판결을 취소하고, 청구취지 기재와 같은 판결을 구한다.

【주문】

원고의 항소를 기각한다.

항소비용은 원고가 부담한다.

❷ 대법원의 판단

대법원은 "이 사건 기록과 원심판결 및 상고이유를 모두 살펴보았으나, 상고이유에 관한 주장은 상고심절차에 관한 특례법 제4조 제1항 각호의 정한 사유를 포함하지 아니하거나 이유가 없다. 그러므로 위 법 제5조에 의하여 상고를 기각하기로 하여, 대법관의 일치된 의견으로 주문과 같이 판결한다."라고 하여 상고를 기각하였다. 따라서 제2심 법원의 판결이 확정되었다.

❸ 정리

따라서 위에서 정리한 제1심 판결에 대한 해설이 제2심 법원 판결과 제3심 법원 판결에도 주효하다.

----

5) '일본 석재 거북(인조비 어보)'이라고 기재하였으나, 이와 같이 선해하였다.

6) '반환'을 구하였으나, '인도'로 선해하였다.

제5장
외국 공법에 의한 해결방식: 미국의 연방도품법
(National Stolen Property Act)

다수의 외국은 일정한 문화재가 사유재산이더라도 국가적 통제를 받도록 규정한 법을 제정하고 있다. 그러한 법에 따르면, 일반 상식으로는 절도에 해당하지 않을 수 있더라도 그 문화재 내지 골동품을 외국으로 반출하는 행위는 그 물품의 압류뿐만 아니라 징역 내지 벌금을 포함하여 민형사상 제재를 받을 수 있다.[1]

모든 재산은 추정컨대 한 국가의 치안권(예컨대 국가는 무기, 담배 또는 주류의 판매를 금지하거나 가격제한을 부과할 수 있다) 내에 있지만, 그 권한은 소유권과는 구별할 수 있는 것이다. 따라서 반출 제한은 국가의 국유재산임을 의미하지는 아니한다.[2] 하지만 반출 제한과 국유 사이의 경계가 언제나 분명한 것은 아니다. 이러한 까닭으로 민사소송 내지 형사소송 양자에서 미국 연방법원은 문화재의 국외 반출을 금하는 외국법이 반출제한 또는 국유재산법에 해당하는지 여부를 판단하지 아니하면 안 된다.[3] 외국의 국유재

---

1) Tajan v. Pavia & Harcourt, 257 A.D.2d 299, 693 N.Y.S.2d 544 (1st Dep't 1999) (절도 신고에 의해 회화가 경찰에 의해 압수되었더라도 회화의 무단 반출이 예상되었다는 사실은 압수의 지속을 정당화할 근거라고 판시하였다).

2) U.S. v. McClain, 545 F.2d 988 (5th Cir. 1977)(이하 'McClain I'으로 표시).

3) Government of Peru v. Johnson, 720 F. Supp. 810 (C.D. Cal. 1989), aff'd, 933 F.2d 1013 (9th Cir. 1991); U.S. v. Hollinshead, 495 F.2d 1154 (9th Cir. 1974) (형사사건; 1929년 이전의 유물에 대한 국유를 주장하는 근거로 과테말라법을 제시하였다); McClain I, 545 F.2d 988 (5th Cir. 1977) (형사사건; 멕시코 법은 1929년 6월 이전의 유물에 대한 반출제한에 해당한다고 판시한 사례); Republic of Turkey v. Metropolitan Museum of Art, 762 F. Supp. 44 (S.D. N.Y. 1990) (터키 법에 위반하여 도굴되어 미국 내로 반출된 메트로폴리탄 미술관의 소장 유물

산법의 위반 및/또는 반출제한이 또한 개인 사이의 민사소송을 유발할 수도 있다.[4]

우리나라의 입장에서는 전통적인 의미로 확실한 소유권을 증명할 수 있는 경우에는 미국 내에서 연방도품법(National Stolen Property Act; 이하 'NSPA')의 적용을 받는 데 무리가 없을 것이다. 그런데 1940년 후반부터 1950년대 초반에 국내에서 도난되어 미국으로 반출된 국유의 동산문화재의 경우 그것이 국유란 사실을 증명하는 것은 때때로 곤란한 경우가 많다. 그 대안으로 국유선언을 한 규정을 제시하는 방안을 선택할 수 있을 것이다. 우리나라가 매장문화재에 대하여 국유화하는 규정을 두고 있는 경우에는 확실한 소유권을 증명하지 않더라도 물리적인 소유와 동일시할 수 있어 NSPA의 적용을 받는 데 지장이 없을 것이다. 따라서 실체적으로는 우리 문화재가 동산인 경우에는 국가가 그 소유권을 완전히 증명하는 방안 내지 국유선언을 한 규정을 제시하는 방안 중에 하나를 선택하여 증명할 필요가 있다.

1945년 8월 9일 이후 일본정부, 그 기관 또는 일본인, 일본 회사, 일본 단체조합, 일본 정부의 기타 기관 또는 일본 정부가 조직 또는 감독하는 단체가 직접 또는 간접적으로 전부 또는 일부 소유 또는 관리하는 재산 및 그 수입에 대한 소유권은 1945년 12월 6일 발령 법령 제33호에 의하여 1945년 9월 25일부로 조선군정청이 취득하였다.[5] 이 군정법령은 군정법령폐지에관한법률[6]에 의해 1950년 4월 21일 폐지되었다. 조선총독부가 소유하였던 동산문화재는 광복 이후 1950년 이전에 조선군정청이 그 소유권을 취득하게 되었다. 하지만, 서기 1933년 8월 제령 제6호 조선보물고적명승천연기념물보

을 회복하기 위하여 터키 정부가 제기한 동산 불법점유에 대한 반환청구의 소); U.S. v. Schultz, 333 F.3d 393 (2d Cir. 2003), cert. denied, 2004 WL 46669 (U.S. 2004) (형사사건; 이집트 법은 이집트 내에서 발견된 골동품에 대한 국유재산권 주장의 토대다).

4) Tajan v. Pavia & Harcourt, 257 A.D.2d 299, 693 N.Y.S.2d 544 (1st Dep't 1999) (경매 예정인 미술작품은 반출법 위반을 이유로 이태리 당국에 의해 압류되었다. 그 압류 때문에 경매 시 미술작품의 판매로 생겨날 수수료 수입을 상실하게 된 관계로 그 수수료의 배상을 청구하는 소를 제기되었다); Jeanneret v. Vichey, 693 F.2d 259, 35 U.C.C. Rep. Serv. 75 (2d Cir. 1982) (마티스의 미술작품이 미국 거주자의 상속 이후 이태리로부터 반출된 다음, 스위스 미술중개인에게 판매되었다. 그 미술중개인은 로마에서 그 미술품을 전시하였다. 반출서류가 없는 것을 이태리 당국이 알게 된 다음, 그 미술중개인이 마티스 미술작품의 판매하는 것을 금지하였다. 이에 그 미술중개인은 계약위반, 묵시적 권원보증 위반(breach of implied warranty of title), 허위표시(fraudulent misrepresentation)를 포함한 이론에 근거하여 매도인을 상대로 소를 제기하였다).

5) 조선군정청취득일본인재산의보고급재산의경영, 점유급사용에관한건 {[시행 1945. 12. 14] [군정법률 제2호, 1945. 12. 14, 제정]}.

6) [시행 1950. 4. 21] [법률 제130호, 1950. 4. 21, 폐지].

존령은 광복 이후에도 우리나라에 의용되었으므로, 보물 등에 해당하는 동산문화재는 위 보존령에 의거하여 그 소유권자를 확인하게 되었을 것이다. 이에 대한 구체적인 언급은 후술하기로 한다.

1950년 제정된 국유재산법7)은 국유재산을 보호하며 그 취득유지·보존·운용과 그 처분의 적정을 기하기 위하여 국유재산의 범위, 구분과 종류·관리기관과 처분기관등을 정하였다. 이 법에 따르면, 우선 국유재산은 국유의 부동산과 대통령령으로 정하는 국유의 동산 및 권리로 하고,8) 행정재산과 보통재산으로 구분하였으며,9) 국유재산은 재무부장관이 총괄하되 행정재산의 관리는 각부장관이, 보통재산의 관리·처분은 재무부장관이 관장하도록 하였고, 행정재산의 양도나 사권설정을 원칙적으로 금지하고 보통재산의 양도·출자의 목적·교환 등에 관한 요건을 정하였다. 아울러 이 법은 국유재산의 경계사정에 필요한 사항을 정하였고, 국유재산의 대부기간·대부료등 사용·수익에 필요한 사항을 정하였다.

1950년 6월에 제정된 국유재산법시행령10) 제1조에서는 "국유재산법(이하 법이라 한다)에서 국유재산이라 함은 국가의 부담으로 국유로 된 재산 및 법령 또는 조약의 규정에 의하거나 기부에 의하여 국유로 된 재산을 칭한다."라고 규정하였고, 동 시행령 제2조에서는 "법 제1조에 국유의 동산 및 권리라 함은 좌에 게기한 동산 및 권리로서 국유에 속한 것을 칭한다.

    1. 선박, 부표, 부잔교 및 부선거11)

    2. 부동산 또는 전호에 기재한 동산의 종물

    3. 사업소, 작업소, 학교, 병원, 연구소, 또는 국가기업체 기타 이에 준하는 시설

---

7) [시행 1950. 4. 8] [법률 제122호, 1950. 4. 8, 제정].

8) 1950년 제정된 국유재산법 제1조는 "본법에서 국유재산이라 함은 국유의 부동산 또는 대통령령으로 정하는 국유의 동산 및 권리를 칭한다."라고 규정하였다.

9) 1950년 제정된 국유재산법 제2조는 "국유재산은 행정재산과 보통재산으로 구분한다. 행정재산은 좌의 종류의 재산을 칭한다.
  1. 공공용재산 국가에서 직접공공용에 사용하거나 사용하기로 결정한 것
  2. 공용재산 국가에서 직접사무, 사업 또는 공무원의 거주용으로 사용하거나 사용하기로 결정한 것
  3. 영림재산 국가에서 삼림경영의 목적에 사용하거나 사용하기로 결정한 것
  4. 기업용재산 국가에서 경영하는 기업 또는 기업에서 종사하는 자의 거주용으로 사용하거나 사용하기로 결정한 것
  보통재산은 전항규정외의 일체재산을 칭한다."라고 규정하였다.

10) [시행 1950. 6. 10] [대통령령 제372호, 1950. 6. 10, 제정].

11) 부표, 부잔교 및 부선거의 한자표기명은 각각 浮標, 浮棧橋, 浮船渠이다.

에서 그 용에 공하는 기계 및 중요한 기구

4. 지상권, 지역권, 광업권 기타 이에 준하는 권리

5. 특허권, 저작권, 상표권, 실용신안권 기타 이에 준하는 권리

6. 주식 및 출자로 인한 권리

전항 제3호의 사업소, 작업소, 학교, 병원, 연구소 또는 국영기업체 기타 이에 준하는 시설 및 그 범위는 소관부처의 장이 재무부장관과 협의하여 이를 정한다."라고 규정하였다. 따라서 이 법 시행 이후 동산문화재의 경우에 이 법에 의거하여 국유재산으로 관리될 것은 많지 않아 보인다. 1950년 제정된 국유재산법에서 국유재산이라 함은 국가의 부담으로 국유로 된 재산 및 법령 또는 조약의 규정에 의하거나 기부에 의하여 국유로 된 재산을 칭한다. 같은 법 제5조에서는 "각 부처의 관리에 속하지 아니한 정부기관에 소속된 국유재산은 재무부장관이 이를 관리한다."라고 규정하면서, 같은 법 제18조에서는 "보통재산중 보물고적, 명승, 천연기념물은 법 제5조의 규정에 불구하고 조선보물고적명승 천연기념물보존령에 의하여 문교부장관이 이를 관리한다. 보물, 고적, 명승, 천연기념물에 준할 것의 범위에 관하여 문교부장관은 재무부장관과 협의하여 이를 결정하여야 한다."라고 규정하여 제정 국유재산법은 국유재산의 전범위를 정하기보다는 재무부장관이 소관할 국유재산의 범위를 정하는 데 초점을 두었음을 시사한다. 따라서 1950년 제정된 국유재산법이 동산문화재의 국유재산화를 배제하는 조문으로 파악해서는 곤란하다.

그리고 국유재산법 제18조에서 언급하였듯이, 서기 1933년 8월 제령 제6호 조선보물고적명승천연기념물보존령은 광복 이후에도 우리나라에 의용되었고, 1962년 제정된 문화재보호법 부칙 제2조에 의해 폐지되기 이전까지 유효하게 적용되었다. 이는 실로 부끄러운 일이 아닐 수 없다. 이 보존령 제16조는 "조선총독은 국가의 소유에 속하는 보물·고적명승 또는 천연기념물에 관하여 별도의 규정을 둘 수 있다."라고 규정하고 있기 때문이다. 해방 이후에는 이 조문을 군정법령이 적용되었던 시절에는 조선군정청이, 군정법령이 폐지된 이후에는 문교부장관이 "국가의 소유에 속하는 보물·고적명승 또는 천연기념물에 관하여 별도의 규정을 둘 수 있다."라고 해석하여야 할 것이다. 조선보물고적명승천연기념물보존령에 따라 광복 이후에 문화재로 지정된 사례가 없는 것으로 보아 1962년 제정된 문화재보호법[12])에 따라 비로소 문화재로 지정된 사

---

12) [시행 1962. 1. 10] [법률 제961호, 1962. 1. 10, 제정].

례가 나타났음을 알 수 있다. 이는 광복 이후 1962년 문화재보호법이 제정되기 전에 문화재 지정과정에서 소유자가 밝혀진 사례가 없음을 시사한다.[13]

한편, 조선왕실재산에 대해서는 별도의 법이 있으나, 이 또한 1950년에 제정되었으므로 광복 이후 1950년 이전에는 적용될 수 없다. 1950년 4월 제정된 구왕궁재산처분법[14] 제1조는 "구왕궁재산은 국유로 한다."라고 규정하였고, "본법에서 구왕궁재산이라 함은 구한국황실 또는 의친왕궁의 소유에 속하였든 재산으로서 구리왕직에서 관리한 일체의 동산과 부동산을 지칭한다."라고 규정하면서, 같은 법 제2조에서는 아래와 같이 규정하였다.

제2조
구왕궁재산중 좌의 각호의 1에 해당하는 것은 국유로써 존치한다.
1. 중요한 궁전의 건물과 대지
2. 중요한 미술품, 역사적기념품 또는 문적
3. 기타 영구보존을 요하는 것
전항 각호의 범위는 대통령령으로 정한다.

구왕궁재산처분법을 대체하여 1954년 제정된 구황실재산법[15] 제1조는 "본법은

---

13) 1962년 제정된 문화재보호법은 1940년 후반부터 1950년 초반까지 국내에서 도난당한 우리 문화재의 경우에는 적용할 수 없다. 1962년 제정된 문화재보호법[1]에서는 매장문화재로 인정된 물건으로서 그 소유자가 판명되지 아니한 것은 국고에 귀속하도록 규정하고 있으며(동법 제47조), 제52조 제2항에서는 "국유에 속하는 문화재 또는 토지 기타 물건"이란 표현을 사용하였다. 따라서 이러한 점을 감안하면 국유재산법에서 규정한 '국유재산'의 범주보다는 문화재보호법에서 언급하는 '국유'의 범주가 더 넓다는 것을 알 수 있다. 따라서 문화재보호법상 국유의 문화재는 동산문화재를 모두 포섭할 수 있다. 이 문화재보호법은 매장문화재에 대한 국고귀속은 물론이고 허가를 받지 아니하고 국외로 문화재를 반출하는 행위에 대해 처벌하도록 규정하였다. 즉, 1962년 제정된 문화재보호법 제59조는 다음과 같이 규정하였다.
"제59조 (무허가수출의 죄) ① 허가를 받지 아니하고 지정 또는 가지정문화재를 수출 또는 국외에 반출한 자는 15년 이하의 징역이나 금고 또는 150만환 이하의 벌금에 처한다.
② 허가를 받지 아니하고 국보 또는 보물로 지정되지 아니한 유형문화재를 수출 또는 국외에 반출한 자는 백만환 이하의 벌금 또는 구류나 과료에 처한다."
1) [시행 1962. 1.10] [법률 제961호, 1962. 1. 10, 제정].
14) [시행 1950. 4. 8] [법률 제119호, 1950. 4. 8, 제정].
15) [시행 1954. 9. 23] [법률 제339호, 1954. 9. 23, 제정].

구황실재산을 역사적, 고전적 문화재로서 영구히 보존관리하기 위하여 국유재산법과
별도로 구황실재산에 관한 사항을 규정함을 목적으로 한다."라고 규정하였다. 그리고
같은 법 제2조에서는 다음과 같이 규정하였다.

제2조
① 구황실재산은 국유로 한다.
② 전항에서 구황실재산이라 함은 구한국황실의 소유에 속하였든 재산으로서 구
리왕직에서 관리하든 일체의 동산, 부동산 기타의 권리를 말한다.
③ 전항의 재산에는 그 재산에 따르는 의무를 포함한다.

또한 같은 법 제3조에서는 다음과 같이 규정하였다.

제3조
① 구황실재산은 영구보존재산과 기타재산으로 구분한다.
② 영구보존재산은 다음 각호의 1에 해당하는 재산으로서 대통령령으로 지정하는
재산을 말한다.
1. 중요한 단, 묘, 사, 원, 전, 궁, 릉, 원, 묘와 이에 따르는 건조물과 그 부지
2. 중요한 미술품, 역사적 기념품 또는 문적
3. 보물, 고적, 명승, 천연기념물
4. 전각호에 유사한 재산으로서 영구보존의 필요가 있는것
③ 기타재산은 전항에 규정한 이외의 일체재산을 말한다.

위에서 언급한 법령을 종합하면, 1940년 후반에 국내에서 도난되어 미국으로 반
출된 국유의 동산문화재에 대해서는 구체적으로 국가가 소유권자란 사실을 증명하여
야 하고, 1950년 초반에 국내에서 도난되어 미국으로 반출된 국유의 동산문화재의 경
우에는 국유재산법상 국유재산 내지 구왕궁재산처분법상 국유재산에 해당한다는 것을
증명하거나 이들 법이 적용되지 않을 시에는 국가가 소유권자란 구체적인 사실을 증
명하여야 한다. 이러한 증명이 가능한 경우에는 외교적인 채널을 통해 미국 정부가
NSPA에 의해 형사적 절차를 밟도록 하거나 미국 내 우리 문화재를 소장하는 자를 상

대로 직접 소를 제기할 수 있을 것이다. 전자의 경우에는 직접적으로 McClain 법리[16] 에 의거하여야 할 것이고, 후자의 경우에는 Turkey v. OKS Partners 사건판결[17] 및 Government of Peru v. Johnson 사건판결[18]을 참고로 하여 McClain 법리를 간접적 으로 적용할 수 있을 것이다.

---

16) McClain I, 545 F.2d at 988; United States v. McClain (McClain II), 593 F.2d 658 (5th Cir. 1979). 그 법리의 주된 원칙은 외국의 매장문화재보호법에 위반하여 문화재의 점유를 취득하는 것이 NSPA에 따라 형사적 책임을 초래할 수 있다는 것이다.[1] 하지만, 이러한 원칙에는 일정한 제한이 따른다. 첫째, NSPA 위반은 고의(scienter)를 요건으로 한다. 즉, 그 문화재가 도난당한 것으로 볼 수 있기 전에 외국이 그 문화재에 대해 국유화한 사실을 피고인이 알고 있어야 한다 (Patty Gerstenblith, The Public Interest in the Restitution of Cultural Objects, 16 Conn. J. Int'l L. 197, 216−17 (2001)). 둘째, 단순히 문화재의 반출제한법규를 위반하는 행위만으로는 불법반출된 재산의 점유가 NSPA 위반행위에 해당하는 것은 아니다(McClain I, 545 F.2d at 988, 996, 1002.). 다시 말하자면, 외국의 매장문화재보호법이 문화재의 국유를 규정하지 아니 하는 한, 미국 내에서는 집행 불가능하다. 셋째, 문화재의 국유를 규정한 외국의 매장문화재보 호법은 그 법적 효력에 대해 적절하게 공지하기에 충분한 체계를 갖추어야 한다(McClain II, 593 F.2d at 670−71.). 넷째, 다툼의 대상이 된 문화재는 국가 소유권을 주장하는 국가의 영토 로부터 비롯된 것이어야 한다.[2] 마지막으로, 외국의 관련 매장문화재보호법의 시행일 이후에 절도가 발생하여야 한다(McClain I, at 1000−01.).
  1) Gerstenblith, supra note 12, at 216−17.
  2) McClain I, 545 F.2d at 1002−03.

17) 797 F. Supp. 64 (D. Mass. 1992). OKS Partners 사건은 NSPA와 관련이 없는 민사사건이지만 법원이 터키의 매장문화재보호법에 따라 터키가 약탈당한 옛날 주화의 환수를 위하여 소를 제 기할 적격을 가진다고 규정하였다고 판시함에 있어 McClain 법리에 의존하였다(OKS Partners, 797 F. Supp. at 66.). 이 사건에서 매사추세츠주 소재 연방지방법원의 Skinner 판사는 (ⅰ) 터키 정부가 부패조직척결법(The Racketeer Influenced and Corrupt Organizations Act)에 따른 소송 원인(cause of action)을 기재하였고, (ⅱ) 터키정부가 매사추세츠주의 소비자보호법(Consumer Protection Act)에 따른 소송원인을 기재하였으며, (ⅲ) 소멸시효가 경과되지 않았다고 판시하 였다(Id. at 64.).

18) 720 F. Supp. 810 (C.D. Cal. 1989), aff'd, 933 F.2d 1013 (9th Cir. 1991).

제6장
소결

　　박물관의 경우, 다자간 조약, 양자간 조약뿐만 아니라 국제사법적 쟁점에 대해서는 깊은 관심을 기울여야 한다. 특히, 일본의 경우 일제강점기의 약탈문화재에 대해서는 대한민국의 헌법적 가치에 위반하여 거래 자체가 무효로 되어 한일문화재협정에서 반환대상에서 제외되어 있다손 치더라도 이의 반환을 청구할 수 있을 것으로 예상된다. 그리고 국제사법적 쟁점과 관련하여 국제재판관할, 준거법지정, 실질법, 절차법 등을 중심으로 미국의 캘리포니아주법과 뉴욕주법을 살펴보았다. 그리고 미국 NSPA를 통해 환수할 수 있는 경우도 존재할 수 있음을 전술한 바와 같다. 이렇게 해서 환수된 문화재는 문화재보호법과 박물관 및 미술관 진흥법에 의거하여 박물관에서 관리할 수 있게 된다. 아래에서 관련 법규를 소개하면 다음과 같다.

　　문화재보호법 제33조에서는 국가지정문화재에 대한 소유자관리의 원칙을 정하고 있다. 이에 따르면, 국가지정문화재의 소유자는 선량한 관리자의 주의로써 해당 문화재를 관리·보호하여야 한다(문화재보호법 제33조 제1항). 그리고 국가지정문화재의 소유자는 필요에 따라 그에 대리하여 그 문화재를 관리·보호할 관리자를 선임할 수 있다(문화재보호법 제33조 제2항). 하지만, 국가지정문화재가 관리단체에 의하여 관리되는 경우를 인정하고 있다. 문화재보호법 제34조 제1항에서는 "문화재청장은 국가지정문화재의 소유자가 분명하지 아니하거나 그 소유자 또는 관리자에 의한 관리가 곤란 또는 적당하지 아니하다고 인정하면 해당 국가지정문화재 관리를 위하여 지방자치단체나 그 문화재를 관리하기에 적당한 법인 또는 단체를 관리단체로 지정할 수 있다. 이 경우 국유에 속하는 국가지정문화재 중 국가가 직접 관리하지 아니하는 문화재의 관리단체는 관할 특별자치도 또는 시·군·구(자치구를 말한다. 이하 같다)가 된다. 다만, 문화재가 2개 이상의 시·군·구에 걸쳐 있는 경우에는 관할 특별시·광역시·도(특별자치도를 제외한다)가 관리단체가 된다."라고 규정하고 있다. 그리고 관리단체로 지정된 지방자치단체는 문화재청장과 협의하여 그 문화재를 관리하기에 적당한 법인 또는 단체에 해당 문화재의 관리 업무를 위탁할 수 있다(문화재보호법 제34조 제2항). 문화재청장은 이 관리단체를 지정할 경우에 그 문화재의 소유자나 지정하려는 지방자치단체, 법인 또는 단체의 의견을 들어야 하고(문화재보호법 제34조 제3항), 문화재청장이 그 관리단체를 지정하면 지체 없이 그 취지를 관보에 고시하고, 국가지정문화재의 소유자 또는 관리자와 해당 관리단체에 이를 알려야 한다(문화재보호법 제34조 제4항). 이와 관련하여 누구든지 그렇게 지정된 관리단체의 관리행위를 방해하여서는 아니 된다(문화재보호법 제34조 제5항). 관리단체가 국가지정문화재를 관리할 때 필요한 경비는 이 법에 특별한 규정이 없으면 해당 관리단체의 부담으로 하되, 관리단체가 부담능력이 없으면 국가나 지방자치단체가 이를 부담할 수 있다(문화재보호법 제34조 제6항). 관리단체 지정의 효력 발생 시기와 관련하여 그 지정의 통지를 받은 날부터 효력이 발생한다(문화재보호법 제34조 제7항 및 제30조).

그런데, 국가나 지방자치단체는 박물관자료나 미술관자료로 활용할 수 있는 자료를 「국유재산법」, 「지방재정법」 또는 「물품관리법」에 따라 박물관이나 미술관에 무상이나 유상으로 양여·대여하거나 그 자료의 보관을 위탁할 수 있다(박물관 및 미술관 진흥법 제23조 제2항). 박물관이나 미술관은 전술한 박물관자료나 미술관자료를 대여받거나 보관을 위탁받은 경우에는 선량한 관리자의 주의 의무를 다하여야 한다(박물관 및 미술관 진흥법 제23조 제3항). 그리고 국가나 지방자치단체는 전술한 박물관자료나 미술관자료의 보관을 위탁할 경우에는 예산의 범위에서 그 보존·처리 및 관리에 필요한 경비를 지원할 수 있다(박물관 및 미술관 진흥법 제23조 제4항).

부록

문화유산 관련 법령

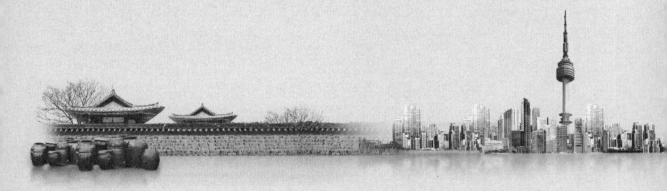

문화유산 관련 법령

❶ 매장문화재 보호 및 조사에 관한 법률 (약칭: 매장문화재법)
[시행 2020. 11. 27.] [법률 제16592호, 2019. 11. 26., 일부개정]

제1장 총칙

제1조(목적) 이 법은 매장문화재를 보존하여 민족문화의 원형(原形)을 유지·계승하고, 매장문화재를 효율적으로 보호·조사 및 관리하는 것을 목적으로 한다.

제2조(정의) 이 법에서 "매장문화재"란 다음 각 호의 것을 말한다.

1. 토지 또는 수중에 매장되거나 분포되어 있는 유형의 문화재

2. 건조물 등에 포장(包藏)되어 있는 유형의 문화재

3. 지표·지중·수중(바다·호수·하천을 포함한다) 등에 생성·퇴적되어 있는 천연동굴·화석, 그 밖에 대통령령으로 정하는 지질학적인 가치가 큰 것

제3조(수중에 매장되거나 분포되어 있는 유형의 문화재 범위) 제2조제1호에서 "수중에 매장되거나 분포되어 있는 유형의 문화재"란 다음 각 호의 어느 하나에 해당하는 것을 말한다. 〈개정 2017. 3. 21.〉

1. 「내수면어업법」 제2조제1호에 따른 내수면, 「영해 및 접속수역법」 제1조에 따른 영해와 「배타적 경제수역 및 대륙붕에 관한 법률」 제2조에 따른 배타적 경제수역에 존재하는 유형의 문화재

2. 공해에 존재하는 대한민국 기원 유형문화재

제4조(매장문화재 유존지역의 보호) 대통령령으로 정하는 바에 따라 매장문화재가 존재하는 것으로 인정되는 지역(이하 "매장문화재 유존지역"이라 한다)은 원형이 훼손되지 아니하도록 보호되어야 하며, 누구든지 이 법에서 정하는 바에 따르지 아니하고는 매장문화재 유존지역을 조사·발굴하여서는 아니 된다.

제5조(개발사업 계획·시행자의 책무) ① 국가와 지방자치단체 등 개발사업을 계획·시행하고자 하는 자는 매장문화재가 훼손되지 아니하도록 하여야 한다.

② 제1항의 개발사업 시행자는 공사 중 매장문화재를 발견한 때에는 즉시 해당 공사를 중지하여야 한다.

제2장 매장문화재 지표조사

제6조(매장문화재 지표조사) ① 건설공사의 규모에 따라 대통령령으로 정하는 건설공사의 시행자는 해당 건설공사 지역에 문화재가 매장·분포되어 있는지를 확인하기 위하여 사전에 매장문화재 지표조사(이하 "지표조사"라 한다)를 하여야 한다.

② 지표조사의 실시시기에 관하여는 문화체육관광부령으로 정한다.

제7조(지표조사 절차 등) ① 지표조사는 제6조에 따른 건설공사의 시행자가 요청하여 제24조에 따른 매장문화재 조사기관이 수행한다.

② 건설공사의 시행자는 제1항에 따라 지표조사를 마치면 그 결과에 관한 보고서(이하 "지표조사 보고서"라 한다)를 대통령령으로 정하는 바에 따라 해당 사업지역을 관할하는 지방자치단체의 장과 문화재청장에게 제출하여야 한다.

③ 지표조사에 필요한 비용은 해당 건설공사의 시행자가 부담한다. 다만, 국가와 지방자치단체는 사업의 규모 및 성격 등을 고려하여 대통령령으로 정하는 건설공사에 대하여 예산의 범위에서 그 비용의 전부 또는 일부를 지원할 수 있다. 〈개정 2014. 1. 28.〉

④ 지표조사의 방법, 절차 및 지표조사 보고서 등에 관한 세부적인 사항은 문화재청장이 정하여 고시한다.

제8조(매장문화재 유존지역에서의 개발사업) ① 누구든지 지표조사 결과 매장문화재 유존지역에서 대통령령으로 정하는 개발사업을 하려면 미리 문화재청장과 협의하여야 한다.

② 문화재청장은 협의 후 매장문화재의 보호를 위하여 필요하다고 인정하면 제1항의 개

발사업을 하려는 자에게 대통령령으로 정하는 바에 따라 필요한 조치를 명할 수 있다.

③ 지방자치단체의 장은 매장문화재 유존지역에서 건설공사의 인가·허가 등을 할 경우에는 미리 그 보호방안을 대통령령으로 정하는 바에 따라 검토하여야 한다. 이 경우 매장문화재와 그 주변의 경관 보호를 위하여 필요하다고 인정하면 해당 건설공사의 인가·허가 등을 하지 아니할 수 있다.

제9조(지표조사에 따른 문화재 보존 조치의 지시 등) ① 제7조제2항에 따라 지표조사 보고서를 받은 문화재청장은 문화재 보존 조치가 필요한 경우에는 해당 건설공사의 시행자에게 문화재 보존에 필요한 조치를 명하고, 해당 건설공사의 허가기관의 장에게도 이를 통보하여야 한다.

② 제1항에 따른 통보를 받은 건설공사의 시행자는 문화재 보존에 필요한 조치를 하고, 그 결과를 해당 건설공사의 허가기관의 장과 문화재청장에게 보고하여야 한다.

③ 제1항과 제2항에 따른 조치의 내용과 그 절차에 관하여 필요한 사항은 대통령령으로 정한다.

제10조(보존 조치에 따른 건설공사 시행자의 의무 등) ① 건설공사의 시행자는 제9조에 따라 문화재 보존에 필요한 조치를 통보받은 경우 그 조치를 완료하기 전에는 해당 지역에서 공사를 시행하여서는 아니 된다.

② 제9조제1항에 따라 문화재 보존에 필요한 조치에 관하여 통보를 받은 허가기관의 장은 건설공사의 시행자가 그 조치를 완료하기 전에 해당 공사를 시행한 때에는 공사의 중지를 명하여야 한다.

제3장 매장문화재의 발굴 및 조사

제11조(매장문화재의 발굴허가 등) ① 매장문화재 유존지역은 발굴할 수 없다. 다만, 다음 각 호의 어느 하나에 해당하는 경우로서 대통령령으로 정하는 바에 따라 문화재청장의 허가를 받은 때에는 발굴할 수 있다.

1. 연구 목적으로 발굴하는 경우
2. 유적(遺蹟)의 정비사업을 목적으로 발굴하는 경우
3. 토목공사, 토지의 형질변경 또는 그 밖에 건설공사를 위하여 대통령령으로 정하는 바에 따라 부득이 발굴할 필요가 있는 경우
4. 멸실·훼손 등의 우려가 있는 유적을 긴급하게 발굴할 필요가 있는 경우

② 문화재청장은 제1항 단서에 따라 발굴허가를 하는 경우 그 허가의 내용을 정하거나 필요한 사항을 지시할 수 있으며, 허가를 한 경우에도 대통령령으로 정하는 바에 따라 발굴의 정지 또는 중지를 명하거나 그 허가를 취소할 수 있다.

③ 매장문화재 유존지역을 발굴하는 경우 그 경비는 제1항제1호·제2호 및 제4호의 경우에는 해당 문화재의 발굴을 허가받은 자가, 같은 항 제3호의 경우에는 해당 공사의 시행자가 부담한다. 다만, 대통령령으로 정하는 건설공사로 인한 발굴에 사용되는 경비는 예산의 범위에서 국가나 지방자치단체가 지원할 수 있다.

④ 제1항 단서에 따라 발굴허가를 받은 자는 허가 사항 중 대통령령으로 정하는 중요한 사항을 변경하려는 때에는 문화재청장에게 변경허가를 받아야 한다.

⑤ 발굴조사의 방법 및 절차 등에 관하여 필요한 사항은 문화재청장이 정하여 고시한다.

제12조(발굴허가의 신청) ① 제11조에 따라 매장문화재의 발굴허가를 받으려는 자는 제24조에 따른 매장문화재 조사기관으로서 직접 발굴할 기관과 그 대표자, 조사단장 및 책임조사원 등을 적은 발굴허가 신청서와 구비서류를 해당 사업지역을 관할하는 지방자치단체의 장과 문화재청장에게 제출하여야 한다.

② 문화재청장은 제1항에 따른 매장문화재 발굴허가의 신청을 받은 날부터 10일 이내에 허가 여부 또는 처리 지연 사유를 신청인에게 통지하여야 한다. 다만, 「문화재보호법」 제8조에 따른 문화재위원회의 심의를 거치는 경우에는 그 심의를 마친 날부터 7일 이내에 허가 여부 또는 처리 지연 사유를 신청인에게 통지하여야 한다. 〈신설 2018. 12. 24.〉

③ 문화재청장은 제1항에 따라 제출된 신청서 중 제25조제1항에 따라 등록이 취소되거나 업무가 정지된 조사기관 및 이와 직접 관련된 대표자, 조사단장 또는 책임조사원이 포함된 경우에는 대통령령으로 정하는 바에 따라 발굴허가를 제한할 수 있다. 〈개정 2018. 12. 24.〉

④ 제1항에 따른 발굴허가 신청서와 구비서류 및 발굴에 참여하는 인력의 업무범위 등에 관하여 필요한 사항은 문화체육관광부령으로 정한다. 〈개정 2018. 12. 24.〉

제12조의2(매장문화재 발굴의 착수·완료 신고 등) ① 제11조에 따른 발굴허가를 받은 자(이하 "발굴허가를 받은 자"라 한다)가 발굴에 착수하는 경우에는 문화체육관광부령으로 정하는 바에 따라 문화재청장에게 착수신고서를 제출하여야 한다.

② 발굴허가를 받은 자는 허가일부터 1년 이내에 발굴에 착수하여야 하며, 그러하지 아니한 경우 문화재청장은 발굴허가를 취소할 수 있다. 다만, 정당한 사유가 있다고 인정되는 경우 문화재청장은 1년의 범위에서 착수기간을 연장할 수 있다.

③ 발굴허가를 받은 자는 매장문화재의 발굴이 끝난 날부터 20일 이내에 문화체육관광부령으로 정하는 바에 따라 문화재청장에게 완료신고서를 제출하여야 한다.

제12조의3(발굴현장 안전관리 등) ① 발굴허가를 받은 자는 발굴현장의 안전관리 등 제11조제2항에 따른 발굴허가의 내용과 지시사항을 준수하여야 한다.

② 문화재청장은 안전관리 등 발굴허가 내용의 이행 여부를 관리·감독하기 위하여 발굴현장을 점검하거나 발굴허가를 받은 자 또는 제24조에 따른 매장문화재 조사기관에 자료제출을 요구하거나 필요한 조치를 지시할 수 있다.

③ 제2항에 따른 점검 및 자료제출이나 지시에 필요한 사항은 대통령령으로 정한다. 다만, 다량의 유물이 출토되는 등 정당한 사유가 있는 경우에는 문화재청장에게 보고기간의 연장을 요청할 수 있다.

제13조(국가에 의한 매장문화재 발굴) ① 문화재청장은 학술조사 또는 공공목적 등에 필요한 경우 다음 각 호의 매장문화재 유존지역을 발굴할 수 있다.

1. 「고도 보존 및 육성에 관한 특별법」 제2조제1호에 따른 고도(古都)지역

2. 수중문화재 분포지역

3. 폐사지(廢寺址) 등 역사적 가치가 높은 지역

② 제1항에 따라 발굴할 경우 문화재청장은 제24조에 따른 매장문화재 조사기관으로 하여금 발굴하게 할 수 있다.

③ 문화재청장은 제1항과 제2항에 따라 발굴할 경우 매장문화재 유존지역의 소유자, 관리자 또는 점유자에게 대통령령으로 정하는 바에 따라 발굴의 목적, 방법 및 착수 시기 등을 미리 알려 주어야 하며, 발굴이 완료된 경우에는 완료된 날부터 30일 이내에 출토유물 현황 등 발굴의 결과를 알려 주어야 한다. 〈개정 2011. 7. 21.〉

④ 제3항에 따른 통보를 받은 매장문화재 유존지역의 소유자, 관리자 또는 점유자는 제1항과 제2항에 따른 발굴을 거부하거나 방해 또는 기피하여서는 아니 된다.

⑤ 국가는 제1항과 제2항에 따른 발굴로 손실을 받은 자에게 그 손실을 보상하여야 한다.

⑥ 제5항에 따른 손실보상에 관하여는 문화재청장과 손실을 받은 자가 협의하여야 하며, 협의가 성립되지 아니하거나 협의를 할 수 없는 때에는 관할 토지수용위원회에 재결을 신청할 수 있다.

⑦ 관할 토지수용위원회의 재결에 관하여는 「공익사업을 위한 토지 등의 취득 및 보상에 관한 법률」 제83조부터 제87조까지의 규정을 준용한다.

제14조(발굴된 매장문화재의 보존조치) ① 문화재청장은 발굴된 매장문화재가 역사적·예

술적 또는 학술적으로 가치가 큰 경우 「문화재보호법」 제8조에 따른 문화재위원회의 심의를 거쳐 발굴허가를 받은 자에게 그 발굴된 매장문화재에 대하여 다음 각 호의 보존조치를 지시할 수 있다.

1. 현지보존: 문화재의 전부 또는 일부를 발굴 전 상태로 복토(覆土)하여 보존하거나 외부에 노출시켜 보존하는 것
2. 이전보존: 문화재의 전부 또는 일부를 발굴현장에서 개발사업 부지 내의 다른 장소로 이전하거나 박물관, 전시관 등 개발사업 부지 밖의 장소로 이전하여 보존하는 것
3. 기록보존: 발굴조사 결과를 정리하여 그 기록을 보존하는 것
4. 그 밖에 매장문화재의 보존과 관리에 필요한 사항

② 제1항에 따른 보존조치를 지시받은 자 및 해당 사업지역을 관할하는 지방자치단체의 장은 문화재청장에게 발굴된 매장문화재의 보존 방법 등에 관한 의견을 제출할 수 있다.

③ 제1항에 따른 보존조치를 지시받은 자는 그 조치를 한 후 해당 사업지역을 관할하는 지방자치단체의 장과 문화재청장에게 그 보존조치의 결과를 각각 제출하여야 한다.

④ 그 밖에 발굴된 매장문화재의 보존조치에 필요한 사항은 대통령령으로 정한다.

　[전문개정 2017. 3. 21.]

제15조(발굴조사 보고서) ① 발굴허가를 받은 자(허가를 받은 자와 발굴을 직접 행하는 매장문화재 조사기관이 다른 경우에는 발굴을 직접 행하는 기관을 말한다)는 발굴이 끝난 날부터 2년 이내에 그 발굴결과에 관한 보고서(이하 "발굴조사 보고서"라 한다)를 문화재청장에게 제출하여야 한다.

② 문화재청장은 발굴된 유적의 성격을 규명하는 데에 장기간 연구가 필요하거나 출토된 유물을 보존 처리하는 등 정당한 사유가 있다고 인정되는 경우에는 2년의 범위에서 발굴조사 보고서의 제출기한을 연장할 수 있다.

③ 문화재청장은 발굴조사 보고서를 전문기관에 의뢰하여 평가할 수 있다.

제16조(매장문화재 현상변경) 이미 발굴된 매장문화재(동산에 속하는 문화재는 제외한다)의 현상(現狀)을 변경하는 경우에 관하여는 제11조, 제12조, 제12조의2, 제12조의3 및 제13조부터 제15조까지의 규정을 준용한다.

제4장 발견신고된 매장문화재의 처리 등

제17조(발견신고 등) 매장문화재를 발견한 때에는 그 발견자나 매장문화재 유존지역의 소

유자·점유자 또는 관리자는 그 현상을 변경하지 말고 대통령령으로 정하는 바에 따라 그 발견된 사실을 문화재청장에게 신고하여야 한다.

제18조(발견신고된 문화재의 처리 방법) ① 문화재청장은 제17조에 따른 발견신고가 있으면 해당 문화재의 소유자가 판명된 경우에는 그 발견자가 소유자에게 반환하게 하고, 소유자가 판명되지 아니한 경우에는 「유실물법」 제13조에서 준용하는 같은 법 제1조제1항에도 불구하고 관할 경찰서장 또는 자치경찰단을 설치한 제주특별자치도지사에게 이를 알려야 한다.

② 경찰서장 또는 자치경찰단을 설치한 제주특별자치도지사는 제1항의 통지를 받으면 지체 없이 해당 문화재에 관하여 「유실물법」 제13조에서 준용하는 같은 법 제1조제2항에 따라 공고하여야 한다.

제19조(경찰서장 등에 신고된 문화재의 처리 방법) ① 「유실물법」에 따라 경찰서장 또는 자치경찰단을 설치한 제주특별자치도지사에게 매장물 또는 유실물로서 제출된 물건이 문화재로 인정되는 경우에는 경찰서장 또는 자치경찰단을 설치한 제주특별자치도지사는 「유실물법」에 따라 이를 공고하고, 문화재로 인정되는 매장물 또는 유실물이 제출된 사실을 문화재청장에게 보고하며, 그 물건을 소유자에게 반환하는 경우 외에는 제출된 날부터 20일 이내에 문화재청장에게 제출하여야 한다.

② 문화재청장은 제1항에 따라 제출된 물건을 감정(鑑定)한 결과, 해당 물건이 문화재로 판명되는 경우에는 그 물건이 문화재라는 취지를 경찰서장 또는 자치경찰단을 설치한 제주특별자치도지사에게 통지하며, 해당 물건이 문화재가 아닌 경우에는 그 물건이 문화재가 아니라는 것을 알리는 문서를 첨부하여 그 물건을 경찰서장 또는 자치경찰단을 설치한 제주특별자치도지사에게 반환한다.

제20조(발견신고된 문화재의 소유권 판정 및 국가귀속) ① 제18조제2항과 제19조제1항에 따라 경찰서장 또는 자치경찰단을 설치한 제주특별자치도지사가 공고한 후 90일 이내에 해당 문화재의 소유자임을 주장하는 자가 있는 경우 문화재청장은 대통령령으로 정하는 소유권 판정 절차를 거쳐 정당한 소유자에게 반환하고, 정당한 소유자가 없는 경우 국가에서 직접 보존할 필요가 있는 문화재가 있으면 「민법」 제253조 및 제254조에도 불구하고 국가에 귀속한다.

② 제1항에 따른 국가 귀속대상 문화재의 범위, 귀속절차, 보관·관리에 관하여 필요한 사항은 대통령령으로 정한다.

제21조(발견신고된 문화재의 보상금과 포상금) ① 문화재청장은 제20조에 따라 해당 문화

재를 국가에 귀속하는 경우 그 문화재의 발견자, 습득자(拾得者) 및 발견된 토지나 건조물 등의 소유자에게 「유실물법」 제13조에 따라 보상금을 지급한다. 이 경우 발견자나 습득자가 토지 또는 건조물 등의 소유자와 동일인이 아니면 보상금을 균등하게 분할하여 지급한다. 다만, 발견하거나 습득할 때 경비를 지출한 경우에는 대통령령으로 정하는 바에 따라 그 지급액에 차등을 둘 수 있다.

② 제17조에 따라 매장문화재가 발견신고된 장소[발견신고가 원인이 되어 발굴하게 된 지역이나 그 곳과 유구(遺構)가 연결된 지역을 포함한다]에서 제11조제1항 또는 제13조제1항에 따라 발굴된 매장문화재는 제1항에 따른 보상금 지급의 대상이 되는 발견으로 보지 아니한다.

③ 문화재청장은 제1항에 따른 발견신고자로서 발굴의 원인을 제공한 자에게는 발굴된 문화재의 가치와 규모를 고려하여 대통령령으로 정하는 바에 따라 포상금을 지급할 수 있다.

④ 제1항에 따른 보상금이나 제3항에 따른 포상금을 지급하는 경우 문화재청장은 「문화재보호법」 제8조에 따른 문화재위원회의 심의를 거쳐 그 지급액을 결정할 수 있으며 보상금 또는 포상금의 지급 절차나 지급에 관하여 필요한 사항은 대통령령으로 정한다.

제22조(문화재조사에 따른 발견 또는 발굴된 문화재의 처리 방법) 문화재청장은 지표조사와 제11조 및 제13조에 따른 발굴조사로 문화재가 발견 또는 발굴된 경우에는 「유실물법」 제13조제1항에서 준용하는 같은 법 제1조제2항에도 불구하고 해당 문화재의 발견 또는 발굴 사실을 대통령령으로 정하는 바에 따라 공고하여야 한다.

제23조(문화재조사로 발견 또는 발굴된 문화재의 소유권 판정과 국가귀속) 문화재청장은 제22조에 따라 공고를 한 후 90일 이내에 해당 문화재의 소유자임을 주장하는 자가 있어 이를 반환할 필요가 있거나 정당한 소유자가 없어 국가에 귀속할 필요가 있는 경우 그 처리에 관하여는 제20조를 준용한다.

제5장 매장문화재 조사기관

제24조(매장문화재 조사기관의 등록) ① 매장문화재에 대한 지표조사 또는 발굴은 다음 각 호의 어느 하나에 해당하는 기관으로서 문화재청장에게 등록한 기관(이하 "조사기관"이라 한다)이 한다. 〈개정 2014. 5. 28.〉

1. 「민법」 제32조에 따라 설립된 비영리법인으로서 매장문화재 발굴 관련 사업의 목적

으로 설립된 법인

2. 국가 또는 지방자치단체가 설립·운영하는 매장문화재 발굴 관련 기관

3. 「고등교육법」 제25조에 따라 매장문화재 발굴을 위하여 설립된 부설 연구시설

4. 「박물관 및 미술관 진흥법」 제3조제1항에 따른 박물관

5. 「문화재보호법」 제9조에 따른 한국문화재재단

② 발굴 분야별 조사기관의 종류, 등록 절차, 조사 요원의 자격에 따른 인력기준, 시설 및 장비의 기준 등 조사기관 등록에 관하여 필요한 사항은 문화체육관광부령으로 정한다.

③ 국가와 지방자치단체는 매장문화재의 조사·발굴 및 보존을 위하여 예산의 범위에서 조사기관을 육성·지원할 수 있다.

④ 제6조 또는 제11조제1항에 따라 건설공사의 사업시행자가 조사기관과 지표조사 또는 발굴조사를 위한 계약을 체결할 때에는 해당 공사 관련 계약과 분리하여 체결하여야 한다.

제25조(조사기관의 등록취소 등) ① 문화재청장은 조사기관이 다음 각 호의 어느 하나에 해당하는 경우에는 그 등록을 취소하거나, 2년 이내의 범위에서 대통령령으로 정하는 바에 따라 업무의 전부 또는 일부의 정지를 명할 수 있다. 다만, 제1호부터 제3호까지의 규정에 해당되는 경우에는 등록을 취소하여야 한다.

1. 거짓이나 그 밖의 부정한 방법으로 조사기관으로 등록을 한 경우

2. 고의나 중과실로 유물 또는 유적을 훼손한 경우

3. 고의나 중과실로 지표조사 보고서 또는 발굴조사 보고서를 사실과 다르게 작성한 경우

4. 지표조사 또는 발굴조사를 거짓이나 그 밖의 부정한 방법으로 행하거나 지표조사 보고서 또는 발굴조사 보고서를 부실하게 작성한 것으로 「문화재보호법」 제8조에 따른 문화재위원회에서 인정한 경우

5. 제11조제2항에 따른 발굴허가 내용이나 허가 관련 지시를 위반한 경우

6. 제15조에 따른 제출기한까지 발굴조사 보고서를 제출하지 아니하거나 제출기한을 넘겨서 발굴조사 보고서를 제출한 경우

7. 제24조제2항에서 정한 등록기준에 미달한 경우

② 문화재청장은 제1항에 따라 등록이 취소된 조사기관에 대하여 3년의 범위에서 대통령령으로 정하는 바에 따라 이 법에 따른 조사기관 등록을 제한할 수 있다.

③ 업무정지 처분 또는 등록취소 처분을 받은 조사기관이나 그 포괄승계인(包括承繼人)은 그 처분을 받기 전에 지표조사 또는 제11조에 따른 발굴에 관한 용역계약을 체결하

였거나 이를 착수한 경우에는 해당 문화재 조사에 대하여는 이를 계속할 수 있다. 이 경우 등록취소 처분을 받은 조사기관이나 포괄승계인이 지표조사 또는 발굴조사를 계속하는 경우에는 해당 지표조사 또는 발굴조사를 완성할 때까지는 조사기관으로 본다.

④ 삭제

제25조의2(조사기관에 대한 지도·감독) ① 문화재청장은 조사기관 등록기준 점검 등 대통령령으로 정하는 바에 따라 조사기관에 대하여 감독상 필요한 보고나 자료제출을 요구할 수 있으며, 소속 공무원으로 하여금 조사기관의 사무실이나 그 밖에 필요한 장소에 출입하여 서류, 시설, 장비 등을 검사하게 할 수 있다.

② 제1항에 따른 검사를 하는 공무원은 그 권한을 나타내는 증표를 지니고 이를 관계인에게 보여주어야 한다.

제25조의3(조사 요원 교육) ① 조사기관의 조사 요원은 대통령령으로 정하는 바에 따라 안전교육 등을 받아야 한다.

② 문화재청장과 조사기관은 조사 요원이 제1항에 따른 교육훈련을 받을 수 있도록 노력하여야 한다.

제6장 보칙

제26조(문화재 보존조치에 따른 토지의 매입) ① 제14조에 따른 문화재 보존조치로 인하여 개발사업의 전부를 시행 또는 완료하지 못하게 된 경우 국가 또는 지방자치단체는 해당 토지를 매입할 수 있다. 다만, 국가 또는 지방자치단체나 대통령령으로 정하는 법인이 시행하는 건설공사인 경우에는 제외한다.

② 제1항에 따른 토지 매입의 방법과 절차 등에 필요한 사항은 대통령령으로 정한다.

제27조(매장문화재 조사 용역 대가의 기준) 문화재청장은 매장문화재 지표조사나 발굴조사에 대한 용역 대가의 기준과 그 산정 방법 등을 기획재정부장관과 협의하여 정할 수 있다.

제27조의2(표준계약서의 보급 등) 문화재청장은 매장문화재 지표조사나 발굴조사 계약의 체결에 필요한 표준계약서를 작성하여 보급하고 활용하게 할 수 있다.

제28조(매장문화재의 기록 작성 등) 국가와 지방자치단체는 확인된 매장문화재의 기록을 작성·유지하고, 그 포장된 지역에 대한 적절한 보호 방안을 강구하여야 한다.

제28조의2(청문) 문화재청장은 제11조에 따른 발굴허가를 취소하거나 제24조에 따른 조사기관의 등록을 취소하려면 청문을 하여야 한다.

제29조(권한의 위임과 위탁) ① 이 법에 따른 문화재청장의 권한은 대통령령으로 정하는 바에 따라 그 일부를 특별시장·광역시장·특별자치시장·도지사·특별자치도지사 또는 소속 기관의 장에게 위임할 수 있다. 〈개정 2018. 12. 24.〉

② 문화재청장은 대통령령으로 정하는 바에 따라 매장문화재의 조사, 발굴 및 보호에 관한 업무를 관련 사업을 수행하는 「민법」 제32조에 따라 설립된 법인에 위탁할 수 있다.

제30조(벌칙 적용에서의 공무원 의제) 제29조제2항에 따라 문화재청장으로부터 위탁받은 사무에 종사하는 법인의 임원과 직원은 「형법」 제129조부터 제132조까지의 규정을 적용할 때에는 공무원으로 본다.

제7장   벌칙

제31조(도굴 등의 죄) ① 「문화재보호법」에 따른 지정문화재나 임시지정문화재의 보호물 또는 보호구역에서 허가 또는 변경허가 없이 매장문화재를 발굴한 자는 5년 이상 15년 이하의 유기징역에 처한다. 〈개정 2017. 12. 12.〉

② 제1항 외의 장소에서 허가 또는 변경허가 없이 매장문화재를 발굴한 자, 이미 확인되었거나 발굴 중인 매장문화재 유존지역의 현상을 변경한 자, 매장문화재 발굴의 정지나 중지 명령을 위반한 자는 10년 이하의 징역이나 1억원 이하의 벌금에 처한다.

③ 제1항 또는 제2항을 위반하여 발굴되었거나 현상이 변경된 문화재를 그 정(情)을 알고 유상이나 무상으로 양도, 양수, 취득, 운반, 보유 또는 보관한 자는 7년 이하의 징역이나 7천만원 이하의 벌금에 처한다.

④ 제3항의 보유 또는 보관 행위 이전에 타인이 행한 도굴, 현상변경, 양도, 양수, 취득, 운반, 보유 또는 보관 행위를 처벌할 수 없는 경우에도 해당 보유 또는 보관 행위자가 그 정을 알고 해당 문화재에 대한 보유·보관행위를 개시한 때에는 같은 항에서 정한 형으로 처벌한다.

⑤ 제3항의 행위를 알선한 자도 같은 항에서 정한 형으로 처벌한다.

⑥ 제17조를 위반하여 매장문화재를 발견한 후 이를 신고하지 아니하고 은닉 또는 처분하거나 현상을 변경한 자는 3년 이하의 징역 또는 3천만원 이하의 벌금에 처한다.

⑦ 제5조제2항을 위반하여 공사를 중지하지 아니한 자는 2년 이하의 징역 또는 2천만원

이하의 벌금에 처한다.

⑧ 제1항부터 제6항까지의 경우 해당 문화재는 몰수한다.

제32조(가중죄) ① 단체나 다중(多衆)의 위력(威力)을 보이거나 위험한 물건을 몸에 지녀서 제31조의 죄를 범하면 같은 조에서 정한 형의 2분의 1까지 가중한다.

② 제1항의 죄를 범하여 지정문화재나 임시지정문화재를 관리 또는 보호하는 사람을 상해에 이르게 한 때에는 무기 또는 5년 이상의 징역에 처한다. 사망에 이르게 한 때에는 사형, 무기 또는 5년 이상의 징역에 처한다.

제33조(미수범) ① 제31조의 미수범은 처벌한다.

② 제31조의 죄를 범할 목적으로 예비하거나 음모한 자는 2년 이하의 징역 또는 2천만원 이하의 벌금에 처한다.

제34조(과실범) 업무상 과실 또는 중대한 과실로 제31조제3항에 따른 죄를 범한 자는 3년 이하의 금고 또는 3천만원 이하의 벌금에 처하고 해당 문화재를 몰수한다.

제35조(매장문화재 조사 방해죄) ① 정당한 사유 없이 제6조에 따른 지표조사를 거부하거나 방해 또는 기피한 자는 5년 이하의 징역 또는 5천만원 이하의 벌금에 처한다.

② 제13조에 따른 매장문화재의 발굴을 거부하거나 방해 또는 기피한 자는 2년 이하의 징역 또는 2천만원 이하의 벌금에 처한다.

제36조(행정명령 위반 등의 죄) 정당한 사유 없이 다음 각 호의 명령 또는 지시를 위반한 자는 3년 이하의 징역 또는 3천만원 이하의 벌금에 처한다.

1. 제9조제1항에 따른 문화재 보존조치 명령
2. 제10조제2항에 따른 공사중지 명령
3. 제11조제2항에 따른 발굴의 정지 또는 중지명령(제16조에 따라 준용하는 경우를 포함한다)
4. 제14조에 따른 발굴완료 후 필요한 사항의 지시(제16조에 따라 준용하는 경우를 포함한다)

제37조(양벌규정) 법인의 대표자나 법인 또는 개인의 대리인, 사용인, 그 밖의 종업원이 법인 또는 개인의 업무에 관하여 제31조, 제32조 및 제34조부터 제36조까지의 어느 하나에 해당하는 위반행위를 하면 그 행위자를 벌하는 외에 그 법인 또는 개인에게도 해당 조문의 벌금형을 과(科)하고 벌금형이 없는 경우에는 3억원 이하의 벌금에 처한다. 다만, 법인 또는 개인이 그 위반행위를 방지하기 위하여 해당 업무에 관하여 상당한 주의와 감독을 게을리하지 아니한 경우에는 그러하지 아니하다.

제38조(과태료) ① 다음 각 호의 어느 하나에 해당하는 자에게는 500만원 이하의 과태료

를 부과한다.

1. 제12조의2제1항 또는 제3항에 따른 신고서를 제출하지 아니한 자
2. 제12조의3제1항에 따른 발굴허가의 내용과 지시사항을 준수하지 아니한 자
3. 제12조의3제2항에 따른 점검이나 자료제출 요구 또는 지시에 따르지 아니한 자
4. 제17조에 따른 신고를 하지 아니한 자
5. 제25조의2제1항에 따른 자료제출 요구나 공무원의 출입·검사를 거부하거나 방해 또는 기피한 자

② 제1항에 따른 과태료는 대통령령으로 정하는 바에 따라 문화재청장이 부과·징수한다.

❷ 매장문화재 보호 및 조사에 관한 법률 시행령 (약칭: 매장문화재법 시행령)
[시행 2020. 5. 27.] [대통령령 제30704호, 2020. 5. 26., 타법개정]

제1장 총칙

제1조(목적) 이 영은 「매장문화재 보호 및 조사에 관한 법률」에서 위임된 사항과 그 시행에 필요한 사항을 규정함을 목적으로 한다.

제2조(매장문화재의 정의) 「매장문화재 보호 및 조사에 관한 법률」(이하 "법"이라 한다) 제2조제3호에서 "대통령령으로 정하는 지질학적인 가치가 큰 것"이란 별표 1과 같다.

제3조(매장문화재 유존지역의 범위 등) ① 법 제4조에 따라 매장문화재가 존재하는 것으로 인정되는 지역(이하 "매장문화재 유존지역"이라 한다)은 다음 각 호와 같다. 〈개정 2014. 12. 30.〉

1. 국가와 지방자치단체에서 작성한 문화유적분포지도에 매장문화재가 존재하는 것으로 표시된 지역
2. 법 제7조제2항에 따라 제출되어 문화재청장이 적정하게 작성한 것으로 인정한 지표조사 보고서에 매장문화재가 존재하는 것으로 표시된 지역
3. 매장문화재에 대한 발굴 이후에 법 제14조에 따라 그 매장문화재가 보존조치된 지역
4. 법 제17조에 따른 발견신고 및 확인절차를 거쳐서 매장문화재가 존재하는 것으로 인정된 지역
5. 「문화재보호법」 제2조제3항제1호에 따른 국가지정문화재, 같은 항 제2호에 따른 시·도지정문화재 및 같은 법 제32조에 따른 임시지정문화재가 있는 지역
6. 「문화재보호법」 제2조제5항에 따른 보호구역에서 문화재청장이 매장문화재에 대하여 조사한 결과 매장문화재가 존재하는 것으로 인정된 지역
7. 법 제13조제1항 각 호에 따른 매장문화재 유존지역

② 문화재청장은 매장문화재 유존지역의 위치에 관한 정보를 전자적인 방법을 통하여 상시적으로 유지·관리하여야 하며, 그 정보를 문화재청의 인터넷 홈페이지 등에 공개하여야 한다.

③ 지방자치단체의 장은 제1항에 따른 매장문화재 유존지역의 적정성, 현재 지형 현황 등에 대한 의견을 문화재청장에게 제출할 수 있다.

④ 매장문화재 유존지역의 위치에 관한 정보의 구체적 표시방법 및 추가 정보의 공개 등에 필요한 사항은 문화체육관광부령으로 정한다.

제2장 매장문화재 지표조사

제4조(지표조사의 대상 사업 등) ① 법 제6조제1항에서 "대통령령으로 정하는 건설공사"란 다음 각 호의 어느 하나에 해당하는 건설공사를 말한다. 이 경우 동일한 목적으로 분할 하여 연차적으로 개발하거나 연접하여 개발함으로써 사업의 전체 면적이 제1호 또는 제 2호에서 정하는 규모 이상인 건설공사를 포함한다. 〈개정 2012. 7. 26., 2015. 8. 3., 2016. 6. 8., 2019. 8. 27.〉

1. 토지에서 시행하는 건설공사로서 사업 면적(매장문화재 유존지역과 제5항제1호 및 제2호 에 해당하는 지역의 면적은 제외한다. 이하 이 조에서 같다)이 3만제곱미터 이상인 경우

2. 「내수면어업법」 제2조제1호에 따른 내수면에서 시행하는 건설공사로서 사업 면적이 3만제곱미터 이상인 경우. 다만, 내수면에서 이루어지는 골재 채취 사업의 경우에는 사업 면적이 15만제곱미터 이상인 경우로 한다.

3. 「연안관리법」 제2조제1호에 따른 연안에서 시행하는 건설공사로서 사업 면적이 3만 제곱미터 이상인 경우. 다만, 연안에서 이루어지는 골재 채취 사업의 경우에는 사업 면적이 15만제곱미터 이상인 경우로 한다.

4. 제1호부터 제3호까지의 규정에서 정한 사업 면적 미만이면서 다음 각 목의 어느 하 나에 해당하는 건설공사로서 지방자치단체의 장이 법 제6조제1항에 따른 매장문화재 지표조사(이하 "지표조사"라 한다)가 필요하다고 인정하는 경우

가. 과거에 매장문화재가 출토되었거나 발견된 지역에서 시행되는 건설공사

나. 다음의 어느 하나에 해당하는 지역에서 시행되는 건설공사

　　1) 역사서, 고증된 기록, 관련 학계의 연구결과 등을 검토한 결과 문화재가 매장 되어 있을 가능성이 높은 지역

　　2) 매장문화재 관련 전문가 2명 이상이 문화재가 매장되어 있을 가능성이 높다는 의견을 제시한 지역. 이 경우 기관에 소속되어 있는 매장문화재 관련 전문가 로부터 의견을 듣는 경우에는 각각 다른 기관에 소속된 사람으로부터 의견을 들어야 한다.

다. 가목 또는 나목에 준하는 지역으로서 지방자치단체의 조례로 정하는 구역에서 시

행되는 건설공사

라. 삭제 〈2015. 8. 3.〉

마. 삭제 〈2015. 8. 3.〉

② 제1항제4호나목2)에 따른 매장문화재 관련 전문가는 매장문화재의 발굴 및 조사 등과 관련된 학위를 취득한 사람으로서 다음 각 호의 어느 하나에 해당하는 사람을 말한다. 〈신설 2019. 8. 27.〉

1. 법 제24조에 따른 매장문화재 조사기관(이하 "조사기관"이라 한다)에서 법 제12조제1항에 따른 조사단장, 책임조사원 또는 조사원(책임조사원을 보조하는 사람을 말한다)으로 재직 중인 사람

2. 「고등교육법」 제2조에 따른 학교에서 조교수 이상으로 재직 중인 교원

3. 「박물관 및 미술관 진흥법」 제3조제1항제1호 또는 제2호에 따른 국립 박물관 또는 공립 박물관이나 「문화재청과 그 소속기관 직제」 제2조에 따른 국립고궁박물관, 국립해양문화재연구소 또는 국립문화재연구소에 재직 중인 학예연구관 또는 학예연구사

4. 「문화재보호법」 제71조에 따른 시·도문화재위원회의 위원 및 전문위원

③ 지방자치단체의 장은 제1항제4호에 따라 지표조사가 필요하다고 인정한 경우에는 건설공사의 시행자에게 해당 건설공사가 지표조사 대상 건설공사에 해당한다는 사실을 통보하여야 한다. 〈신설 2015. 8. 3., 2019. 8. 27.〉

④ 건설공사의 시행자는 제3항에 따른 통보결과에 이의가 있으면 통보를 받은 날부터 15일 이내에 해당 지방자치단체의 장에게 이의를 신청할 수 있다. 〈신설 2015. 8. 3., 2019. 8. 27.〉

⑤ 지방자치단체의 장은 제4항에 따라 이의 신청을 받으면 문화재청장의 의견을 들은 후 이의 신청일부터 10일 이내에 이의 신청에 대한 결과를 건설공사의 시행자에게 통보하여야 한다. 〈신설 2015. 8. 3., 2019. 8. 27.〉

⑥ 제1항에도 불구하고 다음 각 호의 어느 하나에 해당하는 건설공사에 대해서는 지표조사를 실시하지 아니하고 건설공사를 시행할 수 있다. 다만, 제1호부터 제3호까지의 경우에는 건설공사의 시행자가 건설공사의 시행 전에 지표조사를 실시하지 아니하고 시행할 수 있는 건설공사임을 객관적으로 증명하여야 한다. 〈개정 2015. 8. 3., 2019. 7. 2., 2019. 8. 27.〉

1. 땅깎기나 땅파기로 인하여 유물이나 유구(遺構) 등을 포함하고 있는 지층이 이미 훼손된 지역에서 시행하는 건설공사

2. 공유수면의 매립, 하천 또는 해저의 준설(浚渫), 골재 및 광물의 채취가 이미 이루어

진 지역에서 시행하는 건설공사

3. 땅을 다시 메운 지역으로서 다시 메우기 이전의 지형을 훼손하지 아니하는 범위에서 시행하는 건설공사

4. 기존 산림지역에서 시행하는 입목(立木)·대나무의 식재(植栽), 벌채(伐採) 또는 솎아 베기

[제목개정 2015. 8. 3.]

제5조(지표조사 절차 등) ① 법 제6조에 따른 건설공사의 시행자는 법 제7조제2항에 따른 지표조사 보고서(이하 "지표조사 보고서"라 한다)를 그 지표조사를 마친 날부터 20일 이내에 해당 사업지역을 관할하는 지방자치단체의 장과 문화재청장에게 동시에 제출하여야 한다. 이 경우 지표조사 보고서에는 다음 각 호의 서류를 첨부하여야 한다. 〈개정 2015. 8. 3., 2019. 7. 2.〉

1. 축척 1만분의 1 이상인 사업예정지역 위치도

2. 건설공사 계획서(지하 땅파기계획, 건축계획 및 조경계획 등 토지의 형질변경 내용을 파악할 수 있는 자료를 포함한다)

② 지표조사 보고서에는 다음 각 호의 사항이 포함되어야 한다. 〈개정 2019. 8. 27.〉

1. 해당 사업지역의 역사, 고고(考古), 민속, 지질 및 자연 환경에 대한 문헌조사 내용

2. 해당 사업지역의 유물 산포지, 유구 산포지, 민속, 고건축물(근대건축물을 포함한다), 지질 및 자연 환경 등에 대한 현장조사 내용

3. 해당 사업지역의 지표조사를 실시한 조사기관의 의견

③ 지방자치단체의 장은 다음 각 호의 사항을 검토한 후 지표조사 보고서를 제출받은 날부터 7일 이내에 문화재청장에게 의견을 제출하여야 한다. 〈개정 2015. 8. 3.〉

1. 해당 사업지역이 매장문화재 유존지역에 해당하는지 여부

2. 해당 건설공사의 내용 또는 방법이 제6조제1항 각 호의 어느 하나에 해당하는지 여부

3. 그 밖에 해당 건설공사로 인하여 매장문화재 및 그 주변 경관에 미치게 되는 영향

④ 문화재청장은 저작물에 대한 권리를 가진 자의 동의가 있으면 지표조사 보고서 및 전자파일을 공개할 수 있다.

⑤ 법 제7조제3항 단서에서 "대통령령으로 정하는 건설공사"란 다음 각 호의 어느 하나에 해당하는 자가 시행하는 건설공사를 제외한 건설공사를 말한다. 〈신설 2014. 12. 30., 2020. 3. 17.〉

1. 국가

2. 지방자치단체

3. 「공공기관의 운영에 관한 법률」에 따른 공공기관

4. 「지방공기업법」에 따른 지방공기업

5. 「지방공기업법」에 따른 지방공사가 같은 법 시행령 제47조의2에 따라 출자할 수 있는 한도에서 해당 법인의 자본금 중 2분의 1 이상을 출자한 법인

6. 「방송법」에 따른 한국방송공사

7. 「한국교육방송공사법」에 따른 한국교육방송공사

[제목개정 2014. 12. 30.]

제6조(지표조사 결과에 따른 협의 등) ① 법 제8조제1항에서 "대통령령으로 정하는 개발사업"이란 다음 각 호의 어느 하나의 개발사업을 말한다. 〈개정 2019. 7. 2.〉

1. 흙쌓기 또는 지하 땅파기를 수반하는 사업

2. 「내수면어업법」 제2조제1호에 따른 내수면 또는 「연안관리법」 제2조제1호에 따른 연안에서 골재 채취를 수반하는 사업

3. 수몰을 수반하는 사업

4. 그 밖에 토지의 형질변경을 수반하는 사업

② 문화재청장은 법 제8조제2항에 따라 매장문화재의 보호를 위하여 필요하다고 인정하면 사업계획 변경 등 필요한 조치를 명할 수 있다.

③ 문화재청장은 제2항에 따른 필요한 조치를 명하기 위하여 해당 개발사업을 하려는 자 또는 이해당사자의 의견을 청취하여야 한다.

④ 문화재청장은 제2항에 따라 필요한 조치를 명할 경우에는 그 사실을 해당 사업지역을 관할하는 지방자치단체의 장에게 즉시 알려야 한다.

⑤ 지방자치단체의 장은 법 제8조제3항에 따라 매장문화재 유존지역에서 그 보호방안을 검토하는 경우에는 제4조제2항에 따른 매장문화재 관련 전문가(이하 "매장문화재 관련 전문가"라 한다) 2명 이상의 의견을 들어야 한다. 이 경우 기관에 소속되어 있는 매장문화재 관련 전문가로부터 의견을 듣는 경우에는 각각 다른 기관에 소속된 사람으로부터 의견을 들어야 한다. 〈개정 2019. 8. 27.〉

제7조(지표조사에 따른 문화재 보존 조치의 내용과 절차 등) ① 문화재청장은 문화재 보존을 위하여 법 제9조제1항에 따라 해당 건설공사의 시행자에게 다음 각 호의 문화재 보존 조치를 명할 수 있다. 〈개정 2015. 8. 3., 2019. 7. 2., 2019. 8. 27.〉

1. 현상보존

2. 삭제 〈2015. 8. 3.〉

3. 건설공사 시 매장문화재 관련 전문가의 참관조사

4. 매장문화재 발굴조사

5. 매장문화재 발견 시 신고

② 문화재청장은 다음 각 호의 어느 하나에 해당하는 건설공사인 경우에는 「문화재보호법」 제8조에 따른 문화재위원회(이하 "문화재위원회"라 한다)의 심의를 거쳐 제1항에 따른 문화재 보존 조치를 명할 수 있다. 이 경우 문화재청장에게 제5조제1항에 따라 지표조사 보고서를 제출한 건설공사의 시행자가 문화재청장에게 제1항에 따른 문화재 보존 조치명령에 대한 문화재위원회의 심의를 요청할 때에는 문화재위원회의 심의를 거치게 하여야 한다. 〈개정 2012. 7. 26.〉

1. 「문화재보호법」 제2조제3항제1호에 따른 국가지정문화재, 같은 항 제2호에 따른 시·도지정문화재 및 같은 조 제5항에 따른 보호구역에서 시행되는 건설공사

2. 「고도 보존 및 육성에 관한 특별법」 제10조제1항에 따라 지정된 역사문화환경 보존 육성지구 및 역사문화환경 특별보존지구에서 시행되는 건설공사

3. 삭제 〈2016. 6. 8.〉

③ 문화재청장은 제1항에 따른 문화재 보존 조치를 명하는 경우(제2항에 따라 문화재위원회의 심의를 거친 경우는 제외한다)에는 매장문화재 관련 전문가 3명 이상의 의견을 들을 수 있다. 〈신설 2016. 6. 8., 2019. 8. 27.〉

④ 문화재청장은 제5조제1항에 따라 지표조사 보고서를 제출받은 날부터 10일(다음 각 호의 어느 하나에 해당하는 경우에는 다음 각 호의 구분에 따른 기간을 말한다) 이내에 해당 건설공사의 시행자에게 제1항에 따른 문화재 보존 조치를 명하고, 해당 건설공사의 허가기관의 장에게 통보하여야 한다. 〈개정 2016. 6. 8.〉

1. 제2항에 따라 문화재위원회의 심의를 거치는 경우: 문화재위원회의 심의를 마친 날부터 7일

2. 제3항에 따라 매장문화재 관련 전문가의 의견을 듣는 경우: 전문가의 의견을 들은 날부터 7일

⑤ 제1항에 따른 문화재 보존 조치의 구체적인 내용은 문화체육관광부령으로 정한다. 〈개정 2016. 6. 8.〉

[제목개정 2015. 8. 3.]

제3장 매장문화재의 발굴 및 조사

제8조(발굴허가 방법 등) ① 문화재청장은 법 제11조제1항 각 호에 따른 사업으로서 다음 각 호의 어느 하나에 해당하는 사업에 대해서는 문화재위원회의 심의를 거친 후에 발굴 허가 여부를 결정하여야 한다. 〈개정 2015. 8. 3.〉

1. 제7조제2항제1호 또는 제2호에 따른 사업

2. 조사기관과 발굴허가를 받으려는 자 사이에 출자 등의 관계가 있어서 업무 처리 공정 성의 침해가 우려되는 사업

3. 발굴기간이 200일 이상인 사업

4. 발굴기간, 발굴비용 및 발굴에 참여하는 인력이 법 제27조에 따라 문화재청장이 정한 용역 대가의 기준에 현저히 맞지 아니하여 매장문화재 발굴조사가 부실하게 될 우려 가 있는 경우

② 매장문화재를 훼손할 우려가 커서 부득이 매장문화재를 발굴할 필요가 있는 경우 그 공사의 시행자는 법 제11조제1항제3호에 따라 문화재청장의 발굴허가를 받아야 한다.

③ 문화재청장은 법 제11조에 따른 발굴허가를 하는 경우 신청인과 해당 사업지역을 관 할하는 지방자치단체의 장에게 그 내용을 동시에 통보하여야 한다.

제9조(허가 취소 등) ① 문화재청장은 법 제11조제1항 각 호 외의 부분 단서 및 같은 조 제2항에 따라 발굴을 허가하는 경우 해당 토지에 대한 권리 취득에 따른 허가의 효력 발생 시기 등 허가의 목적 달성에 필요한 부관을 붙일 수 있다.

② 문화재청장은 법 제11조제1항 각 호 외의 부분 단서 및 제2항에 따라 발굴허가를 받 은 건설공사의 시행자가 그 허가 내용(부관을 포함한다) 및 발굴 시 준수하도록 한 사항 등 지시사항을 위반한 경우 그 허가를 취소할 수 있다.

③ 문화재청장은 제2항에 따라 발굴허가를 취소하려면 청문을 하여야 한다.

④ 문화재청장은 매장문화재의 발굴을 계속할 수 없는 다음 각 호의 사유가 발생한 경 우에는 법 제11조제2항에 따라 기간을 명시하여 발굴의 정지나 중지를 명할 수 있다.

1. 학술적으로 중요한 유물·유구가 출토되는 경우

2. 조사기관에서 발굴조사단의 구성 인력을 발굴조사의 진행 중에 변경하거나 축소하는 경우

⑤ 해당 사업지역을 관할하는 지방자치단체의 장은 제2항의 위반행위 또는 제4항의 사 유가 발생한 것을 알게 된 경우에는 문화재청장에게 발굴의 정지나 중지 또는 그 허가 의 취소를 요청할 수 있다.

⑥ 문화재청장은 발굴의 정지나 중지를 명하거나 그 허가를 취소하는 경우에는 해당 사업지역을 관할하는 지방자치단체의 장에게 통보하여야 한다.

제10조(발굴경비를 지원하는 건설공사의 범위) 법 제11조제3항 단서에서 "대통령령으로 정하는 건설공사"란 다음 각 호의 어느 하나에 해당하는 건설공사를 말한다. 다만, 국가, 지방자치단체, 「공공기관의 운영에 관한 법률」에 따른 공공기관, 「지방공기업법」에 따른 지방공기업, 「지방공기업법」에 따른 지방공사가 같은 법 시행령 제47조의2에 따라 출자할 수 있는 한도에서 해당 법인의 자본금 중 2분의 1 이상을 출자한 법인, 「방송법」에 따른 한국방송공사, 「한국교육방송공사법」에 따른 한국교육방송공사가 시행하는 건설공사는 제외한다. 〈개정 2015. 12. 22., 2016. 8. 11., 2018. 12. 24.〉

1. 「건축법 시행령」 별표 1 제1호에 따른 단독주택으로서 그 건축물의 대지면적이 792제곱미터 이하인 건설공사. 다만, 「주택법」 제4조제1항에 따라 등록한 주택건설사업자가 시행하는 건설공사는 제외한다.

2. 「농업·농촌 및 식품산업 기본법」 제3조제2호에 따른 농업인 또는 「수산업·어촌 발전 기본법」 제3조제3호에 따른 어업인이 그 사업 목적에 활용하기 위하여 설치하는 시설물로서 그 건축물의 대지면적이 2천644제곱미터 이하인 건설공사

3. 개인사업자가 자기의 사업 목적에 활용하기 위하여 설치하는 시설물로서 그 건축물의 연면적이 264제곱미터 이하이면서 대지면적이 792제곱미터 이하인 건설공사

4. 「산업집적활성화 및 공장설립에 관한 법률」 제2조제1호에 따른 공장으로서 그 건축물의 대지면적이 2천644제곱미터 이하인 건설공사

5. 그 밖에 문화재청장이 매장문화재 발굴경비를 지원할 필요가 있다고 인정하여 고시하는 건설공사

제11조(발굴허가의 신청 및 제한) ① 법 제12조제1항에 따라 발굴허가 신청서를 제출받은 지방자치단체의 장은 7일 이내에 발굴의 필요 여부 및 범위, 현장 여건에 적합한 보존방안 등에 관하여 문화재청장에게 의견을 제출하여야 한다. 〈개정 2015. 8. 3.〉

② 법 제12조제1항에 따라 매장문화재의 발굴허가를 받으려는 자에 대하여 같은 조 제3항에 따라 발굴허가를 제한할 수 있는 기간은 별표 2와 같다. 〈개정 2019. 8. 27.〉

제12조(국가에 의한 매장문화재 발굴 절차 등) ① 문화재청장은 법 제13조제3항에 따라 발굴의 목적, 방법, 착수 시기 및 소요기간 등의 내용을 발굴 착수일 2주일 전까지 매장문화재 유존지역의 소유자, 관리자 또는 점유자에게 미리 알려 주어야 한다.

② 제1항에 따른 통보를 받은 매장문화재 유존지역의 소유자, 관리자 또는 점유자는 그

발굴에 대하여 문화재청장에게 의견을 제출할 수 있다.

③ 문화재청장은 제2항에 따라 매장문화재 유존지역의 소유자, 관리자 또는 점유자로부터 제출받은 의견이 타당하다고 판단되는 경우에는 매장문화재를 발굴할 때에 그 의견을 반영하여야 한다.

④ 문화재청장은 법 제13조제1항 및 제2항에 따른 발굴 현장에 발굴의 목적, 조사기관, 소요기간 등의 내용을 알리는 안내판을 설치하여야 한다.

제13조(발굴 완료의 보고) 법 제11조에 따라 발굴허가를 받은 자는 법 제12조에 따른 발굴이 완료되면 그 완료된 날부터 20일 이내에 출토된 유물의 현황 및 조사의견 등의 내용을 해당 사업지역을 관할하는 지방자치단체의 장과 문화재청장에게 동시에 보고하여야 한다. 다만, 다량의 유물이 출토되는 등 정당한 사유가 있는 경우에는 문화재청장에게 보고기간의 연장을 요청할 수 있다. 〈개정 2016. 6. 8.〉

[제목개정 2016. 6. 8.]

제14조(발굴된 매장문화재의 보존조치 평가) ① 문화재청장은 발굴된 매장문화재에 대하여 법 제14조제1항에 따라 현지보존, 이전보존 또는 기록보존의 조치를 지시하기 위하여 다음 각 호의 사항에 대하여 평가하여야 한다.

1. 매장문화재의 가치: 매장문화재의 역사성, 시대성, 희소성 및 지역성

2. 매장문화재의 보존 상태: 매장문화재의 내부·외부 및 매장문화재 주변의 보존 상태

3. 매장문화재의 활용성: 매장문화재의 접근성, 이용성, 주변 경관과의 조화성 및 주변 관광자원과의 연계성

4. 보존조치로 침해되는 이익: 매장문화재 보존조치로 침해되는 공익·사익

② 법 제14조제1항에 따라 현지보존 또는 이전보존 조치를 지시받은 자가 같은 조 제3항에 따라 그 보존조치의 결과를 제출하려는 경우에는 문화체육관광부령으로 정하는 결과보고서에 다음 각 호의 자료를 첨부하여 제출하여야 한다.

1. 준공도서

2. 측량성과도

3. 보존조치 현장 사진

4. 향후 관리계획

[전문개정 2017. 6. 27.]

제14조의2(매장문화재 보존조치의 고시 등) ① 문화재청장은 법 제14조제1항제1호 또는 제2호에 따라 보존조치를 지시한 경우에는 다음 각 호의 사항을 관보에 고시하여야 한

다. 〈개정 2016. 6. 8., 2017. 6. 27.〉

1. 보존조치를 지시한 매장문화재의 명칭

2. 보존조치를 지시한 매장문화재의 면적 또는 수량

3. 보존조치를 지시한 매장문화재의 소재지 또는 보관 장소

② 문화재청장은 법 제14조제1항에 따라 보존조치를 지시받은 자와 발굴된 매장문화재의 소유자 또는 관리자가 다른 경우에는 발굴된 매장문화재의 소유자 또는 관리자에게 보존조치를 지시한 사실을 알려야 한다. 〈개정 2017. 6. 27.〉

[본조신설 2015. 8. 3.]

제14조의3(보존조치의 해제) 문화재청장은 법 제14조에 따라 보존조치를 지시한 매장문화재가 그 가치를 상실하거나 가치 평가를 통하여 보존조치의 필요성이 없다고 판단되는 경우에는 문화재위원회의 심의를 거쳐 보존조치를 해제할 수 있다. 〈개정 2017. 6. 27.〉

[본조신설 2015. 8. 3.]

제15조(발굴조사 보고서 제출) ① 법 제11조에 따라 발굴허가를 받은 자(허가를 받은 자와 발굴을 직접 행하는 매장문화재 조사기관이 다른 경우에는 발굴을 직접 행하는 기관을 말한다. 이하 이 항에서 같다)는 그 발굴결과에 관한 보고서(이하 "발굴조사 보고서"라 한다)를 문화재청장에게 제출하여야 한다. 이 경우 문화재청장은 발굴허가를 받은 자가 동의하면 전자파일을 추가로 제출받을 수 있다.

② 제1항에 따른 발굴조사 보고서에 포함되어야 할 사항은 문화체육관광부령으로 정한다.

③ 문화재청장은 저작물에 대한 권리를 가진 자의 동의가 있으면 제1항에 따라 제출받은 발굴조사 보고서 및 전자파일을 공개할 수 있다.

제16조(매장문화재의 현상변경에 대한 허가 방법 등) 법 제16조에 따른 매장문화재 현상(現狀)변경에 대한 허가 방법 및 절차 등에 관하여는 제8조부터 제15조까지의 규정을 준용한다. 이 경우 "발굴"은 "현상변경"으로, "발굴허가"는 "현상변경허가"로 본다.

제4장 발견신고된 매장문화재의 처리 등

제17조(발견신고) ① 법 제17조에 따른 발견신고는 매장문화재를 발견한 날부터 7일 이내에 방문 또는 전화 등의 연락수단을 통하여 하여야 한다.

② 제1항에 따른 신고는 다음 각 호의 어느 하나에 해당하는 기관을 통하여 할 수 있다.

이 경우 해당 기관에 신고가 접수된 날에 법 제17조에 따라 문화재청장에게 신고한 것으로 본다. 〈개정 2019. 8. 27.〉

1. 매장문화재가 발견된 장소를 관할하는 경찰서장 또는 자치경찰단을 설치한 제주특별자치도지사

2. 매장문화재가 발견된 장소를 관할하는 특별자치시장·시장·군수·구청장(구청장은 자치구의 구청장을 말한다. 이하 같다)

③ 제2항에 따라 발견신고를 받은 기관은 문화체육관광부령으로 정하는 구비서류를 첨부하여 지체 없이 문화재청장에게 그 발견된 사실을 통보하여야 한다.

④ 제2항에 따라 발견신고를 받은 특별자치시장·시장·군수·구청장은 즉시 관할 경찰서장에게 그 발견된 사실을 알려야 한다. 이 경우 발견신고자로부터 해당 매장문화재를 제출받은 경우에는 관할 경찰서장에게 인계하여야 한다. 〈개정 2019. 8. 27.〉

제18조(발견신고된 문화재의 소유권 판정 절차) ① 법 제20조제1항에 따라 문화재의 소유권을 판정받으려는 자는 법 제18조제2항 및 제19조제1항에 따른 공고 후 90일 이내에 해당 문화재의 소유자임을 증명할 수 있는 자료를 첨부하여 문화재청장에게 소유권 판정 신청을 하여야 한다.

② 문화재청장은 제1항에 따른 소유권 판정 신청을 받으면 법 제18조제2항 및 제19조제1항에 따라 공고한 후 90일이 경과한 날부터 60일 이내에 그 소유권의 존재 여부를 판정하여야 한다. 이 경우 해당 문화재 전문가, 법률 전문가, 이해관계자 및 관계 기관의 의견을 들어야 한다. 〈개정 2014. 12. 30.〉

제19조(발견신고된 문화재의 국가 귀속대상 문화재의 범위) 법 제20조에 따라 소유권 판정 절차를 거친 결과 정당한 소유자가 없는 문화재로서 역사적·예술적 또는 학술적 가치가 커서 국가에서 직접 보존할 필요가 있는 문화재는 국가 귀속대상 문화재로 한다. 〈개정 2015. 8. 3.〉

제20조(국가에 귀속된 문화재 관리규정의 마련) ① 문화재청장은 법 제20조에 따라 국가에 귀속된 문화재의 보관·관리, 전시, 활용 및 대여 등에 관한 사항을 정한 관리규정을 마련하여야 한다.

② 「문화재보호법」 제62조제1항 단서에 따른 관리청 또는 같은 조 제3항에 따라 관리를 위임받은 지방자치단체나 관리를 위탁받은 비영리법인 등은 문화재청장과 협의하여 법 제20조에 따라 국가에 귀속된 문화재의 보관·관리, 전시, 활용 및 대여 등에 관한 사항을 정한 관리규정을 마련하여야 한다.

제21조(국가에 귀속된 문화재의 대여) ① 문화재청장, 제20조제2항에 따른 관리청 또는 지방자치단체나 비영리법인 등은 교육연구기관 및 박물관 등으로부터 법 제20조에 따라 국가에 귀속된 문화재의 대여 신청을 받으면 다음 각 호의 어느 하나에 해당하는 경우에는 그 문화재를 대여할 수 있다.

1. 교육 자료로 필요한 경우
2. 연구·조사를 위하여 필요한 경우
3. 그 밖에 문화재 전시 등을 위하여 필요한 경우

② 제1항에 따라 국가에 귀속된 문화재를 대여하는 경우 그 기간은 1년 이내로 한다. 다만, 특별한 사유가 있는 경우에는 대여 기간을 연장할 수 있다.

제22조(국가 귀속대상 문화재가 아닌 문화재의 처리 방법) ① 문화재청장은 법 제20조에 따라 소유권 판정 절차를 거친 결과 정당한 소유자가 없는 문화재로서 제19조에 따른 국가 귀속대상 문화재가 아닌 문화재를 교육이나 학술 자료 등으로 활용하게 하거나 일정한 장소에 보관하게 할 수 있다.

② 제1항에 따른 문화재의 처리 방법에 관한 구체적인 사항은 문화재청장이 정한다.

제23조(발견신고된 문화재의 보상금 등) ① 문화재청장은 법 제21조제1항 후단 및 단서에 따라 보상금을 분할하여 지급하는 경우에는 발견자나 습득자에게 발견하거나 습득할 때 지출한 경비를 보상금 중에서 우선 지급하고, 그 차액을 발견자나 습득자와 그 문화재가 발견된 토지 또는 건조물 등의 소유자에게 균등하게 분할하여 지급한다.

② 법 제21조제3항에 따른 포상금의 지급 기준은 별표 3과 같다.

제24조(보상금 및 포상금의 지급 절차) ① 문화재청장은 법 제21조제1항·제3항에 따라 보상금 또는 포상금 지급액을 결정하면 이를 보상금 또는 포상금 지급대상자에게 통보하여야 한다.

② 제1항에 따라 보상금 또는 포상금 지급액을 통보받은 자는 보상금 또는 포상금 지급청구서를 특별자치시장·특별자치도지사·시장·군수·구청장을 거쳐 문화재청장에게 제출하여야 한다. 〈개정 2019. 8. 27.〉

③ 제2항에 따른 보상금 또는 포상금을 청구하려는 자가 2명 이상이면 연명(連名)으로 하여야 한다. 이 경우 보상금 또는 포상금 지급액의 배분액을 미리 합의한 경우에는 그 합의된 사항을 적은 서류를 청구서에 첨부하여야 한다.

[제목개정 2019. 8. 27.]

제25조(매장문화재의 공고) 문화재청장은 법 제22조에 따라 문화재가 발견 또는 발굴된 경

우에는 문화체육관광부령으로 정하는 바에 따라 그 발견 또는 발굴 사실을 게시판이나 홈페이지 등에 14일간 공고하여야 한다.

제26조(문화재조사로 발견 또는 발굴된 문화재의 소유권 판정과 국가귀속) ① 법 제23조에 따른 국가 귀속대상 문화재의 범위, 국가에 귀속된 문화재의 관리 등에 관하여는 제18조부터 제22조까지의 규정을 준용한다. 이 경우 "발견신고된 문화재"는 "문화재조사로 발견 또는 발굴된 문화재"로 본다.

② 법 제23조에 따른 문화재의 소유권 판정 및 국가귀속 절차 등에 관하여 제1항에서 정한 사항 외에 필요한 구체적인 사항은 문화재청장이 정하여 고시한다.

제5장 매장문화재 조사기관

제27조(조사기관에 대한 업무정지 및 등록취소) ① 법 제25조제1항에 따른 조사기관에 대한 업무정지 처분기준은 별표 4와 같다.

② 법 제25조제2항에 따른 조사기관에 대한 등록의 제한기간은 별표 5와 같다.

③ 문화재청장은 법 제25조제1항에 따라 등록취소 처분 또는 업무정지 처분을 한 경우 그 사실을 홈페이지 등을 통하여 공고하여야 한다.

제6장 보칙

제28조(토지 매입의 방법 등) ① 법 제26조제1항 단서에서 "대통령령으로 정하는 법인"이란 다음 각 호의 어느 하나에 해당하는 법인을 말한다.

1. 「공공기관의 운영에 관한 법률」에 따른 공공기관인 법인
2. 「지방공기업법」에 따른 지방공사 또는 지방공단
3. 「지방공기업법」에 따른 지방공사가 같은 법 시행령 제47조의2에 따라 출자할 수 있는 한도에서 해당 법인의 자본금 중 2분의 1 이상을 출자한 법인
4. 「방송법」에 따른 한국방송공사
5. 「한국교육방송공사법」에 따른 한국교육방송공사

② 삭제 〈2015. 8. 3.〉

③ 법 제26조제1항 본문에 따라 토지를 매입하려는 경우 그 가격의 산정 시기·방법 및

기준 등에 관하여는 「공익사업을 위한 토지 등의 취득 및 보상에 관한 법률」을 준용한다.

제29조(매장문화재 조사 용역 대가의 기준 고시) 문화재청장은 법 제27조에 따라 매장문화재 지표조사나 발굴조사에 대한 용역 대가의 기준을 정하면 관보에 고시하여야 한다.

제30조(매장문화재 기록의 유지·관리) 문화재청장은 법 제28조에 따라 매장문화재의 기록을 전자적인 방법을 통하여 상시적으로 유지·관리하여야 한다.

제31조(매장문화재의 보호 방안) ① 국가는 법 제28조에 따라 매장문화재가 포장(包藏)된 지역에 대한 보호가 필요한 다음 각 호의 어느 하나에 해당하는 경우에는 지방자치단체에 그 조사비용을 지원할 수 있다.

1. 수해, 사태(沙汰), 도굴 및 유물 발견 등으로 훼손의 우려가 큰 매장문화재의 발굴조사
2. 보호·관리를 위하여 정비가 필요한 매장문화재에 대한 조사
3. 「문화재보호법」에 따른 문화재로 지정하기 위하여 필요한 매장문화재에 대한 조사

② 국가는 법 제28조에 따라 지방자치단체가 매장문화재가 포장된 지역에 대하여 적절한 보호방안을 실시하는 경우 예산의 범위에서 그에 지출되는 비용 중 일부를 지원할 수 있다.

제32조(권한의 위임 및 위탁) ① 문화재청장은 법 제29조제1항에 따라 다음 각 호의 사항에 관한 권한을 특별시장·광역시장·특별자치시장·도지사 또는 특별자치도지사에게 위임한다. 〈개정 2015. 8. 3., 2019. 8. 27.〉

1. 법 제8조제1항 및 제2항에 따른 협의 및 조치명령. 다만, 사업면적이 4천 제곱미터 이하인 건설공사로 한정한다.
2. 법 제9조제1항에 따른 문화재 보존에 필요한 조치명령. 다만, 제4조제1항제4호에 해당하는 건설공사로 한정한다.
3. 법 제22조에 따라 발견 또는 발굴된 문화재의 공고

② 문화재청장은 법 제29조제1항에 따라 법 제19조제2항에 따른 감정(鑑定), 통지 및 반환에 관한 권한을 국립문화재연구소장, 국립고궁박물관장 및 국립해양문화재연구소장에게 위임할 수 있다.

③ 문화재청장은 법 제29조제2항에 따라 다음 각 호의 업무를 관련 사업을 수행하는 「민법」 제32조에 따라 설립된 법인에 위탁할 수 있다.

1. 매장문화재의 조사·발굴 결과에 관한 홍보
2. 매장문화재 보호의 중요성에 관한 홍보
3. 매장문화재에 관한 연구 성과물 출판

4. 매장문화재와 관련된 전문 인력 교육

5. 그 밖에 매장문화재의 조사, 발굴 및 보호에 관한 업무에 관계되는 사항

제33조(고유식별정보의 처리) 문화재청장 또는 특별자치시장·특별자치도지사·시장·군수·구청장은 다음 각 호의 사무를 수행하기 위하여 불가피한 경우 「개인정보 보호법 시행령」 제19조제1호 또는 제4호에 따른 주민등록번호 또는 외국인등록번호가 포함된 자료를 처리할 수 있다.

1. 법 제21조에 따른 발견신고된 문화재의 보상금과 포상금의 지급에 관한 사무

2. 법 제24조에 따른 매장문화재 조사기관의 등록에 관한 사무

[본조신설 2019. 8. 27.]

제34조(규제의 재검토) 문화재청장은 다음 각 호의 사항에 대하여 다음 각 호의 기준일을 기준으로 3년마다(매 3년이 되는 해의 1월 1일 전까지를 말한다) 그 타당성을 검토하여 개선 등의 조치를 하여야 한다. 〈개정 2016. 11. 15., 2017. 6. 27.〉

1. 삭제 〈2017. 12. 12.〉

2. 제11조제2항 및 별표 2에 따른 발굴허가를 제한할 수 있는 기간: 2017년 1월 1일

3. 제14조에 따른 발굴된 매장문화재의 보존조치 평가항목: 2016년 1월 1일

4. 삭제 〈2017. 12. 12.〉

5. 제27조, 별표 4 및 별표 5에 따른 조사기관에 대한 업무정지 처분기준 및 등록제한 기간: 2015년 1월 1일

[본조신설 2014. 12. 30.]

❸ **무형문화재 보전 및 진흥에 관한 법률** (약칭: 무형문화재법)

　　[시행 2020. 12. 10.] [법률 제17404호, 2020. 6. 9., 일부개정]

제1장　총칙

제1조(목적) 이 법은 무형문화재의 보전과 진흥을 통하여 전통문화를 창조적으로 계승하고, 이를 활용할 수 있도록 함으로써 국민의 문화적 향상을 도모하고 인류문화의 발전에 이바지하는 것을 목적으로 한다.

제2조(정의) 이 법에서 사용하는 용어의 뜻은 다음과 같다. 〈개정 2016. 12. 20., 2018. 12. 24.〉

1. "무형문화재"란 「문화재보호법」 제2조제1항제2호에 해당하는 것을 말한다.
2. "전형(典型)"이란 해당 무형문화재의 가치를 구성하는 본질적인 특징으로서 대통령령으로 정하는 것을 말한다.
3. "보유자"란 제17조제1항 또는 제32조제2항에 따라 인정되어 무형문화재의 기능, 예능 등을 대통령령으로 정하는 바에 따라 전형대로 체득·실현할 수 있는 사람을 말한다.
4. "보유단체"란 제17조제1항 또는 제32조제2항에 따라 인정되어 무형문화재의 기능, 예능 등을 대통령령으로 정하는 바에 따라 전형대로 체득·실현할 수 있는 단체를 말한다.
5. "전승교육사"란 제19조제1항에 따라 인정되어 전수교육을 실시하는 사람을 말한다.
6. "이수자"란 제26조제1항에 따라 전수교육 이수증을 받은 사람을 말한다.
7. "전승자"란 제3호부터 제6호까지의 어느 하나에 해당하는 사람 또는 단체를 말한다.
8. "명예보유자"란 국가무형문화재의 보유자 중에서 제18조제1항에 따라 인정된 사람 및 전승교육사 중에서 제18조제2항에 따라 인정된 사람을 말한다.
9. "전수교육"이란 제25조 또는 제30조에 따라 보유자 및 보유단체, 전승교육사, 전수교육학교가 실시하는 교육을 말한다.
10. "전승공예품"이란 무형문화재 중 전통기술 분야의 전승자가 해당 기능을 사용하여 제작한 것을 말한다.
11. "인간문화재"란 제17조 또는 제18조에 따라 인정된 보유자 및 명예보유자를 통칭하여 말한다.

제3조(기본원칙) 무형문화재의 보전 및 진흥은 전형 유지를 기본원칙으로 하며, 다음 각 호의 사항이 포함되어야 한다.

1. 민족정체성 함양
2. 전통문화의 계승 및 발전
3. 무형문화재의 가치 구현과 향상

제4조(국가와 지방자치단체의 책무) ① 국가는 무형문화재의 보전 및 진흥을 위한 종합적인 시책을 수립하고 시행하여야 한다.

② 지방자치단체는 국가의 시책과 지역적 특색을 고려하여 무형문화재의 보전 및 진흥을 위한 시책을 수립·추진하여야 한다.

③ 국가와 지방자치단체는 제1항 및 제2항에 따른 책무를 다하기 위하여 이에 수반하는 예산을 확보하여야 한다.

제5조(무형문화재 전승자의 책무) 무형문화재의 전승자는 전승활동을 충실히 수행함으로써 무형문화재의 계승 및 발전을 위하여 노력하여야 한다.

제6조(다른 법률과의 관계) 무형문화재의 보전 및 진흥에 관하여 다른 법률에 특별한 규정이 있는 경우를 제외하고는 이 법에서 정하는 바에 따른다.

제2장 무형문화재 정책의 수립 및 추진

제7조(기본계획의 수립) ① 문화재청장은 특별시장·광역시장·특별자치시장·도지사 또는 특별자치도지사(이하 "시·도지사"라 한다)와의 협의를 거쳐 무형문화재의 보전 및 진흥을 위하여 다음 각 호의 사항이 포함된 기본계획(이하 "기본계획"이라 한다)을 5년마다 수립하여야 한다.

1. 무형문화재의 보전 및 진흥에 관한 기본방향
2. 무형문화재의 보전 및 진흥을 위한 재원 확보 및 배분에 관한 사항
3. 무형문화재의 교육, 전승 및 전문인력 육성에 관한 사항
4. 무형문화재의 조사, 기록 및 정보화에 관한 사항
5. 무형문화재의 국제화에 관한 사항
6. 그 밖에 무형문화재의 보전 및 진흥에 필요한 사항

② 문화재청장은 기본계획을 수립하는 경우 미리 전승자, 관련 단체 및 전문가 등의 의

견을 들어야 한다.

③ 문화재청장은 기본계획을 수립하면 이를 시·도지사에게 알리고, 관보(官報) 등에 고시하여야 한다.

④ 문화재청장은 기본계획을 수립하기 위하여 필요하면 시·도지사에게 관할구역의 무형문화재에 대한 자료를 제출하도록 요청할 수 있다.

제8조(시행계획의 수립·시행) ① 문화재청장 및 시·도지사는 기본계획에 관한 시행계획을 매년 수립·시행하여야 한다.

② 시·도지사는 제1항에 따라 시행계획을 수립하거나 시행을 완료하였을 때에는 그 결과를 문화재청장에게 제출하여야 한다.

③ 문화재청장 및 시·도지사는 시행계획을 수립하였을 때에는 이를 공표하여야 하고, 시행계획을 시행하는 데 필요한 재원을 우선적으로 확보하여야 한다.

④ 시행계획의 수립과 시행 등에 필요한 사항은 대통령령으로 정한다.

제9조(무형문화재위원회의 설치) ① 무형문화재의 보전 및 진흥에 관한 사항을 조사·심의하기 위하여 문화재청에 무형문화재위원회(이하 "위원회"라 한다)를 둔다.

② 위원회는 위원장 1명을 포함하여 30명 이내의 위원으로 구성한다.

③ 위원은 다음 각 호의 사람 중에서 문화재청장이 위촉한다. 다만, 위원장은 위원 중에서 호선한다.

1. 「고등교육법」 제2조에 따른 학교에서 무형문화재와 관련된 학과의 부교수 이상의 지위로 재직하거나 재직하였던 사람

2. 무형문화재의 보전 및 진흥과 관련된 업무에 10년 이상 종사한 사람

3. 인류학, 민속학, 법학, 경영학, 전통공연예술, 전통공예기술 등 무형문화재 관련 분야 업무에 10년 이상 종사한 사람으로서 무형문화재에 관한 지식과 경험이 있는 전문가

④ 위원회 위원의 임기는 2년으로 하되 연임할 수 있으며, 보궐위원의 임기는 전임자 임기의 남은 기간으로 한다.

⑤ 위원회에는 문화재청장이나 위원회의 위원장 또는 제10조제2항에 따른 분과위원회 위원장의 명을 받아 위원회의 심의사항에 관한 자료수집·조사 및 연구 등의 업무를 수행하는 비상근 전문위원을 둘 수 있다.

⑥ 제5항에 따른 전문위원의 수와 임기, 자격 등에 필요한 사항은 대통령령으로 정한다.

제10조(위원회의 심의사항 등) ① 위원회는 무형문화재의 보전 및 진흥에 관한 다음 각 호의 사항을 심의한다.

1. 기본계획에 관한 사항
2. 국가무형문화재의 지정과 그 해제에 관한 사항
3. 국가무형문화재의 보유자, 보유단체, 명예보유자 또는 전승교육사의 인정과 그 해제에 관한 사항
4. 국가긴급보호무형문화재의 지정과 그 해제에 관한 사항
5. 국제연합교육과학문화기구(이하 "유네스코"라 한다) 무형문화유산 선정에 관한 사항
6. 그 밖에 무형문화재의 보전 및 진흥 등에 관하여 문화재청장이 심의에 부치는 사항

② 제1항 각 호의 사항에 관하여 무형문화재 종류별로 업무를 나누어 조사·심의하기 위하여 위원회에 분과위원회를 둘 수 있다.

③ 제2항에 따른 분과위원회는 조사·심의 등을 위하여 필요한 경우 다른 분과위원회와 함께 위원회(이하 "합동분과위원회"라 한다)를 열 수 있다.

④ 위원회, 분과위원회 및 합동분과위원회의 조직, 분장사항 및 운영 등에 필요한 사항은 대통령령으로 정한다.

제11조(회의록의 작성 및 공개) ① 위원회, 분과위원회 및 합동분과위원회는 다음 각 호의 사항을 적은 회의록을 작성하여야 한다. 이 경우 필요하다고 인정되면 속기나 녹음 또는 녹화를 할 수 있다.
1. 회의일시 및 장소
2. 출석위원
3. 심의내용 및 의결사항

② 제1항에 따라 작성된 회의록은 공개하여야 한다. 다만, 특정인의 재산상 이익에 영향을 미치거나 사생활의 비밀을 침해하는 등 대통령령으로 정하는 경우에는 해당 위원회의 의결로 공개하지 아니할 수 있다.

제3장 국가무형문화재의 지정 등

제12조(국가무형문화재의 지정) ① 문화재청장은 위원회의 심의를 거쳐 무형문화재 중 중요한 것을 국가무형문화재로 지정할 수 있다.

② 국가무형문화재의 지정 기준 및 절차 등에 필요한 사항은 대통령령으로 정한다.

제13조(국가긴급보호무형문화재의 지정) ① 문화재청장은 무형문화재 중에서 위원회의 심의를 거쳐 특히 소멸할 위험에 처한 무형문화재를 긴급히 보전하기 위하여 국가긴급보

호무형문화재를 지정할 수 있다.

② 문화재청장은 제1항에 따라 지정된 국가긴급보호무형문화재에 대하여는 다음 각 호에 해당하는 지원을 할 수 있다.

1. 예술적, 기술적, 과학적 연구

2. 전승자 발굴

3. 전수교육 및 전승활동

4. 무형문화재의 기록

③ 국가긴급보호무형문화재의 지정 요건 및 절차 등에 필요한 사항은 대통령령으로 정한다.

제14조(국가무형문화재 등의 지정 고시 및 효력 발생시기) ① 문화재청장이 국가무형문화재 또는 국가긴급보호무형문화재를 지정하였을 때에는 그 취지와 내용을 관보에 고시하여야 한다.

② 국가무형문화재 또는 국가긴급보호무형문화재의 지정은 제1항에 따라 관보에 고시한 날부터 그 효력을 발생한다.

제15조(지정 또는 인정의 취소) 문화재청장은 제12조 및 제13조에 따른 지정 또는 제17조부터 제19조까지의 규정에 따른 인정의 과정에서 거짓 또는 부정한 방법이 있는 경우에는 이를 취소하여야 한다.

제16조(국가무형문화재 등의 지정 해제) ① 문화재청장은 국가무형문화재 또는 국가긴급보호무형문화재가 다음 각 호의 어느 하나에 해당하는 경우 위원회의 심의를 거쳐 그 지정을 해제할 수 있다.

1. 가치의 소멸

2. 전승의 단절·불가능

3. 소멸위험이 현저히 없어졌을 경우

② 제1항에 따른 지정의 해제에 관한 고시 및 효력 발생시기에 관하여는 제14조를 준용한다.

제4장 보유자 및 보유단체 등의 인정

제17조(보유자 등의 인정) ① 문화재청장은 국가무형문화재를 지정하는 경우 해당 국가무

형문화재의 보유자, 보유단체를 인정하여야 한다. 다만, 대통령령으로 정하는 바에 따라 해당 국가무형문화재의 특성상 보유자, 보유단체를 인정하기 어려운 경우에는 그러하지 아니하다.

② 제1항에 따라 인정하는 보유단체는 「민법」 제32조에 따라 문화재청장의 허가를 받아 설립된 비영리법인으로 한다.

③ 문화재청장은 제1항에 따라 인정한 보유자, 보유단체 외에 해당 국가무형문화재의 보유자, 보유단체를 추가로 인정할 수 있다.

④ 보유자 등의 인정 기준 및 절차 등에 필요한 사항은 대통령령으로 정한다.

제18조(명예보유자의 인정) ① 문화재청장은 국가무형문화재의 전승교육사가 다음 각 호의 어느 하나에 해당하는 경우 전수교육과 전승활동 업적을 고려하여 위원회의 심의를 거쳐 명예보유자로 인정할 수 있다. 이 경우 국가무형문화재 전승교육사가 명예보유자로 인정되면 그 때부터 전승교육사의 인정은 해제된 것으로 본다.

1. 무형문화재의 전수교육 또는 전승활동을 정상적으로 실시하기 어려운 경우

2. 보유자가 신청하는 경우

② 문화재청장은 국가무형문화재의 전승교육사가 다음 각 호의 어느 하나에 해당하는 경우 전형의 수준과 전승활동 업적을 고려하여 위원회의 심의를 거쳐 명예보유자로 인정할 수 있다. 이 경우 국가무형문화재 전승교육사가 명예보유자로 인정되면 그 때부터 전승교육사의 인정은 해제된 것으로 본다. 〈신설 2018. 12. 24.〉

1. 전수교육을 정상적으로 실시하기 어려운 경우

2. 전승교육사가 신청하는 경우

③ 문화재청장은 명예보유자에게 특별지원금을 지원할 수 있다. 〈개정 2018. 12. 24.〉

④ 명예보유자의 인정 기준과 절차 등에 필요한 사항은 대통령령으로 정한다. 〈개정 2018. 12. 24.〉

제19조(전승교육사의 인정) ① 문화재청장은 국가무형문화재의 전수교육을 실시하기 위하여 이수자 중에서 위원회의 심의를 거쳐 전승교육사를 인정할 수 있다.

② 전승교육사의 인정 기준 및 절차 등에 필요한 사항은 대통령령으로 정한다.

제20조(인정의 고시 및 통지 등) ① 문화재청장은 국가무형문화재의 보유자, 보유단체, 명예보유자 또는 전승교육사를 인정하면 그 취지와 내용을 관보에 고시하고, 지체 없이 해당 국가무형문화재의 보유자, 보유단체, 명예보유자 또는 전승교육사에게 알려야 한다.

② 문화재청장은 국가무형문화재의 보유자, 보유단체, 명예보유자 또는 전승교육사를

인정하면 그 보유자, 보유단체, 명예보유자 또는 전승교육사에게 해당 인정서를 내주어야 한다.

③ 국가무형문화재의 보유자, 보유단체, 명예보유자 또는 전승교육사의 인정은 그 인정의 통지를 받은 날부터 효력을 발생한다.

④ 제1항에 따른 인정의 고시 및 통지, 인정서 교부 등에 필요한 사항은 문화체육관광부령으로 정한다.

제21조(전승자 등의 인정 해제) ① 문화재청장은 국가무형문화재의 보유자, 보유단체, 명예보유자 또는 전승교육사가 다음 각 호의 어느 하나에 해당하는 경우 위원회의 심의를 거쳐 인정을 해제할 수 있다. 다만, 제1호부터 제4호까지의 규정에 해당하는 경우 그 인정을 해제하여야 한다.

1. 보유자, 명예보유자 또는 전승교육사가 사망한 경우
2. 전통문화의 공연·전시·심사 등과 관련하여 벌금 이상의 형을 선고받거나 그 밖의 사유로 금고 이상의 형을 선고받고 그 형이 확정된 경우
3. 국외로 이민을 가거나 외국 국적을 취득한 경우
4. 제16조에 따라 국가무형문화재의 지정이 해제된 경우
5. 신체상 또는 정신상의 장애 등으로 인하여 해당 국가무형문화재의 보유자로 적당하지 아니한 경우
6. 제22조에 따른 정기조사 또는 재조사 결과 보유자, 보유단체 및 전승교육사의 기량이 현저하게 떨어져 해당 국가무형문화재를 전형대로 실현·강습하지 못하는 것이 확인된 경우
7. 제25조제2항에 따른 전수교육을 특별한 사유 없이 1년 동안 실시하지 아니한 경우
8. 제28조제1항에 따른 공개를 특별한 사유 없이 매년 1회 이상 하지 아니하는 경우
9. 그 밖에 대통령령으로 정하는 사유가 있는 경우

② 제1항에 따른 인정의 해제에 관한 고시 및 통지와 그 효력 발생시기에 관하여는 제20조를 준용한다.

제22조(정기조사 등) ① 문화재청장은 국가무형문화재의 보전 및 진흥을 위한 정책 수립에 활용하기 위하여 국가무형문화재의 전수교육 및 전승활동 등 전승의 실태와 그 밖의 사항 등에 관하여 5년마다 정기적으로 조사하여야 한다.

② 문화재청장은 제1항에 따른 정기조사 후 추가적인 조사가 필요한 경우 소속 공무원에게 해당 국가무형문화재에 대하여 재조사하게 할 수 있다.

③ 제1항과 제2항에 따라 조사를 하는 공무원은 전승자, 관계 공공기관 또는 단체 등에 필요한 자료의 제출, 무형문화재의 소재장소 출입 등 조사에 필요한 범위에서 협조를 요청할 수 있다. 이 경우 협조를 요청받은 전승자, 관계 공공기관 또는 단체 등은 특별한 사유가 없으면 이에 협조하여야 한다.

④ 제1항과 제2항에 따라 조사하는 경우에는 미리 해당 국가무형문화재의 전승자, 관계 공공기관 또는 단체 등에 그 뜻을 알려야 한다. 다만, 긴급한 경우에는 사후에 그 취지를 알릴 수 있다.

⑤ 제1항과 제2항에 따라 조사를 하는 공무원은 그 권한을 표시하는 증표를 지니고 이를 관계인에게 보여주어야 한다.

⑥ 문화재청장은 제1항과 제2항에 따른 정기조사와 재조사의 전부 또는 일부를 대통령령으로 정하는 바에 따라 소속 기관에 위임하거나 전문기관 또는 단체에 위탁할 수 있다.

⑦ 문화재청장은 제1항과 제2항에 따른 정기조사·재조사의 결과를 다음 각 호의 업무에 반영하여야 한다.

1. 국가무형문화재 및 국가긴급보호무형문화재의 지정과 그 해제
2. 국가무형문화재의 보유자, 보유단체, 명예보유자 및 전승교육사의 인정과 그 해제
3. 그 밖에 국가무형문화재 및 국가긴급보호무형문화재의 보전 및 진흥에 필요한 사항

⑧ 제1항과 제2항의 정기조사와 재조사의 대상 및 방법 등에 필요한 사항은 대통령령으로 정한다.

제23조(신고 사항) 국가무형문화재의 전승자 및 명예보유자는 성명 또는 주소가 변경된 경우 15일 이내에 그 사실을 문화재청장에게 신고하여야 한다.

제24조(행정명령) 문화재청장은 국가무형문화재의 가치 구현과 향상을 위하여 필요하다고 인정되면 다음 각 호의 사항을 명할 수 있다.

1. 국가무형문화재 전승자가 전승활동 과정에서 그 무형문화재의 전형을 훼손하거나 저해하는 경우 그 활동에 대한 일정한 행위의 금지나 제한
2. 국가무형문화재 전승자 간의 분쟁으로 그 무형문화재의 보전 및 진흥에 장애를 초래하는 경우 그 전승자의 전수교육, 공개 등에 대한 일정한 행위의 금지나 제한
3. 그 밖에 국가무형문화재의 원활한 전승환경을 위하여 필요하다고 인정되는 경우 전승자에 대한 무형문화재 보존에 필요한 긴급한 조치

제5장 전수교육 및 공개

제25조(국가무형문화재의 보호·육성) ① 국가는 전통문화의 계승과 발굴을 위하여 국가무형문화재를 보호·육성하여야 한다.

② 국가무형문화재의 보전 및 진흥을 위하여 제17조제1항에 따라 인정된 보유자, 보유단체 및 제19조제1항에 따라 인정된 전승교육사는 해당 국가무형문화재의 전수교육을 실시하여야 한다. 다만, 대통령령으로 정하는 사유가 있는 경우에는 그러하지 아니하다.

③ 국가는 예산의 범위에서 보유자, 보유단체 및 전승교육사가 실시하는 전수교육에 필요한 경비 및 수당을 지원할 수 있다.

④ 국가는 국가무형문화재의 이수자 중에서 국가무형문화재 보유자, 보유단체 또는 제30조에 따른 전수교육학교의 추천을 받아 우수 이수자를 선정하여 필요한 지원을 할 수 있다. 이 경우 우수 이수자의 선정 방법 및 절차, 지원 등에 필요한 사항은 대통령령으로 정한다. 〈신설 2017. 12. 12.〉

⑤ 국가 또는 지방자치단체는 전수교육을 목적으로 설립 또는 취득한 국·공유재산을 무상으로 사용하게 할 수 있다. 〈개정 2017. 12. 12.〉

⑥ 제3항에 따른 전수교육에 필요한 경비 및 수당의 지원 내용 및 방법 등에 필요한 사항은 대통령령으로 정한다. 〈개정 2017. 12. 12.〉

제26조(전수교육 이수증) ① 문화재청장은 전수교육(제30조에 따른 대학등에서의 전수교육을 포함한다. 이하 이 조에서 같다) 과정을 수료한 사람 중에서 대통령령으로 정하는 바에 따라 그 기량을 심사하여 전수교육 이수증을 발급한다.

② 제1항에 따른 이수증 발급 및 심사 등에 필요한 사항은 대통령령으로 정한다.

제27조(전수장학생) ① 문화재청장은 국가무형문화재의 전수교육(제30조에 따른 대학등에서의 전수교육은 제외한다. 이하 이 조에서 같다)을 받은 사람 중에서 국가무형문화재 보유자 또는 보유단체의 추천을 받아 전수장학생을 선정하여 장학금을 지급할 수 있다.

② 전수장학생의 선정 방법 및 절차, 장학금의 지급 기간 등에 필요한 사항은 대통령령으로 정한다.

제28조(국가무형문화재의 공개의무 등) ① 국가무형문화재의 보유자 또는 보유단체는 대통령령으로 정하는 특별한 사유가 있는 경우를 제외하고는 매년 1회 이상 해당 국가무형문화재를 공개하여야 한다.

② 국가는 예산의 범위에서 제1항에 따른 공개에 필요한 비용의 전부 또는 일부를 지원

할 수 있다.

③ 제1항에 따른 국가무형문화재의 공개 절차·방법 및 점검 등에 필요한 사항은 대통령령으로 정한다.

제29조(관람료의 징수) ① 국가무형문화재의 보유자 또는 보유단체는 그 무형문화재를 공개하는 경우 관람자로부터 관람료를 징수할 수 있다.

② 제1항에 따른 관람료는 해당 국가무형문화재의 보유자 또는 보유단체가 정한다.

제30조(전수교육학교의 선정 등) ① 문화재청장은 국가무형문화재의 전수교육을 실시하려는 다음 각 호의 학교(이하 이 조에서 "대학등"이라 한다) 중에서 전수교육학교를 선정할 수 있다. 〈개정 2016. 12. 20., 2018. 12. 24.〉

1. 「초·중등교육법」 제62조에 따라 설립된 국립국악고등학교 및 국립전통예술고등학교
2. 「고등교육법」 제2조에 따른 학교
3. 「한국전통문화대학교 설치법」에 따른 한국전통문화대학교

② 국가무형문화재의 전수교육을 실시하려는 대학등은 교육과정, 교육시설 등 대통령령으로 정하는 바에 따라 전수교육 계획을 수립하여 문화재청장에게 신청하여야 한다.

③ 국가는 제1항에 따라 선정된 전수교육학교에 대하여 필요한 지원을 할 수 있다. 〈개정 2016. 12. 20.〉

④ 문화재청장은 전수교육학교에서 전수교육을 받는 학생 중 학업성적이 우수한 학생에게 예산의 범위에서 전수장학금을 지급할 수 있다. 〈개정 2016. 12. 20.〉

⑤ 문화재청장은 전수교육학교의 전수교육 실태를 점검하고 그 성과를 평가할 수 있으며 그 결과에 따라 차등하여 재정적 지원을 할 수 있다. 〈개정 2016. 12. 20.〉

⑥ 전수교육학교의 선정·심사, 지원, 성과평가 등에 필요한 사항은 대통령령으로 정한다. 〈개정 2016. 12. 20.〉

[제목개정 2016. 12. 20.]

제6장 시·도무형문화재

제31조(시·도무형문화재위원회의 설치) ① 시·도지사의 관할구역에 있는 무형문화재의 보전 및 진흥에 관한 사항을 심의하기 위하여 시·도에 무형문화재위원회(이하 "시·도무형문화재위원회"라 한다)를 둔다.

② 시·도무형문화재위원회의 조직과 운영 등에 필요한 사항은 조례로 정하되, 다음 각

호의 사항을 포함하여야 한다.

1. 무형문화재의 보존·관리 및 활용과 관련된 조사·심의에 관한 사항

2. 위원의 위촉과 해촉에 관한 사항

3. 분과위원회의 설치와 운영에 관한 사항

4. 전문위원의 위촉과 활용에 관한 사항

③ 시·도지사가 그 관할구역에 있는 시·도무형문화재의 국가무형문화재로의 지정을 문화재청장에게 신청하려면 시·도무형문화재위원회의 사전 심의를 거쳐야 한다.

제32조(시·도무형문화재 등의 지정 등) ① 시·도지사는 그 관할구역 안에 있는 무형문화재로서 국가무형문화재로 지정되지 아니한 무형문화재 중 보존가치가 있다고 인정되는 것을 시·도무형문화재위원회의 심의를 거쳐 시·도무형문화재로 지정할 수 있다. 다만, 시·도무형문화재로 지정하려는 무형문화재가 국가무형문화재로 지정되어 있는 경우에는 문화재청장과의 사전 협의를 거쳐야 한다.

② 시·도지사는 시·도무형문화재를 지정하는 경우 국가무형문화재의 보유자, 보유단체가 아닌 사람 또는 단체 중에서 보유자, 보유단체를 인정할 수 있다.

③ 시·도무형문화재의 보유자, 보유단체, 전승교육사가 국가무형문화재의 보유자, 보유단체, 전승교육사로 인정되는 경우 해당 시·도무형문화재의 보유자, 보유단체, 전승교육사의 인정은 해제된 것으로 본다.

④ 문화재청장은 위원회의 심의를 거쳐 필요하다고 인정되는 무형문화재에 대하여 시·도지사에게 시·도무형문화재로 지정할 것을 권고할 수 있다.

⑤ 시·도지사는 시·도무형문화재위원회의 심의를 거쳐 그 관할구역 안의 시·도무형문화재 중 특히 소멸할 위험에 처하였으나 국가긴급보호무형문화재로 지정되지 아니한 무형문화재를 시·도긴급보호무형문화재로 지정할 수 있다.

⑥ 제1항 또는 제5항에 따라 시·도무형문화재 또는 시·도긴급보호무형문화재를 지정할 때에는 해당 시·도의 명칭을 표시하여야 한다.

제33조(보고 사항) 시·도지사는 다음 각 호의 어느 하나에 해당하는 사유가 있으면 그 사유가 발생한 날부터 15일 이내에 문화재청장에게 보고하여야 한다.

1. 시·도무형문화재의 지정 및 해제

2. 시·도긴급보호무형문화재의 지정 및 해제

3. 시·도무형문화재의 보유자, 보유단체, 명예보유자 또는 전승교육사의 인정 및 해제

4. 시·도무형문화재에 대한 행정명령 및 그 위반 등의 죄

제34조(전문인력의 배치) 시·도지사는 무형문화재에 관한 전문인력을 해당 지방자치단체에 배치하도록 노력하여야 한다.

제35조(준용규정) 시·도무형문화재 및 시·도긴급보호무형문화재의 지정 및 지정 취소·해제, 지정의 고시 및 효력 발생시기, 시·도무형문화재의 보유자·보유단체·명예보유자 또는 전승교육사의 인정 및 인정 취소·해제, 인정의 고시 및 통지와 효력 발생시기, 정기조사, 시·도무형문화재의 전승자 및 명예보유자의 신고사항, 행정명령, 전수교육, 전수교육 이수증, 전수장학생, 시·도무형문화재의 공개 및 관람료의 징수, 시·도무형문화재의 전수교육학교의 선정 등에 관하여는 제12조부터 제30조까지의 규정을 준용한다. 이 경우 제12조부터 제30조까지의 규정 중 "문화재청장"은 "시·도지사"로, "대통령령"은 "조례"로, "국가"는 "지방자치단체"로, "위원회"는 "시·도무형문화재위원회"로, "국가무형문화재"는 "시·도무형문화재"로, "국가긴급보호무형문화재"는 "시·도긴급보호무형문화재"로 본다. 〈개정 2016. 12. 20.〉

제36조(이북5도 무형문화재) ① 문화재청장 및 「이북5도에 관한 특별조치법」 제5조에 따라 임명된 도지사(이하 이 조에서 "도지사"라 한다)는 북한지역에서 전승되던 무형문화재로서 보존가치가 있다고 인정되는 무형문화재가 있는 경우에는 현재 그 무형문화재가 전승되고 있는 지역을 관할하고 있는 시·도지사에게 시·도무형문화재로 지정할 것을 권고할 수 있다.

② 제1항에도 불구하고 도지사는 이북5도에서 전승되던 무형문화재로서 국가무형문화재 또는 시·도무형문화재로 지정되지 아니한 무형문화재 중 보존가치가 있다고 인정되는 것을 이북5도 무형문화재로 지정할 수 있다.

③ 제2항에 따른 이북5도 무형문화재의 지정 절차 등에 필요한 사항은 도지사가 정한다.

제7장 무형문화재의 진흥

제37조(전승지원 등) ① 국가 또는 지방자치단체는 무형문화재의 보전 및 진흥을 위하여 예산의 범위에서 다음 각 호의 지원을 할 수 있다.

1. 전승자의 전승공예품 원재료 구입 지원
2. 전승자의 공연 또는 전시 등에 필요한 시설 및 장비 지원
3. 전승자의 초·중등학교 교육 및 평생교육 활동 지원

② 국가 또는 지방자치단체는 무형문화재의 전승, 교육, 공연 등의 활성화를 장려하기

위한 전수교육시설을 마련하도록 노력하여야 한다.

③ 국가 또는 지방자치단체는 제1항 및 제2항의 경우 외에 무형문화재 보전 및 진흥에 필요한 경비를 예산의 범위에서 전부 또는 일부를 보조할 수 있다.

제38조(무형문화재의 교육 지원 등) 국가 또는 지방자치단체는 「문화예술교육 지원법」 제15조에 따른 학교문화예술교육 및 같은 법 제21조에 따른 사회문화예술교육을 지원하거나 「문화예술진흥법」 제12조에 따라 문화강좌를 설치하는 경우에 무형문화재에 관한 교육이나 강좌가 포함되도록 노력하여야 한다.

제39조(행사 등에서의 지원) ① 국가, 지방자치단체 및 「공공기관의 운영에 관한 법률」에 따른 공공기관은 각종 행사 및 축제에 무형문화재의 전승자가 참여할 수 있도록 노력하여야 한다.

② 국가와 지방자치단체는 국가무형문화재 또는 시·도무형문화재가 관광 활성화에 기여하도록 필요한 시책을 마련하여야 한다.

제40조(전통기술 개발의 지원) ① 문화재청장은 무형문화재 중 공예, 미술 등에 관한 전통기술의 진흥을 위하여 원재료, 제작공정 등의 기술개발 및 디자인·상품화 등에 필요한 지원을 할 수 있다.

② 제1항에 따른 지원 기준 및 절차 등은 대통령령으로 정한다.

제41조(무형문화재 전승공예품 인증) ① 문화재청장은 인증심사를 거쳐 전승공예품에 대하여 인증(이하 "인증"이라 한다)을 할 수 있다.

② 문화재청장은 인증을 위하여 해당 전승자에게 관련 자료의 제출을 요청할 수 있으며, 필요한 경우 소속 공무원 또는 관련 전문가에게 전승공예품 제작공정을 참관하게 할 수 있다.

③ 인증을 받은 해당 전승자는 자신이 제작한 전승공예품에 인증의 표시를 할 수 있다.

④ 누구든지 인증을 받지 아니한 상품에 문화재청장이 정한 인증표시와 동일하거나 유사한 표시를 하여서는 아니 된다.

⑤ 인증의 유효기간은 인증을 받은 날부터 3년으로 하되, 재심사를 거쳐 그 기간을 연장할 수 있다.

⑥ 인증의 기준 및 심사 절차, 표시의 방법 등에 필요한 사항은 문화재청장이 정하여 고시한다.

제42조(인증의 취소) ① 문화재청장은 인증과 관련하여 다음 각 호의 어느 하나에 해당하

는 경우 그 인증을 취소할 수 있다. 다만, 제1호에 해당하는 때에는 인증을 취소하여야
한다.

1. 거짓이나 그 밖의 부정한 방법으로 인증을 받은 경우

2. 인증기준에 맞지 아니하게 제작된 전승공예품에 인증표시를 한 경우

3. 해당 전승자가 인증표시의 사용 기준을 위반한 경우

② 인증 취소에 관한 구체적 절차와 내용은 대통령령으로 정한다.

제43조(전승공예품은행) ① 문화재청장은 전통기술의 전승활성화 및 전통공예의 우수성
홍보 등을 위하여 전승공예품의 구입·대여 및 전시 등의 업무를 수행하는 은행(이하 "전
승공예품은행"이라 한다)을 운영할 수 있다.

② 전승공예품은행의 운영에 필요한 사항은 문화재청장이 정하여 고시한다.

제44조(창업·제작·유통 등 지원) ① 국가와 지방자치단체는 무형문화재 전승자의 창업·
제작·유통 및 해외시장의 진출 등을 촉진하기 위하여 필요한 지원을 할 수 있다.

② 제1항에 따른 지원 기준 및 방법 등에 필요한 사항은 대통령령으로 정한다.

제45조(무형문화재의 국제교류 지원) ① 국가는 국제기구 및 다른 국가와의 협력을 통하여
전통공연·예술 분야 무형문화재의 해외공연, 전승공예품의 해외 전시·판매 등 무형문
화재의 국제교류를 적극 추진하여야 한다.

② 문화재청장은 예산의 범위에서 제1항에 따른 무형문화재의 국제교류 및 협력에 필요
한 비용의 전부 또는 일부를 지원할 수 있다.

제46조(한국무형문화재진흥센터) 문화재청장은 무형문화재의 진흥에 관한 사업과 활동을
효율적으로 지원하기 위하여 「문화재보호법」 제9조에 따른 한국문화재재단에 한국무형
문화재진흥센터를 둔다.

제8장　유네스코 협약 이행

제47조(유네스코 아시아·태평양 무형문화유산 국제정보네트워킹센터의 설치) ① 유네스코
의 「무형문화유산의 보호를 위한 협약」 이행을 장려하고, 아시아·태평양 지역 등의 무
형문화유산 보호활동 등을 지원하기 위하여 문화재청 산하에 유네스코 아시아·태평양
무형문화유산 국제정보네트워킹센터(이하 "아·태무형문화유산 국제정보네트워킹센터"라 한
다)를 둔다.

② 아·태무형문화유산 국제정보네트워킹센터는 법인으로 한다.

③ 아·태무형문화유산 국제정보네트워킹센터는 정관으로 정하는 바에 따라 임원과 필요한 직원을 둔다.

④ 아·태무형문화유산 국제정보네트워킹센터에 관하여 이 법에서 규정한 것 외에는 「민법」 중 재단법인에 관한 규정을 준용한다.

⑤ 아·태무형문화유산 국제정보네트워킹센터의 운영에 필요한 경비는 국고에서 지원할 수 있다.

⑥ 국가 또는 지방자치단체는 아·태무형문화유산 국제정보네트워킹센터의 업무 수행을 위하여 필요한 경우 국유재산이나 공유재산을 무상으로 사용·수익하게 할 수 있다.

제9장 보칙

제48조(조사 및 기록화) ① 문화재청장 및 시·도지사는 무형문화재의 분포현황, 전승실태 및 내용 등에 대하여 조사하고 이를 녹음·사진촬영·영상녹화·속기 등의 방법으로 관련 기록을 수집·작성하고 유지·보존하여야 한다.

② 문화재청장 및 시·도지사는 무형문화재의 보전 및 전승을 위하여 필요하다고 인정하면 무형문화재에 관한 전문적 지식이 있는 사람이나 관련된 연구기관 또는 단체에 제1항에 따른 무형문화재의 조사, 관련 기록의 수집 및 작성을 위탁할 수 있다.

③ 문화재청장 및 시·도지사는 제1항 및 제2항에 따라 수집·작성된 기록을 디지털 자료로 구축하여 누구나 이용이 가능하도록 하여야 한다.

제49조(무형문화재의 지식재산 보호) ① 문화재청장은 국내외 특허 취득을 방지하기 위하여 무형문화재에 관한 전승 내역과 구성요소 등을 디지털 자료로 구축하여 국제특허협약에 따른 효력을 가진 홈페이지에 게재하는 등 국내외 특허로부터 무형문화재를 보호하여야 한다.

② 문화재청장은 무형문화재의 전승활성화를 위하여 무형문화재의 진보된 지식 또는 기술이 창출될 수 있도록 노력하여야 하며, 「지식재산 기본법」에 따라 전승자의 지식재산을 보호하기 위하여 필요한 조치를 하여야 한다.

제50조(인간문화재에 대한 예우) 국가와 지방자치단체, 「공공기관의 운영에 관한 법률」에 따른 공공기관, 「지방공기업법」에 따른 지방공사 또는 지방공단은 인간문화재의 전승활동을 촉진하기 위하여 세제상의 조치, 공공시설 이용료 감면 및 그 밖에 필요한 정책을

강구하여야 한다.

제51조(유사명칭 사용의 금지) 이 법에 따른 보유자, 보유단체, 명예보유자, 전승교육사 및 이수자가 아닌 자는 보유자, 보유단체, 명예보유자, 전승교육사, 이수자 또는 이와 유사한 명칭을 사용하지 못한다.

제52조(청문) 문화재청장은 다음 각 호의 어느 하나에 해당하는 처분을 하려면 「행정절차법」에 따른 청문을 하여야 한다.

1. 제15조에 따른 지정 또는 인정의 취소
2. 제16조에 따른 지정의 해제
3. 제21조에 따른 인정의 해제
4. 제42조에 따른 인증의 취소

제53조(관계 전문가 등의 조사) ① 제12조의 국가무형문화재의 지정 및 제13조의 국가긴급보호무형문화재의 지정과 제17조의 보유자, 보유단체의 인정 및 제18조의 명예보유자의 인정, 제19조의 전승교육사의 인정을 하는 경우 위원회의 해당 분야의 위원이나 전문위원 또는 해당 무형문화재에 관한 학식과 경험이 풍부한 전문가 3명 이상에게 필요한 조사를 하게 하여야 한다.

② 관계 전문가 등의 조사 방법 및 절차 등에 필요한 사항은 대통령령으로 정한다.

제54조(권한의 위임 및 위탁) 이 법에 따른 문화재청장의 권한은 대통령령으로 정하는 바에 따라 그 일부를 시·도지사 또는 소속 기관의 장에게 위임하거나, 무형문화재의 보전 및 진흥을 목적으로 설립된 기관이나 법인 또는 단체 등에 위탁할 수 있다.

제55조(벌칙 적용에서 공무원 의제) 다음 각 호의 어느 하나에 해당하는 사람은 「형법」 제129조부터 제132조까지를 적용할 때에는 공무원으로 본다.

1. 제9조제1항에 따라 문화재 보존·관리에 관한 사항을 조사·심의하는 위원회의 위원 (제31조제1항에 따른 시·도무형문화재위원회의 위원을 포함한다)
2. 제22조제6항에 따른 정기조사 또는 재조사를 문화재청장으로부터 위탁받아 수행하는 사람
3. 제53조에 따라 조사를 수행하는 관계 전문가 등
4. 제54조에 따라 문화재청장의 권한을 위탁받은 사무에 종사하는 사람

제10장 벌칙

제56조(행정명령 위반 등의 죄) 정당한 사유 없이 제24조(제35조에 따라 준용되는 경우를 포함한다)에 따른 명령을 위반한 사람은 3년 이하의 징역이나 3천만원 이하의 벌금에 처한다.

제57조(관리행위 방해 등의 죄) 다음 각 호의 어느 하나에 해당하는 사람은 2년 이하의 징역이나 2천만원 이하의 벌금에 처한다.

1. 제22조제3항 전단(제35조에 따라 준용되는 경우를 포함한다)에 따른 협조를 특별한 사유 없이 거부한 사람
2. 거짓 또는 부정한 방법으로 보유자, 보유단체, 명예보유자 또는 전승교육사로 인정된 사람
3. 거짓의 신고 또는 보고를 한 사람

제58조(과태료) ① 다음 각 호의 어느 하나에 해당하는 자에게는 1천만원 이하의 과태료를 부과한다.

1. 제41조제4항을 위반한 자
2. 제51조를 위반한 자

② 제1항에 따른 과태료는 대통령령 또는 조례로 정하는 바에 따라 문화재청장 또는 시·도지사가 부과·징수한다.

❹ 문화재보호기금법 (약칭: 문화재기금법)

[시행 2020. 5. 27.] [법률 제16596호, 2019. 11. 26., 타법개정]

제1조(목적) 이 법은 문화재를 효율적으로 보존·관리하는 데 필요한 자금을 조성하기 위하여 문화재보호기금을 설치하고 그 관리·운용에 관하여 필요한 사항을 규정하는 것을 목적으로 한다.

제2조(정의) 이 법에서 "문화재" 및 "지정문화재"란 각각 「문화재보호법」 제2조제1항 및 제3항에 따른 문화재 및 지정문화재를 말한다.

제3조(기금의 설치) 정부는 문화재의 보존 및 관리에 필요한 재원을 확보하기 위하여 문화재보호기금(이하 "기금"이라 한다)을 설치한다.

제4조(기금의 조성) ① 기금은 다음 각 호의 재원으로 조성한다.
1. 정부로부터의 출연금
2. 정부 외의 자가 출연 또는 기부하는 현금, 물품, 그 밖의 재산
3. 「복권 및 복권기금법」에 따른 복권기금으로부터의 전입금
4. 제2항에 따른 납부금
5. 기금의 운용수익금
6. 그 밖에 대통령령으로 정하는 수입금

② 「문화재보호법」 제49조 및 제74조에 따라 지정문화재 관람료를 징수하는 국가와 지방자치단체는 징수금액의 100분의 10을 기금에 납부하여야 한다. 〈개정 2016. 2. 3.〉
③ 제1항제2호에 따라 출연 또는 기부하는 자는 특정 문화재에 대한 지원에 용도를 지정하여 출연 또는 기부할 수 있다.
④ 제2항에 따른 납부금의 징수절차·징수방법·납부시기 및 납부금 수납과 관련된 자료 제출 등에 필요한 사항은 대통령령으로 정한다.

제5조(기금의 용도) 기금은 다음 각 호의 어느 하나에 해당하는 용도에 사용한다. 〈개정 2016. 2. 3., 2016. 12. 20.〉
1. 문화재 보존을 위한 예방적 관리
2. 훼손·유실 등으로 인한 문화재의 긴급 보수 또는 복원
3. 매장문화재의 소규모 또는 긴급 발굴
4. 제1호 및 제3호에 따른 손실보상

5. 민간의 문화재 보호활동 육성, 지원

6. 문화재 보존·관리 및 안전 정책을 연구하는 단체의 운영 경비 지원

7. 「매장문화재 보호 및 조사에 관한 법률」 제13조제1항제3호에 따른 폐사지(廢寺址) 등 비지정문화재의 조사 및 연구

8. 그 밖에 문화재보존관리를 목적으로 하는 것으로서 대통령령으로 정하는 사업이나 활동의 지원

제6조(기금의 관리 및 운용) ① 기금은 문화재청장이 관리·운용한다.

② 문화재청장은 기금의 관리·운용에 관한 사무의 전부 또는 일부를 대통령령으로 정하는 바에 따라 「문화재보호법」 제9조에 따라 설치된 한국문화재재단이나 문화재청장이 지정하는 법인에 위탁할 수 있다. 〈개정 2014. 5. 28.〉

③ 기금의 관리·운용에 관하여 그 밖에 필요한 사항은 대통령령으로 정한다.

제7조(문화재보호기금심의회) ① 기금의 관리·운용에 관한 다음 각 호의 사항을 심의하기 위하여 문화재청장 소속으로 문화재보호기금심의회(이하 "심의회"라 한다)를 둔다.

1. 기금의 관리 및 운용에 관한 주요 정책

2. 「국가재정법」 제66조에 따른 기금운용계획안의 수립

3. 「국가재정법」 제70조제2항에 따른 주요항목 지출금액의 변경

4. 「국가재정법」 제8조제3항에 따른 기금 성과보고서 및 같은 법 제73조에 따른 기금 결산보고서의 작성

5. 기금의 관리·운용에 관한 중요 사항으로서 대통령령으로 정하는 사항과 그 밖에 심의회의 위원장이 필요하다고 인정하여 부의하는 사항

② 위원장을 포함한 심의회 위원의 2분의 1 이상은 공무원 및 문화재보호단체의 관계자가 아닌 자로 위촉하여야 한다.

③ 심의회의 구성 및 운영, 그 밖에 필요한 사항은 대통령령으로 정한다.

제8조(기금의 회계연도) 기금의 회계연도는 정부의 회계연도에 따른다.

제9조(기금의 회계처리) 기금은 기업회계의 원칙에 따라 회계처리한다.

제10조(기금의 회계기관) 문화재청장은 기금의 수입과 지출에 관한 사무를 하도록 하기 위하여 소속 공무원 중에서 기금수입징수관, 기금재무관, 기금지출관 및 기금출납공무원을 임명한다.

제11조(기금 계정의 설치) 문화재청장은 기금지출관에게 한국은행에 기금의 계정을 설치

하도록 하여야 한다.

제12조(목적 외 사용금지) ① 기금을 지원받은 자는 지원받을 때에 정하여지는 목적 외의 용도에 사용하지 못한다.

② 문화재청장은 지원된 기금이 목적 외의 용도에 사용된 때에는 지원행위를 취소하고 환수한다.

제13조(벌칙 적용에서의 공무원 의제) 제6조제2항에 따라 위탁한 기금의 관리·운용 사무를 수행하는 법인의 임원 및 직원은 「형법」 제129조부터 제132조까지의 규정에 따른 벌칙의 적용에서는 공무원으로 본다.

❺ 문화재보호기금법 시행령

[시행 2017. 12. 5.] [대통령령 제28458호, 2017. 12. 5., 일부개정]

제1조(목적) 이 영은 「문화재보호기금법」에서 위임된 사항과 그 시행에 필요한 사항을 규정함을 목적으로 한다.

제2조(문화재보호기금의 조성) 「문화재보호기금법」(이하 "법"이라 한다) 제4조제1항제6호에서 "대통령령으로 정하는 수입금"이란 다음 각 호의 수입금을 말한다.

1. 다른 기금으로부터의 전입금
2. 그 밖에 문화재청장이 인정하는 수입금

제3조(납부금의 징수절차 등) ① 법 제4조제2항에 따라 지정문화재 관람료를 징수하는 국가와 지방자치단체는 매월 말일까지 징수한 지정문화재 관람료를 기준으로 납부금액을 확정한 후 다음 달 10일까지 법 제3조에 따른 문화재보호기금(이하 "기금"이라 한다)에 납부하여야 한다.

② 문화재청장은 제1항에 따라 납부금을 납부하는 국가와 지방자치단체에 그 업무에 필요한 경비를 보조할 수 있다.

③ 법 제4조제2항에 따라 지정문화재 관람료를 징수하는 국가와 지방자치단체는 납부금 산정에 필요한 관람료 징수 영수증, 징수명세서, 징수 통장 등 기초 자료를 5년간 보관·관리하여야 한다.

제4조(기금의 용도) 법 제5조제8호에서 "대통령령으로 정하는 사업이나 활동"이란 다음 각 호의 사업이나 활동을 말한다. 〈개정 2017. 12. 5.〉

1. 국내외 소재 중요 문화재의 긴급 매입
2. 삭제 〈2017. 12. 5.〉
3. 문화유산의 보존 및 교육 지원
4. 문화유산의 학술조사 및 연구
5. 기금의 징수 및 관리·운용

제5조(기금의 관리·운용) ① 법 제6조제2항에 따라 위탁할 수 있는 기금의 관리·운용에 관한 사무는 다음 각 호의 사무로 한다.

1. 기금의 관리·운용에 관한 회계사무
2. 법 제4조제4호에 따른 납부금의 수납 및 관리에 관한 사무

3. 기금의 여유자금 운용에 관한 사무

4. 그 밖에 기금의 관리·운용에 관하여 문화재청장이 정하는 사무

② 제1항에 따라 기금의 관리·운용에 관한 사무를 위탁받은 자는 매년 5월 31일까지 다음 해의 기금운용계획안을 수립하여 문화재청장에게 제출하여야 한다.

③ 제1항에 따라 기금의 관리·운용에 관한 사무를 위탁받은 자는 기금의 결산보고서를 다음 해 2월 10일까지 문화재청장에게 제출하여야 한다.

④ 문화재청장은 제1항에 따라 기금의 관리·운용에 관한 사무를 위탁받은 자에게 그 사무에 필요한 경비를 보조할 수 있다.

⑤ 이 영 및 국가재정법령에서 규정한 사항 외에 기금의 관리·운용에 필요한 사항은 문화재청장이 정한다.

제6조(기금의 여유자금 운용) 문화재청장은 기금의 여유자금을 다음 각 호의 방법으로 운용할 수 있다. 〈개정 2010. 11. 15.〉

1. 「은행법」에 따른 은행과 그 밖의 법률에 따른 금융회사 및 「우체국예금·보험에 관한 법률」에 따른 체신관서에의 예치

2. 「자본시장과 금융투자업에 관한 법률」 제4조에 따른 증권의 매입

3. 「공공자금관리기금법」에 따른 공공자금관리기금에의 예탁

4. 그 밖의 금융상품의 매입

제7조(문화재보호기금심의회의 구성 및 운영) ① 법 제7조에 따른 문화재보호기금심의회 (이하 "심의회"라 한다)는 위원장 1명을 포함한 10명 이내의 위원으로 구성한다.

② 심의회의 위원장은 문화재청 차장이 되고, 위원은 다음 각 호의 사람 중에서 문화재청장이 위촉하거나 임명한다.

1. 문화재청 소속 고위공무원단에 속하는 공무원으로서 기금업무를 담당하는 사람

2. 기금의 관리·운용에 관한 전문지식과 경험이 풍부하다고 인정되는 사람

3. 문화재의 보존·관리 및 활용에 관한 전문지식과 경험이 풍부하다고 인정되는 사람

③ 제2항제2호 및 제3호에 따른 위원의 임기는 2년으로 한다.

제7조의2(위원의 해임 및 해촉) 문화재청장은 제7조제2항 각 호에 따른 위원이 다음 각 호의 어느 하나에 해당하는 경우에는 해당 위원을 해임하거나 해촉(解囑)할 수 있다.

1. 심신장애로 인하여 직무를 수행할 수 없게 된 경우

2. 직무와 관련된 비위사실이 있는 경우

3. 직무태만, 품위손상이나 그 밖의 사유로 인하여 위원으로 적합하지 아니하다고 인정

되는 경우

4. 위원 스스로 직무를 수행하는 것이 곤란하다고 의사를 밝히는 경우

[본조신설 2015. 12. 31.]

제8조(위원장의 직무) ① 위원장은 심의회를 대표하고, 심의회의 사무를 총괄한다.

② 위원장이 부득이한 사유로 직무를 수행할 수 없을 때에는 위원장이 지명한 위원이 그 직무를 대행한다.

제9조(회의) ① 위원장은 심의회의 회의를 소집하며, 그 의장이 된다.

② 회의는 재적위원 과반수의 출석으로 개의(開議)하고, 출석위원 과반수의 찬성으로 의결한다.

제10조(간사) ① 심의회에는 문화재청 소속 공무원 중에서 문화재청장이 지명하는 간사 1명을 둔다.

② 간사는 위원장의 명을 받아 심의회의 사무를 처리한다.

제11조(수당) 심의회의 회의에 참석한 위원에게는 예산의 범위에서 수당을 지급할 수 있다. 다만, 공무원인 위원이 그 소관 업무와 직접 관련되어 참석한 경우에는 그러하지 아니하다.

제12조(기금의 회계기관) 문화재청장은 법 제10조에 따라 기금수입징수관, 기금재무관, 기금지출관 및 기금출납공무원을 임명한 경우에는 감사원장, 기획재정부장관 및 한국은행 총재에게 알려야 한다.

제13조(기금 계정) 문화재청장은 법 제11조에 따라 한국은행에 기금의 계정을 설치한 경우에는 수입계정과 지출계정으로 구분하여야 한다.

제14조(기금의 수납) 법 제4조제1항에 따른 재원이 기금계정에 납입된 경우 이를 수납한 자는 지체 없이 그 납입서를 기금수입징수관에게 송부하여야 한다.

제15조(기금의 지출 한도액 배정) ① 문화재청장은 「국가재정법」 제68조제2항에 따른 월별 수입 및 지출계획에 따라 기금재무관에게 지출 한도액을 배정하여야 한다.

② 문화재청장은 제1항에 따라 지출 한도액을 배정하였을 때에는 기획재정부장관과 한국은행에 통지하여야 한다.

③ 기금재무관이 지출원인행위를 할 경우에는 제1항에 따라 배정된 지출 한도액을 초과해서는 아니 된다.

제16조(장부의 비치) ① 기금수입징수관과 기금재무관은 기금총괄부, 기금지출원인행위부 및 기금 징수부를 작성하여 갖추어 두고, 기금의 수입 지출에 관한 총괄 사항과 기금지출원인행위에 관한 사항을 기록하여야 한다.

② 기금출납공무원은 기금출납부를 작성하여 갖추어 두고, 기금의 출납상황을 기록하여야 한다.

❻ 문화재보호법

[시행 2020. 6. 9.] [법률 제17409호, 2020. 6. 9., 일부개정]

제1장 총칙

제1조(목적) 이 법은 문화재를 보존하여 민족문화를 계승하고, 이를 활용할 수 있도록 함으로써 국민의 문화적 향상을 도모함과 아울러 인류문화의 발전에 기여함을 목적으로 한다.

제2조(정의) ① 이 법에서 "문화재"란 인위적이거나 자연적으로 형성된 국가적·민족적 또는 세계적 유산으로서 역사적·예술적·학술적 또는 경관적 가치가 큰 다음 각 호의 것을 말한다. 〈개정 2015. 3. 27.〉

1. 유형문화재: 건조물, 전적(典籍), 서적(書跡), 고문서, 회화, 조각, 공예품 등 유형의 문화적 소산으로서 역사적·예술적 또는 학술적 가치가 큰 것과 이에 준하는 고고자료(考古資料)

2. 무형문화재: 여러 세대에 걸쳐 전승되어 온 무형의 문화적 유산 중 다음 각 목의 어느 하나에 해당하는 것을 말한다.

   가. 전통적 공연·예술

   나. 공예, 미술 등에 관한 전통기술

   다. 한의약, 농경·어로 등에 관한 전통지식

   라. 구전 전통 및 표현

   마. 의식주 등 전통적 생활관습

   바. 민간신앙 등 사회적 의식(儀式)

   사. 전통적 놀이·축제 및 기예·무예

3. 기념물: 다음 각 목에서 정하는 것

   가. 절터, 옛무덤, 조개무덤, 성터, 궁터, 가마터, 유물포함층 등의 사적지(史蹟地)와 특별히 기념이 될 만한 시설물로서 역사적·학술적 가치가 큰 것

   나. 경치 좋은 곳으로서 예술적 가치가 크고 경관이 뛰어난 것

   다. 동물(그 서식지, 번식지, 도래지를 포함한다), 식물(그 자생지를 포함한다), 지형, 지질, 광물, 동굴, 생물학적 생성물 또는 특별한 자연현상으로서 역사적·경관적 또는

학술적 가치가 큰 것

4. 민속문화재: 의식주, 생업, 신앙, 연중행사 등에 관한 풍속이나 관습에 사용되는 의복, 기구, 가옥 등으로서 국민생활의 변화를 이해하는 데 반드시 필요한 것

② 이 법에서 "문화재교육"이란 문화재의 역사적·예술적·학술적·경관적 가치 습득을 통하여 문화재 애호의식을 함양하고 민족 정체성을 확립하는 등에 기여하는 교육을 말하며, 문화재교육의 구체적 범위와 유형은 대통령령으로 정한다. 〈신설 2019. 11. 26.〉

③ 이 법에서 "지정문화재"란 다음 각 호의 것을 말한다. 〈개정 2014. 1. 28., 2019. 11. 26.〉

1. 국가지정문화재: 문화재청장이 제23조부터 제26조까지의 규정에 따라 지정한 문화재

2. 시·도지정문화재: 특별시장·광역시장·특별자치시장·도지사 또는 특별자치도지사(이하 "시·도지사"라 한다)가 제70조제1항에 따라 지정한 문화재

3. 문화재자료: 제1호나 제2호에 따라 지정되지 아니한 문화재 중 시·도지사가 제70조제2항에 따라 지정한 문화재

④ 이 법에서 "등록문화재"란 지정문화재가 아닌 문화재 중에서 다음 각 호의 것을 말한다. 〈개정 2018. 12. 24., 2019. 11. 26.〉

1. 국가등록문화재: 문화재청장이 제53조에 따라 등록한 문화재

2. 시·도등록문화재: 시·도지사가 제70조제3항에 따라 등록한 문화재

⑤ 이 법에서 "보호구역"이란 지상에 고정되어 있는 유형물이나 일정한 지역이 문화재로 지정된 경우에 해당 지정문화재의 점유 면적을 제외한 지역으로서 그 지정문화재를 보호하기 위하여 지정된 구역을 말한다. 〈개정 2019. 11. 26.〉

⑥ 이 법에서 "보호물"이란 문화재를 보호하기 위하여 지정한 건물이나 시설물을 말한다. 〈개정 2019. 11. 26.〉

⑦ 이 법에서 "역사문화환경"이란 문화재 주변의 자연경관이나 역사적·문화적인 가치가 뛰어난 공간으로서 문화재와 함께 보호할 필요성이 있는 주변 환경을 말한다. 〈개정 2019. 11. 26.〉

⑧ 이 법에서 "건설공사"란 토목공사, 건축공사, 조경공사 또는 토지나 해저의 원형변경이 수반되는 공사로서 대통령령으로 정하는 공사를 말한다. 〈개정 2019. 11. 26.〉

⑨ 이 법에서 "국외소재문화재"란 외국에 소재하는 문화재(제39조제1항 단서 또는 제60조제1항 단서에 따라 반출된 문화재는 제외한다)로서 대한민국과 역사적·문화적으로 직접적 관련이 있는 것을 말한다. 〈개정 2017. 3. 21., 2019. 11. 26.〉

제3조(문화재보호의 기본원칙) 문화재의 보존·관리 및 활용은 원형유지를 기본원칙으로 한다.

제4조(국가와 지방자치단체 등의 책무) ① 국가는 문화재의 보존·관리 및 활용을 위한 종합적인 시책을 수립·추진하여야 한다.

② 지방자치단체는 국가의 시책과 지역적 특색을 고려하여 문화재의 보존·관리 및 활용을 위한 시책을 수립·추진하여야 한다.

③ 국가와 지방자치단체는 각종 개발사업을 계획하고 시행하는 경우 문화재나 문화재의 보호물·보호구역 및 역사문화환경이 훼손되지 아니하도록 노력하여야 한다.

④ 국민은 문화재의 보존·관리를 위하여 국가와 지방자치단체의 시책에 적극 협조하여야 한다.

제5조(다른 법률과의 관계) ① 문화재의 보존·관리 및 활용에 관하여 다른 법률에 특별한 규정이 있는 경우를 제외하고는 이 법에서 정하는 바에 따른다.

② 지정문화재(제32조에 따른 임시지정문화재를 포함한다)의 수리·실측·설계·감리와 매장문화재의 보호 및 조사, 무형문화재 보전 및 진흥에 관하여는 따로 법률로 정한다. 〈개정 2015. 3. 27.〉

제2장 문화재 보호 정책의 수립 및 추진

제6조(문화재기본계획의 수립) ① 문화재청장은 시·도지사와의 협의를 거쳐 문화재의 보존·관리 및 활용을 위하여 다음 각 호의 사항이 포함된 종합적인 기본계획(이하 "문화재기본계획"이라 한다)을 5년마다 수립하여야 한다. 〈개정 2012. 1. 26., 2015. 3. 27., 2017. 3. 21.〉

1. 문화재 보존에 관한 기본방향 및 목표

2. 이전의 문화재기본계획에 관한 분석 평가

3. 문화재 보수·정비 및 복원에 관한 사항

4. 문화재의 역사문화환경 보호에 관한 사항

5. 문화재 안전관리에 관한 사항

6. 문화재 기록정보화에 관한 사항

7. 문화재 보존에 사용되는 재원의 조달에 관한 사항

7의2. 국외소재문화재 환수 및 활용에 관한 사항

7의3. 남북한 간 문화재 교류 협력에 관한 사항

7의4. 문화재교육에 관한 사항

8. 문화재의 보존·관리 및 활용 등을 위한 연구개발에 관한 사항

9. 그 밖에 문화재의 보존·관리 및 활용에 필요한 사항

② 문화재청장은 문화재기본계획을 수립하는 경우 대통령령으로 정하는 소유자, 관리자 또는 관리단체 및 관련 전문가의 의견을 들어야 한다.

③ 문화재청장은 문화재기본계획을 수립하면 이를 시·도지사에게 알리고, 관보(官報) 등에 고시하여야 한다.

④ 문화재청장은 문화재기본계획을 수립하기 위하여 필요하면 시·도지사에게 관할구역의 문화재에 대한 자료를 제출하도록 요청할 수 있다.

제6조의2(문화재의 연구개발) ① 문화재청장은 문화재의 보존·관리 및 활용 등의 연구개발을 효율적으로 추진하기 위하여 고유연구 외에 공동연구 등을 실시할 수 있다.

② 제1항에 따른 공동연구는 분야별 연구과제를 선정하여 대학, 산업체, 지방자치단체, 정부출연연구기관 등과 협약을 맺어 실시한다.

③ 문화재청장은 제2항에 따른 공동연구의 수행에 필요한 비용의 전부 또는 일부를 예산의 범위에서 출연하거나 지원할 수 있다.

④ 제2항에 따른 공동연구의 대상 사업이나 그 밖에 공동연구 수행에 필요한 사항은 대통령령으로 정한다.

[본조신설 2017. 3. 21.]

제7조(문화재 보존 시행계획 수립) ① 문화재청장 및 시·도지사는 문화재기본계획에 관한 연도별 시행계획(이하 "시행계획"이라 한다)을 수립·시행하여야 한다. 〈개정 2019. 11. 26.〉

② 시·도지사는 해당 연도의 시행계획 및 전년도의 추진실적을 대통령령으로 정하는 바에 따라 매년 문화재청장에게 제출하여야 한다. 〈개정 2019. 11. 26.〉

③ 문화재청장 및 시·도지사는 시행계획을 수립한 때에는 이를 공표하여야 한다. 〈개정 2019. 11. 26.〉

④ 시행계획의 수립·시행 및 제3항에 따른 공표방법 등에 관하여 필요한 사항은 대통령령으로 정한다. 〈개정 2019. 11. 26.〉

제7조의2(국회 보고) 문화재청장은 문화재기본계획, 해당 연도 시행계획 및 전년도 추진실적을 확정한 후 지체 없이 국회 소관 상임위원회에 제출하여야 한다.

[본조신설 2019. 11. 26.]

제8조(문화재위원회의 설치) ① 문화재의 보존·관리 및 활용에 관한 다음 각 호의 사항을 조사·심의하기 위하여 문화재청에 문화재위원회를 둔다. 〈개정 2018. 12. 24.〉

1. 문화재기본계획에 관한 사항
2. 국가지정문화재의 지정과 그 해제에 관한 사항
3. 국가지정문화재의 보호물 또는 보호구역 지정과 그 해제에 관한 사항
4. 삭제 〈2015. 3. 27.〉
5. 국가지정문화재의 현상변경에 관한 사항
6. 국가지정문화재의 국외 반출에 관한 사항
7. 국가지정문화재의 역사문화환경 보호에 관한 사항
8. 국가등록문화재의 등록 및 등록 말소에 관한 사항
9. 매장문화재 발굴 및 평가에 관한 사항
10. 국가지정문화재의 보존·관리에 관한 전문적 또는 기술적 사항으로서 중요하다고 인정되는 사항
11. 그 밖에 문화재의 보존·관리 및 활용 등에 관하여 문화재청장이 심의에 부치는 사항

② 문화재위원회 위원은 다음 각 호의 어느 하나에 해당하는 자 중에서 문화재청장이 위촉한다.

1. 「고등교육법」에 따른 대학에서 문화재의 보존·관리 및 활용과 관련된 학과의 부교수 이상에 재직하거나 재직하였던 사람
2. 문화재의 보존·관리 및 활용과 관련된 업무에 10년 이상 종사한 사람
3. 인류학·사회학·건축·도시계획·관광·환경·법률·종교·언론분야의 업무에 10년 이상 종사한 사람으로서 문화재에 관한 지식과 경험이 풍부한 전문가

③ 제1항 각 호의 사항에 관하여 문화재 종류별로 업무를 나누어 조사·심의하기 위하여 문화재위원회에 분과위원회를 둘 수 있다.

④ 제3항에 따른 분과위원회는 조사·심의 등을 위하여 필요한 경우 다른 분과위원회와 함께 위원회(이하 "합동분과위원회"라 한다)를 열 수 있다.

⑤ 분과위원회 또는 합동분과위원회에서 제1항제2호부터 제11호까지에 관하여 조사·심의한 사항은 문화재위원회에서 조사·심의한 것으로 본다. 〈신설 2017. 11. 28.〉

⑥ 문화재위원회, 분과위원회 및 합동분과위원회는 다음 각 호의 사항을 적은 회의록을 작성하여야 한다. 이 경우 필요하다고 인정되면 속기나 녹음 또는 녹화를 할 수 있다. 〈개정 2017. 11. 28.〉

1. 회의일시 및 장소

2. 출석위원

3. 심의내용 및 의결사항

⑦ 제6항에 따라 작성된 회의록은 공개하여야 한다. 다만, 특정인의 재산상의 이익에 영향을 미치거나 사생활의 비밀을 침해하는 등 대통령령으로 정하는 경우에는 해당 위원회의 의결로 공개하지 아니할 수 있다. 〈개정 2017. 11. 28.〉

⑧ 문화재위원회, 분과위원회 및 합동분과위원회의 조직, 분장사항 및 운영 등에 필요한 사항은 대통령령으로 정한다. 〈개정 2017. 11. 28.〉

⑨ 문화재위원회에는 문화재청장이나 각 분과위원회 위원장의 명을 받아 문화재위원회의 심의사항에 관한 자료수집·조사 및 연구 등의 업무를 수행하는 비상근 전문위원을 둘 수 있다. 〈신설 2011. 7. 14., 2017. 11. 28.〉

⑩ 문화재위원회 위원 및 전문위원의 수와 임기, 전문위원의 자격 등에 필요한 사항은 대통령령으로 정한다. 〈신설 2011. 7. 14., 2017. 11. 28.〉

제9조(한국문화재재단의 설치) ① 문화재의 보호·보존·보급 및 활용과 전통생활문화의 계발을 위하여 문화재청 산하에 한국문화재재단(이하 "재단"이라 한다)을 설립한다. 〈개정 2014. 5. 28.〉

② 재단은 법인으로 한다. 〈개정 2014. 5. 28.〉

③ 재단은 설립목적을 달성하기 위하여 다음 각 호의 사업을 수행한다. 〈신설 2014. 5. 28.〉

1. 공연·전시 등 무형문화재 활동 지원 및 진흥

2. 문화재 관련 교육, 출판, 학술조사·연구 및 콘텐츠 개발·활용

3. 「매장문화재 보호 및 조사에 관한 법률」 제11조제1항 및 같은 조 제3항 단서에 따른 매장문화재 발굴

4. 전통 문화상품·음식·혼례 등의 개발·보급 및 편의시설 등의 운영

5. 문화재 공적개발원조 등 국제교류

6. 문화재 보호운동의 지원

7. 전통문화행사의 복원 및 재현

8. 국가·지방자치단체 또는 공공기관 등으로부터 위탁받은 사업

9. 재단의 설립목적을 달성하기 위한 수익사업과 그 밖에 정관으로 정하는 사업

④ 재단에는 정관으로 정하는 바에 따라 임원과 필요한 직원을 둔다. 〈개정 2014. 5. 28.〉

⑤ 재단에 관하여 이 법에 규정한 것 외에는 「민법」 중 재단법인에 관한 규정을 준용한

다. 〈개정 2014. 5. 28.〉

⑥ 재단 운영에 필요한 경비는 국고에서 지원할 수 있다. 〈개정 2014. 5. 28.〉

⑦ 국가나 지방자치단체는 재단의 업무 수행을 위하여 필요하다고 인정하면 국유재산이
나 공유재산을 무상으로 사용·수익하게 할 수 있다. 〈개정 2014. 5. 28.〉

[제목개정 2014. 5. 28.]

제3장   문화재 보호의 기반 조성

제10조(문화재 기초조사) ① 국가 및 지방자치단체는 문화재의 멸실 방지 등을 위하여 현
존하는 문화재의 현황, 관리실태 등에 대하여 조사하고 그 기록을 작성할 수 있다.

② 문화재청장 및 지방자치단체의 장은 제1항에 따른 조사를 위하여 필요한 경우 직접
조사하거나 문화재의 소유자, 관리자 또는 조사·발굴과 관련된 단체 등에 대하여 관련
자료의 제출을 요구할 수 있다.

③ 문화재청장 및 지방자치단체의 장은 지정문화재가 아닌 문화재에 대하여 조사를 할
경우에는 해당 문화재의 소유자 또는 관리자의 사전 동의를 받아야 한다.

④ 문화재 조사의 구체적인 절차와 방법 등에 관하여 필요한 사항은 대통령령으로 정
한다.

제11조(문화재 정보화의 촉진) ① 문화재청장은 제10조에 따른 조사 자료와 그 밖의 문화
재 보존·관리에 필요한 자료를 효율적으로 활용하고, 국민이 문화재 정보에 쉽게 접근
하고 이용할 수 있도록 문화재정보체계를 구축·운영하여야 한다.

② 문화재청장은 제1항에 따른 문화재정보체계 구축을 위하여 관계 중앙행정기관의 장
및 지방자치단체의 장과 박물관·연구소 등 관련 법인 및 단체의 장에게 필요한 자료의
제출을 요청할 수 있다. 이 경우 요청을 받은 자는 특별한 사유가 없으면 이에 따라야
한다. 〈개정 2017. 11. 28.〉

③ 문화재청장은 제2항에 따라 필요한 자료의 제출을 요청하는 경우 관계 중앙행정기관
의 장 및 지방자치단체의 장 외의 자에 대하여는 정당한 대가를 지급할 수 있다. 〈신설
2017. 11. 28.〉

④ 제1항에 따른 문화재정보체계의 구축 범위·운영절차 및 그 밖에 필요한 사항은 대통
령령으로 정한다. 〈개정 2017. 11. 28.〉

제12조(건설공사 시의 문화재 보호) 건설공사로 인하여 문화재가 훼손, 멸실 또는 수몰(水

沒)될 우려가 있거나 그 밖에 문화재의 역사문화환경 보호를 위하여 필요한 때에는 그 건설공사의 시행자는 문화재청장의 지시에 따라 필요한 조치를 하여야 한다. 이 경우 그 조치에 필요한 경비는 그 건설공사의 시행자가 부담한다.

제13조(역사문화환경 보존지역의 보호) ① 시·도지사는 지정문화재(동산에 속하는 문화재와 무형문화재를 제외한다. 이하 이 조에서 같다)의 역사문화환경 보호를 위하여 문화재청장과 협의하여 조례로 역사문화환경 보존지역을 정하여야 한다.

② 건설공사의 인가·허가 등을 담당하는 행정기관은 지정문화재의 외곽경계(보호구역이 지정되어 있는 경우에는 보호구역의 경계를 말한다. 이하 이 조에서 같다)의 외부 지역에서 시행하려는 건설공사로서 제1항에 따라 시·도지사가 정한 역사문화환경 보존지역에서 시행하는 건설공사에 관하여는 그 공사에 관한 인가·허가 등을 하기 전에 해당 건설공사의 시행이 지정문화재의 보존에 영향을 미칠 우려가 있는 행위에 해당하는지 여부를 검토하여야 한다. 이 경우 해당 행정기관은 대통령령으로 정하는 바에 따라 관계 전문가의 의견을 들어야 한다. 〈개정 2014. 1. 28.〉

③ 역사문화환경 보존지역의 범위는 해당 지정문화재의 역사적·예술적·학문적·경관적 가치와 그 주변 환경 및 그 밖에 문화재 보호에 필요한 사항 등을 고려하여 그 외곽경계로부터 500미터 안으로 한다. 다만, 문화재의 특성 및 입지여건 등으로 인하여 지정문화재의 외곽경계로부터 500미터 밖에서 건설공사를 하게 되는 경우에 해당 공사가 문화재에 영향을 미칠 것이 확실하다고 인정되면 500미터를 초과하여 범위를 정할 수 있다.

④ 제27조제2항에 따라 지정된 보호구역이 조정된 경우 시·도지사는 지정문화재의 보존에 영향을 미치지 않는다고 판단하면 문화재청장과 협의하여 제3항에 따라 정한 역사문화환경 보존지역의 범위를 기존의 범위대로 유지할 수 있다. 〈신설 2019. 11. 26.〉

⑤ 문화재청장 또는 시·도지사는 문화재를 지정하면 그 지정 고시가 있는 날부터 6개월 안에 역사문화환경 보존지역에서 지정문화재의 보존에 영향을 미칠 우려가 있는 행위에 관한 구체적인 행위기준을 정하여 고시하여야 한다. 〈개정 2019. 11. 26.〉

⑥ 제5항에 따른 구체적인 행위기준을 정하려는 경우 문화재청장은 시·도지사 또는 시장·군수·구청장(자치구의 구청장을 말한다. 이하 같다)에게, 시·도지사는 시장·군수·구청장에게 필요한 자료 또는 의견을 제출하도록 요구할 수 있다. 〈신설 2014. 1. 28., 2019. 11. 26.〉

⑦ 제5항에 따른 구체적인 행위기준이 고시된 지역에서 그 행위기준의 범위 안에서 행하여지는 건설공사에 관하여는 제2항에 따른 검토는 생략한다. 〈개정 2014. 1. 28., 2019.

11. 26.〉

⑧ 제6항에 따른 자료 또는 의견 제출절차 등에 필요한 세부 사항은 문화체육관광부령으로 정한다. 〈신설 2014. 1. 28., 2019. 11. 26.〉

제14조(화재등 방지 시책 수립과 교육훈련·홍보 실시) ① 문화재청장과 시·도지사는 지정문화재 및 등록문화재의 화재, 재난 및 도난(이하 "화재등"이라 한다) 방지를 위하여 필요한 시책을 수립하고 이를 시행하여야 한다.

② 문화재청장과 지방자치단체의 장은 문화재 소유자, 관리자 및 관리단체 등을 대상으로 문화재 화재등에 대한 초기대응과 평상시 예방관리를 위한 교육훈련을 실시하여야 한다.

③ 문화재청장과 지방자치단체의 장은 문화재 화재등의 방지를 위한 대국민 홍보를 실시하여야 한다.

[전문개정 2017. 3. 21.]

제14조의2(화재등 대응매뉴얼 마련 등) ① 문화재청장 및 시·도지사는 지정문화재 및 등록문화재의 특성에 따른 화재등 대응매뉴얼을 마련하고, 이를 그 소유자, 관리자 또는 관리단체가 사용할 수 있도록 조치하여야 한다.

② 제1항에 따른 매뉴얼에 포함되어야 할 사항, 매뉴얼을 마련하여야 하는 문화재의 범위 및 매뉴얼의 정기적 점검·보완 등에 필요한 사항은 대통령령으로 정한다.

[본조신설 2017. 3. 21.]

제14조의3(화재등 방지 시설 설치 등) ① 지정문화재의 소유자, 관리자 및 관리단체는 지정문화재의 화재예방 및 진화를 위하여 「화재예방, 소방시설 설치·유지 및 안전관리에 관한 법률」에서 정하는 기준에 따른 소방시설과 재난방지를 위한 시설을 설치하고 유지·관리하여야 하며, 지정문화재의 도난방지를 위하여 문화체육관광부령으로 정하는 기준에 따라 도난방지장치를 설치하고 유지·관리하도록 노력하여야 한다.

② 제1항의 시설을 설치하고 유지·관리하는 자는 해당 시설과 역사문화환경보존지역이 조화를 이루도록 하여야 한다.

③ 문화재청장 또는 지방자치단체의 장은 다음 각 호의 어느 하나에 해당하는 시설을 설치 또는 유지·관리하는 자에게 예산의 범위에서 그 소요비용의 전부나 일부를 보조할 수 있다.

1. 제1항에 따른 소방시설, 재난방지 시설 또는 도난방지장치
2. 제14조의4제2항에 따른 금연구역과 흡연구역의 표지

[본조신설 2017. 3. 21.]

제14조의4(금연구역의 지정 등) ① 지정문화재 및 등록문화재와 그 보호물·보호구역 및 보관시설(이하 이 조에서 "지정문화재등"이라 한다)의 소유자, 관리자 또는 관리단체는 지정문화재등 해당 시설 또는 지역 전체를 금연구역으로 지정하여야 한다. 다만, 주거용 건축물은 화재의 우려가 없는 경우에 한정하여 금연구역과 흡연구역을 구분하여 지정할 수 있다.

② 지정문화재등의 소유자, 관리자 또는 관리단체는 제1항에 따른 금연구역과 흡연구역을 알리는 표지를 설치하여야 한다.

③ 시·도지사는 제2항을 위반한 자에 대하여 일정한 기간을 정하여 그 시정을 명할 수 있다.

④ 제2항에 따른 금연구역과 흡연구역을 알리는 표지의 설치 기준 및 방법 등은 문화체육관광부령 또는 시·도조례로 정한다.

⑤ 누구든지 제1항에 따른 금연구역에서 흡연을 하여서는 아니 된다.

[본조신설 2017. 3. 21.]

제14조의5(관계 기관 협조 요청) 문화재청장 또는 지방자치단체의 장은 화재등 방지시설을 점검하거나, 화재등에 대비한 훈련을 하는 경우 또는 화재등에 대한 긴급대응이 필요한 경우에 다음 각 호의 어느 하나에 해당하는 기관 또는 단체의 장에게 필요한 장비 및 인력의 협조를 요청할 수 있으며, 요청을 받은 기관 및 단체의 장은 특별한 사유가 없으면 이에 협조하여야 한다.

1. 소방관서
2. 경찰관서
3. 「재난 및 안전관리 기본법」 제3조제5호의 재난관리책임기관
4. 그 밖에 대통령령으로 정하는 문화재 보호 관련 기관 및 단체

[본조신설 2017. 3. 21.]

제14조의6(정보의 구축 및 관리) ① 문화재청장은 화재등 문화재 피해에 대하여 효과적으로 대응하기 위하여 문화재 방재 관련 정보를 정기적으로 수집하여 이를 데이터베이스화하여 구축·관리하여야 한다. 이 경우 문화재청장은 구축된 정보가 항상 최신으로 유지될 수 있도록 하여야 한다.

② 제1항에 따른 정보의 구축범위 및 운영절차 등 세부사항은 대통령령으로 정한다.

[본조신설 2017. 3. 21.]

제15조(문화재보호활동의 지원 등) 문화재청장은 문화재의 보호·보존·보급 또는 선양을 위하여 필요하다고 인정하면 관련 단체를 지원·육성할 수 있다.

제15조의2(문화재매매업자 교육) 문화재청장은 문화재매매업자 등을 대상으로 문화재매매업자가 준수하여야 할 사항과 문화재 관련 소양 등에 관한 교육을 실시하여야 한다.

제16조(문화재 전문인력의 양성) ① 문화재청장은 문화재의 보호·관리 및 수리 등을 위한 전문인력을 양성할 수 있다.

② 문화재청장은 제1항의 전문인력 양성을 위하여 필요하다고 인정하면 장학금을 지급할 수 있다.

③ 문화재청장은 제2항의 장학금(이하 "장학금"이라 한다)을 지급받고 있는 자의 교육이나 연구 상황을 확인하기 위하여 필요하다고 인정하면 성적증명서나 연구실적보고서를 제출하도록 명할 수 있다.

④ 장학금을 지급받고 있는 자 또는 받은 자는 수학이나 연구의 중단, 내용 변경 등 문화체육관광부령으로 정하는 사유가 발생하면 지체 없이 문화재청장에게 신고하여야 한다.

⑤ 문화재청장은 수학이나 연구의 중단, 내용변경, 실적저조 등 문화체육관광부령으로 정하는 사유가 발생하면 장학금 지급을 중지하거나 반환을 명할 수 있다.

⑥ 제1항부터 제5항까지의 규정에 따른 장학금 지급 대상자, 장학금 지급 신청, 장학금 지급 중지 또는 반환 등에 필요한 사항은 문화체육관광부령으로 정한다.

제17조(문화재 국제교류협력의 촉진 등) ① 국가는 문화재 관련 국제기구 및 다른 국가와의 협력을 통하여 문화재에 관한 정보와 기술교환, 인력교류, 공동조사·연구 등을 적극 추진하여야 한다.

② 문화재청장은 예산의 범위에서 제1항에 따른 문화재분야 협력에 관한 시책을 추진하는 데 필요한 비용의 전부 또는 일부를 지원할 수 있다.

제17조의2 삭제 〈2015. 3. 27.〉

제18조(남북한 간 문화재 교류 협력) ① 국가는 남북한 간 문화재분야의 상호교류 및 협력을 증진할 수 있도록 노력하여야 한다.

② 문화재청장은 남북한 간 문화재분야의 상호교류 및 협력증진을 위하여 북한의 문화재 관련 정책·제도 및 현황 등에 관하여 조사·연구하여야 한다.

③ 문화재청장은 대통령령으로 정하는 바에 따라 제1항 및 제2항에 따른 교류 협력사업과 조사·연구 등을 위하여 필요한 경우 관련 단체 등에 협력을 요청할 수 있으며, 이에

사용되는 경비의 전부 또는 일부를 지원할 수 있다.

제19조(세계유산등의 등재 및 보호) ① 문화재청장은 「세계문화유산 및 자연유산의 보호에 관한 협약」, 「무형문화유산의 보호를 위한 협약」 또는 유네스코의 프로그램에 따라 국내의 우수한 문화재를 유네스코에 세계유산, 인류무형문화유산 또는 세계기록유산으로 등재 신청할 수 있다. 이 경우 등재 신청 대상 선정절차 등에 관하여는 유네스코의 규정을 참작하여 문화재청장이 정한다. 〈개정 2011. 4. 6.〉

② 문화재청장은 유네스코에 세계유산, 인류무형문화유산 또는 세계기록유산으로 등재된 문화재(이하 이 조에서 "세계유산등"이라 한다)를 비롯한 인류 문화재의 보존과 문화재의 국외 선양을 위하여 적극 노력하여야 한다. 〈개정 2011. 4. 6.〉

③ 국가와 지방자치단체는 세계유산등에 대하여는 등재된 날부터 국가지정문화재에 준하여 유지·관리 및 지원하여야 하며, 문화재청장은 대통령령으로 정하는 바에 따라 세계유산과 그 역사문화환경에 영향을 미칠 우려가 있는 행위를 하는 자에 대하여 세계유산과 그 역사문화환경의 보호에 필요한 조치를 할 것을 명할 수 있다.

제20조(외국문화재의 보호) ① 인류의 문화유산을 보존하고 국가 간의 우의를 증진하기 위하여 대한민국이 가입한 문화재 보호에 관한 국제조약(이하 "조약"이라 한다)에 가입된 외국의 법령에 따라 문화재로 지정·보호되는 문화재(이하 "외국문화재"라 한다)는 조약과 이 법에서 정하는 바에 따라 보호되어야 한다.

② 문화재청장은 국내로 반입하려 하거나 이미 반입된 외국문화재가 해당 반출국으로부터 불법반출된 것으로 인정할 만한 상당한 이유가 있으면 그 문화재를 유치할 수 있다.

③ 문화재청장은 제2항에 따라 외국문화재를 유치하면 그 외국문화재를 박물관 등에 보관·관리하여야 한다.

④ 문화재청장은 제3항에 따라 보관 중인 외국문화재가 그 반출국으로부터 적법하게 반출된 것임이 확인되면 지체 없이 이를 그 소유자나 점유자에게 반환하여야 한다. 그 외국문화재가 불법반출된 것임이 확인되었으나 해당 반출국이 그 문화재를 회수하려는 의사가 없는 것이 분명한 경우에도 또한 같다.

⑤ 문화재청장은 외국문화재의 반출국으로부터 대한민국에 반입된 외국문화재가 자국에서 불법반출된 것임을 증명하고 조약에 따른 정당한 절차에 따라 그 반환을 요청하는 경우 또는 조약에 따른 반환 의무를 이행하는 경우에는 관계 기관의 협조를 받아 조약에서 정하는 바에 따라 해당 문화재가 반출국에 반환될 수 있도록 필요한 조치를 하여야 한다.

제21조(비상시의 문화재보호) ① 문화재청장은 전시·사변 또는 이에 준하는 비상사태 시 문화재의 보호에 필요하다고 인정하면 국유문화재와 국유 외의 지정문화재 및 제32조에 따른 임시지정문화재를 안전한 지역으로 이동·매몰 또는 그 밖에 필요한 조치를 하거나 해당 문화재의 소유자, 보유자, 점유자, 관리자 또는 관리단체에 대하여 그 문화재를 안전한 지역으로 이동·매몰 또는 그 밖에 필요한 조치를 하도록 명할 수 있다.

② 문화재청장은 전시·사변 또는 이에 준하는 비상사태 시 문화재 보호를 위하여 필요하면 제39조에도 불구하고 이를 국외로 반출할 수 있다. 이 경우에는 미리 국무회의의 심의를 거쳐야 한다.

③ 제1항에 따른 조치 또는 명령의 이행으로 인하여 손실을 받은 자에 대한 보상에 관하여는 제46조를 준용한다. 다만, 전화(戰禍) 등 불가항력으로 인한 경우에는 예외로 한다.

제22조(지원 요청) 문화재청장이나 그 명령을 받은 공무원은 제21조제1항의 조치를 위하여 필요하면 관계 기관의 장에게 필요한 지원을 요청할 수 있다.

제22조의2(문화재교육의 진흥을 위한 정책의 추진) 국가와 지방자치단체는 문화재교육의 진흥을 위하여 다음 각 호의 사항에 관한 정책을 수립하고 시행하기 위하여 노력하여야 한다.

1. 문화재교육의 진흥을 위한 기반 구축
2. 문화재교육 프로그램 및 교육자료의 개발·보급
3. 문화재교육 관련 전문인력의 양성 및 지원
4. 「유아교육법」 제22조 및 「초·중등교육법」 제21조에 따른 교원에 대한 문화재교육의 지원
5. 문화재교육 진흥을 위한 재원조달 방안
6. 그 밖에 문화재교육 진흥을 위하여 필요한 사항

[본조신설 2019. 11. 26.]

제22조의3(문화재교육의 실태조사) ① 문화재청장은 문화재교육 관련 정책의 수립·시행을 위하여 문화재교육 현황 등에 대한 실태조사를 실시할 수 있다.

② 제1항의 실태조사의 범위와 방법, 그 밖에 필요한 사항은 대통령령으로 정한다.

[본조신설 2019. 11. 26.]

제22조의4(문화재교육지원센터의 지정 등) ① 문화재청장은 지역 문화재교육을 활성화하기 위하여 문화재교육을 목적으로 하거나 문화재교육을 실시할 능력이 있다고 인정되는 기관 또는 단체를 문화재교육지원센터(이하 "지원센터"라 한다)로 지정할 수 있다.

② 지원센터는 다음 각 호의 사업을 수행한다.

1. 지역 문화재교육 인력의 연수 및 활용

2. 지역 실정에 맞는 문화재교육 프로그램 및 문화재교육 교재의 개발과 운영

3. 지역 문화재교육 관련 기관 또는 단체 간의 협력망 구축 및 운영

4. 소외계층 등 지역주민에 대한 문화재교육

5. 지역 문화재교육을 활성화하기 위하여 문화재청장이 위탁하는 사업

6. 그 밖에 지역 실정에 맞는 문화재교육을 하기 위하여 필요한 사업

③ 문화재청장은 제1항에 따라 지정된 지원센터가 다음 각 호의 어느 하나에 해당하는 경우에는 대통령령으로 정하는 바에 따라 그 지정을 취소하거나 6개월의 범위에서 그 업무의 정지를 명할 수 있다. 다만, 제1호에 해당하는 경우에는 그 지정을 취소하여야 한다.

1. 거짓이나 그 밖의 부정한 방법으로 지정을 받은 경우

2. 지정요건을 충족하지 못한 경우

3. 업무수행능력이 현저히 부족하다고 인정하는 경우

④ 문화재청장은 대통령령으로 정하는 바에 따라 문화재교육에 관한 업무를 지원센터 및 그 밖에 대통령령으로 정하는 기관에 위탁할 수 있다.

⑤ 국가 및 지방자치단체는 지원센터에 대하여 예산의 범위에서 사업 수행에 필요한 비용의 전부 또는 일부를 지원할 수 있다.

⑥ 그 밖에 지원센터의 지정요건 및 운영 등에 필요한 사항은 대통령령으로 정한다.

[본조신설 2019. 11. 26.]

제22조의5(문화재교육의 지원) ① 국가 및 지방자치단체는 국민들의 문화재에 대한 이해와 관심을 높이기 위하여 문화재교육 내용의 연구ㆍ개발 및 문화재교육 활동을 위한 시설ㆍ장비를 지원할 수 있다.

② 국가 및 지방자치단체는 문화재교육의 지원을 위하여 예산의 범위에서 그 사업비의 전부 또는 일부를 보조할 수 있다.

[본조신설 2019. 11. 26.]

제22조의6(문화재교육 프로그램의 개발ㆍ보급 및 인증 등) ① 문화재청장 및 지방자치단체는 모든 국민에게 다양한 문화재교육의 기회를 제공하기 위하여 문화재교육 프로그램을 개발ㆍ보급할 수 있다.

② 문화재교육 프로그램을 개발ㆍ운영하는 자는 문화재청장에게 문화재교육 프로그램에

대한 인증을 신청할 수 있다.

③ 문화재청장은 제2항에 따라 인증을 신청한 문화재교육 프로그램이 교육내용·교육과목·교육시설 등 문화체육관광부령으로 정하는 인증기준에 부합하는 경우 이를 인증할 수 있다.

④ 제3항에 따른 인증의 유효기간은 인증을 받은 날부터 3년으로 한다.

⑤ 제3항에 따라 인증을 받은 자는 해당 문화재교육 프로그램에 대하여 문화체육관광부령으로 정하는 바에 따라 인증표시를 할 수 있다.

⑥ 누구든지 제3항에 따른 인증을 받지 아니한 문화재교육 프로그램에 대하여 제5항의 인증표시를 하거나 이와 비슷한 표시를 하여서는 아니 된다.

⑦ 그 밖에 문화재교육 프로그램 인증에 필요한 사항은 문화체육관광부령으로 정한다. [본조신설 2019. 11. 26.]

제22조의7(문화재교육 프로그램 인증의 취소) 문화재청장은 제22조의6제3항에 따라 인증한 문화재교육 프로그램이 다음 각 호의 어느 하나에 해당하는 경우에는 그 인증을 취소할 수 있다. 다만, 제1호에 해당하는 경우에는 이를 취소하여야 한다.

1. 거짓이나 그 밖의 부정한 방법으로 인증 받은 경우
2. 제22조의6제3항에 따른 인증기준에 적합하지 아니한 경우
[본조신설 2019. 11. 26.]

제22조의8(지정문화재 등의 기증) ① 지정문화재 및 등록문화재의 소유자는 문화재청에 해당 문화재를 기증할 수 있다.

② 문화재청장은 제1항에 따라 문화재를 기증받는 경우에는 제3항에 따라 설치된 문화재수증심의위원회의 심의를 거쳐 수증여부를 결정하여야 한다.

③ 지정문화재 및 등록문화재의 소유자가 기증하는 문화재의 수증 여부를 결정하기 위하여 문화재청에 문화재수증심의위원회를 두며, 문화재수증심의위원회의 구성 및 운영 등에 필요한 사항은 대통령령으로 정한다.

④ 문화재청장은 제1항에 따른 문화재의 기증이 있을 때에는 「기부금품의 모집 및 사용에 관한 법률」에도 불구하고 이를 접수할 수 있다.

⑤ 문화재청장은 제1항에 따른 기증에 현저한 공로가 있는 자에 대하여 시상(施賞)을 하거나 「상훈법」에 따른 서훈을 추천할 수 있으며, 문화재 관련 전시회 개최 등의 예우를 할 수 있다.

⑥ 제1항에 따른 기증의 절차, 관리·운영방법 및 제5항에 따른 추천 및 예우 등에 필요

한 사항은 문화체육관광부령으로 정한다.

[본조신설 2020. 6. 9.]

[시행일 : 2020. 12. 10.] 제22조의8

제4장 국가지정문화재

제1절 지정

제23조(보물 및 국보의 지정) ① 문화재청장은 문화재위원회의 심의를 거쳐 유형문화재 중 중요한 것을 보물로 지정할 수 있다.

② 문화재청장은 제1항의 보물에 해당하는 문화재 중 인류문화의 관점에서 볼 때 그 가치가 크고 유례가 드문 것을 문화재위원회의 심의를 거쳐 국보로 지정할 수 있다.

③ 제1항과 제2항에 따른 보물과 국보의 지정기준과 절차 등에 필요한 사항은 대통령령으로 정한다.

제24조(국가무형문화재의 지정) ① 문화재청장은 「무형문화재 보전 및 진흥에 관한 법률」 제9조에 따른 무형문화재위원회의 심의를 거쳐 무형문화재 중 중요한 것을 국가무형문화재로 지정할 수 있다. 〈개정 2015. 3. 27.〉

② 삭제 〈2015. 3. 27.〉

③ 삭제 〈2015. 3. 27.〉

④ 삭제 〈2015. 3. 27.〉

⑤ 삭제 〈2015. 3. 27.〉

[제목개정 2015. 3. 27.]

제25조(사적, 명승, 천연기념물의 지정) ① 문화재청장은 문화재위원회의 심의를 거쳐 기념물 중 중요한 것을 사적, 명승 또는 천연기념물로 지정할 수 있다.

② 제1항에 따른 사적, 명승, 천연기념물의 지정기준과 절차 등에 필요한 사항은 대통령령으로 정한다.

제26조(국가민속문화재 지정) ① 문화재청장은 문화재위원회의 심의를 거쳐 민속문화재 중 중요한 것을 국가민속문화재로 지정할 수 있다. 〈개정 2017. 3. 21.〉

② 제1항에 따른 국가민속문화재의 지정기준과 절차 등에 필요한 사항은 대통령령으로 정한다. 〈개정 2017. 3. 21.〉

[제목개정 2017. 3. 21.]

제27조(보호물 또는 보호구역의 지정) ① 문화재청장은 제23조·제25조 또는 제26조에 따른 지정을 할 때 문화재 보호를 위하여 특히 필요하면 이를 위한 보호물 또는 보호구역을 지정할 수 있다.

② 문화재청장은 인위적 또는 자연적 조건의 변화 등으로 인하여 조정이 필요하다고 인정하면 제1항에 따라 지정된 보호물 또는 보호구역을 조정할 수 있다.

③ 문화재청장은 제1항 및 제2항에 따라 보호물 또는 보호구역을 지정하거나 조정한 때에는 지정 또는 조정 후 매 10년이 되는 날 이전에 다음 각 호의 사항을 고려하여 그 지정 및 조정의 적정성을 검토하여야 한다. 다만, 특별한 사정으로 인하여 적정성을 검토하여야 할 시기에 이를 할 수 없는 경우에는 대통령령으로 정하는 기간까지 그 검토시기를 연기할 수 있다.

1. 해당 문화재의 보존가치
2. 보호물 또는 보호구역의 지정이 재산권 행사에 미치는 영향
3. 보호물 또는 보호구역의 주변 환경

④ 제1항부터 제3항까지의 규정에 따른 지정, 조정 및 적정성 검토 등에 필요한 사항은 대통령령으로 정한다.

제28조(지정의 고시 및 통지) ① 문화재청장이 제23조, 제25조부터 제27조까지의 규정에 따라 국가지정문화재(보호물과 보호구역을 포함한다)를 지정하면 그 취지를 관보에 고시하고, 지체 없이 해당 문화재의 소유자에게 알려야 한다. 〈개정 2015. 3. 27.〉

② 제1항의 경우 그 문화재의 소유자가 없거나 분명하지 아니하면 그 점유자 또는 관리자에게 이를 알려야 한다.

[제목개정 2015. 3. 27.]

제29조(지정서의 교부) ① 문화재청장은 제23조나 제26조에 따라 국보, 보물 또는 국가민속문화재를 지정하면 그 소유자에게 해당 문화재의 지정서를 내주어야 한다. 〈개정 2017. 3. 21.〉

② 삭제 〈2015. 3. 27.〉

[제목개정 2015. 3. 27.]

제30조(지정의 효력 발생 시기) 제23조, 제25조부터 제27조까지의 규정에 따른 지정은 그 문화재의 소유자, 점유자 또는 관리자에 대하여는 관보에 고시한 날부터 그 효력을 발생한다. 〈개정 2015. 3. 27.〉

[제목개정 2015. 3. 27.]

제31조(지정의 해제) ① 문화재청장은 제23조·제25조 또는 제26조에 따라 지정된 문화재가 국가지정문화재로서의 가치를 상실하거나 가치평가를 통하여 지정을 해제할 필요가 있을 때에는 문화재위원회의 심의를 거쳐 그 지정을 해제할 수 있다.

② 삭제 〈2015. 3. 27.〉

③ 삭제 〈2015. 3. 27.〉

④ 문화재청장은 제27조제3항에 따른 검토 결과 보호물 또는 보호구역 지정이 적정하지 아니하거나 그 밖에 특별한 사유가 있으면 보호물 또는 보호구역 지정을 해제하거나 그 범위를 조정하여야 한다. 국가지정문화재 지정이 해제된 경우에는 지체 없이 해당 문화재의 보호물 또는 보호구역 지정을 해제하여야 한다.

⑤ 제1항 및 제4항에 따른 문화재 지정의 해제에 관한 고시 및 통지와 그 효력 발생시기에 관하여는 제28조 및 제30조를 준용한다. 〈개정 2015. 3. 27.〉

⑥ 국보, 보물 또는 국가민속문화재의 소유자가 제5항과 제28조에 따른 해제 통지를 받으면 그 통지를 받은 날부터 30일 이내에 해당 문화재 지정서를 문화재청장에게 반납하여야 한다. 〈개정 2017. 3. 21.〉

⑦ 삭제 〈2015. 3. 27.〉

[제목개정 2015. 3. 27.]

제32조(임시지정) ① 문화재청장은 제23조·제25조 또는 제26조에 따라 지정할 만한 가치가 있다고 인정되는 문화재가 지정 전에 원형보존을 위한 긴급한 필요가 있고 문화재위원회의 심의를 거칠 시간적 여유가 없으면 중요문화재로 임시지정(假指定)할 수 있다.

② 제1항에 따른 임시지정의 효력은 임시지정된 문화재(이하 "임시지정문화재"라 한다)의 소유자, 점유자 또는 관리자에게 통지한 날부터 발생한다.

③ 제1항에 따른 임시지정은 임시지정한 날부터 6개월 이내에 제23조·제25조 또는 제26조에 따른 지정이 없으면 해제된 것으로 본다.

④ 제1항에 따른 임시지정의 통지와 임시지정서의 교부에 관하여는 제28조와 제29조제1항을 준용하되, 제28조제1항에 따른 관보 고시는 하지 아니한다.

제2절 관리 및 보호

제33조(소유자관리의 원칙) ① 국가지정문화재의 소유자는 선량한 관리자의 주의로써 해

당 문화재를 관리·보호하여야 한다.

② 국가지정문화재의 소유자는 필요에 따라 그에 대리하여 그 문화재를 관리·보호할 관리자를 선임할 수 있다.

제34조(관리단체에 의한 관리) ① 문화재청장은 국가지정문화재의 소유자가 분명하지 아니하거나 그 소유자 또는 관리자에 의한 관리가 곤란하거나 적당하지 아니하다고 인정하면 해당 국가지정문화재 관리를 위하여 지방자치단체나 그 문화재를 관리하기에 적당한 법인 또는 단체를 관리단체로 지정할 수 있다. 이 경우 국유에 속하는 국가지정문화재 중 국가가 직접 관리하지 아니하는 문화재의 관리단체는 관할 특별자치시, 특별자치도 또는 시·군·구(자치구를 말한다. 이하 같다)가 된다. 다만, 문화재가 2개 이상의 시·군·구에 걸쳐 있는 경우에는 관할 특별시·광역시·도(특별자치시와 특별자치도는 제외한다)가 관리단체가 된다. 〈개정 2014. 1. 28.〉

② 관리단체로 지정된 지방자치단체는 문화재청장과 협의하여 그 문화재를 관리하기에 적당한 법인 또는 단체에 해당 문화재의 관리 업무를 위탁할 수 있다.

③ 문화재청장은 제1항 전단에 따라 관리단체를 지정할 경우에 그 문화재의 소유자나 지정하려는 지방자치단체, 법인 또는 단체의 의견을 들어야 한다.

④ 문화재청장이 제1항에 따라 관리단체를 지정하면 지체 없이 그 취지를 관보에 고시하고, 국가지정문화재의 소유자 또는 관리자와 해당 관리단체에 이를 알려야 한다.

⑤ 누구든지 제1항에 따라 지정된 관리단체의 관리행위를 방해하여서는 아니 된다. 〈개정 2014. 1. 28.〉

⑥ 관리단체가 국가지정문화재를 관리할 때 필요한 운영비 등 경비는 이 법에 특별한 규정이 없으면 해당 관리단체의 부담으로 하되, 관리단체가 부담능력이 없으면 국가나 지방자치단체가 예산의 범위에서 이를 지원할 수 있다. 〈개정 2016. 2. 3.〉

⑦ 제1항에 따른 관리단체 지정의 효력 발생 시기에 관하여는 제30조를 준용한다.

제34조의2(국가에 의한 특별관리) ① 문화재청장은 국가지정문화재에 대하여 제34조제1항에도 불구하고 소유자·관리자 또는 관리단체에 의한 관리가 곤란하거나 적당하지 아니하다고 인정하면 문화재위원회의 심의를 거쳐 해당 문화재를 특별히 직접 관리·보호할 수 있다.

② 제1항에 따른 국가지정문화재의 관리·보호에 필요한 경비는 국가가 부담한다.

[본조신설 2014. 1. 28.]

제35조(허가사항) ① 국가지정문화재(국가무형문화재는 제외한다. 이하 이 조에서 같다)에 대하

여 다음 각 호의 어느 하나에 해당하는 행위를 하려는 자는 대통령령으로 정하는 바에 따라 문화재청장의 허가를 받아야 하며, 허가사항을 변경하려는 경우에도 문화재청장의 허가를 받아야 한다. 다만, 국가지정문화재 보호구역에 안내판 및 경고판을 설치하는 행위 등 대통령령으로 정하는 경미한 행위에 대해서는 특별자치시장, 특별자치도지사, 시장·군수 또는 구청장의 허가(변경허가를 포함한다)를 받아야 한다. 〈개정 2014. 1. 28., 2015. 3. 27., 2017. 11. 28.〉

1. 국가지정문화재(보호물·보호구역과 천연기념물 중 죽은 것 및 제41조제1항에 따라 수입·반입 신고된 것을 포함한다)의 현상을 변경하는 행위로서 대통령령으로 정하는 행위

2. 국가지정문화재(동산에 속하는 문화재는 제외한다)의 보존에 영향을 미칠 우려가 있는 행위로서 대통령령으로 정하는 행위

3. 국가지정문화재를 탁본 또는 영인(影印)하거나 그 보존에 영향을 미칠 우려가 있는 촬영을 하는 행위

4. 명승이나 천연기념물로 지정되거나 임시지정된 구역 또는 그 보호구역에서 동물, 식물, 광물을 포획(捕獲)·채취(採取)하거나 이를 그 구역 밖으로 반출하는 행위

② 국가지정문화재와 시·도지정문화재의 역사문화환경 보존지역이 중복되는 지역에서 제1항제2호에 따라 문화재청장이나 특별자치시장, 특별자치도지사, 시장·군수 또는 구청장의 허가를 받은 경우에는 제74조제2항에 따른 시·도지사의 허가를 받은 것으로 본다. 〈개정 2014. 1. 28.〉

③ 문화재청장은 제1항제2호에 따른 국가지정문화재의 보존에 영향을 미칠 우려가 있는 행위에 관하여 허가한 사항 중 대통령령으로 정하는 경미한 사항의 변경허가에 관하여는 시·도지사에게 위임할 수 있다. 〈개정 2014. 1. 28.〉

④ 문화재청장과 특별자치시장, 특별자치도지사, 시장·군수 또는 구청장은 제1항에 따른 허가 또는 변경허가의 신청을 받은 날부터 30일 이내에 허가 여부를 신청인에게 통지하여야 한다. 〈신설 2018. 6. 12.〉

⑤ 문화재청장과 특별자치시장, 특별자치도지사, 시장·군수 또는 구청장이 제4항에서 정한 기간 내에 허가 또는 변경허가 여부나 민원 처리 관련 법령에 따른 처리기간의 연장을 신청인에게 통지하지 아니하면 그 기간(민원 처리 관련 법령에 따라 처리기간이 연장 또는 재연장된 경우에는 해당 처리기간을 말한다)이 끝난 날의 다음 날에 허가 또는 변경허가를 한 것으로 본다. 〈신설 2018. 6. 12.〉

제36조(허가기준) ① 문화재청장과 특별자치시장, 특별자치도지사, 시장·군수 또는 구청

장은 제35조제1항에 따라 허가신청을 받으면 그 허가신청 대상 행위가 다음 각 호의 기준에 맞는 경우에만 허가하여야 한다. 〈개정 2014. 1. 28.〉

1. 문화재의 보존과 관리에 영향을 미치지 아니할 것
2. 문화재의 역사문화환경을 훼손하지 아니할 것
3. 문화재기본계획과 시행계획에 들어맞을 것

② 문화재청장과 특별자치시장, 특별자치도지사, 시장·군수 또는 구청장은 제1항에 따른 허가를 위하여 필요한 경우 대통령령으로 정하는 바에 따라 관계 전문가에게 조사를 하게 할 수 있다. 〈신설 2014. 1. 28.〉

제37조(허가사항의 취소) ① 문화재청장은 제35조제1항 본문, 같은 조 제3항, 제39조제1항 단서, 같은 조 제3항 및 제48조제5항에 따라 허가를 받은 자가 다음 각 호의 어느 하나에 해당하는 경우에는 허가를 취소할 수 있다. 〈개정 2014. 1. 28., 2016. 2. 3., 2018. 6. 12.〉

1. 허가사항이나 허가조건을 위반한 때
2. 속임수나 그 밖의 부정한 방법으로 허가를 받은 때
3. 허가사항의 이행이 불가능하거나 현저히 공익을 해할 우려가 있다고 인정되는 때

② 특별자치시장, 특별자치도지사, 시장·군수 또는 구청장은 제35조제1항 단서에 따라 허가를 받은 자가 제1항 각 호의 어느 하나에 해당하는 경우에는 허가를 취소할 수 있다. 〈신설 2014. 1. 28.〉

③ 제35조제1항에 따라 허가를 받은 자가 착수신고를 하지 아니하고 허가기간이 지난 때에는 그 허가가 취소된 것으로 본다. 〈개정 2014. 1. 28.〉

제38조(천연기념물 동물의 치료 등) ① 천연기념물 동물이 조난당하면 구조를 위한 운반, 약물 투여, 수술, 사육 및 야생 적응훈련 등(이하 "치료"라 한다)은 시·도지사가 지정하는 동물치료소에서 하게 할 수 있다.

② 시·도지사는 제1항에 따른 동물치료소를 지정하는 경우에 문화재에 관한 전문지식을 가지고 있거나 천연기념물 보호활동 또는 야생동물의 치료경험이 있는 다음 각 호의 어느 하나에 해당하는 기관 중에서 지정하여야 하며, 지정절차 및 그 밖에 필요한 사항은 지방자치단체의 조례로 정한다.

1. 「수의사법」에 따른 수의사 면허를 받은 자가 개설하고 있는 동물병원
2. 「수의사법」에 따른 수의사 면허를 받은 자를 소속 직원으로 두고 있는 지방자치단체의 축산 관련 기관

3. 「수의사법」에 따른 수의사 면허를 받은 자를 소속 회원으로 두고 있는 관리단체 또는 동물 보호단체

③ 문화재청장과 특별자치시장, 특별자치도지사, 시장·군수 또는 구청장은 천연기념물 동물의 조난으로 긴급한 보호가 필요하면 제35조제1항에도 불구하고 동물치료소에 현상 변경허가 없이 먼저 치료한 후 그 결과를 보고하게 할 수 있다. 〈개정 2014. 1. 28.〉

④ 국가나 지방자치단체는 천연기념물 동물을 치료한 동물치료소에 예산의 범위에서 치료에 드는 경비를 지급할 수 있다. 이 경우 천연기념물 동물 치료 경비 지급에 관한 업무는 문화체육관광부령으로 정하는 천연기념물의 치료와 보호 관련 단체에 위탁할 수 있으며, 치료 경비 지급절차 및 그 밖에 필요한 사항은 문화체육관광부령으로 정한다.

⑤ 시·도지사는 동물치료소가 다음 각 호의 어느 하나에 해당하면 그 지정을 취소할 수 있다. 〈개정 2016. 2. 3.〉

1. 거짓이나 그 밖의 부정한 방법으로 지정을 받은 경우

2. 제2항에 따른 지정 요건에 미달하게 된 경우

3. 고의나 중대한 과실로 치료 중인 천연기념물 동물을 죽게 하거나 장애를 입힌 경우

4. 제3항에 따른 치료 결과를 보고하지 아니하거나 거짓으로 보고한 경우

5. 제4항에 따른 치료 경비를 거짓으로 청구한 경우

6. 제42조제1항에 따른 문화재청장이나 지방자치단체의 장의 명령을 위반한 경우

⑥ 시·도지사는 제2항 및 제5항에 따라 동물치료소를 지정하거나 그 지정을 취소하는 경우에는 문화재청장에게 보고하여야 한다.

제39조(수출 등의 금지) ① 국보, 보물, 천연기념물 또는 국가민속문화재는 국외로 수출하거나 반출할 수 없다. 다만, 문화재의 국외 전시 등 국제적 문화교류를 목적으로 반출하되, 그 반출한 날부터 2년 이내에 다시 반입할 것을 조건으로 문화재청장의 허가를 받으면 그러하지 아니하다. 〈개정 2017. 3. 21.〉

② 제1항 단서에 따라 문화재의 국외 반출을 허가받으려는 자는 반출 예정일 5개월 전에 관세청장이 운영·관리하는 전산시스템을 통하여 문화체육관광부령으로 정하는 반출허가신청서를 문화재청장에게 제출하여야 한다. 〈신설 2016. 2. 3.〉

③ 문화재청장은 제1항 단서에 따라 반출을 허가받은 자가 그 반출 기간의 연장을 신청하면 당초 반출목적 달성이나 문화재의 안전 등을 위하여 필요하다고 인정되는 경우 제4항에 따른 심사기준에 부합하는 경우에 한정하여 2년의 범위에서 그 반출 기간의 연장을 허가할 수 있다. 〈개정 2016. 2. 3.〉

④ 제1항 단서 및 제3항에 따른 국외 반출 또는 반출 기간의 연장을 허가하기 위한 구체적 심사기준은 문화체육관광부령으로 정한다. 〈신설 2016. 2. 3.〉

⑤ 문화재청장은 제1항 단서에 따라 국외 반출을 허가받은 자에게 해당 문화재의 현황 및 보존·관리 실태 등의 자료를 제출하도록 요구할 수 있다. 이 경우 요구를 받은 자는 특별한 사유가 없으면 이에 따라야 한다. 〈신설 2017. 11. 28.〉

⑥ 제1항에도 불구하고 다음 각 호의 어느 하나에 해당하는 경우에는 문화재청장의 허가를 받아 수출할 수 있다. 〈개정 2016. 2. 3., 2017. 11. 28.〉

1. 제35조제1항제1호에 따른 허가를 받아 천연기념물을 표본·박제 등으로 제작한 경우
2. 특정한 시설에서 연구 또는 관람목적으로 증식된 천연기념물의 경우

⑦ 문화재청장은 제6항에 따른 허가의 신청을 받은 날부터 30일 이내에 허가 여부를 신청인에게 통지하여야 한다. 〈신설 2018. 6. 12.〉

⑧ 문화재청장이 제7항에서 정한 기간 내에 허가 여부 또는 민원 처리 관련 법령에 따른 처리기간의 연장을 신청인에게 통지하지 아니하면 그 기간(민원 처리 관련 법령에 따라 처리기간이 연장 또는 재연장된 경우에는 해당 처리기간을 말한다)이 끝난 날의 다음 날에 허가를 한 것으로 본다. 〈신설 2018. 6. 12.〉

제40조(신고 사항) ① 국가지정문화재(보호물과 보호구역을 포함한다. 이하 이 조에서 같다)의 소유자, 관리자 또는 관리단체는 해당 문화재에 다음 각 호의 어느 하나에 해당하는 사유가 발생하면 대통령령으로 정하는 바에 따라 그 사실과 경위를 문화재청장에게 신고하여야 한다. 다만, 제35조제1항 단서에 따라 허가를 받고 그 행위를 착수하거나 완료한 경우에는 특별자치시장, 특별자치도지사, 시장·군수 또는 구청장에게 신고하여야 한다. 〈개정 2014. 1. 28., 2015. 3. 27., 2017. 11. 28.〉

1. 관리자를 선임하거나 해임한 경우
2. 국가지정문화재의 소유자가 변경된 경우
3. 소유자 또는 관리자의 성명이나 주소가 변경된 경우
4. 국가지정문화재의 소재지의 지명, 지번, 지목(地目), 면적 등이 변경된 경우
5. 보관 장소가 변경된 경우
6. 국가지정문화재의 전부 또는 일부가 멸실, 유실, 도난 또는 훼손된 경우
7. 제35조제1항제1호에 따라 허가(변경허가를 포함한다)를 받고 그 문화재의 현상변경을 착수하거나 완료한 경우
8. 제35조제1항제4호 또는 제39조제1항에 따라 허가받은 문화재를 반출한 후 이를 다시

반입한 경우

9. 동식물의 종(種)이 천연기념물로 지정되는 경우 그 지정일 이전에 표본이나 박제를 소유하고 있는 경우

9의2. 폐사한 천연기념물 동물을 부검하는 경우

9의3. 천연기념물로 지정된 동물에 대하여 질병 등 기타 위험의 방지, 보존 및 생존을 위하여 필요한 조치 등 대통령령으로 정하는 행위를 한 경우

② 제1항에 따른 신고를 하는 때에는 같은 항 제1호의 경우 소유자와 관리자가, 같은 항 제2호의 경우에는 신·구 소유자가 각각 신고서에 함께 서명하여야 한다. 〈신설 2014. 1. 28.〉

③ 역사문화환경 보존지역에서 건설공사를 시행하는 자는 해당 역사문화환경 보존지역에서 제35조제1항제2호에 따라 허가(변경허가를 포함한다)를 받고 허가받은 사항을 착수 또는 완료한 경우에는 대통령령으로 정하는 바에 따라 그 사실과 경위를 문화재청장에게 신고하여야 한다. 다만, 제35조제1항 단서에 따라 허가를 받고 그 행위를 착수하거나 완료한 경우에는 특별자치시장, 특별자치도지사, 시장·군수 또는 구청장에게 신고하여야 한다. 〈개정 2014. 1. 28.〉

제41조(동물의 수입·반입 신고) ① 천연기념물로 지정된 동물의 종(種)[아종(亞種)을 포함한다]을 국외로부터 수입·반입하는 경우에는 대통령령으로 정하는 바에 따라 문화재청장에게 신고하여야 한다.

② 문화재청장은 제1항에 따른 신고사항과 관련하여 관계 중앙행정기관, 공공기관 등 관련 기관의 장에게 필요한 자료 또는 정보의 제공을 요청할 수 있다. 이 경우 자료 또는 정보의 제공을 요청받은 기관의 장은 특별한 사유가 없으면 이에 따라야 한다.

[본조신설 2017. 11. 28.]

제42조(행정명령) ① 문화재청장이나 지방자치단체의 장은 국가지정문화재(보호물과 보호구역을 포함한다. 이하 이 조에서 같다)와 그 역사문화환경 보존지역의 관리·보호를 위하여 필요하다고 인정하면 다음 각 호의 사항을 명할 수 있다. 〈개정 2015. 3. 27.〉

1. 국가지정문화재의 관리 상황이 그 문화재의 보존상 적당하지 아니하거나 특히 필요하다고 인정되는 경우 그 소유자, 관리자 또는 관리단체에 대한 일정한 행위의 금지나 제한

2. 국가지정문화재의 소유자, 관리자 또는 관리단체에 대한 수리, 그 밖에 필요한 시설의 설치나 장애물의 제거

3. 국가지정문화재의 소유자, 관리자 또는 관리단체에 대한 문화재 보존에 필요한 긴급한 조치

4. 제35조제1항 각 호에 따른 허가를 받지 아니하고 국가지정문화재의 현상을 변경하거나 보존에 영향을 미칠 우려가 있는 행위 등을 한 자에 대한 행위의 중지 또는 원상회복 조치

② 문화재청장 또는 지방자치단체의 장은 국가지정문화재의 소유자, 관리자 또는 관리단체가 제1항제1호부터 제3호까지의 규정에 따른 명령을 이행하지 아니하거나 그 소유자, 관리자, 관리단체에 제1항제1호부터 제3호까지의 조치를 하게 하는 것이 적당하지 아니하다고 인정되면 국가의 부담으로 직접 제1항제1호부터 제3호까지의 조치를 할 수 있다. 〈개정 2015. 3. 27.〉

③ 문화재청장 또는 지방자치단체의 장은 제1항제4호에 따른 명령을 받은 자가 명령을 이행하지 아니하는 경우 「행정대집행법」에서 정하는 바에 따라 대집행하고, 그 비용을 명령 위반자로부터 징수할 수 있다.

④ 지방자치단체의 장은 제1항에 따른 명령을 하면 문화재청장에게 보고하여야 한다.

제43조(기록의 작성·보존) ① 문화재청장과 해당 특별자치시장, 특별자치도지사, 시장·군수 또는 구청장 및 관리단체의 장은 국가지정문화재의 보존·관리 및 변경 사항 등에 관한 기록을 작성·보존하여야 한다. 〈개정 2014. 1. 28.〉

② 문화재청장은 국가지정문화재의 보존·관리를 위하여 필요하다고 인정하면 문화재에 관한 전문적 지식이 있는 자나 연구기관에 국가지정문화재의 기록을 작성하게 할 수 있다.

제44조(정기조사) ① 문화재청장은 국가지정문화재의 현상, 관리, 수리, 그 밖의 환경보전 상황 등에 관하여 정기적으로 조사하여야 한다. 〈개정 2015. 3. 27.〉

② 문화재청장은 제1항에 따른 정기조사 후 보다 깊이 있는 조사가 필요하다고 인정하면 그 소속 공무원에게 해당 국가지정문화재에 대하여 재조사하게 할 수 있다.

③ 제1항과 제2항에 따라 조사하는 경우에는 미리 그 문화재의 소유자, 관리자, 관리단체에 대하여 그 뜻을 알려야 한다. 다만, 긴급한 경우에는 사후에 그 취지를 알릴 수 있다. 〈개정 2015. 3. 27.〉

④ 제1항과 제2항에 따라 조사를 하는 공무원은 소유자, 관리자, 관리단체에 문화재의 공개, 현황자료의 제출, 문화재 소재장소 출입 등 조사에 필요한 범위에서 협조를 요구할 수 있으며, 그 문화재의 현상을 훼손하지 아니하는 범위에서 측량, 발굴, 장애물의 제거, 그 밖에 조사에 필요한 행위를 할 수 있다. 다만, 해 뜨기 전이나 해 진 뒤에는 소

유자, 관리자, 관리단체의 동의를 받아야 한다. 〈개정 2015. 3. 27.〉

⑤ 제4항에 따라 조사를 하는 공무원은 그 권한을 표시하는 증표를 지니고 이를 관계인에게 내보여야 한다.

⑥ 문화재청장은 제1항과 제2항에 따른 정기조사와 재조사의 전부 또는 일부를 대통령령으로 정하는 바에 따라 지방자치단체에 위임하거나 전문기관 또는 단체에 위탁할 수 있다.

⑦ 문화재청장은 제1항 및 제2항에 따른 정기조사·재조사의 결과를 다음 각 호의 국가지정문화재의 관리에 반영하여야 한다.

1. 문화재의 지정과 그 해제

2. 보호물 또는 보호구역의 지정과 그 해제

3. 삭제 〈2015. 3. 27.〉

4. 문화재의 수리 및 복구

5. 문화재 보존을 위한 행위의 제한·금지 또는 시설의 설치·제거 및 이전

6. 그 밖에 관리에 필요한 사항

제45조(직권에 의한 조사) ① 문화재청장은 필요하다고 인정하면 그 소속 공무원에게 국가지정문화재의 현상, 관리, 수리, 그 밖의 환경보전상황에 관하여 조사하게 할 수 있다. 〈개정 2015. 3. 27.〉

② 제1항에 따라 직권에 의한 조사를 하는 경우 조사통지, 조사의 협조요구 및 조사상 필요한 행위범위, 조사 증표 휴대 및 제시 등에 관하여는 제44조제3항부터 제5항까지의 규정을 준용한다.

제46조(손실의 보상) 국가는 다음 각 호의 어느 하나에 해당하는 자에 대하여는 그 손실을 보상하여야 한다.

1. 제42조제1항제1호부터 제3호까지의 규정에 따른 명령을 이행하여 손실을 받은 자

2. 제42조제2항에 따른 조치로 인하여 손실을 받은 자

3. 제44조제4항(제45조제2항에 따라 준용되는 경우를 포함한다)에 따른 조사행위로 인하여 손실을 받은 자

제47조(임시지정문화재에 관한 허가사항 등의 준용) 임시지정문화재의 관리와 보호에 관하여는 제35조제1항, 제37조, 제39조, 제40조제1항(같은 항 제2호부터 제4호까지 및 제6호부터 제8호까지에 한한다), 제40조제2항, 제42조제1항제1호·제3호 및 제46조를 준용한다. 〈개정 2014. 1. 28.〉

제3절 공개 및 관람료

제48조(국가지정문화재의 공개 등) ① 국가지정문화재(국가무형문화재는 제외한다. 이하 이 조에서 같다)는 제2항에 따라 해당 문화재의 공개를 제한하는 경우 외에는 특별한 사유가 없으면 이를 공개하여야 한다. 〈개정 2015. 3. 27.〉

② 문화재청장은 국가지정문화재의 보존과 훼손 방지를 위하여 필요하면 해당 문화재의 전부나 일부에 대하여 공개를 제한할 수 있다. 이 경우 문화재청장은 해당 문화재의 소유자(관리단체가 지정되어 있으면 그 관리단체를 말한다)의 의견을 들어야 한다.

③ 문화재청장은 제2항에 따라 국가지정문화재의 공개를 제한하면 해당 문화재가 있는 지역의 위치, 공개가 제한되는 기간 및 지역 등을 문화체육관광부령으로 정하는 바에 따라 고시하고, 해당 문화재의 소유자·관리자 또는 관리단체, 관할 시·도지사와 시장·군수 또는 구청장에게 알려야 한다.

④ 문화재청장은 제2항에 따른 공개 제한의 사유가 소멸하면 지체 없이 제한 조치를 해제하여야 한다. 이 경우 문화재청장은 문화체육관광부령으로 정하는 바에 따라 이를 고시하고 해당 문화재의 소유자·관리자 또는 관리단체, 관할 시·도지사와 시장·군수 또는 는 구청장에게 알려야 한다.

⑤ 제2항과 제3항에 따라 공개가 제한되는 지역에 출입하려는 자는 그 사유를 명시하여 문화재청장의 허가를 받아야 한다.

⑥ 문화재청장은 제5항에 따른 허가의 신청을 받은 날부터 30일 이내에 허가 여부를 신청인에게 통지하여야 한다. 〈신설 2018. 6. 12.〉

⑦ 문화재청장이 제6항에서 정한 기간 내에 허가 여부 또는 민원 처리 관련 법령에 따른 처리기간의 연장을 신청인에게 통지하지 아니하면 그 기간(민원 처리 관련 법령에 따라 처리기간이 연장 또는 재연장된 경우에는 해당 처리기간을 말한다)이 끝난 날의 다음 날에 허가를 한 것으로 본다. 〈신설 2018. 6. 12.〉

제49조(관람료의 징수 및 감면) ① 국가지정문화재의 소유자는 그 문화재를 공개하는 경우 관람자로부터 관람료를 징수할 수 있다. 다만, 관리단체가 지정된 경우에는 관리단체가 징수권자가 된다. 〈개정 2015. 3. 27.〉

② 제1항에 따른 관람료는 해당 국가지정문화재의 소유자 또는 관리단체가 정한다. 〈개정 2015. 3. 27.〉

③ 국가 또는 지방자치단체는 제1항에도 불구하고 국가가 관리하는 국가지정문화재의 경우 문화체육관광부령으로, 지방자치단체가 관리하는 국가지정문화재의 경우 조례로 각각

정하는 바에 따라 지역주민 등에 대하여 관람료를 감면할 수 있다. 〈신설 2014. 1. 28.〉
[제목개정 2014. 1. 28.]

제50조 삭제 〈2015. 3. 27.〉

제4절 보조금 및 경비 지원

제51조(보조금) ① 국가는 다음 각 호의 경비의 전부나 일부를 보조할 수 있다.
  1. 제34조제1항에 따른 관리단체가 그 문화재를 관리할 때 필요한 경비
  2. 제42조제1항제1호부터 제3호까지에 따른 조치에 필요한 경비
  3. 제1호와 제2호의 경우 외에 국가지정문화재의 관리·보호·수리·활용 또는 기록 작성
    을 위하여 필요한 경비
  4. 삭제 〈2015. 3. 27.〉
② 문화재청장은 제1항에 따른 보조를 하는 경우 그 문화재의 수리나 그 밖의 공사를
감독할 수 있다.
③ 제1항제2호 및 제3호의 경비에 대한 보조금은 시·도지사를 통하여 교부하고, 그 지
시에 따라 관리·사용하게 한다. 다만, 문화재청장이 필요하다고 인정하면 소유자, 관리
자, 관리단체에게 직접 교부하고, 그 지시에 따라 관리·사용하게 할 수 있다. 〈개정
2015. 3. 27.〉

제52조(지방자치단체의 경비 부담) 지방자치단체는 그 관할구역에 있는 국가지정문화재로
서 지방자치단체가 소유하거나 관리하지 아니하는 문화재에 대한 관리·보호·수리 또는
활용 등에 필요한 경비를 부담하거나 보조할 수 있다.

제5장 국가등록문화재 〈개정 2018. 12. 24.〉

제53조(국가등록문화재의 등록) ① 문화재청장은 문화재위원회의 심의를 거쳐 지정문화재
가 아닌 유형문화재, 기념물(제2조제1항제3호나목 및 다목은 제외한다) 및 민속문화재 중에
서 보존과 활용을 위한 조치가 특별히 필요한 것을 국가등록문화재로 등록할 수 있다.
〈개정 2017. 3. 21., 2018. 12. 24.〉
② 국가등록문화재의 등록기준, 절차 및 등록 사항 등은 문화체육관광부령으로 정한다.

〈개정 2018. 12. 24.〉

[제목개정 2018. 12. 24.]

제54조(국가등록문화재의 관리) ① 국가등록문화재의 소유자 또는 관리자 등 국가등록문화재를 관리하는 자는 국가등록문화재의 원형 보존에 노력하여야 한다. 〈개정 2018. 12. 24.〉 ② 문화재청장은 국가등록문화재의 소유자가 분명하지 아니하거나 그 소유자나 관리자가 국가등록문화재를 관리할 수 없으면 지방자치단체나 그 문화재를 관리하기에 적당한 법인이나 단체 중에서 해당 국가등록문화재를 관리할 자를 지정하여 이를 관리하게 할 수 있다. 〈개정 2018. 12. 24.〉 ③ 국가등록문화재의 소유자나 관리자 또는 제2항에 따라 지정을 받은 자(이하 "국가등록문화재관리단체"라 한다)는 문화체육관광부령으로 정하는 바에 따라 문화재청장에게 국가등록문화재의 관리 및 수리와 관련된 기술 지도를 요청할 수 있다. 〈개정 2018. 12. 24.〉

[제목개정 2018. 12. 24.]

제55조(국가등록문화재의 신고 사항) 국가등록문화재의 소유자나 관리자 또는 국가등록문화재관리단체는 해당 문화재에 관하여 다음 각 호의 어느 하나에 해당하는 사유가 발생하면 대통령령으로 정하는 바에 따라 그 사실과 경위를 문화재청장에게 신고하여야 한다. 다만, 제1호의 경우에는 소유자와 관리자가, 제2호의 경우에는 신·구 소유자가 각각 신고서에 함께 서명하여야 한다. 〈개정 2014. 1. 28., 2018. 12. 24.〉

1. 관리자를 선임하거나 해임한 경우
2. 소유자가 변경된 경우
3. 소유자 또는 관리자의 주소가 변경된 경우
4. 소재지의 지명, 지번, 지목(地目), 면적 등이 변경된 경우
5. 보관 장소가 변경된 경우
6. 전부 또는 일부가 멸실, 유실, 도난 또는 훼손된 경우
7. 제56조제2항에 따라 허가(변경허가를 포함한다)를 받고 그 문화재의 현상변경 행위에 착수하거나 완료한 경우
8. 제59조제2항에서 준용하는 제39조제1항 단서에 따라 허가된 문화재를 반출하였다가 반입한 경우

[제목개정 2018. 12. 24.]

제56조(국가등록문화재의 현상변경) ① 국가등록문화재에 관하여 다음 각 호의 어느 하나에 해당하는 행위를 하려는 자는 변경하려는 날의 30일 전까지 관할 특별자치시장, 특

별자치도지사, 시장·군수 또는 구청장에게 신고하여야 한다. 〈개정 2014. 1. 28., 2018. 12. 24.〉

1. 해당 문화재(동산에 속하는 문화재는 제외한다)의 외관을 변경하는 행위로서 대통령령으로 정하는 행위
2. 해당 문화재(동산에 속하는 문화재는 제외한다)를 다른 곳으로 이전하거나 철거하는 행위
3. 동산에 속하는 문화재를 수리하거나 보존처리하는 행위

② 제1항에도 불구하고 다음 각 호의 어느 하나에 해당하는 국가등록문화재의 현상을 변경하려는 자는 대통령령으로 정하는 바에 따라 문화재청장의 허가를 받아야 한다. 허가사항을 변경하는 경우에도 또한 같다. 〈개정 2018. 12. 24.〉

1. 제57조에 따라 건축물의 건폐율이나 용적률에 관한 특례적용을 받은 국가등록문화재
2. 제59조제2항에서 준용하는 제51조에 따라 국가로부터 보조금을 지원받은 국가등록문화재
3. 국가등록문화재의 소유자가 국가 또는 지방자치단체인 국가등록문화재

③ 제1항에 따른 신고를 받은 특별자치시장, 특별자치도지사, 시장·군수 또는 구청장은 그 사실을 시·도지사(특별자치시장과 특별자치도지사는 제외한다)를 거쳐 문화재청장에게 보고하여야 한다. 〈개정 2014. 1. 28.〉

④ 문화재청장은 국가등록문화재의 보호를 위하여 필요하면 제1항에 따라 신고된 국가등록문화재의 현상변경에 관하여 지도·조언 및 권고 등을 할 수 있다. 〈개정 2018. 12. 24.〉
[제목개정 2018. 12. 24.]

제57조(국가등록문화재의 건폐율과 용적률에 관한 특례) 국가등록문화재인 건축물이 있는 대지 안에서의 건폐율과 용적률은 「국토의 계획 및 이용에 관한 법률」 제77조부터 제79조까지의 규정에도 불구하고 해당 용도지역 등에 적용되는 건폐율 및 용적률의 150퍼센트 이내에서 대통령령으로 정하는 기준에 따라 완화하여 적용할 수 있다. 〈개정 2018. 12. 24.〉
[제목개정 2018. 12. 24.]

제58조(등록의 말소) ① 문화재청장은 국가등록문화재에 대하여 보존과 활용의 필요가 없거나 그 밖에 특별한 사유가 있으면 문화재위원회의 심의를 거쳐 그 등록을 말소할 수 있다. 〈개정 2018. 12. 24.〉

② 국가등록문화재가 지정문화재로 지정되면 그 등록은 효력을 상실한다. 〈개정 2018. 12. 24.〉

③ 국가등록문화재의 소유자는 등록말소의 통지를 받은 때에는 그 통지를 받은 날부터 30

일 이내에 해당 문화재의 등록증을 문화재청장에게 반납하여야 한다. 〈개정 2018. 12. 24.〉

제59조(준용 규정) ① 국가등록문화재의 등록·등록말소의 고시 및 통지, 등록증의 교부, 등록·등록말소의 효력 발생 시기에 관하여는 제28조부터 제30조까지의 규정을 준용한다. 이 경우 "국가지정문화재"는 "국가등록문화재"로, "지정"은 "등록"으로, "문화재의 지정서"는 "등록증"으로 본다. 〈개정 2018. 12. 24.〉

② 국가등록문화재 소유자관리의 원칙, 국가등록문화재관리단체에 의한 관리, 국가등록문화재의 허가취소 및 수출 등의 금지, 국가등록문화재에 관한 기록의 작성과 보존, 정기조사, 직권에 의한 국가등록문화재 현상 등의 조사, 정기조사로 인한 손실의 보상, 국가등록문화재의 관람료 징수, 국가에 의한 보조금의 지원, 지방자치단체의 경비 부담, 소유자 변경 시 권리·의무의 승계에 관하여는 제33조, 제34조제2항부터 제7항까지, 제37조, 제39조, 제43조부터 제45조까지, 제46조제3호, 제49조, 제51조제1항제1호·제3호 및 제2항·제3항, 제52조 및 제81조를 준용한다. 이 경우 "국가지정문화재"는 "국가등록문화재"로, "관리단체"는 "국가등록문화재관리단체"로 본다. 〈개정 2014. 1. 28., 2017. 3. 21., 2018. 12. 24.〉

제6장 일반동산문화재

제60조(일반동산문화재 수출 등의 금지) ① 이 법에 따라 지정 또는 등록되지 아니한 문화재 중 동산에 속하는 문화재(이하 "일반동산문화재"라 한다)에 관하여는 제39조제1항과 제3항을 준용한다. 다만, 일반동산문화재의 국외전시 등 국제적 문화교류를 목적으로 다음 각 호의 어느 하나에 해당하는 사항으로서 문화재청장의 허가를 받은 경우에는 그러하지 아니하다. 〈개정 2016. 2. 3.〉

1. 「박물관 및 미술관 진흥법」에 따라 설립된 박물관 등이 외국의 박물관 등에 일반동산문화재를 반출한 날부터 10년 이내에 다시 반입하는 경우
2. 외국 정부가 인증하는 박물관이나 문화재 관련 단체가 자국의 박물관 등에서 전시할 목적으로 국내에서 일반동산문화재를 구입 또는 기증받아 반출하는 경우

② 문화재청장은 제1항 단서에 따라 허가를 받은 자가 제37조제1항 각 호의 어느 하나에 해당하는 경우에는 허가를 취소할 수 있다.

③ 제1항제2호에 따른 일반동산문화재의 수출이나 반출에 관한 절차 등에 필요한 사항은 문화체육관광부령으로 정한다.

④ 제1항 단서에 따라 허가받은 자는 허가된 일반동산문화재를 반출한 후 이를 다시 반입한 경우 문화재청장에게 신고하여야 한다.

⑤ 일반동산문화재로 오인될 우려가 있는 동산을 국외로 수출하거나 반출하려면 미리 문화재청장의 확인을 받아야 한다.

⑥ 제1항 및 제5항에 따른 일반동산문화재의 범위와 확인 등에 필요한 사항은 대통령령으로 정한다.

제60조의2(문화재감정위원의 배치 등) ① 문화재청장은 문화재의 불법반출 방지 및 국외 반출 동산에 대한 감정 등에 관한 업무를 수행하기 위하여 「공항시설법」 제2조제3호에 따른 공항, 「항만법」 제2조제2호의 무역항, 「관세법」 제256조제2항의 통관우체국 등에 문화재감정위원을 배치할 수 있다. 〈개정 2016. 3. 29.〉

② 제1항에 따른 문화재감정위원의 배치·운영 등에 필요한 사항은 대통령령으로 정한다. [본조신설 2015. 3. 27.]

제61조(일반동산문화재에 관한 조사) ① 문화재청장은 필요하다고 인정하면 그 소속 공무원으로 하여금 국가기관 또는 지방자치단체가 소장하고 있는 일반동산문화재에 관한 현상, 관리, 수리, 그 밖의 보전상황에 관하여 조사하게 할 수 있다. 이 경우 해당 국가기관 또는 지방자치단체의 장은 조사에 협조하여야 한다.

② 문화재청장은 제1항에 따라 조사한 결과 문화재의 보존·관리가 적절하지 아니하다고 인정되면 해당 기관의 장에게 문화재에 관한 보존·관리 방안을 마련하도록 요청할 수 있다.

③ 제2항에 따라 문화재청장의 요청을 받은 국가기관 또는 지방자치단체의 장은 해당 문화재에 관한 보존·관리 방안을 마련하여 대통령령으로 정하는 바에 따라 문화재청장에게 보고하여야 한다.

④ 제1항에 따라 문화재청장이 조사를 하는 경우 조사의 통지, 조사의 협조요구, 그 밖에 조사에 필요한 사항 등에 관하여는 제44조제3항부터 제5항까지의 규정을 준용한다.

제7장 국유문화재에 관한 특례

제62조(관리청과 총괄청) ① 국유에 속하는 문화재(이하 "국유문화재"라 한다)는 「국유재산법」 제8조와 「물품관리법」 제7조에도 불구하고 문화재청장이 관리·총괄한다. 다만, 국유문화재가 문화재청장 외의 중앙관서의 장(「국가재정법」에 따른 중앙행정기관의 장을 말한

다. 이하 같다)이 관리하고 있는 행정재산(行政財産)인 경우 또는 문화재청장 외의 중앙관
서의 장이 관리하여야 할 특별한 필요가 있는 것인 경우에는 문화재청장은 관계 기관의
장 및 기획재정부장관과 협의하여 그 관리청을 정한다.

② 문화재청장은 제1항 단서에 따라 관리청을 정할 때에는 문화재위원회의 의견을 들어
야 한다.

③ 문화재청장은 제1항 단서에 해당하지 아니하는 국유문화재의 관리를 지방자치단체에
위임하거나 비영리법인 또는 법인 아닌 비영리단체에 위탁할 수 있다. 이 경우 국유문화
재의 관리로 인하여 생긴 수익은 관리를 위임받거나 위탁받은 자의 수입으로 한다.

제63조(회계 간의 무상관리전환) 국유문화재를 문화재청장이 관리하기 위하여 소속을 달리
하는 회계로부터 관리전환을 받을 때에는 「국유재산법」 제17조에도 불구하고 무상으로
할 수 있다.

제64조(절차 및 방법의 특례) ① 문화재청장이 제62조제1항 단서에 따라 그 관리청이 따
로 정하여진 국유문화재를 국가지정문화재로 지정 또는 임시지정하거나 그 지정이나 임
시지정을 해제하는 경우 이 법에 따라 행하는 해당 문화재의 소유자나 점유자에 대한
통지는 그 문화재의 관리청에 대하여 하여야 한다.

② 제62조제1항 단서에 따라 그 관리청이 따로 정하여진 국유문화재에 관하여 제40조·
제42조·제45조 및 제49조를 적용하는 경우 그 문화재의 소유자란 그 문화재의 관리청
을 말한다.

제65조(처분의 제한) 제62조제1항 단서에 따른 관리청이 그 관리에 속하는 국가지정문화
재 또는 임시지정문화재에 관하여 제35조제1항 각 호에 정하여진 행위 외의 행위를 하
려면 미리 문화재청장의 동의를 받아야 한다.

제66조(양도 및 사권설정의 금지) 국유문화재(그 부지를 포함한다)는 이 법에 특별한 규정이
없으면 이를 양도하거나 사권(私權)을 설정할 수 없다. 다만, 그 관리·보호에 지장이 없
다고 인정되면 공공용, 공용 또는 공익사업에 필요한 경우에 한정하여 일정한 조건을 붙
여 그 사용을 허가할 수 있다.

제8장 국외소재문화재

제67조(국외소재문화재의 보호) 국가는 국외소재문화재의 보호·환수 및 활용 등을 위하여

노력하여야 하며, 이에 필요한 조직과 예산을 확보하여야 한다.

제68조(국외소재문화재의 조사·연구) ① 문화재청장 또는 지방자치단체의 장은 국외소재문화재의 현황, 보존·관리 실태, 반출 경위 등에 관하여 조사·연구를 실시할 수 있다. 〈개정 2016. 2. 3.〉

② 문화재청장 또는 지방자치단체의 장은 제1항에 따른 조사·연구의 효율적 수행을 위하여 박물관, 한국국제교류재단, 국사편찬위원회 및 각 대학 등 관련 기관에 필요한 자료의 제출과 정보제공 등을 요청할 수 있으며, 요청을 받은 관련 기관은 이에 협조하여야 한다. 〈개정 2016. 2. 3.〉

제69조(국외소재문화재 보호 및 환수 활동의 지원) ① 문화재청장 또는 지방자치단체의 장은 국외소재문화재 보호 및 환수를 위하여 필요하면 관련 기관 또는 단체를 지원·육성할 수 있다. 〈개정 2016. 2. 3.〉

② 제1항에 따라 지방자치단체의 장이 지원·육성하는 기관 또는 단체의 선정 및 재정지원 등에 필요한 사항은 해당 지방자치단체의 조례로 정한다. 〈신설 2016. 2. 3.〉

제69조의2(국외소재문화재 환수 및 활용에 대한 의견 청취) 문화재청장은 국외소재문화재 환수 및 활용 관련 중요 정책 등에 대하여 관계 전문가 또는 관계 기관의 의견을 들을 수 있다.

[전문개정 2016. 2. 3.]

제69조의3(국외소재문화재재단의 설립) ① 국외소재문화재의 현황 및 반출 경위 등에 대한 조사·연구, 국외소재문화재 환수·활용과 관련한 각종 전략·정책 연구 등 국외소재문화재와 관련한 제반 사업을 종합적·체계적으로 수행하기 위하여 문화재청 산하에 국외소재문화재재단(이하 "국외문화재재단"이라 한다)을 설립한다.

② 국외문화재재단은 법인으로 한다.

③ 국외문화재재단에는 정관으로 정하는 바에 따라 임원과 필요한 직원을 둔다.

④ 국외문화재재단에 관하여 이 법에 규정한 것 외에는 「민법」 중 재단법인에 관한 규정을 준용한다.

⑤ 국가는 국외문화재재단의 설립과 운영에 소요되는 경비를 예산의 범위에서 또는 「문화재보호기금법」에 따른 문화재보호기금에서 출연 또는 보조할 수 있다.

⑥ 국외문화재재단은 설립목적을 달성하기 위하여 다음 각 호의 사업을 행한다.

1. 국외소재문화재의 현황, 반출 경위 등에 대한 조사·연구

2. 국외소재문화재 환수 및 보호·활용에 관한 연구

3. 국외소재문화재의 취득 및 보전·관리

4. 국외소재문화재의 환수 및 활용 관련 단체에 대한 지원·교류 및 국제연대 강화

5. 국외소재문화재 환수 및 활용 관련 홍보·교육·출판 및 보급

6. 외국박물관 한국실 운영 지원

7. 한국담당 학예사의 파견 및 교육 훈련

8. 국외소재문화재의 보존처리 및 홍보 지원

9. 국외문화재재단의 설립목적을 달성하기 위한 수익사업. 이 경우 수익사업은 문화재청 장의 사전승인을 받아야 한다.

10. 그 밖에 국외문화재재단의 설립 목적을 달성하는 데 필요한 사업

⑦ 국외문화재재단은 문화재청장을 거쳐 관계 행정기관이나 국외소재문화재 환수 및 활 용과 관련된 법인 또는 단체의 장에게 사업수행에 필요한 자료의 제공을 요청할 수 있다. [본조신설 2012. 1. 26.]

제9장 시·도지정문화재 및 시·도등록문화재 〈개정 2018. 12. 24.〉

제70조(시·도지정문화재의 지정 및 시·도등록문화재의 등록 등) ① 시·도지사는 그 관할 구역에 있는 문화재로서 국가지정문화재로 지정되지 아니한 문화재 중 보존가치가 있다 고 인정되는 것을 시·도지정문화재로 지정할 수 있다. 〈개정 2015. 3. 27.〉

② 시·도지사는 제1항에 따라 지정되지 아니한 문화재 중 향토문화보존상 필요하다고 인정하는 것을 문화재자료로 지정할 수 있다.

③ 시·도지사는 그 관할구역에 있는 문화재로서 지정문화재로 지정되지 아니하거나 국 가등록문화재로 등록되지 아니한 유형문화재, 기념물(제2조제1항제3호 나목 및 다목은 제외 한다) 및 민속문화재 중에서 보존과 활용을 위한 조치가 필요한 것을 시·도등록문화재 로 등록할 수 있다. 〈신설 2018. 12. 24.〉

④ 문화재청장은 문화재위원회의 심의를 거쳐 필요하다고 인정되는 문화재에 대하여 시· 도지사에게 시·도지정문화재나 문화재자료(보호물이나 보호구역을 포함한다. 이하 같다)로 지정·보존할 것을 권고하거나, 시·도등록문화재로 등록·보호할 것을 권고할 수 있다. 이 경우 시·도지사는 특별한 사유가 있는 경우를 제외하고는 문화재 지정절차 또는 등 록절차를 이행하고 그 결과를 문화재청장에게 보고하여야 한다. 〈개정 2018. 12. 24.〉

⑤ 제1항부터 제4항까지의 규정에 따라 시·도지정문화재 또는 문화재자료로 지정하거

나 시·도등록문화재로 등록할 때에는 해당 특별시·광역시·특별자치시·도 또는 특별자치도가 지정 또는 등록하였다는 것을 알 수 있도록 "지정" 또는 "등록" 앞에 해당 특별시·광역시·특별자치시·도 또는 특별자치도의 명칭을 표시하여야 한다. 〈개정 2014. 1. 28., 2018. 12. 24.〉

⑥ 시·도지정문화재와 문화재자료의 지정 및 해제절차, 시·도등록문화재의 등록 및 말소절차, 시·도지정문화재, 문화재자료 및 시·도등록문화재의 관리, 보호·육성, 공개 등에 필요한 사항은 해당 지방자치단체의 조례로 정한다. 〈개정 2018. 12. 24.〉

[제목개정 2018. 12. 24.]

제70조의2(시·도지정문화재 또는 문화재자료의 보호물 또는 보호구역의 지정) ① 시·도지사는 제70조제1항 또는 제2항에 따른 지정을 할 때 문화재 보호를 위하여 특히 필요하면 이를 위한 보호물 또는 보호구역을 지정할 수 있다.

② 시·도지사는 인위적 또는 자연적 조건의 변화 등으로 인하여 조정이 필요하다고 인정하면 제1항에 따라 지정된 보호물 또는 보호구역을 조정할 수 있다.

③ 시·도지사는 제1항 및 제2항에 따라 보호물 또는 보호구역을 지정하거나 조정한 때에는 지정 또는 조정 후 매 10년이 되는 날 이전에 다음 각 호의 사항을 고려하여 그 지정 및 조정의 적정성을 검토하여야 한다. 다만, 특별한 사정으로 인하여 적정성을 검토하여야 할 시기에 이를 할 수 없는 경우에는 대통령령으로 정하는 기간까지 그 검토시기를 연기할 수 있다.

1. 해당 문화재의 보존가치

2. 보호물 또는 보호구역의 지정이 재산권 행사에 미치는 영향

3. 보호물 또는 보호구역의 주변 환경

④ 제1항부터 제3항까지의 규정에 따른 지정, 조정 및 적정성 검토 등에 필요한 사항은 시·도조례로 정한다.

⑤ 제2항에 따라 지정된 보호구역이 조정된 경우 시·도지사는 시·도지정문화재의 보존에 영향을 미치지 않는다고 판단하면 제13조제3항에 따라 정한 역사문화환경 보존지역의 범위를 기존의 범위대로 유지할 수 있다.

[본조신설 2019. 11. 26.]

제71조(시·도문화재위원회의 설치) ① 시·도지사의 관할구역에 있는 문화재의 보존·관리와 활용에 관한 사항을 조사·심의하기 위하여 시·도에 문화재위원회(이하 "시·도문화재위원회"라 한다)를 둔다.

② 시·도문화재위원회의 조직과 운영 등에 관한 사항은 조례로 정하되, 다음 각 호의 사항을 포함하여야 한다.

1. 문화재의 보존·관리 및 활용과 관련된 조사·심의에 관한 사항

2. 위원의 위촉과 해촉에 관한 사항

3. 분과위원회의 설치와 운영에 관한 사항

4. 전문위원의 위촉과 활용에 관한 사항

③ 시·도지사가 그 관할구역에 있는 문화재의 국가지정문화재(보호물과 보호구역을 포함한다) 지정 또는 해제 및 국가등록문화재 등록 또는 말소를 문화재청장에게 요청하려면 시·도문화재위원회의 사전 심의를 거쳐야 한다. 〈개정 2018. 12. 24.〉

제72조(경비부담) ① 제70조제1항부터 제3항까지의 규정에 따라 지정 또는 등록된 시·도지정문화재, 문화재자료 또는 시·도등록문화재가 국유 또는 공유재산이면 그 보존상 필요한 경비는 국가나 해당 지방자치단체가 부담한다. 〈개정 2018. 12. 24.〉

② 국가나 지방자치단체는 국유 또는 공유재산이 아닌 시·도지정문화재, 문화재자료 및 시·도등록문화재의 보존·관리·수리·활용 또는 기록 작성을 위한 경비의 전부 또는 일부를 보조할 수 있다. 〈개정 2015. 3. 27., 2018. 12. 24.〉

제73조(보고 등) ① 시·도지사는 다음 각 호의 어느 하나에 해당하는 사유가 있으면 대통령령으로 정하는 바에 따라 이를 문화재청장에게 보고하여야 한다. 〈개정 2018. 12. 24.〉

1. 시·도지정문화재나 문화재자료를 지정하거나 그 지정을 해제한 경우

2. 시·도등록문화재로 등록하거나 그 등록을 말소한 경우

3. 시·도지정문화재, 문화재자료 또는 시·도등록문화재의 소재지나 보관 장소가 변경된 경우

4. 시·도지정문화재, 문화재자료 또는 시·도등록문화재의 전부 또는 일부가 멸실, 유실, 도난 또는 훼손된 경우

② 문화재청장은 제1항제1호부터 제3호까지의 행위가 적합하지 아니하다고 인정되면 시정이나 필요한 조치를 명할 수 있다. 〈개정 2018. 12. 24.〉

제74조(준용규정) ① 시·도지정문화재, 문화재자료 및 시·도등록문화재의 수출 또는 반출에 관하여는 제39조제1항부터 제5항까지를 준용한다. 〈개정 2016. 2. 3., 2017. 11. 28., 2018. 12. 24.〉

② 시·도지정문화재와 문화재자료의 지정해제 및 관리 등에 관하여는 제31조제1항·제4항, 제32조부터 제34조까지, 제35조제1항, 제36조, 제37조, 제40조, 제42조부터 제45조

까지, 제48조, 제49조 및 제81조를 준용한다. 이 경우 "문화재청장"은 "시·도지사"로, "대통령령"은 "시·도조례"로, "국가"는 "지방자치단체"로 본다. 〈개정 2015. 3. 27., 2018. 10. 16.〉

③ 시·도등록문화재의 등록과 말소 및 관리 등에 관하여는 제33조, 제34조제2항부터 제7항까지, 제37조, 제43조부터 제45조까지, 제46조제3호, 제49조, 제53조부터 제58조까지 및 제81조를 준용한다. 이 경우 "문화재청장"은 각각 "시·도지사"로, "대통령령" 또는 "문화체육관광부령"은 각각 "시·도조례"로, "국가"는 각각 "지방자치단체"로, "국가지정문화재" 또는 "국가등록문화재"는 각각 "시·도등록문화재"로, "국가등록문화재관리단체"는 각각 "시·도등록문화재관리단체"로, "문화재위원회"는 각각 "시·도문화재위원회"로 본다. 〈신설 2018. 12. 24.〉

제10장   문화재매매업 등

제75조(매매 등 영업의 허가) ① 동산에 속하는 유형문화재나 유형의 민속문화재를 매매 또는 교환하는 것을 업으로 하려는 자(위탁을 받아 매매 또는 교환하는 것을 업으로 하는 자를 포함한다)는 대통령령으로 정하는 바에 따라 특별자치시장, 특별자치도지사, 시장·군수 또는 구청장의 문화재매매업 허가를 받아야 한다. 〈개정 2014. 1. 28.〉

② 제1항에 따라 허가를 받은 자(이하 "문화재매매업자"라 한다)는 특별자치시장, 특별자치도지사, 시장·군수 또는 구청장에게 대통령령으로 정하는 바에 따라 문화재의 보존 상황, 매매 또는 교환의 실태를 신고하여야 한다. 〈개정 2014. 1. 28.〉

③ 제2항에 따라 신고를 받은 특별자치시장, 특별자치도지사, 시장·군수 또는 구청장은 신고받은 사항을 대통령령으로 정하는 바에 따라 문화재청장에게 정기적으로 보고하여야 한다. 〈개정 2014. 1. 28.〉

④ 제1항에 따라 허가를 받은 자는 다음 각 호의 어느 하나에 해당하는 사항이 변경된 때에는 문화체육관광부령으로 정하는 바에 따라 특별자치시장, 특별자치도지사, 시장·군수 또는 구청장에게 변경신고를 하여야 한다. 〈신설 2018. 6. 12.〉

1. 상호 변경
2. 영업장 주소지의 변경
3. 법인의 대표자의 변경
4. 제76조제1항제5호의 자격 요건으로 문화재매매업의 허가를 받은 법인의 임원의 변경

제75조의2(영업의 승계) ① 제75조에 따라 문화재매매업의 허가를 받은 자가 문화재매매업을 다른 자에게 양도하거나 법인의 합병이 있는 경우에는 그 양수한 자 또는 합병 후 존속하는 법인이나 합병에 의하여 설립되는 법인은 문화재매매업자로서의 지위를 승계한다.

② 제1항에 따라 문화재매매업자로서의 지위를 승계받은 자는 문화체육관광부령으로 정하는 바에 따라 특별자치시장, 특별자치도지사, 시장·군수 또는 구청장에게 신고하여야 한다.

③ 제2항에 따른 신고에 관하여는 제76조제1항에 따른 자격 요건과 제77조에 따른 결격사유에 관한 규정을 준용한다.

[본조신설 2019. 11. 26.]

제76조(자격 요건) ① 제75조제1항에 따라 문화재매매업의 허가를 받으려는 자는 다음 각 호의 어느 하나에 해당하는 자이어야 한다.

1. 국가, 지방자치단체, 박물관 또는 미술관에서 2년 이상 문화재를 취급한 자
2. 전문대학 이상의 대학(대학원을 포함한다)에서 역사학·고고학·인류학·미술사학·민속학·서지학·전통공예학 또는 문화재관리학 계통의 전공과목(이하 "문화재 관련 전공과목"이라 한다)을 일정 학점 이상 이수한 사람
3. 「학점인정 등에 관한 법률」 제7조에 따라 문화재 관련 전공과목을 일정 학점 이상을 이수한 것으로 학점인정을 받은 사람
4. 문화재매매업자에게 고용되어 3년 이상 문화재를 취급한 자
5. 고미술품 등의 유통·거래를 목적으로 「상법」에 따라 설립된 법인으로서 제1호부터 제4호까지의 자격 요건 중 어느 하나를 갖춘 대표자 또는 임원을 1명 이상 보유한 법인

② 제1항에 따른 박물관·미술관의 범위, 일정 학점 등에 관하여 필요한 사항은 문화체육관광부령으로 정한다. 〈개정 2019. 11. 26.〉

제77조(결격사유) 다음 각 호의 어느 하나에 해당하는 자는 문화재매매업자가 될 수 없다. 〈개정 2017. 3. 21.〉

1. 피성년후견인 또는 피한정후견인
2. 이 법과 「형법」 제347조 또는 제362조를 위반하여 금고 이상의 실형을 선고받고 그 집행이 끝나거나 집행을 받지 아니하기로 확정된 후 3년이 지나지 아니한 자
3. 제80조에 따라 허가가 취소된 날부터 3년이 지나지 아니한 자

제77조의2(명의대여 등의 금지) 문화재매매업자는 다른 자에게 자기의 명의 또는 상호를 사용하여 문화재매매업을 하게 하거나 그 허가증을 다른 자에게 빌려 주어서는 아니 된다.

[본조신설 2019. 11. 26.]

제78조(준수 사항) ① 문화재매매업자는 문화체육관광부령으로 정하는 바에 따라 매매·교환 등에 관한 장부를 갖추어 두고 그 거래 내용을 기록하며, 해당 문화재를 확인할 수 있도록 실물 사진을 촬영하여 붙여 놓아야 한다. 〈개정 2014. 1. 28.〉

② 문화재매매업자는 문화체육관광부령으로 정하는 바에 따라 해마다 제1항에 따른 매매·교환 등에 관한 장부에 대하여 검인을 받아야 한다. 문화재매매업을 폐업하려는 경우에도 또한 같다. 〈신설 2014. 1. 28.〉

제79조(폐업신고의 의무) 제75조제1항에 따라 허가를 받은 자는 문화재매매업을 폐업하면 3개월 이내에 문화체육관광부령으로 정하는 바에 따라 폐업신고서를 특별자치시장, 특별자치도지사, 시장·군수 또는 구청장에게 제출하여야 한다. 〈개정 2014. 1. 28.〉

제80조(허가취소 등) ① 특별자치시장, 특별자치도지사, 시장·군수 또는 구청장은 문화재매매업자가 다음 각 호의 어느 하나에 해당하면 그 허가를 취소하거나 1년 이내의 기간을 정하여 그 영업의 전부 또는 일부의 정지를 명할 수 있다. 다만, 제1호부터 제3호까지의 규정에 해당하면 그 허가를 취소하여야 한다. 〈개정 2014. 1. 28.〉

1. 거짓이나 그 밖의 부정한 방법으로 허가를 받은 경우

2. 제90조·제92조 및 「매장문화재 보호 및 조사에 관한 법률」 제31조를 위반하여 벌금 이상의 처벌을 받은 경우

3. 영업정지 기간 중에 영업을 한 경우

4. 제76조제1항제5호의 자격 요건으로 문화재매매업을 허가받은 법인이 해당 자격 요건을 상실한 경우. 다만, 해당 법인이 3개월 이내에 자격 요건에 해당하는 자를 대표자 또는 임원으로 선임하는 경우에는 그러하지 아니하다.

5. 제77조의2에 따른 명의대여 등의 금지 사항을 위반한 경우

6. 제78조에 따른 준수 사항을 위반한 경우

② 제1항에 따른 행정처분의 세부 기준은 문화체육관광부령으로 정한다.

제80조의2(행정 제재처분 효과의 승계) 문화재매매업자가 매매업을 양도하거나 법인이 합병되는 경우에는 제75조제2항, 같은 조 제4항, 제75조의2제2항, 제78조를 위반하거나 제80조제1항제1호부터 제3호까지의 규정에 해당되어 종전의 문화재매매업자에게 행한

행정 제재처분의 효과는 그 처분기간이 끝난 날부터 1년간 양수한 자나 합병 후 존속하는 법인에 승계되며, 행정 제재처분의 절차가 진행 중인 경우에는 양수한 자나 합병 후 존속하는 법인에 대하여 행정 제재처분 절차를 계속할 수 있다. 다만, 양수한 자나 합병 후 존속하는 법인이 양수하거나 합병할 때에 그 처분 또는 위반사실을 알지 못하였음을 증명하는 때에는 그러하지 아니하다.

[본조신설 2019. 11. 26.]

제10장의2　문화재의 상시적 예방관리 〈신설 2020. 6. 9.〉

[시행일 : 2021. 6. 10.]

제80조의3(문화재돌봄사업) ① 국가와 지방자치단체는 다음 각 호의 어느 하나에 해당하는 문화재의 보존을 위하여 상시적인 예방관리 사업(이하 "문화재돌봄사업"이라 한다)을 실시할 수 있다.

1. 지정문화재(무형문화재는 제외한다. 이하 이 조에서 같다)

2. 등록문화재

3. 임시지정문화재

4. 그 밖에 역사적·문화적·예술적 가치가 높은 문화재로서 대통령령으로 정하는 것

② 문화재돌봄사업의 범위는 다음 각 호와 같다.

1. 문화재의 주기적인 모니터링

2. 문화재 관람환경 개선을 위한 일상적·예방적 관리

3. 문화재 주변지역 환경정비 및 재해예방

4. 문화재 및 그 주변지역의 재해 발생에 대응한 신속한 조사 및 응급조치

5. 「문화재수리 등에 관한 법률」 제5조제1항 단서에 따른 해당 문화재의 보존에 영향을 미치지 아니하는 경미한 수리

6. 그 밖에 문화재돌봄사업을 위하여 필요한 사업

③ 문화재청장은 매년 문화재돌봄사업 추진지침을 수립하여 시·도지사 및 제80조의4에 따른 중앙문화재돌봄센터와 제80조의5에 따른 지역문화재돌봄센터에 각각 통보하여야 한다.

제80조의4(중앙문화재돌봄센터) ① 문화재청장은 문화재돌봄사업에 관한 다음 각 호의 업무를 종합적이고 효율적으로 수행하기 위하여 중앙문화재돌봄센터를 설치·운영한다.

1. 문화재돌봄사업의 관리 및 지원
2. 문화재돌봄사업을 위한 연구 및 조사
3. 문화재돌봄사업을 위한 정보관리시스템 구축 및 운영
4. 지역문화재돌봄센터 평가의 지원
5. 지역문화재돌봄센터 종사자에 대한 전문교육의 관리·지원
6. 지역문화재돌봄센터 상호 간의 연계·협력 지원
7. 그 밖에 중앙문화재돌봄센터의 설치목적 달성에 필요한 사업
② 문화재청장은 제1항에 따른 중앙문화재돌봄센터의 운영을 대통령령으로 정하는 바에 따라 문화재 관련 기관 또는 단체에 위탁할 수 있다.
③ 문화재청장은 제2항에 따라 중앙문화재돌봄센터의 운영을 문화재 관련 기관 또는 단체에 위탁하는 경우 운영에 필요한 비용의 전부 또는 일부를 보조할 수 있다.
④ 그 밖에 중앙문화재돌봄센터의 설치·운영에 필요한 사항은 대통령령으로 정한다.

제80조의5(지역문화재돌봄센터) ① 시·도지사는 다음 각 호의 업무를 효율적으로 실시하기 위하여 문화재 관련 기관 또는 단체를 지역문화재돌봄센터로 지정할 수 있다.
1. 지역여건에 적합한 문화재돌봄사업
2. 지역여건에 적합한 문화재돌봄사업을 위한 연구 및 조사
3. 지역문화재돌봄센터 상호 간의 인적·물적 자원의 교류
4. 지역문화재돌봄센터 종사자에 대한 안전교육 등 직장교육
5. 그 밖에 지역문화재돌봄센터의 지정목적 달성에 필요한 사업
② 시·도지사는 지역문화재돌봄센터가 다음 각 호의 어느 하나에 해당하는 경우 그 지정을 취소할 수 있다. 다만, 제1호에 해당하는 경우에는 지정을 취소하여야 한다.
1. 거짓이나 그 밖의 부정한 방법으로 지정을 받은 경우
2. 제4항에 따른 지정기준에 적합하지 아니하게 된 경우
③ 국가와 지방자치단체는 지역문화재돌봄센터의 운영에 필요한 비용의 전부 또는 일부를 보조할 수 있다.
④ 지역문화재돌봄센터의 지정 및 취소의 기준과 절차 등에 관하여 필요한 사항은 대통령령으로 정한다.

제80조의6(지역문화재돌봄센터의 평가 등) ① 문화재청장은 지역문화재돌봄센터가 제80조의3제3항에 따른 추진지침에 따라 적정하게 운영되었는지를 평가하여야 한다.
② 문화재청장은 제1항에 따른 평가 결과를 시·도지사에게 통보하고, 이를 공개하여야

한다.

③ 제1항에 따른 평가 시기, 방법 및 제2항에 따른 평가 결과의 공개 등에 필요한 사항은 대통령령으로 정한다.

제80조의7(지역문화재돌봄센터의 종사자에 대한 전문교육) ① 지역문화재돌봄센터의 종사자는 문화체육관광부령으로 정하는 바에 따라 문화재청장이 실시하는 문화재돌봄사업에 필요한 교육(이하 "전문교육"이라 한다)을 받아야 한다.

② 문화재청장은 전문교육을 문화재 관련 기관 또는 단체에 위임 또는 위탁할 수 있다.

③ 제1항에 따른 전문교육의 내용·방법 및 시기와 제2항에 따른 전문교육의 위임 또는 위탁 등에 필요한 사항은 문화체육관광부령으로 정한다.

제11장 보칙

제81조(권리·의무의 승계) ① 국가지정문화재(보호물과 보호구역 및 임시지정문화재를 포함한다)의 소유자가 변경된 때에는 새 소유자는 이 법 또는 이 법에 따라 문화재청장이 행하는 명령·지시, 그 밖의 처분으로 인한 전소유자(前所有者)의 권리·의무를 승계한다.

② 제34조에 따라 관리단체가 지정되거나 그 지정이 해제된 경우에 관리단체와 소유자에 대하여는 제1항을 준용한다. 다만, 소유자에게 전속(專屬)하는 권리·의무는 그러하지 아니하다.

제82조(권한의 위임·위탁) 이 법에 따른 문화재청장의 권한은 대통령령으로 정하는 바에 따라 그 일부를 소속 기관의 장, 시·도지사 또는 시장·군수·구청장에게 위임하거나 문화재의 보호·보존·보급 또는 활용 등을 목적으로 설립된 기관이나 법인 또는 단체 등에 위탁할 수 있다.

제82조의2(유사명칭의 사용금지) 이 법에 따른 재단이 아닌 자는 한국문화재재단 또는 이와 유사한 명칭을 사용하지 못한다.

[본조신설 2014. 5. 28.]

제82조의3(금지행위) ① 누구든지 지정문화재에 글씨 또는 그림 등을 쓰거나 그리거나 새기는 행위 등을 하여서는 아니 된다.

② 문화재청장 또는 지방자치단체의 장은 제1항의 행위를 한 사람에게 훼손된 문화재의 원상 복구를 명할 수 있다.

③ 문화재청장 또는 지방자치단체의 장은 제2항에 따른 명령을 이행하지 아니하거나 제1항의 행위를 한 사람에게 원상 복구 조치를 하게 하는 것이 적당하지 아니하다고 인정되면 국가 또는 지방자치단체의 부담으로 훼손된 문화재를 원상 복구하고, 대통령령으로 정하는 바에 따라 제1항의 행위를 한 사람에게 그 비용을 청구할 수 있다.

④ 제3항에 따라 청구한 비용을 납부하여야 할 사람이 이를 납부하지 아니하는 때에는 국세 체납처분의 예 또는 「지방세외수입금의 징수 등에 관한 법률」에 따라 징수한다.

제83조(토지의 수용 또는 사용) ① 문화재청장이나 지방자치단체의 장은 문화재의 보존·관리를 위하여 필요하면 지정문화재나 그 보호구역에 있는 토지, 건물, 입목(立木), 죽(竹), 그 밖의 공작물을 「공익사업을 위한 토지 등의 취득 및 보상에 관한 법률」에 따라 수용(收用)하거나 사용할 수 있다.

② 삭제 〈2014. 1. 28.〉

제84조(국·공유재산의 대부·사용 등) ① 국가 또는 지방자치단체는 문화재의 보존·관리·활용 또는 전승을 위하여 필요하다고 인정하면 「국유재산법」 또는 「공유재산 및 물품 관리법」에도 불구하고 국유 또는 공유재산을 수의계약으로 대부·사용·수익하게 하거나 매각할 수 있다.

② 제1항에 따른 국유 또는 공유재산의 대부·사용·수익·매각 등의 내용 및 조건에 관하여는 「국유재산법」 또는 「공유재산 및 물품 관리법」에서 정하는 바에 따른다.

제85조(문화재 방재의 날) ① 문화재를 화재 등의 재해로부터 안전하게 보존하고 국민의 문화재에 대한 안전관리의식을 높이기 위하여 매년 2월 10일을 문화재 방재의 날로 정한다.

② 국가 및 지방자치단체는 문화재 방재의 날 취지에 맞도록 문화재에 대한 안전점검, 방재훈련 등의 사업 및 행사를 실시한다.

③ 문화재 방재의 날 행사에 관하여 필요한 사항은 문화재청장 또는 시·도지사가 따로 정할 수 있다.

제86조(포상금) ① 문화재청장은 제90조부터 제92조까지와 「매장문화재 보호 및 조사에 관한 법률」 제31조의 죄를 범한 자나 그 미수범(未遂犯)이 기소유예 처분을 받거나 유죄 판결이 확정된 경우 그 자를 수사기관에 제보(提報)한 자와 체포에 공로가 있는 자에게 예산의 범위에서 포상금을 지급하여야 한다.

② 수사기관의 범위, 제보의 처리, 포상금의 지급기준 등 포상금 지급에 필요한 사항은 대통령령으로 정한다.

제87조(다른 법률과의 관계) ① 문화재청장이 「자연공원법」에 따른 공원구역에서 대통령령으로 정하는 면적 이상의 지역을 대상으로 다음 각 호의 어느 하나에 해당하는 행위를 하려면 해당 공원관리청과 협의하여야 한다. 〈개정 2014. 1. 28.〉

1. 제25조에 따라 일정한 지역을 사적, 명승, 천연기념물로 지정하는 경우
2. 제27조에 따라 보호구역을 지정하는 경우
3. 제35조제1항 본문에 따라 허가나 변경허가를 하는 경우

② 특별자치시장, 특별자치도지사, 시장·군수 또는 구청장이 「자연공원법」에 따른 공원구역에서 대통령령으로 정하는 면적 이상의 지역을 대상으로 제35조제1항 단서에 따라 허가나 변경허가를 하려면 해당 공원관리청과 협의하여야 한다. 〈신설 2014. 1. 28.〉

③ 제35조제1항(제74조제2항에 따라 준용되는 경우를 포함한다)에 따라 허가를 받은 때에는 다음 각 호의 허가를 받은 것으로 본다. 〈개정 2014. 1. 28.〉

1. 「자연공원법」 제23조에 따른 공원구역에서의 행위 허가
2. 「도시공원 및 녹지 등에 관한 법률」 제24조·제27조 및 제38조에 따른 도시공원·도시자연공원구역·녹지의 점용 및 사용 허가

④ 제23조, 제25조부터 제27조까지 또는 제70조제1항에 따라 국가지정문화재 또는 시·도지정문화재로 지정되거나 그의 보호물 또는 보호구역으로 지정·고시된 지역이 「국토의 계획 및 이용에 관한 법률」 제6조제1호에 따른 도시지역에 속하는 경우에는 같은 법 제37조제1항제5호에 따른 보호지구로 지정·고시된 것으로 본다. 〈개정 2014. 1. 28., 2017. 4. 18.〉

⑤ 다음 각 호의 어느 하나에 해당하는 문화재의 매매 등 거래행위에 관하여는 「민법」 제249조의 선의취득에 관한 규정을 적용하지 아니한다. 다만, 양수인이 경매나 문화재매매업자 등으로부터 선의로 이를 매수한 경우에는 피해자 또는 유실자(遺失者)는 양수인이 지급한 대가를 변상하고 반환을 청구할 수 있다. 〈개정 2014. 1. 28.〉

1. 문화재청장이나 시·도지사가 지정한 문화재
2. 도난물품 또는 유실물(遺失物)인 사실이 공고된 문화재
3. 그 출처를 알 수 있는 중요한 부분이나 기록을 인위적으로 훼손한 문화재

⑥ 제5항제2호에 따른 공고에 필요한 사항은 문화체육관광부령으로 정한다. 〈개정 2014. 1. 28.〉

제88조(청문) 문화재청장, 시·도지사, 시장·군수 또는 구청장은 다음 각 호의 어느 하나에 해당하는 처분을 하려면 청문을 하여야 한다. 〈개정 2019. 11. 26., 2020. 6. 9.〉

1. 제22조의4제3항에 따른 지역센터의 지정 취소

2. 제22조의7에 따른 문화재교육 프로그램의 인증 취소

3. 제35조제1항, 제39조, 제56조제2항 또는 제60조제1항 단서에 따라 허가받은 자가 그 허가 사항이나 허가 조건을 위반한 경우의 허가취소

4. 제38조제5항에 따른 동물치료소의 지정 취소

5. 제80조에 따른 문화재매매업자의 허가취소 또는 영업정지

6. 제80조의5제2항에 따른 지역문화재돌봄센터의 지정 취소

[시행일 : 2021. 6. 10.] 제88조

제89조(벌칙 적용에서의 공무원 의제) 다음 각 호의 어느 하나에 해당하는 자는 「형법」 제129조부터 제132조까지의 규정을 적용할 때에는 공무원으로 본다. 〈개정 2014. 1. 28.〉

1. 제8조제1항에 따라 문화재 보존·관리에 관한 사항을 조사·심의하는 문화재위원회 위원(제71조제1항에 따른 시·도문화재위원회의 위원을 포함한다)

1의2. 제13조제2항 후단에 따라 지정문화재 보존 영향 검토에 대한 의견을 제출하는 자

1의3. 제36조제2항에 따라 현상변경허가 조사 의견을 제출하는 자

2. 제38조제4항에 따라 천연기념물 동물 치료경비 지급업무를 위탁받아 수행하는 자

3. 제44조제6항에 따라 문화재조사를 위탁받아 수행하는 자

4. 제82조에 따라 문화재청장의 권한을 위탁받은 사무에 종사하는 자

제12장 벌칙

제90조(무허가수출 등의 죄) ① 제39조제1항 본문(제59조제2항과 제74조제1항에 따라 준용하는 경우를 포함한다)을 위반하여 지정문화재 또는 임시지정문화재를 국외로 수출 또는 반출하거나 제39조제1항 단서 및 제2항부터 제4항까지(제59조제2항과 제74조제1항에 따라 준용하는 경우를 포함한다)에 따라 반출한 문화재를 기한 내에 다시 반입하지 아니한 자는 5년 이상의 유기징역에 처하고 그 문화재는 몰수한다. 〈개정 2016. 2. 3.〉

② 제60조제1항을 위반하여 문화재를 국외로 수출 또는 반출하거나 반출한 문화재를 다시 반입하지 아니한 자는 3년 이상의 유기징역에 처하고 그 문화재는 몰수한다.

③ 제1항 또는 제2항을 위반하여 국외로 수출 또는 반출하는 정(情)을 알고 해당 문화재를 양도·양수 또는 중개한 자는 3년 이상의 유기징역에 처하고 그 문화재는 몰수한다.

제90조의2(추징) 제90조에 따라 해당 문화재를 몰수할 수 없을 때에는 해당 문화재의 감

정가격을 추징한다.

[본조신설 2019. 11. 26.]

제91조(허위 지정 등 유도죄) 거짓이나 그 밖의 부정한 방법으로 지정문화재 또는 임시지정문화재로 지정하게 한 자는 5년 이상의 유기징역에 처한다.

제92조(손상 또는 은닉 등의 죄) ① 국가지정문화재(국가무형문화재는 제외한다)를 손상, 절취 또는 은닉하거나 그 밖의 방법으로 그 효용을 해한 자는 3년 이상의 유기징역에 처한다. 〈개정 2015. 3. 27.〉

② 다음 각 호의 어느 하나에 해당하는 자는 2년 이상의 유기징역에 처한다.

1. 제1항에 규정된 것 외의 지정문화재 또는 임시지정문화재(건조물은 제외한다)를 손상, 절취 또는 은닉하거나 그 밖의 방법으로 그 효용을 해한 자

2. 일반동산문화재인 것을 알고 일반동산문화재를 손상, 절취 또는 은닉하거나 그 밖의 방법으로 그 효용을 해한 자

③ 다음 각 호의 어느 하나에 해당하는 자는 2년 이상의 유기징역이나 2천만원 이상 1억5천만원 이하의 벌금에 처한다.

1. 제35조제1항제1호에 따른 현상변경의 허가나 변경허가를 받지 아니하고 천연기념물을 박제 또는 표본으로 제작한 자

2. 제1항·제2항 또는 제1호를 위반한 행위를 알고 해당 문화재를 취득, 양도, 양수 또는 운반한 자

3. 제2호에 따른 행위를 알선한 자

④ 제1항과 제2항에 규정된 은닉 행위 이전에 타인에 의하여 행하여진 같은 항에 따른 손상, 절취, 은닉, 그 밖의 방법으로 그 지정문화재, 임시지정문화재 또는 일반동산문화재의 효용을 해하는 행위가 처벌되지 아니한 경우에도 해당 은닉 행위자는 같은 항에 정한 형으로 처벌한다.

⑤ 제1항부터 제4항까지의 경우에 해당하는 문화재는 몰수하되, 몰수하기가 불가능하면 해당 문화재의 감정가격을 추징한다. 다만, 제4항에 따른 은닉 행위자가 선의로 해당 문화재를 취득한 경우에는 그러하지 아니하다.

제93조(가중죄) ① 단체나 다중(多衆)의 위력(威力)을 보이거나 위험한 물건을 몸에 지녀서 제90조부터 제92조까지의 죄를 범하면 각 해당 조에 정한 형의 2분의 1까지 가중한다.

② 제1항의 죄를 범하여 지정문화재나 임시지정문화재를 관리 또는 보호하는 사람을 상해에 이르게 한 때에는 무기 또는 5년 이상의 징역에 처한다. 사망에 이르게 한 때에는

사형, 무기 또는 5년 이상의 징역에 처한다.

제94조(「형법」의 준용) 다음 각 호의 건조물에 대하여 방화, 일수(溢水) 또는 파괴의 죄를 범한 자는 「형법」 제165조·제178조 또는 제367조와 같은 법 중 이들 조항에 관계되는 법조(法條)의 규정을 준용하여 처벌하되, 각 해당 조에 정한 형의 2분의 1까지 가중한다.

1. 지정문화재나 임시지정문화재인 건조물
2. 지정문화재나 임시지정문화재를 보호하기 위한 건조물

제95조(사적 등에의 일수죄) 물을 넘겨 문화재청장이 지정 또는 임시지정한 사적, 명승 또는 천연기념물이나 보호구역을 침해한 자는 2년 이상 10년 이하의 징역에 처한다.

제96조(그 밖의 일수죄) 물을 넘겨 제95조에 규정한 것 외의 지정문화재 또는 임시지정문화재나 그 보호구역을 침해한 자는 10년 이하의 징역이나 1억원 이하의 벌금에 처한다.

제97조(미수범 등) ① 제90조부터 제92조까지, 제93조제1항, 제95조 및 제96조의 미수범은 처벌한다.

② 제90조의 죄를 범할 목적으로 예비 또는 음모한 자는 2년 이하의 징역에 처한다.

③ 제91조, 제92조, 제93조제1항, 제95조 및 제96조의 죄를 범할 목적으로 예비 또는 음모한 자는 2년 이하의 징역이나 2천만원 이하의 벌금에 처한다. 〈개정 2019. 11. 26.〉

제98조(과실범) ① 과실로 인하여 제95조 또는 제96조의 죄를 범한 자는 1천만원 이하의 벌금에 처한다.

② 업무상 과실이나 중대한 과실로 인하여 제95조 또는 제96조의 죄를 범한 자는 3년 이하의 금고나 3천만원 이하의 벌금에 처한다.

제99조(무허가 행위 등의 죄) ① 다음 각 호의 어느 하나에 해당하는 자는 5년 이하의 징역이나 5천만원 이하의 벌금에 처한다.

1. 제35조제1항제1호 또는 제2호(제47조와 제74조제2항에 따라 준용되는 경우를 포함한다)를 위반하여 지정문화재(보호물, 보호구역과 천연기념물 중 죽은 것을 포함한다)나 임시지정문화재의 현상을 변경하거나 그 보존에 영향을 미칠 우려가 있는 행위를 한 자
2. 제35조제1항제4호(제74조제2항에 따라 준용되는 경우를 포함한다)를 위반하여 허가 없이 명승, 천연기념물로 지정 또는 임시지정된 구역 또는 보호구역에서 동물, 식물, 광물을 포획·채취하거나 이를 그 구역 밖으로 반출한 자
3. 제75조제1항을 위반하여 허가를 받지 아니하고 영업행위를 한 자

② 다음 각 호의 어느 하나에 해당하는 자는 2년 이하의 징역이나 2천만원 이하의 벌금

에 처한다. 〈개정 2018. 12. 24.〉

1. 제1항 각 호의 경우 그 문화재가 자기 소유인 자

2. 제56조제2항(제74조제3항에 따라 준용되는 경우를 포함한다)을 위반하여 허가나 변경허가를 받지 아니하고 등록문화재의 현상을 변경하는 행위를 한 자

제100조(행정명령 위반 등의 죄) 다음 각 호의 어느 하나에 해당하는 자는 3년 이하의 징역이나 3천만원 이하의 벌금에 처하고, 제2호의 경우에는 그 물건을 몰수한다.

1. 정당한 사유 없이 제21조제1항이나 제42조제1항(제74조제2항에 따라 준용되는 경우를 포함한다)에 따른 명령을 위반한 자

2. 천연기념물(시·도지정문화재 중 기념물을 포함한다)로 지정 또는 임시지정된 동물의 서식지, 번식지, 도래지 등에 그 생장에 해로운 물질을 유입하거나 살포한 자

제101조(관리행위 방해 등의 죄) 다음 각 호의 어느 하나에 해당하는 자는 2년 이하의 징역이나 2천만원 이하의 벌금에 처한다.

1. 정당한 사유 없이 제12조에 따른 지시에 불응하는 자

2. 제34조제5항(제74조제2항에 따라 준용되는 경우를 포함한다)을 위반하여 관리단체의 관리행위를 방해하거나 그 밖에 정당한 사유 없이 지정문화재나 임시지정문화재의 관리권자의 관리행위를 방해한 자

3. 허가 없이 제35조제1항제3호(제74조제2항에 따라 준용되는 경우를 포함한다)에 규정된 행위를 한 자

4. 제44조제4항 본문(제45조제2항과 제74조제2항에 따라 준용되는 경우를 포함한다)에 따른 협조를 거부하거나 필요한 행위를 방해한 자

5. 지정문화재나 임시지정문화재의 관리·보존에 책임이 있는 자 중 중대한 과실로 인하여 해당 문화재를 멸실 또는 훼손하게 한 자

6. 거짓의 신고 또는 보고를 한 자

7. 지정문화재로 지정된 구역이나 그 보호구역의 경계 표시를 고의로 손괴, 이동, 제거, 그 밖의 방법으로 그 구역의 경계를 식별할 수 없게 한 자

8. 제48조제2항에 따른 문화재청장의 공개 제한을 위반하여 문화재를 공개하거나 같은 조 제5항에 따른 허가를 받지 아니하고 출입한 자(제74조제2항에 따라 준용되는 경우를 포함한다)

제101조의2(명의 대여 등의 죄) 제77조의2를 위반하여 다른 자에게 자기의 명의 또는 상호를 사용하여 문화재매매업을 하게 하거나 그 허가증을 다른 자에게 빌려 준 자는 1년

이하의 징역이나 1천만원 이하의 벌금에 처한다.

[본조신설 2019. 11. 26.]

제102조(양벌규정) 법인의 대표자나 법인 또는 개인의 대리인, 사용인, 그 밖의 종업원이 그 법인 또는 개인의 업무에 관하여 제94조부터 제96조까지 또는 제98조부터 제101조까지의 어느 하나에 해당하는 위반행위를 하면 그 행위자를 벌하는 외에 그 법인 또는 개인에게도 해당 조문의 벌금형을 과(科)하고 벌금형이 없는 경우에는 3억원 이하의 벌금에 처한다. 다만, 법인 또는 개인이 그 위반행위를 방지하기 위하여 해당 업무에 관하여 상당한 주의와 감독을 게을리하지 아니한 경우에는 그러하지 아니하다.

제103조(과태료) ① 다음 각 호의 어느 하나에 해당하는 자에게는 500만원 이하의 과태료를 부과한다. 〈개정 2012. 1. 26., 2014. 5. 28., 2017. 3. 21., 2017. 11. 28.〉

1. 제14조의4제3항에 따른 시정명령을 따르지 아니한 자

1의2. 제22조의6제6항을 위반하여 인증을 받지 아니한 문화재교육 프로그램에 대하여 인증표시를 하거나 이와 비슷한 표시를 한 자

2. 제40조제1항제6호·제9호·제9호의2 또는 제9호의3(제74조제2항에 따라 준용되는 경우를 포함한다)에 따른 신고를 하지 아니한 자

2의2. 제41조제1항에 따른 수입·반입 신고를 하지 아니한 자

3. 제55조제6호에 따른 신고를 하지 아니한 자

4. 제56조제1항에 따른 신고를 하지 아니한 자

5. 제78조에 따른 준수 사항을 이행하지 아니한 자

6. 제79조에 따른 폐업신고를 하지 아니한 자

7. 제82조의2를 위반하여 한국문화재재단 또는 이와 유사한 명칭을 사용한 자

② 제40조제1항제5호(제74조제2항에 따라 준용되는 경우를 포함한다)에 따른 신고를 하지 아니한 자에게는 400만원 이하의 과태료를 부과한다.

③ 제40조제1항제7호나 같은 조 제3항(제74조제2항에 따라 준용되는 경우를 포함한다)에 따른 신고를 하지 아니한 자에게는 300만원 이하의 과태료를 부과한다. 〈개정 2014. 1. 28.〉

④ 다음 각 호의 어느 하나에 해당하는 자에게는 200만원 이하의 과태료를 부과한다. 〈개정 2018. 6. 12.〉

1. 제40조제1항제1호부터 제4호까지 또는 제8호(제74조제2항에 따라 준용되는 경우를 포함한다)에 따른 신고를 하지 아니한 자

2. 제55조제1호부터 제5호까지, 제7호 또는 제8호에 따른 신고를 하지 아니한 자

3. 제60조제4항에 따른 신고를 하지 아니한 자

4. 제75조제2항에 따른 신고를 하지 아니한 자

5. 제75조제4항에 따른 변경신고를 하지 아니한 자

6. 제75조의2제2항에 따른 신고를 하지 아니한 자

⑤ 제14조의4제5항을 위반하여 금연구역에서 흡연을 한 사람에게는 10만원 이하의 과태료를 부과한다. 〈신설 2012. 1. 26., 2017. 3. 21.〉

제104조(과태료의 부과·징수) 제103조에 따른 과태료는 대통령령으로 정하는 바에 따라 문화재청장, 시·도지사 또는 시장·군수·구청장이 부과·징수한다.

❼ 문화재보호법 시행령

[시행 2020. 5. 27.] [대통령령 제30704호, 2020. 5. 26., 일부개정]

제1조(목적) 이 영은 「문화재보호법」에서 위임된 사항과 그 시행에 필요한 사항을 규정함을 목적으로 한다.

제1조의2(문화재교육의 범위 및 유형) ① 「문화재보호법」(이하 "법"이라 한다) 제2조제2항에 따른 문화재교육의 범위는 다음 각 호와 같다. 다만, 「문화예술교육 지원법」 제2조제1호에 따른 문화예술교육 중 「문화예술진흥법」 제2조제1항제1호에 따른 문화예술을 교육내용으로 하거나 교육과정에 활용하는 문화예술교육은 제외한다.

1. 문화재를 통하여 전통문화 계승과 지역문화 발전에 기여하고 인류의 보편적 가치와 문화다양성을 증진하는 교육
2. 문화재에 대한 보호의식을 함양하고 문화재의 보호활동을 장려하는 교육

② 법 제2조제2항에 따른 문화재교육의 유형은 다음 각 호와 같다.

1. 학교문화재교육: 「유아교육법」 제2조제2호에 따른 유치원 및 「초·중등교육법」 제2조에 따른 학교에서 실시하는 문화재교육
2. 사회문화재교육: 법 제22조의4제1항에 따른 문화재교육지원센터, 「평생교육법」 제2조제2호에 따른 평생교육기관 및 그 밖에 문화재교육과 관련된 기관 및 법인·단체에서 실시하는 학교문화재교육 외의 모든 형태의 문화재교육

제2조(건설공사의 범위) 법 제2조제8항에서 "대통령령으로 정하는 공사"란 다음 각 호의 공사를 말한다. 다만, 제2호부터 제4호까지의 공사는 지표(地表)의 원형을 변형하는 경우만 해당한다. 〈개정 2018. 5. 28., 2019. 7. 2.〉

1. 「건설산업기본법」 제2조제4호에 따른 건설공사
2. 「전기공사업법」 제2조제1호에 따른 전기공사
3. 「정보통신공사업법」 제2조제2호에 따른 정보통신공사
4. 「소방시설공사업법」에 따른 소방시설공사
5. 지정문화재, 지정문화재의 보호구역 또는 법 제13조제1항에 따른 역사문화환경 보존지역에서 수목을 식재(植栽)하거나 제거하는 공사
6. 그 밖에 토지 또는 해저(「내수면어업법」 제2조제1호에 따른 내수면과 「연안관리법」 제2조제2호에 따른 연안해역을 말한다)의 원형변경[땅깎기, 다시 메우기, 땅파기, 골재 채취(採取),

광물 채취, 준설(浚渫), 수몰 또는 매립 등을 말한다]

제3조(문화재기본계획 수립을 위한 의견 청취 대상자) 법 제6조제2항에서 "대통령령으로 정하는 소유자, 관리자 또는 관리단체 및 관련 전문가"란 다음 각 호의 어느 하나에 해당하는 자를 말한다. 〈개정 2014. 12. 23.〉

1. 지정문화재나 등록문화재의 소유자 또는 관리자
2. 지정문화재나 등록문화재의 관리단체
3. 법 제8조에 따른 문화재위원회(이하 "문화재위원회"라 한다)의 위원
4. 그 밖에 문화재와 관련된 전문적인 지식이나 경험을 가진 자로서 문화재청장이 정하여 고시하는 자

제3조의2(공동연구의 대상 사업) 법 제6조의2제1항에 따른 공동연구의 대상 사업은 다음 각 호와 같다.

1. 문화재의 보존·관리 및 활용과 관련된 다른 분야와의 상호 협력이 필요한 연구개발 사업
2. 다른 중앙행정기관의 장 또는 지방자치단체의 장 등이 요청한 연구개발 사업으로서 문화재청장이 필요하다고 인정하는 사업
3. 제1호 및 제2호에 따른 연구개발 사업의 기초가 되는 사업
4. 그 밖에 문화재청장이 문화재의 보존·관리 및 활용 등의 연구개발을 효율적으로 추진하기 위하여 필요하다고 인정하는 사업

[본조신설 2018. 2. 27.]

제4조(문화재 보존 시행계획의 수립절차 등) ① 법 제7조제1항에 따른 문화재기본계획에 관한 연도별 시행계획(이하 "시행계획"이라 한다)에는 다음 각 호의 사항이 포함되어야 한다.

1. 해당 연도의 사업 추진방향
2. 주요 사업별 추진방침
3. 주요 사업별 세부계획
4. 그 밖에 문화재의 보존·관리 및 활용을 위하여 필요한 사항

② 특별시장·광역시장·특별자치시장·도지사 또는 특별자치도지사(이하 "시·도지사"라 한다)는 법 제7조제2항에 따라 해당 연도의 시행계획 및 전년도의 추진실적을 매년 1월 31일까지 문화재청장에게 제출하여야 한다. 〈개정 2014. 12. 23.〉

③ 문화재청장 및 시·도지사는 법 제7조제3항에 따라 해당 연도의 시행계획을 매년 2월 말일까지 문화재청 및 해당 특별시·광역시·특별자치시·도 또는 특별자치도의 게

시판과 인터넷 홈페이지를 통하여 공고하여야 한다. 〈개정 2014. 12. 23.〉

제5조(사업계획서 제출 등) ① 법 제9조에 따른 한국문화재재단(이하 이 조에서 "재단"이라 한다)은 매년 11월 30일까지 다음 연도의 사업계획서 및 예산서를 작성하여 문화재청장에게 제출하여야 한다. 〈개정 2014. 8. 27.〉

② 재단은 매 사업연도의 사업실적 및 결산서를 작성하여 다음 사업연도 2월 말일까지 문화재청장에게 제출하여야 한다. 〈개정 2014. 8. 27.〉

제6조(문화재 기초조사의 절차) ① 문화재청장은 법 제10조제1항에 따른 조사를 하려면 조사자, 조사대상, 조사 경위 등 조사에 관한 전반적인 사항이 포함된 조사계획서를 조사 착수 전까지 작성하여야 한다.

② 중앙행정기관의 장(문화재청장은 제외한다) 또는 지방자치단체의 장은 법 제10조제1항에 따른 조사를 하려면 제1항에 따른 조사계획서를 작성하여 조사 착수 전까지 문화재청장에게 제출하여야 한다.

③ 문화재청장은 법 제10조제1항에 따른 조사가 끝난 후 60일 안에 다음 각 호의 사항이 포함된 결과보고서를 작성하여야 한다. 이 경우 조사의 기간이 1년을 초과할 때에는 다음 각 호의 사항이 포함된 중간보고서를 조사가 시작된 후 1년이 되는 때마다 작성하여야 한다.

1. 조사자, 조사경과, 조사방법 등 조사의 일반적인 사항
2. 조사한 문화재의 상세한 현재 상태
3. 조사한 문화재의 소유자 또는 관리자, 소재지 및 이력 등에 관한 사항

④ 중앙행정기관의 장(문화재청장은 제외한다) 또는 지방자치단체의 장은 법 제10조제1항에 따른 조사가 끝난 후 60일 안에 제3항 각 호의 사항이 포함된 결과보고서를 작성하여 문화재청장에게 제출하여야 한다. 이 경우 조사의 기간이 1년을 초과할 때에는 제3항 각 호의 사항이 포함된 중간보고서를 조사가 시작된 후 1년이 되는 때마다 작성하여 제출하여야 한다.

제7조(문화재정보체계 구축 범위 및 운영 등) ① 법 제11조제1항에 따른 문화재정보체계의 구축 범위는 다음 각 호와 같다.

1. 문화재의 명칭, 소재지, 소유자 등이 포함된 기본현황자료
2. 문화재의 보존·관리 및 활용에 관한 자료
3. 문화재 조사·발굴 및 연구 자료
4. 사진, 도면, 동영상 등 해당 문화재의 이해에 도움이 되는 자료

5. 그 밖에 문화재 정보가치가 있는 자료로서 문화재청장이 필요하다고 인정하는 사항

② 문화재청장은 제1항 각 호의 자료를 전자정보, 책자 등의 형태로 구축하고, 문화재 정보의 효율적인 활용을 위하여 그 구축한 내용을 문화재청 자료관이나 인터넷 홈페이지 등을 통하여 국민에게 제공할 수 있다.

제7조의2(역사문화환경 보존지역의 문화재 보존 영향 검토 절차) ① 건설공사의 인가·허가 등을 담당하는 행정기관(이하 이 조에서 "인허가 행정기관"이라 한다)은 법 제13조제1항에 따른 역사문화환경 보존지역에서 시행하는 건설공사에 관하여는 법 제13조제2항 전단에 따라 해당 건설공사의 시행이 역사문화환경 보존지역에서 제21조의2제2항 각 호의 행위에 해당하는지를 검토하여야 한다.

② 인허가 행정기관은 제1항에 따른 검토를 하는 경우 법 제13조제2항 후단에 따라 다음 각 호의 어느 하나에 해당하는 전문가 3명 이상(제1호 또는 제2호에 해당하는 사람을 1명 이상 포함하여야 하며, 제4호에 해당하는 사람은 1명을 초과해서는 아니 된다)의 의견을 들어야 한다. 이 경우 제4호에 해당하는 사람은 해당 건설공사를 시행하는 기관에 소속되지 아니한 사람이어야 한다.

1. 문화재위원회의 위원 또는 전문위원

2. 법 제71조에 따른 시·도문화재위원회의 위원 또는 전문위원

3. 「고등교육법」 제2조에 따른 학교의 문화재 관련 학과의 조교수 이상인 교원

4. 문화재 업무를 담당하는 학예연구관, 학예연구사 또는 나군 이상의 전문경력관

③ 인허가 행정기관은 제1항에 따른 건설공사의 시행이 제21조의2제2항제1호다목 또는 라목의 행위에 해당하는지를 검토하는 경우에는 제2항에도 불구하고 제2항제1호 또는 같은 항 제2호의 관계 전문가 1명 이상과 다음 각 호의 어느 하나에 해당하는 관계 전문가 1명 이상을 포함한 3명 이상의 관계 전문가의 의견을 들어야 한다. 〈개정 2018. 2. 27.〉

1. 「고등교육법」 제2조에 따른 학교의 건축, 토목, 환경, 도시계획, 소음, 진동, 대기오염, 화학물질, 먼지 또는 열에 관련된 분야의 학과의 조교수 이상인 교원

2. 제1호에 따른 분야의 학회로부터 추천을 받은 사람

3. 제1호에 따른 분야의 연구기관에 소속된 연구원 이상인 연구자

④ 제2항 및 제3항에 따라 검토에 참여한 관계 전문가는 문화체육관광부령으로 정하는 검토의견서를 작성하여 인허가 행정기관에 제출하여야 한다.

⑤ 인허가 행정기관은 제1항부터 제4항까지의 규정에 따라 검토한 결과 해당 건설공사의 시행이 지정문화재의 보존에 영향을 미칠 우려가 있는 행위에 해당하는지 여부를 결

정하여 그 결과를 해당 건설공사의 시행자에게 알려야 한다. 다만, 인허가 행정기관은 제2항 또는 제3항에 따라 의견을 들은 관계 전문가의 2분의 1 이상이 해당 건설공사의 시행이 제21조의2제2항 각 호의 행위에 해당한다고 판단한 경우에는 해당 건설공사의 시행이 지정문화재의 보존에 영향을 미칠 우려가 있는 행위에 해당한다는 결정을 하여야 한다.

⑥ 인허가 행정기관은 제5항에 따라 지정문화재의 보존에 영향을 미칠 우려가 있는 행위에 해당한다는 결정을 한 경우에는 건설공사의 시행자에게 법 제35조제1항제2호에 따른 허가를 받도록 안내하여야 한다.

⑦ 문화재청장은 인허가 행정기관에 제1항부터 제3항까지의 규정에 따른 검토와 관련된 자료의 제출을 요구하거나 의견을 제시할 수 있다.

[본조신설 2014. 12. 23.]

제8조(화재, 재난 및 도난 대응매뉴얼 마련 등) ① 법 제14조의2제1항에 따라 화재 및 재난 대응매뉴얼을 마련하여야 하는 문화재의 범위는 다음 각 호와 같다. 〈개정 2017. 6. 13., 2018. 2. 27.〉

1. 지정문화재 중 목조건축물류, 석조건축물류, 분묘(墳墓), 조적조(組積造) 및 콘크리트조 건축물류

2. 지정문화재 안에 있는 목조건축물과 보호구역 안에 있는 목조건축물. 다만, 화장실, 휴게시설 등 중요도가 낮은 건축물은 제외한다.

3. 법 제19조제1항에 따른 세계유산 안에 있는 목조건축물. 다만, 화장실, 휴게시설 등 중요도가 낮은 건축물은 제외한다.

4. 등록문화재 중 건축물. 다만, 다른 법령에 따라 화재 및 재난에 대비한 매뉴얼 등을 마련한 경우에는 법 제14조의2에 따른 화재 및 재난 대응매뉴얼을 마련한 것으로 본다.

② 법 제14조의2제1항에 따라 도난 대응매뉴얼을 마련하여야 하는 문화재의 범위는 다음 각 호와 같다. 〈신설 2017. 6. 13., 2018. 2. 27.〉

1. 지정문화재 중 동산에 해당하는 문화재

2. 등록문화재 중 동산에 해당하는 문화재

③ 제1항 및 제2항에 따른 대응매뉴얼에는 다음 각 호의 사항이 포함되어야 한다. 〈개정 2018. 2. 27.〉

1. 화재, 재난 및 도난(이하 "화재등"이라 한다) 예방 활동

2. 화재등 발생 시 신고방법

3. 화재 및 재난 시 문화재의 이동·분산대피 등 대응방법

④ 문화재청장 및 시·도지사는 제1항 및 제2항에 따른 대응매뉴얼을 연 1회 이상 점검·보완하여야 한다. 이 경우 시·도지사는 보완한 대응매뉴얼을 보완한 날부터 15일 이내에 문화재청장에게 제출하여야 한다. 〈신설 2018. 2. 27.〉

[제목개정 2018. 2. 27.]

제8조의2(문화재 방재 관련 정보의 구축 및 관리) ① 법 제14조의6제1항에 따라 문화재청장이 구축·관리하여야 하는 문화재 방재 관련 정보의 범위는 다음 각 호와 같다.

1. 문화재 방재 시설의 종류 및 수량

2. 문화재 방재 시설의 사용 교육 및 훈련 현황

3. 문화재 안전관리 인력 현황

4. 그 밖에 화재등 문화재 피해에 효과적으로 대응하기 위하여 필요한 정보로서 문화재청장이 정하는 정보

② 문화재청장은 제1항 각 호의 정보를 전자정보의 형태로 구축하고, 지방자치단체의 장이 공동으로 활용할 수 있도록 하여야 한다.

③ 제1항 및 제2항에서 규정한 사항 외에 문화재 방재 관련 정보의 구축 및 관리에 필요한 세부사항은 문화재청장이 정한다.

[본조신설 2018. 2. 27.]

제9조(남북한 간 문화재 교류 협력) ① 법 제18조제3항에 따른 남북한 간 문화재분야 교류 협력사업의 지원대상은 다음 각 호와 같다.

1. 남북한 문화재 공동조사·연구 및 수리

2. 남북한 문화재 보존·관리에 관한 정보와 기술의 교류

3. 문화재분야 관계 전문가 인적 교류

4. 국제연합교육과학문화기구 세계유산에 북한 문화재 등재 지원

5. 그 밖에 남북한 문화재 교류 협력을 위하여 필요한 사항

② 법 제18조제3항에 따라 남북한 간 문화재분야 교류 협력사업과 조사·연구 등에 드는 경비의 전부 또는 일부를 지원받으려는 기관 또는 단체는 해당 사업에 대한 사업계획서를 작성하여 문화재청장에게 제출하고 그 승인을 받아야 하며, 사업이 끝난 후 2개월 안에 사업실적보고서를 문화재청장에게 제출하여야 한다. 승인받은 사항 중 문화체육관광부령으로 정하는 사항을 변경하려는 경우에도 또한 같다.

제10조(세계유산등의 보호) ① 문화재청장은 법 제19조제2항에 따른 세계유산등(이하 이 조

에서 "세계유산등"이라 한다)을 유지·관리하고, 그 보호에 필요한 조치를 하기 위하여 세계유산등의 현황 및 보존상태에 대하여 정기적으로 조사·점검(「세계문화유산 및 자연유산의 보호에 관한 협약」에 따른 정기보고 의무 이행을 위한 정기적인 점검활동을 포함한다)할 수 있다.

② 문화재청장은 세계유산등의 소재지를 관할하는 지방자치단체의 장에게 제1항에 따른 조사·점검에 필요한 관련 자료 및 의견 제출을 요청할 수 있다.

③ 제2항에 따라 관련 자료 및 의견 제출을 요청받은 지방자치단체의 장은 특별한 사유가 없으면 그 요청에 따라야 한다.

④ 제1항에 따른 조사·점검의 방법, 절차 등에 관하여 필요한 사항은 문화재청장이 정한다.

제10조의2(문화재교육 실태조사의 범위 등) ① 법 제22조의3제1항에 따른 문화재교육 현황 등에 대한 실태조사(이하 "실태조사"라 한다)의 범위는 다음 각 호와 같다.

1. 지역별·유형별 문화재교육 프로그램 현황
2. 문화재교육 전문인력 현황
3. 문화재교육 관련 기관 및 법인·단체 현황
4. 문화재교육 시설 현황
5. 문화재교육 현장의 수요
6. 그 밖에 문화재청장이 문화재교육 관련 정책의 수립·시행을 위하여 실태조사가 필요하다고 인정하는 사항

② 실태조사는 다음 각 호의 구분에 따라 실시한다.

1. 정기조사: 3년마다 실시
2. 수시조사: 문화재청장이 문화재교육 관련 정책의 수립·변경을 위하여 필요하다고 인정하는 경우에 실시

③ 문화재청장은 실태조사를 위하여 필요한 경우 관계 중앙행정기관의 장 또는 지방자치단체의 장에게 필요한 자료의 제출을 요청할 수 있다.

제10조의3(문화재교육지원센터의 지정요건 등) ① 법 제22조의4제1항에 따라 같은 항에 따른 문화재교육지원센터(이하 "지원센터"라 한다)로 지정받으려는 자는 다음 각 호의 요건을 모두 갖추어 문화체육관광부령으로 정하는 바에 따라 문화재청장에게 신청해야 한다.

1. 최근 3년간 2회 이상의 문화재교육을 실시한 실적이 있을 것
2. 다음 각 목의 시설을 갖출 것

　　가. 지원센터의 업무를 수행하기 위한 사무실

　　나. 강의실

　　다. 문화재교육에 필요한 교재 및 교육장비 등을 보관할 수 있는 시설

3. 다음 각 목의 어느 하나에 해당하는 전문인력 1명 이상이 상시근무할 것

　　가. 「고등교육법」 제2조에 따른 학교에서 문화재 관련 분야 또는 교육 관련 분야의
　　　　학사학위를 취득한 후 3년 이상의 문화재교육 경력을 갖춘 사람

　　나. 「고등교육법」 제2조에 따른 학교에서 문화재 관련 분야 또는 교육 관련 분야의
　　　　석사학위를 취득한 후 1년 이상의 문화재교육 경력을 갖춘 사람

　　다. 「고등교육법」 제2조에 따른 학교에서 문화재 관련 분야 또는 교육 관련 분야의
　　　　박사학위를 취득한 사람

　　라. 그 밖에 가목부터 다목까지의 규정에 해당하는 자격과 동등한 수준 이상이라고
　　　　문화재청장이 인정하여 고시하는 자격을 갖춘 사람

② 문화재청장은 지원센터를 지정한 경우에는 문화체육관광부령으로 정하는 지정서를
발급하고, 그 사실을 문화재청의 인터넷 홈페이지에 게시해야 한다.

③ 법 제22조의4제3항에 따른 지원센터의 지정취소 및 업무정지의 기준은 별표 1과 같다.

④ 제1항부터 제3항까지에서 규정한 사항 외에 지원센터의 지정에 필요한 사항은 문화
재청장이 정하여 고시한다.

제10조의4(문화재교육 업무의 위탁) ① 법 제22조의4제4항에서 "대통령령으로 정하는 기
관"이란 다음 각 호의 기관을 말한다.

1. 법 제9조에 따른 한국문화재재단

2. 「매장문화재 보호 및 조사에 관한 법률」 제29조제2항에 따라 매장문화재의 조사, 발
　　굴 및 보호에 관한 업무를 위탁받은 법인

3. 「문화유산과 자연환경자산에 관한 국민신탁법」 제3조제1항에 따른 문화유산국민신탁

4. 「문화재수리 등에 관한 법률」 제41조의2에 따른 전통건축수리기술진흥재단

5. 「한국전통문화대학교 설치법」 제2조에 따른 한국전통문화대학교가 「산업교육진흥 및
　　산학연협력촉진에 관한 법률」 제25조제1항에 따라 설립한 산학협력단

6. 그 밖에 문화재청장이 문화재교육에 관한 업무를 수행할 능력이 있다고 인정하는 기관

② 문화재청장은 법 제22조의4제4항에 따라 문화재교육에 관한 업무를 위탁받은 지원센
터 또는 제1항 각 호의 기관이 업무를 수행하는 데 필요한 비용의 전부 또는 일부를 지
원할 수 있다.

③ 제2항에 따라 지원을 받은 지원센터 또는 제1항 각 호의 기관은 다음 연도의 사업추진계획을 매년 12월 31일까지, 전년도의 사업추진실적과 예산집행실적을 매년 1월 31일까지 문화재청장에게 제출해야 한다.

④ 문화재청장은 법 제22조의4제4항에 따라 업무를 위탁한 경우에는 수탁기관 및 위탁업무의 내용을 고시해야 한다.

제11조(국가지정문화재의 지정기준 및 절차) ① 법 제23조에 따른 국보와 보물, 법 제25조에 따른 사적, 명승 또는 천연기념물 및 법 제26조에 따른 국가민속문화재의 지정기준은 별표 1의2와 같다. 〈개정 2015. 10. 6., 2017. 6. 13.〉

② 문화재청장은 제1항에 따라 해당 문화재를 국가지정문화재로 지정하려면 문화재위원회의 해당 분야 문화재위원이나 전문위원 등 관계 전문가 3명 이상에게 해당 문화재에 대한 조사를 요청하여야 한다. 〈개정 2014. 12. 23.〉

③ 제2항에 따라 조사 요청을 받은 사람은 조사를 한 후 조사보고서를 작성하여 문화재청장에게 제출하여야 한다.

④ 문화재청장은 제3항에 따른 조사보고서를 검토하여 해당 문화재가 국가지정문화재로 지정될 만한 가치가 있다고 판단되면 문화재위원회의 심의 전에 그 심의할 내용을 관보에 30일 이상 예고하여야 한다.

⑤ 문화재청장은 제4항에 따른 예고가 끝난 날부터 6개월 안에 문화재위원회의 심의를 거쳐 국가지정문화재 지정 여부를 결정하여야 한다.

⑥ 문화재청장은 이해관계자의 이의제기 등 부득이한 사유로 6개월 안에 제5항에 따라 지정 여부를 결정하지 못한 경우에 그 지정 여부를 다시 결정할 필요가 있으면 제4항에 따른 예고 및 제5항에 따른 지정 절차를 다시 거쳐야 한다.

제12조 삭제 〈2015. 10. 6.〉

제13조(보호물 또는 보호구역의 지정기준) ① 법 제27조제1항에 따른 국보, 보물, 사적, 명승, 천연기념물 및 국가민속문화재의 보호물 또는 보호구역의 지정기준은 별표 2와 같다. 〈개정 2017. 6. 13.〉

② 문화재청장은 자연적 조건, 인위적 조건, 그 밖의 특수한 사정이 있어 특히 필요하다고 인정하면 제1항에 따른 보호물 또는 보호구역의 지정기준을 확대하거나 축소할 수 있다.

③ 제1항에 따른 국보, 보물, 사적, 명승, 천연기념물 및 국가민속문화재의 보호물 또는 보호구역의 지정에 관하여는 제11조제2항부터 제5항까지의 규정을 준용한다. 〈개정 2017. 6. 13.〉

제14조(보호물 또는 보호구역의 적정성 검토) ① 문화재청장은 법 제27조제3항에 따라 보호물 또는 보호구역 지정 및 조정의 적정성(이하 "보호구역등의 적정성"이라 한다)을 검토하기 위하여 시·도지사에게 다음 각 호에 해당하는 자료의 제출을 요청할 수 있다. 이 경우 관련 자료의 제출을 요청 받은 시·도지사는 특별한 사유가 없으면 요청을 받은 날부터 30일 이내에 요청받은 자료를 문화재청장에게 제출하여야 한다.

1. 보호구역등의 적정성에 관한 해당 지정문화재의 소유자, 관리자, 관리단체와 해당 보호물·보호구역의 토지 또는 건물 소유자의 의견
2. 보호물 또는 보호구역의 역사문화환경에 관한 자료
3. 그 밖에 보호구역등의 적정성 검토에 필요한 자료

② 문화재청장은 법 제27조제3항에 따라 보호구역등의 적정성 검토를 하는 경우에는 문화재위원회 위원이나 전문위원 등 관계 전문가 3명 이상에게 해당 보호구역등의 적정성에 관한 의견을 들어야 한다.

③ 문화재청장은 보호구역등의 적정성 검토 결과에 따라 해당 보호물 또는 보호구역을 조정할 필요가 있다고 판단되면 그 내용을 관보에 30일 이상 예고하여야 한다.

④ 문화재청장은 제3항에 따른 예고가 끝난 날부터 6개월 안에 문화재위원회의 심의를 거쳐 해당 보호물 또는 보호구역의 조정 여부를 결정하여야 한다.

⑤ 문화재청장은 이해관계자의 이의제기 등 부득이한 사유로 6개월 안에 제4항에 따라 조정 여부를 결정하지 못한 경우에 그 조정 여부를 다시 결정할 필요가 있으면 제3항에 따른 예고 및 제4항에 따른 조정 절차를 다시 거쳐야 한다.

⑥ 문화재청장은 제4항에 따라 보호물 또는 보호구역의 조정을 결정한 경우 그 취지를 관보에 고시하고, 그 내용을 지체 없이 해당 지정문화재의 소유자, 관리자 또는 관리단체와 해당 보호물·보호구역의 토지 또는 건물 소유자에게 알려야 한다.

제15조(보호물 또는 보호구역의 적정성 검토시기의 연기) 법 제27조제3항 단서 및 제70조의2제3항 단서에 따라 보호구역등의 적정성 검토시기를 연기할 수 있는 경우 및 그 기간은 각각 다음 각 호와 같다.

1. 전쟁 또는 천재지변 등 부득이한 사유로 보호구역등의 적정성 검토가 불가능한 경우: 그 불가능한 사유가 없어진 날부터 1년까지
2. 법 제27조제3항 및 제70조의2제3항에 따라 보호구역등의 적정성 검토시기가 도래한 문화재나 그 보호물·보호구역과 관련하여 소송이 진행 중인 경우: 그 소송이 끝난 날부터 1년까지

제16조(지정 및 해제 등의 고시) 문화재청장은 법 제28조 및 제31조제5항에 따라 국가지정문화재를 지정하거나 그 지정을 해제하는 경우에는 다음 각 호의 사항을 고시하여야 한다. 〈개정 2015. 10. 6.〉

1. 국가지정문화재의 종류, 지정번호, 명칭, 수량, 소재지 또는 보관 장소
2. 국가지정문화재의 보호물 또는 보호구역의 명칭, 수량 및 소재지
3. 국가지정문화재와 그 보호물 또는 보호구역의 소유자 또는 점유자의 성명과 주소
4. 삭제 〈2015. 10. 6.〉
5. 지정의 이유 또는 지정 해제의 이유
[제목개정 2015. 10. 6.]

제17조(지정에 관한 자료의 제출) 시·도지사는 법 제23조 및 제25조부터 제27조까지의 규정에 따라 지정하여야 할 문화재가 있으면 지체 없이 문화체육관광부령으로 정하는 바에 따라 사진, 도면 및 녹음물 등 지정에 필요한 자료를 갖추어 그 취지를 문화재청장에게 보고하여야 한다. 〈개정 2015. 10. 6.〉

제18조 삭제 〈2015. 10. 6.〉

제19조(임시지정) 문화재청장은 법 제32조제1항에 따라 중요문화재로 임시지정을 하는 경우에는 법 제23조에 따른 국보와 보물, 법 제25조에 따른 사적, 명승 또는 천연기념물, 법 제26조에 따른 국가민속문화재로 구분하여 지정하여야 한다. 〈개정 2017. 6. 13.〉

제20조(문화재별 종합정비계획의 수립) ① 법 제34조에 따라 국가지정문화재를 관리하도록 지정된 관리단체는 해당 국가지정문화재의 효율적인 보존·관리 및 활용을 위하여 문화재청장과 협의하여 문화재별 종합정비계획(이하 이 조에서 "정비계획"이라 한다)을 수립할 수 있다.
② 제1항에 따라 수립하는 정비계획은 문화재의 원형을 보존하는 데 중점을 두어야 하며, 다음 각 호의 사항을 포함하여야 한다.
1. 정비계획의 목적과 범위에 관한 사항
2. 문화재의 역사문화환경에 관한 사항
3. 문화재에 관한 고증 및 학술조사에 관한 사항
4. 문화재의 보수·복원 등 보존·관리 및 활용에 관한 사항
5. 문화재의 관리·운영 인력 및 투자 재원(財源)의 확보에 관한 사항
6. 그 밖에 문화재의 정비에 필요한 사항
③ 문화재청장은 제1항에 따른 정비계획의 수립절차, 방법 및 내용과 그 시행 등에 관

하여 문화재의 종류별 또는 유형별로 필요한 사항을 정할 수 있다.

제21조(허가절차) ① 법 제35조에 따라 문화재청장의 허가를 받으려는 자는 해당 국가지정문화재의 종류, 지정번호, 명칭, 수량 및 소재지 등을 적은 허가신청서를 관할 특별자치시장, 특별자치도지사, 시장·군수·구청장(자치구의 구청장을 말한다. 이하 같다)을 거쳐 문화재청장에게 제출하여야 하며, 허가사항을 변경하려는 경우에도 또한 같다. 이 경우 시장·군수·구청장은 관할 시·도지사에게 허가신청 사항 등을 알려야 한다. 〈개정 2014. 12. 23., 2015. 10. 6.〉

② 제1항 전단에도 불구하고 다음 각 호의 어느 하나에 해당하는 행위에 대한 허가 신청 또는 허가사항의 변경신청을 하는 경우에는 특별자치시장, 특별자치도지사, 시장·군수·구청장을 거치지 아니하고 문화재청장에게 직접 신청서를 제출하여야 한다. 〈신설 2015. 10. 6.〉

1. 법 제35조제1항제3호에 해당하는 행위

2. 국유인 문화재로서 국가가 직접 관리하는 국가지정문화재(동산에 속하는 문화재로 한정한다)의 현상변경 행위

3. 문화재청장이 직접 관리하고 있는 국가지정문화재 안에서 이루어지는 현상변경 행위

제21조의2(국가지정문화재 등의 현상변경 등의 행위) ① 법 제35조제1항제1호에서 "대통령령으로 정하는 행위"란 다음 각 호의 행위를 말한다. 〈개정 2018. 2. 27., 2018. 5. 28., 2019. 7. 2.〉

1. 국가지정문화재, 보호물 또는 보호구역을 수리, 정비, 복구, 보존처리 또는 철거하는 행위

2. 국가지정문화재(천연기념물 중 죽은 것과 법 제41조제1항에 따라 수입·반입 신고된 것을 포함한다)에 대한 다음 각 목의 행위

   가. 포획(捕獲)·채취·사육·도살(屠殺)하는 행위

   나. 인공으로 증식·복제하는 행위

   다. 자연에 방사하는 행위(구조·치료 후 방사하는 경우를 제외한다)

   라. 위치추적기를 부착하는 행위

   마. 혈액, 장기 및 피부 등을 채취하는 행위(치료하기 위한 경우를 제외한다)

   바. 표본(標本)·박제(剝製)하는 행위

   사. 매장·소각(燒却)하는 행위

3. 국가지정문화재, 보호물 또는 보호구역 안에서 하는 다음 각 목의 행위

가. 건축물 또는 도로·관로·전선·공작물·지하구조물 등 각종 시설물을 신축, 증축, 개축, 이축(移築) 또는 용도변경(지목변경의 경우는 제외한다)하는 행위

나. 수목을 심거나 제거하는 행위

다. 토지 및 수면의 매립·간척·땅파기·구멍뚫기, 땅깎기, 흙쌓기 등 지형이나 지질의 변경을 가져오는 행위

라. 수로, 수질 및 수량에 변경을 가져오는 행위

마. 소음·진동·악취 등을 유발하거나 대기오염물질·화학물질·먼지·빛 또는 열 등을 방출하는 행위

바. 오수(汚水)·분뇨·폐수 등을 살포, 배출, 투기하는 행위

사. 동물을 사육하거나 번식하는 등의 행위

아. 토석, 골재 및 광물과 그 부산물 또는 가공물을 채취, 반입, 반출, 제거하는 행위

자. 광고물 등을 설치, 부착하거나 각종 물건을 쌓는 행위

② 법 제35조제1항제2호에서 "대통령령으로 정하는 행위"란 다음 각 호의 행위를 말한다. 〈개정 2018. 2. 27., 2019. 7. 2.〉

1. 역사문화환경 보존지역에서 하는 다음 각 목의 행위

가. 해당 국가지정문화재의 경관을 저해할 우려가 있는 건축물 또는 시설물을 설치·증설하는 행위

나. 해당 국가지정문화재의 경관을 저해할 우려가 있는 수목을 심거나 제거하는 행위

다. 해당 국가지정문화재의 보존에 영향을 줄 수 있는 소음·진동·악취 등을 유발하거나 대기오염물질·화학물질·먼지·빛 또는 열 등을 방출하는 행위

라. 해당 국가지정문화재의 보존에 영향을 줄 수 있는 지하 50미터 이상의 땅파기 행위

마. 해당 국가지정문화재의 보존에 영향을 미칠 수 있는 토지·임야의 형질을 변경하는 행위

2. 국가지정문화재가 소재하는 지역의 수로의 수질과 수량에 영향을 줄 수 있는 수계에서 하는 건설공사 등의 행위

3. 국가지정문화재와 연결된 유적지를 훼손함으로써 국가지정문화재 보존에 영향을 미칠 우려가 있는 행위

4. 천연기념물이 서식·번식하는 지역에서 천연기념물의 둥지나 알에 표시를 하거나, 그 둥지나 알을 채취하거나 손상시키는 행위

5. 그 밖에 국가지정문화재 외곽 경계의 외부 지역에서 하는 행위로서 문화재청장 또는 해당 지방자치단체의 장이 국가지정문화재의 역사적·예술적·학술적·경관적 가치에

영향을 미칠 우려가 있다고 인정하여 고시하는 행위

[본조신설 2014. 12. 23.]

제21조의3(특별자치시장 등의 허가 대상 행위) 법 제35조제1항 단서에 따라 특별자치시장, 특별자치도지사, 시장·군수·구청장의 허가(변경허가를 포함한다. 이하 이 조에서 같다)를 받아야 하는 행위는 다음 각 호와 같다. 〈개정 2017. 1. 26., 2018. 2. 27., 2018. 5. 28., 2019. 7. 2.〉

1. 법 제35조제1항제1호 및 이 영 제21조의2제1항의 행위 중 문화재청장이 고시하는 천연기념물을 사육, 표본, 박제하거나, 죽은 것을 매장 또는 소각하는 등의 행위

2. 법 제35조제1항제1호 및 이 영 제21조의2제1항의 행위 중 문화재청장이 문화재의 특성을 고려하여 고시하는 건축물 또는 시설물의 설치행위

3. 법 제35조제1항제1호 및 이 영 제21조의2제1항의 행위 중 다음 각 목의 어느 하나에 해당하는 행위. 다만, 해당 국가지정문화재를 대상으로 하는 행위는 제외한다.

  가. 건조물을 원형대로 보수하는 행위

  나. 전통양식에 따라 축조된 담장을 원형대로 보수하는 행위

  다. 문화재청장이 정하는 규모의 신축, 개축(改築) 또는 증축 행위

  라. 「전기사업법」에 따른 전기설비 및 「화재예방, 소방시설 설치·유지 및 안전관리에 관한 법률」에 따른 소방시설을 설치하는 행위

  마. 표지돌, 안내판 및 경고판을 설치하는 행위

  바. 보호 울타리를 설치하는 행위

  사. 수목의 가지 고르기, 병충해 방제, 거름 주기 등 수목에 대한 일반적 보호·관리

  아. 학술·연구 목적이나 보존을 위한 종자 및 묘목을 채취하는 행위

4. 법 제35조제1항제2호 및 이 영 제21조의2제2항의 행위 중 문화재청장이 경미한 행위로 정하여 고시하는 행위

5. 법 제35조제1항제3호의 행위 중 국가지정문화재(법 제48조제2항에 따라 공개가 제한되는 국가지정문화재는 제외한다)의 촬영행위

6. 법 제35조제1항제4호의 행위 중 문화재청장이 경미한 행위로 정하여 고시하는 행위

[본조신설 2014. 12. 23.]

제21조의4(현상변경 등 허가를 위한 조사 시 관계 전문가의 범위) 법 제36조제2항에 따라 문화재의 현상변경 등의 허가를 위하여 필요한 조사를 하게 할 수 있는 관계 전문가는 다음 각 호의 어느 하나에 해당하는 사람으로 한다.

1. 문화재위원회의 위원 또는 전문위원

2. 법 제71조에 따른 시·도문화재위원회의 위원 또는 전문위원

3. 「고등교육법」 제2조에 따른 학교의 문화재 관련 학과의 조교수 이상인 교원

4. 문화재 업무를 담당하는 학예연구관, 학예연구사 또는 나군 이상의 전문경력관

5. 「고등교육법」 제2조에 따른 학교의 건축, 토목, 환경, 도시계획, 소음, 진동, 대기오염, 화학물질, 먼지 또는 열에 관련된 분야의 학과의 조교수 이상인 교원

6. 제5호에 따른 분야의 학회로부터 추천을 받은 사람

7. 그 밖에 문화재 관련 분야에서 5년 이상 종사한 사람으로서 문화재에 관한 지식과 경험이 풍부하다고 문화재청장이 인정한 사람

[본조신설 2014. 12. 23.]

제22조(허가서) 문화재청장은 법 제36조에 따라 허가하는 경우에는 신청인의 성명, 대상문화재, 허가사항, 허가기간 및 허가조건 등을 적은 허가서를 관할 특별자치시장, 특별자치도지사, 시장·군수·구청장을 거쳐 신청인에게 내주어야 한다. 이 경우 문화재청장은 관할 시·도지사(특별자치시장과 특별자치도지사는 제외한다)에게 허가사항 등을 알려야한다. 다만, 법 제35조제1항제3호에 해당하는 행위에 대한 허가 및 문화재청장이 직접관리하고 있는 국가지정문화재 안에서 이루어지는 현상변경 행위에 대한 허가를 하는경우에는 특별자치시장, 특별자치도지사, 시장·군수·구청장을 거치지 아니하거나 관할시·도지사에게 허가사항 등을 알리지 아니하여도 된다. 〈개정 2014. 12. 23.〉

제23조(관리자 선임 등의 신고) ① 국가지정문화재에 관하여 법 제40조제1항 본문 및 같은조 제3항 본문에 따라 신고하려는 자는 해당 국가지정문화재의 종류, 지정번호, 명칭, 수량 및 소재지 등을 적은 관리자 선임 등의 신고서를 그 사유가 발생한 날부터 15일이내에 관할 시장·군수·구청장 및 시·도지사를 거쳐 문화재청장에게 제출하여야 한다. 다만, 법 제40조제1항제9호의 경우에는 그 지정일부터 3개월 이내에 신고서를 제출하면된다. 〈개정 2014. 12. 23.〉

② 국가지정문화재에 관하여 법 제40조제1항 단서 및 같은 조 제3항 단서에 따라 신고하려는 자는 해당 국가지정문화재의 종류, 지정번호, 명칭, 수량 및 소재지 등을 적은신고서를 그 사유가 발생한 날부터 15일 이내에 특별자치시장, 특별자치도지사, 시장·군수·구청장에게 제출하여야 한다. 〈신설 2014. 12. 23.〉

제24조(천연기념물의 보존 및 생존을 위한 조치 등의 신고) 법 제40조제1항제9호의3에서"질병 등 기타 위험의 방지, 보존 및 생존을 위하여 필요한 조치 등 대통령령으로 정하

는 행위"란 다음 각 호의 행위를 말한다.

1. 「가축전염병 예방법」 제2조제2호의 가축전염병으로 인한 사체의 긴급 매장·소각
2. 천연기념물과 항공기 간의 충돌 등으로 인한 사고예방을 위한 포획 등의 긴급 조치 및 사후처리

[본조신설 2018. 5. 28.]

제25조(동물의 수입·반입 신고) 법 제41조제1항에 따라 천연기념물로 지정된 동물의 종(種)[아종(亞種)을 포함한다]을 국외로부터 수입·반입한 자는 해당 동물의 수입·반입 후 30일 이내에 문화체육관광부령으로 정하는 신고서(전자문서로 된 신고서를 포함한다)에 다음 각 호의 서류(전자문서를 포함한다)를 첨부하여 문화재청장에게 제출하여야 한다.

1. 수입·반입의 경위를 확인할 수 있는 서류
2. 원산지 증명서
3. 해당 동물의 사진

[본조신설 2018. 5. 28.]

제26조 삭제 〈2015. 10. 6.〉

제27조 삭제 〈2015. 10. 6.〉

제28조(정기조사 등의 위탁) 문화재청장은 법 제44조제6항에 따라 국가지정문화재의 정기조사와 재조사를 다음 각 호의 어느 하나에 해당하는 기관 또는 단체에 위탁할 수 있다.

1. 문화재 관련 조사, 연구, 교육, 수리 또는 학술 활동을 목적으로 설립된 법인 또는 단체
2. 「박물관 및 미술관 진흥법」 제10조 및 제12조부터 제14조까지의 규정에 따른 박물관 또는 미술관
3. 「고등교육법」 제2조에 따른 학교의 문화재 관련 부설 연구기관 또는 산학협력단

제29조(손실 보상의 신청) 법 제46조에 따라 손실을 보상받으려는 자는 국가지정문화재의 종류, 지정번호, 명칭, 수량, 소재지 또는 보관 장소와 그 사유를 적은 신청서에 증명서류를 첨부하여 문화재청장에게 신청하여야 한다.

제30조 삭제 〈2015. 10. 6.〉

제31조 삭제 〈2015. 10. 6.〉

제32조 삭제 〈2015. 10. 6.〉

제33조(국가등록문화재의 관리자 선임 등 신고) 국가등록문화재의 소유자나 관리자 또는

법 제54조제2항에 따라 지정을 받은 자는 법 제55조 각 호의 어느 하나에 해당하는 사유가 발생하면 그 사유가 발생한 날부터 15일 이내에 그 사실을 시장·군수·구청장 및 시·도지사를 거쳐 문화재청장에게 신고하여야 한다.

제33조의2(국가등록문화재의 현상변경 신고 대상 행위) 법 제56조제1항제1호에서 "대통령령으로 정하는 행위"란 국가등록문화재(동산에 속하는 문화재는 제외한다. 이하 이 조에서 같다)의 외관을 변경하는 행위로서 다음 각 호의 어느 하나에 해당하는 행위를 말한다. 다만, 국가등록문화재의 파손을 예방하거나 파손의 확대를 방지하기 위한 임시 조치는 제외한다. 〈개정 2016. 12. 30.〉

1. 해당 문화재가 건축물인 경우 외관(지붕부를 포함한다) 면적의 4분의 1 이상에 이르는 디자인, 색채, 재질 또는 재료 등을 변경하는 행위

2. 해당 문화재가 건축물 외의 시설물인 경우에는 해당 시설물의 디자인, 색채, 재질 또는 재료 등을 다음 각 목에 따른 면적의 4분의 1 이상 변경하는 행위

   가. 교량·등대 등 구조물인 경우에는 그 외관 면적

   나. 터널·동굴 등 그 외관이 드러나지 아니하는 시설물인 경우에는 내부의 표면적

   다. 그 밖의 경우에는 법 제53조제1항에 따라 국가등록문화재로 등록할 때 등록된 면적

[본조신설 2014. 12. 23.]

제34조(국가등록문화재의 현상변경 허가 기준 및 절차) ① 법 제56조제2항에 따라 현상변경의 허가를 받거나 허가사항을 변경하려는 자는 해당 국가등록문화재의 등록번호, 명칭, 수량 및 소재지를 적은 허가신청서를 관할 특별자치시장, 특별자치도지사, 시장·군수·구청장을 거쳐 문화재청장에게 제출하여야 한다. 이 경우 시장·군수·구청장은 관할 시·도지사에게 허가신청 사항 등을 알려야 한다. 〈개정 2014. 12. 23.〉

② 문화재청장은 제1항에 따른 허가신청을 받으면 그 허가신청 대상 행위가 국가등록문화재의 기본적인 양식, 구조 및 특성에 영향을 미치지 아니한 경우에만 허가하여야 한다.

③ 문화재청장은 제2항에 따라 허가하려면 신청인의 성명, 대상 문화재, 허가사항, 허가기간 및 허가조건 등을 적은 허가서(변경허가서를 포함한다)를 관할 특별자치시장, 특별자치도지사, 시장·군수·구청장을 거쳐 신청인에게 내주어야 한다. 이 경우 문화재청장은 관할 시·도지사(특별자치시장과 특별자치도지사는 제외한다)에게 허가사항 등을 알려야 한다. 〈개정 2014. 12. 23.〉

제35조(국가등록문화재의 건폐율과 용적률 등) ① 법 제57조에 따른 국가등록문화재의 용

도지역별 건폐율 및 용적률은 해당 국가등록문화재의 구조, 특성 및 주변 경관을 고려하여 「국토의 계획 및 이용에 관한 법률 시행령」 제84조 및 제85조에 따른 용도지역에서의 건폐율 및 용적률의 150퍼센트 안에서 정하되, 그 세부적인 비율은 관할 지방자치단체의 조례로 정한다.

② 지방자치단체의 장은 제1항에 따른 건폐율 및 용적률의 특례를 적용하여 건축허가를 한 경우에는 허가한 날부터 15일 안에 해당 허가 내용을 문화재청장에게 통보하여야 한다.

제36조(일반동산문화재의 범위) 법 제60조제1항에 따른 일반동산문화재의 범위는 다음 각 호의 분야에 해당하는 동산 중 별표 3의 기준을 충족하는 것으로 한다.

1. 회화류, 조각류, 공예류, 서예류, 석조류 등 미술 분야
2. 서책(書冊)류, 문서류, 서각(書刻: 글과 그림을 새겨 넣는 것)류 등 전적(典籍) 분야
3. 고고자료, 민속자료, 과학기술자료 등 생활기술 분야
4. 동물류, 식물류, 지질류 등 자연사 분야

[전문개정 2019. 12. 31.]

제37조(일반동산문화재의 확인 등) ① 문화재청장은 법 제60조제5항에 따른 확인을 하려면 법 제60조의2제1항에 따라 배치된 문화재감정위원의 감정을 받아야 한다. 〈개정 2015. 10. 6.〉

② 법 제60조의2제1항에 따라 배치되는 문화재감정위원은 다음 각 호의 어느 하나에 해당하는 사람이어야 한다. 〈신설 2015. 10. 6.〉

1. 문화재위원회의 위원 또는 전문위원
2. 문화재청, 국립중앙박물관, 특별시·광역시·특별자치시·도 또는 특별자치도 소속 공무원으로서 동산문화재 관계 분야의 학예연구관 또는 가군 전문경력관
3. 동산문화재 관계 분야의 학사 이상 학위 소지자로서 해당 문화재 분야에 종사한 경력이 2년 이상인 사람
4. 대학의 동산문화재 또는 천연기념물 관계 분야 학과의 조교수 이상인 사람 또는 그 학과에서 2년 이상 강의를 담당한 경력이 있는 사람
5. 동산문화재 관계 분야의 저서가 있거나 3편 이상의 논문을 발표한 사람
6. 동산문화재 관계 분야에서 5급 이상의 국가공무원 또는 지방공무원으로 3년 이상 계속 근무한 경력이 있는 사람
7. 동산문화재 관계 분야에서 5년 이상 계속 근무한 경력이 있는 사람

③ 문화재청장은 법 제60조의2제1항에 따라 문화재감정위원을 다음 각 호의 장소에 배치할 수 있다. 〈신설 2015. 10. 6., 2017. 3. 29.〉

1. 「공항시설법」 제2조제3호의 공항

2. 「항만법」 제2조제2호의 무역항

3. 「관세법」 제256조제2항의 통관우체국

4. 「통일부와 그 소속기관 직제」 제30조의4의 남북출입사무소

④ 제1항에 따른 감정의 절차 및 요령에 관하여 필요한 사항은 문화체육관광부령으로 정한다. 〈개정 2015. 10. 6.〉

[제목개정 2015. 10. 6.]

제38조(일반동산문화재의 보존·관리 방안) ① 법 제61조제2항에 따른 문화재에 관한 보존·관리 방안은 다음 각 호의 사항을 포함하여야 한다.

1. 일반동산문화재의 현황

2. 일반동산문화재의 보관 경위 및 관리·수리 이력

3. 보존·관리의 개선이 필요한 문화재와 그 조치 방안(조치할 내용, 추진 일정 및 방법 등을 포함한다)

4. 일반동산문화재의 보존처리계획 및 학술연구 등 활용계획

② 법 제61조제3항에 따라 문화재청장의 요청을 받은 국가기관 또는 지방자치단체의 장은 요청받은 날부터 30일 이내에 문화재청장에게 해당 문화재에 관한 보존·관리 방안을 보고하여야 한다.

제38조의2 삭제 〈2016. 6. 28.〉

제39조 삭제 〈2016. 12. 30.〉

제40조(보고) 시·도지사는 법 제73조제1항 각 호의 어느 하나에 해당하는 사유가 발생하면 그 날부터 15일 이내에 문화재청장에게 보고하여야 한다.

제41조(문화재매매업의 허가) ① 법 제75조제1항에 따라 문화재매매업 허가를 받아야 하는 자는 동산에 속하는 유형문화재나 유형의 민속문화재로서 제작된 지 50년 이상된 것에 대하여 매매 또는 교환하는 것을 업(業)으로 하려는 자(위탁을 받아 매매 또는 교환하는 것을 업으로 하려는 자를 포함한다)로 한다.

② 법 제75조제1항에 따라 문화재매매업 허가를 받으려는 자는 문화체육관광부령으로 정하는 바에 따라 허가신청서를 특별자치시장, 특별자치도지사, 시장·군수·구청장에게

제출하여야 한다. 〈개정 2014. 12. 23.〉

③ 법 제75조제2항에 따라 문화재매매업자는 문화체육관광부령으로 정하는 바에 따라 매년 제1항에 따른 문화재의 보존 상황, 매매 또는 교환 현황을 기록한 서류를 첨부하여 다음 해 1월 31일까지 특별자치시장, 특별자치도지사, 시장·군수·구청장에게 그 실태를 신고하여야 한다. 〈개정 2014. 12. 23.〉

④ 제3항에 따라 실태를 신고받은 특별자치시장, 특별자치도지사, 시장·군수·구청장은 이를 시·도지사(특별자치시장과 특별자치도지사는 제외한다)를 거쳐 다음 해 2월 말일까지 문화재청장에게 보고하여야 한다. 〈개정 2014. 12. 23.〉

제42조(권한의 위임) ① 문화재청장은 법 제82조에 따라 궁능유적본부장의 소관 문화재에 관한 다음 각 호의 권한을 궁능유적본부장에게 위임한다.

1. 법 제35조(법 제47조에 따라 준용되는 경우를 포함한다)에 따른 허가 또는 변경허가
2. 법 제37조(법 제47조에 따라 준용되는 경우를 포함한다)에 따른 허가 취소
3. 법 제39조(법 제47조에 따라 준용되는 경우를 포함한다)에 따른 국외 반출 허가
4. 법 제40조(법 제47조에 따라 준용되는 경우를 포함한다)에 따른 신고의 수리
5. 법 제42조(법 제47조에 따라 준용되는 경우를 포함한다)에 따른 행정명령
6. 법 제48조에 따른 국가지정문화재의 공개 및 공개 제한
7. 법 제49조(법 제59조제2항에 따라 준용되는 경우를 포함한다)에 따른 관람료의 징수 및 감면
8. 법 제55조제7호에 따른 신고의 접수
9. 법 제56조제2항에 따른 허가 또는 변경허가
10. 법 제88조제3호에 따른 청문
11. 법 제103조에 따른 과태료의 부과·징수(위임받은 권한을 처리하기 위하여 필요한 경우만 해당한다)

② 문화재청장은 법 제82조에 따라 다음 각 호의 권한을 시·도지사에게 위임한다.

1. 법 제87조제1항제3호에 따른 허가 또는 변경허가를 위한 협의
2. 제47조제2항에 따른 통지

제43조(수사기관의 범위) ① 법 제86조에 따른 수사기관은 다음 각 호의 기관을 말한다.

1. 검사
2. 「형사소송법」 제196조에 따른 사법경찰관리
3. 「검찰청법」 제47조에 따라 사법경찰관리의 직무를 수행하는 사람

4. 「사법경찰관리의 직무를 수행할 자와 그 직무범위에 관한 법률」제5조제14호에 따른
국가공무원 또는 지방공무원

5. 「관세법」제295조에 따른 세관공무원

② 제1항 각 호의 어느 하나에 해당하는 사람은 법 제86조제1항에 따른 제보자가 될 수
없다.

제44조(제보의 처리) 법 제86조에 따라 제보를 받은 수사기관은 문화체육관광부령으로 정
하는 바에 따라 제보 조서를 작성하여 문화재청장에게 제출하여야 한다.

제45조(포상금의 지급) ① 법 제86조에 따른 포상금 지급기준은 다음 표와 같다. 〈개정
2015. 10. 6.〉

등급	포상금액	
	제보한 자	체포에 공로가 있는 자
1등급	2,000만원	400만원
2등급	1,500만원	300만원
3등급	1,000만원	200만원
4등급	500만원	100만원
5등급	250만원	50만원

② 제1항에 따른 포상금의 지급등급기준은 문화체육관광부령으로 정한다.

제46조(포상금의 배분) 제45조에 따라 포상금을 지급하는 경우에 제보자가 2명 이상이거
나 범인 체포에 공로가 있는 사람이 2명 이상인 경우에는 그 공로의 비중을 고려하여
문화재청장이 그 배분액을 결정한다. 다만, 포상금을 받을 사람이 배분액에 관하여 상호
간에 미리 합의한 경우에는 그 합의된 금액 또는 비율에 따라 배분할 수 있다.
[전문개정 2015. 10. 6.]

제47조(자연공원구역 안에서의 사적의 지정 등) ① 법 제87조제1항 및 제2항에 따라 해당
공원관리청과 협의하여야 할 경우는 다음과 같다. 〈개정 2014. 12. 23.〉

1. 법 제87조제1항제1호 및 제2호의 경우: 「자연공원법」에 따른 공원구역에서 면적 3만
제곱미터 이상의 지역 또는 구역을 지정하는 경우

2. 법 제87조제1항제3호 및 같은 조 제2항의 경우: 「자연공원법」에 따른 공원구역에서
법 제35조제1항에 따라 허가나 변경허가를 하는 경우[「자연공원법」제23조제1항 각 호
의 경우로 한정하되, 국가지정문화재, 시·도지정문화재, 문화재자료 또는 그 보호물의 증축,

개축, 재축(再築), 이축과 외부를 도색하는 행위는 제외한다]

② 문화재청장은 「자연공원법」에 따른 공원구역 안에서 법 제87조제1항제1호 및 제2호에 해당하는 행위를 하는 경우로서 3만 제곱미터 미만의 지역 또는 구역을 지정하는 경우에는 해당 공원관리청에 그 내용을 알려야 한다.

제47조의2(고유식별정보의 처리) 특별자치시장, 특별자치도지사, 시장·군수·구청장은 다음 각 호의 사무를 수행하기 위하여 불가피한 경우 「개인정보 보호법 시행령」 제19조제1호 또는 제4호에 따른 주민등록번호 또는 외국인등록번호가 포함된 자료를 처리할 수 있다.

1. 법 제75조에 따른 문화재매매업의 허가, 신고 또는 변경신고에 관한 사무
2. 법 제75조의2제2항에 따른 문화재매매업의 승계 신고에 관한 사무
3. 법 제78조제2항에 따른 매매·교환 등에 관한 장부의 검인에 관한 사무
4. 법 제80조에 따른 문화재매매업의 허가 취소에 관한 사무

제48조(과태료의 부과기준) ① 법 제103조에 따른 과태료의 부과기준은 별표 4와 같다.

② 문화재청장, 시·도지사 또는 시장·군수·구청장은 위반행위의 동기, 내용, 횟수 및 위반의 정도 등을 고려하여 제1항의 기준에 따른 과태료 금액의 2분의 1의 범위에서 그 금액을 가중하거나 감경할 수 있다. 다만, 가중하는 경우에도 과태료 총액은 법 제103조에 따른 과태료의 상한액을 초과할 수 없다.

❽ 문화재보호법 시행규칙

[시행 2020. 5. 27.] [문화체육관광부령 제391호, 2020. 5. 27., 일부개정]

제1조(목적) 이 규칙은 「문화재보호법」 및 「문화재보호법 시행령」에서 위임된 사항과 그 시행에 필요한 사항을 규정함을 목적으로 한다.

제2조(검토의견서) 「문화재보호법 시행령」(이하 "영"이라 한다) 제7조의2제4항에 따른 검토 의견서는 별지 제1호서식에 따른다.

[전문개정 2015. 1. 29.]

제2조의2(역사문화환경 보존지역 내 행위기준의 수립) ① 문화재청장은 「문화재보호법」 (이하 "법"이라 한다) 제13조제6항에 따라 특별시장·광역시장·특별자치시장·도지사·특별자치도지사(이하 "시·도지사"라 한다) 또는 시장·군수·구청장에게, 시·도지사는 시장·군수·구청장에게 다음 각 호의 자료 또는 의견을 제출하도록 요구할 수 있다.

1. 별표 1에 따른 역사문화환경 보존지역 현황조사 결과
2. 제1호의 조사 결과를 반영한 행위기준안 및 이를 작성한 시·도지사 또는 시장·군수·구청장의 의견
3. 제2호의 행위기준안에 대한 지역 주민 및 관리단체의 의견
4. 그 밖에 문화재청장 또는 시·도지사가 행위기준 수립에 필요하다고 인정하여 요청한 자료

② 문화재청장 또는 시·도지사는 제1항 각 호의 자료 또는 의견을 검토하기 위하여 필요한 경우 다음 각 호의 전문가에게 조사를 실시하도록 할 수 있다.

1. 법 제8조에 따른 문화재위원회(이하 "문화재위원회"라 한다)의 위원 또는 전문위원
2. 법 제71조에 따른 시·도문화재위원회(이하 "시·도문화재위원회"라 한다)의 위원 또는 전문위원
3. 「고등교육법」 제2조에 따른 학교의 문화재 관련 학과의 조교수 이상인 교원
4. 문화재 업무를 담당하는 학예연구관, 학예연구사 또는 나군 이상의 전문경력관
5. 「고등교육법」 제2조에 따른 학교의 건축, 토목, 환경, 도시계획, 소음, 진동, 대기오염, 화학물질, 먼지 또는 열에 관련된 분야의 학과의 조교수 이상인 교원
6. 제5호에 따른 분야의 학회로부터 추천을 받은 사람
7. 그 밖에 문화재 관련 분야에서 5년 이상 종사한 사람으로서 문화재에 관한 지식과 경

험이 풍부하다고 문화재청장 또는 시·도지사가 인정한 사람

③ 문화재청장 또는 시·도지사는 법 제13조제5항에 따른 행위기준의 고시일부터 10년마다 역사문화환경 보존지역의 토지이용 현황, 지형의 변화 등 해당 지역의 여건을 조사하여 필요하다고 인정되는 경우에는 행위기준을 변경하여 고시할 수 있다.

④ 제3항에 따른 행위기준 변경에 관하여는 제1항 및 제2항을 준용한다.

[본조신설 2015. 1. 29.]

제3조(도난방지장치 설치기준) 법 제14조의3제1항에서 "문화체육관광부령으로 정하는 기준"이란 다음 각 호의 기준을 말한다. 〈개정 2018. 3. 12.〉

1. 도난방지장치를 설치할 때에는 지정문화재가 훼손되지 아니하도록 하고, 지정문화재 경관과 조화되도록 할 것

2. 도난방지장치는 모니터링, 호환성 및 유지·관리의 편리성 등을 고려하여 선택할 것

3. 도난방지장치의 설치 장소를 면밀히 분석하여 감시가 미치지 아니하는 곳이 없도록 설치할 것

4. 도난방지장치 관리자는 도난방지장치가 잘 작동되도록 관리할 것

제3조의2(금연구역 등을 알리는 표지의 설치 기준 및 방법) 법 제14조의4제2항에 따른 금연구역과 흡연구역을 알리는 표지의 설치 기준 및 방법은 별표 1의2와 같다.

[전문개정 2018. 3. 12.]

제4조(문화재 전문인력에 대한 장학금 지급) ① 문화재청장은 법 제16조제2항에 따라 문화재의 보호·관리 및 수리 등과 관련된 전문인력 양성을 위한 장학금을 지급하려는 경우에는 다음 각 호의 어느 하나에 해당하는 사람 중에서 장학금 지급 대상자를 선정하여야 한다. 〈개정 2015. 12. 23.〉

1. 문화재의 보호·관리에 관한 기능 및 기술 교육을 받고 있거나 받으려는 사람

2. 국내 또는 국외의 대학에서 문화재의 보호·관리에 관한 교육을 받고 있거나 받으려는 사람

3. 국내 또는 국외의 연구기관에서 문화재의 보호·관리에 관하여 연구하고 있거나 연구하려는 사람

② 제1항에 따른 장학금을 받으려는 사람은 별지 제2호서식의 장학금 지급 신청서에 별지 제3호서식의 서약서를 첨부하여 문화재청장에게 제출하여야 한다.

③ 장학금은 예산의 범위에서 교육비 또는 연구비에 상응하는 금액을 문화재청장이 정하여 지급한다.

제5조(성적증명서 제출 등) ① 법 제16조제3항에 따라 성적증명서 또는 연구실적보고서 제출을 명령받은 사람은 그 명령을 받은 날부터 1개월 안에 성적증명서 또는 연구실적보고서를(전자문서로 된 보고서를 포함한다) 문화재청장에게 제출하여야 한다.

② 법 제16조제4항에서 "문화체육관광부령으로 정하는 사유"란 다음 각 호의 어느 하나의 사유를 말한다.

1. 전공 학과 또는 연구 분야를 변경한 경우
2. 수학 또는 연구를 중단한 경우
3. 신체적·정신적 장애나 그 밖의 사유로 계속적인 수학 또는 연구를 할 수 없게 된 경우
4. 본인의 성명·주소 등이 변경된 경우

③ 장학금을 받아 교육이나 연구를 마친 사람은 교육이나 연구를 마친 날부터 1개월 안에 교육수료 증명서 또는 연구보고서(전자문서로 된 보고서를 포함한다)를 문화재청장에게 제출하여야 한다.

제6조(장학금 지급의 중지 또는 반환) ① 법 제16조제5항에서 "문화체육관광부령으로 정하는 사유"란 다음 각 호의 어느 하나의 사유를 말한다.

1. 제5조제2항제1호부터 제3호까지의 사유 중 어느 하나에 해당하는 경우
2. 학업 및 연구 성적이 매우 불량한 경우
3. 정당한 사유 없이 제5조제1항에 따른 성적증명서 또는 연구실적보고서를 제출하지 아니한 경우

② 문화재청장은 제1항에 따라 장학금 지급을 중지하면 그 사유를 본인과 소속 학교장 또는 소속 기관장에게 통보하여야 하며, 장학생에게 장학금 지급 중지 사유가 소멸되면 장학금을 다시 지급할 수 있다.

③ 문화재청장은 장학금을 받은 사람이 다음 각 호의 어느 하나에 해당하면 법 제16조제5항에 따라 장학금의 반환을 명할 수 있다.

1. 정당한 사유 없이 수학 또는 연구를 중단한 경우
2. 정당한 사유 없이 전공 학과 또는 연구 분야를 변경한 경우
3. 제5조제3항에 따른 교육수료 증명서 또는 연구보고서를 제출하지 아니한 경우

④ 제3항에 따라 반환을 명령하는 금액은 이미 지급한 장학금 전액으로 한다. 다만, 지급된 장학금을 면제할 필요가 있는 경우에는 문화재청장은 그 일부 또는 전부의 반납을 면제할 수 있다.

제7조(문화재교육지원센터의 지정 신청 등) ① 법 제22조의4제1항 및 영 제10조의3제1항

에 따라 문화재교육지원센터로 지정을 받으려는 자는 별지 제3호의2서식의 문화재교육 지원센터 지정 신청서에 다음 각 호의 서류를 첨부하여 문화재청장에게 제출해야 한다.

1. 문화재교육지원센터 운영계획서

2. 최근 3년간의 문화재교육 실시 실적

3. 시설 및 장비 보유 현황

4. 문화재교육 전문인력 현황

② 영 제10조의3제2항에 따른 지정서는 별지 제3호의3서식에 따른다.

[본조신설 2020. 5. 27.]

제7조의2(문화재교육 프로그램의 인증 신청 절차 등) ① 법 제22조의6제2항에 따라 문화재 교육 프로그램에 대한 인증을 신청하려는 자는 별지 제3호의4서식의 문화재교육 프로그 램 인증신청서에 문화재교육 프로그램의 교육내용, 구성 및 교육시설 등에 관한 자료를 첨부하여 문화재청장에게 제출해야 한다.

② 법 제22조의6제3항에서 "교육내용·교육과목·교육시설 등 문화체육관광부령으로 정 하는 인증기준"이란 별표 1의3과 같다.

③ 제1항에 따라 인증 신청을 받은 문화재청장은 문화재교육 프로그램을 인증한 경우에 는 별지 제3호의5서식의 문화재교육 프로그램 인증서를 신청인에게 발급해야 하며, 인 증을 하지 않은 때에는 그 사유를 신청인에게 통보해야 한다.

④ 법 제22조의6제3항에 따라 인증을 받은 자는 해당 문화재교육 프로그램에 별표 1의4 에 따른 인증표시를 할 수 있다.

⑤ 문화재청장은 법 제22조의6제3항에 따라 문화재교육 프로그램을 인증하거나 법 제 22조의7에 따라 인증을 취소한 경우에는 그 사실을 문화재청의 인터넷 홈페이지에 공고 해야 한다.

⑥ 제1항부터 제5항까지에서 규정한 사항 외에 문화재교육 프로그램의 인증에 필요한 사항은 문화재청장이 정하여 고시한다.

[본조신설 2020. 5. 27.]

제8조(조사보고서) 영 제11조제3항 및 제13조제3항에 따른 국가지정문화재, 보호물 및 보호 구역의 지정 검토를 위한 조사보고서는 별지 제4호서식에 따른다. 이 경우 조사보고서 작성자는 건조물이 아닌 국보·보물·국가민속문화재에 대해서는 문화재별 특수성에 따라 일부 항목을 변경하여 작성할 수 있다. 〈개정 2015. 1. 29., 2016. 2. 29., 2017. 6. 30.〉

1. 삭제 〈2016. 2. 29.〉

2. 삭제 〈2016. 2. 29.〉

제9조(지정하여야 할 문화재 등에 대한 보고) 시·도지사는 법 제23조 및 제25조부터 제27조까지의 규정에 따라 지정하여야 할 문화재 등이 있으면 별지 제5호서식(전자문서로 된 보고서를 포함한다)에 다음 각 호의 서류를 첨부하여 그 지정이 필요한 취지를 문화재청장에게 보고하여야 한다. 이 경우 건조물이 아닌 국보·보물·국가민속문화재의 지정에 대하여는 각각의 특수성에 따라 일부 항목을 변경하여 작성할 수 있다. 〈개정 2017. 6. 30.〉

1. 시·도지사 및 시장·군수 또는 구청장의 검토의견서

2. 관계전문가의 조사의견 및 시·도 문화재위원회의 심의 관계자료

3. 문화재의 연혁·특징, 지정 가치 및 근거기준에 관한 세부 설명자료

4. 문화재 도면자료

5. 문화재에 대한 학술·고증자료

6. 문화재 사진자료

7. 문화재(그 보호물 및 보호구역을 포함한다)의 위치도, 지적도, 수치도, 지형도 및 이미지 파일 등

8. 「문화재보호법」 제13조제1항에 따른 역사문화환경 보존지역 안에 있는 문화재의 보존에 영향을 미칠 우려가 있는 행위에 관한 기준

9. 문화재 보존 정비·활용계획

10. 해당 지역의 토지이용계획 및 개발계획 현황

11. 해당 문화재 소유자(단체)의 취득 경위에 관한 자료

[전문개정 2016. 2. 29.]

제10조(국보 등의 지정서) ① 법 제29조제1항에 따른 국보, 보물 또는 국가민속문화재의 지정서에는 다음 각 호의 사항을 적어야 한다. 〈개정 2017. 6. 30.〉

1. 명칭 및 수량

2. 지정번호 및 지정 연월일

3. 건조물인 경우에는 구조 및 형식

4. 건조물 외의 것은 규격, 형태, 재료 및 그 밖의 특징

5. 소재지 또는 보관 장소

6. 소유자의 성명 및 주소

② 국보의 지정서는 별지 제6호서식에 따르고, 보물 및 국가민속문화재의 지정서는 별지 제7호서식에 따른다. 〈개정 2017. 6. 30.〉

③ 제1항 각 호의 사항을 적을 경우에는 다음 각 호에서 정하는 바에 따라 지정서 부록을 별도로 만들어 적어야 한다. 이 경우 지정서 부록은 해당 지정서의 일부분으로 보며, 부록과 지정서의 뒷면 사이에는 간인을 찍어야 한다. 〈개정 2017. 6. 30.〉

1. 제1항제1호의 수량에 세목(細目)이 있는 경우 그 세목: 국보의 경우에는 별지 제8호서식의 지정서 부록에 적고, 보물 및 국가민속문화재의 경우에는 별지 제9호서식의 지정서 부록에 적는다.

2. 제1항제3호 및 제4호의 사항: 국보의 경우에는 별지 제8호서식의 지정서 부록에 적고, 보물 및 국가민속문화재의 경우에는 별지 제9호서식의 지정서 부록에 적는다.

④ 제1항에 따른 지정서를 멸실하거나 훼손하였을 때에는 해당 문화재의 소유자는 별지 제10호서식의 재발급 신청서를 문화재청장에게 제출하여 지정서를 다시 발급받아야 한다.

⑤ 문화재청장은 국보, 보물 및 국가민속문화재의 지정서를 발급하거나 재발급하면 별지 제11호서식의 국가지정문화재의 종류별 지정서 발급대장에 그 내용을 적어야 한다. 〈개정 2017. 6. 30.〉

⑥ 제5항의 발급대장은 전자적으로 처리할 수 없는 특별한 사유가 있는 경우를 제외하고는 전자적 방법으로 작성하여야 한다.

제11조 삭제 〈2016. 2. 29.〉

제12조(국가지정문화재의 지정 해제 등의 절차) ① 문화재청장은 다음 각 호의 어느 하나에 해당하는 지정 해제 등을 하려면 문화재위원회의 해당 분야 위원이나 전문위원 등 관계 전문가 3명 이상에게 해당 문화재에 대한 조사를 요청하여야 한다.

1. 법 제31조제1항에 따른 국가지정문화재 지정의 해제

2. 삭제 〈2016. 2. 29.〉

3. 삭제 〈2016. 2. 29.〉

4. 법 제31조제4항에 따른 보호물 또는 보호구역 지정의 해제 또는 그 범위의 조정

② 삭제 〈2016. 2. 29.〉

③ 제1항에 따라 조사 요청을 받은 사람은 조사를 한 후 조사보고서(전자문서로 된 보고서를 포함한다)를 작성하여 문화재청장에게 제출하여야 한다.

④ 문화재청장은 제3항에 따른 조사보고서를 검토하여 제1항 각 호의 지정 해제 등이 필요하다고 판단되면 문화재위원회의 심의 전에 그 심의할 내용을 관보에 30일 이상 예고하여야 한다. 〈개정 2016. 2. 29.〉

⑤ 문화재청장은 제4항에 따른 예고가 끝난 날부터 6개월 안에 문화재위원회의 심의를

거쳐 제1항 각 호의 지정 해제 등의 여부를 결정하여야 한다.

⑥ 문화재청장은 이해관계자의 이의제기 등 부득이한 사유로 6개월 안에 제5항에 따른 지정 해제 등을 결정하지 못한 경우에 그 지정 해제 등의 여부를 다시 결정할 필요가 있으면 제4항에 따른 예고 및 제5항에 따른 지정 해제 등의 절차를 다시 거쳐야 한다.

제13조(관리단체의 지정서) ① 문화재청장은 법 제34조제1항에 따른 국가지정문화재의 관리단체(이하 "관리단체"라 한다)를 지정하는 경우에는 별지 제17호서식의 국가지정문화재 관리단체 지정서를 발급하여야 하며, 별지 제18호서식의 국가지정문화재 관리단체 지정서 발급대장에 그 내용을 적고 이를 관리하여야 한다.

② 제1항에 따라 관리단체 지정서를 발급받은 관리단체는 그 지정기간이 만료되거나 지정이 해제되면 10일 안에 그 지정서를 반환하여야 한다.

제14조(허가신청서) ① 법 제35조제1항제1호 및 영 제21조에 따라 국가지정문화재(보호물·보호구역과 천연기념물 중 죽은 것 및 법 제41조제1항에 따라 수입·반입 신고된 것을 포함한다)의 현상을 변경하는 행위에 대한 허가를 신청하려면 별지 제19호서식에 다음 각 호의 자료를 첨부하여 문화재청장에게 제출하여야 한다. 〈개정 2018. 5. 29.〉

1. 현상변경 계획서
2. 위치도, 배치도 등 현상변경 사항을 확인할 수 있는 관련 도면
3. 현장 사진

② 법 제35조제1항제2호 및 영 제21조에 따라 국가지정문화재(동산에 속하는 문화재는 제외한다)의 보존에 영향을 미칠 우려가 있는 행위에 대한 허가를 신청하려면 별지 제19호의2서식에 다음 각 호의 서류를 첨부하여 문화재청장에게 제출하여야 한다.

1. 행위 계획서
2. 다음 각 목에 해당하는 관련 도면. 다만, 「건축법」 제14조에 따른 신고대상 건축물인 경우에는 제출하지 아니할 수 있다.

   가. 건설공사 등 땅깎기·흙쌓기 계획을 포함하는 경우 또는 시설물·공작물을 설치하는 경우: 배치도·평면도·입면도·단면도 및 대지 종횡단면도

   나. 「건축법」 제10조에 따른 사전결정 신청 건축물의 경우: 배치도 및 대지 종횡단면도
3. 현장 사진

③ 법 제35조제1항제3호 및 영 제21조에 따라 국가지정문화재의 탁본, 영인(影印) 또는 그 보존에 영향을 미칠 우려가 있는 촬영 행위에 대한 허가를 신청하려면 별지 제20호서식에 행위 계획서를 첨부하여 문화재청장에게 제출하여야 한다.

④ 법 제35조제1항제4호 및 영 제21조에 따라 명승이나 천연기념물로 지정된 구역 등에서 동물, 식물, 광물을 포획·채취하거나 반출하는 행위에 대한 허가를 신청하려면 별지 제21호서식에 행위 계획서를 첨부하여 문화재청장에게 제출하여야 한다.

⑤ 법 제35조 및 영 제21조에 따라 받은 허가사항에 대하여 변경허가를 신청하려면 별지 제22호서식에 변경사항에 해당하는 서류를 첨부하여 문화재청장에게 제출하여야 한다.

[전문개정 2017. 2. 13.]

제15조 삭제 〈2015. 1. 29.〉

제16조(현상변경 등의 허가서) ① 법 제36조 및 영 제22조에 따른 국가지정문화재 또는 그 보호물이나 보호구역 등의 현상변경 등의 허가서는 별지 제23호서식에 따른다.

② 법 제36조 및 영 제22조에 따른 허가사항의 변경허가서는 별지 제24호서식에 따른다.

③ 문화재청장은 별지 제24호의2서식의 현상변경 등의 허가대장을 연도별로 작성·관리하여야 한다. 〈신설 2013. 11. 18.〉

④ 제3항의 현상변경 등의 허가대장은 전자적 처리가 불가능한 특별한 사유가 없으면 전자적 처리가 가능한 방법으로 작성·관리하여야 한다. 〈신설 2013. 11. 18.〉

제17조(동물치료소의 지정·취소 보고) 시·도지사는 법 제38조제2항에 따라 동물치료소를 지정하거나 법 제38조제5항에 따라 그 지정을 취소한 경우에는 별지 제25호서식의 천연기념물 동물치료소 지정 또는 취소 보고서(전자문서로 된 보고서를 포함한다)를 문화재청장에게 제출하여야 한다.

제18조(동물치료소의 치료결과 보고) 법 제38조제3항에 따라 동물치료소가 조난동물을 치료하였을 때에는 그 결과를 별지 제26호서식의 천연기념물 조난동물 치료결과 보고서(전자문서로 된 보고서를 포함한다)에 작성하여 시장·군수·구청장(자치구의 구청장을 말한다. 이하 같다) 및 시·도지사를 거쳐 문화재청장에게 보고하여야 한다. 이 경우 조난동물이 폐사하였을 때에는 폐사진단서 및 처리의견서를 첨부하여야 한다.

제19조(동물 치료 경비 지급 등) ① 문화재청장은 법 제38조제4항 후단에 따라 천연기념물 동물 치료 경비 지급에 관한 업무를 「수의사법」 제23조에 따라 설립된 수의사회(이하 "수의사회"라 한다)에 위탁한다.

② 법 제38조제4항에 따라 천연기념물 동물 치료 경비를 받으려는 동물치료소는 별지 제27호서식의 천연기념물 동물 치료 경비 청구서(전자문서로 된 청구서를 포함한다)를 수의사회에 제출해야 한다. 〈개정 2019. 12. 24.〉

③ 수의사회는 제2항에 따라 천연기념물 동물 치료 경비 청구를 접수하면 치료 경비 내역을 확인하여 금액을 확정한 후 지급하고, 지급 결과를 분기별로 문화재청장에게 보고하여야 한다.

제20조(국외 반출 허가) ① 법 제39조제1항 단서에 따라 국보, 보물, 천연기념물 또는 국가민속문화재의 국외 반출의 허가를 받으려는 자는 관세청장이 운영·관리하는 전산시스템을 통하여 별지 제28호서식의 문화재 국외 반출 허가신청서(전자문서로 된 신청서를 포함한다)에 다음 각 호의 서류를 첨부하여 문화재청장에게 제출해야 한다.

1. 보험증서 사본
2. 소유자 동의서
3. 전시계획서(전시기간, 전시장소 및 전시환경을 포함한다)

② 문화재청장은 법 제39조제1항 단서에 따라 국보, 보물, 천연기념물 또는 국가민속문화재의 국외 반출 허가를 한 경우에는 별지 제28호의2서식의 문화재 국외 반출 허가서를 신청인에게 발급해야 한다.

③ 법 제39조제1항 단서에 따라 국보, 보물, 천연기념물 또는 국가민속문화재의 국외 반출 허가를 받은 자가 법 제39조제3항에 따라 반출 기간을 연장하려면 관세청장이 운영·관리하는 전산시스템을 통하여 별지 제29호서식의 반출 기간 연장 허가신청서(전자문서로 된 신청서를 포함한다)에 다음 각 호의 서류를 첨부하여 문화재청장에게 제출해야 한다.

1. 보험증서 사본
2. 소유자 동의서
3. 전시계획서(전시기간, 전시장소 및 전시환경을 포함한다)

④ 문화재청장은 법 제39조제3항에 따라 국보, 보물, 천연기념물 또는 국가민속문화재의 반출 기간 연장 허가를 한 경우에는 별지 제29호의2서식의 문화재 국외 반출 기간 연장 허가서를 신청인에게 발급해야 한다.

⑤ 제1항 및 제3항에 따른 국외 반출 또는 반출 기간의 연장을 허가하기 위한 구체적 심사기준은 다음 각 호와 같다.

1. 해당 문화재의 전시 필요성 및 예상되는 전시 효과
2. 해당 문화재의 국외 반출 빈도 및 기간
3. 전시기간, 전시장소 및 전시환경의 적정성 여부
4. 반출 기간 동안의 보안, 방범 등 적정한 안전관리대책의 마련 여부
5. 포장, 이송 시의 안전성 여부

6. 반출 허가 또는 반출 기간 연장 허가 신청자의 문화재 관련 법령 등 위반 여부

7. 그 밖에 보험가입 등 반출 허가에 필요한 사항의 구비 여부

⑥ 법 제39조제6항에 따라 천연기념물을 수출하려는 자는 수출 예정일 2개월 전에 관세청장이 운영·관리하는 전산시스템을 통하여 별지 제30호서식의 국가지정문화재(천연기념물) 수출 허가신청서(전자문서로 된 신청서를 포함한다)에 다음 각 호의 서류를 첨부하여 문화재청장에게 제출해야 한다.

1. 사업(연구 및 전시) 계획서

2. 현상변경(표본·박제) 허가서 또는 인공증식 증명서 사본

3. 수송계획서(살아 있는 천연기념물인 경우에만 제출한다)

⑦ 문화재청장은 법 제39조제6항에 따라 천연기념물의 수출 허가를 한 경우에는 별지 제30호의2서식의 국가지정문화재(천연기념물) 수출 허가서를 신청인에게 발급해야 한다.

⑧ 등록문화재, 시·도지정문화재, 문화재자료의 반출 허가와 반출 기간 연장에 관하여는 제1항부터 제4항까지를 준용한다.

[전문개정 2020. 5. 27.]

[시행일: 2020. 11. 27.] 제20조

제21조(관리자 선임 등의 신고서) ① 법 제40조제1항제1호 및 영 제23조에 따른 국가지정문화재 관리자의 선임 또는 해임 신고서는 별지 제31호서식에 따른다.

② 법 제40조제1항제2호 및 영 제23조에 따른 국가지정문화재 또는 그 보호물·보호구역의 소유자 변경신고서는 별지 제32호서식에 따른다.

③ 법 제40조제1항제3호부터 제5호까지 및 영 제23조에 따른 국가지정문화재의 소유자 등의 성명이나 주소, 국가지정문화재의 소재지 또는 보관 장소의 변경신고서는 별지 제33호서식에 따른다.

④ 법 제40조제1항제6호 및 영 제23조에 따른 국가지정문화재 또는 그 보호물·보호구역의 멸실·유실·도난 또는 훼손 신고서는 별지 제34호서식에 따른다.

⑤ 법 제40조제1항제7호 또는 같은 조 제3항 및 영 제23조에 따른 국가지정문화재 또는 그 보호물·보호구역의 현상변경 등의 착수 및 완료 신고서는 별지 제35호서식에 따른다.

⑥ 법 제40조제1항제8호 및 영 제23조에 따른 국가지정문화재 반입 신고서는 별지 제36호서식에 따른다.

⑦ 법 제40조제1항제9호 및 영 제23조에 따른 천연기념물 표본·박제 소유 신고서는 별지 제37호서식에 따른다.

⑧ 법 제40조제1항제9호의2에 따른 폐사한 천연기념물 동물 부검 신고서는 별지 제38호서식에 따른다. 〈신설 2018. 5. 29.〉

⑨ 법 제40조제1항제9호의3 및 영 제24조에 따른 천연기념물 보존 및 생존을 위한 조치 신고서는 별지 제39호서식에 따른다. 〈신설 2018. 5. 29.〉

제22조(동물의 수입·반입 신고서) 법 제41조제1항 및 영 제25조에 따른 동물의 수입·반입 신고서는 별지 제40호서식에 따른다.

[본조신설 2018. 5. 29.]

제23조(동물의 수입·반입 신고대장) 문화재청장은 법 제41조에 따른 동물의 수입·반입 신고를 받으면 다음 각 호의 사항을 포함한 수입·반입 신고대장을 작성하여 관리(전산매체를 통한 작성·관리를 포함한다)하여야 한다.

1. 수입·반입한 자의 성명 및 주소

2. 수입·반입 목적

3. 동물의 원산지 및 수입 통관일

4. 동물의 종명, 성별, 연령, 무게 및 수입 수량 등 기본정보

5. 동물의 보관 장소

[본조신설 2018. 5. 29.]

제24조 삭제 〈2016. 2. 29.〉

제25조(수리 등의 국가시행의 통지) 문화재청장은 법 제42조제2항에 따라 국가의 부담으로 직접 법 제42조제1항제1호부터 제3호까지의 조치를 하려면 문화재의 종류, 지정번호, 명칭, 수량, 조치 내용, 착수시기와 그 밖에 필요한 사항을 그 소유자, 관리자 또는 관리단체에 알려야 한다. 〈개정 2016. 2. 29.〉

제26조(국가지정문화재 대장) ① 문화재청장과 해당 특별자치시장·특별자치도지사·시장·군수·구청장 및 관리단체의 장은 국가지정문화재 대장(전자문서로 된 대장을 포함한다)을 비치하고, 관할하는 국가지정문화재에 대한 보존·관리 및 변경 사항 등을 기록·보존하여야 한다. 〈개정 2015. 1. 29.〉

② 제1항에 따른 국가지정문화재 대장 중 국보, 보물, 사적, 명승, 천연기념물 및 국가민속문화재는 별지 제49호서식에 따른다. 〈개정 2016. 2. 29., 2017. 6. 30.〉

③ 국가지정문화재 대장에는 해당 국가지정문화재와 그 보호물 및 보호구역의 사진과 실측도·지적도 및 배치도를 첨부하여야 한다. 〈개정 2016. 2. 29.〉

④ 법 제32조에 따른 가지정문화재에 관하여는 제1항과 제2항을 준용한다.

제27조(국가지정문화재의 목록) 문화재청장은 별지 제51호서식의 국가지정문화재의 종류별 목록 및 별지 제52호서식의 국가지정문화재의 소재지별 목록을 각각 비치하여 필요한 사항을 적고 이를 보존하여야 한다.

제28조(정기조사의 주기 및 조사기록) ① 법 제44조제1항에 따른 정기조사는 3년마다 실시한다. 다만, 다음 각 호의 어느 하나에 해당하는 국가지정문화재에 대해서는 5년마다 실시한다. 〈개정 2015. 12. 23.〉

1. 건물 안에 보관하여 관리하는 국가지정문화재

2. 국가 또는 지방자치단체가 직접 관리하는 국가지정문화재

3. 소유자 또는 관리자 등이 거주하고 있는 건축물류 국가지정문화재

4. 천연기념물 및 명승

5. 직전 정기조사에서 보존상태가 양호한 것으로 조사된 국가지정문화재

② 제1항에 따른 정기조사의 운영 절차 및 방법 등에 관한 세부 사항은 문화재청장이 정한다. 〈개정 2016. 2. 29.〉

제29조(문화재조사원의 신분증표) 법 제44조제5항에 따라 조사를 하는 공무원과 법 제44조제6항에 따라 위임받거나 위탁받은 지방자치단체나 전문기관 또는 단체에 소속되어 조사를 하는 문화재조사원의 신분증표는 별지 제62호서식에 따른다.

제30조(국가지정문화재의 공개 제한의 고시 등) ① 문화재청장은 법 제48조제3항에 따라 국가지정문화재의 공개를 제한하면 다음 각 호의 사항을 관보에 고시하여야 한다. 〈개정 2016. 2. 29.〉

1. 해당 국가지정문화재의 종류, 지정번호, 명칭 및 소재지

2. 해당 문화재가 있는 지역의 위치

3. 공개가 제한되는 기간 및 지역

4. 공개가 제한되는 사유

5. 공개 제한 위반 시의 제재 내용

6. 제1호부터 제5호까지의 사항 외의 추가적인 정보를 제공하는 인터넷 홈페이지의 주소

② 법 제48조제3항에 따라 공개 제한을 통보받은 시·도지사 또는 시장·군수·구청장은 공개가 제한되는 문화재 주변에 제1항 각 호의 사항을 적은 안내판을 설치하여야 한다. 다만, 문화재청장이 직접 관리하고 있는 국가지정문화재의 공개를 제한하는 경우에는 문화재청장이 안내판을 설치하여야 한다. 〈개정 2013. 11. 18.〉

③ 문화재청장은 법 제48조제4항에 따라 국가지정문화재의 공개 제한을 해제하면 다음 각 호의 사항을 고시하여야 한다.

1. 해당 국가지정문화재의 종류, 지정번호, 명칭 및 소재지

2. 공개 제한이 해제되는 지역

3. 공개 제한이 해제되는 사유

④ 법 제48조제4항에 따라 공개 제한의 해제 통보를 받은 시·도지사 또는 시장·군수·구청장은 제2항에 따른 안내판을 철거하여야 한다. 다만, 문화재청장이 직접 관리하고 있는 국가지정문화재의 공개 제한을 해제하는 경우에는 문화재청장이 안내판을 철거하여야 한다. 〈개정 2013. 11. 18.〉

제31조(공개 제한지역 출입의 허가) ① 문화재청장은 법 제48조제5항에 따라 공개가 제한되는 지역에 출입하려는 자가 다음 각 호의 어느 하나에 해당하면 그 출입을 허가할 수 있다.

1. 문화재 수리·관리를 위하여 필요한 경우

2. 문화재 보호·보존을 위한 학술조사에 필요한 경우

3. 그 밖에 문화재청장이 해당 문화재의 보존·활용을 위하여 필요하다고 인정하는 경우

② 제1항에 따른 허가를 받으려는 자는 별지 제63호서식의 출입허가신청서(전자문서로 된 신청서를 포함한다)를 시장·군수·구청장 및 시·도지사를 거쳐 문화재청장에게 제출하여야 한다. 다만, 문화재청장이 직접 관리하고 있는 국가지정문화재의 출입 허가를 받으려는 경우에는 시장·군수·구청장 및 시·도지사를 거치지 아니하고 직접 문화재청장에게 제출하여야 한다. 〈개정 2013. 11. 18.〉

③ 문화재청장은 제1항에 따라 공개가 제한되는 지역에 출입을 허가하는 경우 별지 제63호의2서식의 출입허가서를 신청인에게 발급하여야 한다. 〈신설 2015. 1. 29.〉

제31조의2(관람료의 감면) ① 문화재청장은 문화재청장이 직접 관리하는 국가지정문화재를 공개하는 경우에는 법 제49조제3항에 따라 다음 각 호의 어느 하나에 해당하는 사람에 대하여 관람료를 감면할 수 있다.

1. 국빈·외교사절단 및 그 수행자

2. 장애인 및 국가유공자

3. 해당 문화재가 소재하는 시·군·구(자치구로 한정한다)의 주민

4. 그 밖에 문화재청장이 관람료를 감면하는 것이 필요하다고 인정하는 사람

② 제1항에 따라 관람료를 감면하는 경우 그 감면율에 대해서는 문화재청장이 정한다.

[본조신설 2014. 12. 30.]

제32조 삭제 〈2016. 2. 29.〉

제33조(보조금) ① 법 제51조제1항에 따른 국가의 보조를 받으려는 자는 별지 제66호서식의 단위사업별 예산신청서를 문화재청장에게 제출하여야 한다.

② 문화재청장은 법 제51조에 따라 보조금 교부를 결정하면 보조금 교부를 신청한 자에게 별지 제67호서식의 국고보조금 교부결정 통지서에 따라 보조금 교부 결정 사실을 지체 없이 알려야 한다.

③ 법 제51조에 따른 보조금을 교부받은 자는 문화재청장이 정하는 바에 따라 보조금 집행을 완료하거나 회계연도가 종료되면 별지 제68호서식의 국고보조사업 실적보고서 (전자문서로 된 보고서를 포함한다)를 문화재청장에게 제출하여야 한다.

④ 문화재청장은 법 제51조제2항에 따라 문화재의 수리나 그 밖의 공사를 감독하는 경우에는 그 소속 직원 중에서 감독관을 지정할 수 있다.

제34조(국가등록문화재의 등록기준 및 절차) ① 법 제53조제2항에 따른 국가등록문화재의 등록기준은 지정문화재가 아닌 문화재 중 건설·제작·형성된 후 50년 이상이 지난 것으로서 다음 각 호의 어느 하나에 해당하는 것으로 한다. 다만, 다음 각 호의 어느 하나에 해당하는 것으로서 건설·제작·형성된 후 50년 이상이 지나지 아니한 것이라도 긴급한 보호 조치가 필요한 것은 국가등록문화재로 등록할 수 있다.

1. 역사, 문화, 예술, 사회, 경제, 종교, 생활 등 각 분야에서 기념이 되거나 상징적 가치가 있는 것

2. 지역의 역사·문화적 배경이 되고 있으며, 그 가치가 일반에 널리 알려진 것

3. 기술 발전 또는 예술적 사조 등 그 시대를 반영하거나 이해하는 데에 중요한 가치를 지니고 있는 것

② 문화재청장은 제1항에 따른 등록기준에 해당하는 국가 또는 지방자치단체가 소유한 문화재를 국가등록문화재로 등록하거나, 제35조에 따른 신청에 따라 국가등록문화재로 등록하려면 문화재위원회의 해당 분야 위원이나 전문위원 등 관계 전문가 3명 이상에게 해당 문화재에 대한 조사를 요청하여야 한다. 〈개정 2017. 4. 6.〉

③ 제2항에 따라 조사 요청을 받은 사람은 조사를 한 후 조사보고서(전자문서로 된 보고서를 포함한다)를 작성하여 문화재청장에게 제출하여야 한다.

④ 문화재청장은 제3항에 따른 조사보고서를 검토하여 해당 문화재가 국가등록문화재로 등록될 만한 가치가 있다고 판단되면 문화재위원회의 심의 전에 그 심의할 내용을 관보

에 30일 이상 예고하여야 한다.

⑤ 문화재청장은 제4항에 따른 예고가 끝난 날부터 6개월 안에 문화재위원회의 심의를 거쳐 국가등록문화재 등록 여부를 결정하여야 한다.

⑥ 문화재청장은 이해관계자의 이의제기 등 부득이한 사유로 6개월 안에 제5항에 따라 등록 여부를 결정하지 못한 경우에 그 등록 여부를 다시 결정할 필요가 있으면 제4항에 따른 예고 및 제5항에 따른 등록 절차를 다시 거쳐야 한다.

[제목개정 2017. 4. 6.]

제35조(국가등록문화재의 등록 신청) ① 제34조제1항에 따른 등록기준에 해당하는 문화재의 소유자, 관리자 또는 해당 문화재의 소재지를 관할하는 지방자치단체의 장이 해당 문화재를 국가등록문화재로 등록을 신청하려면 별지 제69호서식의 국가등록문화재 등록신청서에 다음 각 호의 서류를 첨부하여 문화재청장에게 제출하여야 한다. 이 경우 소유자나 관리자가 등록을 신청하려면 해당 문화재의 소재지 관할 시장·군수·구청장 및 시·도지사를 거쳐 신청하여야 한다. 〈개정 2014. 12. 30., 2017. 2. 13., 2018. 5. 29., 2019. 12. 24.〉

1. 대상 문화재 소유자의 동의서(소유자가 등록을 신청하는 경우에는 제출하지 아니한다)

2. 대상 문화재의 사진, 도면(배치도·평면도·단면도 등) 및 문헌 자료 사본

3. 별지 제69호의2서식에 따른 대상 문화재의 보존관리 및 활용계획서

4. 대상 문화재의 변형 및 수리 이력(변형 및 수리 이력이 있는 경우로 한정한다)

② 제1항 후단에 따라 신청서를 제출받은 시장·군수·구청장은 검토의견서를 첨부하여 시·도지사에게 제출하고, 시·도지사는 다음 각 호의 서류를 첨부하여 문화재청장에게 제출해야 한다. 〈신설 2019. 12. 24.〉

1. 시장·군수·구청장 및 시·도지사의 검토의견서

2. 관계전문가의 조사의견 및 시·도문화재위원회의 심의 관계자료

[제목개정 2019. 12. 24.]

제36조(등록 사항 등) 문화재청장과 관할 특별자치시장·특별자치도지사·시장·군수·구청장 및 법 제54조제2항에 따라 지정을 받은 자(이하 "국가등록문화재관리단체"라 한다)는 별지 제70호서식의 국가등록문화재 대장(전자문서로 된 대장을 포함한다)을 비치하고 국가등록문화재에 대한 보존·관리 및 변경사항, 법 제57조에 따른 특례 적용사항 등을 기록·보존하여야 한다. 〈개정 2015. 1. 29., 2019. 12. 24.〉

제37조(기술 지도) ① 법 제54조제3항에서 "국가등록문화재의 관리 및 수리와 관련된 기

술 지도"란 국가등록문화재의 관리, 보수·복원, 이를 위한 실측·설계 및 손상을 방지하기 위한 조치에 필요한 기술적 지도 및 조언을 말한다.

② 법 제54조제3항에 따라 국가등록문화재의 소유자나 관리자 또는 국가등록문화재관리단체가 제1항에 따른 기술 지도를 요청하려면 별지 제71호서식의 국가등록문화재 기술 지도 요청서를 관할 특별자치시장·특별자치도지사·시장·군수·구청장을 거쳐 문화재청장에게 제출하여야 한다. 이 경우 시장·군수·구청장은 관할 시·도지사에게 요청사항을 알려야 한다. 〈개정 2015. 1. 29., 2019. 12. 24.〉

제38조(국가등록문화재의 변동사항 등에 관한 신고서식) 법 제55조에 따른 신고서식은 다음 각 호와 같다.

1. 법 제55조제1호에 따른 관리자 선임 또는 해임 신고서: 별지 제31호서식
2. 법 제55조제2호에 따른 소유자 변경 신고서: 별지 제32호서식
3. 법 제55조제3호부터 제5호까지의 규정에 따른 소유자 또는 관리자의 주소 변경, 소재지 변경 및 보관 장소 변경 신고서: 별지 제33호서식
4. 법 제55조제6호에 따른 국가등록문화재 멸실·유실·도난 또는 훼손 신고서: 별지 제34호서식
5. 법 제55조제7호에 따른 국가등록문화재 현상변경 행위 착수 또는 완료 신고서: 별지 제35호서식
6. 법 제55조제8호에 따른 국가등록문화재 반입 신고서: 별지 제36호서식

제39조(국가등록문화재의 현상변경 신고 등) ① 삭제 〈2015. 1. 29.〉

② 법 제56조제1항에 따른 신고는 별지 제72호서식의 국가등록문화재 현상변경 신고서에 따른다.

③ 법 제56조제2항 전단에 따라 국가등록문화재의 현상변경 허가를 신청하려면 별지 제19호서식에 다음 각 호의 서류를 첨부하여 문화재청장에게 제출하여야 한다. 〈개정 2017. 2. 13.〉

1. 현상변경 계획서
2. 위치도, 배치도 등 현상변경 사항을 확인할 수 있는 관련 도면
3. 현장 사진

④ 법 제56조제2항 전단에 따라 받은 허가사항에 대하여 변경허가를 신청하려면 별지 제22호서식에 변경사항이 포함된 제3항 각 호의 서류를 첨부하여 문화재청장에게 제출하여야 한다. 〈신설 2017. 2. 13.〉

⑤ 영 제34조제3항에 따른 국가등록문화재 현상변경 허가서는 별지 제23호서식에 따르
고, 변경허가서는 별지 제24호서식에 따른다. 〈개정 2017. 2. 13.〉

제40조(국가등록문화재의 현상변경 허가대상 통보) 법 제57조에 따른 건폐율·용적률의 특
례를 적용하여 건축허가를 한 지방자치단체의 장과 법 제59조제2항에 따라 보조금 교부
결정 통지를 받은 특별자치시장·특별자치도지사·시장·군수·구청장은 건축허가를 한
날 또는 보조금 교부 결정을 통지받은 날부터 15일 안에 해당 국가등록문화재의 소유자
나 관리자 또는 국가등록문화재관리단체에 해당 국가등록문화재가 법 제56조제2항에 따
른 현상변경 허가대상이 됨을 알려야 한다. 〈개정 2015. 1. 29.〉

제41조(국가등록문화재의 등록증 교부 등) 문화재청장은 법 제59조제1항에 따른 등록증을
교부할 때에는 별지 제73호서식의 국가등록문화재 등록증에 따르고, 별지 제74호서식의
국가등록문화재 등록증 발급대장에 그 내용을 적어야 한다.

제41조의2(국가등록문화재의 등록말소 절차) ① 문화재청장은 법 제58조제1항에 따라 국
가등록문화재의 등록을 말소하려면 해당 분야의 관계 전문가 3명 이상에게 해당 문화재
에 대한 조사를 요청하여야 한다.
② 문화재청장은 제1항에 따라 관계 전문가가 제출한 조사보고서를 검토하여 국가등록
문화재의 등록말소가 필요하다고 판단되면 문화재위원회의 심의를 거쳐 등록말소 여부
를 결정하여야 한다.
[본조신설 2017. 2. 13.]

제42조 삭제 〈2019. 12. 24〉

제43조(일반동산문화재의 수출 또는 반출 절차) ① 법 제60조제1항 각 호 외의 부분 본문
또는 같은 항 제1호에 따라 일반동산문화재의 반출 허가를 받으려는 자는 반출 예정일
1개월 전에 관세청장이 운영·관리하는 전산시스템을 통하여 별지 제28호서식의 문화재
국외 반출 허가신청서(전자문서로 된 신청서를 포함한다)에 다음 각 호의 서류를 첨부하여
문화재청장에게 제출해야 한다.
1. 보험증서 사본
2. 소유자 동의서
3. 전시계획서(전시기간, 전시장소 및 전시환경을 포함한다)
② 문화재청장은 법 제60조제1항 각 호 외의 부분 본문 또는 같은 항 제1호에 따라 일
반동산문화재의 반출 허가를 한 경우에는 별지 제28호의2서식의 문화재 국외 반출 허가

서를 신청인에게 발급해야 한다.

③ 법 제60조제1항 각 호 외의 부분 본문에 따라 일반동산문화재의 반출 허가를 받은 자가 그 반출 기간을 연장하려면 관세청장이 운영·관리하는 전산시스템을 통하여 별지 제29호서식의 국외 반출 문화재 반출 기간 연장 허가신청서(전자문서로 된 신청서를 포함한다)에 다음 각 호의 서류를 첨부하여 문화재청장에게 제출해야 한다.

1. 보험증서 사본

2. 소유자 동의서

3. 전시계획서(전시기간, 전시장소 및 전시환경을 포함한다)

④ 문화재청장은 법 제60조제1항 각 호 외의 부분 본문에 따라 일반동산문화재의 반출 기간 연장 허가를 한 경우에는 별지 제29호의2서식의 문화재 국외 반출 기간 연장 허가서를 신청인에게 발급해야 한다.

⑤ 제1항 및 제3항에 따른 국외 반출 또는 반출 기간의 연장을 허가하기 위한 구체적 심사기준은 다음 각 호와 같다.

1. 해당 문화재의 전시 필요성 및 예상되는 전시 효과

2. 해당 문화재의 국외 반출 빈도 및 기간

3. 전시기간, 전시장소 및 전시환경의 적정성 여부

4. 반출 기간 동안의 보안, 방범 등 적정한 안전관리대책의 마련 여부

5. 포장, 이송 시의 안전성 여부

6. 반출 허가 또는 반출 기간 연장 허가 신청자의 문화재 관련 법령 등 위반 여부

7. 그 밖에 보험가입 등 반출 허가에 필요한 사항의 구비 여부

⑥ 법 제60조제1항제2호에 따라 일반동산문화재의 반출 허가를 받으려는 자는 반출 예정일 3개월 전에 관세청장이 운영·관리하는 전산시스템을 통하여 별지 제76호서식의 국외박물관 등 구입·기증 문화재 국외 반출 허가신청서에 다음 각 호의 서류를 첨부하여 문화재청장에게 제출해야 한다.

1. 취득 경위서

2. 문화재 반출국가 인증서

3. 신청인을 증명하는 서류(사업자등록증 또는 법인 등기사항증명서 등을 말한다)

4. 보험증서 사본

5. 전시계획서(전시기간, 전시장소 및 전시환경을 포함한다)

6. 「멸종위기에 처한 야생동식물종의 국제거래에 관한 협약」(CITES) 허가서(해당하는 경우에만 제출한다)

⑦ 문화재청장은 법 제60조제1항제2호에 따라 일반동산문화재의 반출 허가를 한 경우에는 별지 제77호서식의 국외박물관 등 구입·기증 문화재 국외 반출 허가서를 신청인에게 발급해야 한다.

⑧ 문화재청장은 제6항에 따른 신청에 대하여 반출을 허가하려면 문화재위원회의 심의를 거쳐야 한다.

[전문개정 2020. 5. 27.]

[시행일: 2020. 11. 27.] 제43조

제44조 삭제 〈2016. 2. 29.〉

제45조(감정 요령) 영 제37조제1항에 따른 감정의 요령은 다음 각 호와 같다. 〈개정 2016. 2. 29.〉

1. 감정이 의뢰된 동산이 영 제36조에 따른 일반동산문화재의 범위에 속하는지를 확인할 것

2. 법 제60조의2제1항에 따른 문화재감정위원(이하 "문화재감정위원"이라 한다)의 주관을 배제하고 객관적인 근거에 따라 보편타당하게 감정·평가할 것

3. 단독으로 감정하기 곤란한 경우에는 2명 이상의 문화재감정위원이 같은 장소 또는 정보통신망을 이용한 화상감정시스템을 활용하여 각각 다른 장소에서 공동으로 감정할 것

제46조 삭제 〈2016. 2. 29.〉

제47조(수당의 지급) 문화재청장은 공무원이 아닌 문화재감정위원이 영 제37조에 따라 감정을 하는 경우에는 예산의 범위에서 수당을 지급할 수 있다. 〈개정 2016. 2. 29.〉

제48조(비문화재의 확인) ① 법 제60조제5항에 따라 일반동산문화재로 오인될 우려가 있는 동산을 비문화재로 확인받아 국외로 반출하려는 자는 포장 또는 적재하기 전에 그 대상물과 함께 별지 제78호서식의 비문화재 국외반출 확인신청서를 문화재청장에게 제출해야 한다. 〈개정 2018. 12. 13.〉

② 문화재청장은 제1항에 따라 접수한 확인 대상물이 일반동산문화재가 아님이 확인되면 별지 제78호의2서식의 비문화재 국외반출 확인서를 신청인에게 내주어야 한다. 이 경우 여행자가 직접 휴대하여 반출하려는 경우에는 별표 3에 따른 비문화재 확인표지를 해당 확인 대상물에 붙여야 한다. 〈개정 2016. 2. 29., 2018. 12. 13.〉

③ 삭제 〈2018. 12. 13.〉

④ 문화재청장은 별지 제79호의2서식의 문화재감정대장을 연도별로 작성·관리하여야 한다. 〈신설 2013. 11. 18.〉

제49조(일반동산문화재에 대한 조사 기록) 법 제61조제1항에 따라 일반동산문화재를 조사하는 공무원은 그 조사 결과를 별지 제80호서식과 별지 제81호서식에 기록하여야 한다.

제50조(국가 및 지방자치단체의 경비 보조) 국가나 지방자치단체가 법 제72조제2항에 따른 경비를 보조할 때에는 제33조제1항에 따른 신청절차를 준용한다.

제51조(시·도지정문화재 지정 등의 보고) 시·도지사는 법 제73조제1항 및 영 제40조에 따라 보고를 하는 경우에는 다음 각 호의 구분에 따른 사항을 포함하여야 한다. 〈개정 2016. 2. 29.〉

1. 법 제73조제1항제1호에 따른 시·도지정문화재나 문화재자료의 지정에 관한 보고
   가. 문화재의 종류, 지정번호, 명칭, 지정 연월일, 수량, 소재지 또는 보관 장소
   나. 문화재의 소유자, 점유자 또는 관리자의 성명 및 주소
   다. 소재지나 보관 장소의 소유자, 점유자 또는 관리자의 성명 및 주소(보호물·보호구역을 지정한 경우에는 그 수량 또는 구역과 소유자, 점유자 또는 관리자의 성명 및 주소)
   라. 작자, 유래, 전설 및 현상에 관한 설명
   마. 재료, 품질, 구조, 형식, 크기 및 형태
   바. 사진, 도면, 녹음물 및 기록물
   사. 관리 및 보호상 필요한 제한 또는 금지에 관한 사항
2. 법 제73조제1항제1호에 따른 시·도지정문화재나 문화재자료의 지정 해제에 관한 보고
   가. 문화재의 종류, 지정번호, 명칭, 수량, 소재지 또는 보관 장소
   나. 문화재의 소유자, 점유자 또는 관리자의 성명 및 주소
   다. 해제의 사유 및 연월일
3. 법 제73조제1항제2호에 따른 시·도등록문화재의 등록에 관한 보고
   가. 등록번호, 명칭, 등록 연월일, 수량, 소재지 또는 보관 장소
   나. 문화재의 소유자, 점유자 또는 관리자의 성명 및 주소
   다. 소재지나 보관 장소의 소유자, 점유자 또는 관리자의 성명 및 주소
   라. 재료, 구조 형식, 크기, 형태, 작자, 유래 및 그 밖에 현상에 관한 사항
   마. 사진, 도면, 녹음물 및 기록물
   바. 관리 및 보호상 필요한 제한 또는 금지에 관한 사항
4. 법 제73조제1항제2호에 따른 시·도등록문화재의 등록 말소에 관한 보고

    가. 등록번호, 명칭, 수량, 소재지 또는 보관장소

    나. 문화재의 소유자, 점유자 또는 관리자의 성명 및 주소

    다. 말소의 사유 및 연월일

5. 법 제73조제1항제3호에 따른 시·도지정문화재, 문화재자료 또는 시·도등록문화재의 소재지나 보관 장소의 변경에 관한 보고

    가. 문화재의 종류, 지정 또는 등록번호, 명칭 및 수량

    나. 문화재의 소유자, 점유자 또는 관리자의 성명 및 주소

    다. 변경의 사유 및 연월일

    라. 변경 전후의 소재지 또는 보관 장소

    마. 사진 및 도면

6. 법 제73조제1항제4호에 따른 시·도지정문화재, 문화재자료 또는 시·도등록문화재의 멸실, 유실, 도난 또는 훼손에 관한 보고

    가. 문화재의 종류, 지정 또는 등록번호, 명칭, 수량, 소재지 또는 보관 장소

    나. 문화재의 소유자, 점유자 또는 관리자의 성명 및 주소

    다. 멸실, 유실, 도난 또는 훼손의 연월일, 원인, 경위 및 현황

    라. 멸실, 유실, 도난 또는 훼손에 대한 조치의 내용

    마. 사진 및 도면

제52조(문화재매매업의 허가절차) ① 법 제75조제1항 및 영 제41조제2항에 따라 문화재매매업 허가를 받으려는 자는 별지 제82호서식의 문화재매매업 허가신청서(전자문서로 된 신청서를 포함한다)에 제53조에 따른 자격 요건 증명서류(전자문서를 포함한다)를 첨부하여 특별자치시장·특별자치도지사, 시장·군수·구청장에게 제출하여야 한다. 〈개정 2015. 1. 29.〉
② 특별자치시장·특별자치도지사, 시장·군수·구청장은 문화재매매업을 허가하면 별지 제83호서식의 문화재매매업 허가대장에 적고, 문화재매매업 허가신청인에게 별지 제84호서식의 문화재매매업 허가증을 내주어야 한다. 〈개정 2015. 1. 29.〉
③ 영 제41조제3항에 따른 실태 신고서는 별지 제85호서식에 따른다.

제52조의2(문화재매매업의 변경신고) ① 법 제75조제4항에 따라 문화재매매업 허가를 받은 자가 변경신고를 하려는 경우에는 변경사유가 발생한 날부터 20일 이내에 별지 제85호의2서식의 문화재매매업 변경신고서(전자문서로 된 신고서를 포함한다)에 다음 각 호의 서류를 첨부하여 특별자치시장·특별자치도지사, 시장·군수·구청장에게 제출해야 한다.
1. 문화재매매업 허가증

2. 변경 사실을 확인할 수 있는 서류

② 특별자치시장·특별자치도지사, 시장·군수·구청장은 제1항에 따른 문화재매매업 변경신고서를 수리하면 별지 제83호서식의 문화재매매업 허가대장에 변경사항을 적고, 변경사항을 반영한 별지 제84호서식의 문화재매매업 허가증을 변경신고인에게 다시 교부해야 한다.

[본조신설 2018. 12. 13.]

제52조의3(문화재매매업의 지위승계 신고) ① 법 제75조의2제2항에 따라 문화재매매업의 지위승계 신고를 하려는 자는 승계받은 날부터 20일 이내에 별지 제85호의3서식의 문화재매매업 지위승계 신고서(전자문서로 된 신고서를 포함한다)에 다음 각 호의 서류를 첨부하여 특별자치시장, 특별자치도지사, 시장·군수·구청장에게 제출해야 한다.

1. 문화재매매업 허가증

2. 지위승계를 증명하는 서류

3. 문화재매매업의 자격 요건을 증명하는 서류

4. 위임인의 자필서명이 있는 위임인의 신분증명서 사본 및 위임장(양수인이 문화재매매업의 지위승계 신고를 위임한 경우만 해당한다)

② 특별자치시장, 특별자치도지사, 시장·군수·구청장은 제1항에 따른 문화재매매업의 승계신고를 수리한 경우 별지 제83호서식의 문화재매매업 허가대장에 변경사항을 적고, 변경사항을 반영한 별지 제84호서식의 문화재매매업 허가증을 신고인에게 발급해야 한다.

[본조신설 2020. 5. 27.]

제53조(자격 요건 증명서류) 법 제76조제1항에 따른 자격 요건에 해당하는 사실을 증명하는 서류는 다음 각 호의 구분에 따른 서류로 한다.

1. 법 제76조제1항제1호에 해당하는 사람: 해당 경력증명서 또는 재직증명서

2. 법 제76조제1항제2호에 해당하는 사람: 해당 성적증명서

3. 법 제76조제1항제3호에 해당하는 사람: 해당 성적증명서 또는 학점인정서

4. 법 제76조제1항제4호에 해당하는 사람: 해당 문화재매매업 허가증 사본과 해당 경력증명서 또는 재직증명서

② 법 제76조제1항제2호 및 제3호에 해당하는 사람은 역사학·고고학·인류학·미술사학·민속학·서지학·전통공예학 또는 문화재관리학 계통의 전공과목을 18학점 이상 이수해야 한다. 〈신설 2020. 5. 27.〉

[제목개정 2020. 5. 27.]

제54조(박물관·미술관의 범위) 법 제76조제1항제1호에 따른 박물관 또는 미술관의 범위는 「박물관 및 미술관 진흥법」에 따라 등록된 박물관 또는 미술관을 말한다.

제55조(문화재 매매·교환 등에 관한 장부의 검인) ① 법 제78조에 따른 문화재 매매·교환 등에 관한 장부(이하 "문화재매매장부"라 한다)는 별지 제86호서식에 따른다.

② 문화재매매업자는 문화재매매장부를 다음 해 1월 31일(폐업하는 경우에는 폐업신고를 하는 날을 말한다)까지 특별자치시장·특별자치도지사·시장·군수·구청장에게 검인받아야 한다. 〈개정 2015. 1. 29.〉

③ 제2항에 따라 특별자치시장·특별자치도지사·시장·군수·구청장의 검인을 받으려는 자는 별지 제87호서식의 문화재매매장부 검인 신청서를 특별자치시장·특별자치도지사·시장·군수·구청장에게 제출하여야 하며, 그 검인은 별표 4에 따른다. 〈개정 2015. 1. 29.〉

④ 문화재매매업자는 특별자치시장·특별자치도지사·시장·군수·구청장의 검인을 받은 문화재매매장부에 대하여 그 검인을 받은 날부터 5년 동안은 특별자치시장·특별자치도지사·시장·군수·구청장의 승인 없이 문화재매매장부를 파기하거나 양도하지 못한다. 〈개정 2015. 1. 29.〉

제56조(폐업신고) 법 제79조에 따라 문화재매매업의 폐업신고를 하려는 자는 별지 제88호서식의 문화재매매업 폐업신고서(전자문서로 된 신고서를 포함한다)에 다음 각 호의 서류를 첨부하여 특별자치시장·특별자치도지사·시장·군수·구청장에게 제출하여야 한다.

1. 문화재매매업 허가증
2. 제55조제2항에 따라 검인받은 문화재매매장부

[전문개정 2015. 1. 29.]

제57조(행정처분기준) ① 법 제80조제2항에 따른 세부적인 행정처분기준은 별표 5와 같다.

② 특별자치시장·특별자치도지사·시장·군수·구청장은 법 제80조제1항에 따라 행정처분을 하면 별지 제83호서식의 문화재매매업 허가대장에 그 처분 내용 등을 기록·관리하여야 한다. 〈개정 2015. 1. 29.〉

제58조 삭제 〈2015. 1. 29.〉

제59조(제보 조서) 영 제44조에 따라 제보를 받은 수사기관이 작성하는 제보 조서는 별지 제89호서식에 따른다.

제60조(포상금의 지급등급기준) 영 제45조제2항에 따른 포상금의 지급등급기준은 별표 6과 같다.

제61조(포상금의 청구) ① 문화재청장은 법 제90조부터 제92조까지 또는 「매장문화재 보호 및 조사에 관한 법률」 제31조의 죄를 범한 자나 그 미수범이 기소유예 처분을 받거나 유죄판결이 확정된 경우 그 자를 수사기관에 제보한 자와 체포에 공로가 있는 자에게 포상금 신청 절차와 지급기준 등을 알려야 한다. 〈신설 2013. 11. 18.〉

② 법 제86조제1항에 따른 포상금을 받으려는 사람은 별지 제90호서식의 포상금 청구서(전자문서로 된 청구서를 포함한다)를 문화재청장에게 제출하여야 한다. 〈개정 2013. 11. 18.〉

③ 제2항에 따라 포상금을 청구하려는 사람이 2명 이상이면 연명(連名)으로 하여야 한다. 이 경우 영 제46조제2항 단서에 따라 포상금의 배분액을 미리 합의한 경우에는 그 합의된 사항을 적은 서류를 포상금 청구서에 첨부하여야 한다. 〈개정 2013. 11. 18.〉

제62조(도난물품 등의 공고) 법 제87조제5항제2호에 따른 공고는 해당 문화재가 도난물품 또는 유실물(遺失物)이라는 사실(문화재의 식별이 가능한 사진을 포함한다)을 문화재청장이 문화재청 홈페이지에 게재하는 방법으로 한다. 〈개정 2015. 12. 23.〉

제63조(규제의 재검토) 문화재청장은 다음 각 호의 사항에 대하여 다음 각 호의 기준일을 기준으로 3년마다(매 3년이 되는 해의 기준일과 같은 날 전까지를 말한다) 그 타당성을 검토하여 개선 등의 조치를 하여야 한다.

1. 제48조에 따른 비문화재의 확인: 2018년 1월 1일

2. 제55조에 따른 문화재 매매·교환 등에 관한 장부의 검인 등: 2018년 1월 1일

[전문개정 2017. 12. 20.]

❾ 문화재수리 등에 관한 법률 (약칭: 문화재수리법)

[시행 2020. 6. 9.] [법률 제17410호, 2020. 6. 9., 일부개정]

제1장 총칙

제1조(목적) 이 법은 문화재를 원형으로 보존·계승하기 위하여 문화재수리·실측설계·감리와 문화재수리업의 등록 및 기술관리 등에 필요한 사항을 정함으로써 문화재수리의 품질향상과 문화재수리업의 건전한 발전을 도모함을 목적으로 한다.

제2조(정의) 이 법에서 사용하는 용어의 뜻은 다음과 같다. 〈개정 2016. 2. 3.〉

1. "문화재수리"란 다음 각 목의 어느 하나에 해당하는 것의 보수·복원·정비 및 손상방지를 위한 조치를 말한다.

   가. 「문화재보호법」 제2조제3항에 따른 지정문화재(무형문화재는 제외한다. 이하 같다)

   나. 「문화재보호법」 제32조에 따른 임시지정문화재

   다. 지정문화재(임시지정문화재를 포함한다)와 함께 전통문화를 구현·형성하고 있는 주위의 시설물 또는 조경으로서 대통령령으로 정하는 것

2. "문화재수리기술자"란 문화재수리에 관한 기술적인 업무를 담당하고 문화재수리기능자의 작업을 지도·감독하는 자로서 제10조에 따른 문화재수리기술자 자격증을 발급받은 자를 말한다.

3. "문화재수리기능자"란 문화재수리기술자의 지도·감독을 받아 문화재수리에 관한 기능적인 업무를 담당하는 자로서 제12조에 따른 문화재수리기능자 자격증을 발급받은 자를 말한다.

4. "문화재수리업"이란 이 법에 따른 문화재수리를 업으로 하는 것을 말한다.

5. "문화재수리업자"란 제14조에 따라 문화재수리업의 등록을 하고 문화재수리업을 영위하는 자를 말한다.

6. "실측설계"란 문화재수리 또는 기록의 보존을 위하여 제1호 각 목의 것을 실측(實測)하거나 고증(考證) 조사 등을 통하여 실측도서나 설계도서 등을 작성하는 것을 말한다.

7. "문화재실측설계업"이란 이 법에 따른 실측설계를 업으로 하는 것을 말한다.

8. "문화재실측설계업자"란 제14조에 따라 문화재실측설계업의 등록을 하고 문화재실측설계업을 영위하는 자를 말한다.

9. "감리"란 문화재수리에 관하여 다음 각 목의 어느 하나에 해당하는 업무를 말한다.

  가. 일반감리: 문화재수리가 설계도서나 그 밖의 관계 서류 및 관계 법령의 내용대로 시행되는지를 확인하고 문화재수리에 관하여 지도·감독하는 업무

  나. 책임감리: 일반감리와 관계 법령에 따라 발주자로서의 감독권한을 대행하는 업무

10. "문화재감리업"이란 이 법에 따른 감리를 업으로 하는 것을 말한다.

11. "문화재감리업자"란 제14조에 따라 문화재감리업의 등록을 하고 문화재감리업을 영위하는 자를 말한다.

12. "문화재감리원"이란 문화재수리기술자로서 문화재감리업자 또는 제41조의2에 따른 전통건축수리기술진흥재단에 소속되어 문화재수리의 감리를 업무로 하는 자를 말한다.

13. "도급"이란 원도급(原都給), 하도급(下都給), 위탁, 그 밖의 어떠한 명칭으로든 상대방에게 문화재수리, 실측설계 또는 감리를 완성하여 주기로 약정하고, 다른 상대방은 그 일의 결과에 대하여 대가를 지급할 것을 약정하는 계약을 말한다.

14. "발주자"란 문화재수리, 실측설계 또는 감리를 문화재수리업자, 문화재실측설계업자 또는 문화재감리업자에게 도급하는 자를 말한다. 다만, 수급인(受給人)으로서 도급받은 문화재수리를 하도급하는 자는 제외한다.

15. "수급인"이란 발주자로부터 문화재수리·실측설계 또는 감리를 도급받은 문화재수리업자·문화재실측설계업자 또는 문화재감리업자를 말한다.

16. "하도급"이란 수급인이 도급받은 문화재수리의 일부를 도급하기 위하여 제3자와 체결하는 계약을 말한다.

17. "하수급인"이란 수급인으로부터 문화재수리를 하도급받은 자를 말한다.

제3조(문화재수리등의 기본원칙) 문화재수리, 실측설계 또는 감리(이하 "문화재수리등"이라 한다)는 문화재의 원형보존에 가장 적합한 방법과 기술을 사용하여야 하며, 문화재수리등으로 인하여 지정문화재와 그 주변 경관이 훼손되어서는 아니 된다.

제4조(문화재수리등의 계획 수립) ① 문화재청장은 문화재수리등에 관한 정책을 체계적이고 종합적으로 추진하기 위하여 특별시장·광역시장·특별자치시장·도지사 또는 특별자치도지사(이하 "시·도지사"라 한다)의 의견을 들은 후 제4조의2에 따른 문화재수리기술위원회의 심의를 거쳐 문화재수리등에 관한 기본계획을 5년마다 수립하여야 한다. 〈개정 2016. 2. 3.〉

② 제1항에 따라 문화재수리등에 관한 기본계획을 수립할 경우에는 「문화재보호법」 제6조에 따른 문화재기본계획과 연계하여야 한다.

③ 문화재청장은 제1항에 따라 기본계획을 수립하면 그 기본계획을 시·도지사에게 통보하여야 하며, 시·도지사는 그 기본계획에 따라 세부 시행계획을 수립·시행하여야 한다.

④ 제1항과 제3항에 따른 기본계획과 세부 시행계획의 수립·시행에 관하여 필요한 사항은 대통령령으로 정한다.

제4조의2(문화재수리기술위원회) ① 문화재수리등에 관한 다음 각 호의 사항을 심의하기 위하여 문화재청에 문화재수리기술위원회(이하 "위원회"라 한다)를 둔다.

1. 제4조제1항에 따른 기본계획에 관한 사항
2. 제7조에 따른 문화재수리등의 기준에 관한 사항
3. 「문화재보호법」 제2조제3항제1호에 따른 국가지정문화재에 대한 문화재수리등의 계획에 관한 사항
4. 제33조의2제3항에 따른 설계승인 심사에 관하여 문화재청장이 심의에 부치는 사항
5. 그 밖에 문화재수리등의 품질 향상을 위하여 대통령령으로 정하는 사항

② 위원회는 위원장 1명을 포함하여 30명 이내의 위원으로 구성한다.

③ 위원회의 위원은 다음 각 호의 어느 하나에 해당하는 사람 중에서 문화재청장이 위촉하고, 위원장은 위원 중에서 호선한다.

1. 「고등교육법」 제2조에 따른 학교에서 문화재수리등과 관련된 학과의 부교수 이상으로 재직하거나 재직하였던 사람
2. 문화재수리등과 관련된 업무에 10년 이상 종사한 사람
3. 건축, 자연과학, 공학, 환경, 법률, 종교, 미술, 공예의 업무에 10년 이상 종사한 사람으로서 문화재수리등에 관한 지식과 경험이 풍부한 사람

④ 제1항 각 호의 사항에 대하여 문화재 종류별로 업무를 나누어 심의하기 위하여 위원회에 분과위원회를 둘 수 있다.

⑤ 분과위원회는 심의 등을 위하여 필요한 경우 다른 분과위원회와 함께 분과위원회(이하 "합동분과위원회"라 한다)를 열 수 있다.

⑥ 분과위원회 또는 합동분과위원회에서 제1항제2호부터 제4호까지에 대하여 심의한 사항은 위원회에서 심의한 것으로 본다.

⑦ 위원회에는 문화재청장이나 각 분과위원회 위원장의 명을 받아 위원회의 심의사항에 관한 자료 수집·조사 및 연구 등의 업무를 수행하는 전문위원을 둘 수 있다.

⑧ 위원회, 분과위원회 및 합동분과위원회의 조직·운영, 위원회 위원 및 전문위원의 수와 임기, 자격 등에 관한 사항은 대통령령으로 정한다.

제4조의3(시·도문화재수리기술위원회) ① 시·도지사는 관할 구역의 문화재수리등에 관한 다음 각 호의 사항을 심의하기 위하여 특별시·광역시·특별자치시·도·특별자치도(이하 "시·도"라 한다)에 문화재수리기술위원회(이하 "시·도문화재수리기술위원회"라 한다)를 둘 수 있다.

1. 「문화재보호법」 제2조제3항제2호에 따른 시·도지정문화재 및 같은 항 제3호에 따른 문화재자료에 대한 문화재수리등의 계획에 관한 사항
2. 그 밖에 문화재수리등의 품질 향상을 위하여 조례로 정하는 사항

② 시·도문화재수리기술위원회의 조직·운영 등에 필요한 사항은 시·도의 조례로 정한다.

제5조(문화재수리 및 실측설계 제한) ① 문화재의 소유자(「문화재보호법」 제34조에 따라 지정된 관리단체를 포함한다)가 문화재수리를 하려는 경우에는 문화재수리업자에게 수리하도록 하거나 문화재수리기술자 및 문화재수리기능자가 함께 수리하도록 하여야 한다. 다만, 해당 문화재의 보존에 영향을 미치지 아니하는 대통령령으로 정하는 경미한 문화재수리를 하는 경우에는 그러하지 아니하다.

② 제1항에도 불구하고 대통령령으로 정하는 시설물의 경우에는 「건설산업기본법」에 따른 해당 분야의 종합공사를 시공하는 업종을 등록한 문화재수리업자에게 수리하도록 하여야 한다.

③ 제1항과 제2항에도 불구하고 대통령령으로 정하는 기관의 장은 직접 문화재수리를 할 수 있다.

④ 제1항에도 불구하고 문화재수리기술자가 없는 분야의 문화재수리는 문화재수리기능자가, 문화재수리업자·문화재수리기술자·문화재수리기능자가 없는 분야의 문화재수리는 국가무형문화재 보유자 또는 관계 전문가 등에게 수리하도록 할 수 있다. 〈개정 2015. 3. 27.〉

⑤ 문화재수리의 실측설계를 하려는 경우에는 문화재실측설계업자에게 하도록 하여야 한다. 다만, 대통령령으로 정하는 경미한 문화재수리의 실측설계나 식물보호 및 동산문화재 분야, 문화재청장이 직접 수행하는 보존처리를 위한 실측설계는 그러하지 아니하다. 〈개정 2016. 2. 3.〉

⑥ 문화재실측설계업자가 조경 분야의 실측설계를 하려는 경우에는 대통령령으로 정하는 바에 따라 조경계획과 시공 업무를 담당하는 문화재수리기술자에게 하도록 하여야 한다.

제5조의2(문화재수리 제한의 예외) 제5조제1항에도 불구하고 문화재수리에 「전기공사업법」에 따른 전기공사, 「정보통신공사업법」에 따른 정보통신공사, 「소방시설공사업법」에 따

른 소방시설공사, 그 밖에 대통령령으로 정하는 공사가 포함되는 경우에는 문화재수리업자와 해당 공사를 시공하는 업종을 등록한 자가 함께 수리하여야 한다. 다만, 제2조제1호다목에 해당하는 문화재수리는 해당 공사를 시공하는 업종을 등록한 자가 단독으로 수리할 수 있다.

제6조(성실의무) 문화재수리등을 하는 자는 다음 각 호의 사항을 지켜야 한다.

1. 문화재수리등의 업무를 신의와 성실로써 수행할 것
2. 문화재수리등의 기준에 맞게 문화재수리등의 업무를 수행할 것
3. 문화재수리등의 보고서를 성실하게 작성하여 발주자에게 제출할 것
4. 그 밖에 제1호부터 제3호까지의 규정에 준하는 사항으로서 문화재의 원형을 보존하고 문화재수리의 품질을 향상시키기 위하여 필요하다고 인정하여 문화체육관광부령으로 정하는 사항

제6조의2(부정한 청탁에 의한 재물 등의 취득 및 제공 금지) 문화재수리등을 하는 자나 이해관계인은 문화재수리등의 업무와 관련하여 부정한 청탁을 받고 재물 또는 재산상의 이익을 취득하거나 부정한 청탁을 하면서 재물 또는 재산상의 이익을 제공하여서는 아니 된다.
[본조신설 2016. 2. 3.]

제7조(문화재수리등의 기준 보급) 문화재청장은 문화재수리등을 적절하게 시행하기 위하여 다음 각 호의 기준을 정하여 사용하게 할 수 있다.

1. 문화재수리등에 필요한 기준이나 자재의 규격·품질에 관한 사항
2. 문화재수리등의 대가 지급에 관한 사항
3. 문화재수리등의 보고서 작성에 관한 사항
4. 그 밖에 문화재수리등의 시행에 필요한 사항

제7조의2(전통기술의 보존·육성·보급) ① 문화재청장은 문화재수리등에 관한 전통기술의 보존이나 육성·보급을 위하여 다음 각 호의 사항을 추진할 수 있다.

1. 문화재수리등에 관한 전통기법 및 전통재료의 복원 연구
2. 문화재수리등에 관한 전통기법 및 전통재료를 적용한 시범사업
3. 문화재수리등에 관한 전통기법의 교육 및 전승
4. 문화재수리등에 관한 전통재료 관련 생산 시설 또는 설비 등의 설치
5. 문화재수리등에 관한 전시 및 작품전
6. 그 밖에 문화재수리등에 관한 전통기술의 보존이나 육성·보급을 위하여 필요한 사항

② 문화재청장은 제1항의 사항을 추진하기 위하여 필요한 경우 관련 법인이나 개인을 지원할 수 있다.

제7조의3(전통재료 수급계획의 수립 등) ① 문화재청장은 문화재수리등에 관한 전통재료를 체계적으로 수급·관리하기 위하여 연도별 전통재료 수급계획을 수립하여야 한다.

② 문화재청장은 제1항에 따른 수급계획을 합리적으로 수립하기 위하여 전통재료 수급 현황에 대한 실태조사를 할 수 있다.

③ 문화재청장은 제2항에 따른 실태조사를 하는 경우 관계 기관·단체의 장에게 자료의 제공을 요청할 수 있다. 이 경우 자료 제공을 요청받은 관계 기관·단체의 장은 특별한 사유가 없으면 이에 따라야 한다.

④ 문화재청장은 제2항에 따른 실태조사 결과 수급이 어려운 것으로 확인된 전통재료를 비축할 수 있다.

⑤ 그 밖에 제1항에 따른 수급계획 수립과 제2항에 따른 실태조사, 제4항에 따른 전통 재료의 비축 등에 필요한 사항은 대통령령으로 정한다.

제7조의4(전통재료 인증) ① 문화재청장은 문화재수리등에 관한 전통재료의 품질 관리를 위하여 품질이 우수한 전통재료에 대하여 인증(이하 "인증"이라 한다)할 수 있다.

② 인증을 받으려는 자는 문화체육관광부령으로 정하는 바에 따라 문화재청장에게 신청 하여야 한다.

③ 인증을 받은 자는 문화체육관광부령으로 정하는 바에 따라 인증의 표시를 할 수 있다.

④ 인증을 받지 아니한 자는 인증표시 또는 이와 유사한 표시를 하여서는 아니 된다.

⑤ 그 밖에 인증의 기준 및 절차 등에 필요한 사항은 문화체육관광부령으로 정한다.

제7조의5(전통재료 인증의 취소) 문화재청장은 인증을 받은 자가 다음 각 호의 어느 하나 에 해당하는 경우에는 문화체육관광부령으로 정하는 바에 따라 인증을 취소할 수 있다. 다만, 제1호에 해당하는 경우에는 인증을 취소하여야 한다.

1. 거짓이나 그 밖의 부정한 방법으로 인증을 받은 경우
2. 제7조의4제5항에 따른 인증기준에 적합하지 아니하게 된 경우

제2장 문화재수리기술자 및 문화재수리기능자

제8조(문화재수리기술자) ① 문화재수리기술자가 되려는 자는 문화재청장이 시행하는 기

술 종류별 문화재수리기술자 자격시험에 합격하여야 한다. 이 경우 문화재수리를 위한 실측설계 도서의 작성 업무를 담당하는 문화재수리기술자 자격시험에 응시하려는 자는 「건축사법」에 따른 건축사 자격을 가진 자이어야 한다.

② 문화재수리기술자의 종류 및 그 업무 범위는 대통령령으로 정한다.

③ 문화재수리기술자 자격시험은 매년 1회 이상 실시한다. 다만, 문화재수리기술자의 수급(需給) 인원 등을 고려하여 시험을 실시하기가 적절하지 아니한 경우에는 해당 연도의 시험을 실시하지 아니할 수 있다.

④ 문화재수리기술자 자격시험은 필기시험과 면접시험으로 구분하여 실시한다.

⑤ 제4항에 따른 문화재수리기술자 자격시험 중 필기시험에 합격한 자는 다음 회의 문화재수리기술자 자격시험에 한정하여 필기시험을 면제한다.

⑥ 문화재수리기술자 자격시험의 응시요건, 과목 및 방법, 그 밖에 시험에 관하여 필요한 사항은 대통령령으로 정한다.

제9조(문화재수리기술자의 결격사유) 다음 각 호의 어느 하나에 해당하는 자는 문화재수리기술자가 될 수 없다. 〈개정 2016. 2. 3., 2016. 12. 20.〉

1. 미성년자

2. 피성년후견인 또는 피한정후견인

3. 「건축사법」(실측설계 도서의 작성업무를 하는 자만 해당한다) 또는 이 법을 위반하여 금고 이상의 실형을 선고받고 그 집행이 끝나거나(그 집행이 끝난 것으로 보는 경우를 포함한다) 집행이 면제된 날부터 3년이 지나지 아니한 자

4. 제3호에 따른 죄를 범하여 형의 집행유예를 선고받고 그 유예기간 중에 있는 자

5. 제47조에 따라 문화재수리기술자의 자격이 취소된 날부터 3년이 지나지 아니한 자(제9조제1호 및 제2호에 해당하여 자격이 취소된 자는 제외한다)

제10조(문화재수리기술자 자격증의 발급 등) ① 문화재청장은 문화재수리기술자 자격시험에 합격한 자에게 문화재수리기술자 자격증을 발급하여야 한다.

② 문화재수리기술자 자격증을 발급받은 자가 자격증을 잃어버리거나 자격증이 헐어 못쓰게 된 경우에는 문화재청장으로부터 재발급을 받을 수 있다.

③ 문화재수리기술자는 다른 사람에게 자기의 성명을 사용하여 문화재수리등의 업무를 하도록 하거나 문화재수리기술자 자격증을 대여하여서는 아니 된다.

④ 문화재수리기술자는 둘 이상의 문화재수리업자, 문화재실측설계업자 또는 문화재감리업자(이하 "문화재수리업자등"이라 한다)에게 중복하여 취업하여서는 아니 된다.

⑤ 제1항과 제2항에 따른 문화재수리기술자 자격증의 발급·재발급의 절차 및 그 관리에 필요한 사항은 문화체육관광부령으로 정한다.

제11조(문화재수리기능자 자격시험 등) ① 문화재수리기능자가 되려는 자는 문화재청장이 시행하는 기능 종류별 문화재수리기능자 자격시험에 합격하여야 한다. 다만, 「무형문화재 보전 및 진흥에 관한 법률」 제17조 및 제32조에 따른 보유자 중 문화체육관광부령으로 정하는 문화재수리 분야의 보유자는 소정의 교육을 마친 때부터 해당 문화재수리기능자 자격시험에 합격한 것으로 본다. 〈개정 2016. 2. 3.〉

② 문화재수리기능자의 종류 및 그 업무 범위는 대통령령으로 정한다.

③ 문화재수리기능자 자격시험은 매년 1회 이상 실시한다. 다만, 문화재수리기능자의 수급 인원 등을 고려하여 시험을 실시하기가 적절하지 아니한 경우에는 해당 연도의 시험을 실시하지 아니할 수 있다

④ 문화재수리기능자 자격시험은 실기시험과 면접시험으로 구분하여 실시한다.

⑤ 문화재수리기능자 자격시험의 실시 및 교육 등에 필요한 사항은 대통령령으로 정한다.

제12조(문화재수리기능자 자격증의 발급 등) 문화재수리기능자 자격증의 발급 등에 관하여는 제10조를 준용한다.

제13조(부정행위자에 대한 조치) 문화재청장은 문화재수리기술자 자격시험이나 문화재수리기능자 자격시험에서 부정행위를 한 응시자에 대하여는 그 시험을 정지시키거나 무효로 하며, 그 시험 시행일부터 3년간 응시자격을 정지한다.

제13조의2(문화재수리기술자등의 신고) ① 문화재수리기술자 및 문화재수리기능자(이하 "문화재수리기술자등"이라 한다)로서 경력·학력·자격 및 근무처 등(이하 "경력등"이라 한다)을 인정받으려는 자는 문화재청장에게 신고하여야 한다. 신고 사항이 변경된 경우에도 또한 같다.

② 문화재청장은 제1항에 따라 신고를 받은 경우에는 문화재수리기술자등의 경력등에 관한 기록을 유지·관리하여야 하며, 문화재수리기술자등이 신청하는 경우에는 문화재수리기술자등의 경력등에 관한 증명서(이하 "경력증"이라 한다)를 발급하여야 한다.

③ 문화재수리기술자등은 경력등을 거짓으로 신고하여서는 아니 된다.

④ 제1항 및 제2항에 따른 문화재수리기술자등의 신고에 필요한 자료, 경력등에 관한 기록의 유지·관리 및 경력증의 발급 등에 필요한 사항은 문화체육관광부령으로 정한다.

[본조신설 2016. 2. 3.]

제3장 문화재수리업등의 운영

제1절 문화재수리업등의 등록

제14조(문화재수리업자등의 등록) ① 문화재수리업, 문화재실측설계업 또는 문화재감리업 (이하 "문화재수리업등"이라 한다)을 하려는 자는 대통령령으로 정하는 기술능력, 자본금 (개인인 경우에는 자산평가액을 말한다. 이하 같다) 및 시설 등의 등록 요건을 갖추어 주된 영업소의 소재지를 관할하는 시·도지사에게 등록하여야 한다.

② 제1항에 따라 문화재수리업등을 등록한 자는 등록 사항 중 대통령령으로 정하는 중요 사항이 변경된 경우에는 변경된 날부터 30일 이내에 제1항에 따라 등록한 시·도지사 에게 변경신고를 하여야 한다.

③ 시·도지사는 제2항에 따른 변경신고를 받은 날부터 10일 이내에 변경신고수리 여부 를 신고인에게 통지하여야 한다. 〈신설 2018. 12. 24.〉

④ 시·도지사가 제3항에서 정한 기간 내에 변경신고수리 여부 또는 민원 처리 관련 법 령에 따른 처리기간의 연장을 신고인에게 통지하지 아니하면 그 기간(민원 처리 관련 법 령에 따라 처리기간이 연장 또는 재연장된 경우에는 해당 처리기간을 말한다)이 끝난 날의 다음 날에 변경신고를 수리한 것으로 본다. 〈신설 2018. 12. 24.〉

⑤ 제1항에 따라 문화재수리업등을 등록한 자가 폐업한 경우에는 문화체육관광부령으로 정하는 바에 따라 시·도지사에게 신고하여야 한다. 이 경우 시·도지사는 폐업신고를 받 으면 그 등록을 말소하여야 한다. 〈개정 2018. 12. 24.〉

⑥ 시·도지사는 제1항, 제2항 및 제5항에 따라 문화재수리업등의 등록, 변경신고, 폐업 신고를 받으면 문화재청장에게 통보하여야 한다. 〈개정 2018. 12. 24.〉

⑦ 시·도지사는 제1항에 따라 문화재수리업등의 등록을 하면 등록증 및 등록수첩을 발 급하여야 한다. 〈개정 2018. 12. 24.〉

⑧ 제7항에 따라 발급받은 등록증 또는 등록수첩을 잃어버리거나 못쓰게 된 경우에는 재발급을 받을 수 있다. 〈개정 2018. 12. 24.〉

⑨ 문화재수리업등의 등록 및 변경신고의 절차와 등록증 및 등록수첩의 발급·재발급 등 에 필요한 사항은 문화체육관광부령으로 정한다. 〈개정 2018. 12. 24.〉

제14조의2(문화재수리 능력의 평가 및 공시) ① 문화재청장은 발주자가 적절한 문화재수리 업자를 선정할 수 있도록 하기 위하여 문화재수리업자의 신청이 있는 경우 문화재수리 의 능력을 평가하여 공시하여야 한다.

② 제1항에 따른 평가를 받으려는 문화재수리업자는 해마다 전년도 문화재수리 실적, 기술인력 보유현황, 재무상태, 그 밖에 문화체육관광부령으로 정하는 사항(이하 "전년도 실적등"이라 한다)을 문화재청장에게 신고하여야 한다.

③ 문화재수리업자는 전년도 실적등을 거짓으로 신고하여서는 아니 된다.

④ 문화재수리 능력의 평가 및 공시 방법, 전년도 실적등의 신고 등에 필요한 사항은 문화체육관광부령으로 정한다.

[본조신설 2016. 2. 3.]

제14조의3(문화재수리업자등의 정보관리 등) ① 문화재청장은 문화재수리업자등의 자본금, 경영실태, 문화재수리등 실적, 기술인력 보유현황, 문화재수리에 필요한 자재·인력의 수급상황 등의 정보를 종합적으로 관리하고, 이를 필요로 하는 관련 기관 또는 단체 등에 제공할 수 있다.

② 문화재청장은 제1항에 따른 정보를 종합적·체계적으로 관리하기 위하여 문화재수리 종합정보시스템을 구축·운영할 수 있다.

③ 문화재청장은 제1항에 따른 정보의 종합관리를 위하여 문화재수리업자등, 발주자, 관련 기관 및 단체 등에 필요한 자료의 제출을 요청할 수 있으며, 이 경우 요청을 받은 자는 특별한 사유가 없으면 자료를 제출하여야 한다.

④ 문화재수리종합정보시스템의 구축·운영 및 문화재수리업자등의 정보관리 등에 필요한 사항은 문화체육관광부령으로 정한다.

[본조신설 2016. 2. 3.]

제15조(문화재수리업자등의 결격사유) 다음 각 호의 어느 하나에 해당하는 자는 문화재수리업자등이 될 수 없다. 〈개정 2016. 2. 3., 2016. 12. 20.〉

1. 미성년자

2. 피성년후견인 또는 피한정후견인

3. 「건축사법」(문화재실측설계업자만 해당한다) 또는 이 법을 위반하여 금고 이상의 실형을 선고받고 그 집행이 끝나거나(그 집행이 끝난 것으로 보는 경우를 포함한다) 집행이 면제된 날부터 2년이 지나지 아니한 자

4. 제3호에 규정된 법률을 위반하여 형의 집행유예를 선고받고 그 유예기간 중에 있는 자

5. 제49조에 따라 문화재수리업자등의 등록이 취소된 날부터 2년이 지나지 아니한 자(같은 조 제1항제4호에 따라 취소된 자나 제15조제1호 및 제2호에 해당하여 등록이 취소된 자는 제외한다)

6. 「건축사법」 제28조제1항에 따라 건축사업무신고등의 효력상실처분을 받고 2년이 지나지 아니한 자(문화재실측설계업자에 한한다)

7. 「건축사법」 제28조제1항에 따른 업무정지 처분을 받고 그 정지기간 중에 있는 자(문화재실측설계업자만 해당한다)

8. 법인의 임원 중 제1호부터 제7호까지의 규정에 해당하는 자가 있는 법인

제16조(문화재수리업의 종류) ① 제14조에 따른 문화재수리업은 종합문화재수리업과 전문문화재수리업으로 구분한다.

② 종합문화재수리업은 종합적인 계획·관리 및 조정 하에 두 종류 이상의 공종(工種)이 복합된 문화재수리를 하는 것으로서 그 종류 및 업무 범위는 대통령령으로 정한다.

③ 전문문화재수리업은 문화재의 일부 또는 전문 분야에 관한 문화재수리를 하는 것으로서 그 종류 및 업무 범위는 대통령령으로 정한다.

④ 제2항 및 제3항에도 불구하고 기술적으로 분리하기 어려운 복합된 문화재수리로서 대통령령으로 정하는 부대 문화재수리의 경우에는 주된 분야의 문화재수리업자가 수리할 수 있다. 이 경우 종된 분야의 문화재수리기능자를 참여시켜야 한다.

제17조(문화재수리업의 양도 등) ① 문화재수리업자는 다음 각 호의 어느 하나에 해당하는 경우에는 문화체육관광부령으로 정하는 바에 따라 시·도지사에게 신고하여야 한다.

1. 문화재수리업을 양도하려는 경우

2. 법인인 문화재수리업자가 합병하려는 경우

② 시·도지사는 제1항에 따른 신고를 받은 날부터 10일 이내에 신고수리 여부를 신고인에게 통지하여야 한다. 〈신설 2018. 12. 24.〉

③ 시·도지사가 제2항에서 정한 기간 내에 신고수리 여부 또는 민원 처리 관련 법령에 따른 처리기간의 연장을 신고인에게 통지하지 아니하면 그 기간(민원 처리 관련 법령에 따라 처리기간이 연장 또는 재연장된 경우에는 해당 처리기간을 말한다)이 끝난 날의 다음 날에 신고를 수리한 것으로 본다. 〈신설 2018. 12. 24.〉

④ 제1항에 따른 문화재수리업의 양도신고가 수리된(제3항에 따라 신고를 수리한 것으로 보는 경우를 포함한다. 이하 이 항에서 같다) 때에는 문화재수리업을 양수한 자는 문화재수리업을 양도한 자의 문화재수리업자로서의 지위를 승계하며, 법인의 합병신고가 수리된 때에는 합병으로 설립되거나 존속하는 법인은 합병으로 소멸되는 법인의 문화재수리업자로서의 지위를 승계한다. 〈개정 2018. 12. 24.〉

⑤ 제1항제1호에 따라 문화재수리업을 양도하려는 자는 문화체육관광부령으로 정하는

바에 따라 그 사실을 30일 이상 공고하여야 한다. 〈개정 2018. 12. 24.〉

⑥ 제1항에 따른 신고에 관하여는 제14조제1항에 따른 문화재수리업자등의 등록 요건과 제15조에 따른 문화재수리업자등의 결격사유에 관한 규정을 준용한다. 〈개정 2018. 12. 24.〉

제18조(문화재수리업 양도의 내용) ① 문화재수리업을 양도하려는 자는 문화재수리업에 관한 다음 각 호의 권리·의무를 모두 양도하여야 한다.

1. 시행 중인 문화재수리의 도급에 관한 권리·의무

2. 문화재수리가 끝났으나 그에 관한 하자담보 책임기간 중에 있는 경우에는 그 문화재수리의 하자보수에 관한 권리·의무

② 제1항의 경우 시행 중인 문화재수리가 있는 때에는 해당 문화재수리의 발주자의 동의를 받거나 해당 문화재수리의 도급을 해지한 후가 아니면 문화재수리업을 양도할 수 없다.

제19조(문화재수리업 양도의 제한) 문화재수리업자는 다음 각 호의 어느 하나에 해당하는 경우에는 문화재수리업을 양도할 수 없다. 다만, 제20조제3항에 해당하여 문화재수리업을 양도하여야 하는 경우에는 그러하지 아니하다.

1. 제49조에 따른 영업정지 처분기간 중에 있는 경우

2. 제49조에 따라 문화재수리업의 등록취소 처분을 받고 「행정심판법」 또는 「행정소송법」에 따라 그 처분이 집행정지 중에 있는 경우

3. 「국가를 당사자로 하는 계약에 관한 법률」 또는 「지방자치단체를 당사자로 하는 계약에 관한 법률」에 따라 부정당업자(不正當業者)로서 입찰참가자격 제한처분을 받고 그 처분기간 중에 있는 경우

제20조(문화재수리업의 상속) ① 문화재수리업자가 사망한 경우에는 그 상속인은 이 법에 따른 문화재수리업자의 모든 권리·의무를 승계한다.

② 제1항의 상속인은 문화재수리업을 상속받으면 문화체육관광부령으로 정하는 바에 따라 상속사실을 시·도지사에게 신고하여야 한다.

③ 상속인이 제15조에 따른 문화재수리업자의 결격사유에 해당하는 경우에는 상속개시일부터 3개월 이내에 그 문화재수리업을 다른 사람에게 양도하여야 한다.

제21조(등록증 등의 대여 금지) 문화재수리업자는 다른 사람에게 자기의 성명 또는 상호를 사용하여 문화재수리를 수급받게 하거나 시행하게 하여서는 아니 되며, 제14조제7항에 따라 발급받은 등록증 또는 등록수첩을 대여하여서는 아니 된다. 〈개정 2018. 12. 24.〉

제22조(등록취소 처분 등을 받은 후의 문화재수리) ① 제49조에 따른 영업정지 처분이나 등록취소 처분을 받은 문화재수리업자 및 그 포괄승계인은 그 처분을 받기 전에 도급을 체결하였거나 관계 법령에 따라 허가·인가 등을 받아 착수한 문화재수리에 대하여는 이를 계속하여 시행할 수 있다.

② 제49조에 따른 영업정지 처분이나 등록취소 처분을 받은 문화재수리업자 및 그 포괄승계인은 그 처분의 내용을 지체 없이 해당 문화재수리의 발주자에게 알려야 한다.

③ 문화재수리업자가 문화재수리업의 등록이 취소된 후 제1항에 따라 문화재수리를 계속하는 경우에는 그 문화재수리를 완성할 때까지는 문화재수리업자로 본다.

④ 문화재수리의 발주자는 특별한 사유가 있는 경우 외에는 해당 문화재수리업자로부터 제2항에 따른 통지를 받은 날이나 그 사실을 안 날부터 30일 이내에만 도급을 해지할 수 있다.

제23조(준용) 문화재실측설계업 또는 문화재감리업의 양도 등에 관하여는 제17조부터 제22조까지의 규정을 준용한다.

제2절 도급 및 하도급

제24조(문화재수리등에 관한 도급의 원칙) ① 문화재수리등에 관한 도급(하도급을 포함한다. 이하 이 조에서 같다)의 당사자는 각각 대등한 입장에서 합의에 따라 공정하게 계약을 체결하고, 신의에 따라 성실하게 계약 내용을 이행하여야 한다.

② 문화재수리등에 관한 도급의 당사자는 계약을 체결할 때에 도급 금액, 수리기간과 그 밖에 대통령령으로 정하는 사항을 계약서에 분명하게 밝혀야 하며, 서명날인한 계약서를 각각 보관하여야 한다.

③ 수급인은 문화체육관광부령으로 정하는 바에 따라 문화재수리등에 관한 내용이 적힌 문화재수리 도급 대장, 실측설계 도급 대장 또는 감리 도급 대장을 주된 영업소에 보관하여야 한다.

제25조(하도급의 제한 등) ① 문화재수리를 도급받은 문화재수리업자는 그 문화재수리를 직접 수행하여야 한다. 다만, 종합문화재수리업자는 도급받은 문화재수리의 일부를 문화재수리 내용에 맞는 전문문화재수리업자에게 하도급할 수 있다.

② 제1항 단서에 따라 하도급을 하는 경우에는 도급받은 문화재수리 금액의 100분의 50을 초과하여 전문문화재수리업자에게 하도급할 수 없으며, 하도급을 한 종합문화재수리

업자는 대통령령으로 정하는 바에 따라 발주자에게 그 사실을 알려야 한다.

③ 제1항 단서에 따라 종합문화재수리업자로부터 문화재수리의 일부를 하도급받은 전문 문화재수리업자는 이를 다시 하도급할 수 없다.

④ 감리를 도급받은 수급인은 그 감리를 제3자에게 하도급할 수 없다.

제25조의2(하도급계약의 적정성 심사 등) ① 발주자는 다음 각 호의 어느 하나에 해당하는 경우에는 하수급인의 문화재수리 능력 또는 하도급계약 내용의 적정성을 심사할 수 있다.

1. 문화재수리의 규모와 전문성 등을 고려할 때 하수급인의 문화재수리 능력이 현저히 부족하다고 인정되는 경우

2. 하도급계약 금액이 대통령령으로 정하는 비율에 따른 금액에 미달하는 경우

② 발주자는 제1항에 따른 심사 결과 하수급인의 문화재수리 능력 또는 하도급계약 내용이 적정하지 아니하다고 인정되는 경우에는 그 사유를 분명하게 밝혀 수급인에게 하수급인 또는 하도급계약 내용의 변경을 요구할 수 있다.

③ 발주자는 수급인이 정당한 이유 없이 제2항의 요구에 따르지 아니하여 문화재수리 결과에 중대한 영향을 미칠 우려가 있는 경우에는 해당 문화재수리의 도급계약을 해지할 수 있다.

④ 제1항부터 제3항까지에 따른 하도급계약의 적정성 심사기준 및 심사방법, 하수급인 또는 하도급계약 내용의 변경요구 절차, 그 밖에 필요한 사항은 대통령령으로 정한다.
[본조신설 2016. 2. 3.]

제26조(하수급인 등의 지위) ① 하수급인은 하도급받은 문화재수리에 관하여는 발주자에 대하여 수급인과 같은 의무를 진다.

② 제1항은 수급인과 하수급인 간의 법률관계에는 영향을 미치지 아니한다.

제27조(하수급인의 의견청취) 수급인은 도급받은 문화재수리를 함에 있어 하수급인이 있는 경우에는 그 문화재수리에 관한 기법 및 공정, 그 밖에 필요하다고 인정되는 사항에 관하여 미리 하수급인의 의견을 들어야 한다.

제28조(하도급 대금의 지급 등) ① 수급인은 발주자로부터 도급받은 문화재수리에 대한 준공금을 받았을 때에는 하도급 대금의 전부를, 기성금(旣成金)을 받았을 때에는 하수급인이 문화재수리한 부분에 상당한 금액을 각각 지급받은 날(수급인이 발주자로부터 문화재수리 대금을 어음으로 받았을 때에는 그 어음만기일을 말한다)부터 15일 이내에 하수급인에게 현금으로 지급하여야 한다.

② 수급인은 발주자로부터 선급금을 받은 경우에는 하수급인이 문화재수리를 착수할 수

있도록 그가 받은 선급금의 내용과 비율에 따라 하수급인에게 선급금을 지급하여야 한다. 이 경우 수급인은 하수급인이 선급금을 반환하여야 할 경우에 대비하여 하수급인에게 보증을 요구할 수 있다.

③ 수급인은 하도급을 한 후 설계 변경 또는 물가 변동 등의 사정으로 도급 금액이 조정되는 경우에는 조정된 문화재수리 금액과 비율에 따라 하수급인에게 하도급 금액을 늘리거나 줄여서 지급할 수 있다.

제29조(하도급 대금의 직접 지급) ① 발주자는 다음 각 호의 어느 하나에 해당하는 경우에는 하수급인이 문화재수리를 한 부분에 해당하는 하도급 대금을 하수급인에게 직접 지급할 수 있다. 이 경우 발주자의 수급인에 대한 대금 지급채무는 하수급인에게 지급한 한도에서 소멸한 것으로 본다.

1. 발주자와 수급인 간에 하도급 대금을 하수급인에게 직접 지급할 수 있다는 뜻과 그 지급의 방법·절차를 명백히 하여 합의한 경우
2. 하수급인이 수급인을 상대로 그가 문화재수리한 부분에 대한 하도급 대금의 지급을 명하는 확정판결을 받은 경우
3. 국가, 지방자치단체 또는 「공공기관의 운영에 관한 법률」 제4조에 따른 공공기관이 발주한 경우로서 다음 각 목의 어느 하나에 해당하는 경우
   가. 수급인이 하도급 대금의 지급을 1회 이상 지체한 경우
   나. 문화재수리 예정가격에 대비하여 문화체육관광부령으로 정하는 비율에 미달하는 금액으로 하도급을 체결한 경우
4. 수급인의 지급정지·파산 등으로 인하여 수급인이 하도급 대금을 지급할 수 없는 명백한 사유가 있다고 발주자가 인정하는 경우

② 수급인은 제1항제3호에 해당하는 경우로서 하수급인에게 책임이 있는 사유로 자신이 피해를 입을 우려가 있다고 인정되는 경우에는 그 사유를 분명하게 밝혀 발주자에게 하도급 대금의 직접 지급을 중지할 것을 요청할 수 있다.

③ 제1항제3호 및 제4호에 따라 하도급 대금을 직접 지급하는 경우의 지급 방법 및 절차는 문화체육관광부령으로 정한다.

제30조(발주자의 부당한 지시 금지 등) ① 문화재수리에 관한 도급을 체결한 발주자는 수급인이나 하수급인에게 이 법을 위반하여 부당한 지시를 하여서는 아니 된다.

② 수급인은 자신의 우월적 지위를 이용하여 정당한 사유 없이 하수급인에게 문화재수리와 관련된 불공정한 행위를 강요하여서는 아니 된다.

제31조(검사 및 인도) ① 수급인은 하수급인으로부터 하도급 문화재수리의 완료 또는 기성(旣成) 부분의 통지를 받은 경우에는 10일 이내에 이를 확인하기 위한 검사를 하여야 한다.

② 수급인은 제1항에 따른 검사 결과 하도급 문화재수리가 계약대로 끝난 경우에는 지체 없이 이를 인수하여야 한다.

제32조(하수급인의 변경요구) ① 발주자는 하수급인이 문화재수리를 하면서 관계 법령을 위반하여 문화재수리를 하거나 설계도서대로 문화재수리를 하지 아니한다고 인정될 때에는 대통령령으로 정하는 바에 따라 그 사유를 분명하게 밝혀 수급인에게 하수급인을 변경하도록 요구할 수 있다.

② 발주자는 수급인이 정당한 사유 없이 제1항의 하수급인 변경요구에 따르지 아니하여 문화재수리 결과에 중대한 영향을 초래할 우려가 있다고 인정하는 경우에는 문화재수리에 관한 도급을 해지할 수 있다.

제3절 문화재수리

제33조(문화재수리기술자의 배치) ① 문화재수리업자(제41조의2에 따른 전통건축수리기술진흥재단을 포함한다. 이하 이 조에서 같다)는 문화재수리에 관한 기술적인 업무를 수행하도록 하기 위하여 대통령령으로 정하는 바에 따라 문화재수리 현장(동산문화재의 경우에는 실제로 문화재수리가 이루어지는 장소를 말한다. 이하 같다)에 해당 문화재수리기술자 1명 이상을 배치하고, 이를 발주자에게 서면으로 알려야 한다. 다만, 발주자의 승낙을 받은 경우에는 해당 문화재수리업무의 수행에 지장이 없는 범위에서 대통령령으로 정하는 바에 따라 1명의 문화재수리기술자를 둘 이상의 문화재수리 현장에 배치할 수 있다. 〈개정 2016. 2. 3.〉

② 제1항에 따라 배치된 문화재수리기술자는 그 문화재수리 발주자의 승낙을 받지 아니하고는 정당한 사유 없이 그 문화재수리 현장을 이탈하여서는 아니 된다.

③ 발주자는 제1항에 따라 배치된 문화재수리기술자의 업무수행 능력이 현저히 부족하다고 인정되는 경우에는 수급인에게 그 문화재수리기술자를 교체하도록 요청할 수 있다. 이 경우 수급인은 정당한 사유가 없으면 이에 따라야 한다.

④ 제1항에도 불구하고 대통령령으로 정하는 문화재수리업을 등록한 전문문화재수리업자가 제25조제1항 단서에 따라 종합문화재수리업자로부터 문화재수리의 일부를 하도급

받은 경우에는 해당 문화재수리기술자를 배치하지 아니할 수 있다.

제33조의2(문화재수리의 설계승인) ① 발주자는 다음 각 호의 어느 하나에 해당하는 문화재 등을 수리를 하려는 경우 문화재청장(「문화재보호법」 제2조제3항제2호 및 제3호에 해당하는 문화재인 경우에는 "시·도지사"를 말한다. 이하 이 조부터 제33조의5까지, 제33조의6제1항 및 제2항에서 같다)으로부터 설계승인을 받아야 한다.

1. 제2조제1호가목 또는 나목에 해당하는 문화재

2. 제2조제1호다목 중 문화재청장이 시·도지사와 협의하여 고시한 것

② 발주자는 제1항에 따른 설계승인을 받으려는 경우 설계도서 등 문화체육관광부령으로 정하는 서류를 갖추어 문화재청장에게 신청하여야 한다.

③ 문화재청장은 제2항에 따라 발주자의 설계승인 신청을 받은 경우에는 다음 각 호의 사항을 종합적으로 심사하여야 한다.

1. 문화재의 원형을 보존하기 위한 적합한 방법과 기술을 사용하였을 것

2. 전통적 기술과 원래의 재료를 사용하였을 것. 다만, 전통적 기술이나 원래의 재료를 사용하지 아니하는 경우 그 유효성이 입증된 것이어야 한다.

3. 해당 문화재의 지역적 특성을 고려하였을 것

④ 문화재청장은 제3항에 따른 심사를 위하여 필요한 경우 발주자에게 필요한 자료를 요청할 수 있다.

⑤ 문화재청장은 제3항에 따른 심사 후 설계승인 여부를 발주자에게 통지하여야 한다.

⑥ 설계승인의 신청, 설계승인의 절차 및 제3항 각 호의 세부기준은 문화체육관광부령으로 정한다.

제33조의3(문화재수리 현황의 보고) ① 제33조의2에 따라 설계승인을 받은 자는 문화재수리 중 다음 각 호의 어느 하나에 해당하는 사유가 발생하면 문화재청장에게 보고하여야 한다.

1. 문화재수리를 착수 또는 완료한 경우

2. 설계승인 사항과 수리 대상 문화재의 현황이 현저히 다른 경우

3. 원래의 부재를 교체하여 새로운 부재로 설치하려는 경우

4. 그 밖에 대통령령으로 정하는 경우

② 문화재청장은 제1항제2호부터 제4호까지의 사유로 보고 받은 사항에 대하여 그 적정성 여부를 검토하여 필요한 경우 문화재수리 계획을 변경하도록 명할 수 있다.

③ 발주자는 제1항제3호의 사유에 따라 새로운 부재를 설치한 경우 문화체육관광부령으

로 정하는 바에 따라 표시를 하여야 한다.

제33조의4(허가 등의 의제) ① 제33조의2에 따라 문화재청장으로부터 설계승인을 받은 경우에는 「문화재보호법」 제35조제1항제1호에 따른 허가를 받은 것으로 본다.

② 제33조의3제1항제1호의 사유로 같은 조 제1항에 따라 보고한 경우에는 「문화재보호법」 제40조제1항제7호에 따라 신고를 한 것으로 본다.

제33조의5(설계심사관의 지정) 문화재청장은 제33조의2제3항에 따른 심사를 위하여 소속 공무원 중 대통령령으로 정하는 자격을 갖춘 사람을 설계심사관으로 둘 수 있다.

제33조의6(문화재수리의 기술지도) ① 문화재청장은 제33조의3에 따라 보고를 받은 경우 발주자와 협의하여 문화재수리업자에게 문화재수리에 필요한 중요 사항을 지도(이하 "기술지도"라 한다)할 수 있다.

② 문화재청장은 기술지도에 필요한 경우 관계 전문가의 의견을 들을 수 있다.

③ 문화재수리업자는 기술지도의 내용을 문화재수리에 반영할 수 있다.

④ 기술지도에 필요한 사항은 문화재청장이 정하여 고시한다.

제34조(문화재수리업자의 손해배상책임) ① 문화재수리업자는 고의 또는 과실로 문화재수리를 부실하게 하여 타인에게 손해를 가한 경우에는 그 손해를 배상할 책임이 있다.

② 문화재수리업자는 제1항에 따른 손해가 발주자의 고의 또는 중대한 과실로 발생한 경우에는 발주자에 대하여 구상권을 행사할 수 있다.

③ 수급인은 하수급인이 고의 또는 과실로 하도급받은 문화재수리의 관리를 부실하게 하여 타인에게 손해를 가한 경우에는 하수급인과 연대하여 그 손해를 배상할 책임이 있다.

④ 수급인은 제3항에 따라 손해를 배상한 경우에는 배상할 책임이 있는 하수급인에 대하여 구상권을 행사할 수 있다.

제35조(문화재수리업자의 하자담보책임) ① 문화재수리업자는 발주자에 대하여 문화재수리의 완공일부터 10년 이내의 범위에서 대통령령으로 정하는 문화재수리의 종류별 하자담보책임 기간에 발생하는 하자에 대하여 담보책임이 있다.

② 문화재수리업자는 다음 각 호의 어느 하나에 해당하는 사유로 발생한 하자에 대하여는 제1항에도 불구하고 하자담보책임이 없다. 다만, 문화재수리업자가 그 재료 또는 지시가 적당하지 아니함을 알고도 발주자에게 알리지 아니한 경우에는 그러하지 아니하다.

1. 발주자가 제공한 문화재수리 재료로 인한 경우
2. 발주자의 지시에 따라 문화재수리를 한 경우

3. 발주자가 문화재수리의 목적물을 통상적인 사용 범위를 넘어서 사용한 경우

③ 제1항에도 불구하고 문화재수리업자와 발주자 사이에 체결한 도급 계약서에 문화재 수리업자의 하자담보책임에 관한 특약을 정한 경우에는 그 특약에 따른다. 다만, 그 특약에서 하자담보책임기간을 제1항에 따른 기간의 3분의 2 미만으로 정한 경우에는 그 기간의 3분의 2로 정한 것으로 본다.

제36조(문화재수리 보고서의 작성) ① 문화재수리업자는 도급받은 문화재수리에 대하여 착수부터 완료까지의 전반을 기록화하기 위하여 문화재수리 보고서를 문화재수리의 완료일부터 60일 이내에 발주자에게 제출하여야 한다. 다만, 천재지변이나 그 밖에 대통령령으로 정하는 부득이한 사유가 있는 경우에는 기간을 연장할 수 있다. 〈개정 2016. 2. 3.〉

② 문화재수리 현장에 배치된 문화재수리기술자는 문화재수리 보고서를 성실하게 작성하여야 한다. 이 경우 문화재수리기술자는 필요 시 문화재실측설계업자의 협조를 요청할 수 있고, 요청을 받은 문화재실측설계업자는 성실하게 응하여야 한다. 〈개정 2016. 2. 3.〉

③ 제1항에 따라 문화재수리 보고서를 제출받은 발주자는 그 날부터 30일 이내에 문화재청장 및 관할 시·도지사에게 제출하여야 한다. 〈개정 2016. 2. 3.〉

④ 제1항 및 제2항에 따른 문화재수리 보고서에는 수리대상의 현황, 준공도면 등 대통령령으로 정하는 사항이 포함되어야 한다. 〈신설 2016. 2. 3.〉

⑤ 문화재청장은 제3항에 따라 제출받은 문화재수리 보고서 및 제38조제6항에 따라 제출받은 감리 보고서에 대한 데이터베이스를 구축하고 인터넷 홈페이지 등을 이용하여 일반인에게 알려야 한다. 〈신설 2016. 2. 3.〉

제37조(문화재수리 현장의 점검 등) ① 문화재청장, 시·도지사 또는 시장·군수·구청장(자치구의 구청장을 말한다. 이하 같다)은 문화재수리의 부실을 방지하기 위하여 문화재수리 현장이나 관계 법령에 따라 현장에 비치하여야 할 서류 등을 점검할 수 있으며, 점검 결과 관계 법령을 위반하거나 설계도서와 다르게 문화재수리등을 한 경우에는 문화재수리업자등, 문화재수리기술자 또는 문화재감리원에게 시정명령 등 필요한 조치를 하거나 관계 법령에 따른 영업정지 처분 등을 하도록 요청할 수 있다. 〈개정 2016. 2. 3.〉

② 문화재청장은 문화재가 원형대로 수리될 수 있도록 하기 위하여 다음 각 호의 사항을 지도하거나 자문할 수 있다.

1. 고증, 양식, 문화재수리의 기법 및 범위 등에 관한 사항

2. 현장관리, 품질관리, 안전관리 및 환경관리 등에 관한 사항

제37조의2(문화재수리 현장의 공개) ① 발주자는 문화재수리 현장을 공개할 수 있다. 다만, 제33조의2에 따라 문화재청장 또는 시·도지사로부터 설계승인을 받은 경우에는 문화재수리 현장을 공개하여야 한다.

② 발주자는 제1항에 따른 공개를 하는 경우 안전사고 예방에 필요한 조치를 하고 해당 문화재수리 관련 안내 자료를 갖추어야 한다.

③ 제2항에 따른 조치 및 안내 자료 구비에 소요되는 비용은 발주자가 부담한다.

④ 그 밖에 제1항에 따른 문화재수리 현장의 공개에 필요한 사항은 대통령령으로 정한다.

제37조의3(문화재수리 정보의 공개) 문화재청장 또는 시·도지사는 제33조의2제1항에 따라 설계승인한 문화재수리에 관한 다음 각 호의 정보를 제14조의3에 따른 문화재수리종합정보시스템을 통하여 공개하여야 한다.

1. 해당 문화재수리의 개요
2. 참여 기술인력
3. 그 밖에 대통령령으로 정하는 문화재수리 관련 정보

제4절 감리

제38조(감리의 시행 등) ① 발주자는 그가 발주하는 문화재수리의 품질 확보 및 향상을 위하여 문화재감리업자로 하여금 일반감리 또는 책임감리를 하게 하여야 한다. 〈개정 2016. 2. 3.〉

② 발주자는 제1항에도 불구하고 국가가 경비의 전부 또는 일부를 지원하여 시행하는 문화재수리 중 대통령령으로 정하는 문화재수리에 대하여는 제41조의2에 따른 전통건축수리기술진흥재단으로 하여금 일반감리 또는 책임감리를 하게 할 수 있다. 〈신설 2016. 2. 3.〉

③ 제1항에 따른 일반감리 또는 책임감리를 하게 하여야 할 문화재수리의 대상은 대통령령으로 정한다. 〈개정 2016. 2. 3.〉

④ 문화재감리업자(제41조의2에 따른 전통건축수리기술진흥재단을 포함한다. 이하 이 조에서 같다)는 제1항부터 제3항까지에 따라 일반감리 또는 책임감리를 할 때에는 그에게 소속된 문화재감리원을 문화재수리 현장에 배치하여야 한다. 〈개정 2016. 2. 3.〉

⑤ 문화재감리업자는 문화체육관광부령으로 정하는 바에 따라 일반감리 또는 책임감리 보고서를 작성하여 발주자에게 제출하여야 한다. 〈개정 2016. 2. 3.〉

⑥ 제5항에 따라 감리 보고서를 제출받은 발주자는 그 날부터 30일 이내에 문화재청장 및 관할 시·도지사에게 감리 보고서를 제출하여야 한다. 〈신설 2016. 2. 3.〉

⑦ 일반감리 또는 책임감리 업무를 수행하는 문화재감리원의 권한, 업무범위 및 배치, 일반감리 또는 책임감리의 방법 및 절차와 그 밖에 필요한 사항은 대통령령으로 정한다. 〈개정 2016. 2. 3.〉

[시행일: 2019. 2. 4.] 제38조의 개정규정 중 책임감리에 관한 부분

제39조(문화재감리원의 재시행명령 등) ① 문화재감리원은 문화재수리업자가 문화재수리의 설계도서·시방서나 그 밖의 관계 서류의 내용과 적합하지 아니하게 문화재수리를 하는 경우에는 재시행 또는 중지명령이나 그 밖에 필요한 조치를 할 수 있다.

② 제1항에 따라 문화재감리원으로부터 재시행 또는 중지명령이나 그 밖에 필요한 조치에 관한 지시를 받은 문화재수리업자는 특별한 사유가 없으면 그 지시에 따라야 한다.

③ 문화재감리원은 제1항에 따라 문화재수리업자에게 재시행 또는 중지명령이나 그 밖에 필요한 조치를 한 경우에는 지체 없이 그 사실을 그 문화재수리의 발주자에게 통지하여야 한다.

④ 발주자는 문화재감리원으로부터 제3항에 따른 통지를 받으면 지체 없이 이에 필요한 조치를 하여야 한다.

제40조(문화재감리원에 대한 시정조치) ① 발주자는 문화재감리원이 업무를 성실하게 수행하지 아니하여 문화재수리가 부실하게 될 우려가 있는 경우에는 그 문화재감리원에게 시정지시를 하거나 문화재감리업자에게 문화재감리원을 변경하도록 요구할 수 있다.

② 제1항에 따라 발주자로부터 시정지시를 요구받은 문화재감리원이나 문화재감리원의 변경을 요구받은 문화재감리업자는 정당한 사유가 없으면 그 요구에 따라야 한다.

제41조(감리의 제한) 문화재수리업자와 문화재감리업자가 같은 자이거나 다음 각 호의 어느 하나에 해당될 때에는 그 문화재수리와 감리를 함께 할 수 없다. 〈개정 2016. 2. 3.〉

1. 대통령령으로 정하는 모회사와 자회사 관계인 경우

2. 법인과 그 법인의 임직원 관계인 경우

3. 「민법」 제777조에 따른 친족관계인 경우

4. 제41조의2에 따른 전통건축수리기술진흥재단이 제5조제3항에 따라 직접 문화재수리를 하는 경우

제4장 전통건축수리기술진흥재단 등 〈개정 2016. 2. 3.〉

제41조의2(전통건축수리기술진흥재단의 설립 등) ① 전통건축 수리기술의 진흥을 위한 다음 각 호의 사업을 종합적·체계적으로 수행하기 위하여 문화재청 산하에 전통건축수리기술진흥재단(이하 "재단"이라 한다)을 설립한다.

1. 전통건축의 부재(部材)와 재료 등의 수집·보존 및 조사·연구·전시
2. 전통재료의 수급관리, 보급확대 및 산업화 지원
3. 전통수리 기법의 조사·연구 및 전승 활성화
4. 문화재수리(문화재수리의 중요도와 난이도가 높거나 긴급한 조치가 필요한 경우로서 대통령령으로 정하는 경우에 한정한다)
5. 제38조제2항에 따른 일반감리 또는 책임감리
6. 북한의 전통건축에 대한 조사·연구 및 보존 지원
7. 문화재청장 또는 지방자치단체의 장이 위탁하는 사업
8. 그 밖에 재단의 설립 목적에 필요한 사업

② 재단은 법인으로 한다.

③ 재단에는 정관으로 정하는 바에 따라 임원과 필요한 직원을 둔다.

④ 국가는 재단의 설립과 운영에 소요되는 경비를 충당하기 위하여 필요한 자금을 예산의 범위에서 출연 또는 보조할 수 있다.

⑤ 발주자는 국가가 경비의 전부 또는 일부를 지원하여 시행하는 문화재수리가 제1항제4호에 해당하는 경우에는 재단으로 하여금 문화재수리를 하게 할 수 있다. 〈신설 2019. 12. 3.〉

[본조신설 2016. 2. 3.]

[제목개정 2019. 12. 3.]

제42조(문화재수리협회의 설립) ① 문화재수리업자등은 품위의 유지, 기술의 향상 등 문화재수리등과 관련된 사업의 건전한 발전과 공제사업 등을 위하여 문화재수리협회를 설립할 수 있다.

② 문화재수리협회는 법인으로 한다.

③ 문화재수리협회는 주된 사무소에서 설립등기를 함으로써 성립한다.

④ 문화재수리협회의 회원 자격과 임원에 관한 사항은 정관으로 정하며, 필요에 따라 지회나 분회를 둘 수 있다.

⑤ 문화재수리협회 정관의 기재 사항과 공제사업, 문화재수리협회의 감독에 관하여 필

요한 사항은 대통령령으로 정한다.

제43조(문화재수리협회 설립의 인가절차 등) ① 문화재수리협회를 설립할 때에는 회원의 자격이 있는 자 10명 이상이 발기하고, 회원의 자격이 있는 문화재수리업자등의 3분의 1 이상의 동의를 받아 창립총회에서 정관을 작성한 후 문화재청장에게 문화재수리협회 인가를 신청하여야 한다.

② 문화재청장은 제1항의 신청에 따라 인가를 하였을 때에는 그 사실을 공고하여야 한다.

③ 문화재수리협회가 성립되고 임원이 선임될 때까지 필요한 사무는 발기인이 행한다.

제44조(「민법」의 준용) ① 재단에 관하여 이 법에 규정된 것을 제외하고는 「민법」 중 재단법인에 관한 규정을 준용한다.

② 문화재수리협회에 관하여 이 법에 규정된 것 외에는 「민법」 중 사단법인에 관한 규정을 준용한다.

[전문개정 2016. 2. 3.]

제5장 감독

제45조(문화재수리 현황의 검사 등) ① 문화재청장 또는 시·도지사는 등록기준에의 적합 여부, 하도급의 적정 여부 등을 판단하기 위하여 필요하다고 인정하면 문화재수리업자 등에게 그 업무 및 문화재수리 현황 등에 관하여 보고하게 하거나 자료를 제출하도록 명할 수 있으며, 소속 공무원으로 하여금 문화재수리업자등의 경영실태를 조사하게 하거나 관계 서류와 시설을 검사하게 할 수 있다. 〈개정 2016. 2. 3.〉

② 제1항에 따른 조사나 검사를 하는 공무원은 그 권한을 표시하는 증표를 지니고 이를 관계인에게 내보여야 한다.

③ 문화재청장 또는 시·도지사는 필요한 경우 문화재수리등의 발주자·문화재감리원 등 문화재수리등과 관련된 자에게 문화재수리등에 관한 자료를 제출하도록 요구할 수 있다. 〈개정 2016. 2. 3.〉

제46조(시정명령 등) ① 문화재청장, 시·도지사 또는 시장·군수·구청장은 문화재수리업 자등이 다음 각 호의 어느 하나에 해당하면 기간을 정하여 그 시정을 명하거나 그 밖에 필요한 지시를 할 수 있다.

1. 제14조제2항을 위반하여 변경신고를 하지 아니한 경우

2. 제24조제3항을 위반하여 문화재수리 도급 대장, 실측설계 도급 대장 또는 감리 도급 대장을 주된 영업소에 보관하지 아니한 경우

3. 제28조를 위반하여 하도급 대금을 지급하지 아니한 경우

4. 제30조제2항을 위반하여 하수급인에게 불공정한 행위를 강요한 경우

4의2. 제33조의3제1항을 위반하여 보고하지 아니한 경우

5. 제36조제1항 또는 제2항을 위반하여 문화재수리 보고서를 제출하지 아니하거나 부실하게 작성한 경우

6. 제53조제3항을 위반하여 경비를 부담하지 아니하거나 불이익을 주는 처우를 한 경우

7. 정당한 사유 없이 도급받은 문화재수리를 이행하지 아니한 경우

② 문화재청장은 문화재수리기술자나 문화재감리원이 제53조제1항에 따른 전문교육을 받지 아니한 경우 기간을 정하여 그 시정을 명하거나 그 밖에 필요한 지시를 명할 수 있다. 〈개정 2016. 2. 3.〉

제47조(문화재수리기술자의 자격취소 등) ① 문화재청장은 문화재수리기술자가 다음 각 호의 어느 하나에 해당하는 경우에는 그 자격을 취소하거나 문화체육관광부령으로 정하는 바에 따라 3년 이내의 기간을 정하여 그 자격의 정지를 명할 수 있다. 다만, 제1호·제2호 또는 제6호의 어느 하나에 해당하는 때에는 그 자격을 취소하여야 한다. 〈개정 2016. 2. 3.〉

1. 거짓이나 그 밖의 부정한 방법으로 자격을 취득한 경우

2. 자격정지 처분을 받고도 계속하여 그 업무를 한 경우

3. 문화재수리 중에 지정문화재를 파손하거나 훼손한 경우

4. 제6조에 따라 지켜야 할 사항을 위반하여 문화재수리등을 한 경우

4의2. 제6조의2를 위반하여 부정한 청탁을 받고 재물 또는 재산상의 이익을 취득하거나 부정한 청탁을 하면서 재물 또는 재산상의 이익을 제공한 경우

5. 제8조제2항을 위반하여 문화재수리기술자가 자격을 취득한 기술 분야 외의 다른 분야의 문화재수리등의 업무를 한 경우

6. 제9조 각 호의 어느 하나에 해당하여 문화재수리기술자가 될 수 없는 경우

7. 제10조제3항을 위반하여 다른 사람에게 자기의 성명을 사용하여 문화재수리등의 업무를 하도록 하거나 문화재수리기술자 자격증을 대여한 경우

8. 제10조제4항을 위반하여 둘 이상의 문화재수리업자등에게 중복하여 취업한 경우

8의2. 제13조의2제3항을 위반하여 경력등을 거짓으로 신고 또는 변경신고한 경우

9. 제33조제2항을 위반하여 정당한 사유 없이 문화재수리 현장을 이탈한 경우

10. 제37조제1항에 따른 시정명령 등 필요한 조치를 이행하지 아니한 경우

11. 제38조제7항에 따른 대통령령으로 정하는 문화재감리원의 업무범위를 위반하여 감리를 수행한 경우

② 제1항에 따라 문화재수리기술자의 자격이 취소된 자는 지체 없이 문화재청장에게 문화재수리기술자 자격증을 반납하여야 한다.

③ 문화재청장은 제1항에 따라 문화재수리기술자의 자격을 정지할 경우 문화재수리기술자 자격증에 처분내용 및 처분사유를 기재하여야 한다.

④ 중앙행정기관의 장이나 지방자치단체의 장은 소관 업무 중 문화재수리등의 업무를 수행하면서 문화재수리기술자가 제1항 각 호의 어느 하나에 해당하는 사실이 있는 경우에는 그 사실을 문화재청장에게 통보하여야 한다.

⑤ 문화재청장은 제1항에 따라 문화재수리기술자의 자격을 취소한 경우에는 그 문화재수리기술자에 관한 다음 각 호의 사항을 공고하고, 그 사실을 시·도지사에게 통보하여야 한다.

1. 성명

2. 자격종목 및 자격번호

3. 처분의 내용, 사유 및 근거

[시행일: 2019. 2. 4.] 제47조제1항제8호의2, 제47조제1항제11호의 개정규정 중 책임감리에 관한 부분

제48조(문화재수리기능자의 자격취소 등) 문화재수리기능자의 자격취소 등에 관하여는 제47조(같은 조 제1항제6호는 제외한다)를 준용한다.

제49조(문화재수리업자등의 등록취소 등) ① 시·도지사는 제14조제1항에 따라 등록한 문화재수리업자등이 다음 각 호의 어느 하나에 해당하면 그 등록을 취소하거나 문화체육관광부령으로 정하는 바에 따라 3년 이내의 기간을 정하여 그 영업의 정지를 명할 수 있다. 다만, 제1호·제3호 또는 제5호에 해당하는 경우에는 그 등록을 취소하여야 한다. 〈개정 2014. 5. 28., 2016. 2. 3.〉

1. 거짓이나 그 밖의 부정한 방법으로 등록한 경우

2. 제6조에 따라 지켜야 할 사항을 위반하여 문화재수리등을 한 경우

2의2. 제6조의2를 위반하여 부정한 청탁을 받고 재물 또는 재산상의 이익을 취득하거나 부정한 청탁을 하면서 재물 또는 재산상의 이익을 제공한 경우

3. 영업정지 기간 중에 영업을 하거나 제2항을 위반하여 영업을 한 경우

4. 제14조제1항에 따른 기술능력, 자본금, 시설 등의 등록 요건에 미달한 사실이 있는 경우. 다만, 자본금이 일시적으로 등록요건에 미달하는 등 대통령령으로 정하는 경우는 예외로 한다.

5. 제15조 각 호의 어느 하나에 해당하게 된 경우[문화재실측설계업자가 같은 조 제7호에 해당하는 경우나 문화재수리업자등이 제20조제3항(제23조에서 준용하는 경우를 포함한다)에 따라 3개월 이내에 문화재수리업등을 양도한 경우는 제외한다]. 다만, 제15조제8호에 해당하여 해당 법인의 임원이 같은 조 제1호부터 제7호까지의 어느 하나에 해당하게 되는 경우 3개월 이내에 그 임원을 바꾸어 선임하는 경우는 그러하지 아니하다.

6. 제17조제1항(제23조에서 준용하는 경우를 포함한다)·제20조제2항(제23조에서 준용하는 경우를 포함한다)에 따른 신고를 하지 아니하거나 거짓 또는 그 밖의 부정한 방법으로 신고를 하고 문화재수리업등을 영위한 경우

7. 제21조(제23조에서 준용하는 경우를 포함한다)를 위반하여 다른 사람에게 자기의 성명 또는 상호를 사용하여 문화재수리등을 수급받게 하거나 시행하게 한 경우 또는 등록증이나 등록수첩을 대여한 경우

8. 문화재수리등을 하는 중에 지정문화재를 파손하거나 원형을 훼손한 경우

8의2. 명백하게 사실과 다른 실측설계로 인하여 문화재의 가치를 훼손하거나 문화재수리가 불가능하게 된 경우

9. 문화재수리업자등이 다른 사람의 문화재수리기술자 자격증 또는 문화재수리기능자 자격증을 대여받아 사용한 경우

10. 제25조를 위반하여 하도급한 경우

11. 제33조제1항에 따라 문화재수리기술자를 문화재수리 현장에 배치하지 아니한 경우

12. 제35조에 따른 하자담보책임을 이행하지 아니한 경우

13. 제37조제1항에 따른 시정명령 등 필요한 조치를 위반한 경우

14. 제38조제4항 및 제7항에 따른 문화재감리원 배치기준을 위반한 경우

15. 제38조제5항을 위반하여 감리 보고서를 제출하지 아니하거나 거짓으로 또는 불성실하게 작성한 경우

16. 제39조제2항에 따른 문화재감리원의 재시행·중지명령이나 그 밖에 필요한 조치에 관한 지시를 정당한 사유 없이 이행하지 아니하거나 거부한 경우

17. 문화재수리업자등이 등록한 업종 외의 문화재수리등을 한 경우

18. 제46조제1항에 따른 시정명령을 이행하지 아니한 경우 또는 지시를 따르지 아니한

경우

② 제1항에도 불구하고 문화재실측설계업자가 「건축사법」 제28조제1항에 따라 건축사 업무신고등의 효력상실처분을 받은 경우에는 그 처분일부터 영업을 하여서는 아니 되며, 건축사 업무정지 처분을 받은 경우에는 그 업무정지기간 동안 영업을 하여서는 아니 된다.

③ 중앙행정기관의 장이나 지방자치단체의 장은 소관 업무 중 문화재수리등의 업무를 수행하면서 문화재수리업자등이 제1항 각 호의 어느 하나에 해당하는 사실이 있는 경우에는 그 사실을 그 문화재수리업자등이 등록된 시·도지사에게 통보하여야 한다.

④ 시·도지사는 제1항에 따라 등록을 취소하거나 영업의 정지를 명한 경우에는 그 사실을 문화재청장과 다른 시·도지사에게 지체 없이 통보하고, 문화체육관광부령으로 정하는 바에 따라 그 내용을 공고하여야 한다. 〈개정 2016. 2. 3.〉

[시행일: 2019. 2. 4.] 제49조제1항제14호·제15호의 개정규정 중 책임감리에 관한 부분

제6장 보칙

제50조(노임에 대한 압류의 금지) ① 문화재수리업자등이 도급받은 문화재수리에 관한 도급 금액 중 그 문화재수리(하도급한 문화재수리를 포함한다)에 종사한 근로자에게 지급하여야 할 노임(勞賃)에 상당하는 금액에 대하여는 압류할 수 없다.

② 제1항에 따른 노임에 상당하는 금액의 범위와 산정 방법은 대통령령으로 정한다.

제51조(수수료) ① 다음 각 호의 어느 하나에 해당하는 자는 문화체육관광부령으로 정하는 바에 따라 수수료를 내야 한다. 〈개정 2016. 2. 3., 2018. 12. 24.〉

1. 문화재수리기술자 자격시험에 응시하는 자
2. 제10조제2항에 따라 문화재수리기술자 자격증의 재발급을 신청하는 자
3. 문화재수리기능자 자격시험에 응시하는 자
4. 제12조에 따라 문화재수리기능자 자격증의 재발급을 신청하는 자
4의2. 제13조의2제2항에 따라 경력증의 발급을 신청하는 자
5. 제14조제1항에 따라 문화재수리업자등의 등록을 신청하는 자
6. 제14조제8항에 따라 문화재수리업자등의 등록증 또는 등록수첩의 재발급을 신청하는 자
7. 제14조의2제2항에 따라 문화재수리 능력의 평가를 받기 위하여 신청하는 자

8. 제14조의3제1항에 따라 문화재수리 관련 정보를 제공받는 자

② 제56조제2항에 따른 업무를 위탁받은 자가 제1항에 따라 수수료를 징수하는 경우 그 수수료 수입은 업무를 위탁받은 자의 수입으로 한다. 〈신설 2016. 2. 3.〉

제52조(직무상 알게 된 사실의 누설 금지) 다음 각 호의 어느 하나에 해당하는 자는 정당한 사유가 없으면 그 직무상 알게 된 문화재수리업자등의 재산 및 업무 상황을 누설하여서는 아니 된다.

1. 이 법에 따른 등록 또는 감독 사무 등에 종사하는 공무원 또는 공무원이었던 자

2. 제56조제2항에 따라 위탁 사무에 종사하는 자 또는 종사하였던 자

제53조(전문교육) ① 문화재수리기술자 및 문화재감리원은 문화재수리등의 기술과 자질을 향상시키기 위하여 문화재청장이 실시하는 전문교육을 받아야 한다. 〈개정 2016. 2. 3.〉

② 제1항에 따른 전문교육을 받아야 할 문화재수리기술자 및 문화재감리원의 범위와 전문교육의 실시에 관하여 필요한 사항은 대통령령으로 정한다. 〈개정 2016. 2. 3.〉

③ 문화재수리기술자 및 문화재감리원을 고용하고 있는 문화재수리업자등은 문화재수리기술자 및 문화재감리원이 전문교육을 받는 데에 필요한 경비를 부담하여야 하며, 이를 이유로 해당 문화재수리기술자 및 문화재감리원에게 불이익을 주어서는 아니 된다. 〈개정 2016. 2. 3.〉

④ 문화재청장은 문화재수리기능자의 직무능력을 향상시키기 위하여 전문교육을 실시할 수 있다. 〈신설 2019. 12. 3.〉

[제목개정 2019. 12. 3.]

제54조(문화재수리업자의 평가 등) ① 문화재수리업자와 문화재실측설계업자의 기술수준 및 문화재수리의 품질을 높이기 위하여 문화재수리 또는 실측설계를 발주한 문화재청장이나 지방자치단체의 장은 그 문화재수리 또는 실측설계 중 대통령령으로 정하는 기준 이상에 해당하는 것에 대하여 평가를 할 수 있다.

② 문화재청장이나 지방자치단체의 장은 제1항에 따른 평가결과가 우수한 문화재수리업자 또는 문화재실측설계업자에 대하여는 1년 동안 우수업자로 지정할 수 있다. 이 경우 문화재청장이나 지방자치단체의 장은 대통령령으로 정하는 바에 따라 그 사실을 공고하여야 한다.

③ 지방자치단체의 장은 제2항에 따른 우수업자가 지정기간 동안 제49조에 따른 등록취소 등의 처분을 받을 경우 이를 감경할 수 있다.

④ 문화재청장이나 지방자치단체의 장은 제1항에 따른 평가를 하기 위하여 필요하면 문

화재수리 현장 등을 직접 점검하거나, 문화재수리업자 또는 문화재실측설계업자에게 평가에 필요한 자료를 제출하게 할 수 있다.

⑤ 제1항부터 제4항까지의 규정에 따른 평가의 기준, 절차 및 방법 등에 관하여 필요한 사항은 문화체육관광부령으로 정한다.

제55조(청문) 문화재청장이나 시·도지사는 다음 각 호의 어느 하나에 해당하는 처분을 하려면 청문을 하여야 한다.

1. 제7조의5에 따른 인증의 취소
2. 제47조에 따른 문화재수리기술자의 자격취소
3. 제48조에 따른 문화재수리기능자의 자격취소
4. 제49조에 따른 문화재수리업자등의 등록취소

제56조(권한의 위임·위탁) ① 이 법에 따른 문화재청장의 권한은 대통령령으로 정하는 바에 따라 그 일부를 한국전통문화대학교의 장 또는 시·도지사에게 위임할 수 있다. 〈개정 2016. 2. 3.〉

② 문화재청장 또는 시·도지사는 이 법에 따른 다음 각 호의 업무를 대통령령으로 정하는 바에 따라 관계 전문기관 또는 단체 등에 위탁할 수 있다. 이 경우 그 소요 비용을 예산의 범위에서 보조할 수 있다. 〈개정 2016. 2. 3.〉

1. 제7조의3제2항에 따른 전통재료 수급현황에 대한 실태조사
2. 제7조의3제4항에 따른 전통재료 비축
3. 제7조의4에 따른 인증 및 제7조의5에 따른 인증의 취소
4. 제8조에 따른 문화재수리기술자 자격시험의 실시 및 관리
5. 제11조에 따른 문화재수리기능자 자격시험의 실시 및 관리
6. 제13조의2에 따른 신고의 접수와 기록의 유지·관리 및 경력증의 발급
7. 제14조의2에 따른 문화재수리의 능력 평가 및 공시와 전년도 실적등에 대한 신고의 접수
8. 제14조의3에 따른 문화재수리업자등에 관한 정보와 문화재수리 관련 정보의 관리·제공, 문화재수리종합정보시스템의 구축·운영
9. 제36조제5항에 따른 문화재수리 보고서 및 감리 보고서의 데이터베이스 구축·운영 및 공개
10. 제53조제4항에 따른 문화재수리기능자의 전문교육

제57조(벌칙 적용에서 공무원 의제) 다음 각 호의 어느 하나에 해당하는 사람은 「형법」 제

129조부터 제132조까지의 규정을 적용할 때에는 공무원으로 본다.

1. 제4조의2에 따라 문화재수리등에 관한 사항을 심의하는 문화재수리기술위원회 위원 (제4조의3에 따른 시·도문화재수리기술위원회의 위원을 포함한다)
2. 재단의 임직원이나 제56조제2항에 따른 위탁사무에 종사하는 사람

제7장 벌칙

제58조(벌칙) 다음 각 호의 어느 하나에 해당하는 자는 3년 이하의 징역 또는 3천만원 이하의 벌금에 처한다. 〈개정 2015. 3. 27.〉

1. 제14조제1항에 따른 등록을 하지 아니하거나 거짓 또는 그 밖의 부정한 방법으로 등록을 하고 문화재수리업등을 영위한 자
2. 제47조(제48조에서 준용하는 경우를 포함한다) 또는 제49조에 따른 자격정지 처분, 영업정지 처분을 받고 그 정지기간 중에 업무를 한 자 또는 영업을 한 자
3. 제10조제3항(제12조에서 준용하는 경우를 포함한다)을 위반하여 다른 사람에게 자기의 성명을 사용하여 문화재수리등의 업무를 하게 하거나 자격증을 대여한 자 또는 다른 문화재수리기술자·문화재수리기능자의 성명이나 자격증을 대여받아 사용한 자
4. 제33조의2제1항을 위반하여 설계승인을 받지 아니하고 문화재 등의 수리를 발주한 자

제59조(벌칙) 다음 각 호의 어느 하나에 해당하는 자는 1년 이하의 징역 또는 1천만원 이하의 벌금에 처한다. 〈개정 2016. 2. 3.〉

1. 제5조를 위반하여 문화재수리나 실측설계를 하게 한 자
2. 삭제 〈2015. 3. 27.〉
3. 제10조제4항(제12조에서 준용하는 경우를 포함한다)을 위반하여 둘 이상의 문화재수리업자등에 중복하여 취업한 자
4. 제21조(제23조에서 준용하는 경우를 포함한다)를 위반하여 다른 사람에게 자기의 성명 또는 상호를 사용하여 문화재수리등을 수급 또는 시행하게 하거나 등록증 또는 등록수첩을 대여한 자 또는 다른 문화재수리업자등의 성명 또는 상호를 사용하거나 등록증 또는 등록수첩을 대여받아 사용한 자
5. 제25조를 위반하여 하도급을 한 자(같은 조 제2항을 위반하여 발주자에게 하도급사실을 알리지 아니한 자는 제외한다)
6. 제38조제1항을 위반하여 문화재감리업자로 하여금 일반감리 또는 책임감리를 하게

하지 아니한 발주자

7. 제41조를 위반하여 문화재수리와 감리를 함께 한 자

[시행일: 2019. 2. 4.] 제59조제6호의 개정규정 중 책임감리에 관한 부분

제60조(벌칙) 다음 각 호의 어느 하나에 해당하는 자는 500만원 이하의 벌금에 처한다.

1. 거짓이나 그 밖의 부정한 방법으로 제7조의4제1항에 따른 인증을 받은 자

2. 제7조의4제4항을 위반하여 인증표시를 한 자

3. 제33조제1항을 위반하여 문화재수리기술자를 문화재수리 현장에 배치하지 아니한 자

4. 제37조제1항에 따른 문화재수리 현장의 점검 등을 거부·방해 또는 기피한 자

5. 제52조를 위반하여 직무상 알게 된 사실을 누설한 자

제61조(양벌규정) 법인의 대표자나 법인 또는 개인의 대리인, 사용인, 그 밖의 종업원이 그 법인 또는 개인의 업무에 관하여 제58조부터 제60조까지의 어느 하나에 해당하는 위반행위를 하면 그 행위자를 벌하는 외에 그 법인 또는 개인에게도 해당 조문의 벌금형을 과(科)한다. 다만, 법인 또는 개인이 그 위반행위를 방지하기 위하여 해당 업무에 관하여 상당한 주의와 감독을 게을리하지 아니한 경우에는 그러하지 아니하다.

제62조(과태료) ① 다음 각 호의 어느 하나에 해당하는 자에게는 250만원 이하의 과태료를 부과한다. 〈개정 2016. 2. 3., 2018. 12. 24.〉

1. 제14조제2항에 따른 변경신고를 하지 아니한 자

2. 제14조제5항에 따른 폐업신고를 하지 아니한 자

2의2. 제13조의2제3항을 위반하여 경력등을 거짓으로 신고한 자

2의3. 제14조의2제3항을 위반하여 전년도 실적등을 거짓으로 신고한 자

3. 제22조제2항에 따른 처분내용을 알리지 아니한 자

4. 제25조제2항에 따른 하도급사실을 알리지 아니한 자

5. 제30조를 위반하여 부당한 지시를 하거나 불공정한 행위를 강요한 자

6. 제33조제2항을 위반하여 정당한 사유 없이 문화재수리 현장을 이탈한 자

6의2. 제33조의3제3항을 위반하여 새로운 부재에 표시하지 아니한 자

7. 제45조제1항에 따른 조사 또는 검사를 거부·방해 또는 기피한 자 또는 보고·자료제출을 하지 아니하거나 거짓으로 자료를 제출하거나 보고를 한 자

8. 제45조제3항에 따라 자료를 제출하지 아니한 자

9. 제46조제2항에 따른 시정명령을 이행하지 아니한 경우 또는 지시를 따르지 아니한 경우

10. 제54조제4항에 따른 평가 자료를 사실과 다르게 제출한 자

② 제1항에 따른 과태료는 대통령령으로 정하는 바에 따라 문화재청장, 시·도지사 또는 시장·군수·구청장이 부과·징수한다.

❿ 문화재수리 등에 관한 법률 시행령 (약칭: 문화재수리법 시행령)

[시행 2020. 6. 4.] [대통령령 제30680호, 2020. 5. 19., 일부개정]

제1조(목적) 이 영은 「문화재수리 등에 관한 법률」에서 위임된 사항과 그 시행에 필요한 사항을 규정함을 목적으로 한다.

제2조(문화재수리의 범위) 「문화재수리 등에 관한 법률」(이하 "법"이라 한다) 제2조제1호다목에서 "대통령령으로 정하는 것"이란 다음 각 호의 어느 하나에 해당하는 시설물 또는 조경을 말한다.

1. 「문화재보호법」 제2조제3항에 따른 지정문화재(같은 법 제32조에 따른 임시지정문화재를 포함하며, 같은 법 제2조제1항제2호에 따른 무형문화재 및 같은 법 제25조에 따른 사적, 명승 및 천연기념물은 제외한다. 이하 이 조에서 같다)를 둘러싸고 있는 보호구역 안의 시설물 또는 조경

2. 「문화재보호법」 제2조제3항에 따른 지정문화재를 둘러싸고 있는 토지[같은 법 제33조에 따른 소유자 및 같은 법 제34조(같은 법 제74조제2항에 따라 준용하는 경우를 포함한다)에 따른 관리단체가 관리하고 있는 것으로 한정한다] 내에서 지정문화재의 보존 및 활용을 위하여 필요한 시설물 또는 조경

제3조(문화재수리 등에 관한 기본계획 수립 등) ① 법 제4조제1항에 따른 문화재수리, 실측설계 또는 감리(이하 "문화재수리등"이라 한다)에 관한 기본계획(이하 이 조에서 "기본계획"이라 한다)에는 다음 각 호의 사항이 포함되어야 한다.

1. 문화재수리등에 관한 기본방향

2. 문화재수리등의 품질 확보 대책

3. 문화재수리등의 기술진흥에 관한 사항

4. 그 밖에 문화재수리등에 필요한 사항

② 문화재청장은 기본계획을 수립하기 위하여 필요하면 특별시장·광역시장·특별자치시장·도지사 또는 특별자치도지사(이하 "시·도지사"라 한다)에게 관할구역의 문화재수리등에 관한 자료를 제출하도록 요구할 수 있다. 〈개정 2017. 1. 10.〉

③ 시·도지사는 법 제4조제3항에 따른 세부 시행계획(이하 "시행계획"이라 한다)을 매년 수립하여 3월 31일까지 문화재청장에게 제출해야 한다.

④ 시행계획에는 다음 각 호의 사항이 포함되어야 한다.

1. 해당 연도의 문화재수리등에 관한 사업의 기본방향
2. 문화재수리등에 관한 주요 사업별 세부 추진계획
3. 전년도의 시행계획에 따른 추진실적
4. 그 밖에 문화재수리등에 필요한 사항

제4조(문화재수리의 제한) ① 법 제5조제1항 단서에서 "해당 문화재의 보존에 영향을 미치지 아니하는 대통령령으로 정하는 경미한 문화재수리"란 별표 1과 같다.

② 법 제5조제2항에서 "대통령령으로 정하는 시설물"이란 주구조(主構造)가 철근콘크리트구조, 철골구조 또는 철골철근콘크리트구조에 해당하는 시설물을 말한다. 〈개정 2014. 12. 16.〉

③ 법 제5조제3항에서 "대통령령으로 정하는 기관"이란 다음 각 호의 어느 하나의 기관을 말한다. 다만, 제2호부터 제4호까지의 기관은 동산문화재 분야의 문화재수리의 경우만 해당한다. 〈개정 2017. 1. 10.〉

1. 문화재청
2. 국립중앙박물관
3. 국립현대미술관
4. 국립민속박물관
5. 법 제41조의2에 따른 전통건축수리기술진흥재단(이하 "재단"이라 한다)

제5조(문화재수리의 실측설계 제한) ① 법 제5조제5항 단서에서 "대통령령으로 정하는 경미한 문화재수리의 실측설계나 식물보호 또는 동산문화재 분야"란 다음 각 호의 어느 하나에 해당하는 것을 말한다. 〈개정 2017. 1. 10.〉

1. 경미한 문화재수리의 실측설계: 별표 1에 따른 경미한 문화재수리의 실측설계
2. 식물보호 분야
   가. 식물의 보존·보호를 위한 병충해 방제, 수술 및 토양개량 분야
   나. 식물의 보존·보호를 위한 보호시설 설치 및 환경개선 분야
3. 동산문화재 분야
   가. 박제 및 표본 제작 분야
   나. 조각 분야
   다. 표구 분야
   라. 칠공(漆工) 분야
   마. 도금 분야

바. 모사(模寫) 분야

② 법 제5조제6항에 따라 문화재실측설계업자가 다음 각 호의 어느 하나에 해당하는 실측설계를 하려는 경우에는 별표 2 제4호에 따른 조경기술자에게 하도록 하여야 한다.

1. 문화재수리의 전체 실측설계 중 조경 분야의 실측설계가 차지하는 비율이 100분의 20 이상인 경우

2. 문화재수리의 전체 실측설계 중 조경 분야의 실측설계 예정금액이 5백만원 이상인 경우

제6조(문화재수리등의 기준에 관한 고시) 문화재청장은 법 제7조 각 호의 문화재수리등에 필요한 기준을 정하거나 변경 또는 폐지하면 그 내용을 관보에 고시하여야 한다.

제6조의2(전통재료 수급계획의 수립) ① 법 제7조의3제1항에 따른 연도별 전통재료 수급계획(이하 "수급계획"이라 한다)은 다음 각 호의 전통재료를 대상으로 하여 수립한다.

1. 목재

2. 석재

3. 기와 및 전돌(塼乭: 흙으로 구워 만든 벽돌)

4. 그 밖에 문화재청장이 수급계획의 수립이 필요하다고 인정하는 전통재료

② 수급계획에는 다음 각 호의 사항이 포함되어야 한다.

1. 전통재료의 종류별·규격별 사용현황

2. 전통재료의 예상 수요량 및 공급량

3. 전통재료 확보계획

제6조의3(실태조사) ① 법 제7조의3제2항에 따른 전통재료 수급현황에 대한 실태조사(이하 "실태조사"라 한다)에는 다음 각 호의 사항이 포함되어야 한다.

1. 전통재료의 생산자 및 공급자 현황

2. 문화재수리에 사용된 전통재료의 종류별·규격별 현황

3. 그 밖에 문화재청장이 수급계획의 수립을 위하여 실태조사가 필요하다고 인정하는 사항

② 실태조사는 다음 각 호의 구분에 따라 실시한다.

1. 정기조사: 1년마다 실시

2. 수시조사: 문화재청장이 필요하다고 인정하는 경우 특정지역이나 특정항목을 대상으로 실시

제6조의4(전통재료의 비축) ① 문화재청장은 법 제7조의3제4항에 따라 전통재료를 비축하는

경우에는 전통재료의 보관에 필요한 설비와 적정한 규모를 갖춘 시설을 준비해야 한다.

② 제1항에 따른 전통재료의 보관 방법 및 시설의 운영 등에 필요한 사항은 문화재청장이 정하여 고시한다.

제7조(문화재수리기술자 자격시험의 시행 및 공고 등) ① 삭제

② 문화재청장은 법 제8조제3항 본문에 따라 문화재수리기술자 자격시험을 실시하려면 다음 각 호의 사항을 모든 응시자가 알 수 있도록 시험 시행일 90일 전까지 시험실시기관의 인터넷 홈페이지에 공고하여야 한다. 〈개정 2012. 5. 1., 2017. 7. 11.〉

1. 응시자격

2. 시험 일시 및 장소

3. 시험 과목

4. 합격자 발표 일시, 방법 및 장소

5. 응시원서의 발급 기간·장소 및 접수 기간·장소

6. 그 밖에 시험의 시행에 필요한 사항

③ 문화재수리기술자 자격시험에 응시하려는 사람(법 제8조제5항에 따라 필기시험을 면제받으려는 사람을 포함한다)은 문화체육관광부령으로 정하는 바에 따라 응시원서에 필요한 서류를 첨부하여 문화재청장에게 제출하여야 한다. 〈개정 2018. 5. 15.〉

제8조(문화재수리기술자의 종류 및 업무 범위와 자격시험의 응시요건) ① 법 제8조제2항에 따른 문화재수리기술자의 종류 및 그 업무 범위는 별표 2와 같다.

② 법 제8조제3항에 따른 문화재수리기술자(실측설계기술자는 제외한다)의 자격시험에 응시하려는 사람은 다음 각 호의 어느 하나에 해당하는 요건을 갖추어야 한다. 〈개정 2014. 12. 16.〉

1. 문화재수리 분야에 1년 이상 종사한 사람일 것

2. 「초·중등교육법」에 따른 중학교의 졸업자 또는 이와 같은 수준이상의 학력이 있다고 인정되는 사람일 것

3. 「국가기술자격법」에 따른 기 능사 이상의 자격을 취득한 사람일 것

4. 문화재수리기능자일 것

③ 법 제8조제3항에 따른 문화재수리기술자 자격시험의 면접시험 합격자 발표일을 기준으로 법 제9조 각 호의 어느 하나에 해당하는 사람은 문화재수리기술자 자격시험에 응시할 수 없다.

제9조(문화재수리기술자 자격시험의 과목 및 방법 등) ① 법 제8조제4항에 따른 문화재수

리기술자 자격시험의 필기시험은 선택형 객관식시험과 논술형 주관식시험으로 한다.

② 제1항에 따른 자격시험의 필기시험 과목 및 시험방법은 별표 4와 같다. 다만, 별표 4의 필기시험 과목 중 한국사 과목은 별표 4의2에서 정한 한국사능력검정시험으로 대체한다. 〈개정 2017. 7. 11.〉

③ 삭제 〈2018. 5. 15.〉

④ 같은 조 제4항에 따른 필기시험에 합격한 사람이나 같은 조 제5항에 따라 필기시험을 면제받은 사람은 같은 조 제4항에 따른 면접시험에 응시할 수 있다. 〈개정 2018. 5. 15.〉

⑤ 법 제8조제4항에 따른 면접시험은 다음 각 호의 사항을 평가한다. 〈개정 2018. 5. 15.〉

1. 해당 기술 종류에 관한 전문 지식 및 응용력

2. 역사 및 문화재에 대한 이해

3. 문화재수리기술자로서의 사명감 및 역할에 대한 인식

4. 올바른 직업윤리관

제10조(문화재수리기술자 합격자의 결정 등) ① 법 제8조제4항에 따른 문화재수리기술자 자격시험의 필기시험 합격자는 별표 4의2에서 정한 한국사능력검정시험의 기준점수 이상을 취득한 사람 중 한국사 과목을 제외한 나머지 과목에서 과목당 100점을 만점으로 하여 매 과목 40점 이상, 전 과목 평균 60점 이상을 득점한 사람으로 한다. 〈개정 2017. 7. 11., 2018. 5. 15.〉

② 법 제8조제4항에 따른 문화재수리기술자 자격시험의 면접시험 합격자는 면접위원 1명당 100점을 만점으로 하여 1명당 40점 이상, 전 면접위원 평균 60점 이상을 득점한 사람으로 한다. 〈개정 2018. 5. 15.〉

③ 문화재청장은 최종 시험합격자가 결정되면 모든 응시자가 알 수 있는 방법으로 알려야 한다.

제11조(문화재수리기능자 자격시험) ① 삭제

② 법 제11조제2항에 따른 문화재수리기능자의 종류 및 그 업무 범위는 별표 6과 같다.

③ 법 제11조제3항 본문에 따른 문화재수리기능자 자격시험은 문화재수리기능자의 종류별로 그 기능을 심사하는 실기시험과 해당 분야에 관한 전문지식 및 응용력 등을 평가하는 면접시험으로 한다. 〈개정 2017. 7. 11.〉

④ 법 제11조제4항에 따른 문화재수리기능자 자격시험의 합격자는 다음 각 호에 따른 합격기준을 모두 충족한 사람으로서 실기시험과 면접시험의 점수를 합산한 점수의 평균이 60점 이상인 사람으로 한다. 〈개정 2017. 7. 11.〉

1. 실기시험 합격기준: 실기시험 심사위원 1명당 70점을 만점으로 하여 1명당 30점 이상

2. 면접시험 합격기준: 면접시험 심사위원 1명당 30점을 만점으로 하여 1명당 10점 이상

⑤ 법 제11조제4항에 따른 문화재수리기능자 자격시험의 공고·응시원서, 면접시험의 평가사항 및 합격자 공고에 관하여는 제7조제2항·제3항, 제9조제5항 및 제10조제3항을 각각 준용한다.

제11조의2(문화재수리기능자 자격 인정 교육) ① 법 제11조제1항 단서에 따른 문화재수리 분야의 보유자는 제28조제2항에 따른 전문교육을 8시간 이상 마쳐야 해당 문화재수리기능자 자격시험에 합격한 것으로 본다.

② 문화재청장은 제1항에 따른 교육을 마친 사람에게 문화체육관광부령으로 정하는 교육수료증과 법 제12조에 따른 문화재수리기능자 자격증을 발급하여야 한다.

③ 제1항에 따른 교육에 필요한 경비는 교육을 받는 사람이 부담한다.

[본조신설 2017. 1. 10.]

제12조(문화재수리업등의 등록 요건) ① 법 제14조제1항에 따른 문화재수리업, 문화재실측설계업 또는 문화재감리업(이하 "문화재수리업등"이라 한다)의 등록 요건은 다음 각 호와 같다. 〈개정 2013. 7. 30., 2014. 12. 16.〉

1. 별표 7에서 정한 기술능력, 자본금(개인의 경우에는 문화재수리업등에 제공되는 자산평가액을 말한다. 이하 같다) 및 시설을 갖출 것

2. 다음 각 목의 어느 하나에 해당하는 기관이 제1호에 따른 자본금의 기준금액의 100분의 20 이상에 해당하는 금액의 담보를 제공받거나 현금을 예치 또는 출자받은 사실을 증명하여 발행하는 확인서를 제출할 것

   가. 법 제42조에 따른 문화재수리협회

   나. 「은행법」에 따른 은행

   다. 「보험업법」에 따른 보험회사

   라. 「건설산업기본법」 제54조에 따른 공제조합(문화재수리업등을 등록하려는 자가 조합원인 경우로 한정한다)

   마. 그 밖에 문화재청장이 정하여 고시하는 기관

3. 「국가를 당사자로 하는 계약에 관한 법률」 또는 「지방자치단체를 당사자로 하는 계약에 관한 법률」에 따라 부정당업자로 입찰참가자격이 제한된 경우에는 그 참가자격 제한기간이 지났을 것

4. 법 제49조제1항에 따른 영업정지 처분을 받은 경우에는 그 영업정지 기간이 지났을 것

5. 문화재실측설계업자(법인인 경우에는 그 대표자를 말한다)의 경우에는 문화재수리기술자
   중 실측설계기술자로서 「건축사법」 제23조에 따라 건축사사무소개설신고를 한 자일 것
② 법 제14조제2항에서 "대통령령으로 정하는 중요 사항"이란 다음 각 호의 사항을 말
한다.

1. 상호
2. 대표자
3. 주된 영업소 소재지
4. 문화재수리기술자 및 문화재수리기능자 보유 현황

제13조(문화재수리업의 종류 및 업무 범위) 법 제16조제2항 및 제3항에 따른 종합문화재수
리업과 전문문화재수리업의 종류 및 업무 범위는 별표 8과 같다.

제14조(부대 문화재수리의 범위 등) 법 제16조제4항에서 "대통령령으로 정하는 부대 문화
재수리"란 다음 각 호의 어느 하나의 문화재수리를 말한다. 〈개정 2017. 1. 10.〉

1. 주된 분야의 문화재수리를 시행하기 위하여 또는 시행함으로 인하여 필요한 종된 문
   화재수리
2. 두 종류 이상의 전문 분야에 관한 문화재수리가 복합된 문화재수리로서 전체 문화재
   수리 예정금액이 1억원 미만이고, 주된 분야의 문화재수리 예정금액이 전체 문화재수
   리 예정금액의 2분의 1 이상인 경우 그 나머지 부분의 문화재수리
3. 종된 문화재수리 예정금액이 2천만원 미만인 문화재수리

제15조(도급계약의 내용) ① 법 제24조제2항에서 "대통령령으로 정하는 사항"이란 다음
각 호의 사항을 말한다.

1. 문화재수리등의 구체적 내용
2. 문화재수리등의 착수 시기와 완성 시기
3. 도급금액의 선급금이나 기성금의 지급에 관하여 약정을 한 경우에는 각각 그 지급의
   시기·방법 및 금액
4. 문화재수리등의 중지 또는 계약 해제나 천재지변의 경우 발생하는 손해의 부담에 관
   한 사항
5. 설계 변경, 물가 변동 등으로 인한 도급금액 또는 문화재수리등의 내용 변경에 관한
   사항
6. 「산업안전보건법」 제72조에 따른 산업안전보건관리비의 지급에 관한 사항
7. 「산업재해보상보험법」에 따른 산업재해보상보험료, 「고용보험법」에 따른 고용보험

료, 그 밖에 해당 문화재수리등과 관련하여 법령에 따라 부담하는 각종 부담금의 금
액과 부담방법에 관한 사항

8. 해당 문화재수리에서 발생된 폐기물의 처리방법과 재활용에 관한 사항

9. 도급 목적물의 인도를 위한 검사 및 인도 시기

10. 문화재수리등의 완성 후의 도급금액 지급 시기

11. 계약이행 지체의 경우 위약금·지연이자의 지급 등 손해배상에 관한 사항

12. 하자담보책임 기간 및 하자담보 방법

13. 그 밖에 다른 법령 또는 양쪽의 합의에 따라 명시되는 사항

② 문화재청장은 계약 당사자가 대등한 입장에서 공정하게 계약을 체결하도록 하기 위
하여 문화재수리등의 도급 및 하도급에 관한 표준계약서(하도급의 경우에는 「하도급거래
공정화에 관한 법률」에 따라 공정거래위원회가 권장하는 문화재수리 표준하도급계약서를 말한다)
를 정하여 보급할 수 있다.

제16조(하도급의 통보) ① 법 제25조제2항에 따른 통보는 문화체육관광부령으로 정하는
바에 따라 하도급계약을 체결한 날부터 30일 이내에 하여야 한다. 하도급계약을 변경하
거나 해제한 경우에도 또한 같다.

② 문화재감리업자가 감리를 하는 문화재수리로서 하도급을 한 종합문화재수리업자가
제1항에 따른 기한까지 문화재감리업자에게 통보한 경우에는 이를 발주자에게 알린 것
으로 본다.

제16조의2(하도급계약의 적정성 심사 등) ① 법 제25조의2제1항제2호에서 "하도급계약 금
액이 대통령령으로 정하는 비율에 따른 금액에 미달하는 경우"란 다음 각 호의 어느 하
나에 해당하는 경우를 말한다.

1. 하도급계약 금액이 도급금액 중 하도급부분에 상당하는 금액[하도급하려는 문화재수리
부분에 대하여 수급인의 도급금액 산출내역서의 계약단가(직접·간접 노무비, 재료비 및 경비
를 포함한다)를 기준으로 산출한 금액에 일반관리비, 이윤 및 부가가치세를 포함한 금액을 말
하며, 수급인이 하수급인에게 직접 지급하는 자재의 비용과 관계 법령에 따라 수급인이 부담
하는 금액은 제외한다]의 100분의 82에 미달하는 경우

2. 하도급계약 금액이 하도급부분에 대한 발주자의 예정가격의 100분의 70에 미달하는
경우

② 발주자는 법 제25조의2제2항에 따라 하수급인 또는 하도급계약 내용의 변경을 요구
하려면 제16조제1항에 따라 하도급계약 체결의 통보를 받은 날 또는 그 사유가 있음을

안 날부터 30일 이내에 서면으로 하여야 한다.

③ 문화재청장은 법 제25조의2제1항에 따른 하수급인의 문화재수리 능력, 하도급계약 내용의 적정성 등의 심사 기준을 정하여 고시하여야 한다.

[본조신설 2017. 1. 10.]

제17조(하수급인의 변경요구) 발주자는 법 제32조제1항에 따라 하수급인의 변경을 요구하려는 경우에는 그 사유가 있음을 안 날부터 15일 이내 또는 그 사유가 있은 날부터 30일 이내에 서면으로 요구하여야 한다.

제18조(문화재수리기술자의 현장 배치기준 등) ① 문화재수리업자(재단을 포함한다. 이하 이 조에서 같다)는 법 제33조제1항에 따라 해당 문화재수리의 종류에 상응하는 다음 각 호의 기준에 따른 문화재수리기술자를 해당 문화재수리의 착수와 동시에 문화재수리 현장에 배치하여야 한다. 다만, 문화재수리의 중요성 및 특성을 고려하여 도급계약 당사자 간의 합의에 의하여 문화재수리 현장에 배치하여야 할 문화재수리기술자의 종류, 경력 또는 인원수를 강화된 기준으로 정한 경우에는 그 기준에 따른다. 〈개정 2014. 12. 16., 2017. 1. 10.〉

1. 법 제2조제1호가목 또는 나목에 해당하는 경우로서 문화재수리 예정금액이 10억원 이상인 문화재수리: 문화재수리기술자의 자격을 취득한 후 해당 분야에 7년 이상 종사한 사람

2. 법 제2조제1호다목에 해당하는 경우로서 문화재수리 예정금액이 30억원 이상인 문화재수리: 문화재수리기술자의 자격을 취득한 후 해당 분야에 5년 이상 종사한 사람

3. 법 제2조제1호다목에 해당하는 경우로서 문화재수리 예정금액이 20억원 이상 30억원 미만인 문화재수리: 문화재수리기술자의 자격을 취득한 후 해당 분야에서 3년 이상 종사한 사람

4. 제1호부터 제3호까지에서 규정한 경우 외의 문화재수리: 문화재수리기술자의 자격을 취득한 사람

② 제1항에 따라 문화재수리기술자를 배치할 때에 두 종류 이상의 전문 분야가 복합된 문화재수리의 경우에는 문화재수리 금액의 비중이 큰 기술 분야의 문화재수리기술자를 배치하여야 한다.

③ 법 제33조제1항 단서에 따라 문화재수리업자는 문화재수리의 품질 및 안전에 지장을 주지 아니하는 범위에서 발주자의 승낙을 받아 1명의 문화재수리기술자를 3개 이하의 문화재수리 현장(문화재수리가 일시적으로 중지된 현장 및 별표 2 제6호에 따른 식물보호기술

자의 업무 중 병충해 방제를 하는 현장은 그 개수 계산에서 제외한다)에 배치할 수 있다. 다만,
「국가를 당사자로 하는 계약에 관한 법률 시행령」 제26조제1항제5호가목 및 「지방자치
단체를 당사자로 하는 계약에 관한 법률 시행령」 제25조제1항제5호에 따른 수의계약에
의한 문화재수리나 문화재수리 예정금액이 5천만원 미만인 법 제2조제1호다목에 해당하
는 문화재수리를 포함하는 경우에는 5개 이하의 문화재수리 현장(문화재수리가 일시적으
로 중지된 현장 및 별표 2 제6호에 따른 식물보호기술자의 업무 중 병충해 방제를 하는 현장은
그 개수 계산에서 제외한다)에 배치할 수 있다. 〈개정 2014. 12. 16.〉

④ 제3항에도 불구하고 문화재수리업자는 법 제38조제1항에 따른 책임감리를 하는 문화
재수리 현장에 배치된 문화재수리기술자의 경우 둘 이상의 문화재수리 현장에 배치할
수 없다. 〈신설 2020. 1. 7.〉

⑤ 문화재수리업자는 법 제33조제1항에 따라 문화재수리기술자를 문화재수리 현장에 배
치할 때에는 그 문화재수리기술자로 하여금 문화체육관광부령으로 정하는 바에 따라 그
배치 내용에 대하여 발주자의 확인을 받도록 하여야 한다. 〈개정 2020. 1. 7.〉

⑥ 법 제33조제4항에서 "대통령령으로 정하는 문화재수리업"이란 별표 8에 따른 전문문
화재수리업 중 다음 각 호의 것을 말한다. 〈신설 2020. 5. 19.〉

1. 목공사업
2. 석공사업
3. 번와공사업
4. 미장공사업
5. 온돌공사업

제19조(하자담보책임 기간) 법 제35조제1항에 따른 문화재수리의 종류별 하자담보책임 기
간은 별표 9와 같다.

제19조의2(문화재수리 보고서의 제출기간 연장 사유) 법 제36조제1항 단서에서 "대통령령
으로 정하는 부득이한 사유가 있는 경우"란 다음 각 호의 어느 하나에 해당하는 경우를
말한다.

1. 문화재수리의 완료일부터 30일 이내에 설계 변경을 한 경우
2. 문화재수리업자나 문화재수리 현장에 배치된 문화재수리기술자가 문화재수리의 완료
   일부터 60일 이내에 변경된 경우
3. 다음 각 목의 어느 하나에 해당하는 경우로서 발주자가 기간 연장이 필요하다고 인정
   하는 경우

가. 실측설계도면 또는 준공도면 작성의 난이도가 매우 높은 경우

나. 문화재수리 과정에서 실시한 연구 또는 조사 결과를 문화재수리 보고서에 반영하여야 하는 경우

[본조신설 2017. 1. 10.]

제19조의3(문화재수리 보고서의 내용 등) ① 법 제36조제4항에서 "수리대상의 현황, 준공도면 등 대통령령으로 정하는 사항"이란 다음 각 호의 사항을 말한다.

1. 문화재의 연혁, 구조, 양식, 보존상태 및 주변상황 등 수리대상의 현황

2. 문화재수리의 내용

3. 문화재수리에 필요한 기술자문에 관한 사항

4. 문화재의 설계 변경에 관한 사항

5. 실측설계도면 및 준공도면

6. 그 밖에 문화재수리의 기록화를 위하여 필요하다고 인정되어 문화재청장이 정하여 고시하는 사항

② 제1항에 따른 문화재수리 보고서에는 해당 보고서를 전자문서화한 파일을 첨부하여야 한다.

③ 문화재청장은 문화재수리 보고서를 효율적으로 전자문서화할 수 있도록 제2항에 따른 파일의 규격, 저장매체 및 제출 방법 등의 세부 기준을 정하여 고시할 수 있다. 〈신설 2018. 5. 15.〉

[본조신설 2017. 1. 10.]

제20조(감리대상 등) ① 법 제38조제1항에 따라 문화재감리업자로 하여금 일반감리를 하게 하여야 할 문화재수리의 대상은 다음 각 호와 같다. 〈개정 2014. 12. 16., 2017. 1. 10., 2018. 5. 15.〉

1. 법 제2조제1호가목 또는 나목의 경우: 문화재수리 예정금액이 1억원 이상인 문화재수리. 다만, 동산문화재의 경우는 제외한다.

2. 법 제2조제1호다목의 경우: 문화재수리 예정금액이 3억원 이상인 문화재수리

3. 제1호 및 제2호 외의 문화재수리로서 역사적·학술적·경관적 또는 건축적 가치가 커서 문화재청장 또는 시·도지사가 일반감리가 필요하다고 인정하여 별도로 정하여 고시하는 문화재의 수리

② 제1항에도 불구하고 문화체육관광부령으로 정하는 기관이 발주하는 문화재수리 중 다음 각 호의 어느 하나에 해당하는 문화재수리에 대해서는 책임감리를 하게 하여야 한

다. 〈신설 2017. 1. 10.〉

1. 법 제2조제1호가목 또는 나목의 경우: 문화재수리 예정금액이 30억원 이상인 문화재
   수리. 다만, 동산문화재의 경우는 제외한다.

2. 법 제2조제1호다목의 경우: 문화재수리 예정금액이 50억원 이상인 문화재수리

3. 제1호 및 제2호 외의 문화재수리로서 역사적·학술적·경관적 또는 건축적 가치가 커
   서 발주자가 책임감리가 필요하다고 인정하는 문화재수리

③ 법 제38조제2항에서 "대통령령으로 정하는 문화재수리"란 「문화재보호법」 제2조제3
항에 따른 지정문화재에 대한 문화재수리 중 문화재청장이 같은 법 제8조에 따른 문화
재위원회의 심의를 거쳐 정하는 문화재수리를 말한다.

제21조(문화재감리원의 업무 범위) ① 법 제38조제4항에 따라 일반감리를 하는 문화재감
리원은 다음 각 호에 따라 상주문화재감리원과 비상주문화재감리원으로 구분하며, 그
업무범위는 별표 10과 같다. 〈개정 2014. 12. 16., 2017. 1. 10., 2018. 5. 15.〉

1. 상주문화재감리원
   한 개의 문화재수리 현장에서 상주감리하는 업무를 수행하는 문화재감리원

2. 비상주문화재감리원
   수시로 또는 필요한 때 문화재수리 현장에서 비상주감리하는 업무를 수행하는 문화
   재감리원

② 법 제38조제4항에 따라 책임감리를 하는 문화재감리원의 업무범위는 별표 10의2와
같다. 〈개정 2017. 1. 10.〉

③ 문화재청장은 문화재감리업자 및 문화재감리원이 문화재감리 업무를 효율적으로 수
행할 수 있도록 감리 업무 수행의 방법 및 절차 등에 관하여 필요한 세부 기준을 정하
여 고시할 수 있다.

[시행일: 2019. 2. 4.] 제21조(책임감리에 관한 부분만 해당한다)

제22조(문화재감리원의 배치 등) ① 문화재감리업자(재단을 포함한다. 이하 이 조에서 같다)는
일반감리를 하는 경우에는 법 제38조제4항에 따라 문화재감리원을 다음 각 호의 기준에
따라 문화재수리 현장에 배치하여야 한다. 〈개정 2017. 1. 10., 2018. 5. 15.〉

1. 별표 11의 배치기준에 따라 상주문화재감리원 또는 비상주문화재감리원을 배치할 것

2. 문화재수리의 종류에 해당하는 문화재감리원을 배치할 것. 다만, 문화재수리의 종류
   가 둘 이상 복합된 경우에는 문화재수리 금액의 비중이 큰 종류에 해당하는 문화재
   감리원을 배치하여야 한다.

3. 상주문화재감리원이 감리를 하는 기간 동안에는 해당 상주문화재감리원을 다른 문화
재수리 현장에 중복하여 배치하지 아니할 것

4. 1명의 비상주문화재감리원은 5개 이하의 문화재수리 현장에 배치할 것. 다만, 제20조
제1항제3호에 해당하는 경우로서 문화재수리 예정금액의 합이 3억원 미만이고, 동일
한 시(특별시, 광역시 및 특별자치시를 포함한다)·군에서 문화재수리가 행하여지는 때에
는 이를 1개의 문화재수리 현장으로 본다.

② 문화재감리업자는 책임감리를 하는 경우에는 법 제38조제4항에 따라 문화재감리원을
다음 각 호의 기준에 따라 문화재수리 현장에 배치하여야 한다. 〈개정 2017. 1. 10.,
2018. 5. 15.〉

1. 문화재수리의 종류에 해당하는 문화재감리원으로서 문화체육관광부령으로 정하는 요
건을 갖춘 문화재감리원을 문화재수리 기간 동안 1명 이상 계속하여 배치할 것. 다
만, 문화재수리의 종류가 둘 이상 복합된 경우에는 문화재수리 금액의 비중이 큰 종
류에 해당하는 문화재감리원을 배치하여야 한다.

2. 문화재수리의 종류가 둘 이상 복합된 경우에는 제1호에 따라 배치하는 문화재감리원
외에 각 종류별 문화재감리원을 해당 종류의 문화재수리 기간 동안 각각 1명 이상
계속하여 추가로 배치할 것. 다만, 다음 각 목의 어느 하나에 해당하는 경우에는 해
당 종류의 문화재감리원을 추가로 배치하지 아니할 수 있다.

　가. 법 제2조제1호가목 또는 나목의 경우: 문화재수리 예정금액이 3억원 미만인 문화
　　　재수리

　나. 법 제2조제1호다목의 경우: 문화재수리 예정금액이 5억원 미만인 문화재수리

3. 제1호 및 제2호에 따라 배치하는 문화재감리원이 감리를 하는 기간 동안에는 해당
문화재감리원을 다른 문화재수리 현장에 중복하여 배치하지 아니할 것

③ 발주자는 이미 배치되었거나 배치될 문화재감리원이 해당 문화재수리의 감리 업무
수행에 적합하지 아니하다고 인정되는 경우에는 그 이유를 명시하여 문화재감리업자에
게 문화재감리원의 교체를 요구할 수 있으며, 문화재감리업자가 스스로 문화재감리원을
교체하려는 경우에는 미리 발주자의 승인을 받아야 한다.

④ 문화재감리업자는 감리 업무에 종사하는 문화재감리원이 문화재수리의 감리 업무 수
행기간 중 법 제53조에 따른 전문교육이나 「민방위기본법」 또는 「예비군법」에 따른 교
육을 받는 경우나 유급휴가로 현장을 이탈하게 되는 경우에는 문화재수리의 감리 업무
에 지장이 없도록 필요한 조치를 하여야 하며, 발주자는 문화재감리원이 교육을 받는 기
간에 대한 감리 대가를 지급하여야 한다. 〈개정 2016. 11. 29., 2017. 1. 10.〉

⑤ 문화재수리 현장에 배치된 문화재감리원은 문화체육관광부령으로 정하는 바에 따라 감리일지를 기록·유지하여야 한다.

⑥ 문화재청장은 문화재감리원의 배치기준에 관하여 필요한 세부 기준을 정하여 고시할 수 있다.

제22조의2(감리 보고서의 제출) ① 법 제38조제6항에 따라 발주자가 문화재청장 및 관할 시·도지사에게 제출하는 최종 감리보고서에는 해당 보고서를 전자문서화한 파일을 첨부하여야 한다. 〈개정 2018. 5. 15.〉

② 문화재청장은 감리 보고서를 효율적으로 전자문서화할 수 있도록 제1항에 따른 파일의 규격, 저장매체 및 제출 방법 등의 세부 기준을 정하여 고시할 수 있다. 〈신설 2018. 5. 15.〉

제23조(문화재감리원의 재시행명령 등) ① 발주자는 법 제39조제4항에 따라 문화재감리원으로부터 재시행 또는 중지명령 등의 통지를 받은 경우에는 그 내용을 검토한 후 시정 여부의 확인, 문화재수리 재개 지시 등 필요한 조치를 하여야 한다.

② 발주자는 법 제39조에 따른 문화재감리원의 재시행 또는 중지명령 등의 조치를 이유로 문화재감리원의 변경, 현장 상주의 거부, 감리 대가 지급의 거부·지체, 그 밖에 문화재감리원에게 불이익한 처분을 하여서는 아니 된다.

제24조(감리의 제한) 법 제41조제1호에서 "대통령령으로 정하는 모회사와 자회사 관계"란 「독점규제 및 공정거래에 관한 법률」 제2조제2호에 해당하는 경우를 말한다.

제24조의2(재단의 문화재수리 사업) 법 제41조의2제1항제4호에서 "대통령령으로 정하는 경우"란 문화재청장이 「문화재보호법」 제2조제3항제1호에 따른 국가지정문화재에 대하여 같은 법 제8조에 따른 문화재위원회의 심의를 거쳐 재단으로 하여금 문화재수리를 하게 한 경우를 말한다.

[본조신설 2017. 1. 10.]

제25조(문화재수리협회 정관의 기재 사항) 법 제42조제1항에 따른 문화재수리협회(이하 "문화재수리협회"라 한다) 정관의 기재 사항은 다음 각 호와 같다.

1. 목적
2. 명칭
3. 주된 사무소의 소재지
4. 회원의 자격, 가입과 탈퇴, 권리·의무에 관한 사항

5. 총회에 관한 사항

6. 이사회·분회(分會)·지회(支會)·위원회에 관한 사항

7. 임원에 관한 사항

8. 자산과 회계에 관한 사항

9. 정관의 변경에 관한 사항

10. 해산과 잔여재산의 처리에 관한 사항

11. 업무와 그 집행에 관한 사항

12. 그 밖에 문화재수리등이나 문화재수리협회 운영 등에 필요한 사항

제26조(문화재수리협회의 공제사업 등) ① 법 제42조제5항에 따른 문화재수리협회 공제사업의 범위는 다음 각 호와 같다.

1. 회원의 업무수행에 따른 입찰보증·계약보증(공사이행보증을 포함한다)·손해배상보증·선급금지급보증·하자보수보증

2. 회원에 대한 자금의 융자를 위한 공제사업

② 문화재수리협회가 제1항에 따른 공제사업을 하려는 경우에는 공제규정을 제정하여 문화재청장의 승인을 받아야 한다. 공제규정을 변경하는 경우에도 또한 같다.

③ 제2항의 공제규정에는 공제계약의 내용, 공제금, 공제료 등 공제사업의 운영에 필요한 사항을 정하여야 한다.

④ 문화재청장은 제2항에 따라 공제규정을 승인하거나 공제사업의 감독에 관한 기준을 정하는 경우에는 미리 금융위원회와 협의하여야 한다.

⑤ 문화재청장은 제1항에 따른 공제사업에 대하여 「금융위원회의 설치 등에 관한 법률」에 따른 금융감독원의 장에게 검사를 요청할 수 있다.

⑥ 문화재수리협회는 매 회계연도 개시 전까지 사업계획과 수지예산서를 문화재청장에게 제출하여야 한다.

제26조의2(일시적인 등록요건 미달) 법 제49조제1항제4호 단서에서 "자본금이 일시적으로 등록요건에 미달하는 등 대통령령으로 정하는 경우"란 다음 각 호의 어느 하나에 해당하는 경우를 말한다. 〈개정 2016. 4. 29.〉

1. 별표 7에 따른 자본금 요건에 미달한 경우 중 다음 각 목의 어느 하나에 해당하는 경우

   가. 「채무자 회생 및 파산에 관한 법률」에 따라 법원이 회생절차개시의 결정을 하고 그 절차가 진행 중인 경우

나. 「채무자 회생 및 파산에 관한 법률」에 따라 법원이 회생계획의 수행에 지장이 없다고 인정하여 해당 문화재수리업자 또는 문화재감리업자에 대한 회생절차종결의 결정을 하고 그 회생계획을 수행 중인 경우

다. 「기업구조조정 촉진법」에 따라 금융채권자협의회가 금융채권자협의회에 의한 공동관리절차 개시의 의결을 하고 그 절차가 진행 중인 경우

2. 「상법」 제542조의8제1항 단서의 적용대상 법인이 최근 사업연도 말 현재의 자본의 감소로 인하여 등록요건에 미달되는 경우로서 그 기간이 50일 이내인 경우

[본조신설 2014. 11. 11.]

제27조(압류대상에서 제외되는 노임의 산정방법 등) ① 법 제50조제1항에 따른 노임(勞賃)에 상당하는 금액은 해당 문화재수리(하도급한 문화재수리를 포함한다)의 도급금액 중 산출내역서에 적힌 노임을 합산하여 이를 산정한다.

② 문화재수리의 발주자(하도급의 경우에는 수급인을 말한다)는 제1항에 따른 노임을 도급계약서(하도급의 경우에는 하도급계약서를 말한다)에 명시하여야 한다.

제28조(문화재수리기술자 및 문화재감리원의 전문교육) ① 문화재수리업자·문화재실측설계업자에 소속되어 있는 문화재수리기술자와 문화재감리업자에 소속되어 있는 문화재감리원은 법 제53조제1항에 따른 전문교육을 받아야 한다. 〈개정 2017. 1. 10.〉

② 법 제53조제1항에 따른 전문교육의 내용은 다음 각 호와 같다. 〈개정 2017. 1. 10.〉

1. 문화재수리기술자 또는 문화재감리원이 갖추어야 하는 소양과 관련 법령 또는 제도 등에 관한 이해 증진을 위한 교육

2. 해당 업무 분야의 전문기술능력의 향상을 위한 교육

③ 제1항에 따른 문화재수리기술자 및 문화재감리원은 다음 각 호의 구분에 따른 기준에 따라 전문교육을 받아야 한다. 〈개정 2017. 1. 10., 2017. 7. 11.〉

1. 문화재수리기술자

가. 문화재수리업자 또는 문화재실측설계업자에 소속된 날부터 해당 업무를 실제 수행한 기간이 3년이 되기 전에 전문교육을 받을 것

나. 문화재수리기술자가 가목의 교육 또는 직전의 전문교육을 받은 날 이후에 문화재수리업자 또는 문화재실측설계업자에 소속되어 해당 업무를 실제 수행한 기간이 5년 6개월이 되기 전까지 전문교육을 받을 것

2. 문화재감리원

가. 문화재감리업자에 소속된 날부터 문화재감리 업무를 실제 수행한 기간이 3년이

되기 전에 전문교육을 받을 것

나. 문화재감리원이 가목의 교육 또는 직전의 전문교육을 받은 날 이후에 문화재감리 업자에 소속되어 문화재감리 업무를 실제 수행한 기간이 5년 6개월이 되기 전까 지 전문교육을 받을 것

④ 제3항에 따른 전문교육의 시간은 각각 32시간 이상으로 한다. 〈개정 2017. 1. 10.〉

⑤ 문화재청장은 제1항에 따른 전문교육을 수료한 문화재수리기술자 및 문화재감리원에 게 문화체육관광부령으로 정하는 바에 따라 교육수료증을 발급하고, 문화재수리기술자 자격증에 전문교육의 수료사항을 기록·확인하여야 한다. 〈개정 2017. 1. 10.〉

⑥ 문화재청장은 전문교육을 실시하려는 경우에는 교육일시·교육장소 등 교육 실시에 필요한 사항을 그 교육 실시 60일 전까지 문화재청의 홈페이지 등에 공고하여야 한다. 〈개정 2017. 1. 10.〉

[제목개정 2017. 1. 10.]

제29조(문화재수리업자의 평가 등) ① 법 제54조제1항에서 "대통령령으로 정하는 기준"이 란 다음 각 호의 구분에 따른 기준을 말한다.

1. 문화재수리

「문화재보호법」 제2조제3항에 따른 지정문화재 및 같은 법 제32조에 따른 임시지정 문화재의 수리금액이 5억원 이상인 문화재수리

2. 실측설계

「문화재보호법」 제2조제3항에 따른 지정문화재 및 같은 법 제32조에 따른 임시지정 문화재의 실측설계금액이 3천만원 이상인 실측설계

② 문화재청장이나 지방자치단체의 장은 법 제54조제2항에 따라 우수 문화재수리업자 또 는 우수 문화재실측설계업자를 지정하면 다음 각 호의 사항을 관보에 공고하여야 한다.

1. 발주자

2. 우수 문화재수리업자 또는 우수 문화재실측설계업자의 명칭, 대표자 성명, 등록번호 및 사업장 소재지

3. 지정일 및 유효기간

제30조(권한의 위임·위탁) ① 문화재청장은 법 제56조제1항에 따라 법 제53조에 따른 문 화재수리기술자 및 문화재감리원의 전문교육에 관한 권한을 「한국전통문화대학교 설치 법」에 따른 한국전통문화대학교의 장에게 위임한다. 〈개정 2012. 7. 10., 2017. 1. 10.〉

② 문화재청장은 법 제56조제2항에 따라 다음 각 호의 업무를 「한국산업인력공단법」에

따른 한국산업인력공단에 위탁한다. 〈개정 2017. 1. 10.〉

1. 법 제8조에 따른 문화재수리기술자 자격시험의 실시 및 관리

2. 법 제11조에 따른 문화재수리기능자 자격시험의 실시 및 관리

③ 문화재청장은 법 제56조제2항에 따라 다음 각 호의 업무를 재단, 문화재수리협회 또는 문화재청장이 지정하여 고시하는 관계 전문기관·단체에 위탁한다. 〈신설 2017. 1. 10.〉

1. 법 제7조의3제2항에 따른 전통재료 수급현황에 대한 실태조사

2. 법 제7조의3제4항에 따른 전통재료의 비축

3. 법 제7조의4에 따른 전통재료 인증 및 법 제7조의5에 따른 전통재료 인증의 취소

4. 법 제13조의2에 따른 신고의 접수와 기록의 유지·관리 및 경력증의 발급

5. 법 제14조의2에 따른 문화재수리 능력의 평가·공시 및 전년도 실적등에 대한 신고의 접수

6. 법 제14조의3에 따른 문화재수리업자등에 관한 정보의 관리·제공 및 문화재수리종합 정보시스템의 구축·운영

7. 법 제36조제5항에 따른 문화재수리 보고서 및 감리 보고서에 대한 데이터베이스의 구축·운영 및 공개

④ 문화재청장은 제3항에 따라 업무를 위탁하는 경우에는 수탁기관 및 위탁업무의 내용 등을 고시하여야 한다. 〈신설 2017. 1. 10.〉

⑤ 제3항제2호에 따른 문화재수리 능력의 평가·공시에 관한 업무의 수탁기관은 위탁업 무의 처리결과를 공시일부터 5일 이내에 문화재청장에게 통보하여야 한다. 〈신설 2017. 1. 10.〉

제30조의2(고유식별정보의 처리) 문화재청장(제30조제2항 및 제3항에 따라 문화재청장의 권한 을 위탁받은 한국산업인력공단 및 문화재수리협회, 문화재청장이 지정하여 고시하는 전문기관 또 는 단체를 포함한다) 또는 시·도지사는 다음 각 호의 사무를 수행하기 위하여 불가피한 경우 「개인정보 보호법 시행령」 제19조제1호에 따른 주민등록번호가 포함된 자료를 처 리할 수 있다. 〈개정 2017. 1. 10.〉

1. 법 제8조 및 제10조에 따른 문화재수리기술자 자격시험 및 자격증 발급에 관한 사무

2. 법 제11조 및 제12조에 따른 문화재수리기능자 자격시험 및 자격증 발급에 관한 사무

3. 법 제13조의2에 따른 신고의 접수와 기록의 유지·관리 및 경력증의 발급에 관한 사무

4. 법 제14조에 따른 문화재수리업등의 등록에 관한 사무

5. 법 제14조의2에 따른 문화재수리 능력의 평가·공시 및 전년도 실적등에 대한 신고의

접수에 관한 사무

6. 법 제14조의3에 따른 문화재수리업자등에 관한 정보의 관리·제공 및 문화재수리종합 정보시스템의 구축·운영에 관한 사무

7. 법 제17조에 따른 문화재수리업의 양도 등의 신고에 관한 사무

8. 법 제20조에 따른 문화재수리업 상속의 신고에 관한 사무

[본조신설 2012. 1. 6.]

[시행일: 2019. 2. 4.] 제30조의2제3호, 제30조의2제5호, 제30조의2제6호

제30조의3(규제의 재검토) 문화재청장은 다음 각 호의 사항에 대하여 다음 각 호의 기준일 을 기준으로 3년마다(매 3년이 되는 해의 기준일과 같은 날 전까지를 말한다) 그 타당성을 검 토하여 개선 등의 조치를 하여야 한다.

1. 제4조에 따른 문화재수리의 제한: 2015년 1월 1일

2. 제12조에 따른 문화재수리업등의 등록 요건: 2014년 1월 1일

3. 제18조에 따른 문화재수리기술자의 현장배치 기준 등: 2015년 1월 1일

4. 제20조에 따른 감리대상 등: 2015년 1월 1일

5. 제21조 및 별표 10에 따른 문화재감리원의 업무 범위: 2015년 1월 1일

[전문개정 2014. 12. 16.]

제31조(과태료의 부과기준) ① 법 제62조제2항에 따른 과태료의 부과기준은 별표 12와 같다.
② 문화재청장, 시·도지사 또는 시장·군수·구청장은 위반행위의 정도, 위반횟수, 위반 행위의 동기와 그 결과 등을 고려하여 별표 12에 따른 과태료의 금액의 2분의 1의 범위 에서 그 금액을 가중하거나 감경할 수 있다.

⓫ 문화재수리 등에 관한 법률 시행규칙 (약칭: 문화재수리법 시행규칙)
[시행 2020. 6. 4.] [문화체육관광부령 제393호, 2020. 6. 4., 일부개정]

제1조(목적) 이 규칙은 「문화재수리 등에 관한 법률」 및 「문화재수리 등에 관한 법률 시행령」에서 위임된 사항과 그 시행에 필요한 사항을 규정함을 목적으로 한다.

제2조(성실의무) 「문화재수리 등에 관한 법률」(이하 "법"이라 한다) 제6조제4호에 따라 문화재수리, 실측설계 또는 감리(이하 "문화재수리등"이라 한다)를 하는 자는 문화재수리등의 기준에 맞게 작성된 설계도서에 따라 문화재수리등의 업무를 수행하여야 한다.

제2조의2(전통재료 인증) ① 법 제7조의4제1항에 따른 전통재료의 인증기준은 다음 각 호와 같다.

1. 법 제7조제1호에 따른 품질 기준에 적합할 것
2. 생산시설은 제1호에 따른 품질 기준을 지속적으로 유지할 수 있는 설비를 갖출 것
3. 전통 기법에 따라 전통재료를 생산하는 공정이 마련되어 있을 것
4. 전문인력이 생산할 것

② 법 제7조의4제2항에 따라 전통재료 인증을 받으려는 자는 별지 제1호서식의 전통재료 인증 신청서에 다음 각 호의 서류를 첨부하여 문화재청장[「문화재수리 등에 관한 법률 시행령」(이하 "영"이라 한다) 제30조제3항제3호에 따라 문화재청장이 업무를 위탁한 경우에는 해당 수탁기관을 말한다. 이하 이 조 및 제2조의3에서 같다)]에게 제출해야 한다.

1. 인증 신청 재료에 대한 설명자료
2. 생산시설 현황
3. 생산공정에 관한 자료
4. 생산인력 현황
5. 그 밖에 인증심사에 필요한 서류로서 문화재청장이 정하여 고시하는 서류

③ 제2항에 따라 인증 신청을 받은 문화재청장은 전통재료 인증을 한 경우에는 문화재청장이 정하여 고시하는 인증서를 신청인에게 발급해야 한다.

④ 제2항에 따라 인증을 신청하는 자는 문화재청장이 정하여 고시하는 수수료를 납부해야 한다.

⑤ 법 제7조의4제3항에 따른 인증표시는 전통재료의 표면에 한다. 다만, 전통재료의 표면에 표시할 수 없는 경우에는 다른 방법으로 표시할 수 있다.

⑥ 제1항부터 제5항까지에서 규정한 사항 외에 전통재료 인증의 세부기준, 인증표시 등에 관하여 필요한 사항은 문화재청장이 정하여 고시한다.

제2조의3(전통재료 인증의 취소) ① 문화재청장은 법 제7조의5제2호에 따라 전통재료 인증을 취소하기 위하여 필요한 경우에는 관계 전문가의 의견을 들을 수 있다.

② 전통재료 인증을 받은 자는 법 제7조의5에 따라 인증이 취소된 경우에는 제2조의2제3항에 따른 인증서를 문화재청장에게 반납해야 한다.

제3조(문화재수리기술자 자격시험) ① 영 제7조제3항에 따라 문화재수리기술자 자격시험에 응시하려는 사람(법 제8조제5항에 따라 필기시험을 면제받으려는 사람을 포함한다)은 별지 제1호의2서식의 응시원서(전자문서로 된 응시원서를 포함한다)에 영 제8조제2항의 응시요건을 증명하는 서류를 첨부하여 「한국산업인력공단법」에 따른 한국산업인력공단에 제출하여야 한다. 이 경우 그 증명하는 서류 중 경력증명서는 별지 제2호서식에 따른다.

② 제1항에 따른 증명하는 서류의 심사 기준일은 문화재수리기술자 자격시험의 응시원서 접수 마감일로 한다.

③ 제1항에 따라 제출된 서류는 반환하지 아니한다.

제4조(문화재수리기술자 자격증의 발급 등) ① 삭제 〈2017. 8. 25.〉

② 법 제10조제1항에 따른 문화재수리기술자 자격증은 별지 제4호서식에 따른다.

③ 문화재청장은 문화재수리기술자 자격증을 발급하면 별지 제5호서식의 문화재수리기술자 자격 명부와 별지 제6호서식의 문화재수리기술자 자격증 발급대장에 그 내용을 적어야 한다.

④ 법 제10조제2항에 따라 문화재수리기술자 자격증을 재발급받으려는 사람은 별지 제3호서식의 문화재수리기술자 자격증 재발급신청서에 다음 각 호의 서류를 첨부하여 문화재청장에게 제출하여야 한다.

1. 주민등록증 사본

2. 사진(최근 6개월 이내에 모자를 쓰지 않고 촬영한 상반신으로 가로 3.5센티미터, 세로 4.5센티미터의 사진을 말한다. 이하 제5조에서 같다) 1장

제5조(문화재수리기능자 자격시험 및 자격증 발급 등) ① 법 제11조에 따른 문화재수리기능자 자격시험의 응시원서에 관하여는 제3조제1항을 준용한다. 〈개정 2017. 2. 3.〉

② 법 제12조에 따른 문화재수리기능자 자격증의 발급 등에 관하여는 제4조를 준용한다. 이 경우 법 제11조제1항 단서에 따라 문화재수리기능자 자격증을 발급받으려는 사람은 별지 제3호의2서식의 보유자의 문화재수리기능자 자격증 발급신청서에 다음 각 호

의 서류를 첨부하여 제출하여야 한다. 〈신설 2017. 2. 3., 2017. 8. 25.〉

1. 「무형문화재 보전 및 진흥에 관한 법률」 제20조제2항 및 제35조에 따른 국가무형문화재 또는 시·도무형문화재 보유자 인정서 사본
2. 별지 제6호의2서식의 문화재수리기능자 자격 인정 교육수료증
3. 사진 2장

제5조의2(문화재수리기능자 자격 인정 대상자의 범위) 법 제11조제1항 단서에서 "문화체육관광부령으로 정하는 문화재수리 분야의 보유자"란 별표 1과 같다.

[본조신설 2017. 2. 3.]

제5조의3(문화재수리기능자 자격 인정 교육수료증) 영 제11조의2제2항에 따른 교육수료증은 별지 제6호의2서식에 따른다.

[본조신설 2017. 2. 3.]

제5조의4(문화재수리기술자등의 신고) ① 법 제13조의2제1항 전단에 따라 경력·학력·자격 및 근무처 등(이하 "경력등"이라 한다)을 인정받으려는 문화재수리기술자 및 문화재수리기능자(이하 "문화재수리기술자등"이라 한다)는 별지 제6호의3서식의 문화재수리기술자등 경력등 신고서에 다음 각 호의 서류(전자문서를 포함한다)를 첨부하여 문화재청장(영 제30조제3항제1호에 따라 문화재청장이 업무를 위탁한 경우에는 해당 수탁기관을 말한다. 이하 이 조에서 같다)에게 제출하여야 한다.

1. 발주자나 사용자의 확인을 받은 별지 제6호의4서식의 문화재수리기술자등 경력등 확인서. 다만, 문화재수리기술자등 경력등 확인서를 제출할 수 없는 경우에는 문화재청장이 정하여 고시하는 경력등을 확인할 수 있는 서류를 말한다.
2. 법 제10조제1항 및 제12조에 따른 문화재수리기술자등의 자격증 사본
3. 졸업증명서
4. 사진 1장
5. 영 제28조제5항에 따른 교육수료증(해당하는 사람만 첨부한다)
6. 문화재수리 업무와 관련하여 국가 또는 특별시장·광역시장·특별자치시장·도지사·특별자치도지사(이하 "시·도지사"라 한다)로부터 받은 상훈증 사본(해당하는 사람만 첨부한다)

② 문화재수리기술자등은 제1항에 따른 신고 사항이 변경된 경우에는 법 제13조의2제1항 후단에 따라 별지 제6호의5서식의 문화재수리기술자등 경력등 변경신고서에 제1항 각 호의 서류 중 해당하는 서류(전자문서를 포함한다)를 첨부하여 문화재청장에게 제출하

여야 한다.

③ 문화재수리기술자등은 문화재수리기술자등의 경력등에 관한 증명서(이하 "경력증"이라 한다)를 발급·갱신 또는 재발급받으려는 경우에는 법 제13조의2제2항에 따라 별지 제6호의6서식의 문화재수리기술자등 경력증 발급 신청서를 문화재청장에게 제출하여야 한다.

④ 문화재청장은 제3항에 따른 신청을 받은 경우 별지 제6호의7서식의 문화재수리기술자등 경력증을 발급하여야 한다.

⑤ 제4항에 따라 문화재수리기술자등 경력증을 발급받은 문화재수리기술자등은 경력등에 관한 확인증명서를 발급받으려는 경우에는 별지 제6호의8서식의 문화재수리기술자등 경력등 확인신청서를 문화재청장에게 제출하여야 한다.

⑥ 문화재청장은 제5항에 따른 신청을 받은 경우 별지 제6호의9서식의 문화재수리기술자등 경력등 확인증명서를 발급하여야 한다.

⑦ 문화재청장은 제4항에 따라 경력증을 발급한 경우에는 별지 제6호의10서식의 문화재수리기술자등 경력증 발급대장에 그 사실을 기록하고 관리하여야 한다.

[본조신설 2017. 2. 3.]

제6조(문화재수리업등의 등록신청) ① 법 제14조제1항에 따라 문화재수리업, 문화재실측설계업 또는 문화재감리업(이하 "문화재수리업등"이라 한다)으로 등록하려는 자는 별지 제7호서식의 문화재수리업등 등록신청서에 다음 각 호의 서류(전자문서를 포함한다)를 첨부하여 주된 영업소의 소재지를 관할하는 시·도지사에게 제출하여야 한다. 다만, 시·도지사가 「전자정부법」 제36조제1항에 따른 행정정보의 공동이용을 통하여 해당 서류에 대한 정보를 확인할 수 있는 경우에는 그 확인으로 해당 서류의 제출을 갈음한다.

1. 법인인 경우에는 법인 등기사항증명서, 개인인 경우에는 주민등록표 초본
2. 기업진단보고서 및 영 제12조제1항제2호에 따른 확인서
3. 별지 제8호서식의 문화재수리기술자 및 문화재수리기능자 보유 현황
4. 문화재수리기술자 및 문화재수리기능자 자격증 사본
5. 영 제12조제1항제1호에 따른 시설을 갖추었음을 증명하는 다음 각 목의 어느 하나에 해당하는 서류
   가. 자기 소유인 경우: 건물 등기부등본
   나. 전세권이 설정되어 있는 경우: 전세권이 설정되어 있음이 표기된 건물 등기부등본
   다. 임대차인 경우: 임대차계약서 사본 및 건물 등기부등본
6. 「건축사법」에 따른 건축사사무소개설 신고확인증 사본(문화재실측설계업만 해당한다)

② 제1항 각 호의 서류는 유효기간을 넘기지 아니한 것으로서 제출일 전 1개월 이내에 작성되거나 발행된 것이어야 한다.

③ 제1항제2호에 따른 기업진단보고서는 문화재청장이 정하여 고시하는 바에 따라 작성된 것이어야 한다.

제7조(등록증 발급 및 공고) ① 시·도지사는 제6조제1항에 따른 등록신청이 적합하다고 인정되면 별지 제9호서식의 문화재수리업등 등록증(이하 "등록증"이라 한다) 및 별지 제10호서식의 문화재수리업등 등록수첩(이하 "등록수첩"이라 한다)을 발급하여야 하며, 별지 제11호서식의 문화재수리업등 등록대장 및 별지 제12호서식의 문화재수리업등 등록수첩 발급대장에 등록 사항을 적고 관리하여야 한다.

② 시·도지사는 제1항에 따라 등록증 및 등록수첩을 발급하였을 때에는 다음 각 호의 사항을 특별시·광역시·특별자치시·도 또는 특별자치도(이하 "시·도"라 한다)의 공보에 공고하여야 한다. 〈개정 2017. 2. 3.〉

1. 등록 연월일
2. 등록번호 및 업종
3. 상호·명칭 및 성명(법인인 경우에는 대표자의 성명을 말한다)
4. 주된 영업소의 소재지

제8조(변경신고 등) ① 법 제14조제2항에 따라 등록 사항의 변경신고를 하려는 자는 별지 제13호서식의 문화재수리업등 등록 사항 변경신고서(전자문서로 된 변경신고서를 포함한다)에 다음 각 호의 서류(전자문서를 포함한다)를 첨부하여 시·도지사에게 제출하여야 한다. 다만, 시·도지사가 「전자정부법」 제36조제1항에 따른 행정정보의 공동이용을 통하여 해당 서류에 대한 정보를 확인할 수 있는 경우에는 그 확인으로 해당 서류의 제출을 갈음한다.

1. 상호가 변경되는 경우: 법인 등기사항증명서(개인인 경우에는 사업자등록증 사본)
2. 대표자가 변경되는 경우: 법인 등기사항증명서(개인인 경우에는 성명의 변경을 증명하는 서류)
3. 주된 영업소의 소재지가 변경되는 경우: 다음 각 목의 서류
   가. 법인 등기사항증명서(개인인 경우에는 사업자등록증 사본)
   나. 영 제12조제1항제1호에 따른 시설을 갖추었음을 증명하는 제6조제1항제5호 각 목의 어느 하나에 해당하는 서류
4. 문화재수리기술자 및 문화재수리기능자 보유 현황이 변경된 경우: 다음 각 목의 서류

가. 등록수첩

나. 별지 제8호서식의 문화재수리기술자 및 문화재수리기능자 보유 현황

다. 변경된 문화재수리기술자 및 문화재수리기능자의 자격증

② 문화재수리업등의 등록 사항 변경신고 서류의 작성·발행에 관하여는 제6조제2항을 준용한다.

③ 시·도지사는 제1항에 따른 변경신고를 받은 경우에는 등록증 및 등록수첩에 변경 사항을 적고 이를 내주어야 한다.

④ 시·도지사는 문화재수리업자, 문화재실측설계업자 또는 문화재감리업자(이하 "문화재수리업자등"이라 한다)의 주된 영업소가 다른 시·도지사의 관할구역으로 이전(移轉)되면 그 문화재수리업등의 등록대장을 새로운 영업소의 소재지를 관할하는 시·도지사에게 이송하여야 한다. 〈개정 2014. 12. 30.〉

제9조(문화재수리업등의 폐업신고서 및 첨부서류) 법 제14조제5항에 따른 문화재수리업등의 폐업신고를 하려는 자는 별지 제14호서식의 문화재수리업등 폐업신고서에 등록증 및 등록수첩을 첨부하여 시·도지사에게 제출하여야 한다.

제10조(등록증 등의 재발급) 법 제14조제8항에 따라 등록증 또는 등록수첩을 재발급받으려는 자는 별지 제15호서식의 문화재수리업등 등록증 및 등록수첩 재발급신청서(전자문서로 된 신청서를 포함한다)를 시·도지사에게 제출하여야 한다.

제10조의2(문화재수리 능력의 평가 신청) ① 법 제14조의2제2항에 따라 문화재수리 능력의 평가를 받으려는 문화재수리업자는 별지 제15호의2서식의 전년도 실적등 신고서(전자문서로 된 신고서를 포함한다)를 매년 2월 15일까지 문화재청장(영 제30조제3항제2호에 따라 문화재청장이 업무를 위탁한 경우에는 해당 수탁기관을 말한다. 이하 이 조에서 같다)에게 제출하여야 한다. 다만, 제3항제2호의 서류의 경우에는 법인은 매년 4월 15일, 개인은 매년 5월 31일, 「소득세법」 제70조의2제1항에 따른 성실신고확인대상사업자는 매년 6월 30일까지 제출하여야 한다. 〈개정 2018. 7. 17.〉

② 제1항에 따른 기간 내에 문화재수리 능력의 평가를 신청하지 못한 문화재수리업자로서 다음 각 호의 어느 하나에 해당하는 자는 제1항의 기간에도 불구하고 문화재수리 능력의 평가를 신청할 수 있다.

1. 제1항에 따른 기간 이후 법 제14조에 따라 문화재수리업을 등록한 자

2. 제1항에 따른 기간 이후 법 제49조에 따른 문화재수리업 등록취소 처분의 취소 또는 집행정지 결정을 받은 자

③ 별지 제15호의2서식의 전년도 실적등 신고서에는 다음 각 호의 서류(전자문서를 포함한다)를 첨부하여야 한다. 다만, 「전자정부법」 제36조제1항에 따른 행정정보의 공동이용을 통하여 첨부서류에 대한 정보를 확인할 수 있는 경우에는 그 확인으로 첨부서류를 갈음할 수 있다.

1. 문화재수리 실적을 증명하는 다음 각 목의 어느 하나에 해당하는 서류

   가. 국가, 지방자치단체, 「공공기관의 운영에 관한 법률」 제5조에 따른 공기업·준정부기관, 「지방공기업법」 제49조에 따라 설립된 지방공사나 같은 법 제76조에 따라 설립된 지방공단이 발주하는 문화재수리의 경우: 발주자가 발급한 별지 제15호의3서식의 문화재수리 실적증명서

   나. 가목 외의 법인 또는 개인이 발주하는 경우로서 국가 또는 지방자치단체가 경비의 전부 또는 일부를 지원하는 문화재수리의 경우: 경비를 지원한 국가 또는 지방자치단체가 발급한 별지 제15호의3서식의 문화재수리 실적증명서

   다. 가목 및 나목 외의 경우로서 법인 또는 개인이 발주하거나 하도급한 문화재수리의 경우: 다음의 서류 전부

     1) 문화재수리의 발주자 또는 수급인이 발급한 별지 제15호의3서식의 문화재수리 실적증명서. 다만, 문화재수리 실적증명서를 발급받을 수 없는 경우에는 그 사유서와 해당 문화재수리의 도급계약서 또는 하도급계약서 사본을 말한다.

     2) 해당 문화재수리에 대한 「부가가치세법 시행규칙」 제49조에 따른 세금계산서(공급자 보관용) 사본 또는 「소득세법 시행규칙」 제100조제30호에 따른 계산서(공급자 보관용) 사본

     3) 해당 문화재수리의 소관 기관이 발급한 서류로서 문화재청장이 정하여 고시하는 서류

2. 재무상태를 증명할 수 있는 다음 각 목의 어느 하나에 해당하는 서류. 다만, 「주식회사의 외부감사에 관한 법률」 제2조에 따른 외부감사 대상 법인인 경우에는 같은 법 제3조에 따른 감사인의 회계감사를 받은 재무제표를 말한다.

   가. 「법인세법」 또는 「소득세법」에 따라 관할세무서장에게 제출한 조세에 관한 신고서류(「세무사법」 제6조에 따라 등록한 세무사 또는 같은 법 제20조의2에 따라 세무대리업무등록부에 등록한 공인회계사가 같은 법 제2조제7호에 따라 확인한 것으로서 재무상태표 및 손익계산서가 포함된 것을 말한다)

   나. 「공인회계사법」 제7조에 따라 등록한 공인회계사 또는 같은 법 제24조에 따라 등록한 회계법인이 감사한 회계서류

3. 별지 제15호의4서식의 문화재수리기술자등 보유현황표

4. 별표 1의2 제1호마목2)에 따른 신인도(信認度) 반영비율에 관한 증명 서류

[본조신설 2017. 2. 3.]

제10조의3(문화재수리 능력의 평가 방법) ① 법 제14조의2제1항에 따른 문화재수리업자의 문화재수리 능력 평가는 별표 1의2에 따라 업종별로 구분하여 한다.

② 법 제17조제1항제1호에 따라 문화재수리업의 양도 신고를 한 경우 양수인의 문화재수리 능력은 제1항에 따라 새로이 평가한다. 다만, 문화재수리업의 양도가 제11조제6항 각 호의 어느 하나에 해당하는 경우에는 그러하지 아니하다.

③ 법 제20조제1항에 따른 상속인, 제11조제6항 각 호의 어느 하나에 해당하는 양수인 또는 합병 후 존속하는 법인이나 신설된 법인의 문화재수리 능력은 피상속인, 양도인 또는 종전 법인의 문화재수리 능력과 동일한 것으로 본다. 다만, 해당 문화재수리업자의 신청이 있는 경우에는 제10조의2제1항에 따른 기간에도 불구하고 제1항에 따라 새로이 평가할 수 있다.

④ 제3항 단서에 따라 문화재수리 능력을 새로이 평가하는 경우 피상속인, 양도인 또는 종전 법인의 문화재수리 실적은 상속인, 양수인 또는 합병 후 존속하는 법인이나 신설된 법인의 문화재수리 실적에 합산한다.

⑤ 종합문화재수리업자가 도급받은 문화재수리의 일부를 전문문화재수리업자에게 하도급한 경우에는 그 하도급 부분에 해당하는 문화재수리 실적도 해당 종합문화재수리업자의 실적에 합산한다.

⑥ 제1항부터 제5항까지에서 규정한 사항 외에 문화재수리 능력의 평가에 필요한 세부사항은 문화재청장이 정하여 고시한다.

[본조신설 2017. 2. 3.]

제10조의4(문화재수리 능력의 공시) ① 문화재청장(영 제30조제3항제2호에 따라 문화재청장이 업무를 위탁한 경우에는 해당 수탁기관을 말한다. 이하 이 조에서 같다)은 법 제14조의2제1항에 따라 문화재수리 능력을 평가한 경우에는 매년 7월 31일까지 다음 각 호의 사항을 공시하여야 한다.

1. 상호 및 성명(법인인 경우에는 대표자의 성명을 말한다)

2. 주된 영업소의 소재지

3. 업종 및 등록번호

4. 문화재수리 능력 평가결과

② 문화재청장은 제1항에 따른 문화재수리 능력의 공시를 「신문 등의 진흥에 관한 법률」 제9조제1항에 따라 등록한 전국을 보급지역으로 하는 일반일간신문 또는 법 제14조의3 제2항에 따른 문화재수리종합정보시스템을 통하여 하여야 한다.

[본조신설 2017. 2. 3.]

제10조의5(문화재수리업자등의 정보관리 등) 문화재청장(영 제30조제3항제3호에 따라 문화재 청장이 업무를 위탁한 경우에는 해당 수탁기관을 말한다)은 법 제14조의3제3항에 따라 문화 재수리업자등, 발주자, 관련 기관 및 단체 등에 다음 각 호의 사항에 관한 자료의 제출 을 요청할 수 있다.

1. 법 제14조제1항에 따른 문화재수리업등의 등록
2. 법 제14조제2항에 따른 등록 사항의 변경
3. 법 제14조의2에 따른 문화재수리 능력의 평가
4. 법 제17조 및 제23조에 따른 양도·합병의 신고
5. 법 제20조 및 제23조에 따른 상속의 신고
6. 법 제46조에 따른 시정명령
7. 법 제47조제1항 및 제48조에 따른 문화재수리기술자등의 자격 취소·정지
8. 법 제49조제1항에 따른 문화재수리업자등의 등록취소·영업정지
9. 문화재수리업자등에 대한 부정당업자제재처분

[본조신설 2017. 2. 3.]

제11조(문화재수리업등 양도의 신고 등) ① 법 제17조제1항제1호 및 제23조에 따라 문화 재수리업등을 양도하려는 경우에는 양도인과 양수인이 공동으로 별지 제16호서식의 문 화재수리업등 양도신고서(전자문서로 된 신고서를 포함한다)를 작성하여 시·도지사에게 제 출하여야 한다.

② 제1항에 따른 문화재수리업등 양도신고서에는 다음 각 호의 서류를 첨부하여야 한 다. 다만, 시·도지사가 「전자정부법」 제36조제1항에 따른 행정정보의 공동이용을 통하 여 해당 서류에 대한 정보를 확인할 수 있는 경우에는 그 확인으로 해당 서류의 제출을 갈음한다.

1. 양도계약서 사본
2. 양수인에 관한 제6조제1항 각 호의 서류(해당 문화재수리업등의 등록에 관한 서류만 해당 한다)
3. 법 제17조제5항에 따른 문화재수리업등의 양도 사실에 대한 공고문과 이해관계인의

의견 조정 내용을 적은 서류

4. 등록증 및 등록수첩

5. 문화재수리등을 발주한 발주자가 동의하였음을 증명하는 서류(시행 중인 문화재수리등이 있는 경우로 한정한다)

6. 양도인이 공제조합의 조합원이었거나 조합원인 경우에는 해당 공제조합의 의견서

③ 문화재수리업등의 양도신고 서류의 작성·발행에 관하여는 제6조제2항을 준용한다.

④ 법 제17조제5항에 따라 문화재수리업등의 양도에 관한 사항을 공고하는 경우에는 다음 각 호의 사항을 양도인의 주된 영업소의 소재지를 관할하는 시·도의 구역에서 발행되는 일간신문에 1회 이상 게재하거나 법 제42조에 따른 문화재수리협회의 인터넷 홈페이지에 공고 해야 한다. 〈개정 2017. 2. 3., 2019. 12. 27.〉

1. 양도하려는 문화재수리업등의 종류

2. 양도 예정 연월일

3. 양도에 대한 이해관계인의 의견 제출 기한 및 장소

4. 양도인 및 양수인의 주된 영업소 소재지, 상호와 성명(법인인 경우에는 대표자의 성명을 말한다)

⑤ 시·도지사는 문화재수리업등의 양도신고를 받으면 양수인에 대하여 영 제12조제1항에 따른 문화재수리업등의 등록 요건에 적합한지를 확인할 수 있다. 이 경우 문화재수리업등의 양도가 다음 각 호의 어느 하나에 해당하는 경우에는 양도인 또는 양수인에게 양도 내용의 보완 등 적절한 조치를 할 것을 요구할 수 있다.

1. 이해관계인의 의견이 조정되지 아니한 경우

2. 양수인이 등록 요건에 적합하지 아니하다고 인정되는 경우

3. 법 제17조제5항, 제18조 또는 제19조를 위반하였다고 인정되는 경우

⑥ 시·도지사는 문화재수리업의 양도가 양도인의 문화재수리업에 관한 자산과 권리·의무의 전부를 포괄적으로 양도하는 경우로서 다음 각 호의 어느 하나에 해당하면 양도인의 문화재수리업의 영위기간 및 문화재수리 공사금액 실적을 합산할 수 있다.

1. 개인이 영위하던 문화재수리업을 법인사업으로 전환하기 위하여 문화재수리업을 양도하는 경우

2. 문화재수리업과 문화재수리업이 아닌 업종을 같이 영위하는 문화재수리업자인 회사가 분할에 의하여 설립된 다른 회사 또는 분할합병한 다른 회사에 그 회사가 영위하는 문화재수리업 전부를 양도하는 경우

⑦ 문화재실측설계업 또는 문화재감리업의 양도에 따른 영위기간 등의 합산에 관하여는

제6항을 준용한다.

제12조(법인 합병의 신고 등) ① 법 제17조제1항제2호 및 제23조에 따라 법인인 문화재수
리업자등이 합병하려는 경우에는 합병 전의 각 법인의 대표자와 합병 후에 존속하거나
신설되는 법인의 대표자가 공동으로 별지 제17호서식의 문화재수리업등 법인합병신고서
(전자문서로 된 신고서를 포함한다)를 작성하여 시·도지사에게 제출하여야 한다.

② 제1항에 따른 문화재수리업등 법인합병신고서에는 다음 각 호의 서류를 첨부하여야
한다. 다만, 시·도지사가 「전자정부법」 제36조제1항에 따른 행정정보의 공동이용을 통
하여 해당 서류에 대한 정보를 확인할 수 있는 경우에는 그 확인으로 해당 서류의 제출
을 갈음한다.

1. 합병계약서 사본
2. 합병 공고문
3. 합병에 관한 사항을 의결한 총회 또는 창립총회의 결의서 사본
4. 합병 후 존속하거나 신설되는 법인에 관한 제6조제1항 각 호의 서류(해당 문화재수리
   업등의 등록에 관한 서류만 해당한다)
5. 등록증 및 등록수첩

③ 법인합병신고 서류의 작성·발행에 관하여는 제6조제2항을 준용한다.

제13조(문화재수리업등의 상속신고 등) ① 법 제20조제2항에 따라 문화재수리업등의 상속
사실을 신고하려는 경우에는 별지 제18호서식의 문화재수리업등 상속신고서(전자문서로
된 신고서를 포함한다)를 상속개시일부터 60일 이내에 시·도지사에게 제출하여야 한다.

② 제1항에 따른 문화재수리업등 상속신고서에는 다음 각 호의 서류를 첨부하여야 한다.
다만, 시·도지사가 「전자정부법」 제36조제1항에 따른 행정정보의 공동이용을 통하여
해당 서류에 대한 정보를 확인할 수 있는 경우에는 그 확인으로 해당 서류의 제출을 갈
음한다.

1. 상속인임을 증명하는 서류
2. 상속인에 관한 제6조제1항 각 호의 서류(해당 문화재수리업등의 등록에 관한 서류만 해당
   한다)
3. 등록증 및 등록수첩

③ 문화재수리업등의 상속신고 서류의 작성·발행에 관하여는 제6조제2항을 준용한다.

제14조(도급 대장) 법 제24조제3항에 따라 문화재수리업자는 별지 제19호서식의 문화재수
리 도급 대장을, 문화재실측설계업자는 별지 제20호서식의 실측설계 도급 대장을, 문화

재감리업자는 별지 제21호서식의 감리 도급 대장을 주된 영업소에 보관하여야 한다.

제15조(하도급의 통보) ① 영 제16조제1항에 따른 하도급 사실의 통보는 별지 제22호서식의 하도급통보서에 따른다.

② 제1항에 따라 하도급 사실을 통보하려면 다음 각 호의 서류를 첨부하여야 한다.

1. 하도급계약서(변경계약서를 포함한다) 사본
2. 하도급한 문화재수리의 규모·단가 및 금액 등이 명시된 내역서
3. 예정공정표

제16조(하도급 대금의 직접 지급) ① 법 제29조제1항제3호나목에서 "문화체육관광부령으로 정하는 비율"이란 100분의 82를 말한다.

② 법 제29조제1항제3호 및 제4호에 따라 하도급 대금을 직접 지급하는 경우의 지급 방법 및 절차는 다음 각 호의 구분에 따른다.

1. 법 제29조제1항제3호가목에 해당하여 직접 지급하는 경우: 다음 각 목의 방법 및 절차에 따를 것
    가. 하수급인은 수급인이 법 제28조제1항에 따른 하도급 대금의 지급을 지체한 경우에는 발주자에게 관련 서류를 첨부하여 하도급 대금의 직접 지급을 요청할 것
    나. 발주자는 하수급인으로부터 하도급 대금의 직접 지급을 요청받았을 때에는 그 사실을 즉시 수급인에게 통보하고, 하도급 대금을 하수급인에게 지급할 것을 권고할 것
    다. 발주자는 수급인이 나목의 권고를 받은 날부터 5일 이내에 하도급 대금을 하수급인에게 지급하지 아니하는 경우에는 다음 문화재수리의 하도급 대금부터 하수급인에게 직접 지급할 것. 이 경우 하수급인이 받지 못한 하도급 대금을 포함하여 지급하고, 수급인에게는 문화재수리 대금에서 이를 공제한 금액을 지급한다.
2. 법 제29조제1항제3호나목에 해당하여 직접 지급하는 경우: 다음 각 목의 방법 및 절차에 따를 것
    가. 발주자는 수급인이 문화재수리의 대금을 청구할 때 하수급인이 문화재수리한 부분의 하도급 대금을 분명하게 밝혀 청구하도록 하되, 하도급 대금의 수령인을 그 하수급인으로 지정하도록 할 것
    나. 발주자는 하도급 대금을 하수급인에게 지급하고, 그 사실을 수급인에게 통보할 것
3. 법 제29조제1항제4호에 해당하여 직접 지급하는 경우: 다음 각 목의 방법 및 절차에 따를 것

가. 발주자는 수급인의 지급정지·파산 등으로 인하여 수급인이 하도급 대금을 지급할 수 없는 명백한 사유가 있다고 인정한 때에는 기성(既成) 부분과 하수급인이 문화재수리한 부분의 금액을 확정한 후 하수급인에게 하도급 대금의 직접 지급을 청구할 수 있다는 뜻과 지급할 금액을 통보할 것

나. 하수급인은 가목의 통보를 받은 날부터 15일 이내에 하도급 대금의 직접 지급을 청구할 것

다. 발주자는 나목에 따른 청구를 한 하수급인에게 하도급 대금을 직접 지급하고, 그 사실을 수급인에게 통보할 것

라. 발주자는 하도급 대금을 직접 받을 하수급인이 다수인 경우에는 하도급한 문화재수리의 완료 시점 또는 기성순위를 기준으로 하도급 대금 지급의 우선순위를 정하고, 그 우선순위가 같은 경우에는 나목에 따른 하도급 대금의 직접 지급 청구서의 접수일을 기준으로 할 것

③ 발주자는 수급인이 법 제29조제2항에 따라 직접 지급을 중지할 것을 요청한 경우에는 하수급인에게 책임이 있는 사유로 수급인이 피해를 입을 우려가 있다고 인정되면 하도급 대금의 직접 지급을 중지할 수 있으며, 하수급인에게 그 중지 사실을 통보하여야 한다.

④ 법 제29조제1항제3호 및 제4호에 따라 하도급 대금을 직접 지급하는 경우에 이 규칙에서 정하지 아니한 사항에 관하여는 「하도급거래 공정화에 관한 법률 시행령」 제9조를 준용한다. 이 경우 "수급사업자"는 "하수급인"으로, "원사업자"는 "수급인"으로 본다.

제17조(문화재수리기술자의 현장 배치 확인) 문화재수리업자(법 제41조의2에 따른 전통건축수리기술진흥재단을 포함한다)는 법 제33조제1항에 따라 문화재수리기술자를 문화재수리 현장에 배치할 때에는 영 제18조제5항에 따라 배치일부터 14일 이내에 해당 문화재수리기술자로 하여금 별지 제23호서식의 현장 배치 확인표에 발주자의 확인을 받도록 하여야 한다. 이 경우 문화재수리기술자를 발주자가 다른 둘 이상의 문화재수리 현장에 배치할 때에는 각각의 발주자로부터 확인을 받도록 하여야 한다. 〈개정 2017. 2. 3.〉

제17조의2(책임감리 적용기관) 영 제20조제2항에서 "문화체육관광부령으로 정하는 기관"이란 다음 각 호의 기관을 말한다.

1. 국가

2. 지방자치단체

3. 「공공기관의 운영에 관한 법률」 제5조에 따른 공기업 또는 준정부기관

4. 국가 또는 지방자치단체의 출연기관 중 제3호 이외의 출연기관

5. 「지방공기업법」 제49조에 따른 지방공사 또는 제76조에 따른 지방공단

[본조신설 2017. 2. 3.]

제17조의3(책임감리를 하는 문화재감리원의 요건) 영 제22조제2항제1호에 따라 배치하여 야 하는 문화재감리원의 요건은 다음 각 호의 기준에 따른다.

1. 영 제20조제2항제1호의 경우

   가. 문화재수리 예정금액이 30억원 이상 50억원 미만인 경우: 해당 분야의 문화재수 리기술자 자격을 취득한 후 해당 분야의 문화재수리등에 7년 이상 종사한 사람

   나. 문화재수리 예정금액이 50억원 이상인 경우: 해당 분야의 문화재수리기술자 자격 을 취득한 후 해당 분야의 문화재수리등에 10년 이상 종사한 사람

2. 영 제20조제2항제2호의 경우

   가. 문화재수리 예정금액이 50억원 이상 100억원 미만인 경우: 해당 분야의 문화재수 리기술자 자격을 취득한 후 해당 분야의 문화재수리등에 7년 이상 종사한 사람

   나. 문화재수리 예정금액이 100억원 이상인 경우: 해당 분야의 문화재수리기술자 자 격을 취득한 후 해당 분야의 문화재수리등에 10년 이상 종사한 사람

3. 영 제20조제2항제3호의 경우

   가. 법 제2조제1호가목 또는 나목에 해당하는 경우

   1) 문화재수리 예정금액이 10억원 미만인 경우: 해당 분야의 문화재수리기술자 자격을 취득한 후 해당 분야의 문화재수리등에 3년 이상 종사한 사람

   2) 문화재수리 예정금액이 10억원 이상 30억원 미만인 경우: 해당 분야의 문화재 수리기술자 자격을 취득한 후 해당 분야의 문화재수리등에 5년 이상 종사한 사람

   나. 법 제2조제1호다목에 해당하는 경우

   1) 문화재수리 예정금액이 30억원 미만인 경우: 해당 분야의 문화재수리기술자 자격을 취득한 후 해당 분야의 문화재수리등에 3년 이상 종사한 사람

   2) 문화재수리 예정금액이 30억원 이상 50억원 미만인 경우: 해당 분야의 문화재 수리기술자 자격을 취득한 후 해당 분야의 문화재수리등에 5년 이상 종사한 사람

[본조신설 2017. 2. 3.]

제18조(감리보고서) ① 법 제38조제5항에 따라 문화재감리업자(법 제41조의2에 따른 전통건

축수리기술진흥재단을 포함한다. 이하 이 조에서 같다)는 문화재수리를 하는 기간 중에 다음 각 호의 내용이 포함된 감리보고서를 일반감리의 경우에는 분기별로 작성하여 매 분기 종료 후 다음 달 7일까지, 책임감리의 경우에는 매월 작성하여 다음 달 7일까지 발주자에게 각각 제출(전자문서에 따른 제출을 포함한다)하여야 한다. 〈개정 2017. 2. 3.〉

1. 문화재수리 및 감리의 개요
1의2. 문화재감리원의 감리일지
2. 주요 공정별 사전 현황조사
3. 주요 공정별 문화재수리 현황(문화재수리에 참여한 문화재수리기술자등의 명단을 포함한다)
4. 품질시험 및 검사 현황
5. 검측 요청 및 결과 통보 내용
6. 주요 자재 검사 및 입출 내용
7. 문화재수리 설계 변경 현황
8. 문화재의 원형 및 고증과 관련된 자문·검토·확인 내용
9. 문화재수리 전후 사진
10. 그 밖에 발주자가 필요하다고 인정하여 계약에서 정한 내용

② 법 제38조제5항에 따라 문화재감리업자는 감리가 완료된 후에 다음 각 호의 내용이 포함된 최종감리보고서를 감리 만료일부터 14일 이내에 발주자에게 제출(전자문서에 의한 제출을 포함한다)하여야 한다. 〈개정 2017. 2. 3.〉

1. 문화재수리 및 감리 용역 개요
2. 공정별 기술 검토 내용의 종합
3. 문화재수리 추진 실적의 종합
4. 검측 실적의 종합
5. 품질시험 및 검사 실적의 종합
6. 주요 자재 관리 실적의 종합
7. 안전관리 실적의 종합
8. 문화재의 원형 및 고증과 관련된 자문·검토·확인 실적의 종합
9. 문화재수리기술자, 문화재수리기능자 및 관계 전문가의 성명 및 업무 내용
10. 종합분석
11. 그 밖에 발주자가 필요하다고 인정하여 계약에서 정한 내용

③ 문화재청장은 제1항 및 제2항에 따른 감리보고서의 작성에 필요한 세부 사항을 정하여 고시할 수 있다.

[시행일: 2019. 2. 4.] 제18조의 개정규정 중 책임감리에 관한 부분

제19조(문화재감리원의 현장 배치 확인) 문화재감리업자(법 제41조의2에 따른 전통건축수리 기술진흥재단을 포함한다)는 법 제38조제4항에 따라 문화재감리원을 문화재수리 현장에 배치할 때에는 배치일부터 14일 이내에 해당 문화재감리원으로 하여금 별지 제23호의2 서식의 현장 배치 확인표에 발주자의 확인을 받도록 하여야 한다. 〈개정 2017. 2. 3., 2018. 7. 17., 2019. 12. 27.〉

제20조(감리일지) 영 제22조제5항에 따른 감리일지는 별지 제24호서식에 따른다.

제21조(문화재수리기술자 등의 행정처분기준) 법 제47조 및 제48조에 따른 문화재수리기술 자 및 문화재수리기능자의 자격취소 또는 자격정지에 관한 행정처분기준은 별표 1의3과 같다. 〈개정 2017. 2. 3.〉

제22조(문화재수리업자등의 행정처분기준) 법 제49조에 따른 문화재수리업자등의 등록취 소 또는 영업정지에 관한 행정처분기준은 별표 2와 같다.

제22조의2(문화재수리업자등의 등록취소 등 공고) 시·도지사는 문화재수리업자등의 등록 을 취소하거나 영업의 정지를 명한 경우에는 법 제49조제4항에 따라 해당 문화재수리업 자등에 관한 다음 각 호의 사항을 해당 시·도의 공보 또는 인터넷 홈페이지에 공고하여 야 한다.
1. 상호 및 성명(법인인 경우에는 대표자의 성명을 말한다)
2. 주된 영업소의 소재지
3. 업종 및 등록번호
4. 행정처분의 내용, 사유 및 근거
[본조신설 2017. 2. 3.]

제23조(수수료) ① 법 제51조에 따른 자격시험 등의 수수료는 별표 3과 같다.
② 제1항에 따른 수수료는 다음 각 호의 구분에 따른 방법으로 납부하여야 한다. 다만, 문화재청장(영 제30조제3항에 따라 문화재청장이 업무를 위탁한 경우에는 해당 수탁기관을 말한 다), 시·도지사 및 「한국산업인력공단법」에 따른 한국산업인력공단은 정보통신망을 이용 하여 전자화폐·전자결제 등의 방법으로 이를 납부하게 할 수 있다. 〈개정 2017. 2. 3.〉
1. 법 제51조제1항제1호, 제3호, 제4호의2, 제7호 및 제8호에 따른 수수료: 현금
2. 법 제51조제1항제2호 및 제4호에 따른 수수료: 수입인지
3. 법 제51조제1항제5호 및 제6호에 따른 수수료: 해당 시·도의 수입증지

③ 제2항제1호에 따라 납부된 수수료는 반환하지 아니한다. 다만, 다음 각 호의 어느 하나에 해당하는 경우에는 수수료의 전부 또는 일부를 반환하여야 한다. 〈개정 2012. 6. 8., 2017. 8. 25.〉

1. 수수료를 과오납한 경우에는 과오납한 금액 전부

2. 응시원서 접수 기간 내에 응시원서 접수를 취소한 경우에는 납부한 수수료 전부

3. 「한국산업인력공단법」에 따른 한국산업인력공단의 귀책사유로 시험에 응시하지 못한 경우에는 납부한 수수료 전부

4. 응시원서 접수 마감일의 다음 날부터 시험 시행일 20일 전까지 접수를 취소하는 경우에는 납부한 수수료의 100분의 60

5. 제4호에서 정한 기간이 지난 날부터 시험 시행일 10일 전까지 접수를 취소하는 경우에는 납부한 수수료의 100분의 50

④ 법 제51조에 따라 문화재청장이 수수료를 결정하려는 경우에는 이해관계인의 의견을 수렴할 수 있도록 문화재청의 인터넷 홈페이지에 20일간 그 내용을 게시하여야 한다. 다만, 긴급하다고 인정되는 경우에는 문화재청의 인터넷 홈페이지에 그 사유를 밝히고 10일간 게시하도록 할 수 있다.

⑤ 수수료의 금액은 제4항에 따른 기간이 지난 후 제4항에 따라 수렴된 의견을 고려하여 실비(實費)의 범위에서 정하여야 하며, 수수료의 금액을 결정하였을 때에는 그 결정된 내용과 실비 산정 내역을 문화재청의 인터넷 홈페이지를 통하여 공개하여야 한다.

[시행일: 2019. 2. 4.] 제23조제2항제1호의 개정규정 중 법 제51조제1항제4호의2·제7호 및 제8호만 해당

제24조(전문교육 수료증) 「한국전통문화대학교 설치법」에 따른 한국전통문화대학교의 장은 영 제28조제5항에 따라 전문교육을 받은 문화재수리기술자 및 문화재감리원에게 별지 제25호서식의 교육수료증을 발급하고, 전문교육 결과를 문화재청장에게 보고하여야 한다. 〈개정 2012. 7. 12., 2017. 2. 3.〉

[제목개정 2017. 2. 3.]

제25조(문화재수리의 평가) ① 법 제54조제1항에 따른 문화재수리의 평가는 영 제29조제1항제1호에 해당하는 문화재수리가 90퍼센트 이상 완료된 때에 실시하여야 한다.

② 제1항에 따른 평가는 문화재수리를 발주한 문화재청장이나 지방자치단체의 장이 지명하는 3명 이상의 관계 공무원(발주자의 소속 직원을 포함한다) 및 관계 전문가가 실시한다. 이 경우 관계 전문가는 둘 이상이 포함되어야 한다.

③ 제1항에 따른 평가는 별표 4의 문화재수리 평가기준에 따라 실시하고, 그 결과는 별지 제26호서식의 문화재수리 평가표 및 별지 제27호서식의 문화재수리 평가총괄표에 기록·관리한다.

④ 문화재수리가 「국가를 당사자로 하는 계약에 관한 법률 시행령」 제72조 또는 「지방자치단체를 당사자로 하는 계약에 관한 법률 시행령」 제88조에 따라 공동계약의 형식에 따르는 경우 해당 계약의 이행방식이 공동이행방식이면 문화재수리 전체에 대하여 평가하고, 분담이행방식이면 문화재수리업자가 분담하는 문화재수리별로 평가한다. 〈개정 2017. 2. 3.〉

⑤ 제1항에 따른 평가는 문화재수리가 완료된 해의 다음 해 3월 31일까지 실시하여야 한다.

제26조(실측설계의 평가) ① 법 제54조제1항에 따른 실측설계의 평가는 영 제29조제1항제2호에 해당하는 실측설계가 완료된 때에 실시하여야 한다.

② 제1항에 따른 평가는 실측설계를 발주한 문화재청장이나 지방자치단체의 장이 지명하는 3명 이상의 관계 공무원(발주자의 소속 직원을 포함한다) 및 관계 전문가가 실시한다. 이 경우 관계 전문가는 둘 이상이 포함되어야 한다.

③ 제1항에 따른 평가는 별표 5의 실측설계 평가기준에 따라 실시하고, 그 결과는 별지 제28호서식의 실측설계 평가표 및 별지 제29호서식의 실측설계 평가총괄표에 기록·관리한다.

④ 제1항에 따른 평가는 실측설계가 완료된 해의 다음 해 3월 31일까지 실시하여야 한다.

제27조(우수 문화재수리업자의 지정) ① 문화재청장이나 지방자치단체의 장은 법 제54조제2항에 따라 우수 문화재수리업자를 지정하려면 다음 각 호의 요건을 갖춘 자 중에서 지정하여야 한다. 다만, 문화재청장이나 지방자치단체의 장은 다음 각 호의 요건을 갖춘 자가 없는 경우에는 제2호부터 제4호까지의 요건을 갖춘 자 중에서 지역 여건과 기술 수준 등을 고려하여 하나의 우수 문화재수리업자를 지정할 수 있다.

1. 제25조에 따른 평가평점이 90점 이상이고 그 성적순위가 상위 20퍼센트 안에 들 것
2. 별표 4에 따른 평가항목별 평가등급이 각각 보통 이상일 것
3. 해당 발주자로부터 최근 3년간 문화재수리의 평가를 받은 실적이 있는 경우에는 그 문화재수리의 평가평점이 80점 이상일 것
4. 최근 3년간 법 제49조에 따른 영업정지 처분을 받은 사실이 없을 것

② 우수 문화재수리업자는 문화재수리가 완료된 해의 다음 해 6월 30일까지 지정하여야

한다.

③ 지방자치단체의 장이 법 제54조제2항에 따라 우수 문화재수리업자를 지정하면 별지 제30호서식의 우수 문화재수리업자 지정 결과 통보서에 지정 결과를 적어 문화재청장에게 보고하여야 한다.

제28조(우수 문화재실측설계업자의 지정) ① 문화재청장이나 지방자치단체의 장은 법 제54조제2항에 따라 우수 문화재실측설계업자를 지정하려면 다음 각 호의 요건을 갖춘 자 중에서 지정하여야 한다. 다만, 문화재청장이나 지방자치단체의 장은 다음 각 호의 요건을 갖춘 자가 없는 경우에는 제2호부터 제4호까지의 요건을 갖춘 자 중에서 지역 여건과 기술 수준 등을 고려하여 하나의 우수 문화재실측설계업자를 지정할 수 있다.

1. 제26조제1항에 따른 평가평점이 90점 이상이고 그 성적순위가 상위 20퍼센트 안에 들 것
2. 별표 5에 따른 평가항목별 평가등급이 각각 보통 이상일 것
3. 해당 발주자로부터 최근 3년간 실측설계의 평가를 받은 실적이 있는 경우에는 그 실측설계의 평가평점이 80점 이상일 것
4. 최근 3년간 법 제49조에 따른 영업정지 처분을 받은 사실이 없을 것

② 우수 문화재실측설계업자는 실측설계가 완료된 해의 다음 해 6월 30일까지 지정하여야 한다.

③ 지방자치단체의 장이 법 제54조제2항에 따라 우수 문화재실측설계업자를 지정하면 별지 제31호서식의 우수 문화재실측설계업자 지정 결과 통보서에 지정 결과를 적어 문화재청장에게 보고하여야 한다.

제29조(규제의 재검토) 문화재청장은 다음 각 호의 사항에 대하여 다음 각 호의 기준일을 기준으로 3년마다(매 3년이 되는 해의 기준일과 같은 날 전까지를 말한다) 그 타당성을 검토하여 개선 등의 조치를 하여야 한다.

1. 제21조에 따른 문화재수리기술자 등의 행정처분기준: 2015년 1월 1일
2. 제22조에 따른 문화재수리업자등의 행정처분기준: 2015년 1월 1일

[본조신설 2014. 12. 30.]

⑫ 문화재위원회 규정

[시행 2019. 12. 31.] [대통령령 제30285호, 2019. 12. 31., 타법개정]

제1조(목적) 이 영은 「문화재보호법」 제8조에 따른 문화재위원회의 조직과 운영 등에 관한 사항을 규정함을 목적으로 한다. 〈개정 2010. 12. 31.〉

제2조(구성) ①「문화재보호법」(이하 "법"이라 한다) 제8조에 따른 문화재위원회(이하 "위원회"라 한다)는 위원장 1명 및 부위원장 2명을 포함한 80명 이내의 위원으로 구성한다. 〈개정 2009. 4. 6., 2010. 12. 31.〉

② 삭제 〈2010. 12. 31.〉

③ 위원의 임기는 2년으로 하고, 두 차례만 연임할 수 있다. 〈개정 2019. 1. 15.〉

④ 보궐위원의 임기는 전임자 임기의 남은 기간으로 한다. 〈신설 2019. 1. 15.〉

⑤ 위원은 임기가 만료된 경우에도 후임 위원이 위촉될 때까지 계속하여 그 직무를 수행한다. 〈신설 2019. 1. 15.〉

제3조(위원장과 부위원장) ① 위원회의 위원장과 부위원장은 위원회에서 각각 호선(互選)한다. 〈개정 2010. 12. 31.〉

② 위원장은 위원회의 사무를 총괄하며 위원회를 대표하고, 회의를 소집하여 의장이 된다. 〈개정 2019. 7. 2.〉

③ 부위원장은 위원장을 보좌하고, 위원장이 부득이한 사유로 직무를 수행할 수 없을 때에는 위원장이 지정한 부위원장이 그 직무를 대행한다. 다만, 위원장이 지정한 부위원장이 없으면 부위원장 중에서 연장자 순으로 직무를 대행한다.

제4조(의사정족수 및 의결정족수) 위원회의 회의는 재적위원 과반수의 출석으로 열리고 출석위원 과반수의 찬성으로 의결한다.

[제목개정 2010. 12. 31.]

제5조(분과위원회와 분장사항) 법 제8조제3항에 따라 위원회에 두는 분과위원회와 그 분장사항은 다음 각 호와 같다. 〈개정 2008. 9. 25., 2008. 10. 20., 2009. 4. 6., 2010. 12. 31.〉

1. 삭제 〈2009. 4. 6.〉

2. 건축문화재분과위원회: 법 제2조제1항제1호에 따른 유형문화재 중 건조물에 관한 사항

3. 동산문화재분과위원회: 법 제2조제1항제1호에 따른 유형문화재(건조물은 제외한다)에

관한 사항

4. 사적분과위원회: 법 제2조제1항제3호에 따른 기념물 중 사적지 및 특별히 기념이 될
만한 시설물(근대 시설물은 제외한다)에 관한 사항

5. 삭제 〈2016. 3. 25.〉

6. 삭제 〈2009. 4. 6.〉

7. 천연기념물분과위원회: 법 제2조제1항3호에 따른 기념물(사적지 및 특별히 기념이 될 만
한 시설물은 제외한다)에 관한 사항

8. 매장문화재분과위원회: 「매장문화재 보호 및 조사에 관한 법률」 제2조에 따른 매장
문화재에 관한 사항

9. 근대문화재분과위원회: 법 제2조제1항제3호에 따른 기념물 중 근대 시설물 및 법 제2
조제3항제1호에 따른 국가등록문화재에 관한 사항

10. 민속문화재분과위원회: 법 제2조제1항제4호에 따른 민속문화재에 관한 사항

11. 세계유산분과위원회: 법 제19조에 따른 세계유산 등의 등록, 잠정목록 대상의 조사·
발굴, 「세계문화유산 및 자연유산의 보호에 관한 협약」에 관한 사항과 이미 등록된
세계유산 등의 보존·관리 업무 중 문화재청장이 회의에 부치는 사항

제6조(분과위원회의 조직) ① 제5조에 따른 분과위원회의 위원 수는 각 분과위원회별로 문
화재청장이 정한다.

② 문화재청장은 법 제8조제2항에 따라 위촉된 위원의 전문분야를 고려하여 분과위원회
위원을 지정한다. 이 경우 필요하다고 인정하면 2개 이상의 분과위원회의 위원을 겸직
하게 할 수 있다. 〈개정 2010. 12. 31.〉

③ 분과위원회의 위원장은 분과위원회에서 호선한다.

④ 삭제 〈2010. 12. 31.〉

⑤ 분과위원회의 위원장이 부득한 사유로 직무를 수행할 수 없을 때에는 그가 지정한
분과위원회의 위원이 직무를 대행하고, 분과위원회의 위원장이 지정한 분과위원회의 위
원이 없으면 분과위원회의 위원 중에서 연장자 순으로 직무를 대행한다.

⑥ 분과위원회의 회의는 분과위원회의 위원장이 소집하거나 문화재청장 또는 분과위원
회의 위원 3분의 1 이상의 요구에 따라 개최한다. 〈신설 2008. 9. 25.〉

제7조(합동분과위원회) 법 제8조제4항에 따른 합동분과위원회의 회의는 각 분과위원회의
위원장이 소집하거나 문화재청장의 요구에 따라 개최하며, 그 의장은 합동분과위원회에
서 호선한다. 〈개정 2010. 12. 31.〉

[전문개정 2008. 9. 25.]

제8조(소위원회) ① 분과위원회나 합동분과위원회는 심의사항 등에 관한 전문적·효율적 심의를 위하여 필요한 경우에는 소위원회를 구성·운영할 수 있다. 〈개정 2008. 9. 25.〉
② 소위원회 위원은 분과위원회나 합동분과위원회의 위원과 해당 분야의 전문가 중에서 분과위원회의 위원장이나 합동분과위원회의 의장이 지정한다. 〈개정 2008. 9. 25.〉

제9조(분과위원회 회의 등의 의사정족수) ① 분과위원회, 합동분과위원회 및 소위원회의 회의는 재적위원 과반수의 출석으로 열리고 출석위원 과반수의 찬성으로 의결한다. 〈개정 2008. 9. 25., 2010. 12. 31.〉
② 삭제 〈2019. 1. 15.〉
[제목개정 2019. 1. 15.]

제9조의2(회의록의 비공개) 법 제8조제7항 단서에 따라 다음 각 호의 어느 하나에 해당하는 경우에는 회의록을 공개하지 아니할 수 있다. 〈개정 2010. 12. 31., 2016. 3. 25., 2019. 1. 15.〉
1. 위원회의 위원, 제11조에 따른 전문위원 등의 이름·주민등록번호 등 개인에 관한 사항이 공개될 경우 재산상의 이익이나 사생활의 비밀 또는 자유를 침해할 우려가 있는 경우
2. 법 제8조제1항 각 호의 사항에 관한 조사·심의가 진행 중에 있어 해당 사항이 공개될 경우 공정한 조사·심의에 영향을 줄 수 있다고 인정되는 경우
3. 삭제 〈2016. 3. 25.〉
4. 그 밖에 공개하면 위원회 심의의 공정성을 크게 저해할 우려가 있다고 인정되는 경우
[본조신설 2008. 9. 25.]

제10조(위원의 제척·기피 등) ① 위원회, 분과위원회, 합동분과위원회 및 소위원회(이하 "위원회등"이라 한다)의 위원은 다음 각 호의 어느 하나에 해당하는 사항에 대해서는 위원회등의 조사·심의에서 제척(除斥)된다. 〈개정 2008. 9. 25., 2019. 1. 15.〉
1. 위원 또는 그 배우자나 배우자이었던 사람이 해당 안건의 당사자이거나 그 안건 당사자와 공동권리자 또는 공동의무자의 관계에 있는 경우
2. 위원이 해당 안건의 당사자와 친족이거나 친족이었던 경우
3. 위원 또는 위원이 속한 법인(법인의 상근·비상근 임직원을 포함한다)이 해당 안건의 당사자의 대리인으로 관여하거나 관여하였던 경우
4. 위원이 해당 안건에 관하여 용역을 수행하거나 그 밖의 방법으로 직접 관여한 경우

5. 그 밖에 해당 안건의 당사자와 직접적인 이해관계가 있다고 인정되는 경우

② 해당 안건의 당사자는 위원에게 공정한 심의·의결을 기대하기 어려운 사정이 있는 경우에는 위원회등에 기피신청을 할 수 있고, 위원회등은 의결로 기피 여부를 결정해야 한다. 이 경우 기피 신청의 대상인 위원은 그 의결에 참여할 수 없다. 〈개정 2019. 1. 15.〉

③ 위원이 제1항 각 호에 따른 제척 사유에 해당하는 경우에는 스스로 해당 안건의 심의·의결에서 회피(回避)해야 한다. 〈개정 2019. 1. 15.〉

제11조(전문위원) ① 위원회에 200명 이내의 비상근 전문위원을 둘 수 있다.

② 전문위원은 다음 각 호의 어느 하나에 해당하는 자 중에서 문화재청장이 위촉한다.

1. 「고등교육법」에 따른 대학에서 문화재의 보존·관리 및 활용과 관련된 학과의 조교수 이상에 재직하거나 재직하였던 자

2. 문화재의 보존·관리 및 활용과 관련된 업무에 5년 이상 종사한 자

③ 전문위원은 문화재청장이나 각 분과위원회의 위원장의 명을 받아 심의사항에 관한 자료수집·조사·연구와 계획의 입안을 하고 당해 분과위원회에 출석하여 발언할 수 있다.

④ 전문위원의 임기는 2년으로 한다. 다만, 전문위원의 사임 등으로 인하여 새로이 위촉된 전문위원의 임기는 전임자 임기의 남은 기간으로 한다. 〈신설 2009. 4. 6., 2010. 12. 31.〉

제12조(해촉) 문화재청장은 위원회등의 위원 또는 전문위원이 다음 각 호의 어느 하나에 해당하는 경우에는 해촉할 수 있다. 〈개정 2010. 12. 31., 2019. 1. 15.〉

1. 질병·심신쇠약·해외체류 등으로 장기간 직무를 수행할 수 없게 되거나 위원회등의 회의에 장기간 출석하지 아니한 경우

2. 위원이 법 제75조에 따른 문화재매매업자, 「문화재수리 등에 관한 법률」 제2조에 따른 문화재수리업자, 문화재실측설계업자, 문화재감리업자 또는 「민법」 제32조에 따라 설립된 비영리법인으로서 매장문화재 발굴 관련 사업의 목적으로 설립된 법인의 대표자나 상근 임직원이 된 경우

3. 직무와 관련하여 부당하게 영향력을 행사하거나, 부정한 청탁을 받는 등 제13조에 따른 윤리규정에 위반한 경우

4. 분과위원회의 개편 등으로 해당 분과위원회가 운영되지 않는 경우

5. 제10조제1항 각 호의 어느 하나에 해당하는 데에도 불구하고 회피하지 않은 경우

6. 위원 스스로 직무 수행이 곤란하다고 의사를 밝히는 경우

제13조(윤리강령) 위원회는 위원회등의 위원과 전문위원이 문화재에 관한 업무를 수행하면서 지켜야 할 사항을 문화재위원회 윤리강령으로 정할 수 있다. 〈개정 2010. 12. 31.〉

[제목개정 2010. 12. 31.]

제14조(간사 등) ① 위원회등의 사무를 처리하기 위하여 위원회등에 간사 및 서기를 둔다. 〈개정 2010. 12. 31.〉

② 간사와 서기는 문화재청장이 소속공무원 중에서 임명한다.

③ 간사는 위원회등의 운영과 관련된 업무를 담당하고 회의 중에 발언할 수 있으며, 서기는 간사를 보조한다. 〈개정 2008. 9. 25., 2010. 12. 31.〉

제15조(수당과 여비) 위원회등의 위원과 전문위원에게는 예산의 범위에서 수당과 여비를 지급한다.

제16조(관계자의 의견청취) 위원회와 각 분과위원회 또는 합동분과위원회는 필요하다고 인정할 때에는 관계 공무원, 전문가 또는 이해당사자를 회의에 출석하게 하여 의견을 들을 수 있다. 〈개정 2008. 9. 25., 2009. 4. 6.〉

제17조(위임사항) 이 영에 규정된 것 외에 위원회의 운영에 관하여 필요한 사항은 위원회의 의결을 거쳐 위원장이 정한다.

⓭ 문화재청과 그 소속기관 직제

[시행 2020. 5. 27.] [대통령령 제30704호, 2020. 5. 26., 타법개정]

제1장 총칙

제1조(목적) 이 영은 문화재청과 그 소속기관의 조직과 직무범위 그 밖에 필요한 사항을 규정함을 목적으로 한다. 〈개정 2015. 1. 6.〉

제2조(소속기관) ① 문화재청장의 관장사무를 지원하기 위하여 문화재청장 소속으로 한국전통문화대학교, 국립고궁박물관, 현충사관리소, 칠백의총관리소, 만인의총관리소 및 국립무형유산원을 둔다. 〈개정 2005. 8. 16., 2006. 12. 7., 2007. 3. 15., 2009. 4. 6., 2012. 7. 10., 2012. 7. 24., 2013. 9. 17., 2015. 1. 6., 2016. 2. 29., 2016. 5. 10., 2018. 12. 31.〉

② 문화재청장의 관장사무를 지원하기 위하여 「책임운영기관의 설치·운영에 관한 법률」 제4조제1항, 같은 법 시행령 제2조제1항 및 같은 법 시행령 별표 1에 따라 문화재청장 소속의 책임운영기관으로 국립문화재연구소, 국립해양문화재연구소 및 궁능유적본부를 둔다. 〈신설 2006. 12. 7., 2015. 1. 6., 2016. 2. 29., 2018. 12. 31.〉

제2장 문화재청

제3조(직무) 문화재청은 문화재의 보존·관리·활용·조사·연구 및 선양에 관한 사무를 관장한다.

제4조 삭제 〈2004. 3. 11.〉

제5조(하부조직) ① 문화재청에 운영지원과·문화재정책국·문화재보존국 및 문화재활용국을 둔다. 〈개정 2009. 4. 6.〉

② 청장 밑에 청내 업무의 대외공표에 관한 사항을 보좌하기 위하여 대변인 1명을 둔다. 〈신설 2007. 8. 22., 2008. 2. 29.〉

③ 차장 밑에 기획조정관 1명을 둔다. 〈개정 2005. 4. 15., 2007. 8. 22., 2008. 2. 29.〉

[전문개정 2004. 5. 24.]

제5조의2(차장) 차장은 고위공무원단에 속하는 일반직공무원으로 보한다. 〈개정 2013. 12. 24.〉

[본조신설 2006. 6. 30.]

제5조의3(대변인) ① 대변인은 3급 또는 4급으로 보한다. 〈개정 2013. 3. 23.〉

② 대변인은 다음 사항에 관하여 청장을 보좌한다. 〈개정 2010. 5. 25., 2011. 10. 10.〉

1. 정책홍보 계획의 수립·종합·조정

2. 대국민 홍보 및 만족도 조사·분석

3. 언론기관과의 협조 및 언론 모니터링에 관한 사항

4. 온라인대변인 지정·운영 등 소셜 미디어 정책소통 총괄·점검 및 평가

[전문개정 2008. 2. 29.]

제5조의4(기획조정관) ① 기획조정관은 고위공무원단에 속하는 일반직공무원으로 보한다. 〈개정 2013. 12. 11.〉

② 기획조정관은 다음 사항에 관하여 차장을 보좌한다. 〈개정 2010. 5. 25., 2013. 9. 17., 2016. 5. 10., 2018. 3. 30.〉

1. 주요업무계획의 수립·종합 및 조정

2. 예산편성·집행의 조정 및 문화재보호기금 운용업무의 총괄·조정

3. 삭제 〈2010. 5. 25.〉

4. 국회관계 업무의 총괄

5. 삭제 〈2010. 5. 25.〉

6. 행정제도개선계획의 수립 및 국민 제안제도(자체 제안제도를 포함한다) 운영 총괄

7. 청 내 정부혁신 관련 과제의 발굴·선정, 추진상황의 확인·점검 및 관리

8. 조직진단 및 평가를 통한 조직과 정원의 관리

9. 성과관리 및 정부업무평가의 총괄

10. 규제개혁에 관한 업무 총괄

10의2. 민원사무의 총괄 및 민원 관련 제도의 개선

11. 법령안의 입안 및 심사

12. 행정심판업무 및 소송사무의 총괄

13. 삭제 〈2010. 5. 25.〉

14. 문화재청과 그 소속기관 및 산하단체에 대한 감사

15. 소속공무원의 재산등록·선물신고 및 취업제한에 관한 사항

16. 삭제 〈2010. 5. 25.〉

17. 문화재정보화 및 그와 관련된 행정자료의 데이터베이스화와 관련된 사항

18. 삭제 〈2010. 5. 25.〉

19. 삭제 〈2010. 5. 25.〉

[본조신설 2008. 2. 29.]

제6조(운영지원과) ① 운영지원과장은 3급 또는 4급으로 보한다.

② 운영지원과장은 다음 사항을 분장한다. 〈개정 2009. 4. 6., 2010. 5. 25., 2013. 3. 23., 2015. 1. 6., 2015. 5. 26.〉

1. 청내 안전관리·당직 및 보안

2. 관인·관인대장의 관리

3. 공무원의 임용·복무·교육훈련 및 그 밖의 인사사무

3의2. 공무원의 연금·급여·복지후생에 관한 사항

4. 문서의 분류·수발

5. 물품의 구매·조달 및 관리

6. 자금의 운용·회계 및 결산

7. 삭제 〈2016. 5. 10.〉

8. 삭제 〈2010. 5. 25.〉

9. 정부비상훈련·직장예비군·민방위대 등 국가비상사태에 대비한 제반계획의 수립·관리 및 조정

10. 삭제 〈2010. 5. 25.〉

11. 청사시설관리 및 비상계획과 관련되는 사항

12. 그 밖에 청내 다른 국의 주관에 속하지 아니하는 사항

[전문개정 2008. 2. 29.]

제7조(문화재정책국) ① 국장은 고위공무원단에 속하는 일반직 또는 연구직공무원으로 보한다. 〈개정 2005. 4. 15., 2006. 6. 30.〉

② 국장은 다음 사항을 분장한다. 〈개정 2009. 4. 6., 2010. 5. 25., 2011. 5. 4., 2012. 7. 10., 2012. 7. 24., 2013. 9. 17., 2016. 3. 25., 2016. 5. 10., 2017. 6. 13.〉

1. 「문화재보호법」에 따른 문화재 보존·관리 및 활용에 관한 기본계획과 세부시행계획의 수립·조정 및 평가

2. 문화재위원회 제도운영에 관한 사항 총괄

3. 문화재 분류·지정체계에 관한 사항

4. 삭제 〈2010. 5. 25.〉

5. 「문화재보호기금법」 운용에 관한 사항

6. 지방자치단체의 문화재행정 역량강화에 관한 사항

7. 삭제 〈2010. 5. 25.〉

8. 국가무형문화재의 지정·해제 등과 계승·발전에 관한 사항

9. 「무형문화재 보전 및 진흥에 관한 법률」 운용에 관한 사항

10. 무형문화재 보전 및 진흥에 관한 기본계획과 시행계획의 수립·조정 및 시행

11. 국가민속문화재(건조물은 제외한다. 이하 이 항에서 같다)와 그 보호구역의 지정·해제·
    보존 및 관리

12. 삭제 〈2010. 5. 25.〉

13. 시·도 지정 문화재 중 무형문화재와 민속문화재(건조물은 제외한다)의 보존·관리 및
    지원에 관한 사항

14. 매장문화재 발굴허가 및 보존·관리 등에 관한 사항

15. 삭제 〈2010. 5. 25.〉

16. 문화재 지표조사와 유적분포지도의 제작·활용에 관한 사항

17. 문화재 재해·재난에 대한 안전 정책의 수립·운용

18. 삭제 〈2010. 5. 25.〉

19. 삭제 〈2010. 5. 25.〉

20. 문화재로 오인될 우려가 있는 동산의 확인에 관한 사항

21. 삭제 〈2013. 3. 23.〉

22. 삭제 〈2010. 5. 25.〉

23. 한국전통문화대학교·국립무형유산원·국립문화재연구소·국립해양문화재연구소의 지
    도·감독

[전문개정 2004. 5. 24.]

제8조(문화재보존국) ① 국장은 고위공무원단에 속하는 일반직 또는 연구직공무원으로 보
한다. 〈개정 2005. 4. 15., 2006. 6. 30.〉

② 국장은 다음 사항을 분장한다. 〈개정 2009. 4. 6., 2010. 5. 25., 2013. 3. 23., 2013.
9. 17., 2014. 3. 11., 2015. 1. 6., 2016. 5. 10.〉

1. 문화재 보존정책에 관한 종합계획의 수립·조정 및 시행

2. 국가지정문화재 현상변경 제도개선 총괄

3. 국보·보물·사적(근대건축물·시설물은 제외한다)·천연기념물 등의 지정·해제 등과 현상변경 허가에 관한 사항

4. 삭제 〈2010. 5. 25.〉

5. 삭제 〈2010. 5. 25.〉

6. 문화재 국외 수출 및 반출의 허가

7. 삭제 〈2010. 5. 25.〉

8. 시·도 지정 문화재 중 「문화재보호법」 제2조제1항제1호·제3호, 같은 조 제3항제3호에 속하는 유형문화재·기념물의 보존 및 관리 지원에 관한 사항

9. 문화재 수리에 관한 정책의 수립·조정 및 시행

10. 삭제 〈2010. 5. 25.〉

11. 삭제 〈2010. 5. 25.〉

12. 삭제 〈2010. 5. 25.〉

13. 문화재수리기술자·기능자의 선발 및 관리에 관한 사항

14. 중요 국고보조사업에 대한 설계검토·심사, 기술지원·지도

14의2. 고도 보존 관련 지정지구의 지정·해제·변경 및 고도 보존·육성과 주민지원 등에 관한 사항

15. 국립고궁박물관·현충사관리소·칠백의총관리소·만인의총관리소의 지도·감독

16. 문화재의 건축물 및 외부공간에 조성된 전통적 조경·경관에 관한 정책의 수립·조정

[전문개정 2004. 5. 24.]

제8조의2(문화재활용국) ① 국장은 고위공무원단에 속하는 일반직 또는 연구직공무원으로 보한다. 〈개정 2005. 4. 15., 2006. 6. 30.〉

② 국장은 다음 사항을 분장한다. 〈개정 2009. 4. 6., 2010. 5. 25., 2011. 5. 4., 2012. 7. 24., 2013. 9. 17., 2014. 3. 11., 2014. 8. 27., 2015. 1. 6., 2017. 6. 13., 2018. 12. 31.〉

1. 문화재 활용정책에 관한 종합계획의 수립·조정 및 시행

2. 문화유적 활용에 관한 사항

3. 「문화유산과 자연환경자산에 관한 국민신탁법」 운용에 관한 사항

4. 삭제 〈2010. 5. 25.〉

5. 삭제 〈2018. 12. 31.〉

6. 삭제 〈2018. 12. 31.〉

7. 삭제 〈2010. 5. 25.〉

8. 삭제 〈2010. 5. 25.〉

9. 문화재 국제교류사업의 협력·조정

10. 국외문화재 환수·활용에 관한 기본계획의 수립·조정 및 시행

11. 삭제 〈2010. 5. 25.〉

12. 삭제 〈2010. 5. 25.〉

13. 세계유산 등재·활용에 관한 사항

14. 문화재의 등록·등록말소와 국가등록문화재의 보호·관리에 관한 사항

15. 국가민속문화재(건조물만 해당한다)·사적(근대건축물·시설물만 해당한다) 및 그 보호구역의 지정·해제와 국가민속문화재의 현상변경 허가에 관한 사항

16. 삭제 〈2010. 5. 25.〉

17. 시·도 지정 문화재 중 「문화재보호법」 제2조제1항제4호에 따른 민속문화재(건조물만 해당한다)의 보존·관리 지원에 관한 사항

18. 궁능유적본부 및 한국문화재재단의 지도·감독

[전문개정 2004. 5. 24.]

[제목개정 2009. 4. 6.]

제9조(위임규정) 「행정기관의 조직과 정원에 관한 통칙」 제12조제3항 및 제14조제4항의 규정에 의하여 문화재청에 두는 보조기관 또는 보좌기관은 문화재청에 두는 정원의 범위안에서 문화체육관광부령으로 정한다. 〈개정 2006. 12. 29., 2008. 2. 29.〉

[전문개정 2005. 4. 15.]

제3장 한국전통문화대학교 〈개정 2012. 7. 10.〉

제10조(직무) 한국전통문화대학교는 전통문화 전문인을 양성하기 위한 이론과 실제적인 응용력 교육에 관한 사무를 관장한다. 〈개정 2012. 7. 10., 2012. 7. 24.〉

[전문개정 2010. 5. 25.]

제11조(총장) ① 한국전통문화대학교에 총장 1명을 둔다. 〈개정 2012. 7. 10.〉

② 총장은 문화재청장의 명을 받아 교무를 총괄하고, 소속 공무원을 지휘·감독하며, 학생을 지도하고, 한국전통문화대학교를 대표한다. 〈개정 2012. 7. 10.〉

[본조신설 2010. 5. 25.]

제12조(대학원장·학장·학과장) ① 한국전통문화대학교의 각 대학원에 대학원장을, 각 단과대학에 학장을, 대학원 및 단과대학의 각 학과에 학과장을 두되, 대학원장 및 학장은 교수 또는 부교수로, 학과장은 교수·부교수 또는 조교수로 보한다.

② 대학원장·학장 및 학과장은 총장의 명을 받아 해당 대학원·단과대학 및 학과의 교무를 총괄하고, 학생을 지도·교육한다.

[전문개정 2012. 7. 10.]

제13조(하부조직) 한국전통문화대학교에 교학처를 두고, 「행정기관의 조직과 정원에 관한 통칙」 제12조제3항 및 제14조제4항에 따라 한국전통문화대학교에 두는 보조기관 또는 보좌기관은 문화재청의 소속기관(국립문화재연구소, 국립해양문화재연구소 및 궁능유적본부는 제외한다)에 두는 정원의 범위에서 문화체육관광부령으로 정한다. 〈개정 2012. 7. 10., 2016. 2. 29., 2018. 12. 31.〉

[본조신설 2010. 5. 25.]

제14조(교학처) ① 교학처장은 교수 또는 부교수로 보한다.

② 교학처장은 다음 사항을 분장한다. 〈개정 2012. 7. 24.〉

1. 학사운영계획의 수립 및 조정
2. 학과와 교과과정의 편성·개편 및 조정
3. 교원의 인사 및 복무 관리
4. 교수의 연구 활동 지원
5. 입학·휴학·복학·제적·졸업·전과·등록·학위수여 및 재입학 등 학적 및 학점 관리
6. 입학전형업무
7. 학생에 대한 상벌 및 학생 활동의 지도·지원
8. 학생의 보건 및 후생에 관한 사항
9. 학생의 취업지도·국외유학 및 교류 지원
9의2. 대학원 및 대학원위원회 운영에 관한 사항
9의3. 부속시설 및 연구시설 등의 운영에 관한 사항
10. 그 밖에 학생 복지시설의 관리

[전문개정 2010. 5. 25.]

제15조(전통문화교육원) ① 「한국전통문화대학교 설치법」 제14조에 따른 전통문화전문과정을 운영하기 위하여 한국전통문화대학교 총장 소속으로 전통문화교육원(이하 "교육원" 이라 한다)을 둔다. 〈개정 2012. 7. 10.〉

② 교육원에 원장 1명을 두되, 원장은 교수요원이 겸직한다. 〈개정 2012. 7. 10.〉

③ 원장은 한국전통문화대학교 총장의 명을 받아 소관 사무를 총괄하고, 소속 공무원을 지휘·감독한다. 〈개정 2012. 7. 10.〉

[전문개정 2010. 5. 25.]

[제목개정 2012. 7. 10.]

제16조(교수요원 등) ① 교육원에 강의·교재집필 및 교육기법의 연구·개발을 위하여 임기제 교수요원을 둔다. 〈개정 2012. 7. 10., 2013. 12. 11.〉

② 한국전통문화대학교 총장은 교육원의 교육운영상 필요하다고 인정할 때에는 시간강사를 위촉 또는 초빙하거나 제1항에 따른 교수요원 외의 문화재청 소속 공무원에게 강의와 교재집필을 담당하게 할 수 있다. 〈개정 2012. 7. 24.〉

[전문개정 2010. 5. 25.]

제17조(하부조직) 「행정기관의 조직과 정원에 관한 통칙」 제12조제3항 및 제14조제4항에 따라 교육원에 두는 보좌기관 또는 보조기관은 문화재청의 소속기관(국립문화재연구소, 국립해양문화재연구소 및 궁능유적본부는 제외한다)에 두는 정원의 범위에서 문화체육관광부령으로 정한다. 〈개정 2012. 7. 10., 2016. 2. 29., 2018. 12. 31.〉

[전문개정 2010. 5. 25.]

제4장 제10장의4로 이동 〈개정 2016. 2. 29.〉

제17조의2[종전 제17조의2는 제33조의9로 이동 〈2016. 2. 29.〉]

제17조의3[종전 제17조의3은 제33조의10으로 이동 〈2016. 2. 29.〉]

제17조의4 삭제 〈2010. 5. 25.〉

제17조의5 삭제 〈2010. 5. 25.〉

제5장 국립고궁박물관 〈개정 2005. 8. 16.〉

제18조(직무) 국립고궁박물관은 궁중유물의 연구·조사·수집·보관 및 전시에 관한 사무를 관장한다.

[전문개정 2005. 8. 16.]

제19조(관장) ① 국립고궁박물관에 관장 1명을 두되, 관장은 고위공무원단에 속하는 일반직 또는 연구직공무원으로 보한다. 〈개정 2005. 8. 16., 2006. 6. 30., 2015. 1. 6.〉

② 관장은 문화재청장의 명을 받아 소관사무를 통할하고, 소속공무원을 지휘·감독한다.

제20조(하부조직) 「행정기관의 조직과 정원에 관한 통칙」 제12조제3항 및 제14조제4항의 규정에 의하여 국립고궁박물관에 두는 보조기관 또는 보좌기관은 문화재청의 소속기관(국립문화재연구소, 국립해양문화재연구소 및 궁능유적본부는 제외한다)에 두는 정원의 범위안에서 문화체육관광부령으로 정한다. 〈개정 2005. 8. 16., 2006. 12. 29., 2008. 2. 29., 2016. 2. 29., 2018. 12. 31.〉

[전문개정 2005. 4. 15.]

제6장 삭제 〈2016. 2. 29.〉

제21조 삭제 〈2016. 2. 29.〉

제22조 삭제 〈2016. 2. 29.〉

제23조 삭제 〈2016. 2. 29.〉

제7장 현충사관리소

제24조(직무) 현충사관리소는 충무공 이순신장군의 사적·유물 등이 있는 곳을 보존·관리하여 민족수호의 유지를 전승하고 애국충정의 정기를 선양하기 위한 사무를 관장한다.

제25조(소장) ① 현충사관리소에 소장 1명을 두되, 소장은 4급 또는 연구관으로 보한다. 〈개정 2002. 3. 2., 2005. 4. 15., 2005. 8. 16., 2015. 1. 6.〉

② 소장은 문화재청장의 명을 받아 소관사무를 통할하고, 소속공무원을 지휘·감독한다.

제26조(하부조직) 「행정기관의 조직과 정원에 관한 통칙」 제12조제3항 및 제14조제4항의 규정에 의하여 현충사관리소에 두는 보조기관 또는 보좌기관은 문화재청의 소속기관(국립문화재연구소, 국립해양문화재연구소 및 궁능유적본부는 제외한다)에 두는 정원의 범위안에서 문화체육관광부령으로 정한다. 〈개정 2006. 12. 29., 2008. 2. 29., 2016. 2. 29.,

2018. 12. 31.〉

[전문개정 2005. 4. 15.]

제27조(분소) ① 현충사관리소의 사무를 분장하기 위하여 분소를 둔다.

② 제1항의 규정에 의한 분소에 관한 사항은 문화체육관광부령으로 정한다. 〈개정 2008. 2. 29.〉

제8장 삭제 〈2018. 12. 31.〉

제28조 삭제 〈2018. 12. 31.〉

제29조 삭제 〈2018. 12. 31.〉

제9장 칠백의총관리소

제30조(직무) 칠백의총관리소는 칠백의총의 효율적인 보존·관리와 칠백의사의 위업을 선양하기 위한 사무를 관장한다.

제31조(소장) ① 칠백의총관리소에 소장 1명을 두되, 소장은 5급으로 보한다. 〈개정 2003. 7. 25., 2005. 4. 15., 2015. 1. 6.〉

② 소장은 문화재청장의 명을 받아 소관사무를 통할하고, 소속공무원을 지휘·감독한다.

제9장의2 만인의총관리소 〈신설 2016. 5. 10.〉

제31조의2(직무) 만인의총관리소는 만인의총의 효율적인 보존·관리와 만인의사의 위업을 선양하기 위한 사무를 관장한다.

[본조신설 2016. 5. 10.]

제31조의3(소장) ① 만인의총관리소에 소장 1명을 두되, 소장은 5급으로 보한다.

② 소장은 문화재청장의 명을 받아 소관사무를 총괄하고, 소속공무원을 지휘·감독한다.

[본조신설 2016. 5. 10.]

제10장 삭제 〈2018. 12. 31.〉

제32조 삭제 〈2018. 12. 31.〉

제33조 삭제 〈2018. 12. 31.〉

제10장의2 삭제 〈2018. 12. 31.〉

제33조의2 삭제 〈2018. 12. 31.〉

제33조의3 삭제 〈2018. 12. 31.〉

제33조의4 삭제 〈2018. 12. 31.〉

제33조의5 삭제 〈2018. 12. 31.〉

제10장의3 국립무형유산원 〈신설 2013. 9. 17.〉

제33조의6(직무) 국립무형유산원은 무형문화유산의 보존·전승·연구·조사·기록관리·보급 및 진흥에 관한 사무를 관장한다. 〈개정 2014. 3. 11., 2016. 5. 10.〉
[본조신설 2013. 9. 17.]

제33조의7(원장) ① 국립무형유산원에 원장 1명을 두되, 원장은 고위공무원단에 속하는 일반직 또는 연구직공무원으로 보한다. 〈개정 2014. 3. 11.〉
② 원장은 문화재청장의 명을 받아 소관 사무를 총괄하고, 소속 공무원을 지휘·감독한다.
[본조신설 2013. 9. 17.]

제33조의8(하부조직) 「행정기관의 조직과 정원에 관한 통칙」 제12조제3항 및 제14조제4항에 따라 국립무형유산원에 두는 보조기관 또는 보좌기관은 문화재청의 소속기관(국립문화재연구소, 국립해양문화재연구소 및 궁능유적본부는 제외한다)에 두는 정원의 범위에서 문화체육관광부령으로 정한다. 〈개정 2016. 2. 29., 2018. 12. 31.〉
[본조신설 2013. 9. 17.]

제10장의4　국립문화재연구소 〈신설 2010. 5. 25., 2016. 2. 29.〉

제33조의9(직무) 국립문화재연구소는 문화재에 관한 학술조사·연구 및 과학적 보존기술의 연구개발에 관한 사무를 관장한다.
[전문개정 2010. 5. 25.]
[제17조의2에서 이동 〈2016. 2. 29.〉]

제33조의10(하부조직의 설치 등) ① 국립문화재연구소의 하부조직의 설치와 분장사무는 「책임운영기관의 설치·운영에 관한 법률」 제15조제2항에 따라 같은 법 제10조의 기본운영규정으로 정한다.
② 「책임운영기관의 설치·운영에 관한 법률」 제16조제1항 후단에 따라 국립문화재연구소에 두는 공무원의 종류별·계급별 정원은 종류별 정원으로 통합하여 문화체육관광부령으로 정하고, 직급별 정원은 같은 법 시행령 제16조제2항에 따라 같은 법 제10조의 기본운영규정으로 정한다.
③ 국립문화재연구소에 두는 고위공무원단에 속하는 공무원으로 보하는 직위의 총수는 문화체육관광부령으로 정한다. 〈신설 2016. 2. 29.〉
[전문개정 2010. 5. 25.]
[제17조의3에서 이동 〈2016. 2. 29.〉]

제10장의5　국립해양문화재연구소 〈신설 2016. 2. 29.〉

제33조의11(직무) 국립해양문화재연구소는 해양유물의 조사·연구·보존 및 전시에 관한 사무를 관장한다.
[본조신설 2016. 2. 29.]

제33조의12(하부조직의 설치 등) ① 국립해양문화재연구소의 하부조직의 설치와 분장사무는 「책임운영기관의 설치·운영에 관한 법률」 제15조제2항에 따라 같은 법 제10조에 따른 기본운영규정으로 정한다.
② 「책임운영기관의 설치·운영에 관한 법률」 제16조제1항 후단에 따라 국립해양문화재연구소에 두는 공무원의 종류별·계급별 정원은 이를 종류별 정원으로 통합하여 문화체육관광부령으로 정하고, 직급별 정원은 같은 법 시행령 제16조제2항에 따라 같은 법 제10조에 따른 기본운영규정으로 정한다.

③ 국립해양문화재연구소에 두는 고위공무원단에 속하는 공무원으로 보하는 직위의 총수는 문화체육관광부령으로 정한다.

[본조신설 2016. 2. 29.]

제10장의6 궁능유적본부 〈신설 2018. 12. 31.〉

제33조의13(직무) 궁능유적본부는 다음 각 호의 사무를 관장한다.

1. 경복궁(7궁을 포함한다), 창덕궁, 덕수궁(숭례문을 포함한다), 창경궁, 종묘(사직단을 포함한다)의 문화재 및 시설물과 수목의 보존·관리 및 활용
2. 능·원·묘와 그 부속 임야 및 토지의 보호·관리 및 활용

[본조신설 2018. 12. 31.]

제33조의14(하부조직의 설치 등) ① 궁능유적본부의 하부조직의 설치와 분장사무는 「책임운영기관의 설치·운영에 관한 법률」 제15조제2항에 따라 같은 법 제10조에 따른 기본운영규정으로 정한다.

② 「책임운영기관의 설치·운영에 관한 법률」 제16조제1항 후단에 따라 궁능유적본부에 두는 공무원의 종류별·계급별 정원은 이를 종류별 정원으로 통합하여 문화체육관광부령으로 정하고, 직급별 정원은 같은 법 시행령 제16조제2항에 따라 같은 법 제10조에 따른 기본운영규정으로 정한다.

③ 궁능유적본부에 두는 고위공무원단에 속하는 공무원으로 보하는 직위의 총수는 문화체육관광부령으로 정한다.

[본조신설 2018. 12. 31.]

제11장 공무원의 정원

제34조(문화재청에 두는 공무원의 정원) ① 문화재청에 두는 공무원의 정원은 별표 1과 같다. 다만, 필요한 경우에는 별표 1에 따른 총정원의 5퍼센트를 넘지 아니하는 범위 안에서 문화체육관광부령으로 정원을 따로 정할 수 있다. 〈개정 2006. 12. 29., 2008. 2. 29., 2018. 3. 30.〉

② 문화재청에 두는 공무원의 직급별 정원은 문화체육관광부령으로 정한다. 이 경우 4급

공무원의 정원(3급 또는 4급 공무원 정원을 포함한다)은 18명을, 3급 또는 4급 공무원 정원은 4급 공무원의 정원(3급 또는 4급 공무원 정원을 포함한다)의 3분의 1을 각각 그 상한으로 하고, 4급 또는 5급 공무원 정원은 5급 공무원의 정원(4급 또는 5급 공무원 정원을 포함한다)의 3분의 1을 그 상한으로 한다. 〈개정 2015. 1. 6., 2018. 12. 31.〉

③ 삭제 〈2018. 3. 30.〉

제35조(소속기관에 두는 공무원의 정원) ① 문화재청의 소속기관(국립문화재연구소, 국립해양문화재연구소 및 궁능유적본부는 제외한다)에 두는 공무원의 총정원은 별표 2와 같다. 다만, 필요한 경우에는 별표 2에 따른 총정원의 5퍼센트를 넘지 아니하는 범위에서 문화체육관광부령으로 정원을 따로 정할 수 있다. 〈개정 2006. 12. 7., 2006. 12. 29., 2008. 2. 29., 2016. 2. 29., 2018. 3. 30., 2018. 12. 31.〉

② 문화재청의 소속기관(국립문화재연구소, 국립해양문화재연구소 및 궁능유적본부는 제외한다)에 두는 공무원의 소속기관별·직급별 정원은 문화체육관광부령으로 정한다. 이 경우 4급 공무원의 정원(3급 또는 4급 공무원 정원을 포함한다)은 8명을, 3급 또는 4급 공무원 정원은 4급 공무원의 정원(3급 또는 4급 공무원 정원을 포함한다)의 100분의 15를 각각 그 상한으로 하고, 4급 또는 5급 공무원 정원은 5급 공무원의 정원(4급 또는 5급 공무원 정원을 포함한다)의 100분의 15를 그 상한으로 한다. 〈개정 2015. 1. 6., 2015. 5. 26., 2016. 2. 29., 2018. 12. 31.〉

제36조(개방형직위에 대한 특례) 문화체육관광부령으로 정하는 국장급 1개 개방형직위는 임기제공무원으로 보할 수 있다.

[본조신설 2015. 1. 6.]

⓮ 문화재청과 그 소속기관 직제 시행규칙

[시행 2020. 2. 25.] [문화체육관광부령 제385호, 2020. 2. 25., 일부개정]

제1장 총칙

제1조(목적) 이 규칙은 문화재청과 그 소속기관에 두는 보조기관·보좌기관의 직급 및 직급별 정원, 「정부조직법」 제2조제3항 및 제5항에 따라 국장 밑에 두는 보조기관과 이에 상당하는 보좌기관의 설치 및 사무분장 등 「문화재청과 그 소속기관 직제」에서 위임된 사항과 그 시행에 필요한 사항을 정함을 목적으로 한다.

제2장 문화재청

제2조(차장) 차장은 고위공무원단에 속하는 일반직공무원으로 보하되, 그 직위의 직무등급은 가등급으로 한다. 〈개정 2013. 12. 24.〉

제3조(대변인) 대변인은 부이사관·서기관 또는 기술서기관으로 보한다. 〈개정 2013. 3. 23.〉

제4조(기획조정관) ① 기획조정관은 고위공무원단에 속하는 일반직공무원으로 보하되, 그 직위의 직무등급은 나등급으로 한다. 〈개정 2013. 12. 12.〉

② 기획조정관 밑에 기획재정담당관·혁신행정담당관·법무감사담당관 및 정보화담당관을 두되, 각 담당관은 부이사관·서기관 또는 기술서기관으로 보한다. 〈개정 2013. 3. 23., 2013. 10. 1., 2017. 12. 29.〉

③ 기획재정담당관은 다음 사항에 관하여 기획조정관을 보좌한다. 〈개정 2010. 5. 25., 2013. 3. 23., 2014. 3. 11.〉

1. 주요업무계획의 수립 및 보고
2. 국정운영·시책 관련 업무의 종합·조정
3. 국정과제·공약사항의 관리
4. 대통령·국무총리·문화체육관광부장관 및 청장의 지시사항에 관한 사항
5. 주요 정책의제의 발굴·조정·건의 및 관리
6. 각종 회의의 운영·조정 및 통제에 관한 업무
7. 문화재청 소관 국가재정운용계획의 수립

8. 문화재청 소관 예산의 편성·조정 및 집행에 관한 사항

9. 재정계획의 총괄·조정 및 재원배분계획에 관한 사항

9의2. 문화재보호기금 운용업무의 총괄·조정

10. 총사업비 관리대상사업의 조정·관리

11. 문화재보수정비사업(총액계상사업)의 예산 편성·조정

12. 「국가재정법」 제8조에 따른 성과보고서 및 성과계획서에 관한 사항

13. 재정사업 자율평가에 관한 사항

14. 국회 관련 업무의 총괄

15. 문화재연감 등 문화재 관련 연차보고서의 발간

16. 문화체육관광부와의 업무협의 및 보고사무 총괄

17. 여성정책에 관한 사항

18. 그 밖에 관내 다른 담당관의 주관에 속하지 아니하는 사항

④ 혁신행정담당관은 다음 사항에 관하여 기획조정관을 보좌한다. 〈개정 2013. 10. 1., 2016. 5. 10., 2017. 12. 29.〉

1. 업무처리절차의 개선, 조직문화혁신 업무의 총괄·지원

1의2. 청내 정부혁신 관련 과제 발굴·선정, 추진상황 확인·점검 및 관리

2. 문화재청과 그 소속기관의 조직 및 정원의 조정·관리

3. 문화재청과 그 소속기관에 대한 조직진단 및 평가

4. 중기인력운영계획의 수립·조정

5. 위임전결규정 관리에 관한 사항

6. 행정권한의 위임·위탁에 관한 사항

7. 지방 이양 업무에 관한 사항

8. 각종 정부위원회 및 공공기관의 현황 관리

9. 총액인건비제의 운용에 관한 사항

10. 행정제도개선계획의 수립·시행

11. 국민 제안제도(자체 제안제도를 포함한다)의 운영에 관한 사항

12. 책임운영기관 사업운영계획의 조정·승인 및 평가에 관한 사항

13. 정부업무평가에 관한 사항

14. 갈등관리제도의 운영·발전에 관한 사항

15. 성과관리 업무의 총괄·조정 및 지원

16. 성과계약제 운영 및 평가

17. 통합성과 관리시스템의 구축·운영

18. 성과관리 지표개발 및 평가

19. 청내 업무분장에 관한 분쟁의 조정

⑤ 법무감사담당관은 다음 사항에 관하여 기획조정관을 보좌한다. 〈개정 2013. 3. 23., 2016. 5. 10.〉

1. 문화재 분야 규제·법무 정책의 수립·시행

2. 법령안의 입안·심사

3. 법령에 관한 자문·해석·회신에 관한 사항 총괄

4. 입법계획의 종합·조정 및 법령정비에 관한 사항

5. 외국과의 협정·협약·국제계약에 관한 법적 검토, 해석 및 지원

6. 법규집의 발간·편찬

7. 행정심판 업무 및 소송사무의 총괄

8. 감사 및 공직기강 업무에 관한 사항

8의2. 민원사무의 총괄 및 민원 관련 제도의 개선

9. 문화재청과 그 소속기관 및 산하단체에 대한 감사계획의 수립·시행

10. 진정·비위 사항의 조사·처리에 관한 사항

11. 소속공무원의 재산등록·선물신고·병역신고 및 취업제한에 관한 사항

12. 퇴직자의 취업 승인·제한에 관한 사항

13. 문화재청 소관 비영리법인에 대한 감독 업무 총괄

⑥ 정보화담당관은 다음 사항에 관하여 기획조정관을 보좌한다. 〈개정 2011. 5. 25., 2013. 3. 23., 2014. 3. 11.〉

1. 문화재 정보화에 관한 기본계획 및 세부실행계획의 수립·조정 및 평가

2. 문화재 기록화 업무의 총괄·조정 및 평가

3. 정보화에 따른 업무절차의 개선에 관한 사항

4. 문화재 정보화 관련 법규 및 제도의 연구·발전

5. 정보보호 종합계획의 수립·조정 및 시행

6. 정보보호 관련 부처 간 협의에 관한 사항

7. 문화재청 홈페이지 등 문화재 정보화 시스템의 개발·운영 및 관리

8. 청내 정보화시스템 구축 지원

9. 문화재 보존·관리에 관련된 정보의 표준화와 데이터베이스화 추진에 관한 사항 총괄

10. 정보통신 보안 관리에 관한 사항

11. 청내 정보화 예산의 사전검토·조정 및 평가

12. 기록관의 운영과 간행물의 발간 등록에 관한 사항

13. 행정정보의 공개와 기록물 관리에 관한 사항

14. 통계전산 지원에 관한 사항

15. 소속기관 기록화·정보화 업무의 지도·감독

16. 문화재정보체계의 구축 및 운영에 관한 사항

17. 문화재지리정보시스템의 구축에 관한 사항

18. 문화재 관련 통계지표의 개발과 자료 관리

19. 시·도지정문화재 관련 통계의 종합

20. 문화유산과 관련된 지식재산 보호에 관한 사항 총괄

제5조(운영지원과) 운영지원과장은 부이사관·서기관 또는 기술서기관으로 보한다.

제6조(문화재정책국) ① 문화재정책국장은 고위공무원단에 속하는 일반직공무원 또는 학예연구관으로 보하되, 그 직위의 직무등급은 나등급으로 한다.

② 문화재정책국에 정책총괄과·무형문화재과·발굴제도과 및 안전기준과를 두되, 각 과장은 부이사관·서기관·기술서기관 또는 학예연구관으로 보한다. 〈개정 2013. 3. 23.〉

③ 정책총괄과장은 다음 사항을 분장한다. 〈개정 2010. 5. 25., 2011. 5. 25., 2012. 7. 12., 2012. 9. 12., 2013. 3. 23., 2013. 10. 1., 2015. 1. 6., 2017. 12. 29.〉

1. 「문화재보호법」 제6조 및 제7조에 따른 문화재기본계획과 문화재 보존 시행계획의 수립·조정 및 평가

2. 국(局)내 소관 문화재의 보존·관리 및 활용에 관한 종합계획의 수립·조정

3. 문화재위원회 제도운영에 관한 사항 총괄

4. 문화재의 분류·지정 및 관리 체계에 관한 사항

5. 「문화재보호법」 제2조에 해당하는 문화재 자원 중 지정·등록되지 아니한 문화재에 관한 종합정책의 수립·조정 및 총괄

6. 청 내 일자리 관련 정책 총괄, 제도개선, 추진상황 확인·점검

7. 삭제 〈2016. 11. 11.〉

8. 삭제 〈2016. 11. 11.〉

9. 삭제 〈2016. 11. 11.〉

10. 문화재보호 관련 서훈(敍勳) 및 표창 등의 운영에 관한 사항

11. 「문화재보호기금법」 운용에 관한 사항

12. 지방자치단체의 문화재행정 역량 강화에 관한 사항

13. 지방자치단체의 문화재 보존·관리시책에 대한 종합·조정

14. 지방자치단체 문화재담당관회의 운영에 관한 사항

15. 「문화재보호법」제34조에 따른 국가지정문화재 관리단체의 지정·운영에 관한 정책 수립·조정 및 평가

16. 문화재 정책 연구계획의 수립·시행

17. 문화재 정책에 관한 국내외 연구기관 및 전문가의 협조체계 구축

18. 삭제 〈2013. 3. 23.〉

19. 문화재관람료 제도의 개선에 관한 사항

19의2. 문화재청 소관 국유재산의 관리 총괄

20. 한국전통문화대학교 및 국립문화재연구소의 지도·감독

21. 그 밖에 국(局)내 다른 과의 주관에 속하지 아니하는 사항

④ 무형문화재과장은 다음 사항을 분장한다. 〈개정 2015. 12. 30., 2016. 5. 10., 2017. 6. 30.〉

1. 국가무형문화재에 관한 정책의 수립·조정 및 시행

1의2. 무형문화재 보전 및 진흥에 관한 기본계획과 시행계획의 수립·조정 및 시행

1의3. 「무형문화재 보전 및 진흥에 관한 법률」운용에 관한 사항

2. 국가무형문화재의 지정·취소·해제·보호·전승 및 관리에 관한 사항

2의2. 국가긴급보호무형문화재 지정 및 지원에 관한 사항

2의3. 국가무형문화재의 보유자, 보유단체, 명예보유자 또는 전수교육조교의 인정·취소· 해제에 관한 사항

2의4. 국가무형문화재 중 취약종목의 선정과 지원에 관한 사항

2의5. 국가무형문화재 전승지원금 제도 운영 및 지급에 관한 사항

3. 삭제 〈2016. 5. 10.〉

4. 인류무형문화유산 대표목록 활용·홍보 및 등재 지원에 관한 사항

5. 무형문화재 제도개선에 관한 사항

6. 무형문화재 전승제도의 국가 브랜드화에 관한 사항

7. 국가민속문화재(건조물은 제외한다. 이하 이 항에서 같다)와 그 보호구역의 지정·해제· 보존 및 관리

8. 국가민속문화재의 기초조사 및 정기·직권조사에 관한 사항

9. 국가민속문화재의 현상변경허가에 관한 사항

10. 국가민속문화재의 국외반출허가에 관한 사항

11. 「문화재보호법」 제34조에 따른 국가민속문화재의 관리단체 지정·운영에 관한 정책 수립·시행

12. 시·도지정문화재 중 무형문화재와 민속문화재(건조물은 제외한다)의 보존·관리 지원에 관한 사항

13. 무형문화재 자원 중 지정·등록되지 아니한 문화재의 보존·관리에 관한 사항

14. 전수교육관 건립 지원 및 활성화에 관한 사항

15. 이북 5도 무형문화재의 보존 및 지원에 관한 사항

16. 무형문화재의 지식재산 보호에 관한 사항

17. 무형문화재위원회 구성 및 운영에 관한 사항

18. 국립무형유산원의 지도·감독

⑤ 발굴제도과장은 다음 사항을 분장한다. 〈개정 2010. 5. 25., 2011. 5. 25., 2013. 10. 1., 2014. 3. 11.〉

1. 매장문화재에 관한 종합정책의 수립·조정 및 시행

2. 매장문화재 지표 및 발굴 조사 제도의 운영과 개선에 관한 사항

3. 매장문화재의 발굴허가·보존 및 관리에 관한 사항

4. 지표조사 및 발굴조사 경비지원에 대한 범위 및 기준 마련에 관한 사항

5. 「매장문화재 보호 및 조사에 관한 법률」 제24조에 따른 매장문화재 조사기관의 육성·지원

6. 매장문화재 조사기관 등록에 관한 사항

7. 매장문화재 조사기관의 자율규제 시스템 구축에 관한 사항

7의2. 삭제 〈2011. 5. 25.〉

8. 「매장문화재 보호 및 조사에 관한 법률」 제27조에 따른 매장문화재 조사 용역 대가의 기준 제정·시행에 관한 사항

9. 유적분포지도의 제작·활용에 관한 사항

10. 「매장문화재 보호 및 조사에 관한 법률」 제28조에 따른 매장문화재 기록 작성 등에 관한 보호방안의 수립·시행 및 평가

11. 문화재로 지정되지 아니한 발굴 보존유적의 사후관리

12. 「매장문화재 보호 및 조사에 관한 법률」 제6조 및 제8조에 따른 각종 개발사업과 관련한 기관간 협의 총괄

13. 출토유물 보관시설의 확충·지원에 관한 사항

13의2. 발견·발굴된 매장문화재의 국가귀속 및 국가귀속문화재의 보관·관리·활용에 관한 사항

14. 문화재위원회 매장문화재분과위원회의 운영

15. 매장문화재 제도 관련 외국 선진 사례 조사·연구

16. 주한미군의 지위에 관한 협정(SOFA)에 따른 SOFA합동위원회 산하 문화재분과위원회의 운영

17. 주한미군기지와 군부대 주둔지역 내 문화재 조사·보호에 관한 사항 총괄

18. 매장문화재 발견 신고 및 보상금 지급에 관한 사항

19. 문화재위원회의 문화재 평가·보상 업무에 대한 지원

20. 국립해양문화재연구소의 지도·감독

⑥ 안전기준과장은 다음 사항을 분장한다. 〈개정 2010. 5. 25., 2011. 5. 25., 2013. 10. 1., 2015. 1. 6., 2015. 12. 30.〉

1. 문화재 분야 안전관리 종합계획의 수립·조정·시행 및 평가

2. 문화재 안전 정책의 수립·조정과 제도의 운용

3. 문화재의 재해·재난에 관한 사항 총괄

4. 「문화재보호법」 제14조에 따른 지정문화재의 화재 및 재난방지, 도난예방에 관한 종합계획의 수립·조정 및 평가

5. 문화재 방재 관련 법령·기준 및 지침의 정비에 관한 사항

6. 문화재 재난 예방에 관한 훈련·홍보 및 방재교육 프로그램의 개발·보급

7. 재난유형별 표준대응 매뉴얼의 개발·보급

8. 문화재 재해·재난 대비 상황반의 운영 및 관리

9. 문화재 재해·재난 대비 관련 기관과의 지원·협력체계 구축에 관한 사항

10. 정부의 재해·재난 종합 훈련 중 문화재에 관한 사항 총괄

10의2. 지방자치단체가 관리하는 국가지정문화재의 순찰 등 일상적인 관리를 하는 사회복무요원의 관리에 관한 사항

11. 문화재의 방충·방염 사업의 총괄

12. 문화재 긴급 보수사업의 집행 및 관리

13. 문화재 재해·재난 제도 관련 외국 선진사례 조사·연구

14. 문화재 관련 법규 위반행위 및 위반자 단속

14의2. 문화재 사범 관련 법령·기준 및 지침의 정비에 관한 사항

15. 문화재로 오인될 우려가 있는 동산의 확인에 관한 사항

16. 공항·항만 등 출입국지역에서의 문화재감정관실 운영·지원에 관한 사항

17. 문화재 불법유통 근절을 위한 제도 운용과 개선에 관한 사항

17의2. 문화재매매업 및 문화재매매업자 관리에 관한 사항

18. 압수문화재의 감정, 평가, 국가귀속 및 보상금 지급에 관한 사항

19. 국가지정문화재 소장처의 안전시설 구축·관리 및 점검에 관한 사항

⑦ 삭제 〈2013. 3. 23.〉

제7조(문화재보존국) ① 문화재보존국장은 고위공무원단에 속하는 일반직공무원 또는 학예연구관으로 보하되, 그 직위의 직무등급은 나등급으로 한다.

② 문화재보존국에 보존정책과·고도보존육성과·유형문화재과·천연기념물과 및 수리기술과를 두되, 각 과장은 부이사관·서기관·기술서기관 또는 학예연구관으로 보한다. 〈개정 2014. 3. 11.〉

③ 보존정책과장은 다음 사항을 분장한다. 〈개정 2011. 5. 25., 2012. 9. 12., 2013. 3. 23., 2014. 3. 11., 2016. 5. 10.〉

1. 문화재 보존 정책에 관한 중장기계획과 연차별 실행계획의 수립·조정 및 시행

2. 국(局)내 소관 문화재의 보존·관리 및 활용에 관한 종합계획의 수립·조정

3. 사적(근대 건축물 및 시설물, 고도지역에 소재한 사적은 제외한다. 이하 이 항에서 같다)에 관한 정책 수립·시행

4. 사적 및 그 보호구역의 지정·해제·보존 및 관리

5. 국가지정문화재 보존관리·현상변경 제도의 개선 총괄

6. 사적 및 그 보호구역의 현상변경 허가에 관한 사항

7. 국가지정문화재 보호구역(이하 "문화재보호구역"이라 한다)의 적정성 검토·조정에 관한 사항 총괄

8. 문화재보호구역과 그 주변지역의 선진 관리모델 개발·운용에 관한 사항 총괄

9. 삭제 〈2014. 3. 11.〉

10. 삭제 〈2012. 9. 12.〉

11. 지역문화유산 중 사적의 개발에 관한 사항

12. 사적의 보수·정비 및 보수·정비·활용기준 마련에 관한 사항

13. 역사문화환경 보호에 관한 사항 총괄

14. 문화재 보존 제도 관련 외국 선진사례 조사·연구

15. 문화재 정기조사에 관한 종합계획의 수립·조정 및 총괄

16. 사적의 기초조사 및 정기·직권조사에 관한 사항

17. 「문화재보호법」 제34조에 따른 사적의 관리단체 지정·운영에 관한 정책 수립·시행

18. 시·도지정문화재 중 「문화재보호법」 제2조제1항제3호가목에 속하는 기념물의 보존·관리 지원에 관한 사항

19. 「문화재보호법」 제2조제1항제3호가목에 해당하는 문화재 자원 중 지정·등록되지 아니한 문화재의 보존·관리에 관한 사항

19의2. 문화재 돌봄사업 지원에 관한 사항

20. 삭제 〈2014. 3. 11.〉

21. 삭제 〈2014. 3. 11.〉

22. 삭제 〈2014. 3. 11.〉

23. 삭제 〈2014. 3. 11.〉

24. 삭제 〈2014. 3. 11.〉

25. 삭제 〈2014. 3. 11.〉

26. 문화재위원회 사적분과위원회의 운영

27. 현충사관리소·칠백의총관리소·만인의총관리소의 지도·감독

28. 그 밖에 국(局)내 다른 과의 주관에 속하지 아니하는 사항

④ 고도보존육성과장은 다음 사항을 분장한다. 〈신설 2014. 3. 11., 2015. 5. 26.〉

1. 고도보존육성기본계획과 고도보존육성시행계획의 수립·조정·승인 및 시행

2. 「고도 보존 및 육성에 관한 특별법」 운용에 관한 사항

3. 고도 및 고도보존 관련 지정지구의 지정·해제·변경

4. 고도 보존 관련 지정지구 안에서의 행위제한에 관한 사항

5. 고도 보존 관련 지정지구 안에서의 고도보존육성사업과 주민지원사업에 관한 사항

6. 고도보존육성중앙심의위원회 운영에 관한 사항

7. 고도지역 보호 및 관리 제도 관련 외국 선진사례 조사·연구

8. 고도지역에 소재한 사적(근대 건축물 및 시설물은 제외한다. 이하 이 항에서 같다)과 그 보호구역의 지정·해제·보존 및 관리에 관한 사항

9. 고도지역에 소재한 사적의 보수·정비에 관한 사항

10. 고도지역에 소재한 사적의 기초조사 및 정기·직권조사에 관한 사항

11. 고도지역에 소재한 사적 및 보호구역의 현상변경 허가에 관한 사항

12. 고도지역의 역사문화환경 보호에 관한 사항

13. 「문화재보호법」 제34조에 따른 고도지역에 소재한 사적의 관리단체 지정·운영에

관한 정책 수립·시행

14. 고도지역의 시·도지정문화재 중 「문화재보호법」 제2조제1항제3호가목에 속하는 기념물의 보존·관리 지원에 관한 사항

15. 고도지역의 「문화재보호법」 제2조제1항제3호가목에 해당하는 문화재 자원 중 지정·등록되지 아니한 문화재의 보존·관리에 관한 사항

16. 신라왕경·백제왕도 핵심유적 복원·정비 사업의 지원에 관한 사항

⑤ 유형문화재과장은 다음 사항을 분장한다. 〈개정 2011. 5. 25., 2014. 3. 11., 2015. 1. 6.〉

1. 국보·보물에 관한 종합정책의 수립·조정 및 시행

2. 국보·보물과 그 보호구역의 지정·해제·보존 및 관리에 관한 사항

3. 국보·보물의 현상변경제도 운용에 관한 사항

4. 국보·보물의 기록화에 관한 정책 조정·총괄

5. 국보·보물의 지정조사 계획의 조정·총괄

6. 국보·보물의 재평가에 관한 사항

7. 삭제 〈2012. 9. 12.〉

8. 국보·보물의 보수·정비에 관한 사항

9. 국보·보물의 보호·관리에 관한 사항

10. 국보·보물의 기초조사 및 직권조사에 관한 사항

10의2. 삭제 〈2017. 6. 20.〉

11. 문화재의 국외반출 허가에 관한 사항 총괄

12. 국보·보물과 국가지정문화재 및 등록문화재가 아닌 문화재의 국외 반출허가에 관한 사항

13. 「문화재보호법」 제35조제1항제3호에 따른 국가지정문화재 탁본·영인 제도의 운영·개선

14. 사찰·문중 등 유물전시관 건립·지원에 관한 사항

15. 소속기관 소장유물의 보존관리와 취급에 관한 사항

16. 「문화재보호법」 제34조에 따른 국보·보물의 관리단체 지정·운영에 관한 정책 수립·시행

17. 시·도지정문화재 중 유형문화재와 문화재자료(건조물·동산문화재만 해당한다)의 보존 및 관리 지원에 관한 사항

18. 유형문화재 자원 중 지정·등록되지 아니한 문화재의 보존·관리에 관한 사항

19. 문화재위원회 건축문화재분과위원회 및 동산문화재분과위원회의 운영

20. 국립고궁박물관의 지도·감독

⑥ 천연기념물과장은 다음 사항을 분장한다. 〈개정 2011. 5. 25., 2013. 10. 1., 2014. 3. 11., 2017. 12. 29.〉

1. 명승·천연기념물에 관한 종합정책 수립·조정 및 시행

2. 명승·천연기념물과 그 보호구역의 지정·해제·보호 및 관리

3. 명승·천연기념물의 현상변경에 관한 사항

4. 명승·천연기념물의 공개제한제도 운용에 관한 사항

5. 천연기념물 동·식물의 증식에 관한 정책 수립·조정 및 지원

6. 천연기념물의 주기적 모니터링과 그 보호에 관한 사항

7. 명승·천연기념물의 기초조사 및 직권조사에 관한 사항

8. 천연기념물 동·식물 보호 국제협력과 네트워크 구축·운영에 관한 사항

9. 천연기념물 국외 수출 및 반출 허가에 관한 사항

10. 「문화재보호법」 제38조에 따른 천연기념물 동물의 치료 등에 관한 정책 수립·시행

11. 천연기념물 보호단체·치료기관의 육성·지원

12. 천연기념물 동물치료 경비 지급절차 개선에 관한 사항

13. 천연기념물 보호·연구 관련 시설 지원 등에 관한 사항

14. 「문화재보호법」 제34조에 따른 명승·천연기념물의 관리단체 지정·운영에 관한 정책 수립·시행

15. 시·도지정문화재 중 「문화재보호법」 제2조제1항제3호나목 및 다목에 속하는 기념물의 보존·관리에 관한 사항

16. 「문화재보호법」 제2조제1항제3호나목 및 다목에 해당하는 문화재 자원 중 지정되지 아니한 문화재의 보존·관리에 관한 사항

17. 문화재위원회 천연기념물분과위원회의 운영

18. 문화재의 건축물 및 외부공간에 조성된 전통적 조경·경관에 관한 정책의 수립·조정

⑦ 수리기술과장은 다음 사항을 분장한다. 〈개정 2011. 5. 25., 2014. 3. 11., 2017. 6. 20.〉

1. 문화재 수리 등에 관한 기본계획과 세부시행계획의 수립·조정 및 평가

2. 문화재 수리에 관한 종합정책의 수립·조정 및 시행

3. 문화재 수리기준의 제정·시행

4. 문화재 수리기술의 진흥에 관한 사항

5. 전통수리기법 전승체계 제도화에 관한 사항

6. 문화재 수리 전통재료의 수급정책에 관한 사항

7. 문화재수리 신기술의 활용촉진·보급에 관한 사항

8. 숭례문 종합 복구계획 수립과 그 시행에 관한 사항

9. 문화재 설계심사 제도운영에 관한 사항

10. 삭제 〈2011. 5. 25.〉

11. 「문화재수리 등에 관한 법률」 제54조에 따른 문화재수리업자 및 문화재실측설계업
   자의 평가 등에 관한 사항

12. 중요 국고보조사업에 대한 설계심사

13. 국가지정문화재 보수·복원공사의 기술지원·지도

14. 문화재수리인력의 육성 및 운영 등에 관한 사항

15. 문화재수리기술자·기능자의 선발 및 관리에 관한 사항

16. 삭제 〈2011. 5. 25.〉

17. 수리업자의 육성·지원에 관한 사항

18. 삭제 〈2011. 5. 25.〉

19. 문화재수리인력·노임통계에 관한 사항

20. 문화재수리표준시방서 및 표준품셈의 운용에 관한 사항

21. 전통건축수리기술진흥재단의 지도·감독

제8조(문화재활용국) ① 문화재활용국장은 고위공무원단에 속하는 일반직공무원 또는 학
예연구관으로 보하되, 그 직위의 직무등급은 나등급으로 한다.

② 문화재활용국에 활용정책과·국제협력과·근대문화재과·세계유산팀 및 문화유산교육
팀을 두되, 각 과장은 부이사관·서기관·기술서기관 또는 학예연구관으로, 팀장은 서기
관·기술서기관·행정사무관·임업사무관 또는 시설사무관으로 보한다. 〈개정 2015. 12.
30., 2016. 11. 11., 2018. 12. 28.〉

③ 활용정책과장은 다음 사항을 분장한다. 〈개정 2013. 10. 1., 2015. 1. 6., 2018. 12. 28.〉

1. 문화재 활용정책에 관한 중장기계획과 연차별 실행계획의 수립·조정 및 시행

2. 국(局)내 소관 문화재의 보존·관리 및 활용에 관한 종합계획의 수립·조정

3. 문화유산 활용 증진을 위한 제도 개선·정비에 관한 사항

4. 문화유적 활용 전략 수립·조정 및 시행

5. 문화재 유형별 활용기준의 제정·운용에 관한 사항

6. 삭제 〈2018. 12. 28.〉

7. 삭제 〈2016. 11. 11.〉

7의2. 삭제 〈2016. 11. 11.〉

8. 삭제 〈2016. 11. 11.〉

9. 삭제 〈2016. 11. 11.〉

10. 문화유산 체험 프로그램 개발·지원에 관한 사항 총괄

11. 문화유산 활용 콘텐츠 개발·보급 및 지원에 관한 사항

12. 문화재 활용 우수 프로그램의 발굴과 육성·지원에 관한 사항

13. 문화재안내판 등 주변시설물의 정비에 관한 지침의 제·개정

14. 삭제 〈2012. 9. 12.〉

15. 궁능유적본부, 한국문화재재단의 지도·감독

④ 삭제 〈2018. 12. 28.〉

⑤ 국제협력과장은 다음 사항을 분장한다. 〈개정 2015. 12. 30.〉

1. 문화재 국제교류·협력에 관한 종합계획의 수립·조정 및 시행

2. 문화재 국제협약에 관한 사항 총괄

3. 문화재의 해외 홍보 및 문화재청 영문 홈페이지 관리에 관한 사항 총괄

4. 문화재 교류·협력 약정 체결에 관한 사항 총괄

5. 저개발국 문화유산 보존·협력사업에 관한 사항 총괄

6. 남북문화재 교류·협력에 관한 사항

7. 문화재 관련 해외연수 및 국제기구 파견에 관한 사항 총괄

8. 자유무역협정(FTA) 등 양자통상에 있어서의 문화재 분야 총괄

9. 문화재 국제교류 동향 파악 및 자료 수집

10. 국외소재문화재의 보호·환수 및 활용에 관한 기본계획의 수립·조정 및 시행

11. 국외소재문화재 환수 관련 국제사례 조사 등 법·제도 연구

12. 국외소재문화재 환수 관련 국내·외 협력 네트워크 구축

13. 국외소재문화재 환수 관련 국제기구 등과의 국제협력에 관한 사항

14. 문화재환수협의회 운영 등 민간단체와의 협력·지원에 관한 사항

15. 국외소재문화재 출처조사 및 데이터베이스 구축에 관한 사항 총괄

16. 국외소재문화재재단의 지도·감독

⑥ 근대문화재과장은 다음 사항을 분장한다. 〈개정 2011. 5. 25., 2017. 6. 30.〉

1. 국가민속문화재(건조물만 해당한다. 이하 이 항에서 같다)·사적(근대 건축물 및 시설물만

해당한다. 이하 이 항에서 같다) 및 등록문화재의 보존·관리·활용에 관한 종합계획의 수립·조정 및 시행

2. 국가민속문화재·사적과 그 보호구역의 지정·해제·보존 및 관리에 관한 사항

3. 국가민속문화재·사적 및 등록문화재(이하 "국가민속문화재등"이라 한다)의 기초조사 및 정기·직권조사에 관한 사항

4. 국가민속문화재등의 현상변경 허가에 관한 사항

5. 국가민속문화재등의 기록화에 관한 정책 조정·총괄

6. 국가민속문화재등의 종합 보수·정비 및 활용에 관한 사항

7. 국가민속문화재등의 제도개선에 관한 사항

8. 문화재의 등록·등록말소와 등록문화재의 보호·관리에 관한 사항

9. 등록대상 문화재의 조사 및 목록유지에 관한 사항

10. 등록문화재 유형별 등록기준 마련·운용에 관한 사항

11. 전통가옥 경상보수비 지원제도의 운용·개선에 관한 사항

12. 근대문화거리 조성에 관한 사항

13. 민속마을 디자인 가이드라인 마련 및 시행

14. 민속마을의 전통문화 체험프로그램 수립과 거주 주민 지원에 관한 사항

15. 「문화재보호법」 제34조에 따른 국가민속문화재등의 관리단체 지정·운영에 관한 정책 수립·시행

16. 시·도지정문화재 중 「문화재보호법」 제2조제1항제4호에 따른 민속문화재(건조물만 해당한다)의 보존·관리 지원에 관한 사항

17. 「문화재보호법」 제2조제1항제4호에 해당하는 문화재 자원 중 지정·등록되지 아니한 문화재의 보존·관리에 관한 사항

18. 문화재위원회 근대문화재분과위원회 및 민속문화재분과위원회의 운영

⑦ 세계유산팀장은 다음 사항을 분장한다. 〈신설 2015. 12. 30.〉

1. 세계유산의 등재·활용 및 홍보에 관한 사항 총괄

2. 인류무형문화유산·세계기록유산의 등재에 관한 사항

3. 세계유산 잠정목록에 관한 사항

4. 세계유산 보존관리사업에 관한 계획의 수립·조정 및 예산운용

5. 세계유산 모니터링에 관한 사항 총괄

6. 세계유산·인류무형문화유산 및 세계기록유산(이하 이 항에서 "세계유산등"이라 한다) 관련 국제동향 파악·자료수집과 전략적 대응

7. 세계유산등 관련 국제기구 네트워킹 및 전문가 육성·파견

8. 세계유산등 관련 국제기구 및 민간단체 지원

9. 유네스코 아시아·태평양 무형문화유산 국제정보네트워킹센터 운영 지원 및 지도·
감독

10. 문화재위원회 세계유산분과위원회 및 세계기록유산 한국위원회의 운영에 관한 사항

⑧ 문화유산교육팀장은 다음 사항을 분장한다. 〈신설 2016. 11. 11., 2017. 12. 29.〉

1. 문화유산 교육에 관한 중장기계획의 수립·조정 및 지원

2. 문화유산 교육 법령 제정·개정 등 제도적 기반 구축

3. 문화유산 교육시스템 구축 및 프로그램의 개발·보급

4. 문화유산 애호의식 함양 및 역사인식 제고에 관한 사항

5. 디지털 문화유산 영상관 건립 및 콘텐츠 구축 총괄

6. 문화유산 보호 관련 민·관 협력 모델 개발과 네트워크 구축·지원

7. 문화재지킴이 운동 확산·지원 및 교육

8. 「문화유산과 자연환경자산에 관한 국민신탁법」 운용에 관한 사항

9. 문화재분야 사회적기업 육성·지원에 관한 사항 총괄

제3장 한국전통문화대학교 〈개정 2012. 7. 12.〉

제9조(한국전통문화대학교) ① 한국전통문화대학교에 총무과를 두되, 총무과장은 부이사관·
서기관 또는 기술서기관으로 보한다. 〈개정 2012. 7. 12.〉

② 총무과장은 다음 사항을 분장한다. 〈개정 2012. 7. 12., 2012. 9. 12.〉

1. 학교건설 기본계획 및 학교발전 중장기 발전 계획의 수립·조정

2.「한국전통문화대학교 설치법」 운용에 관한 사항

3. 주요사업계획의 수립·조정·심사평가 및 홍보에 관한 사항

4. 한국전통문화대학교의 조직·정원에 관한 사항

5. 인사관리(교원은 제외한다)·연금 및 급여

6. 전통문화교육원 교수요원의 인사관리

7. 공무원(교원은 제외한다)의 임용·교육·상벌 및 복무 관리

8. 기획위원회의 운영에 관한 사항

9. 부속·부설기관의 평가에 관한 사항

10. 부속·부설기관과 학과에 대한 감사·사정

11. 한국전통문화대학교 발전기금 조성·운영에 관한 사항

12. 시설종합계획의 수립·조정에 관한 사항

13. 공사계획의 수립 및 설계·감독 및 시설관리에 관한 사항

14. 삭제 〈2012. 7. 12.〉

15. 학교공간 및 사무공간의 조정·운영

16. 시설용역업체의 기술지도 및 감독

17. 재난 및 각종 시설물 안전 관리

17의2. 교수·직원의 주택 또는 아파트, 공관, 체육관, 강당, 정보전산원 운영에 관한 사항

18. 각종 행정통계의 작성에 관한 사항

19. 비상계획 및 민방위 관련업무

20. 회계 및 결산에 관한 사항

21. 물품의 구매 및 조달에 관한 사항 총괄

22. 국유재산 및 물품관리에 관한 사항 총괄

23. 법령 및 예규 관리에 관한 사항

24. 보안·개인정보보호·관인관수 및 문서관리에 관한 사항

25. 문서의 수발·통제·발간 및 기록물 관리

26. 그 밖에 교내 다른 과의 주관에 속하지 아니하는 사항

③ 교학처에 교무과 및 학생과를 두되, 각 과장은 서기관·기술서기관·행정사무관·임업
사무관 또는 시설사무관으로 보한다. 〈개정 2013. 3. 23.〉

④ 교무과장은 다음 사항을 분장한다. 〈개정 2012. 7. 12., 2012. 9. 12.〉

1. 학사운영 중장기·연차별 실행계획의 수립·조정 및 시행

2. 학과와 교과과정의 설치 및 폐지

3. 교과과정의 편성·개편 및 조정

3의2. 학과 평가제 운용에 관한 사항

4. 교원의 인사 및 복무 관리

5. 교수의 연구활동 지원

6. 입학·휴학·복학·제적·졸업·전과·등록·학위수여 및 재입학 등 학적관리

7. 수강신청·수업시간표·실습 및 수업의 관리

8. 학점 및 성적관리

9. 「한국전통문화대학교 설치법 시행령」 제13조에 따른 부속시설등(제2항제17호의2 및 제

5항제10호의 시설은 제외한다)의 운영에 관한 사항

10. 삭제 〈2012. 9. 12.〉

11. 삭제 〈2012. 9. 12.〉

12. 산학협력에 대한 업무 지원 사항

13. 대학정보공시제 및 교육기본통계 운용 총괄

13의2. 대학원 및 대학원위원회 운영에 관한 사항

13의3. 대학원 연구진흥정책 및 기본계획의 수립·시행·평가

13의4. 연구용 기자재 관리에 관한 사항 총괄

14. 전통문화교육원의 지도·감독

15. 그 밖에 교학처의 업무로서 학생과의 주관에 속하지 아니하는 사항

⑤ 학생과장은 다음 사항을 분장한다. 〈개정 2012. 9. 12.〉

1. 입학전형업무

2. 학적조회 및 제증명 발급

3. 병사·동원 및 훈련사무

4. 학생에 대한 상벌 및 학생활동의 지도·지원

5. 학생의 보건 및 후생에 관한 사항

6. 장학금 모금·운영 등에 관한 사항

7. 학생의 취업지도·국외유학 및 교류 지원

8. 졸업생 지원에 관한 사항

9. 국내외 교육기관 및 유관기관과의 교류·협력에 관한 사항

10. 대학원생 주택 또는 아파트, 학교기업의 시설, 전통문화상품개발실, 학생기숙사, 보건진료소 운영에 관한 사항

11. 학술정보관 및 신문방송사의 운영에 관한 사항

[전문개정 2010. 5. 25.]

[제목개정 2012. 7. 12.]

제10조(전통문화교육원) ① 전통문화교육원에 교육기획과 및 교육운영과를 두되, 각 과장은 서기관·기술서기관·행정사무관·임업사무관 또는 시설사무관으로 보한다. 〈개정 2012. 7. 12., 2015. 1. 6.〉

② 교육기획과장은 다음 사항을 분장한다. 〈개정 2012. 7. 12., 2012. 9. 12., 2013. 10. 1.〉

1. 전통문화전문과정 중장기 교육운영계획의 수립·조정 및 평가

2. 전통문화전문과정 교육 제도개선과 법령 제·개정에 관한 사항

3. 「한국전통문화대학교 설치법」 제14조제1항에 따른 전통문화전문과정의 수요조사·분석 및 개발에 관한 사항

3의2. 전통기능교육과정 운영에 관한 사항

4. 교육·학습 콘텐츠 개발에 관한 사항

5. 교육기법의 연구·개발 및 도입

6. 사이버 교육과정 계획 수립·시행

7. 민·관 교육훈련기관과의 교류·협력

8. 전통문화전문과정의 국제교류 및 외국 선진사례 조사·연구

9. 교수요원 연구활동 지원에 관한 사항

10. 교육훈련 전산프로그램의 운영·관리

11. 전통문화교육원 산학협력에 관한 사항

12. 전통문화교육원 주요정책 및 교육과정의 홍보에 관한 사항

13. 그 밖에 원내 다른 과의 주관에 속하지 아니하는 사항

③ 교육운영과장은 다음 사항을 분장한다. 〈개정 2012. 7. 12., 2012. 9. 12.〉

1. 전통문화전문과정 교육 세부실행계획 수립·시행

2. 교육과정 운영에 관한 사항 조정·개선

3. 문화재 시책·정책에 관한 교육과정 개설·운영

4. 교육생 수요조사 및 선발

5. 수강신청, 수업시간표, 수업 및 실습 관리

6. 교재의 편찬·발간·배부·관리 및 교육기법·내용 연구개발

7. 교수 및 외부강사의 관리·운영

8. 교수능력 발전계획 수립·시행

9. 교수실·교육장 운영과 기자재 등 교육 보조자료의 관리·운영

10. 교육생의 후생, 생활지도 및 기숙사 관리·운영

11. 교육생의 등록과 학적·성적의 관리 및 제증명 발급

12. 교육실적 통계 작성

13. 교육평가계획의 수립 및 시험의 출제·채점 관리

14. 교육훈련 운영에 대한 결과의 평가·분석

[전문개정 2010. 5. 25.]

[제목개정 2012. 7. 12.]

제10조의2 삭제 〈2010. 5. 25.〉

제4장 제10장의4로 이동 〈2016. 2. 29.〉

제11조[종전 제11조는 제20조의3으로 이동 〈2016. 2. 29.〉]

제12조[종전 제12조는 제20조의4로 이동 〈2016. 2. 29.〉]

제12조의2[종전 제12조의2는 제20조의5로 이동 〈2016. 2. 29.〉]

제5장 국립고궁박물관

제13조(국립고궁박물관) ① 국립고궁박물관장은 고위공무원단에 속하는 일반직공무원 또는 학예연구관으로 보하되, 그 직위의 직무등급은 나등급으로 한다.

② 국립고궁박물관에 기획운영과·전시홍보과 및 유물과학과를 두되, 기획운영과장은 서기관·기술서기관·행정사무관·임업사무관 또는 시설사무관으로, 전시홍보과장 및 유물과학과장은 서기관 또는 학예연구관으로 보한다. 〈개정 2013. 3. 23., 2013. 12. 12.〉

③ 기획운영과장은 다음 사항을 분장한다. 〈개정 2015. 1. 6., 2015. 5. 26.〉

1. 국립고궁박물관의 중장기 발전계획의 수립·조정
2. 주요사업계획의 수립·조정·심사평가 및 홍보에 관한 사항
3. 업무처리절차의 개선 및 조직 개선에 관한 사항
4. 관람만족도 향상 종합계획의 수립·조정·시행 및 총괄
5. 삭제 〈2012. 9. 12.〉
6. 국내·외 기관과 교류·협력에 관한 사항 총괄
7. 국립고궁박물관의 조직·정원에 관한 사항
8. 소속공무원의 임용·복무·교육훈련 그 밖의 인사관리
9. 청사 관리 종합계획 수립·조정 및 시행
10. 보안 및 관인관수
11. 문서의 수발·통제·발간 및 보존
12. 예산·회계 및 결산
13. 물품 및 국유재산의 관리

14. 청사와 시설의 관리 및 방호

15. 시설용역업체의 지도·감독

16. 관내 시설물 및 수목의 보호관리

17. 그 밖에 관내 다른 과의 주관에 속하지 아니하는 사항

④ 전시홍보과장은 다음 사항을 분장한다. 〈개정 2010. 5. 25., 2012. 9. 12.〉

1. 고궁박물관의 전시관련 기획·운영·홍보에 관한 사항

2. 전시실 촬영에 관한 사항

3. 전시 관련 궁중유물의 조사·연구 및 활용에 관한 사항

3의2. 삭제 〈2012. 9. 12.〉

4. 국내외 관련 기관과의 전시관련 교류 및 협력에 관한 사항

5. 도서실의 관리 및 운영

6. 전시관련 도서와 자료 등의 발간·배포

7. 교육프로그램 개발·운영에 관한 사항

7의2. 전시실 안내에 관한 사항

7의3. 자원봉사자의 운영

8. 그 밖에 궁중유물의 전시 및 교육에 관한 사항

⑤ 유물과학과장은 다음 사항을 분장한다. 〈개정 2012. 9. 12.〉

1. 소장유물 보존·관리 및 수장고(收藏庫)의 관리에 관한 사항

2. 유물의 출·격납과 등록에 대한 업무(구입·대여·기증·기탁·이관·국가귀속 등)

3. 유물의 과학적 보존처리에 관한 사항

4. 유물의 복제·복원·복사·모조 및 촬영 등에 관한 사항

5. 궁중유물의 조사·연구·자료수집 및 보관·관리에 관한 사항

6. 궁중유물 보존·관리에 관한 대외협력에 관한 사항

7. 소장유물 복원·복제품 등의 저작권·지적재산권에 관한 사항

8. 궁중유물관련 도서와 자료 등의 발간·배포에 관한 사항

9. 전산실 운영 및 홈페이지 관리에 관한 사항

10. 그 밖에 궁중유물 관리에 관한 사항

제6장 삭제 〈2016. 2. 29.〉

제14조 삭제 〈2016. 2. 29.〉

제7장 현충사관리소

제15조(현충사관리소) ① 현충사관리소장은 서기관·기술서기관 또는 학예연구관으로 보한다.

② 현충사관리소에 기획운영과 및 관리과를 두되, 기획운영과장은 행정사무관으로, 관리과장은 행정사무관·임업사무관·시설사무관·행정주사·임업주사 또는 시설주사로 보한다. 〈개정 2010. 5. 25.〉

③ 기획운영과장은 다음 사항을 분장한다. 〈개정 2015. 1. 6., 2015. 5. 26.〉

1. 현충사관리소의 중장기 발전계획의 수립·조정
2. 충무공 유적 중장기 종합정비계획 수립·조정
3. 주요사업계획의 수립·조정·심사평가 및 홍보에 관한 사항
4. 관람만족도 향상 종합계획의 수립·조정·시행 및 총괄
5. 국내·외 기관과 교류·협력에 관한 사항 총괄
6. 현충사관리소의 조직·정원에 관한 사항
7. 소속공무원의 임용·복무·교육훈련 그 밖의 인사관리
8. 보안 및 관인관수
9. 문서의 분류·수발·심사·보존 및 관리
10. 예산·회계 및 결산
11. 물품의 구매 및 조달
12. 국유재산 및 물품관리
13. 청사와 시설의 관리 및 방호
14. 충무공의 위업선양에 관한 사항
15. 전례(典禮)에 관한 사항
16. 그 밖에 관리소 내 다른 과의 주관에 속하지 아니하는 사항

④ 관리과장은 다음 사항을 분장한다. 〈개정 2015. 1. 6.〉

1. 충무공 유물의 보존·전시에 관한 사항

2. 공사계획의 수립, 공사의 설계·감독 및 시설관리에 관한 사항

3. 수목의 보호 및 관리에 관한 사항

4. 잔디·화훼의 보호·관리에 관한 사항

5. 충무공 유허 및 충무공 묘소의 지정·보호구역 정비에 관한 사항

6. 충무공 묘소의 관리·감독·지원에 관한 사항

제16조(분소) 분소의 명칭·위치 및 관할구역은 별표 2와 같다.

제8장　삭제 〈2018. 12. 28.〉

제17조 삭제 〈2018. 12. 28.〉

제9장　칠백의총관리소

제18조(칠백의총관리소) ① 칠백의총관리소장은 행정사무관·임업사무관 또는 시설사무관으로 보한다. 〈개정 2015. 1. 6.〉

② 칠백의총관리소장은 다음 사항을 분장한다. 〈신설 2015. 1. 6.〉

1. 칠백의총 내의 문화재 및 시설물과 수목의 보호·관리

2. 칠백의사의 위업선양에 관한 사항

3. 관람만족도 향상계획의 수립·시행 및 평가

4. 관람객 안내 및 관람 편의시설 운영계획의 수립·시행

5. 그 밖에 칠백의총관리소의 운영에 관한 사항

제9장의2　만인의총관리소 〈신설 2016. 5. 10.〉

제18조의2(만인의총관리소) ① 만인의총관리소장은 행정사무관·임업사무관 또는 시설사무관으로 보한다.

② 만인의총관리소장은 다음 사항을 분장한다.

1. 만인의총 내의 문화재 및 시설물과 수목의 보호·관리

2. 만인의사의 위업선양에 관한 사항

3. 관람만족도 향상계획의 수립·시행 및 평가

4. 관람객 안내 및 관람 편의시설 운영계획의 수립·시행

5. 그 밖에 만인의총관리소의 운영에 관한 사항

[본조신설 2016. 5. 10.]

제10장 삭제 〈2018. 12. 28.〉

제19조 삭제 〈2018. 12. 28.〉

제10장의2 삭제 〈2018. 12. 28.〉

제20조 삭제 〈2018. 12. 28.〉

제10장의3 국립무형유산원 〈신설 2013. 10. 1.〉

제20조의2(국립무형유산원) ① 국립무형유산원장은 고위공무원단에 속하는 일반직공무원 또는 학예연구관으로 보하되, 그 직위의 직무등급은 나등급으로 한다. 〈개정 2014. 3. 11.〉

② 국립무형유산원에 기획운영과·전승지원과·조사연구기록과 및 무형유산진흥과를 두되, 기획운영과장은 서기관 또는 기술서기관으로, 전승지원과장 및 조사연구기록과장은 서기관·기술서기관 또는 학예연구관으로, 무형유산진흥과장은 서기관 또는 학예연구관으로 보한다. 〈개정 2014. 3. 11.〉

③ 기획운영과장은 다음 사항을 분장한다. 〈개정 2014. 3. 11., 2015. 5. 26.〉

1. 국립무형유산원의 중장기 발전계획의 수립·조정

2. 주요사업계획의 수립·조정·심사평가 및 홍보에 관한 사항

3. 국립무형유산원의 조직·정원에 관한 사항

4. 소속공무원의 임용·복무·교육훈련 그 밖의 인사관리

5. 보안, 관인관수

6. 문서의 분류·수발·심사·보존 및 관리

7. 예산·결산과 물품의 구매 및 조달

8. 국유재산 및 물품관리

9. 청사와 시설의 관리 및 방호

10. 국립무형유산원 관사 등의 관리·운영

11. 그 밖에 원 내 다른 과의 주관에 속하지 아니하는 사항

12. 삭제 〈2014. 3. 11.〉

13. 삭제 〈2014. 3. 11.〉

14. 삭제 〈2014. 3. 11.〉

15. 삭제 〈2014. 3. 11.〉

16. 삭제 〈2014. 3. 11.〉

17. 삭제 〈2014. 3. 11.〉

④ 전승지원과장은 다음 사항을 분장한다. 〈개정 2016. 5. 10.〉

1. 국가무형문화재 전수교육 관리에 관한 사항

2. 국가무형문화재 이수심사 및 이수증 발급에 관한 사항

3. 국가무형문화재 전승자 이력관리 및 제 증명 발급에 관한 사항

4. 국가무형문화재 전승지원시스템 구축·운영

5. 국가무형문화재 공개 지원 및 점검에 관한 사항

6. 국가무형문화재 전승자 주관 행사의 지원

7. 인류무형문화유산 행사의 지원에 관한 사항

8. 무형문화재 전승자의 창업·제작·유통 및 해외시장 진출 등 지원

9. 무형문화재 중 공예, 미술 등에 관한 전통기술의 개발 및 디자인·상품화 등 지원

10. 전승공예품 인증 및 은행 운영에 관한 사항

11. 전통예능 공연 지원

12. 국가무형문화재 경연대회 및 종목별 전승단체 합동공연 지원

13. 국가무형문화재의 해외 보급·선양에 관한 사항

14. 그 밖에 무형문화재의 전승지원에 관한 사항

⑤ 조사연구기록과장은 다음 사항을 분장한다. 〈개정 2015. 12. 30., 2016. 5. 10.〉

1. 국가무형문화재 정기조사 및 재조사

2. 무형문화재(지정문화재가 아닌 문화재를 포함한다. 이하 이 항에서 같다) 기초조사 및 종합조사

3. 무형문화재 학술조사 및 국내·외 학술교류

4. 무형문화재와 관련된 정책지원을 위한 연구

5. 무형문화재 기록화 사업에 관한 사항

6. 무형문화재 관련 자료와 기록물의 수집·보존관리 및 활용에 관한 사항

7. 무형문화재 기록정보 디지털 서비스와 관련된 데이터베이스 및 정보시스템 구축·운영

8. 무형문화재 콘텐츠의 제작·보급

9. 무형문화재 기록물 열람실 및 학술정보자료실 운영

10. 국립무형유산원의 정보화 기획 및 시스템 관리

11. 무형문화재 관련 소장유물 및 수장고의 관리

12. 그 밖에 무형문화재의 조사·연구 및 기록관리에 관한 사항

⑥ 무형유산진흥과장은 다음 사항을 분장한다. 〈개정 2015. 12. 30., 2016. 5. 10.〉

1. 무형문화재 중장기 교육운영계획의 수립

2. 무형문화재 관련 사회·학교 교육 운영·지원에 관한 사항

3. 무형문화재 전승자 역량 강화를 위한 교육과정 개설·운영

4. 무형문화재 교육 콘텐츠의 개발·보급

4의2. 전수교육대학 선정 및 운영 지원

5. 무형문화재 공연·전시의 기획·홍보 및 운영에 관한 사항

6. 무형문화재 전시 관련 도서와 자료 등의 발간·배포

7. 관람권 매표 및 공연장·전시장 안내에 관한 사항

8. 지방의 무형문화재 보호 역량 강화를 위한 지원

9. 재외동포의 무형문화재 보급·전승역량 강화 지원

10. 국내·외 무형문화재 관계 기관과의 교류·협력에 관한 사항

11. 그 밖에 무형문화재의 진흥에 관한 사항

[본조신설 2013. 10. 1.]

제10장의4 국립문화재연구소 〈개정 2010. 5. 25., 2016. 2. 29.〉

제20조의3(국립문화재연구소) ① 국립문화재연구소에 소장 1명을 두되, 소장은 고위공무원단에 속하는 임기제공무원으로 보하고, 그 직위의 직무등급은 나등급으로 한다. 〈개정 2013. 12. 12.〉

② 소장은 문화재청장의 명을 받아 소관사무를 총괄하고, 소속공무원을 지휘·감독한다.

[전문개정 2010. 5. 25.]

[제11조에서 이동 〈2016. 2. 29.〉]

제20조의4(지방문화재연구소) ① 국립문화재연구소장 소속으로 7개 이내의 지방문화재연구소를 둔다. 〈개정 2015. 1. 6., 2017. 2. 28., 2019. 7. 23.〉

② 각 지방문화재연구소에 소장 1명을 두되, 소장은 서기관·기술서기관 또는 학예연구관으로 보한다. 〈개정 2013. 12. 12.〉

③ 지방문화재연구소장은 국립문화재연구소장의 명을 받아 소관사무를 총괄하고, 소속공무원을 지휘·감독한다.

④ 지방문화재연구소의 명칭·위치 및 관할구역은 별표 1과 같다.

[전문개정 2010. 5. 25.]

[제12조에서 이동 〈2016. 2. 29.〉]

제20조의5(문화재보존과학센터) ① 문화재의 보존처리를 수행하기 위하여 국립문화재연구소장 소속으로 문화재보존과학센터를 둔다.

② 문화재보존과학센터에 센터장 1명을 두되, 센터장은 서기관·기술서기관 또는 학예연구관으로 보한다. 〈개정 2013. 12. 12.〉

③ 센터장은 국립문화재연구소장의 명을 받아 소관 사무를 총괄하고, 소속공무원을 지휘·감독한다.

[본조신설 2010. 5. 25.]

[제12조의2에서 이동 〈2016. 2. 29.〉]

제20조의6(고위공무원단에 속하는 공무원으로 보하는 직위의 수) 국립문화재연구소에 고위공무원단에 속하는 공무원으로 보하는 직위 1개(제20조의3의 직위를 포함한다)를 둔다.

[본조신설 2016. 2. 29.]

제10장의5　국립해양문화재연구소 〈신설 2016. 2. 29.〉

제20조의7(소장) ① 국립해양문화재연구소에 소장 1명을 두되, 소장은 고위공무원단에 속하는 임기제공무원으로 보하고, 그 직위의 직무등급은 나등급으로 한다.

② 소장은 문화재청장의 명을 받아 소관사무를 총괄하고, 소속공무원을 지휘·감독한다.

[본조신설 2016. 2. 29.]

제20조의8(고위공무원단에 속하는 공무원으로 보하는 직위의 수) 국립해양문화재연구소에

고위공무원단에 속하는 공무원으로 보하는 직위 1개(제20조의7의 직위를 포함한다)를 둔다.
[본조신설 2016. 2. 29.]

제10장의6 궁능유적본부 〈신설 2018. 12. 28.〉

제20조의9(궁능유적본부) ① 궁능유적본부에 본부장 1명을 두되, 본부장은 고위공무원단
에 속하는 임기제공무원으로 보하고, 그 직위의 직무등급은 나등급으로 한다.
② 본부장은 문화재청장의 명을 받아 소관사무를 총괄하고, 소속 공무원을 지휘·감독한다.
[본조신설 2018. 12. 28.]

제20조의10(고위공무원단에 속하는 공무원으로 보하는 직위의 수) 궁능유적본부에 고위공
무원단에 속하는 공무원으로 보하는 직위 1개(제20조의9의 직위를 포함한다)를 둔다.
[본조신설 2018. 12. 28.]

제11장 공무원의 정원

제21조(문화재청에 두는 공무원의 정원) ① 문화재청에 두는 공무원의 직급별 정원은 별표
5와 같다. 다만, 「문화재청과 그 소속기관 직제」 제34조제1항 단서에 따라 별표 5에 따
른 총정원의 5퍼센트를 넘지 아니하는 범위에서 따로 정하는 공무원의 직급별 정원은
별표 5의2와 같으며, 별표 5의2의 정원 중 10명(7급 8명, 8급 2명)은 일반임기제공무원으
로 임용한다. 〈개정 2010. 9. 20., 2016. 1. 27., 2017. 12. 29., 2018. 3. 30.〉
② 문화재청에 두는 공무원의 정원 중 홍보업무를 담당하는 1명(5급 1명), 주한미군 기
지 안에 있는 문화재의 보호업무를 담당하는 1명(6급 1명), 문화재의 불법반출 방지 및
감정업무를 담당하는 22명(6급 15명, 7급 7명)은 임기제공무원으로 임용할 수 있다. 〈신설
2018. 3. 30.〉
③ 문화재청에 두는 공무원 정원 중 공공데이터 관련 업무를 담당하는 2명(5급 1명, 6급
1명)은 임기제공무원으로 임용한다. 〈신설 2019. 2. 26.〉

제22조(소속기관에 두는 공무원의 정원) ① 한국전통문화대학교에 두는 공무원의 직급별
정원은 별표 6과 같다. 〈개정 2010. 5. 25., 2012. 7. 12.〉
② [제11항으로 이동 〈2016. 2. 29.〉]

③ 국립고궁박물관에 두는 공무원의 직급별 정원은 별표 8과 같다. 다만, 「문화재청과 그 소속기관 직제」 제35조제1항 단서에 따라 총정원의 5퍼센트를 넘지 아니하는 범위에서 따로 정하는 공무원의 직급별 정원은 별표 8의2와 같으며, 별표 8의2의 정원 중 1명(7급 1명)은 임기제공무원으로 임용한다. 〈개정 2017. 12. 29., 2018. 3. 30.〉

④ 삭제 〈2016. 2. 29.〉

⑤ 현충사관리소에 두는 공무원의 직급별 정원은 별표 10과 같다.

⑥ 삭제 〈2018. 12. 28.〉

⑦ 칠백의총관리소에 두는 공무원의 직급별 정원은 별표 12와 같다.

⑧ 만인의총관리소에 두는 공무원의 직급별 정원은 별표 12의2와 같다. 〈신설 2016. 5. 10.〉

⑨ 삭제 〈2018. 12. 28.〉

⑩ 삭제 〈2018. 12. 28.〉

⑪ 국립무형유산원에 두는 공무원의 직급별 정원은 별표 15와 같다. 다만, 「문화재청과 그 소속기관 직제」 제35조제1항 단서에 따라 총정원의 5퍼센트를 넘지 아니하는 범위에서 따로 정하는 공무원의 직급별 정원은 별표 15의2와 같으며, 별표 15의2의 정원 중 1명(8급 1명)은 임기제공무원으로 임용한다. 〈신설 2013. 10. 1., 2016. 5. 10., 2017. 12. 29., 2018. 3. 30.〉

⑫ 국립문화재연구소에 두는 공무원의 정원(「행정기관의 조직과 정원에 관한 통칙」 제25조제1항에 따른 한시정원은 제외한다. 이하 이 항에서 같다)은 별표 16과 같다. 이 경우 4급 공무원의 정원(3급 또는 4급 공무원 정원을 포함한다)은 15명을, 3급 또는 4급 공무원 정원은 4급 공무원의 정원(3급 또는 4급 공무원 정원을 포함한다)의 3분의 1을 각각 그 상한으로 하고, 4급 또는 5급 공무원 정원은 5급 공무원의 정원(4급 또는 5급 공무원 정원을 포함한다)의 3분의 1을 그 상한으로 한다. 〈개정 2010. 5. 25., 2015. 5. 26., 2016. 2. 29., 2016. 5. 10., 2016. 12. 27., 2017. 2. 28., 2017. 12. 29., 2018. 3. 30.〉

⑬ 국립해양문화재연구소에 두는 공무원의 정원(「행정기관의 조직과 정원에 관한 통칙」 제25조제1항에 따른 한시정원은 제외한다. 이하 이 항에서 같다)은 별표 17과 같다. 이 경우 4급 공무원의 정원(3급 또는 4급 공무원 정원을 포함한다)은 4명을, 3급 또는 4급 공무원 정원은 4급 공무원의 정원(3급 또는 4급 공무원 정원을 포함한다)의 3분의 1을 각각 그 상한으로 하고, 4급 또는 5급 공무원 정원은 5급 공무원의 정원(4급 또는 5급 공무원 정원을 포함한다)의 3분의 1을 그 상한으로 한다. 〈신설 2016. 2. 29., 2016. 5. 10., 2017. 12. 29., 2018. 3. 30.〉

⑭ 궁능유적본부에 두는 공무원의 정원은 별표 17의2와 같다. 이 경우 4급 공무원의 정

원(3급 또는 4급 공무원을 포함한다)은 6명을, 3급 또는 4급 공무원의 정원은 4급 공무원의 정원(3급 또는 4급 공무원 정원을 포함한다)의 3분의 1을 각각 그 상한으로 하고, 4급 또는 5급 공무원의 정원은 5급 공무원의 정원(4급 또는 5급 공무원 정원을 포함한다)의 3분의 1을 그 상한으로 한다. 〈신설 2018. 12. 28.〉

제22조의2(시간선택제채용공무원 정원의 운영) ① 「행정기관의 조직과 정원에 관한 통칙」 제24조제3항 및 「공무원임용령」 제3조의3제1항에 따라 문화재청과 그 소속기관에 두는 시간선택제채용공무원(이하 "시간선택제채용공무원"이라 한다) 정원은 별표 5 제2호, 별표 5의2 제2호, 별표 6 제2호, 별표 8 제2호, 별표 8의2 제2호, 별표 10 제2호, 별표 15 제 2호 및 별표 15의2 제2호와 같다. 〈개정 2017. 6. 20., 2017. 12. 29., 2019. 2. 26.〉
② 제1항에도 불구하고 기관 운영상 필요한 경우에는 시간선택제채용공무원 정원 외의 공무원 정원을 활용하여 시간선택제채용공무원으로 운영할 수 있다.
[전문개정 2016. 5. 10.]

제22조의3 삭제 〈2016. 5. 10.〉

제23조(개방형 직위에 대한 특례) 「행정기관의 조직과 정원에 관한 통칙」 제24조제5항에 따라 국립고궁박물관 전시홍보과장, 국립문화재연구소 국립중원문화재연구소장 및 국립 해양문화재연구소 전시홍보과장을 임기제공무원으로 보할 수 있다. 〈개정 2013. 10. 1., 2013. 12. 12., 2015. 12. 30., 2016. 12. 27.〉
[본조신설 2012. 9. 12.]

제12장 평가대상 조직 및 정원 〈개정 2018. 3. 30.〉

제24조(평가대상 조직) 「행정기관의 조직과 정원에 관한 통칙」 제31조제1항에 따라 국립문화 재연구소에 두는 평가대상 조직은 별표 18과 같으며, 그 구체적인 사항은 「책임운영기관의 설치·운영에 관한 법률」 제10조에 따른 기본운영규정으로 정한다. 〈개정 2019. 7. 1.〉
[전문개정 2018. 3. 30.]

⑮ 문화체육관광부 및 문화재청 소관 비영리법인의 설립 및 감독에 관한 규칙

[시행 2015. 7. 16.] [문화체육관광부령 제212호, 2015. 7. 16., 일부개정]

제1조(목적) 이 규칙은 「민법」의 규정에 의하여 문화체육관광부장관 또는 문화재청장이 주무관청이 되는 비영리법인의 설립 및 감독에 관하여 필요한 사항을 규정함을 목적으로 한다. 〈개정 2005. 6. 4., 2008. 3. 6.〉

제2조(적용범위) 제1조의 규정에 의한 비영리법인(이하 "법인"이라 한다)의 설립허가, 법인 사무의 검사 및 감독 등에 관하여는 다른 법령에 특별히 규정된 것을 제외하고는 이 규칙이 정하는 바에 의한다.

제3조(설립허가의 신청) 「민법」 제32조의 규정에 의하여 법인의 설립허가를 받고자하는 자(이하 "설립발기인"이라 한다)는 별지 제1호서식에 의한 법인설립허가신청서(전자문서로 된 신청서를 포함한다)에 다음 각호의 서류(전자문서를 포함한다)를 첨부하여 문화체육관광부장관 또는 문화재청장(권한의 위임이 있는 경우에는 그 위임을 받은 특별시장·광역시장·특별자치시장·도지사 및 특별자치도지사를 말한다. 이하 "주무관청"이라 한다)에게 제출하여야 한다. 이 경우 주무관청은 「전자정부법」 제21조제1항에 따른 행정정보의 공동이용을 통하여 재산목록에 기재된 재산 중 토지 또는 건물의 등기부 등본을 확인하여야 한다. 〈개정 2005. 6. 4., 2008. 3. 6., 2009. 12. 31., 2015. 7. 16.〉

1. 설립발기인의 성명·생년월일·주소·약력을 적은 서류(설립발기인이 법인인 경우에는 그 명칭, 주된 사무소의 소재지, 대표자의 성명·생년월일·주소와 정관을 적은 서류) 1부

2. 설립하려는 법인의 정관 1부

3. 재산목록(재단법인의 경우에는 기본재산과 운영재산으로 구분하여 적어야 한다) 및 그 증명서류와 출연의 신청이 있는 경우에는 그 사실을 증명하는 서류 각 1부

4. 해당 사업연도분의 사업계획 및 수입·지출 예산을 적은 서류 1부

5. 임원 취임 예정자의 성명·생년월일·주소·약력을 적은 서류 및 취임승낙서 각 1부

6. 창립총회 회의록(설립발기인이 법인인 경우에는 법인 설립에 관한 의사 결정을 증명하는 서류) 1부

제4조(설립허가) ① 주무관청은 법인설립허가신청의 내용이 다음 각호의 기준에 적합한 경우에 한하여 이를 허가한다.

1. 법인의 목적과 사업이 실현 가능할 것

2. 목적하는 사업을 수행할 수 있는 충분한 능력이 있고, 재정적 기초가 확립되어있거나 확립될 수 있을 것

3. 다른 법인과 동일한 명칭이 아닐 것

② 주무관청은 법인설립허가신청을 받은 때에는 특별한 사유가 없는 한 20일 이내에 이를 심사하여 허가 또는 불허가의 처분을 하고, 이를 서면으로 신청인에게 통지하여야 한다. 이 경우 허가를 하는 때에는 별지 제2호서식에 의한 법인설립허가증을 신청인에게 교부하고, 법인설립허가대장에 필요한 사항을 기재하여야 한다.

③ 주무관청은 법인의 설립허가를 하는 때에는 필요한 조건을 붙일 수 있다.

제5조(설립관련 보고) ① 법인의 설립허가를 받은 자는 그 허가를 받은 후 지체없이 제3조 제3호의 규정에 의한 재산을 법인에 이전하고 1월 이내에 그 이전을 증명하는 등기소 또는 금융회사 등의 증명서를 주무관청에 제출하여야 한다. 〈개정 2009. 12. 31.〉

② 법인은 「민법」 제49조 내지 제52조의 규정에 의하여 법인설립 등의 등기를 한 때에는 10일 이내에 등기부등본 1부를 주무관청에 제출하여야 한다. 〈개정 2005. 6. 4.〉

제6조(정관변경의 허가 신청) 「민법」 제42조제2항·동법 제45조제3항 또는 동법 제46조의 규정에 의한 정관변경의 허가를 받고자 하는 법인은 별지 제3호서식에 의한 법인정관변경허가신청서(전자문서로 된 신청서를 포함한다)에 다음 각호의 서류(전자문서를 포함한다)를 첨부하여 주무관청에 제출하여야 한다. 〈개정 2005. 6. 4.〉

1. 변경사유서 1부

2. 개정될 정관(신·구조문대비표를 첨부한다) 1부

3. 정관의 변경에 관계되는 총회 또는 이사회의 회의록 사본 1부

4. 기본재산의 처분에 따른 정관변경의 경우에는 처분의 사유, 처분재산의 목록, 처분의 방법 등을 기재한 서류 1부

제7조 삭제 〈2005. 6. 4.〉

제8조(법인사무의 검사·감독) ① 주무관청은 「민법」 제37조의 규정에 의한 법인사무의 검사 및 감독을 위하여 불가피한 경우에는 법인에게 관계서류·장부기타 참고자료의 제출을 명하거나 소속공무원으로 하여금 법인의 사무 및 재산상황을 검사하게 할 수 있다. 〈개정 2005. 6. 4.〉

② 제1항의 규정에 의하여 법인사무를 검사하는 공무원은 그 자격을 증명하는 증표를 관계인에게 제시하여야 한다.

제9조(설립허가의 취소) 주무관청은 「민법」 제38조의 규정에 의하여 법인의 설립허가를 취소하고자 하는 경우에는 청문을 실시하여야 한다. 〈개정 2005. 6. 4.〉

제10조(해산신고) 법인이 해산한 때(파산에 의한 해산의 경우를 제외한다)에는 그 청산인은 「민법」 제85조제1항의 규정에 의하여 해산등기를 완료한 후 지체없이 별지 제4호서식에 의한 법인해산신고서(전자문서로 된 신고서를 포함한다)에 다음 각호의 서류(전자문서를 포함한다)를 첨부하여 주무관청에 제출하여야 한다. 이 경우 주무관청은 「전자정부법」 제21조제1항에 따른 행정정보의 공동이용을 통하여 법인등기부 등본을 확인하여야 한다. 〈개정 2005. 6. 4., 2009. 12. 31.〉

1. 해산당시의 재산목록 1부
2. 잔여재산의 처분방법의 개요를 기재한 서류 1부
3. 해산당시의 정관 1부
4. 사단법인이 총회의 결의에 의하여 해산한 때에는 당해 결의를 한 총회의 회의록 사본 1부
5. 재단법인의 해산시 이사회의 해산결의가 있는 때에는 당해 결의를 한 이사회의 회의록 사본 1부

제11조(잔여재산처분의 허가) 법인의 이사 또는 청산인이 「민법」 제80조제2항의 규정에 의하여 잔여재산의 처분에 대한 허가를 받고자 하는 때에는 그 처분사유, 처분하고자 하는 재산의 종류·수량·금액 및 처분방법을 기재한 별지 제5호서식의 잔여재산처분허가신청서(전자문서로 된 신청서를 포함한다)를 주무관청에 제출하여야 한다. 〈개정 2005. 6. 4., 2009. 12. 31.〉

제12조(청산종결의 신고) 청산인은 법인의 청산이 종료된 때에는 「민법」 제94조의 규정에 의하여 이를 등기한 후, 별지 제6호서식의 청산종결신고서를 주무관청에 제출하여야 한다. 〈개정 2005. 6. 4., 2009. 12. 31.〉

❶❻ 문화유산과 자연환경자산에 관한 국민신탁법 (약칭: 문화유산신탁법)
[시행 2020. 6. 4.] [법률 제17326호, 2020. 5. 26., 타법개정]

제1장 총칙

제1조(목적) 이 법은 문화유산 및 자연환경자산에 대한 민간의 자발적인 보전·관리 활동을 촉진하기 위하여 문화유산국민신탁 및 자연환경국민신탁의 설립 및 운영 등에 관한 사항과 이에 대한 국가 및 지방자치단체의 지원에 관한 사항을 규정함을 목적으로 한다.

제2조(정의) 이 법에서 사용하는 용어의 정의는 다음과 같다.

1. "국민신탁"이라 함은 제3조의 규정에 따른 국민신탁법인이 국민·기업·단체 등으로부터 기부·증여를 받거나 위탁받은 재산 및 회비 등을 활용하여 보전가치가 있는 문화유산과 자연환경자산을 취득하고 이를 보전·관리함으로써 현세대는 물론 미래세대의 삶의 질을 높이기 위하여 민간차원에서 자발적으로 추진하는 보전 및 관리 행위를 말한다.

2. "문화유산"이라 함은 다음 각 목의 어느 하나에 해당하는 것을 말한다.

   가. 「문화재보호법」 제2조제1항의 규정에 따른 문화재

   나. 가목의 규정에 따른 문화재를 보존·보호하기 위한 보호물 및 「문화재보호법」 제2조제5항의 규정에 따른 보호구역

   다. 가목의 규정에 따른 문화재와 나목의 규정에 따른 보호물 및 보호구역에 준하여 보전할 필요가 있는 것

3. "자연환경자산"이라 함은 다음 각 목의 어느 하나에 해당하는 지역의 토지·습지 또는 그 지역에 서식하는 「야생생물 보호 및 관리에 관한 법률」 제2조제2호에 따른 멸종위기 야생생물을 말한다.

   가. 「자연환경보전법」 제12조제1항 각 호의 규정에 따른 지역

   나. 「습지보전법」 제8조제1항 각 호의 규정에 따른 지역

   다. 「야생생물 보호 및 관리에 관한 법률」 제27조제1항에 따른 멸종위기 야생생물의 보호 및 번식을 위하여 특별히 보전할 필요가 있는 지역과 같은 법 제33조제1항에 따른 야생생물 특별보호구역에 준하여 보호할 필요가 있는 지역

4. "보전재산"이라 함은 국민신탁법인의 재산 중 문화유산 또는 자연환경자산에 해당하

는 것을 말한다.

5. "일반재산"이라 함은 국민신탁법인의 재산 중 보전재산을 제외한 것을 말한다.

제2장 국민신탁법인의 설립 등

제3조(국민신탁법인의 설립) ① 문화유산을 취득하고 이를 보전·관리하기 위하여 문화유산국민신탁을, 자연환경자산을 취득하고 이를 보전·관리하기 위하여 자연환경국민신탁을 각각 설립한다.

② 제1항의 규정에 따른 문화유산국민신탁 및 자연환경국민신탁(이하 "국민신탁법인"이라 한다)은 이를 각각 법인으로 한다.

③ 국민신탁법인은 그 주된 사무소의 소재지에서 설립등기를 함으로써 성립한다.

④ 국민신탁법인은 정관으로 정하는 바에 따라 지방사무소를 둘 수 있다.

제4조(정관) ① 국민신탁법인의 정관에는 다음 각 호의 사항을 기재하여야 한다.

1. 목적
2. 명칭
3. 주된 사무소의 소재지와 지방사무소에 관한 사항
4. 설립 당시의 자산의 종류·상태 및 평가가액
5. 자산의 관리방법과 회계에 관한 사항
6. 총회 및 이사회에 관한 사항
7. 회원의 종류·자격 및 회비에 관한 사항
8. 이사 및 감사의 정수·임기 및 그 임면에 관한 사항
9. 이사의 의결권행사 및 대표권에 관한 사항
10. 정관의 변경에 관한 사항
11. 공고 및 그 방법에 관한 사항
12. 업무감사 및 회계검사에 관한 사항
13. 보전재산의 관리에 관한 사항
14. 제19조의 규정에 따른 보전협약의 요건·내용·절차에 관한 사항
15. 보전재산의 대상에 관한 세부기준
16. 문화유산 또는 자연환경자산의 보전에 이바지한 자의 명예를 위하여 필요한 사항
17. 국민신탁법인의 사무처리를 위한 조직의 설치에 관한 사항

② 국민신탁법인은 정관을 변경하고자 하는 때에는 해당중앙행정기관의 장(문화유산국민신탁의 경우에는 문화재청장을, 자연환경국민신탁의 경우에는 환경부장관을 말한다. 이하 같다)의 인가를 받아야 한다.

제5조(기본계획) ① 국민신탁법인은 이사회의 의결을 거쳐 문화유산 및 자연환경자산의 취득 및 보전·관리를 위한 장기적인 계획(이하 "기본계획"이라 한다)을 10년마다 수립하여야 한다.

② 기본계획에는 다음의 사항이 포함되어야 한다.

1. 문화유산 및 자연환경자산의 취득 및 보전·관리를 위한 목표·추진전략에 관한 사항

2. 보전재산의 기준·분류에 관한 사항

3. 보전재산으로 취득할 필요가 있는 대상물의 조사 및 목록작성에 관한 사항

③ 국민신탁법인은 기본계획을 수립하고자 하는 때에는 미리 해당중앙행정기관의 장과 협의하여야 한다.

④ 국민신탁법인은 기본계획을 수립하고자 하는 때에는 해당 기본계획에 포함되는 사항이 국가의 국방·군사, 농지·산림 또는 개발 등에 관한 정책·사업과 상충되는지 여부에 관하여 미리 관계중앙행정기관의 장과 협의하여야 한다.

⑤ 국민신탁법인은 기본계획을 수립한 때에는 해당중앙행정기관 및 관계중앙행정기관의 장에게 이를 송부하여야 한다.

⑥ 제3항부터 제5항까지의 규정은 기본계획을 변경하고자 하는 경우에 이를 준용한다. 다만, 대통령령으로 정하는 경미한 사항을 변경하는 때에는 그러하지 아니하다.

⑦ 그 밖에 기본계획의 수립 및 시행에 관하여 필요한 사항은 국민신탁법인의 정관으로 정한다.

제6조(시행계획) ① 국민신탁법인은 제5조의 규정에 따라 수립된 기본계획에 따라 연도별 시행계획(이하 "시행계획"이라 한다)을 매년 수립하여야 한다.

② 국민신탁법인은 시행계획과 그 추진실적을 점검·평가하고 그 결과를 다음 기본계획을 수립할 때 반영하여야 한다.

③ 시행계획의 수립 및 변경에 관하여는 제5조제3항부터 제7항까지의 규정을 준용한다.

제6조의2(실태조사) ① 국민신탁법인은 기본계획과 시행계획을 효율적으로 수립·시행하기 위하여 문화유산과 자연환경자산의 취득 및 보전·관리에 대한 실태조사를 할 수 있다.

② 제1항에 따른 실태조사의 범위와 방법 등에 관하여 필요한 사항은 국민신탁법인의 정관으로 정한다.

제7조(보전·관리계획) ① 국민신탁법인은 기본계획 및 시행계획에 따라 전체 보전재산을 구성하는 각각의 문화유산 및 자연환경자산에 대하여 이사회의 의결을 거쳐 보전·관리계획을 수립하여야 한다. 다만, 효율적인 보전·관리를 위하여 필요하다고 인정되는 경우에는 각각의 문화유산 및 자연환경자산을 통합하여 보전·관리계획을 수립할 수 있다.
② 제1항의 규정에 따른 보전·관리계획의 수립 및 시행에 관하여 필요한 사항은 정관으로 정한다.

제8조(문화유산 및 자연환경자산 목록작성 및 공고) ① 국민신탁법인은 대통령령으로 정하는 바에 따라 문화유산 및 자연환경자산의 소유자·점유자 또는 그 대리인과 협의하여 보전할 가치가 있는 문화유산 및 자연환경자산을 매년 조사하여야 한다.
② 국민신탁법인은 제1항의 규정에 따라 조사한 결과를 목록으로 작성하여 공고하여야 한다.

제3장 국민신탁법인의 재산 등

제9조(재산현황의 공개 등) ① 국민신탁법인은 대통령령으로 정하는 바에 따라 보전재산의 목록을 작성하고 이를 비치하여야 한다.
② 국민신탁법인은 회계연도별로 보전재산 및 일반재산의 현황을 작성하고 대통령령으로 정하는 바에 따라 이를 공개하여야 한다.

제10조(재산의 보전 및 운용) ① 국민신탁법인은 보전재산 및 일반재산을 신의에 따라 성실하게 보전·운용하여야 한다.
② 보전재산은 이를 매각·교환·양여·담보 또는 신탁하거나 출자의 목적으로 제공하지 못하며, 이를 위반한 행위는 무효로 한다.
③ 일반재산은 문화유산 및 자연환경자산의 매입 및 보전·관리와 국민신탁법인의 운영에 소요되는 경비 등으로 사용할 수 있다.

제11조(지정기탁재산) ① 문화유산 및 자연환경자산의 매입·보전 또는 관리로 용도를 지정하여 기탁된 현금·유가증권 또는 부동산 등의 재산(이하 "지정기탁재산"이라 한다)은 기탁자와 합의한 경우를 제외하고는 그 용도를 변경할 수 없다. 다만, 기탁자의 사망 등의 사유로 합의할 수 없는 경우에 한정하여 이사회 및 총회의 의결을 거친 때에는 그러하지 아니하다.

② 지정기탁재산은 지정된 용도별로 다른 일반재산과 구분하여 회계처리하여야 한다. 〈개정 2018. 10. 16.〉

제12조(문화유산 및 자연환경자산의 매입) 국민신탁법인은 문화유산 및 자연환경자산을 매입하고자 하는 때에는 이사회의 의결을 거쳐야 한다.

제13조(이용료 및 입장료) 국민신탁법인은 보전재산을 이용하는 사람들에게 대통령령으로 정하는 바에 따라 이용료 또는 입장료를 부과·징수할 수 있다.

제14조(회계 등) ① 국민신탁법인의 회계연도는 정부의 회계연도에 따른다.

② 국민신탁법인은 매 회계연도 종료 전까지 다음 회계연도의 사업계획 및 예산안을 해당중앙행정기관의 장에게 제출하여 승인을 얻어야 한다.

③ 제2항의 규정은 사업계획 또는 예산안을 변경하는 경우에 이를 준용한다. 다만, 대통령령으로 정하는 경미한 사항을 변경하는 때에는 그러하지 아니하다.

④ 국민신탁법인은 회계연도마다 공인회계사 또는 회계법인의 회계감사를 받아 결산서를 작성하여야 한다.

⑤ 국민신탁법인은 사업실적 및 제4항의 규정에 따라 작성된 결산서를 회계연도 종료 후 90일 이내에 해당중앙행정기관의 장에게 제출하여야 한다.

⑥ 국민신탁법인은 제2항부터 제5항까지의 규정에 따른 예산안 및 결산서를 공개하여야 한다.

제15조(조세감면) 국가 또는 지방자치단체는 문화유산 및 자연환경자산의 보전활동을 활성화하기 위하여 국민신탁법인에 출연 또는 기부된 재산과 국민신탁법인에 대하여 조세 관련 법률에서 정하는 바에 따라 조세를 감면할 수 있다.

제16조(재정지원) 국가 및 지방자치단체는 국민신탁법인 또는 국민신탁법인과 제19조의 규정에 따른 보전협약을 체결한 법인·단체에 대하여 예산의 범위 안에서 보전재산의 보전·관리에 직접 소요되는 경비의 일부를 보조할 수 있다.

제4장 국민신탁법인의 기관 등

제17조(총회 및 이사회) ① 국민신탁법인에 회원으로 구성되는 총회를 둔다.

② 다음 각 호의 사항은 총회의 의결을 얻어야 한다.

1. 임원의 선임에 관한 사항

2. 예산 및 결산

3. 기본계획 및 시행계획

4. 정관의 변경에 관한 사항

5. 그 밖에 정관으로 정하는 사항

③ 국민신탁법인에 이사로 구성되는 이사회를 두며, 이사회는 다음 각 호의 사항을 심의·의결한다.

1. 기본계획안의 수립

2. 시행계획안의 수립

3. 보전재산에 대한 보전·관리계획의 수립

4. 보전재산으로 취득하고자 하는 문화유산 및 자연환경자산의 목록

5. 보전재산의 취득·보전 및 관리에 관한 사항

6. 보전재산 및 일반재산의 운용계획

7. 그 밖에 정관으로 정하는 사항

제18조(준용) 국민신탁법인에 관하여 이 법에 규정된 사항을 제외하고는 「민법」중 사단법인에 관한 규정을 준용한다.

제5장 보전협약

제19조(보전협약) ① 국민신탁법인은 문화유산 및 자연환경자산의 효율적인 보전·관리를 위하여 문화유산 및 자연환경자산의 소유자·점유자 또는 대리인과 협약(이하 "보전협약"이라 한다)을 체결하고, 소유자·점유자 또는 대리인이 해당 문화유산 및 자연환경자산을 성실하게 보전·관리할 수 있도록 필요한 지원을 하거나 해당 문화유산 및 자연환경자산을 대차하여 직접 보전활동을 할 수 있다.

② 보전협약의 내용 및 체결방법·절차 등에 관하여 필요한 사항은 정관으로 정한다.

제20조(권리변동의 통지) 국민신탁법인과 보전협약을 체결한 문화유산 및 자연환경자산의 소유자·점유자 또는 대리인은 해당 재산의 권리관계가 변동되었거나 변동될 것으로 예상되는 때에는 그 사실을 지체 없이 국민신탁법인에 통지하여야 한다.

제6장 보칙

제21조(행정계획 등의 협의) ① 관계 중앙행정기관의 장, 시·도지사 및 시장·군수·구청장 (이하 "관계행정기관의 장"이라 한다)은 국민신탁법인의 보전재산에 직접적인 영향을 미치는 행정계획을 수립·확정하거나 개발사업을 허가·인가·승인·면허·결정·지정 등(이하 "허가등"이라 한다)을 하고자 하는 때에는 그 영향을 미리 검토하여 해당중앙행정기관의 장에게 협의를 요청하여야 한다. 다만, 해당 행정계획 또는 개발사업이 「환경영향평가법」 제9조에 따른 전략환경영향평가 대상계획, 같은 법 제22조에 따른 환경영향평가 대상사업 또는 같은 법 제43조에 따른 소규모 환경영향평가 대상사업인 경우에는 환경부장관과의 협의를 생략할 수 있다. 〈개정 2008. 3. 28., 2011. 7. 21.〉

② 제1항 본문의 규정에 따른 협의는 다음 각 호의 구분에 따른 시기에 하여야 한다.

1. 행정계획: 해당 계획의 수립·확정 전

2. 개발사업: 해당 사업의 허가등을 하기 전

③ 관계행정기관의 장이 제1항 본문의 규정에 따라 해당중앙행정기관의 장에게 협의를 요청하는 때에는 미리 해당 행정계획 또는 개발사업에 관한 국민신탁법인의 의견을 조회한 후 그 결과(개발사업의 경우에는 사업시행자가 국민신탁법인의 의견을 조회한 결과를 말한다)를 첨부하여야 한다.

④ 관계행정기관의 장은 제3항의 규정에 따라 조회한 국민신탁법인의 의견을 검토하고 합리적이라고 인정되는 경우에는 이를 해당 행정계획 또는 개발사업에 반영하기 위하여 필요한 조치를 하여야 한다.

⑤ 제1항의 규정에 따른 협의의 절차 등에 관하여 필요한 사항은 대통령령으로 정한다.

제22조(모금) ① 국민신탁법인은 문화유산 및 자연환경자산의 매입·보전·관리를 위하여 필요하다고 인정되는 때에는 해당중앙행정기관의 장의 승인을 얻어 모금을 할 수 있다.

② 국민신탁법인은 모금 목적 외에 기부금품을 사용할 수 없다. 기부금품의 모금을 중단 또는 완료한 때에는 그 결과를 공개하여야 한다.

③ 제1항의 규정에 따라 승인을 요청하는 경우에 필요한 구비서류와 절차 등에 관하여 필요한 사항은 대통령령으로 정한다.

제7장 벌칙

제23조(과태료) ① 다음 각 호의 어느 하나에 해당하는 국민신탁법인에 대하여는 2천만원 이하의 과태료를 부과한다.

1. 제10조제2항의 규정을 위반하여 보전재산을 매각·교환·양여·담보 또는 신탁하거나 출자의 목적으로 제공한 경우

2. 제11조제1항의 규정을 위반하여 지정기탁재산의 용도를 변경한 경우

3. 제22조제2항의 규정을 위반하여 모금한 기부금품을 모금 목적 외에 사용하거나 기부 금품의 모금을 중단 또는 완료한 때 그 결과를 공개하지 아니한 경우

② 제1항의 규정에 따른 과태료는 대통령령으로 정하는 바에 따라 해당중앙행정기관의 장이 부과·징수한다.

③ 삭제 〈2016. 1. 27.〉

④ 삭제 〈2016. 1. 27.〉

⑤ 삭제 〈2016. 1. 27.〉

⑰ 문화유산과 자연환경자산에 관한 국민신탁법 시행령

(약칭: 문화유산신탁법 시행령)

[시행 2016. 6. 23.] [대통령령 제27252호, 2016. 6. 21., 타법개정]

제1조(목적) 이 영은 「문화유산과 자연환경자산에 관한 국민신탁법」에서 위임된 사항과 그 시행에 필요한 사항을 규정함을 목적으로 한다.

제2조(기본계획의 경미한 변경) 「문화유산과 자연환경자산에 관한 국민신탁법」(이하 "법"이라 한다) 제5조제6항 단서에서 "대통령령이 정하는 경미한 사항"이라 함은 다음 각 호의 사항을 말한다.

1. 보전재산의 취득 및 보전·관리에 드는 비용의 산정과 재원의 조달방안에 관한 사항 중에서 총액의 100분의 30 미만을 변경하는 경우
2. 일반재산의 취득·관리 등 운용에 관한 사항을 변경하는 경우
3. 국민신탁법인의 사무처리를 위하여 설치된 사무조직의 운영에 관한 사항을 변경하는 경우
4. 그 밖에 법 제5조제2항 각 호의 어느 하나에 해당되지 아니하는 사항을 변경하는 경우

제3조(시행계획에 포함되어야 할 사항) 법 제6조제1항에 따른 시행계획에는 다음 각 호의 사항이 포함되어야 한다.

1. 문화유산 및 자연환경자산의 취득 및 보전·관리에 관한 당해 연도 목표 및 추진전략에 관한 사항
2. 당해 연도에 보전재산으로 취득할 필요가 있는 대상물의 목록
3. 당해 연도의 보전재산 취득 및 보전·관리에 드는 비용의 산정과 재원의 조달방안에 관한 사항
4. 보전재산의 취득 및 보전·관리사업에 관한 사항
5. 그 밖에 홍보·교육·국제협력 등 주요사업에 관한 사항

제4조(기본계획 및 시행계획의 협의절차) 관계 중앙행정기관의 장은 법 제5조제4항 또는 법 제6조제2항에 따라 기본계획 또는 시행계획의 협의 요청을 받은 날부터 30일 이내에 그 결과를 국민신탁법인에 통보하여야 한다. 다만, 부득이한 사유가 있는 경우에는 그 기간을 10일의 범위 내에서 연장할 수 있다.

제5조(시행계획의 경미한 변경) 법 제6조제2항에 따라 준용되는 법 제5조제6항 단서에서

"대통령령이 정하는 경미한 사항"이라 함은 다음 각 호의 사항을 말한다.

1. 당해 연도의 보전재산의 취득 및 보전·관리에 드는 비용의 산정과 재원의 조달방안에 관한 사항 중에서 총액의 100분의 30 미만을 변경하는 경우
2. 당해 연도의 일반재산의 취득·관리 등 운용에 관한 사항을 변경하는 경우
3. 그 밖에 제3조제1호 또는 제2호에 해당되지 아니하는 사항을 변경하는 경우

제6조(문화유산 및 자연환경자산의 조사내용 및 방법) ① 법 제8조제1항에 따른 문화유산 및 자연환경자산의 조사내용은 다음 각 호와 같다.

1. 문화유산의 경우
   가. 문화유산의 명칭·위치·면적·재산현황
   나. 문화유산의 작자·유래
   다. 문화유산의 재료·품질·구조·형식·크기·형태
   라. 문화유산 주변토지의 이용현황
   마. 문화유산의 주변 환경보전상황
   바. 그 밖에 문화유산의 보전을 위하여 특별히 조사할 필요가 있다고 국민신탁법인이 정관으로 정하는 사항
2. 자연환경자산의 경우
   가. 자연환경자산의 명칭·위치·면적·재산현황
   나. 지형·지질·자연경관의 특수성
   다. 자연생태현황(식생현황, 멸종위기 야생동·식물 및 국내 고유생물종의 서식현황을 포함한다)
   라. 토양의 특성
   마. 그 밖에 자연환경자산의 보전을 위하여 특별히 조사할 필요가 있다고 국민신탁법인이 정관으로 정하는 사항

② 법 제8조제1항에 따른 문화유산 또는 자연환경자산의 조사방법은 직접 현지를 조사하는 것을 원칙으로 하되, 청문·자료·문헌 등을 통한 간접조사의 방법에 의할 수 있다.

제7조(문화유산 및 자연환경자산의 목록작성 및 공고) 국민신탁법인은 법 제8조제2항에 따른 조사결과를 별지 제1호서식에 따라 작성하여 해당중앙행정기관의 장(문화유산국민신탁의 경우에는 문화재청장을 말하고 자연환경국민신탁의 경우에는 환경부장관을 말한다. 이하 같다)에게 제출하고 일반인에게 공고하여야 한다.

제8조(재산현황의 공개 등) ① 국민신탁법인은 법 제9조제1항에 따른 보전재산의 목록을

별지 제2호서식에 따라 작성하여 그 주된 사무소에 비치하여야 한다.

② 국민신탁법인은 법 제9조제2항에 따라 보전재산 및 일반재산의 현황을 별지 제3호서식에 따라 작성하여 그 주된 사무소에 비치하여야 한다.

③ 국민신탁법인은 제2항에 따라 작성한 보전재산 및 일반재산의 현황을 인터넷 등을 통하여 공개하여야 한다.

제9조(이용료 또는 입장료의 징수) ① 국민신탁법인은 법 제13조에 따른 이용료 또는 입장료를 정하려는 경우에는 해당중앙행정기관의 장의 승인을 얻어야 한다.

② 제1항에 따른 보전재산의 이용료 또는 입장료는 보전재산의 취득 및 보전·관리에 드는 비용을 고려하여 정한다.

③ 다음 각 호의 어느 하나에 해당하는 자에 대하여는 제1항의 이용료 또는 입장료를 징수하지 아니한다. 〈개정 2009. 6. 26., 2016. 6. 21.〉

1. 6세 이하 또는 65세 이상인 자
2. 「장애인복지법」에 따른 장애인
3. 「국가유공자 등 예우 및 지원에 관한 법률 시행령」 제86조제1항 각 호의 어느 하나에 해당하는 자
4. 「5·18민주유공자예우에 관한 법률 시행령」 제52조제1항 각 호의 어느 하나에 해당하는 자
5. 「참전유공자 예우 및 단체설립에 관한 법률」에 따른 참전유공자
6. 공무수행을 위하여 그 시설을 이용하는 자
7. 그 밖에 국민신탁법인이 정관으로 그 출입을 인정하는 자

④ 국민신탁법인은 제1항에 따른 이용료 또는 입장료를 징수하려는 경우에는 시설의 입구 등에 이용료 또는 입장료에 관한 안내판을 설치하여야 한다.

제10조(사업계획 또는 예산안의 경미한 변경) 법 제14조제3항 단서에서 "대통령령이 정하는 경미한 사항"이라 함은 다음 각 호와 같다.

1. 사업계획: 예산안의 변경을 수반하지 아니하는 사항
2. 예산: 예산액의 100분의 30 미만을 변경하는 사항

제11조(예산안 및 결산서의 공개) 국민신탁법인은 법 제14조제6항에 따라 예산안은 회계연도 개시 후 1개월 이내에, 결산서는 회계연도 종료 후 4개월 이내에 인터넷 등을 통하여 공개하여야 한다.

제12조(보전협약 체결현황의 공개) 국민신탁법인은 법 제19조제1항에 따라 보전협약을 체

결한 문화유산 및 자연환경자산의 현황을 협약체결일부터 1개월 이내에 인터넷 등을 통하여 공개하여야 한다.

제13조(권리변동의 통지내용) 법 제20조에 따른 권리변동의 통지에는 다음 각 호의 내용이 포함되어야 한다.

1. 국민신탁법인과 보전협약을 체결한 당해 재산(이하 이 조에서 "당해 재산"이라 한다)의 소재지·면적 및 권리내용
2. 보전협약을 체결한 당시의 소유자·점유자 또는 대리인의 성명·주소 및 전화번호
3. 당해 재산의 권리관계의 변동사유·변동일 또는 변동예정일
4. 당해 재산의 새로운 소유자·점유자 또는 대리인의 성명·주소 및 전화번호(권리관계가 변동된 경우에 한한다)
5. 당해 재산의 권리관계 변동사실을 증빙할 수 있는 서류의 사본(권리관계가 변동된 경우에 한한다)

제14조(행정계획 등의 협의절차) ① 법 제21조제1항에 따라 관계행정기관의 장이 해당중앙행정기관의 장에게 협의를 요청하는 경우에는 다음 각 호의 내용이 포함된 서류를 제출하여야 한다.

1. 행정계획 또는 개발사업의 목적·필요성·사업기간·소요예산·추진절차 등 관계법령에 따라 당해 사업계획에 포함되어야 하는 내용
2. 대상지역 토지의 지번·지목·면적·소유자
3. 행정계획 또는 개발사업으로 인해 영향을 받게 되는 보전재산의 명칭, 지번, 지목 및 면적
4. 법 제21조제3항에 따라 실시한 국민신탁법인의 의견 조회결과 및 반영내용

② 관계행정기관의 장은 제1항에 따라 협의를 요청하는 경우에는 협의요청서류 10부와 그 내용을 수록한 디스켓 또는 시디롬(CD-ROM) 등 전산보조기억매체 1장을 해당중앙행정기관의 장에게 제출하여야 한다.

제15조(모금의 승인 및 실적보고 등) ① 국민신탁법인은 법 제22조제1항에 따라 모금의 승인을 얻으려는 때에는 다음 각 호의 서류를 갖추어 모금개시일 1개월 이전에 해당중앙행정기관의 장에게 제출하여야 한다.

1. 모금목적 및 그 사용계획·모금지역·모금기간·모금예정총액 등이 기재된 모금계획서
2. 모금비용의 예정액 명세와 충당방법

② 국민신탁법인은 모금이 중단되거나 완료하는 때에는 해당중앙행정기관의 장에게 모

금실적보고서를 지체 없이 제출하고 인터넷 등을 통하여 공개하여야 한다.

제16조(과태료의 부과·징수) ① 해당중앙행정기관의 장은 법 제23조제2항에 따라 과태료를 부과하려는 때에는 그 위반행위를 조사·확인한 후 위반사실·이의방법·이의기관을 서면으로 명시하여 이를 납부할 것을 과태료처분대상자에게 통지하여야 한다.

② 해당중앙행정기관의 장은 제1항에 따라 과태료를 부과하려는 때에는 10일 이상의 기간을 정하여 과태료처분대상자에게 구술 또는 서면에 따른 의견제출의 기회를 주어야 한다. 이 경우 의견제출이 없는 경우에는 의견이 없는 것으로 본다.

③ 해당중앙행정기관의 장은 과태료의 금액을 정하려는 때에는 그 위반행위의 동기와 결과 등을 고려하여야 한다.

④ 과태료는 수입징수관의 사무처리에 관한 절차에 따라 징수한다. 이 경우 납입고지서에는 이의방법 및 이의기간 등을 함께 기재하여야 한다.

⑱ 고도 보존 및 육성에 관한 특별법 (약칭: 고도육성법)

[시행 2020. 5. 27.] [법률 제16596호, 2019. 11. 26., 타법개정]

제1장 총칙

제1조(목적) 이 법은 우리 민족의 문화적 자산인 고도(古都)의 역사문화환경을 효율적으로 보존·육성함으로써 고도의 정체성을 회복하고 주민의 생활을 개선하여 고도를 활력 있는 역사문화도시로 조성하는 데 기여함을 목적으로 한다.

[전문개정 2011. 7. 21.]

제2조(정의) 이 법에서 사용하는 용어의 뜻은 다음과 같다. 〈개정 2011. 7. 21., 2015. 3. 27.〉

1. "고도"란 과거 우리 민족의 정치·문화의 중심지로서 역사상 중요한 의미를 지닌 경주·부여·공주·익산, 그 밖에 제7조의 절차를 거쳐 대통령령으로 정하는 지역을 말한다.
2. "고도의 역사문화환경"이란 고도의 생성·발전 과정의 배경이 되는 자연환경과 역사적 의의를 갖는 유형·무형의 문화유산 등 고도를 구성하고 있는 일체의 요소를 말한다.
3. "고도보존육성사업"이란 제8조에 따른 고도보존육성기본계획에 따라 고도의 역사문화환경을 보존·육성하기 위하여 시행하는 사업(이하 "보존육성사업"이라 한다)을 말한다.
4. "주민지원사업"이란 제8조에 따른 고도보존육성기본계획에 따라 제10조에 따른 지정지구에 거주하는 주민의 생활환경을 개선하고 복리를 증진하기 위하여 시행하는 사업을 말한다.

[전문개정 2007. 12. 21.]

제3조(국가와 지방자치단체의 책무) 국가와 지방자치단체는 고도의 역사문화환경을 보존하기 위하여 노력하여야 한다. 〈개정 2011. 7. 21.〉

[전문개정 2007. 12. 21.]

제4조(다른 법률에 따른 계획과의 관계) 이 법에 따른 고도보존육성기본계획은 다른 법률에 따른 보존 및 개발계획보다 우선한다. 다만, 「국토기본법」 제6조에 따른 계획으로서 대통령령으로 정하는 계획 및 군사에 관한 계획에 대하여는 우선하지 아니한다. 〈개정 2011. 7. 21.〉

[전문개정 2007. 12. 21.]

제5조(고도보존육성중앙심의위원회) ① 다음 각 호의 사항을 심의하고 보존육성사업과 주민지원사업을 효율적으로 추진하기 위하여 문화재청에 고도보존육성중앙심의위원회(이하 "중앙심의위원회"라 한다)를 둔다. 〈개정 2011. 7. 21.〉

1. 제7조에 따른 고도의 지정에 관한 사항
2. 제8조에 따른 고도보존육성기본계획에 관한 사항
3. 제10조에 따른 지구의 지정·해제 또는 변경에 관한 사항
4. 제11조제1항에 따른 역사문화환경 특별보존지구에서의 행위 허가에 관한 사항
5. 제15조에 따른 사업시행자 지정에 관한 사항
6. 그 밖에 보존육성사업과 주민지원사업에 필요한 사항으로서 대통령령으로 정하는 사항

② 중앙심의위원회는 위원장 1명, 부위원장 2명을 포함한 20명 이내의 위원으로 구성한다. 〈개정 2011. 7. 21.〉

③ 중앙심의위원회의 위원장은 문화재청장이 되고 부위원장은 국토교통부장관과 문화재청장이 각각 지명하는 고위공무원단에 속하는 공무원이 된다. 〈개정 2009. 5. 8., 2011. 7. 21., 2013. 3. 23.〉

④ 중앙심의위원회의 위원은 다음 각 호의 어느 하나에 해당하는 사람 중에서 문화재청장이 임명하거나 위촉한다. 이 경우 기획재정부장관, 행정안전부장관 및 문화체육관광부장관이 각각 지명하는 공무원은 당연직 위원으로 한다. 〈신설 2009. 5. 8., 2011. 7. 21., 2013. 3. 23., 2014. 11. 19., 2017. 7. 26.〉

1. 관계 중앙행정기관의 장이 지명하는 고위공무원단에 속하는 공무원
2. 고도를 관할하는 광역 지방자치단체의 장이 지명하는 2급·3급 또는 이에 상당하는 공무원
3. 문화재에 관한 학식과 경험이 풍부한 사람 2명 이상
4. 도시계획에 관한 학식과 경험이 풍부한 사람으로서 국토교통부장관이 추천하는 사람 2명 이상

⑤ 중앙심의위원회의 업무를 효율적으로 지원하고 전문적인 조사·연구업무를 수행하기 위하여 필요하다고 인정되는 때에는 예산의 범위에서 전문위원을 둘 수 있다. 〈신설 2016. 5. 29.〉

⑥ 그 밖에 중앙심의위원회의 조직과 운영, 전문위원의 임명 등에 필요한 사항은 대통령령으로 정한다. 〈개정 2009. 5. 8., 2011. 7. 21., 2016. 5. 29.〉

[전문개정 2007. 12. 21.]
[제목개정 2011. 7. 21.]

제5조의2(고도보존육성지역심의위원회) ① 고도의 보존·육성에 관한 다음 각 호의 사항을 심의하기 위하여 해당 특별자치시·특별자치도 또는 시·군·구(자치구를 말한다. 이하 같다)에 고도보존육성지역심의위원회(이하 "지역심의위원회"라 한다)를 둔다. 〈개정 2015. 3. 27., 2016. 5. 29.〉

1. 제8조의2제1항에 따른 고도보존육성시행계획에 관한 사항
2. 제11조제3항에 따른 역사문화환경 보존육성지구에서의 행위 허가에 관한 사항
3. 그 밖에 고도의 역사문화환경 보존·육성 및 주민지원을 위하여 필요하다고 인정하여 조례로 정하는 사항

② 지역심의위원회는 위원장 1명을 포함한 15명 이내의 위원으로 구성한다.

③ 지역심의위원회의 위원은 다음 각 호에 해당하는 사람 중에서 해당 특별자치시장·특별자치도지사 또는 시장·군수·구청장(자치구의 구청장을 말한다. 이하 같다)이 위촉하며, 위원장은 위원 중에서 호선한다. 〈개정 2015. 3. 27.〉

1. 특별자치시·특별자치도 또는 시·군·구 의회가 추천하는 2명 이내의 지방의회의원
2. 특별자치시·특별자치도 또는 시·군·구 의회가 추천하는 4명 이내의 지역주민대표
3. 문화재, 경관 및 도시계획 관련 전문가 각 3명 이내

④ 지역심의위원회의 업무를 효율적으로 지원하고 전문적인 조사·연구업무를 수행하기 위하여 필요하다고 인정되는 때에는 예산의 범위에서 전문위원을 둘 수 있다. 〈신설 2016. 5. 29.〉

⑤ 그 밖에 지역심의위원회의 구성과 운영, 전문위원의 임명 등에 필요한 사항은 특별자치시·특별자치도 또는 시·군·구 조례로 정한다. 〈개정 2015. 3. 27., 2016. 5. 29.〉
[본조신설 2011. 7. 21.]

제5조의3(위원의 결격사유) 다음 각 호의 어느 하나에 해당하는 사람은 중앙심의위원회 및 지역심의위원회 위원이 될 수 없다. 〈개정 2016. 5. 29.〉

1. 피성년후견인·피한정후견인
2. 파산선고를 받은 사람으로서 복권되지 아니한 사람
3. 금고 이상의 형의 선고를 받고 그 집행이 종료(집행이 종료된 것으로 보는 경우를 포함한다)되거나 집행이 면제된 날부터 2년이 경과하지 아니한 사람
4. 금고 이상의 형의 집행유예를 선고받고 그 유예기간 중에 있는 사람
5. 법원의 판결 또는 법률에 의하여 자격이 정지된 사람
[본조신설 2011. 7. 21.]

제2장 고도의 지정 등

제6조(타당성조사 및 기초조사) ① 문화재청장, 특별시장·광역시장·도지사(이하 "시·도지사"라 한다), 특별자치시장·특별자치도지사 또는 시장·군수·구청장은 고도로 지정하는 것을 검토할 필요가 있는 지역에 대하여 타당성조사를 할 수 있다. 〈개정 2016. 5. 29.〉

② 문화재청장, 시·도지사, 특별자치시장·특별자치도지사 또는 시장·군수·구청장은 제8조제1항에 따라 고도보존육성기본계획을 수립·변경하여야 하는 지역에 대하여 기초조사를 할 수 있다. 〈개정 2016. 5. 29.〉

③ 문화재청장은 제1항 및 제2항에 따른 조사를 할 때에 필요하면 관할 시·도지사, 특별자치시장·특별자치도지사 또는 시장·군수·구청장에게 해당 조사를 실시하도록 하고 그 결과를 요청할 수 있다. 〈개정 2016. 5. 29.〉

④ 제1항 및 제2항에 따른 조사에 관한 계획의 수립과 방법·절차 등에 필요한 사항은 대통령령으로 정한다.

[전문개정 2015. 3. 27.]

제7조(고도의 지정 등) ① 문화재청장이 제6조제1항에 따른 타당성조사 결과에 따라 고도로 지정하기 위해서는 중앙심의위원회의 심의 절차를 거쳐야 한다. 〈개정 2015. 3. 27., 2016. 5. 29.〉

② 시·도지사, 특별자치시장·특별자치도지사 또는 시장·군수·구청장은 문화재청장에게 고도의 지정을 요청할 수 있다. 이 경우 시장·군수·구청장은 고도의 지정을 요청하기 전에 관할 시·도지사와 협의하여야 하고, 시·도지사는 고도의 지정을 요청하기 전에 해당 시장·군수·구청장의 의견을 들어야 한다. 〈개정 2015. 3. 27., 2016. 5. 29.〉

③ 고도의 지정 및 지정요청의 방법, 절차 및 협의 등에 필요한 사항은 대통령령으로 정한다. 〈개정 2011. 7. 21., 2015. 3. 27.〉

[전문개정 2007. 12. 21.]

[제목개정 2015. 3. 27.]

제8조(고도보존육성기본계획의 수립 등) ① 문화재청장이 고도를 지정하면 해당 시장·군수·구청장은 관할 시·도지사와 협의하여 고도보존육성기본계획(이하 "기본계획"이라 한다)을 수립한 후 관할 시·도지사를 거쳐 문화재청장의 승인을 받아야 하고, 해당 특별자치시장·특별자치도지사는 기본계획을 수립한 후 문화재청장의 승인을 받아야 한다. 이를 변경하는 경우에도 또한 같다. 〈개정 2015. 3. 27., 2016. 5. 29.〉

② 기본계획에는 다음 각 호의 사항이 포함되어야 한다.

1. 고도의 역사문화환경 보존·육성에 관한 사항

2. 제10조에 따른 지구의 지정·해제 또는 변경에 관한 사항

3. 고도의 문화예술 진흥 및 문화시설의 설치·운영에 관한 사항

4. 고도의 관광산업 진흥 및 기반조성에 관한 사항

5. 고도의 홍보 및 국제교류에 관한 사항

6. 제10조에 따른 지정지구에서 토지와 건물 등의 보상에 관한 사항

7. 제17조의2에 따른 주민지원사업에 관한 사항

8. 제18조에 따른 이주대책에 관한 사항

9. 보존육성사업 및 주민지원사업을 위한 재원확보에 관한 사항

10. 그 밖에 고도의 보존·육성 및 주민지원에 필요한 사항으로서 대통령령으로 정하는 사항

③ 문화재청장은 제1항에 따라 기본계획을 승인하려면 관계 중앙행정기관의 장과 협의한 후 중앙심의위원회의 심의를 거쳐야 하며, 필요하면 주민의견을 들을 수 있다. 〈개정 2016. 5. 29.〉

④ 문화재청장은 기본계획을 승인하면 관계 중앙행정기관의 장, 관할 시·도지사, 해당 특별자치시장·특별자치도지사 또는 시장·군수·구청장에게 관계 서류를 송부하여야 하며, 관계 서류를 받은 특별자치시장·특별자치도지사 또는 시장·군수·구청장은 지체 없이 그 계획을 공고하고 일반인이 열람할 수 있도록 하여야 한다. 〈개정 2015. 3. 27., 2016. 5. 29.〉

[전문개정 2011. 7. 21.]

제8조의2(고도보존육성시행계획의 수립 등) ① 제15조에 따른 사업시행자는 기본계획에 따라 관할 시·도지사 또는 특별자치시장·특별자치도지사와 협의(특별자치시장 또는 특별자치도지사가 사업시행자인 경우에는 제외한다)하고 지역심의위원회의 심의를 거쳐 고도보존육성시행계획(이하 "시행계획"이라 한다)을 수립한 후 문화재청장의 승인을 받아야 한다. 〈개정 2015. 3. 27., 2016. 5. 29.〉

② 문화재청장은 시행계획을 승인하면 관계 중앙행정기관의 장, 관할 시·도지사, 해당 특별자치시장·특별자치도지사 또는 시장·군수·구청장에게 관계 서류를 송부하여야 하며, 관계 서류를 받은 특별자치시장·특별자치도지사 또는 시장·군수·구청장은 지체 없이 그 계획을 공고하고 일반인이 열람할 수 있도록 하여야 한다. 〈개정 2015. 3. 27.,

2016. 5. 29.〉

③ 시행계획을 변경하거나 폐지하는 경우에는 제1항을 준용한다. 다만, 문화체육관광부령으로 정하는 경미한 사항을 변경하는 경우에는 시·도지사 또는 특별자치시장·특별자치도지사와의 협의, 지역심의위원회 심의 및 제9조에 따른 의견청취절차를 거치지 아니할 수 있다. 〈개정 2015. 3. 27.〉

④ 그 밖에 시행계획의 수립·시행에 필요한 사항은 대통령령으로 정한다.

[본조신설 2011. 7. 21.]

제9조(주민 등의 의견청취) ① 문화재청장, 특별자치시장·특별자치도지사 또는 시장·군수·구청장은 다음 각 호의 어느 하나에 해당하면 해당 고도의 주민과 관계 전문가 등으로부터 의견을 들어야 하고, 그 의견이 타당하다고 인정하면 이를 반영하여야 한다. 〈개정 2015. 3. 27., 2016. 5. 29.〉

1. 제7조에 따라 고도를 지정하거나 고도의 지정을 요청하는 경우

2. 기본계획 또는 시행계획을 수립하거나 변경하는 경우

3. 제10조에 따라 지구를 지정·해제 또는 변경하는 경우

② 제1항에 따른 의견청취에 필요한 사항은 대통령령으로 정한다.

[전문개정 2011. 7. 21.]

제10조(지구의 지정 등) ① 문화재청장은 기본계획을 승인하면 기본계획의 시행을 위하여 중앙심의위원회의 심의를 거쳐 대통령령으로 정하는 바에 따라 고도에 다음 각 호의 지구(이하 "지정지구"라 한다)를 지정할 수 있다. 〈개정 2016. 5. 29.〉

1. 역사문화환경 보존육성지구(이하 "보존육성지구"라 한다): 고도의 원형을 보존하기 위하여 추가적인 조사가 필요한 지역이나 역사문화환경 특별보존지구 주변의 지역 등 고도의 역사문화환경을 보존·육성할 필요가 있는 지역

2. 역사문화환경 특별보존지구(이하 "특별보존지구"라 한다): 고도의 역사문화환경 보존에 핵심이 되는 지역으로 그 원형을 보존하거나 원상이 회복되어야 하는 지역

② 문화재청장은 다음 각 호의 어느 하나에 해당하면 중앙심의위원회의 심의를 거쳐 지정지구를 해제하거나 변경할 수 있다. 〈개정 2015. 3. 27., 2016. 5. 29.〉

1. 지구의 지정이 필요 없게 된 경우

2. 지구의 지정내용에 변경 사유가 발생한 경우

3. 시·도지사, 특별자치시장·특별자치도지사 또는 시장·군수·구청장의 요청이 있는 경우

③ 문화재청장은 고도의 역사문화환경을 효율적으로 보존·육성하기 위하여 필요하면

대통령령으로 정하는 바에 따라 지정지구를 다시 세분하여 지정하거나 변경할 수 있다. 〈개정 2016. 5. 29.〉

④ 문화재청장은 제1항부터 제3항까지의 규정에 따라 지구를 지정·해제 또는 변경하면 대통령령으로 정하는 바에 따라 고시하고, 관할 시·도지사, 해당 특별자치시장·특별자 치도지사 또는 시장·군수·구청장에게 관계 서류의 사본을 송부하여야 한다. 이 경우 지형도면 고시 등에 관하여는 「토지이용규제 기본법」 제8조에 따르고, 관계 서류의 사본을 송부 받은 특별자치시장·특별자치도지사 또는 시장·군수·구청장은 지체 없이 일반인이 열람할 수 있도록 하여야 하며, 그 내용을 「국토의 계획 및 이용에 관한 법률」에 따른 도시·군기본계획 및 도시·군관리계획에 반영하여야 한다. 〈개정 2015. 3. 27., 2016. 5. 29.〉

[전문개정 2011. 7. 21.]

제11조(지정지구에서의 행위제한) ① 특별보존지구에서는 다음 각 호의 어느 하나에 해당하는 행위를 할 수 없다. 다만, 대통령령으로 정하는 바에 따라 중앙심의위원회의 심의를 거쳐 문화재청장의 허가를 받은 행위는 할 수 있다. 〈개정 2008. 2. 29., 2011. 7. 21., 2016. 5. 29.〉

1. 건축물이나 각종 시설물의 신축·개축·증축·이축 및 용도 변경
2. 택지의 조성, 토지의 개간 또는 토지의 형질 변경
3. 수목(樹木)을 심거나 벌채 또는 토석류(土石類)의 채취·적치(積置)
4. 도로의 신설·확장 및 포장
5. 그 밖에 고도의 역사문화환경의 보존에 영향을 미치거나 미칠 우려가 있는 행위로서 대통령령으로 정하는 행위

② 제1항 단서에도 불구하고 대통령령으로 정하는 경미한 행위와 제8항에 따라 대통령령으로 정하는 허가 기준에 부합하는 행위는 문화재청장이 중앙심의위원회의 심의를 거치지 아니하고 허가할 수 있다. 〈신설 2016. 5. 29.〉

③ 보존육성지구 안에서 다음 각 호의 어느 하나에 해당하는 행위를 하려는 자는 대통령령으로 정하는 바에 따라 지역심의위원회의 심의를 거쳐 해당 특별자치시장·특별자치도지사 또는 시장·군수·구청장의 허가를 받아야 한다. 〈개정 2011. 7. 21., 2015. 3. 27., 2016. 5. 29.〉

1. 건축물이나 각종 시설물의 신축·개축·증축 및 이축
2. 택지의 조성, 토지의 개간 또는 토지의 형질변경

3. 수목을 심거나 벌채 또는 토석류의 채취

4. 도로의 신설·확장

5. 그 밖에 고도의 역사문화환경 보존·육성에 영향을 미치는 행위로서 대통령령으로 정하는 행위

④ 제3항에도 불구하고 대통령령으로 정하는 경미한 행위와 제8항에 따라 대통령령으로 정하는 허가 기준에 부합하는 행위는 해당 특별자치시장·특별자치도지사 또는 시장·군수·구청장이 지역심의위원회의 심의를 거치지 아니하고 허가할 수 있다. 〈신설 2016. 5. 29.〉

⑤ 제3항에도 불구하고 건조물의 외부형태를 변경시키지 아니하는 내부시설의 개·보수 등 대통령령으로 정하는 행위는 특별자치시장·특별자치도지사 또는 시장·군수·구청장의 허가를 받지 아니하고 할 수 있다. 〈개정 2015. 3. 27., 2016. 5. 29.〉

⑥ 문화재청장, 특별자치시장·특별자치도지사 또는 시장·군수·구청장은 제1항 또는 제3항에 따른 허가신청을 받은 날부터 30일 이내에 허가 여부 또는 허가처리 지연 사유를 통지하여야 한다. 이 경우 그 기한 내에 허가 여부 또는 허가처리 지연 사유를 통지하지 아니하면 그 기한이 종료된 다음 날에 허가한 것으로 본다. 〈신설 2011. 7. 21., 2015. 3. 27., 2016. 5. 29.〉

⑦ 문화재청장, 특별자치시장·특별자치도지사 또는 시장·군수·구청장이 제6항에 따라 허가처리 지연 사유를 통지하는 경우에는 제6항에 따른 허가처리 기한을 15일 이내에서 연장할 수 있다. 〈신설 2011. 7. 21., 2015. 3. 27., 2016. 5. 29.〉

⑧ 문화재청장은 제1항 및 제3항의 각 호에 해당하는 행위에 대한 구체적인 허가 기준을 대통령령으로 정하여야 한다. 다만, 특별자치시장·특별자치도지사 또는 시장·군수·구청장은 지정지구의 특성에 따라 허가 기준을 다르게 정할 필요가 있으면 문화재청장과 협의한 후 대통령령으로 정하는 바에 따라 조례로 정할 수 있다. 〈신설 2011. 7. 21., 2015. 3. 27., 2016. 5. 29.〉

⑨ 제1항 및 제3항에 따라 행위허가를 받은 자는 허가받은 사항의 착수·변경 또는 완료한 사실을 대통령령으로 정하는 바에 따라 허가권자에게 신고하여야 한다. 〈신설 2016. 5. 29.〉

[전문개정 2007. 12. 21.]

[제목개정 2009. 5. 8.]

제11조의2(「문화재보호법」에 따른 행위의 제한 등의 적용관계) ① 지정지구와 「문화재보호

법」에 따른 지정문화재 및 그 보호물 또는 보호구역, 같은 법에 따른 등록문화재의 위치 및 같은 법에 따른 임시지정문화재의 위치가 중복되는 지역에서의 제11조제1항부터 제5항까지의 규정에 따른 행위 허가에 관하여는 제11조제1항부터 제5항까지의 규정에도 불구하고 「문화재보호법」에 따른다. 〈개정 2016. 5. 29.〉

② 지정지구와 「문화재보호법」 제13조에 따른 역사문화환경 보존지역의 위치가 중복되는 지역에서의 제11조제1항부터 제5항까지의 규정에 따른 행위 허가에 관하여는 「문화재보호법」 제13조를 적용하지 아니한다. 〈개정 2016. 5. 29.〉

[본조신설 2011. 7. 21.]

제12조(인·허가 등의 의제) ① 제15조에 따른 사업시행자가 시행계획의 승인을 받거나 제11조제1항부터 제4항까지에 따른 허가를 받은 경우에는 다음 각 호의 허가·인가·승인·협의·신고·해제·동의·결정 등(이하 "허가등"이라 한다)에 관하여 제2항에 따라 문화재청장, 특별자치시장·특별자치도지사 또는 시장·군수·구청장이 관계 행정기관의 장과 미리 협의한 사항에 대하여는 그 허가등을 받은 것으로 본다. 〈개정 2008. 3. 21., 2008. 12. 31., 2009. 6. 9., 2011. 7. 21., 2014. 1. 14., 2015. 3. 27., 2016. 5. 29., 2016. 12. 27., 2017. 2. 8.〉

1. 「초지법」 제21조의2에 따른 토지의 형질변경 등의 허가 및 같은 법 제23조에 따른 초지전용(轉用) 허가

2. 「산림자원의 조성 및 관리에 관한 법률」 제36조제1항·제4항에 따른 입목벌채등의 허가·신고, 「산림보호법」 제9조제1항 및 제2항제1호·제2호에 따른 산림보호구역(산림유전자원보호구역은 제외한다)에서의 행위의 허가·신고와 같은 법 제11조제1항제1호에 따른 산림보호구역의 지정해제

3. 「농지법」 제34조에 따른 농지의 전용허가 또는 협의 및 같은 법 제35조에 따른 농지의 전용신고

4. 「하천법」 제6조에 따른 하천관리청과의 협의 또는 승인, 같은 법 제30조에 따른 하천공사 시행의 허가, 같은 법 제33조에 따른 하천의 점용허가 및 같은 법 제50조에 따른 하천수의 사용허가

5. 「수도법」 제17조·제49조 및 제50조에 따른 수도사업의 인가와 같은 법 제52조 및 제54조에 따른 전용수도 설치의 인가

6. 「체육시설의 설치·이용에 관한 법률」 제12조에 따른 사업계획의 승인

7. 「도로법」 제25조에 따른 도로구역의 결정, 제36조에 따른 도로관리청이 아닌 자에

대한 도로공사 시행의 허가, 같은 법 제61조에 따른 도로의 점용 허가 및 같은 법 제107조에 따른 도로관리청과의 협의 또는 승인

8. 「하수도법」 제16조에 따른 공공하수도공사의 시행허가 및 같은 법 제24조에 따른 공공하수도의 점용허가 및 같은 법 제27조에 따른 배수설비의 설치신고

9. 「택지개발촉진법」 제8조에 따른 택지개발계획의 수립 및 같은 법 제9조에 따른 택지개발사업실시계획의 승인

10. 「사도법」 제4조에 따른 사도개설허가

11. 「사방사업법」 제14조에 따른 벌채 등의 허가 및 같은 법 제20조에 따른 사방지(砂防地) 지정의 해제

12. 「소하천정비법」 제10조에 따른 소하천공사의 시행허가 및 같은 법 제14조에 따른 소하천의 점용허가

13. 「자연공원법」 제23조에 따른 공원구역에서의 행위허가

14. 「도시공원 및 녹지 등에 관한 법률」 제24조에 따른 도시공원의 점용허가, 같은 법 제38조에 따른 녹지 점용허가

15. 「전기사업법」 제7조에 따른 전기사업의 허가 및 같은 법 제62조에 따른 자가용전기설비의 공사계획의 인가 또는 신고

16. 「관광진흥법」 제15조에 따른 사업계획 승인, 같은 법 제52조에 따른 관광지와 관광단지의 지정 및 같은 법 제54조에 따른 조성계획의 승인

17. 「국토의 계획 및 이용에 관한 법률」 제86조에 따른 도시·군계획시설사업의 시행자의 지정 및 같은 법 제88조에 따른 실시계획의 인가

18. 「장사 등에 관한 법률」 제27조에 따른 타인의 토지 등에 설치된 분묘의 개장 허가

19. 「도시개발법」 제11조에 따른 도시개발사업시행자의 지정, 같은 법 제13조에 따른 조합 설립의 인가 및 같은 법 제17조와 제18조에 따른 실시계획의 인가·고시

20. 「도시 및 주거환경정비법」 제50조 및 「빈집 및 소규모주택 정비에 관한 특례법」 제29조에 따른 사업시행계획인가

21. 「골재채취법」 제22조에 따른 골재채취의 허가

22. 「건축법」 제11조·제14조 및 제16조에 따른 건축허가·건축신고 및 허가·신고사항의 변경, 같은 법 제20조에 따른 가설건축물의 허가·신고 및 같은 법 제22조에 따른 건축물의 사용승인

23. 「폐기물관리법」 제29조에 따른 폐기물처리시설의 설치 승인 또는 신고

24. 「농어촌정비법」 제23조에 따른 농업생산기반시설의 사용허가 및 같은 법 제82조에

따른 농어촌 관광휴양단지 사업계획의 승인

25. 「국유재산법」 제30조에 따른 행정재산의 사용허가

26. 「공유재산 및 물품 관리법」 제20조제1항에 따른 사용·수익 허가

② 문화재청장, 특별자치시장·특별자치도지사 또는 시장·군수·구청장이 지정지구에서 제11조제1항부터 제4항까지에 따른 행위의 허가를 할 때 그 사업내용이 제1항 각 호의 어느 하나에 해당하는 경우에는 관계 행정기관의 장(「군사기지 및 군사시설 보호법」 제13조에 따른 행정청의 허가사항에 관한 협의요청을 받은 관할부대장등을 포함한다)과 사전협의를 하여야 한다. 〈개정 2009. 5. 8., 2015. 3. 27., 2016. 5. 29.〉

③ 제2항에 따라 사전협의를 요청받은 관계 행정기관의 장은 사업내용이 관계 법률에 부적합하거나 공익을 현저히 해칠 만한 상당한 사유가 없으면 협의에 응하여야 한다.

④ 제2항 및 제3항에 불구하고 공익상 긴급한 필요가 있고, 제1항 각 호의 사항 중 사업 시행을 위한 중요한 사항에 대한 협의(사실상의 협의를 포함한다)가 있은 경우에는 필요한 모든 사항에 대한 협의가 끝나지 아니하더라도 그 필요한 협의가 완료될 것을 조건으로 제11조제1항부터 제4항까지에 따른 허가를 할 수 있다. 〈신설 2011. 7. 21., 2016. 5. 29.〉

[전문개정 2007. 12. 21.]

제13조(허가의 취소) 문화재청장, 특별자치시장·특별자치도지사 또는 시장·군수·구청장은 제11조제1항부터 제4항까지에 따라 허가를 받은 자가 다음 각 호의 어느 하나에 해당하는 경우에는 허가를 취소할 수 있다. 다만, 제1호에 해당하는 경우에는 허가를 취소하여야 한다. 〈개정 2008. 2. 29., 2015. 3. 27., 2016. 5. 29.〉

1. 거짓이나 그 밖의 부정한 방법으로 허가를 받은 경우

2. 허가사항 또는 허가조건을 위반한 경우

3. 허가사항의 이행이 불가능한 경우

[전문개정 2007. 12. 21.]

제14조(행정 명령) ① 문화재청장, 관할 시·도지사, 특별자치시장·특별자치도지사 또는 시장·군수·구청장은 다음 각 호의 어느 하나에 해당하는 자에게 보존육성사업을 위하여 필요한 범위에서 원상회복을 명하거나 원상회복이 현저히 곤란하다고 인정하는 경우에는 대통령령으로 정하는 바에 따라 그에 상응하는 필요한 조치를 명할 수 있다. 〈개정 2008. 2. 29., 2015. 3. 27., 2016. 5. 29.〉

1. 허가를 받지 아니하고 제11조제1항 각 호의 어느 하나 또는 제3항 각 호의 어느 하나에 해당하는 행위를 한 자

2. 제11조제1항부터 제4항까지에 따른 허가사항을 위반한 자

3. 거짓이나 그 밖의 부정한 방법으로 제11조제1항부터 제4항까지에 따른 허가를 받은 자

② 문화재청장, 특별자치시장·특별자치도지사 또는 시장·군수·구청장은 제1항 각 호의 어느 하나에 해당하는 자가 제1항에 따른 명령을 이행하지 아니하면 「행정대집행법」에 따라 이를 대집행할 수 있다. 〈개정 2008. 2. 29., 2015. 3. 27., 2016. 5. 29.〉

[전문개정 2007. 12. 21.]

제3장 보존육성사업 등 〈개정 2015. 3. 27.〉

제15조(사업시행자) 보존육성사업 및 주민지원사업은 기본계획의 승인을 받은 지방자치단체의 장 또는 해당 지방자치단체의 장이 문화재청장과의 협의와 중앙심의위원회의 심의를 거쳐 사업시행자로 지정하는 자(이하 "사업시행자"라 한다)가 시행한다. 〈개정 2008. 2. 29., 2011. 7. 21., 2015. 3. 27., 2016. 5. 29.〉

[전문개정 2007. 12. 21.]

[제목개정 2011. 7. 21.]

제16조(사업 비용) ① 국가는 예산의 범위에서 보존육성사업 및 주민지원사업에 사용되는 비용의 전부 또는 일부를 부담할 수 있다. 〈개정 2011. 7. 21.〉

② 국가와 지방자치단체는 보존육성사업 및 주민지원사업을 위하여 제8조제2항제9호에 따른 재원을 확보하도록 노력하여야 한다. 〈개정 2011. 7. 21.〉

[전문개정 2007. 12. 21.]

[제목개정 2011. 7. 21.]

제17조(협의 또는 수용에 의한 취득 등) ① 사업시행자는 보존육성사업 및 주민지원사업에 필요한 다음 각 호의 물건 또는 권리(이하 "토지등"이라 한다)를 그 소유자 및 관계인(「공익사업을 위한 토지 등의 취득 및 보상에 관한 법률」 제2조제5호에 따른 관계인을 말한다)과 협의하여 취득 또는 사용할 수 있다.

1. 토지·건축물 또는 그 토지에 정착한 물건

2. 토지·건축물 또는 그 토지에 정착한 물건의 소유권 외의 권리

② 사업시행자는 제1항에 따른 협의가 성립되지 아니하면 지정지구 안에서 보존육성사업 및 주민지원사업에 필요한 토지등을 수용하거나 사용할 수 있다.

③ 사업시행자는 지정지구의 효율적인 관리를 위하여 필요하면 대통령령으로 정하는 지

정지구 밖의 토지등을 협의하여 취득 또는 사용할 수 있다.

④ 제1항부터 제3항까지의 규정에 따른 협의에 의한 취득·사용, 수용 및 사용에 관하여는 「공익사업을 위한 토지 등의 취득 및 보상에 관한 법률」을 준용하며, 제10조에 따른 지구의 지정이 있으면 같은 법 제20조와 제22조에 따른 사업인정 및 사업인정의 고시가 있는 것으로 본다. 이 경우 「공익사업을 위한 토지 등의 취득 및 보상에 관한 법률」 제23조에 따른 사업인정 효력기간은 적용하지 아니한다.

[전문개정 2011. 7. 21.]

제17조의2(주민지원사업) ① 주민지원사업의 종류는 다음 각 호와 같다.

1. 소득증대사업
2. 복리증진사업
3. 주택수리 등 주거환경 개선사업
4. 도로, 주차장, 상하수도 등 기반시설 개선사업
5. 그 밖에 주민의 생활편익, 교육문화사업 등을 위하여 대통령령으로 정하는 사업

② 제1항에 따른 주민지원사업의 시행 절차, 지원대상 및 기준 등에 필요한 사항은 대통령령으로 정한다.

[본조신설 2011. 7. 21.]

제17조의3(주민 재산권 보장 등) 국가 및 지방자치단체의 장은 지정지구에 거주하는 주민의 재산권 보장을 위하여 필요한 행정적·재정적 지원방안을 강구하여야 한다.

[본조신설 2011. 7. 21.]

제17조의4(지정지구의 주민 우선 고용) 특별자치시장·특별자치도지사 또는 시장·군수·구청장은 보존육성사업 및 주민지원사업에 지정지구 내 주민을 우선 고용할 수 있는 방안을 강구하여야 한다. 〈개정 2015. 3. 27.〉

[본조신설 2011. 7. 21.]

제17조의5(사업시행자에 대한 지원) 문화재청장 또는 지방자치단체의 장은 제15조에 따라 지정된 사업시행자에 대하여 재정적·행정적으로 지원할 수 있다. 〈개정 2016. 5. 29.〉

[본조신설 2011. 7. 21.]

제18조(이주대책) ① 사업시행자는 보존육성사업으로 인하여 주거용 건축물을 제공함에 따라 생활의 터전을 잃게 되는 자가 있으면 대통령령으로 정하는 바에 따라 이주대책을 수립하여 시행하여야 한다. 〈개정 2015. 3. 27.〉

② 제1항에 따른 이주대책을 수립·시행하려면 미리 해당 고도를 관할하는 특별자치시장·특별자치도지사 또는 시장·군수·구청장과 협의하여야 한다. 〈개정 2015. 3. 27.〉
③ 제1항에 따른 이주대책의 수립에 관하여는 「공익사업을 위한 토지 등의 취득 및 보상에 관한 법률」 제78조를 준용한다.
[전문개정 2007. 12. 21.]

제19조(토지·건물 등에 관한 매수 청구) ① 다음 각 호의 어느 하나에 해당하는 자는 고도의 역사문화환경 보존·육성을 이유로 제11조제1항부터 제4항까지에 따른 허가를 받지 못하여 본래의 용도로 이용할 수 없게 되면 사업시행자에게 토지·건물 등의 매수를 청구할 수 있다. 〈개정 2011. 7. 21., 2016. 5. 29.〉
1. 지정지구의 지정 이전부터 지정지구 안의 해당 토지·건물 등을 계속 소유한 자
2. 제1호에 따른 소유자로부터 해당 토지·건물 등을 상속받아 소유한 자
3. 지정지구에서 해당 토지·건물 등을 소유한 자로서 대통령령으로 정하는 자
② 사업시행자는 제1항에 따른 매수 청구를 받은 토지·건물 등이 매수대상 기준에 해당하는 때에는 매수하여야 한다. 〈개정 2011. 7. 21.〉
③ 제1항에 따른 매수 청구를 받은 토지·건물 등의 보상액·보상시기·보상방법 및 보상기준 등에 관하여는 「공익사업을 위한 토지 등의 취득 및 보상에 관한 법률」을 준용한다.
④ 제1항과 제2항에 따라 토지·건물 등을 매수하는 경우의 매수대상 기준, 매수 기한, 매수 절차, 그 밖에 필요한 사항은 대통령령으로 정한다. 〈개정 2011. 7. 21.〉
[전문개정 2007. 12. 21.]

제19조의2(각종 부담금의 면제) 제17조의2에 따라 주민지원사업으로 설치되는 공용·공공용 시설 등 대통령령으로 정하는 시설에 대하여는 다음 각 호의 법률에서 정하는 바에 따라 해당 부담금을 면제한다.
1. 「개발이익환수에 관한 법률」에 따른 개발부담금
2. 「농지법」 제38조에 따른 농지보전부담금
3. 「초지법」 제23조에 따른 대체초지조성비
4. 「공유수면 관리 및 매립에 관한 법률」 제13조에 따른 공유수면 점용료 또는 사용료
[본조신설 2011. 7. 21.]

제4장 보칙

제20조(국·공유지의 처분제한 등) ① 지정지구 안에 있는 국가나 지방자치단체 소유의 토지는 보존육성사업 및 주민지원사업 외의 목적으로 매각하거나 양도할 수 없다. 〈개정 2011. 7. 21.〉

② 제15조에 따라 지정된 사업시행자는 지정지구 안에 있는 국가나 지방자치단체 소유의 재산을 「국유재산법」 및 「공유재산 및 물품 관리법」, 그 밖의 법률에도 불구하고 보존육성사업 및 주민지원사업에 필요하면 무상으로 사용할 수 있다. 〈개정 2011. 7. 21.〉

[전문개정 2007. 12. 21.]

제21조(조세의 감면) 국가나 지방자치단체는 지정지구 안의 토지 등을 양도하거나 취득함에 따라 발생하는 소득이나 대통령령으로 정하는 사업을 경영함에 따라 발생하는 소득 등에 대하여는 「조세특례제한법」 및 「지방세특례제한법」으로 정하는 바에 따라 조세를 감면할 수 있다. 〈개정 2010. 3. 31.〉

[전문개정 2007. 12. 21.]

제22조(보고 및 검사) ① 문화재청장, 관할 시·도지사, 특별자치시장·특별자치도지사 또는 해당 시장·군수·구청장은 사업시행자에게 필요한 사항을 보고하도록 하거나 자료제출을 명할 수 있으며, 소속 공무원에게 보존육성사업 및 주민지원사업에 관한 업무를 검사하도록 할 수 있다. 〈개정 2008. 2. 29., 2011. 7. 21., 2015. 3. 27., 2016. 5. 29.〉

② 제1항에 따라 보존육성사업 및 주민지원사업에 관한 업무를 검사하는 공무원은 그 권한을 표시하는 증표를 지니고 이를 관계인에게 내보여야 한다. 〈개정 2011. 7. 21.〉

[전문개정 2007. 12. 21.]

제23조(토지 출입 등) ① 제6조에 따른 조사를 실시하는 자 또는 보존육성사업 및 주민지원사업을 시행하는 사업시행자는 필요하면 타인의 토지에 출입하거나 타인의 토지를 일시 사용할 수 있으며, 나무·토석, 그 밖의 장애물을 변경하거나 제거할 수 있다. 〈개정 2015. 3. 27.〉

② 제1항에 따라 타인의 토지에 출입하는 경우 등에 관하여는 「공익사업을 위한 토지 등의 취득 및 보상에 관한 법률」 제9조부터 제13조까지의 규정을 준용한다.

[전문개정 2007. 12. 21.]

제24조(권한의 위임·위탁) 이 법에 따른 문화재청장의 권한은 그 일부를 대통령령으로 정하는 바에 따라 지방자치단체의 장에게 위임하거나 대통령령으로 정하는 자에게 위탁할

수 있다. 〈개정 2008. 2. 29., 2016. 5. 29.〉

[전문개정 2007. 12. 21.]

제25조(청문) 문화재청장, 관할 시·도지사, 특별자치시장·특별자치도지사 또는 시장·군수·구청장은 제13조에 따라 허가를 취소하거나 제14조에 따라 원상회복 또는 그에 상응하는 조치를 명령하려면 미리 상대방에게 청문을 하여야 한다. 〈개정 2011. 7. 21., 2015. 3. 27., 2016. 5. 29.〉

[전문개정 2007. 12. 21.]

제25조의2(벌칙 적용에서의 공무원 의제) 중앙심의위원회 위원 및 지역심의위원회 위원 중에서 공무원이 아닌 위원은 「형법」 제129조부터 제132조까지의 규정을 적용할 때에는 공무원으로 본다.

[본조신설 2011. 7. 21.]

제25조의3(규제의 재검토) 문화재청장은 제11조에 따른 지정지구에서의 행위제한에 대하여 2017년 1월 1일을 기준으로 3년마다(매 3년이 되는 해의 1월 1일 전까지를 말한다) 그 타당성을 검토하여 개선 등의 조치를 하여야 한다.

[본조신설 2016. 5. 29.]

제5장 벌칙

제26조(벌칙) ① 제11조제1항을 위반하여 허가를 받지 아니하고 같은 항 각 호의 어느 하나에 해당하는 행위를 한 자는 3년 이하의 징역 또는 3천만원 이하의 벌금에 처한다.

② 제11조제3항을 위반하여 허가를 받지 아니하고 같은 항 각 호의 어느 하나에 해당하는 행위를 한 자는 2년 이하의 징역 또는 2천만원 이하의 벌금에 처한다. 〈개정 2016. 5. 29.〉

③ 제14조제1항에 따른 문화재청장, 관할 시·도지사, 특별자치시장·특별자치도지사 또는 시장·군수·구청장의 원상회복 등의 명령에 불응한 자는 1년 이하의 징역 또는 1천만원 이하의 벌금에 처한다. 〈개정 2008. 2. 29., 2015. 3. 27., 2016. 5. 29.〉

[전문개정 2007. 12. 21.]

제27조(양벌규정) 법인의 대표자나 법인 또는 개인의 대리인, 사용인, 그 밖의 종업원이 그 법인 또는 개인의 업무에 관하여 제26조의 위반행위를 하면 그 행위자를 벌하는 외

에 그 법인 또는 개인에게도 해당 조문의 벌금형을 과(科)한다. 다만, 법인 또는 개인이 그 위반행위를 방지하기 위하여 해당 업무에 관하여 상당한 주의와 감독을 게을리하지 아니한 경우에는 그러하지 아니하다.

[전문개정 2008. 12. 26.]

제28조(과태료) ① 다음 각 호의 어느 하나에 해당하는 자에게는 300만원 이하의 과태료를 부과한다.

1. 제22조를 위반하여 정당한 사유 없이 보고 또는 자료제출을 거부하거나 거짓으로 보고한 자 또는 검사를 거부·방해·기피한 자

2. 제23조에 따른 공무원과 사업시행자 등의 토지 출입·사용을 정당한 사유 없이 거부하거나 방해한 자

② 제1항에 따른 과태료는 대통령령으로 정하는 바에 따라 문화재청장, 시·도지사, 특별자치시장·특별자치도지사 또는 시장·군수·구청장이 부과·징수한다. 〈개정 2008. 2. 29., 2009. 5. 8., 2015. 3. 27., 2016. 5. 29.〉

③ 삭제 〈2009. 5. 8.〉

④ 삭제 〈2009. 5. 8.〉

⑤ 삭제 〈2009. 5. 8.〉

[전문개정 2007. 12. 21.]

❶⑨ 고도 보존 및 육성에 관한 특별법 시행령 (약칭: 고도육성법 시행령)

[시행 2019. 7. 2.] [대통령령 제29950호, 2019. 7. 2., 타법개정]

제1조(목적) 이 영은 「고도 보존 및 육성에 관한 특별법」에서 위임된 사항과 그 시행에 필요한 사항을 규정함을 목적으로 한다. 〈개정 2012. 7. 26.〉

[전문개정 2008. 7. 24.]

제2조(고도보존육성기본계획에 우선하는 계획) 「고도 보존 및 육성에 관한 특별법」(이하 "법"이라 한다) 제4조 단서에서 "대통령령으로 정하는 계획"이란 「국토기본법」 제6조제2항제1호에 따른 국토종합계획을 말한다. 〈개정 2012. 7. 26.〉

[전문개정 2008. 7. 24.]

[제목개정 2012. 7. 26.]

제3조(고도보존육성중앙심의위원회의 심의사항) 법 제5조제1항제6호에서 "대통령령으로 정하는 사항"이란 다음 각 호의 사항을 말한다. 〈개정 2012. 7. 26.〉

1. 법 제18조에 따른 이주대책의 수립·시행에 관한 사항

2. 법 제8조에 따른 고도보존육성기본계획(이하 "기본계획"이라 한다)의 시행에 필요한 조직, 인력 및 재원의 조달 등에 관한 사항

3. 그 밖에 고도보존육성사업(이하 "보존육성사업"이라 한다) 및 주민지원사업에 관하여 법 제5조에 따른 고도보존육성중앙심의위원회(이하 "중앙심의위원회"라 한다)의 위원장이 심의에 부치는 사항

[전문개정 2008. 7. 24.]

[제목개정 2012. 7. 26.]

제4조(위원장의 직무 등) ① 중앙심의위원회의 위원장은 중앙심의위원회를 대표하고, 중앙심의위원회의 사무를 총괄한다. 〈개정 2012. 7. 26.〉

② 중앙심의위원회의 부위원장은 중앙심의위원회의 위원장(이하 "위원장"이라 한다)을 보좌하고, 위원장이 부득이한 사유로 그 직무를 수행할 수 없을 때에는 문화재청장이 지명하는 고위공무원단에 속하는 공무원인 부위원장, 국토교통부장관이 지명하는 고위공무원단에 속하는 공무원인 부위원장의 순으로 그 직무를 대행한다. 〈개정 2009. 11. 9., 2012. 7. 26., 2013. 3. 23.〉

③ 삭제 〈2009. 11. 9.〉

[전문개정 2008. 7. 24.]

제5조(위원의 임기) 공무원이 아닌 위원의 임기는 2년으로 하되, 보궐위원의 임기는 전임자 임기의 남은 기간으로 한다.

[전문개정 2008. 7. 24.]

제6조(중앙심의위원회의 회의) ① 중앙심의위원회의 회의는 위원장이 필요하다고 인정하거나 재적위원 5명 이상이 요구하면 위원장이 소집한다. 〈개정 2012. 7. 26.〉

② 위원장이 회의를 소집할 때에는 회의 개최 3일 전까지 회의의 일시·장소 및 심의안건을 중앙심의위원회의 위원에게 알려야 한다. 다만, 긴급한 경우에는 회의 개최 전날까지 알릴 수 있다. 〈개정 2012. 7. 26.〉

③ 중앙심의위원회의 회의는 재적위원 과반수의 출석으로 열리고, 출석위원 과반수의 찬성으로 의결한다. 〈개정 2012. 7. 26.〉

④ 공무원인 위원이 부득이한 사유로 회의에 출석하지 못하는 경우에는 그 바로 하위직위에 있는 공무원이 대리로 출석하여 그 직무를 대행할 수 있다. 〈신설 2015. 9. 15.〉

[전문개정 2008. 7. 24.]

[제목개정 2012. 7. 26.]

제6조의2(위원의 제척·기피·회피) ① 중앙심의위원회의 위원이 다음 각 호의 어느 하나에 해당하는 경우에는 해당 안건의 심의·의결에서 제척(除斥)된다.

1. 중앙심의위원회의 위원 또는 그 배우자나 배우자이었던 사람이 해당 안건의 당사자(당사자가 법인·단체 등인 경우에는 그 임원을 포함한다. 이하 이 호 및 제2호에서 같다)이거나 그 안건의 당사자와 공동권리자 또는 공동의무자인 경우

2. 중앙심의위원회의 위원이 해당 안건의 당사자와 친족이거나 친족이었던 경우

3. 중앙심의위원회의 위원이 해당 안건에 대하여 자문, 연구, 용역(하도급을 포함한다), 감정 또는 조사를 한 경우

4. 중앙심의위원회의 위원이나 위원이 속한 법인·단체 등이 해당 안건 당사자의 대리인이거나 대리인이었던 경우

5. 중앙심의위원회의 위원이 임원 또는 직원으로 재직하고 있거나 최근 3년 내에 재직하였던 기업 등이 해당 안건에 관하여 자문, 연구, 용역(하도급을 포함한다), 감정 또는 조사를 한 경우

② 중앙심의위원회의 심의 대상인 안건의 당사자는 중앙심의위원회의 위원에게 공정한 심의·의결을 기대하기 어려운 사정이 있는 경우에는 중앙심의위원회에 기피 신청을 할

수 있고, 중앙심의위원회는 의결로 기피 여부를 결정하여야 한다. 이 경우 기피 신청의 대상인 위원은 그 의결에 참여할 수 없다.

③ 중앙심의위원회의 위원이 제1항 각 호에 따른 제척 사유에 해당하는 경우에는 중앙심의위원회에 그 사실을 알리고 스스로 해당 안건의 심의·의결에서 회피하여야 한다.

[본조신설 2015. 9. 15.]

제6조의3(위원의 해촉) 문화재청장은 중앙심의위원회의 위원이 다음 각 호의 어느 하나에 해당하는 경우에는 해당 위원을 해촉(解囑)할 수 있다.

1. 제6조의2제1항 각 호의 어느 하나에 해당함에도 불구하고 해당 안건의 심의·의결에서 회피하지 아니한 경우

2. 직무태만, 품위손상이나 그 밖의 사유로 인하여 위원으로 적합하지 아니하다고 인정되는 경우

[본조신설 2015. 9. 15.]

제6조의4(전문위원) ① 법 제5조제5항에 따른 전문위원은 15명 이내로 하고, 문화재, 도시계획, 토목, 경관, 환경, 역사, 관광 등에 관한 학식과 경험이 풍부한 사람 중에서 성별을 고려하여 문화재청장이 위촉한다.

② 전문위원의 임기는 2년으로 한다. 다만, 전문위원의 사임 등으로 인하여 새로 위촉된 전문위원의 임기는 전임 전문위원 임기의 남은 기간으로 한다.

③ 문화재청장은 전문위원이 다음 각 호의 어느 하나에 해당하는 경우에는 해당 전문위원을 해촉할 수 있다.

1. 심신장애로 인하여 직무를 수행할 수 없게 된 경우

2. 직무와 관련된 비위사실이 있는 경우

3. 직무 태만, 품위 손상이나 그 밖의 사유로 인하여 전문위원으로 적합하지 아니하다고 인정되는 경우

4. 전문위원 스스로 직무를 수행하는 것이 곤란하다고 의사를 밝히는 경우

[본조신설 2017. 5. 8.]

제7조(간사 및 서기) ① 중앙심의위원회에는 중앙심의위원회의 사무를 담당할 간사 1명과 서기 1명을 둔다. 〈개정 2012. 7. 26.〉

② 간사와 서기는 문화재청 소속 공무원 중에서 문화재청장이 임명한다.

[전문개정 2008. 7. 24.]

제8조(소위원회) ① 중앙심의위원회가 위임한 사항을 심의하고 처리하기 위하여 중앙심의

위원회에 소위원회를 둘 수 있다. 〈개정 2012. 7. 26.〉

② 소위원회는 위원장이 지명하는 7명 이내의 위원으로 구성하고, 필요하면 관계 전문가를 출석시켜 의견을 들을 수 있다.

③ 소위원회의 심의를 거친 사항 중 중앙심의위원회가 지정한 사항은 중앙심의위원회의 심의를 거친 것으로 본다. 〈개정 2012. 7. 26.〉

④ 그 밖에 소위원회의 운영에 필요한 사항은 중앙심의위원회의 의결을 거쳐 위원장이 정한다. 〈개정 2012. 7. 26.〉

[전문개정 2008. 7. 24.]

제9조 삭제 〈2008. 7. 24.〉

제10조(운영 세칙) 이 영에 규정된 사항 외에 중앙심의위원회의 운영에 필요한 사항은 중앙심의위원회의 의결을 거쳐 위원장이 정한다. 〈개정 2012. 7. 26.〉

[전문개정 2008. 7. 24.]

제11조(타당성조사) ① 법 제6조제1항에 따른 타당성조사에는 고도로 지정하는 것을 검토할 필요가 있다고 인정되는 지역에 대한 다음 각 호의 사항이 포함되어야 한다. 〈개정 2012. 4. 10., 2012. 7. 26., 2015. 9. 15., 2017. 5. 8.〉

1. 문화재(보호구역을 포함한다)의 현황

2. 문화재의 분포 예상지역 현황

3. 제1호와 제2호에 따른 문화재와 문화재의 분포 예상지역 주변 토지의 이용 현황 및 계획

4. 지질, 환경 및 경관 등에 관한 사항

5. 「국토의 계획 및 이용에 관한 법률」 제2조제3호 및 제4호에 따른 도시·군기본계획 및 도시·군관리계획에 관한 사항과 같은 조 제6호에 따른 기반시설의 현황·계획

6. 해당 지역의 역사적·학술적 중요성

7. 해당 지역의 역사문화환경 보존의 필요성

8. 고도 지정이 주변지역 등에 미치는 영향

9. 그 밖에 문화재청장, 특별시장·광역시장·도지사(이하 "시·도지사"라 한다), 특별자치시장·특별자치도지사 또는 시장·군수·구청장(자치구의 구청장을 말한다. 이하 같다)이 필요하다고 인정하는 사항

② 문화재청장, 시·도지사, 특별자치시장·특별자치도지사 또는 시장·군수·구청장은 관계 행정기관의 장에게 제1항에 따른 타당성조사에 필요한 자료 제출을 요청할 수 있다.

〈개정 2015. 9. 15., 2017. 5. 8.〉

③ 문화재청장, 시·도지사, 특별자치시장·특별자치도지사 또는 시장·군수·구청장은 타당성조사를 하는 경우 그 조사할 사항에 관하여 다른 법령에 따라 조사한 자료가 있는 경우에는 그 자료를 활용할 수 있다. 〈개정 2015. 9. 15., 2017. 5. 8.〉

④ 문화재청장, 시·도지사, 특별자치시장·특별자치도지사 또는 시장·군수·구청장은 제1항에 따른 타당성조사를 관련 전문기관에 의뢰할 수 있다. 〈개정 2012. 7. 26., 2015. 9. 15., 2017. 5. 8.>

[전문개정 2008. 7. 24.]

[제목개정 2015. 9. 15.]

제11조의2(기초조사) ① 법 제6조제2항에 따른 기초조사에는 고도보존육성기본계획을 수립·변경하여야 하는 지역에 대한 다음 각 호의 사항이 포함되어야 한다.

1. 문화재(보호구역을 포함한다)의 현황

2. 문화재의 분포 예상지역 현황

3. 제1호와 제2호에 따른 문화재와 문화재의 분포 예상지역 주변 토지의 이용 현황 및 계획

4. 인구, 자연환경 등 지역적 특성

5. 문화산업 및 관광산업 현황

6. 「국토의 계획 및 이용에 관한 법률」 제2조제3호 및 제4호에 따른 도시·군기본계획 및 도시·군관리계획에 관한 사항과 같은 조 제6호에 따른 기반시설의 현황·계획

7. 그 밖에 시·도지사, 특별자치시장·특별자치도지사 또는 시장·군수·구청장이 필요하다고 인정하는 사항

② 제1항에 따른 기초조사에 관하여는 제11조제2항부터 제4항까지의 규정을 준용한다. 이 경우 "타당성조사"는 "기초조사"로 본다.

[본조신설 2015. 9. 15.]

제12조(고도의 지정 요청) 시·도지사, 특별자치시장·특별자치도지사 또는 시장·군수·구청장은 법 제7조제2항에 따라 고도의 지정을 요청하려는 경우에는 다음 각 호의 서류를 문화재청장에게 제출하여야 한다. 다만, 시장·군수·구청장은 시·도지사를 거쳐 해당 서류를 문화재청장에게 제출하여야 한다. 〈개정 2015. 9. 15., 2017. 5. 8.〉

1. 법 제6조제1항에 따른 타당성조사 결과서(타당성조사를 하지 아니한 경우에는 제11조제1항 각 호의 사항에 대한 개략적인 조사결과서를 제출한다)

2. 지역주민 등의 의견 수렴 결과를 적은 서류

3. 관할 시·도지사와의 협의 결과를 적은 서류(시장·군수·구청장만 해당한다)

4. 해당 시장·군수·구청장의 의견 청취 결과를 적은 서류(시·도지사만 해당한다)

5. 고도 지정 요청지역의 보존·육성을 위한 기본계획서

[본조신설 2012. 7. 26.]

[종전 제12조는 제16조의4로 이동 〈2012. 7. 26.〉]

제13조[제13조는 제16조의5로 이동 〈2012. 7. 26.〉]

제14조(기본계획의 수립 등) ① 특별자치시장·특별자치도지사 또는 시장·군수·구청장은 법 제8조제1항에 따라 기본계획을 수립할 때에는 10년간의 기본계획을 수립하여야 하고, 5년마다 사회적·경제적 여건 변화 등을 고려하여 기본계획을 재검토하여야 한다. 〈개정 2009. 11. 9., 2012. 7. 26., 2015. 9. 15.〉

② 제1항에도 불구하고 법 제10조제1항에 따른 역사문화환경 보존육성지구 및 역사문화환경 특별보존지구(이하 "지정지구"라 한다)의 형태와 범위가 변경된 경우에는 지체 없이 변경된 내용을 반영하여 기본계획을 정비하여야 한다. 〈개정 2012. 7. 26.〉

[전문개정 2008. 7. 24.]

[제목개정 2012. 7. 26.]

제15조(기본계획에 포함될 사항) 법 제8조제2항제10호에서 "대통령령으로 정하는 사항"이란 다음 각 호의 어느 하나에 해당하는 사항을 말한다. 〈개정 2012. 7. 26.〉

1. 민간자본을 유치할 필요가 있는 경우 대상 사업과 유치 방안

2. 보존육성사업 및 주민지원사업의 연도별 추진계획

3. 연도별 재원 투자계획

4. 보존육성사업 및 주민지원사업의 추진기구에 관한 사항

5. 삭제 〈2012. 7. 26.〉

[전문개정 2008. 7. 24.]

[제목개정 2012. 7. 26.]

제16조(기본계획의 공고) 특별자치시장·특별자치도지사 또는 시장·군수·구청장은 법 제8조제4항에 따라 기본계획을 공고하려는 경우에는 기본계획을 둘 이상의 일간신문과 특별자치시·특별자치도 또는 시·군·구(자치구를 말한다. 이하 같다)의 게시판 및 인터넷 홈페이지에 공고하고, 30일 이상 일반이 열람할 수 있도록 하여야 한다. 〈개정 2009. 11. 9., 2012. 7. 26., 2015. 9. 15.〉

[전문개정 2008. 7. 24.]

[제목개정 2012. 7. 26.]

제16조의2(고도보존육성시행계획에 포함될 사항) 법 제8조의2제1항에 따른 고도보존육성
시행계획(이하 "시행계획"이라 한다)에는 다음 각 호의 사항이 포함되어야 한다.

1. 사업 추진방향

2. 세부 사업계획

3. 사업비 및 재원조달 계획

[본조신설 2012. 7. 26.]

제16조의3(시행계획의 공고) 특별자치시장·특별자치도지사 또는 시장·군수·구청장은 법
제8조의2제2항에 따라 시행계획을 공고하려는 경우에는 시행계획을 둘 이상의 일간신문
과 특별자치시·특별자치도 또는 시·군·구의 게시판 및 인터넷 홈페이지에 공고하고,
30일 이상 일반이 열람할 수 있도록 하여야 한다. 〈개정 2015. 9. 15.〉

[본조신설 2012. 7. 26.]

제16조의4(지역 주민 등의 의견 수렴) ① 삭제 〈2012. 7. 26.〉

② 문화재청장, 특별자치시장·특별자치도지사 또는 시장·군수·구청장은 법 제8조제3
항 및 제9조제1항에 따라 지역 주민의 의견을 수렴하려는 경우에는 둘 이상의 일간신문
과 문화재청, 특별자치시·특별자치도 또는 시·군·구(자치구를 말한다. 이하 같다)의 게시
판 및 인터넷홈페이지에 공고하고 30일 이상 일반이 열람할 수 있도록 하여야 한다.
〈개정 2012. 7. 26., 2015. 9. 15., 2017. 5. 8.〉

③ 제2항에 따른 열람내용에 대하여 의견이 있는 사람은 열람기간에 의견을 제출할 수
있으며, 문화재청장, 특별자치시장·특별자치도지사 또는 시장·군수·구청장은 열람기간
이 끝난 날부터 60일 이내에 제출된 의견을 반영할 것인지를 검토하여 그 결과를 의견
제출자에게 통보하여야 한다. 〈개정 2012. 7. 26., 2015. 9. 15., 2017. 5. 8.〉

[전문개정 2008. 7. 24.]

[제12조에서 이동 〈2012. 7. 26.〉]

제16조의5(지정지구의 지정등의 고시) ① 문화재청장은 법 제10조제4항에 따라 지정지구
의 지정·해제 또는 변경(이하 "지정등"이라 한다)에 관하여 고시를 하려는 경우에는 다음
각 호의 사항을 관보에 게재하여야 한다. 〈개정 2012. 7. 26., 2017. 5. 8.〉

1. 지정지구의 명칭·위치 및 면적 등 자세한 내용

2. 지정등의 사유

3. 그 밖에 지정등에 필요한 사항

② 법 제10조제4항에 따라 관계 서류의 사본을 받은 특별자치시장·특별자치도지사 또는 시장·군수·구청장은 그 사본의 내용을 둘 이상의 일간신문과 특별자치시·특별자치도 또는 시·군·구의 게시판 및 인터넷 홈페이지에 공고하고 30일 이상 일반이 열람할 수 있도록 하여야 한다. 〈개정 2012. 7. 26., 2015. 9. 15.〉

[전문개정 2008. 7. 24.]

[제목개정 2012. 7. 26.]

[제13조에서 이동 〈2012. 7. 26.〉]

제17조 삭제 〈2012. 7. 26.〉

제18조(고도의 역사문화환경의 보존에 영향을 미치거나 미칠 우려가 있는 행위) 법 제11조제1항제5호에서 "대통령령으로 정하는 행위"란 다음 각 호의 어느 하나에 해당하는 행위를 말한다. 〈개정 2016. 7. 6., 2019. 7. 2.〉

1. 토지 및 수면의 매립·땅깎기·흙쌓기·땅파기·구멍뚫기 등 지형을 변경시키는 행위

2. 수로·수질 및 수량을 변경시키는 행위

3. 소음·진동을 유발하거나 대기오염물질, 화학물질, 먼지, 열 등을 방출하는 행위

4. 오수·분뇨·폐수 등을 살포·배출·투기하는 행위

5. 「옥외광고물 등의 관리와 옥외광고산업 진흥에 관한 법률 시행령」 제4조제1항 각 호의 광고물을 설치·부착하는 행위

[전문개정 2008. 7. 24.]

[제목개정 2012. 7. 26.]

제18조의2(역사문화환경 특별보존지구에서의 경미한 행위) 법 제11조제2항에 따라 문화재청장이 중앙심의위원회의 심의를 거치지 아니하고 허가할 수 있는 경미한 행위는 다음 각 호의 어느 하나에 해당하는 행위로 한다. 〈개정 2019. 7. 2.〉

1. 「건축법」 제20조에 따른 가설건축물을 존치기간 2년, 최고높이 5미터(경사지붕의 경우에는 7.5미터) 및 바닥면적 50제곱미터를 초과하지 아니하는 범위에서 신축하거나 이축하는 행위

2. 지구 지정 당시의 건축물을 층수의 변경 없이 바닥면적 합계의 10퍼센트를 초과하지 아니하는 범위에서 1회에 한정하여 증축하는 행위

3. 총 330제곱미터를 초과하지 아니하는 범위에서 수목을 심거나 벌채하는 행위

4. 병충해 방제 또는 수목의 생육을 위하여 벌채나 솎아 베는 행위

5. 존치기간 2년, 최고높이 2미터 및 바닥면적 25제곱미터를 초과하지 아니하는 범위에
   서 토석류(土石類)를 적치(積置)하는 행위

6. 도로의 폭이 6미터를 초과하지 아니하는 범위에서 도로를 확장하거나 재포장하는 행위

[본조신설 2017. 5. 8.]

제19조(고도의 역사문화환경 보존·육성에 영향을 미치는 행위) 법 제11조제3항제5호에서
"대통령령으로 정하는 행위"란 제18조제1호 및 제2호에 해당하는 행위를 말한다. 〈개정
2017. 5. 8.〉

[전문개정 2008. 7. 24.]

[제목개정 2012. 7. 26.]

제19조의2(역사문화환경 보존육성지구에서의 경미한 행위) 법 제11조제4항에 따라 특별자
치시장·특별자치도지사 또는 시장·군수·구청장이 법 제5조의2제1항에 따른 고도보존
육성지역심의위원회의 심의를 거치지 아니하고 허가할 수 있는 경미한 행위는 다음 각
호의 어느 하나에 해당하는 행위로 한다. 〈개정 2019. 7. 2.〉

1. 「건축법」 제20조에 따른 가설건축물을 존치기간 2년, 최고높이 10미터(경사지붕의 경우
   에는 12미터) 및 바닥면적 85제곱미터를 초과하지 아니하는 범위에서 신축하거나 이축
   하는 행위

2. 건축물을 층수의 변경 없이 바닥면적 합계가 85제곱미터를 초과하지 아니하는 범위
   에서 개축하거나 증축하는 행위

3. 지구 지정 당시의 건축물(바닥면적 합계가 85제곱미터를 초과하는 경우로 한정한다)을 층
   수의 변경 없이 바닥면적 합계의 20퍼센트를 초과하지 아니하는 범위에서 1회에 한
   정하여 증축하는 행위

4. 총 330제곱미터를 초과하지 아니하는 범위에서 수목을 심거나 벌채하는 행위

5. 병충해 방제 또는 수목의 생육을 위하여 벌채나 솎아 베는 행위

6. 도로의 폭이 6미터를 초과하지 아니하는 범위에서 도로를 확장하는 행위

[본조신설 2017. 5. 8.]

제19조의3(지정지구에서의 행위허가 신청 등) ① 법 제11조제1항부터 제4항까지의 규정에
따라 지정지구에서의 행위허가를 받으려는 자는 문화체육관광부령으로 정하는 바에 따
라 해당 특별자치시장·특별자치도지사 또는 시장·군수·구청장에게 신청서를 제출하여
야 한다.

② 문화재청장, 특별자치시장·특별자치도지사 또는 시장·군수·구청장은 법 제11조제1

항부터 제4항까지의 규정에 따라 허가하는 경우에는 문화체육관광부령으로 정하는 바에 따라 허가서를 신청인에게 발급하여야 한다.

[본조신설 2017. 5. 8.]

제20조(허가를 받지 아니하고 할 수 있는 행위) 법 제11조제5항에서 "대통령령으로 정하는 행위"란 다음 각 호의 어느 하나에 해당하는 행위를 말한다. 〈개정 2017. 5. 8.〉

1. 건조물의 외부형태를 변경시키지 아니하는 내부시설의 개·보수

2. 60제곱미터 이하 토지의 형질변경(같은 목적으로 몇 회에 걸쳐 부분적으로 형질변경하거나 연접하여 형질변경하는 경우 그 전체면적을 말한다)

3. 고사(枯死)한 수목의 벌채

4. 그 밖에 시설물의 외형을 변경시키지 아니하는 개·보수

[전문개정 2008. 7. 24.]

제20조의2(허가 기준) ① 법 제11조제8항 본문에 따른 행위에 대한 구체적인 허가 기준은 별표 1과 같다. 〈개정 2012. 12. 28., 2015. 9. 15., 2017. 5. 8.〉

② 특별자치시장·특별자치도지사 또는 시장·군수·구청장은 법 제11조제8항 단서에 따라 허가 기준을 다르게 정할 필요가 있는 경우에는 허가 기준을 정한 조례안에 다음 각 호의 사항을 적은 서류를 첨부하여 문화재청장에게 제출하여야 한다. 〈개정 2015. 9. 15., 2017. 5. 8.〉

1. 허가 기준을 다르게 정하려는 사유

2. 그 밖에 허가 기준을 정하기 위하여 필요한 사항

[본조신설 2012. 7. 26.]

제20조의3(지정지구에서의 행위허가를 받은 사항의 착수 등의 신고) 법 제11조제1항부터 제4항까지의 규정에 따라 행위허가를 받은 자는 같은 조 제9항에 따라 허가받은 사항의 착수·변경 또는 완료 사실을 신고하려면 문화체육관광부령으로 정하는 바에 따라 그 사유가 발생한 날부터 30일 이내에 허가권자에게 해당 신고서를 제출하여야 한다.

[본조신설 2017. 5. 8.]

[종전 제20조의3은 제20조의4로 이동 〈2017. 5. 8.〉]

제20조의4(지정지구 밖의 토지등의 취득 또는 사용) 법 제17조제3항에서 "대통령령으로 정하는 지정지구 밖의 토지등"이란 다음 각 호의 어느 하나에 해당하는 물건 또는 권리를 말한다.

1. 보존육성사업 또는 주민지원사업을 시행하기 위하여 취득 또는 사용이 필요한 법 제

17조제1항 각 호의 물건 또는 권리(이하 이 조에서 "토지등"이라 한다)

2. 지정지구로 둘러싸여 있거나 지정지구와 연접하여 고도의 역사문화환경을 직접적으로 해할 우려가 있는 토지등

[본조신설 2012. 7. 26.]

[제20조의3에서 이동, 종전 제20조의4는 제20조의5로 이동 〈2017. 5. 8.〉]

제20조의5(주민지원사업) 법 제17조의2제1항제5호에서 "대통령령으로 정하는 사업"이란 다음 각 호와 같다.

1. 역사문화체험학습장·전통문화예술공방의 설치 및 지원 사업

2. 마을도서관·전시관의 건립 및 운영 사업

3. 고도의 역사문화환경 개선 등의 활동을 위하여 설립된 주민단체의 운영 및 지원 사업

[본조신설 2012. 7. 26.]

[제20조의4에서 이동 〈2017. 5. 8.〉]

제21조(이주대책의 수립 및 시행) 사업시행자가 법 제18조제1항에 따라 수립하는 이주대책에는 다음 각 호의 사항이 포함되어야 한다.

1. 이주지의 위치

2. 이주대책에 필요한 토지 등의 매입계획

3. 택지 조성 및 주택의 건설계획

4. 이주정착지의 기반시설 설치 계획

5. 이주보상액, 보상시기, 보상방법 및 보상기준

6. 이주방법과 이주시기

[전문개정 2008. 7. 24.]

제22조(매수절차 등) ① 법 제19조제1항에 따라 매수를 청구하려는 자는 법 제11조제1항부터 제4항까지의 규정에 따른 불허가 통지를 받은 날부터 60일 이내에 문화체육관광부령으로 정하는 바에 따라 매수 청구 신청서를 사업시행자에게 제출하여야 한다. 〈개정 2017. 5. 8.〉

② 사업시행자는 제1항에 따른 매수 청구를 받으면 청구를 받은 날부터 60일 이내에 매수 대상 여부와 매수 예상가격 등을 매수 청구자에게 통보하여야 하며, 매수를 통보한 날부터 5년 이내에 매수 청구를 받은 토지·건물 등을 매수하여야 한다.

[전문개정 2008. 7. 24.]

제22조의2(매수대상 기준) 법 제19조제2항에 따른 매수대상 기준은 다음 각 호와 같다. 이

경우 토지·건물 등을 본래의 용도로 이용할 수 없게 된 것에 대하여 매수를 청구하려는 자의 귀책사유가 없어야 한다. 〈개정 2016. 8. 31.〉

1. 법 제11조에 따른 지정지구에서의 행위제한으로 해당 토지·건물 등을 사실상 사용 또는 수익하는 것이 불가능할 것

2. 매수를 청구할 당시 지정지구 지정 이전의 지목(매수를 청구하려는 자가 지정지구 지정 이전에 적법하게 지적공부(地籍公簿)상의 지목과 다르게 이용하고 있었음을 공적 자료로 증명하는 경우에는 지정지구 지정 이전의 실제 용도를 지목으로 본다)대로 사용할 수 없어 매수를 청구한 날의 해당 토지의 개별공시지가(「부동산 가격공시에 관한 법률」 제10조에 따른 개별공시지가를 말한다. 이하 같다)가 그 토지가 있는 읍·면·동의 지정지구 내 같은 지목의 개별공시지가 평균치의 70퍼센트 미만일 것(토지만 해당한다)

[본조신설 2012. 7. 26.]

제22조의3(공용·공공용시설 등) 법 제19조의2 각 호 외의 부분에서 "대통령령으로 정하는 시설"이란 법 제17조의2에 따라 주민지원사업으로 설치되는 공용·공공용시설을 말한다.

[본조신설 2012. 7. 26.]

제23조 삭제 〈2017. 5. 8.〉

제24조 삭제 〈2015. 12. 30.〉

제25조(과태료의 부과기준) 법 제28조제1항에 따른 과태료의 부과기준은 별표 2와 같다.

[본조신설 2015. 9. 15.]

부칙 〈제29950호, 2019. 7. 2.〉
(어려운 법령용어 정비를 위한 210개 법령의 일부개정에 관한 대통령령)

이 영은 공포한 날부터 시행한다. 〈단서 생략〉

부록

버지니아주 상법 조문

2014 Virginia Code

Title 8.2 — Commercial Code — Sales

§ 8.2-101

Part 1. SHORT TITLE, GENERAL CONSTRUCTION AND SUBJECT MATTER

- § 8.2-101. Short title
- § 8.2-102. Scope; certain security and other transactions excluded from this title
- § 8.2-103. Definitions and index of definitions
- § 8.2-104. Definitions: "Merchant"; "financing agency"; "between merchants."
- § 8.2-105. Definitions: Transferability; "goods"; "future" goods; "lot"; "commercial unit."
- § 8.2-106. Definitions: "Contract"; "agreement"; "contract for sale"; "sale"; "present sale"; "conforming" to contract; "termination"; "cancellation."
- § 8.2-107. Goods to be severed from realty; recording

Part 2. FORM, FORMATION AND READJUSTMENT OF CONTRACT

- § 8.2 – 201. Formal requirements; statute of frauds
- § 8.2 – 202. Final written expression; parol or extrinsic evidence
- § 8.2 – 203. Seals inoperative
- § 8.2 – 204. Formation in general
- § 8.2 – 205. Firm offers
- § 8.2 – 206. Offer and acceptance in formation of contract
- § 8.2 – 207. Additional terms in acceptance or confirmation
- § 8.2 – 208. Repealed
- § 8.2 – 209. Modification, rescission and waiver
- § 8.2 – 210. Delegation of performance; assignment of rights

Part 3. GENERAL OBLIGATION AND CONSTRUCTION OF CONTRACT

- § 8.2 – 301. General obligations of parties
- § 8.2 – 302. Unconscionable contract or clause
- § 8.2 – 303. Allocation or division of risks
- § 8.2 – 304. Price payable in money, goods, realty, or otherwise
- § 8.2 – 305. Open price term
- § 8.2 – 306. Output, requirements and exclusive dealings
- § 8.2 – 307. Delivery in single lot or several lots
- § 8.2 – 308. Absence of specified place for delivery
- § 8.2 – 309. Absence of specific time provisions; notice of termination
- § 8.2 – 310. Open time for payment or running of credit; authority to ship under reservation
- § 8.2 – 311. Options and cooperation respecting performance
- § 8.2 – 312. Warranty of title and against infringement; buyer's obligation against infringement
- § 8.2 – 313. Express warranties by affirmation, promise, description, sample

insolvency

Part 6. BREACH, REPUDIATION AND EXCUSE

breach

Virginia Code Title 8.2. Commercial Code Sales § 8.2-328. Sale by auction

(1) In a sale by auction if goods are put up in lots each lot is the subject of a separate sale.

(2) A sale by auction is complete when the auctioneer so announces by the fall of the hammer or in other customary manner. Where a bid is made while the hammer is falling in acceptance of a prior bid the auctioneer may in his discretion reopen the bidding or declare the goods sold under the bid on which the hammer was falling.

(3) Such a sale is with reserve unless the goods are in explicit terms put up without reserve. In an auction with reserve the auctioneer may withdraw the goods at any time until he announces completion of the sale. In an auction without reserve, after the auctioneer calls for bids on an article or lot, that article or lot cannot be withdrawn unless no bid is made within a reasonable time. In either case a bidder may retract his bid until the auctioneer's announcement of completion of the sale, but a bidder's retraction does not revive any previous bid.

(4) If the auctioneer knowingly receives a bid on the seller's behalf or the seller makes or procures such a bid, and notice has not been given that liberty for such bidding is reserved, the buyer may at his option avoid the sale or take the goods at the price of the last good faith bid prior to the completion of the sale. This subsection shall not apply to any bid at a forced sale.

Virginia Code Title 8.2. Commercial Code Sales § 8.2-401. Passing of title; reservation for security; limited application of this section

Each provision of this title with regard to the rights, obligations and remedies of the seller, the buyer, purchasers or other third parties applies irrespective of title to the goods except where the provision refers to such title. Insofar as situations are not covered by the other provisions of this title and matters concerning title become material the following rules apply:

(1) Title to goods cannot pass under a contract for sale prior to their identification to the contract (§ 8.2−501), and unless otherwise explicitly agreed the buyer acquires by their identification a special property as limited by this act. Any retention or reservation by the seller of the title (property) in goods shipped or delivered to the buyer is limited in effect to a reservation of a security interest. Subject to these provisions and to the provisions of the title on secured transactions (Title 8.9A), title to goods passes from the seller to the buyer in any manner and on any conditions explicitly agreed on by the parties.

(2) Unless otherwise explicitly agreed title passes to the buyer at the time and place at which the seller completes his performance with reference to the physical delivery of the goods, despite any reservation of a security interest and even though a document of title is to be delivered at a different time or place; and in particular and despite any reservation of a security interest by the bill of lading:

   (a) if the contract requires or authorizes the seller to send the goods to the buyer but does not require him to deliver them at destination, title passes to the buyer at the time and place of shipment; but

   (b) if the contract requires delivery at destination, title passes on tender there.

(3) Unless other explicitly agreed where delivery is to be made without moving the goods,

(a) if the seller is to deliver a tangible document of title, title passes at the time when and the place where he delivers such documents and if the seller is to deliver an electronic document of title, title passes when the seller delivers the document; or

(b) if the goods are at the time of contracting already identified and no documents of title are to be delivered, title passes at the time and place of contracting.

(4) A rejection or other refusal by the buyer to receive or retain the goods, whether or not justified, or a justified revocation of acceptance, revests title to the goods in the seller. Such revesting occurs by operation of law and is not a "sale".

Virginia Code Title 8.2. Commercial Code Sales § 8.2-402. Rights of seller's creditors against sold goods

(1) Except as provided in subsections (2) and (3), rights of unsecured creditors of the seller with respect to goods which have been identified to a contract for sale are subject to the buyer's rights to recover the goods under this title (§§ 8.2−502 and 8.2−716).

(2) A creditor of the seller may treat a sale or an identification of goods to a contract for sale as void if as against him a retention of possession by the seller is fraudulent under any rule of law of the state where the goods are situated, except that retention of possession in good faith and current course of trade by a merchant−seller for a commercially reasonable time after a sale or identification is not fraudulent.

(3) Nothing in this title shall be deemed to impair the rights of creditors of the seller

(a) under the provisions of the title on secured transactions (Title 8.9A); or

(b) where identification to the contract or delivery is made not in current course of trade but in satisfaction of or as security for a preexisting claim for money, security or the like and is made under circumstances which under any rule of law of the state where the goods are situated would apart from this title constitute the transaction a fraudulent transfer or voidable preference.

Virginia Code Title 8.2. Commercial Code Sales § 8.2-403. Power to transfer; good faith purchase of goods; "entrusting"

(1) A purchaser of goods acquires all title which his transferor had or had power to transfer except that a purchaser of a limited interest acquires rights only to the extent of the interest purchased. A person with voidable title has power to transfer a good title to a good faith purchaser for value. When goods have been delivered under a transaction of purchase the purchaser has such power even though

(a) the transferor was deceived as to the identity of the purchaser, or

(b) the delivery was in exchange for a check which is later dishonored, or

(c) it was agreed that the transaction was to be a "cash sale," or

(d) the delivery was procured through fraud punishable as larcenous under the criminal law.

(2) Any entrusting of possession of goods to a merchant who deals in goods of that kind gives him power to transfer all rights of the entruster to a buyer in ordinary course of business.

(3) "Entrusting" includes any delivery and any acquiescence in retention of possession regardless of any condition expressed between the parties to the delivery or acquiescence and regardless of whether the procurement of the entrusting or the possessor's disposition of the goods have been such as to be larcenous under the criminal law.

(4) The rights of other purchasers of goods and of lien creditors are governed by the titles on secured transactions (Title 8.9A) and documents of title (Title 8.7).

사항색인

[공저자 약력]

이 규 호 (Lee, Gyooho)

[학 력]

- 1990년: 연세대학교 법과대학 법학사
- 1992년: 연세대학교 법과대학 법학석사
- 1994년: 미국 University of Washington School of Law (Seattle, WA), LL.M. (법학석사)
- 1998년: 미국 Washington University School of Law (St. Louis, MO), J.S.D. (법학박사)
- 1994년-1995년: 미국 Georgetown University Law Center, Visiting Researcher (객원연구원)
- 2014년: 미국 Washington University School of Law, Visiting Scholar (방문학자)

[경 력]

- 현 중앙대학교 법학전문대학원 교수
- 현 차세대콘텐츠재산학회 회장
- 현 국제문화재법연구회 회장
- 현 한국정보법학회 공동회장
- 현 한국게임법학회 부회장
- 현 한국국제사법학회 부회장
- 현 대한상사중재원 중재인
- 현 서울중앙지방법원 조정위원
- 현 국가지식재산위원회 전문위원(신지식재산 분야)
- 현 국가지식재산위원회 2020년 국가지식네트워크 IP-분과 위원
- 현 특허청 부정경쟁방지법 제도개선위원회 위원장
- 현 중소기업기술분쟁조정·중재위원회 위원
- 현 ILA Committee on IP and PIL 위원
- 현 ACHS ICH(무형문화유산) Network Committee 위원
- 현 American Society of Comparative Law 회원(Individual Member)
- 현 International Academy of Comparative Law 회원(Associate Member)
- 현 International Association of Procedural Law 회원
- 현 AIPPI Standing Committee on Geographical Indications 위원
- 현 세계국제법협회 한국본부 편집이사
- 한국민사소송법학회 국제관계부회장, 법원행정처 국제규범연구위원회 위원, 법무부 규제심사위원회 위원, NCP포럼 운영위원, 한국국제사법학회 총무이사, 대한변호사협회 지식재산연수원 운영위원, 한국복제전송저작권협회 이사, 중국 위해중재위원회 중재인, 대한변호사협회 변호사연수원 운영위원 역임

[저서 및 논문]
- 최정열/이규호, 「부정경쟁방지법−영업비밀보호법제 포함−(제3판)」, 진원사, 2019년
- 이규호, 「상표법」, 제2판, 진원사, 2018년
- 이규호, 「저작권법−사례·해설−(개정6판)」, 진원사, 2017년
- 이규호, 「특허법−사례·해설−(제4판)」, 진원사, 2017년
- 이규호, 「지명표장 보호법제−지리적 표시 포함」, 한국지식재산연구원, 2016년
- 이규호, 「지식재산권법강의」, 진원사, 2013년
- 이규호, 카토 키미히토, 카타오카 토모유키, 허중혁, 「엔터테인먼트법의 최신 쟁점」, 진원사, 2011년
- 이규호/서재권, 「공정이용 판단기준 도출을 위한 사례연구」, 한국저작권위원회, 2009년
- 이규호, 영업비밀 침해행위에 대한 삼배배상제도 연구, 중앙법학, 제21권 제1호, 2019년, 179−244면.
- Gyooho Lee, *How to Protect Traditional Food and Foodways Effectively in Terms of Intangible Cultural Heritage and Intellectual Property Laws in the Republic of Korea*, International Journal of Cultural Property, Vol. 25, Issue 4, November 2018, Cambridge University Press, pp. 543−572.
- Gyooho Lee, *Legal Issues Related to Blockchain Technology−Examples from Korea*, in Marcelo Corrales Compagnucci, Nikolaus Forgó, Toshiyuki Kono, Shinto Teramoto and Erik P.M. Vermeulen eds., Legal Tech and the New Sharing Economoy, Springer Singapore, pp. 149−166 (2020)
- Gyooho Lee, *Legal Issues on FOSS and Other Alternative Licenses in Korea*, in Axel Metzger ed, Free and Open Source Software (FOSS) and Other Alternative License Models: A Comparative Analysis (Springer, 2016) 등 다수

[포 상]
- 문화체육관광부장관 표창 수상 (2011)
- 중소기업청장 표창 수상(기술보호 분야) (2014)
- 국무총리 표창 수상(행정자치부) (2014)
- 중앙대학교 학술상 (2015)
- Marquis Who's Who in the World (2016) 등재
- 2000 Outstanding Intellectuals of the 21st Century (2016, IBC) 등재
- Cambridge Certificate for Outstanding Education Achievement (2016, IBC)
- 국가지식재산교육발전 유공자 표창상(국제지식재산연수원장상) 수상 (2016)
- 2019년 중앙대학교 인권지기 선정 (2019)

서 재권 (Seo, Jae Kweon)

[학 력]

- 2003년: 인하대학교 법과대학 법학사
- 2006년: 인하대학교 지적재산권학과 법학석사
- 2011년: 미국 University of Washington School of Law (Seattle, WA), LL.M. (법학석사)
- 2011년: 미국 University of Washington School of Law (Seattle, WA), Visiting Scholar (방문학자)
- 2016년: 인하대학교 지적재산권학과 법학박사
- 2019년: 中南财经政法大学 知识产权研究中心 (中国, 武汉), 访问学者 (방문학자)

[경 력]

- 현 한국전통문화대학교 문화재관리학과 교수
- 현 대한황실문화원 대한황실지식재산보호위원회 위원
- 전 문화체육관광부 사무관
- 전 한국저작권위원회 선임연구원
- 전 세계지식재산기구(WIPO) 외교회의 협상대표
- 전 자유무역협정(FTA) 문화서비스분과 협상대표

[저서 및 논문]

- 서재권, 「디자인의 보호범위 확대와 그 한계에 관한 연구」, 한국저작권위원회, 2012년
- 이규호/서재권, 「공정이용 판단기준 도출을 위한 사례연구」, 한국저작권위원회, 2009년
- 이대희/서재권, 「문화예술 저작권」, 한국문화예술위원회, 2009년
- 이대희/서재권, 「예술과 저작권」, 한국문화예술위원회, 2008년
- 김현철/서재권, 「룰메이킹에 의한 기술적 보호조치 예외 설정에 관한 연구」, 한국저작권위원회, 2008년
- 서재권, 무형문화유산의 사적(私的) 보호의 한계, 정보법학, 제23권 제2호, 2019년, 183–207면.
- 서재권, 세계의 문화유산 등재 전쟁과 우리의 문화재 정책방향 검토, 법학연구, 제22권 제3호, 2019년, 133–162면.
- 서재권, 문화콘텐츠 수출현황 진단과 통상법적 과제, 정보법학, 제22권 제3호, 2018년, 135–160면.
- 서재권, 디자인 개념 확대에 따른 디자인보호법 개정방향 제안, 지식재산연구, 제13권 제2호, 2018년, 39–66면.
- 서재권, 국제통상과 FTA–저작권법의 최근 개정 사항을 중심으로, 지식과권리, 통권 제14호, 2011년, 1–23면.
- 서재권, 무용의 저작권법적 보호범위에 관한 고찰, 무용기록학회지, 제16권, 2009년, 53–79면.

문화유산법 개론

초판발행   2020년 8월 24일

지은이   이규호·서재권
펴낸이   안종만·안상준

편 집   윤혜경
기획/마케팅   박세기
표지디자인   BEN STORY
제 작   우인도·고철민

펴낸곳   (주) **박영사**
                 서울특별시 종로구 새문안로3길 36, 1601
                 등록 1959. 3. 11. 제300-1959-1호(倫)

전 화   02)733-6771
f a x   02)736-4818
e-mail   pys@pybook.co.kr
homepage   www.pybook.co.kr
I S B N   979-11-303-3692-3   93360

정 가   39,000원